U0664031

编 委 会

广东省法学会　编

人民出版社

法治力量在改革开放中的生动诠释

——为《与法共进》而作

王乐泉*

今年是我国改革开放四十周年。展阅书稿大样，一幅幅珠江潮涌的改革发展壮阔画卷跃然眼前。广东省法学会匠心独运，组织全省法学会系统包括全省各地级以上市法学会、各学科研究会、广大法学法律工作者会同实务部门，以改革开放与法治建设进程为结合点，多视角、宽领域地展示了广东坚持改革开放和法治建设"两手抓""两手硬"的生动实践和探索。南粤大地那种不忘初心的信念、敢为人先的胆识、革旧鼎新的创意、劈波斩浪的勇气、矢志不渝的坚守着实让人起敬。

法安天下。本书最大的亮点在于以大量鲜活的实例和翔实的数据，在理论与实践的结合上，充分印证改革开放与法治建设是相随与共、同行并进的。四十年前，党的十一届三中全会公报有这样一段意义重大、影响深远的表述，"为了保障人民民主，必须加强社会主义法制"，"做到有法可依，有法必依，执法必严，违法必究"。改革呼唤法治、法治呼应改革。四十年来我国改革开放和经济社会发展历程，同时也是法治建设伴随改革、保障改革、引领改革这样一个不断健全完善的进程，改革发展成果丰硕，法治力量功不可没。对此，本书以广东为样本，足以让读者分享其中的梦想与奋进、探索与快乐。

党的十八大以来，以习近平同志为核心的党中央作出全面推进依法治国

* 中国法学会会长。

的重大决策，把全面依法治国纳入“四个全面”战略布局，坚持依法治国、依法执政、依法行政共同推进，法治国家、法治政府、法治社会一体建设，紧扣科学立法、严格执法、公正司法、全民守法各环节要素精准施策发力，深化依法治国实践，中国特色社会主义法治体系日益完善。这些重大决策、举措，大大增强了全社会法治意识，大大促进了社会公平正义，有力维护了人民群众合法权益。法治建设的发展进步正在并继续为深化改革开放、为推动实现“两个一百年”奋斗目标、为共筑中华民族伟大复兴中国梦提供法治保障。

四十年风雨彩虹。相信本书能够为广东按照实现“四个走在全国前列”、当好“两个重要窗口”要求，坚定不移把改革开放作为开创广东新局的“关键一招”提供法治养分；能够为全国各地深化改革开放和加强法治建设提供有益借鉴。希望全国各地法学会坚持以习近平新时代中国特色社会主义思想为指导，进一步提高政治站位，继续发挥思想政治引领“定盘星”、法学研究创新“领头羊”、深化依法治国实践“智囊团”、法治人才“孵化器”、法治宣传教育“强阵地”、服务群众“大平台”、对外法学法律交流“主渠道”作用，在进一步解放思想、改革创新、真抓实干、奋发进取的实践中贡献更好更大的法治力量！

是为序。

2018年11月

目　录

改革开放以来法治建设的成就与经验

陈 冀 平*

2018年是改革开放四十周年，也是依法治国四十周年。1978年，党的十一届三中全会的胜利召开，开启了改革开放和依法治国之路。四十年来，改革开放和依法治国犹如鸟之两翼、车之两轮，共同引领、推动着中国特色社会主义事业的发展。特别是党的十八大以来，在以习近平同志为核心的党中央坚强领导下，改革开放和社会主义现代化建设取得了历史性成就，党和国家事业发生了历史性变革，依法治国全面推进，民主法治建设迈出重大步伐。在党的十九大提出中国特色社会主义新时代新战略新征程背景下，全面回顾四十年来波澜壮阔的伟大历史进程，深刻总结改革开放和依法治国的成功实践经验与理论创新成果，立足现实，展望未来，具有承前启后的重要意义。

广东是改革开放的排头兵、先行地、试验区。作为邓小平同志亲自圈定的第一个经济特区，深圳更是改革开放的窗口、法治建设的试验田。四十年来，深圳始终坚持以法治引领、助推、保障改革，以改革带动、深化、升华法治，推动各项事业发展进步。可以说，深圳的实践，就是改革开放和法治建设的实践，就是充分体现法治和改革相伴而生、携手并进、相互促进、相辅相成关系的实践。在深圳举办中国法治论坛（2018），总结改革开放和依法治国四十年的成就和经验，并举办“与法共进——改革开放广东发展成就”专题论坛，具有很强的现实意义。这里主要从成就与经验两个方面谈谈对法治建设的体会。

---

* 中国法学会党组书记、常务副会长。本文由2018年5月8日中国法治论坛（2018）“与法共进——改革开放广东发展成就”专题论坛主旨演讲稿整理而成。

一、改革开放以来法治建设的成就回顾

总体上看，改革开放和依法治国四十年可以分为三个阶段，每一阶段都取得了一系列标志性成就。

（一）发展社会主义民主，健全社会主义法制

这一阶段以1978年12月18日至22日召开的党的十一届三中全会为开端。这次全会作出了把党和国家工作重心转移到经济建设上来、实行改革开放的历史性决策，开启了中国改革开放历史新时期。党的十一届三中全会提出发展社会主义民主、健全社会主义法制，在董必武同志提出的“有法可依、有法必依”的基础上，增加了“执法必严、违法必究”，形成了社会主义十六字方针，标志着新时期中国法治建设的起步。

总结起来，这一阶段的主要成就包括以下三个方面。

1. 形成了邓小平民主法制理论

邓小平同志高度重视制度的作用，强调领导制度、组织制度带有根本性、全局性、稳定性和长期性。在党的十一届三中全会召开前的中央工作会议上他就指出：“必须使民主制度化、法律化，使这种制度和法律不因领导人的改变而改变，不因领导人的看法和注意力的改变而改变。”在改革开放的伟大实践中，形成了博大精深的邓小平理论，其中饱含着丰富的法制理论。邓小平法制理论是发展了的马克思主义法学理论，是中国特色社会主义法治理论体系的精髓。邓小平法制理论十分丰富，极其深刻，其核心要义包括法治立国论、依法治国论、民主法制关系论等重要内容。改革开放四十年的实践充分证明，邓小平法制理论体现了社会主义发展规律、国家长治久安的历史规律和共产党作为执政党治国理政的基本规律，是我们党必须长期坚持的指导思想。

2. 通过了1982年宪法

根据党的十一届三中全会确立的路线方针政策，适应我国改革开放和社会主义现代化建设、加强社会主义民主法制建设的新要求，1982年12月4日，五届全国人大五次会议对1978年宪法进行全面修改，通过了我国现行宪

法。三十多年来,我国宪法以其至上的法制地位和强大的法制力量,有力保障了人民当家作主,有力促进了改革开放和社会主义现代化建设,有力推动了社会主义法治国家进程,有力促进了人权事业发展,有力维护了国家统一、民族团结、社会稳定,对我国政治、经济、文化、社会生活产生了极为深刻的影响。

3. 出台了一批重要法律

党的十一届三中全会提出:"从现在起,应当把立法工作摆到全国人民代表大会及其常务委员会的重要议程上来。"1979 年 7 月 1 日,五届全国人大二次会议审议通过了《刑法》《刑事诉讼法》《地方各级人民代表大会和地方各级人民政府组织法》《全国人民代表大会和地方各级人民代表大会选举法》《人民法院组织法》《人民检察院组织法》《中外合资经营企业法》7 部法律,拉开了新时期中国大规模立法工作的序幕。这一时期还通过了《民法通则》《行政诉讼法》《经济合同法》《涉外经济合同法》《技术合同法》《公司法》等一批基础性法律,使民事、行政、商事等方面逐渐实现了"有法可依"。

(二)依法治国,建设社会主义法治国家

这一阶段以 1997 年 9 月 12 日至 18 日召开的党的十五大为开端。党的十五大报告提出:"进一步扩大社会主义民主,健全社会主义法制,依法治国,建设社会主义法治国家。"这是在"文革"结束 20 年后,我们党首次明确提出依法治国,建设社会主义法治国家。党的十五大报告将依法治国确立为党领导人民治理国家的基本方略。2002 年,党的十六大将依法执政确立为党执政的基本方式。2007 年,党的十七大强调全面落实依法治国基本方略,加快建设社会主义法治国家。

总结起来,这一阶段的主要成就包括以下两个方面。

1. 形成了相对深化、相对系统的法治理论

历届中央领导集体和江泽民、胡锦涛等主要领导同志,从我国国情和社会主义法治建设的实践出发,提出问题、总结经验,形成法治理论并不断推进法治理论的创新发展。江泽民同志提出了"法治是社会进步、社会文明的重要标志""依法治国、建设社会主义法治国家""党的领导、人民当家作主、依法治国有机统一""坚持依法治国与以德治国相结合"等重大理论。胡锦涛同志提

出了“党的事业至上、人民利益至上、宪法法律至上”“依法治国、执法为民、公平正义、服务大局、党的领导为主要内容的社会主义法治理念”“民主法治与和谐社会建设的理论”“法治是以和平理性的方式解决社会矛盾的最佳选择”“法治是治国理政的基本方式”“依法执政”“依宪执政”“科学立法、严格执法、公正司法、全民守法”等重大理论。

2. 形成了中国特色社会主义法律体系

党的十五大、十六大明确提出，到2010年形成有中国特色社会主义法律体系。党的十七大进一步提出完善中国特色社会主义法律体系的任务。2011年3月10日，十一届全国人大四次会议庄严宣告中国特色社会主义法律体系已经形成。这是我国法治建设史上的重要里程碑，是中国特色社会主义制度逐步走向成熟的重要标志。

（三）全面依法治国，建设法治中国

这一阶段以2012年11月8日至14日召开的党的十八大为开端。党的十八大以来，以习近平同志为核心的党中央更加重视依法治国，更加注重法治在现代化建设和治国理政中的重要作用，明确提出了全面推进依法治国、加快建设社会主义法治国家的战略任务，并把全面依法治国提到了“四个全面”战略布局的新高度，开启了加快建设法治中国的新征程。党的十八届四中全会在我们党的历史上第一次专题研究全面依法治国问题，并通过了《中共中央关于全面推进依法治国若干重大问题的决定》，这在我国法治建设史上具有重大的里程碑意义。党的十八届五中全会明确提出了“创新、协调、绿色、开放、共享”的新发展理念，把经济社会发展纳入法治轨道。党的十八届六中全会专题研究全面从严治党问题，进一步完善了“四个全面”战略布局。

总结起来，这一阶段的主要成就包括以下七个方面。

1. 形成了中国特色社会主义法治理论体系

党的十八大以来，习近平总书记在厉行法治、依法执政、依法治国、推进法治改革、创新国家治理体系新的伟大实践中，围绕全面依法治国提出了一系列新概念、新范畴、新命题、新论断、新观点、新理念、新思想，内容涵盖了法治和依法治国的全部理论要素和法治建设的各个方面，历史性地提出了“中国特

色社会主义法治理论体系”，创造性地发展了中国特色社会主义法治理论，成为习近平新时代中国特色社会主义思想的重要组成部分。这极大推进了中国特色社会主义法治理论体系的形成、丰富和发展，是中国特色社会主义法治理论体系的精髓和核心，为全面依法治国、建设法治中国提供了科学的理论指导和坚实的学理支撑。这是党的十八大以来我国法治建设的首要成就。

2. 依法治国和依规治党有机统一

党的十八大以来，党规与国法相衔接相协调，依法治国和依规治党有机统一；党的领导方式和执政方式不断改进，依法执政的体制机制不断完善；党领导依法治国的制度和工作机制进一步健全；党内法规制度建设进一步加强；从严治党、依法反腐成效卓著。

3. 以宪法为核心的中国特色社会主义法律体系加快完善

党的十八大以来，重点领域立法进一步加强，立法体制进一步完善，科学立法、民主立法、依法立法深入推进，宪法法律的实施监督进一步加强。

4. 法治政府建设取得重要进展

党的十八大以来，依法全面履行政府职能，坚持依法决策、科学决策、民主决策，严格执法、加强执法规范化建设，全面推进政务公开，完善相关制度、依法预防和化解社会矛盾纠纷，强化对行政权力的制约和监督，确保到 2020 年基本建成法治政府的总体目标顺利实现。

5. 司法体制改革稳步推进

党的十八大以来，完善司法责任制，确保人民法院、人民检察院依法独立公正行使审判权、检察权，推进以审判为中心的刑事诉讼制度改革，强化人权司法保障机制，践行司法为民，强力推进司法公开，加强对司法活动的监督，推进司法信息化建设，建设公正高效权威的社会主义司法制度，努力让人民群众在每一个司法案件中感受到公平正义。

6. 全民守法和法治社会建设迈出新步伐

党的十八大以来，深入开展法治宣传教育、推动全社会树立法治意识，建设完备的法律服务体系、推动法律服务更好地惠及人民群众，健全社会矛盾纠纷预防化解机制，全社会法治观念明显增强，法治正在成为全民信仰。

7. 法治工作队伍建设进一步加强

党的十八大以来，创新法治人才培养机制，大力加强法治工作队伍建设，在思想政治素质、业务工作能力、职业道德水准等方面实现显著提升，为加快建设社会主义法治国家提供了强有力的组织和人才保障。

二、四十年依法治国的经验总结

四十年来，我国法治建设能够取得举世瞩目的历史性成就，靠的是党中央的坚强领导，靠的是全党全国各族人民的共同奋斗。总结四十年依法治国的经验，主要包括以下八条。

第一，坚持党对依法治国的统筹谋划和统一领导。党的领导是中国特色社会主义最本质的特征，是社会主义法治最根本的保证。纵观改革开放以来特别是党的十八大以来我国法治建设的发展历程，最根本的经验就是始终坚持党在依法治国中总揽全局、协调各方的领导核心地位，把党的领导贯彻落实到依法治国的全过程和各方面。正是由于党中央的统一领导、统一部署、统筹推进，切实健全党领导依法治国的体制、机制和制度，有力强化对依法治国方针政策和决策部署的贯彻落实，我们才能在短短四十年的时间里实现法治建设的迅速发展，取得举世瞩目的历史性成就。

第二，坚持厉行法治。改革开放以来，我们党从关系党和国家前途命运、长治久安的战略全局高度定位法治、布局法治、厉行法治。特别是党的十八大以来，以习近平同志为核心的党中央以高瞻远瞩的战略眼光和宏阔视野，把法治摆在党和国家工作全局的关键位置来谋划和推进。四十年来的成就充分证明，只有高度重视法治在实现国家治理体系和治理能力现代化中的重大作用，才能深刻理解和把握我们党实行依法治国的重大现实意义和深远历史意义，才能最大限度发挥依法治国对党和国家事业发展的根本性、全局性、稳定性、长期性作用。

第三，坚定不移走中国特色社会主义法治道路。把道路问题放在关系依法治国全局、决定社会主义法治建设成败的中心位置，坚定不移走中国特色社会主义法治道路，是党领导依法治国的一条最鲜明红线。百里不同风，千里不同俗。一个国家走什么样的法治道路，是由这个国家的国情和实际决定的，是历史的选择、人民的选择。中国特色社会主义法治道路是我国法治建设成就和经验的集中体现，是建设社会主义法治国家的唯一正确道路。在坚持和拓展中国特色社会主义法治道路这个根本问题上，我们要树立自信、保持定力。

第四，坚持不忘本来、吸收外来、面向未来。不忘本来，要求我们从我国基本国情出发，围绕社会主义法治建设重大理论和实践问题，推进法治理论创新，发展符合中国实际、具有中国特色、体现社会发展规律的社会主义法治理论，为依法治国提供理论指导和学理支撑。吸收外来，要求我们学习借鉴世界上优秀的法治文明成果，以我为主、为我所用，认真鉴别、合理吸收，绝不照搬照抄。面向未来，要求我们把推进法治中国建设、建设法治强国作为实现中华民族伟大复兴中国梦的核心战略要素。复兴梦就是强国梦，而法治是国家强盛的重要标志。

第五，坚持改革与法治双轮驱动。改革是发展的强大动力，法治是发展的可靠保障。在改革与法治的关系上，以法治思维和法治方式研究改革思路、制定改革方案、推进改革落实，发挥法治的引领和推动作用，确保在法治轨道上推进改革，实现立法与改革决策相衔接，立法主动适应改革发展需要。在确保改革于法有据的同时，通过改革推动法律立改废释，推进法律制度创新，在改革中完善法治。对需要突破现行法律规定先行先试的改革任务，及时提请立法机关授权后进行试点；对不适应改革要求的现行法律法规，及时提请立法机关予以修改或废止；对实践证明比较成熟的改革经验，及时提请立法机关上升为法律。以改革思维和改革方式推进法治建设，坚决破除束缚全面推进依法治国的体制机制障碍。

第六，抓住领导干部这个“关键少数”。各级领导干部作为具体行使党的执政权和国家立法权、行政权、司法权的人，对法治建设既可以起到关键推动作用，也可能起到致命破坏作用。改革开放以来，党在依法治国中狠抓领导干部这个“关键少数”。党的十八大以来，以习近平同志为核心的党中央，落实党政主要负责人履行推进法治建设第一责任人职责，要求各级领导干部要带头依法办事，带头遵守法律，对宪法和法律保持敬畏之心，牢固确立法律红线不能触碰、法律底线不能逾越的观念。提高领导干部运用法治思维和法治方式治国理政的能力,在法治轨道上深化改革、推动发展、化解矛盾、维护稳定。事实证明,只有领导干部真正成为尊法、学法、守法、用法的模范,全面依法治国才能持续稳步向前推进。

第七,坚持问题导向。依法治国必须直面法治建设领域突出问题,回应人民群众期待,着力解决有的法律法规未能全面反映客观规律和人民意愿,针对性、可操作性不强,立法工作中部门化倾向、争权诿责现象较为突出等立法问题;解决有法不依、执法不严、违法不究现象比较严重,执法体制权责脱节、多头执法、选择性执法等执法司法问题;解决部分社会成员尊法、信法、守法、用法,依法维权意识不强,一些国家工作人员特别是领导干部依法办事观念不强、能力不足,知法犯法、以言代法、以权压法、徇私枉法等守法问题,全面推进宪法和法律实施,实现良法善治。

第八,坚持系统推进。依法治国是国家治理领域一场广泛而深刻的革命,是一项庞大的系统工程,必须统筹兼顾、把握重点、整体谋划。坚持依法治国、依法执政、依法行政共同推进,坚持法治国家、法治政府、法治社会一体建设,坚持依法治国和以德治国相结合,坚持依法治国和依规治党有机统一,努力形成党领导立法与立法机关科学立法、党保证执法与行政机关严格执法、党支持司法与司法机关公正司法、党带头守法与全民守法紧密结合、相辅相成的法治建设新局面。

回顾历史是为了更好地展望未来。党的十九大宣布中国特色社会主义进入新时代,并把坚持全面依法治国作为习近平新时代中国特色社会主义思想和方略的重要组成部分,依法治国在党和国家事业发展中的地位和作用被提升到了历史新高度。站在新时代的历史方位,面向人民在民主、法治、公平、正义、人权、安全、发展、环境等方面日益增长和不断提高的要求,面对任重道远的法治强国目标和依然繁重的全面依法治国任务,我们要全面系统地把习近平新时代中国特色社会主义思想和方略运用于法治领域,并创新性地转化为全面依法治国、建设法治中国的新思想、新方略、新实践,为全面依法治国、建设法治中国作出新的更大的贡献!

改革开放四十年立法事业的发展与思考

乔 晓 阳*

1978 年,党的十一届三中全会作出把党和国家工作重心转移到经济建设上来、实行改革开放的历史性决策。四十年来改革开放的伟大实践,生机蓬勃,波澜壮阔,举世瞩目。我们都是这一历史大事件的亲历者、见证者,是改革开放的参与者、奋斗者,也是改革开放立法事业的推动者、实践者。四十年立法取得的成就,立法事业取得的长足发展,时间跨度长,内容非常丰富,足可以书写出一部翔实的改革开放立法史。

一、改革开放四十年国家立法取得重大成就

凡益之道,与时偕行。改革开放四十年的立法工作始终与时代同步伐、与改革共频率、与实践齐发展。1979 年,国家立法活动全面恢复,经过各方面长期努力和不懈工作,2010 年,中国特色社会主义法律体系如期形成,国家生活和社会生活各个方面总体上实现了有法可依。习近平总书记在党的十八届四中全会决定说明中称赞说,“这是一个了不起的重大成就”。我这里有几个统计数据:改革开放以来,1979 年至 2018 年 3 月“两会”闭幕,全国人大及其常委会共通过一部宪法及五个修正案,制定修改法律 572 件次,通过法律解释 25 件次,通过有关法律问题和重大问题的决定 248 件次,共计 851 件次;现行

---

* 第十二届全国人大常委会委员、第十二届全国人大法律委员会主任委员。本文由 2018 年 5 月 8 日中国法治论坛(2018)“与法共进——改革开放广东发展成就”专题论坛主旨演讲稿整理而成。

有效的法律为 263 部，行政法规 753 件，地方性法规约 1.2 万件。党的十八大以来，在以习近平同志为核心的党中央坚强领导下，全国人大及其常委会深入学习贯彻习近平新时代中国特色社会主义思想，紧紧围绕贯彻落实党中央决策部署，不断加强和改进立法工作，扎实推进重点领域立法，以宪法为核心的中国特色社会主义法律体系继续完善发展，开启了新时代立法工作新篇章。

习近平总书记指出，改革开放以来我国法治建设的成功实践雄辩地证明，我们已经找到了一条符合中国国情、顺应时代潮流的具有中国特色的社会主义法治道路。回顾四十年走过的立法路，我深刻感到，改革开放四十年是以宪法为核心的中国特色社会主义法律体系形成、发展和完善的四十年，是立法决策与改革决策更加紧密衔接、持续为改革开放提供法治动力的四十年，是立法体制机制不断完善、科学立法民主立法依法立法深入推进的四十年，是国家立法机关立法能力稳步提升、立法工作队伍不断发展壮大的四十年。

1983 年，本人到全国人大工作，开始接触立法工作，从 1988 年起直接从事立法工作，长期身处立法一线，回顾这些年来国家立法工作，我体会集中有以下几方面经验。

（一）长期地、自觉地坚持党对立法工作领导，始终坚持用党的理论创新成果指导立法工作

坚持党对立法工作的领导，是立法工作必须遵循的重大政治原则，也是我国改革开放四十年立法工作不断取得新成绩、实现新发展的基本经验。党的理论创新成果是立法工作保持正确政治方向、科学发展道路的行动指南；坚持用党的理论创新成果指导立法实践，是我国四十年立法工作不断与时俱进，适应、服务改革开放和社会主义现代化建设需要的宝贵经验。可以说，改革开放的立法实践，就是中国特色社会主义理论体系指导下的实践。

（二）坚持以宪法为统领与时俱进，通过完备的法律推动宪法实施，维护国家法制统一

社会主义法治国家建设与时俱进，首先是现行宪法的与时俱进。我国宪法不断适应新形势、吸纳新经验、确认新成果，随着党和国家事业的发展而不

断发展。改革开放以来，通过五次修改宪法，由宪法及时确认党和人民创造的成就和经验。现行宪法自身的稳定，是改革开放制度层面的“压舱石”；现行宪法的与时俱进，是改革开放制度层面的“推进器”。通过完备的法律推动宪法实施，是全面贯彻实施宪法的重要手段和方式。我国社会主义法律体系是紧紧围绕宪法这一核心构建、发展的。只有不断地完善以宪法为核心的中国特色社会主义法律体系，才能保证宪法确立的制度和原则得到全面贯彻落实，保证改革开放基本国策的有效推行。维护国家法制统一，是全面落实依法治国基本方略的必然要求，是中国特色社会主义法治建设的成功经验。全国人大及其常委会通过立法不断完善立法体制机制，明确划分立法权限，规范立法程序，加强规范性文件备案审查，保证法律体系科学和谐统一，切实维护社会主义法制统一。

（三）坚持立法以人民为中心，坚持从我国基本国情出发

坚持以人民为中心，充分反映人民意愿，切实保障人民的权益，不断满足人民对幸福美好生活的期盼，是社会主义法治的本质要求、是立法工作的价值取向和工作重点、是改革开放四十年立法工作取得重大成就的根本动力和力量源泉。立法坚持从我国基本国情和实际出发，除了我国经济社会发展的阶段性特征之外，人民群众的生活条件、社情民意、人民群众的需要和向往，就是最大的国情。改革开放以来，立法的过程就是抓住人民群众普遍关心的热点难点问题，深入客观实际，充分发扬民主，广泛汇聚民智的过程。

（四）坚持发挥立法对改革的引领推动作用，实现立法与改革协调推进

四十年来，我国的立法工作就是与改革开放相伴而生、相伴而行的。2014年，我在第二十次全国地方立法研讨会上专题讲过立法与改革的关系。习近平总书记多次指出，凡属重大改革都要于法有据；把发展改革决策同立法决策更好结合起来；坚持问题导向，提高立法的针对性、及时性、系统性、可操作性，发挥立法引领和推动作用。新时代的发展要求是通过立法做好顶层设计、引领改革进程、推动科学发展。我们在处理二者关系的手段方面也丰富起来，除了

传统的立改废释之外，还广泛采取了作出有关授权决定和改革决定、打包修改法律等方式，更为灵活、更有余地、更富成效。

二、改革开放四十年广东地方立法取得丰硕成果

广东是改革开放的排头兵、先行地、试验区。2018 年“两会”期间，习近平总书记参加广东代表团审议并发表重要讲话。习近平总书记指出，四十年来，广东得益于改革开放，创造了很多全国第一，为全国提供了有益经验。我认为，在立法工作方面也是如此，广东立法工作起步于改革开放，得益于立法体制的改革，受益于中央的大力支持。同时，广东立法紧密联系实际，勇于先行先试，为国家层面立法、其他地区立法提供了有益的借鉴和宝贵的经验。

（一）广东省以及相关地市获得立法权是改革开放后立法体制改革的重要成果

新中国成立以来，我国地方立法经历了一个从无到有、主体从少到多的发展变化过程，与改革开放和现代化建设同步，反映出党和国家在治理方式上的重大变化。1979 年，全国人大修订地方组织法，对我国立法体制作出重要改革，赋予省级人大及其常委会地方性法规制定权。据此，广东省人大及其常委会获得地方性法规制定权。据省人大常委会法工委统计数据，到 2018 年 1 月，广东省人大及其常委会共制定省级地方性法规 350 件次，修改地方性法规 257 件次，废止地方性法规 106 件次，现行有效的地方性法规 244 件次。可见，广东省立法已具备相当规模，立法活动活跃频繁，立法成果显著丰硕。

1982 年、1986 年两次修改《地方组织法》，广州市作为省会市获得地方性法规制定权。1992 年、1996 年授权深圳市、汕头市和珠海市人大及其常委会、人民政府分别制定法规和规章在各自的经济特区实施，深圳市、汕头市和珠海市获得经济特区法规制定权。2000 年制定《立法法》时又增加规定，经济特区所在的市人大及其常委会也可以制定地方性法规。深圳市、汕头市和珠海市又获得地方性法规制定权。自此，三个经济特区的市有了两个立法权。其后经国务院批准，三个市经济特区扩大到全市，使得经济特区法规与地方性法规

的适用地域范围相一致。

2015 年 3 月,十二届全国人大三次会议对《立法法》作出修改,赋予所有设区的市地方立法权,使我国享有地方立法权的主体又增加了 273 个。此后,按照省里的部署,佛山等 17 个设区的市分三批获得了地方性法规制定权。

此外,广东还有三个自治县享有民族自治地方的立法权,制定并报批准了自治条例、单行条例。总体上可以说,广东是一个"立法生态"多样化的立法大省。

(二)国家立法给予广东改革开放大力支持

为发挥好广东先行先试的作用,支持广东"大胆地闯、大胆地试",中央将支持广东的政策以法治的形式确立下来,通过国家立法,根据广东实际需要,精准地提供法治支持,这一做法贯穿了改革开放四十年。

比如,改革开放初期,中央决定设立经济特区。1980 年,五届全国人大常委会第十五次会议通过了《关于批准〈广东省经济特区条例〉的决议》,此后全国人大及其常委会作出了一系列关于经济特区立法的授权决定,为广东开改革开放风气之先提供了有力的法治支撑。再如,党的十八大后,为了支持广东省先行先试、深化行政审批制度改革,进一步转变政府职能,为全国行政审批制度改革积累经验,2012 年 12 月,十一届全国人大常委会第三十次会议通过了关于授权国务院在广东省暂时调整部分法律规定的行政审批的决定。又如,发生在近期,2017 年 12 月,全国人大常委会批准了内地与香港特别行政区关于在广深港高铁西九龙站设立口岸实施"一地两检"的合作安排,确认有关合作安排符合宪法和香港基本法,解决了在香港特别行政区行政区域范围内实施"一地两检"的合宪性、合法性依据问题,从中央层面为粤港合作、粤港澳大湾区建设提供了坚定法律保障。

(三)广东地方立法承担了实施国家法律、适应地方治理和改革开放"立法试验田"等多重功能

日新月异的改革开放为广东地方立法提供了宽阔的舞台。在改革开放和社会主义现代化建设的各个时期,广东地方立法针对本省本地经济社会发展

的实际,将国家法律、行政法规予以细化,使之更具适应性、可执行性和可操作性,较好地维护和推动了宪法、法律、行政法规在本行政区域内的贯彻实施;适应地方治理需要,在经济转型和创新发展、社会建设和管理、保障和改善民生等方面探索具有创新意义的立法,填补国家立法的空白。更重要的是,在改革开放中发挥“立法试验田”作用。在国家专属立法权以外、国家尚未立法的领域,根据党和国家有关政策精神,结合地方实际,先行制定地方性法规(经济特区法规),为本地区改革发展稳定提供法治保障,也为国家有关立法进行探索,积累经验。

回顾、总结改革开放四十年广东地方立法实践,主要有以下几方面。

(一)坚决落实中央决策部署,善于运用法治方式推动落地实施。改革开放初期,广东省根据全国人大的授权,先后制定了一系列地方性法规,规范化解决了经济特区建立和发展的问题

党中央确定建立社会主义市场经济体制目标后,广东紧紧围绕这一目标,坚持以经济立法为重点,先后出台了一系列条例,特别是《广东省公司条例》,是第一部在全国率先倡导建立产权明晰、管理科学的现代企业制度的地方性法规。

党的十七大后,广东省贯彻落实科学发展观的要求,在继续加强经济领域立法的同时,更加注重加强社会领域立法,着力解决好人民群众最关心最现实的问题。

党的十八大后,广东省紧紧围绕“三个定位、两个率先”的目标任务,适应全面深化改革的需要,加快推进立法工作。制定了《商事登记条例》《中国(广东)自由贸易试验区条例》等让人耳目一新的地方性法规。

(二)坚持依法改革创新,充分发挥“立法试验田”作用

改革开放四十年来,广东坚持立法主动适应改革发展,切实发挥立法对改革创新的引领、推动作用,坚持以立法巩固改革成果、推动体制创新,通过先行先试,形成可复制、可推广的经验。在社会主义市场经济、社会管理、保障和改善民生等多领域的立法都生动诠释了“立法试验田”的角色和担当,许多内容

和好的做法被国家立法和其他地方立法所吸收借鉴。

在立法工作方面，广东地方立法走在全国前列，很多立法工作举措都是全国第一，成为地方立法典范。1993 年，委托专家学者起草《广东省经纪人管理条例（草案）》，是地方立法机关首次委托专家学者起草法规草案，堪称地方立法起草机制的重大尝试。1999 年《广东省建设工程招标投标管理条例（修订草案）》举行立法听证会，广泛征求社会各界意见。这是国内第一次立法听证会，极大地推动了立法民主化、公开化进程。2003 年，广东省人大常委会首次向社会公开征集立法项目和法规草案稿，开启立法公众参与的新探索。2013 年，广东省人大常委会建立九个地方立法研究评估与咨询服务基地，并组成了地方立法研究高校联盟，共同推进地方立法研究工作。广州市和深圳、珠海、汕头三个经济特区的市在立法工作方面也取得很多成绩，开展了很多有益的探索，取得了很好的实效，不断推进立法体制机制创新。

（三）从经济立法一枝独秀转向改革开放“五位一体”立法全面发展

改革开放主要是以经济领域作为突破口。无论是着眼于培育和建立社会主义市场经济，还是促进经济转型升级，一直以来经济领域立法是广东地方立法的重中之重，广东也成为全国经济立法的重要“取经地”。随着改革开放不断深入，社会生活各个领域法治需求迅速增长，需要通过立法解决社会矛盾、促进社会公平正义。广东在继续加强经济立法的同时，更加注重社会领域立法，为推进全省域经济社会的全面、协调、可持续发展创造了良好的法治环境。党的十八大以后，广东加强重点领域立法，在保障深化改革、促进转型升级、推动“十二五”规划实施、加强和创新社会治理、改善民生方面立法取得新突破、新进展，改革开放“五位一体”立法全面发展。

（四）注重发挥经济特区、设区的市立法的重要作用

深圳、珠海、汕头三个经济特区坚持把立法与改革发展重大决策结合起来，把两个立法权用好、用足，立法工作不断创新发展，取得很多成果。比如，深圳、珠海关于律师执业保障方面的立法，率先规定律师提前介入案件，明确

赋予律师会见权利，相关创制性规定为《律师法》《刑事诉讼法》提供了宝贵经验。在社会建设方面，深圳市在全国率先制定了《深圳经济特区文明行为促进条例》，对于强化市民文明意识，形成文明习惯，弘扬文明风尚，具有重要的促进作用。汕头市突出地方特色，利用与中国台湾地区的优势因素，制定《汕头经济特区台湾同胞投资保障条例》，以立法促进粤台经贸合作试验区建设。

广州市作为省会市较早取得地方性法规制定权。在总结多年经验基础上，广州市建立了一套科学规范、运行有效的制度体系，创立了多个“全国率先”，立法的民主化、科学化大大提高，有一些制度、做法全国人大常委会法工委曾多次调研学习。比如，建立法规立项标准体系，建立立法后量化评估制度，开展网络民主立法，开设立法官方微博、官方微信，举行网上立法听证会，制定发布《广州市公众参与地方立法指南》，编写《立法业务指南》等，都走在全国前列。

三、对广东地方立法发展的几点建议

在以习近平同志为核心的党中央坚强领导下，深入学习贯彻习近平新时代中国特色社会主义思想，我们相信，广东在新时代的改革开放中将继续引领潮流，广东地方立法工作也将继续走在全国前列。下面从立法工作者的角度，我谈以下三点建议。

（一）要坚持以习近平新时代中国特色社会主义思想为指导，坚持以法治方式推进改革开放、创新发展

习近平新时代中国特色社会主义思想中关于坚持和完善人民代表大会制度的论述、关于全面依法治国的论述、关于立法工作的论述，是新时代加强和改进立法工作的重要指导和根本遵循。要深刻体会和把握习近平总书记关于“实现立法和改革决策相衔接，做到重大改革于法有据、立法主动适应改革发展需要”等重要论述的内涵，充分发挥人大及其常委会在立法中的主导作用，在对有关改革创新事项作出决定和部署的同时，同步考虑法治建设相伴相随的问题，坚持、善于以法治方式推进改革开放、创新发展。

（二）要继承四十年优良作风、发扬创新精神，打造我国立法工作典范省份、典范城市

习近平总书记指出，不忘历史才能开辟未来，善于继承才能善于创新。广东地方立法有四十年丰富经验积累，形成了“敢为天下先”的优良作风，秉持了“大国工匠”的创新品格，培育了“立法试验田”的创新精神。在新时代、新征程上，要在继承的基础上贯彻落实党的十九大精神，坚定以改革创新的理念推进广东省级立法、经济特区立法、设区的市立法和自治地方立法，切实提高立法质量，把立法优势转化为法治优势、发展优势，放眼粤港澳大湾区建设，以一流的法治营造更具竞争力的创新创业环境、为实现“四个走在全国前列”提供坚实法治保障，为不断完善中国特色社会主义法律体系再立新功，把广东及各地市打造成我国立法工作典范省份、典范城市。

（三）要坚持依法立法，把立法创新与维护国家法制统一结合好

习近平总书记在党的十八届四中全会上指出了我们立法领域面临的一些突出问题，其中包括“一些地方利用法规实行地方保护主义，对全国形成统一开放、竞争有序的市场秩序造成障碍，损害国家法治统一”。这就提示我们，立法创新不是随意创新。不管是行使地方性法规制定权，还是行使经济特区立法权时，都应当从国家整体利益出发，维护国内市场的统一和法制的统一。2018 年 3 月，十三届全国人大一次会议通过宪法修正案，将全国人大法律委员会更名为全国人大宪法和法律委员会，旨在加强合宪性审查工作。贯彻落实党的十九大和十九届二中、三中全会精神，合宪性审查、备案审查工作将是今后全国人大及其常委会着重加强的方面之一。因此，地方立法要坚持依法立法，严格按照《立法法》规定的权限、程序和原则开展立法活动，在适合的领域进行创新、试验，真正体现出地方特色，把本地区改革开放纳入法治轨道，发挥好地方立法在中国特色社会主义法律体系中的作用。

改革开放大力推动经济发展和法治建设

龙 永 图*

中国的改革开放和法治建设有非常紧密的关系，这里从改革开放的角度来谈法治建设的问题。

中国的改革开放确实不仅大大地推动了中国经济社会的发展，也极大地推动了中国的法治建设。我想从中国建立社会主义市场经济体制的角度，来分析中国改革开放如何推动了中国的法治建设。

中国建立社会主义市场经济体制，可以说是中国四十年来法治建设最重要的成果之一。关于这一点，先从中国入世谈判的层面讲起。中国入世谈判谈了十五年。当时在全国各地宣讲中国入世问题的时候，我曾经总结过，中国入世谈了十五年，其中六年是谈市场经济，八年谈开放市场，一年谈起草法律文件。谈了六年的市场经济，从 1986 年一直谈到 1992 年底。为什么呢? 因为当时中国谈判最大的一个困难，就是我们不承认我们是搞市场经济的。

当年的关贸总协定是所谓的“市场经济俱乐部”，承认搞市场经济是“复关”最重要的前提之一，所以当时我们派了很多专家学者去讲解我们的体制，说什么我们的体制虽然不是市场经济，但是和他们讲的市场经济也有很多共同之处，也是搞商品经济，是搞有计划的、有市场的商品经济，是计划经济和商品经济相结合的经济体制等。但是谈判各方就是逼我们，到底承不承认市场经济，是不是搞市场经济。

---

* 中国与全球化智库主席。本文由 2018 年 5 月 8 日中国法治论坛(2018)“与法共进——改革开放广东发展成就”专题论坛主旨演讲稿整理而成。

1992年初，邓小平同志南方谈话中提出了市场经济不等于资本主义，社会主义也有市场，作了一系列重要的理论上的突破。1992年10月举行的中国共产党第十四次全国代表大会正式通过了建立社会主义市场经济体制的目标，这样才使得我们在1992年底关贸总协定大会上正式宣布中国是搞市场经济的，搞的是社会主义市场经济。记得那天我们代表团团长这样讲以后，全场起立鼓掌，西方国家的代表比我们还兴奋，他们想中国总算承认市场经济了。虽然今天大家都在谈“市场经济”，但是实际上当时是禁区。“市场经济”四个字确实是一字值千金。

回想起来，中国承认搞市场经济，是中国改革开放四十年来一个决定性的突破，是和世界经济接轨的决定性的一步。在这一点上，我们还是要感谢小平同志。没有小平同志的理论突破，没有小平同志为我们全党解放思想，中国的入世谈判可能仍然处在黑暗之中。今天，有人讲起现在世界贸易组织中的有些国家，因为中国入世条款，不承认中国的市场经济地位，这确实是一场大误会。这些人不知道《中华人民共和国加入世界贸易组织议定书》第十五条是一个技术性条款，是关于判定补贴和倾销的价格比较条款，讲的是企业在制造和销售产品的时候是不是按照市场经济条件来做，再决定使用什么样的价格比较条款，来决定这个企业是否有倾销行为，这跟一个国家的社会主义市场经济地位毫无关系。实际上，在中国入世协议中，从来没有出现过“社会主义市场经济地位”这几个字，第十五条讲的只是企业是否在市场经济条件下生产和销售产品。我们从事法律工作的同志应当好好地总结，将关于市场经济地位这个问题作为一个案例，以便今后准确地、专业地解读一些国际协议中的真正含义。

那么，建立社会主义市场经济和法治建设究竟有着什么样的联系？

第一，一定要看到市场经济就是法治经济。这是我们改革开放当中一个认识上的飞跃。市场经济不是一个无序的经济，是在一整套的法律规范和体制之下来进行的经济。关于市场经济就是法治经济，主要有以下两个内涵。

一是要建立一套科学完备的、相互配套的、行之有效的法律法规。这些年为了推动改革开放、建立社会主义市场经济，我们制定了一整套科学完备、相互配套、行之有效的法律法规。制定这个法律法规当然主要是国家层面的权限,但是地方层次的法规确实也应该有自己的创造性和针对性。广东在这个方面有很多实践,因为广东经济的发展倒逼需要制定一些土地使用的法规、需要制定一些吸纳资本的法规、需要制定一套鼓励创新创业的法规。这充分说明地方法规的制定,还是有很大空间的,也是有创造性和针对性的。这是法治经济的第一个内涵。

二是形成一支素质优良、廉洁高效的执法队伍。广东的经验讲得很好、很全面,实际上归根到底就是法治政府,广东在建设权责法定、执法严明、公正公开、廉洁高效、守法诚信、便民利民的法治政府。

所以市场经济的法治地位无非就是两点:其一是健全的法律法规,其二是廉洁高效的法治政府。只有做到这两点,才能够真正建立有利于中国发展的司法环境、营商环境和社会环境。

第二,在坚持对外开放特别是对外经贸工作中按国际规则办事。这一点具有特别的意义。很多同志都认为,现行的国际经济法规体制、国际秩序都是以美国为代表的西方国家在过去几十年里搞出来的,我们为什么要遵守呢?这种观点从中国入世谈判开始一直到今天,这个争论还没有结束。怎么样看待现行的国际秩序、国际规则?对此,我们的态度还是要执行、要尊重的,不能颠覆,这对我们来说是很重要的。理由有四点。

一是中央的基本判断,就是中国仍然处于战略机遇期,我们永远不要忘掉这一点。我们正处于上升阶段,这个时候有很多工作要做,而对外就是要营造一个好的国际环境。怎么营造一个好的国际环境?很重要的一点就是像小平同志所讲的“韬光养晦”。而“韬光养晦”一个重要的标志就是遵守规则,就是要打造一个在国际上的好的形象,这样别人才不会认为中国是一个威胁,才会有一个好的国际环境。遵守国际规则就是继续“韬光养晦”,继续打造中国的良好国际形象,这是一个根本性的问题。一个国家不管多么强大,只要是承诺遵守国际规则的,就不会对世界构成威胁;这个国家再小、再不强大,但是不守规矩,就可能会构成威胁。中国处于战略机遇期,从营造一个好的国际环境的角度来讲,我们要继续遵守国际规则。

二是我们只有自己遵守国际规则,才有权利、有底气要求其他国家在对待中国企业、对待中国事务的时候也按国际规则办事。自己都不遵守国际规则,怎么让其他国家在对待我们的问题上按国际规则办事？若我们对其他国家的企业都不按国际规则办事，怎么让其他国家政府对中国企业也按国际规则办事？所以这对我们很重要，特别是越来越多中国企业“走出去”，中国企业到了其他国家都希望其能够按照国际规则办事，不歧视我们的企业。要做到这一点，我们首先要做到在国内既按国内规则办事，也按国际规则对待外国企业，这是很简单的逻辑。

三是我们只有遵守国际规则，我们才可能使外国的投资人、外国的商家对中国有信心，才能看到中国的整个法律体制是透明的、可预见性的，这是最重要的营商环境的标志。所以我们中国现在提出来在对外开放和对外经贸工作中按国际规则办事情，从任何层面上来讲都是很重要的，我们要继续坚定这一条。

四是在按国际规则办事方面，并不是说全盘接受国际方面的规则，而是主要通过我们国内的立法，把它转换成国内规则。所以入世以后，中国制定了一整套新的对外经贸工作方面的法律法规，修改了几百个法律法规，主要就是通过按国际规则的一些精神和原则，把它转换成我们的国内法。这个转换的过程就是体现我们党的领导的过程，就是体现我们的中国特色社会主义，也是为了体现中国的市场经济是社会主义市场经济。特别要记住，遵守国际规则并不是完全照搬国际规则，而是按照国际规则的精神和原则，把它转换成我们国内的法律法规，体现我们的中国特色、体现我们的社会主义市场经济和其他国家的市场经济有不一样的特点。

第三，国际规则也应该与时俱进，来适应新的国际形势的发展。这也意味着从事法律的工作者有很大的工作空间和很大的挑战。因为现在科学技术的发展日新月异，在许多新的科学技术问题上，比如互联网、大数据、人工智能等，对于很多国际规则特别是国际贸易方面的规则，比如知识产权保护的规则，提出很多重大的挑战。所以我们中国必须积极参与到制定和修订新的法律和国际贸易规则的进程中。

一是知识产权保护。在过去，大家都认为这是西方国家的专利，西方国家也历来认为是这样子的。实际上现在以中国为代表的新兴国家，在制定新的国际规则方面，包括知识产权保护方面，正在发挥越来越重要的作用。我们应该在知识产权保护的问题上变被动为主动。今后在新的技术推动和发展方面,若以中国为代表的新兴国家想逐渐起到一个引领的作用,我们就应该要看到知识产权保护的趋势。

二是在经济贸易的形态和发展上也出现了新的变化。比如说国际跨境电子商务,中国的跨境电子商务大概占整个进出口的四分之一。阿里巴巴估计,再过几年跨境电子商务占比可能会超过三分之一。中国已经成为全球跨境电商的一个最重要的参与者。因此,在制定跨境电商等新的贸易领域规则上,中国要发挥重要作用。制定新的国际规则,确实存在一个与时俱进适应新形势的问题。

另外,中国对外开放的一些具体规则也要适应新形势。习近平总书记在博鳌论坛提出了中国对外开放的很多新举措,其中很多方面是当时中国入世谈判设定的底线。当我们提出这样一些新的对外开放举措,突破了中国在国际上承诺的对外开放的规则体系的时候,西方甚至国内很多人认为我们是在美国压力之下做出的决定,但事实并不是这样的,这是我们适应新形势、适应中国新的发展阶段而主动提出来的。如在银行业开放问题上,我们 1998 年、1999 年和美国人谈的时候,当时我们处在一个什么样的情况?中国的四大商业银行中国工商银行、中国建设银行、中国银行、中国农业银行,总的资产加起来比不上美国一个花旗银行,当时是在这样的情况下谈银行业的市场开放。但是现在,仅中国工商银行一家的总资产就远远超过花旗银行,而且全球十大商业银行当中的总资产排名,前五名中有四个是中国的银行。可见,情况发生了很大的变化。

中国确实仍是一个发展中国家,但是中国确实不再是二十年前的那个落后的发展中国家。中国的开放水平必须要与国力相适应,我们不能搞双重标准。到今天我们也应该承认这一点,我们对外开放也必须和现在的经济实力相适应。在这样的情况下,我们在过去二十年前或者十几年前承诺的开放措施,现在必须要有所突破。不突破,一是会束缚国内有关产业的发展,二是国际上说不过去。这是我们自身改革开放的需要,绝对不是在美国的压力下做出的。我们今后还会进一步随着中国经济和产业的发展提高对外开放的水平。所以我们应该看到,对外开放应主动地适应中国国内产业和经济发展的需要并同经济发展水平相适应这个基本原则。

现在,对外开放出现了一个国际压力的问题。中国的入世谈判一直是在国际的强大压力之下进行的,当时我们的国力远不如今天,我们所承受的压力远比今天要大,我们回旋的余地远比现在要小。当对方提出一些所谓要价的时候,我们依然会坚持这三点重要原则:第一点,如果对方的要求和我们自身改革开放的要求是一致的,而且我们现在马上能做,我们马上答应;第二点,如果对方提出的要求和我们改革开放的大方向是一致的,但是我们现在做起来还有些困难,我们希望对方和我们谈判出一个时间表,逐步完成,五年做到、十年做到;第三点,如果对方提出的要求和我们的经济与社会发展方向完全背道而驰的,我们坚决不同意,再大的压力也不会同意。有了这三点原则,我们和任何国家的谈判都会处在一种主动的地位。

所以在面临国际压力问题上,我们一定要坚持上述原则,即在整个对外开放当中,为了占据主动的地位,首先我们要有开放的思维。要知道,整个国际贸易的谈判是朝着更加开放的方向发展的。历史已经证明,中国越开放、中国就越发展,哪个部门开放、哪个部门就发展。但是要开放,我们必须注意两点:一是我们要做好准备,要制定一整套完备的法律法规来控制风险;二是我们必须要有一批品质高尚、素质一流的人才来适应改革开放的新形势。有了这两点,我们对外开放就没什么可怕的。经验证明,我们不怕开放,怕就怕没有可依靠的、系统的、相互配套的、行之有效的法律法规,怕就怕没有一支素质优良、廉洁公正的执法队伍。所以,在开放的问题上,一定要有信心、有定力,这是基本的原则。多年的实践经验已经证明这些基本原则是有效的。

这里引用一段习近平总书记最近在博鳌论坛重要讲话当中的一段话。这段话是论述当前国内外的经济形势,对国内外都有很强的针对性。特别是在国内外出现了很多不一致、不专业的声音的时候,习近平总书记这段话确实是非常及时。习近平总书记讲,无论中国发展到什么程度,我们都不会威胁谁,都不会颠覆现行的国际体系,都不会谋求建立势力范围,中国始终是世界和平的建设者、全球发展的贡献者、国际秩序的维护者。这段话在当前具有极大的意义、极大的针对性,使看到一些问题后感到忧虑的人找到了方向和力量。学习领会习近平总书记的重要讲话精神,要把握以下几个关键点。

一是要做“世界和平的建设者”。当然世界和平是一个很广泛的概念,但是从经济层面上来讲,我们中国成为世界和平的建设者,就是要继续高举经济全球化的旗帜,坚决反对贸易保护主义,推动全球的贸易自由化和便利化。没有国际贸易就可能发生战争。所以只有继续推动经济全球化,推动全球经济的相互连接,推动全球经济的发展,才能够实现世界和平,这是我们做经济和对外开放的同志所要理解的。

二是要做“全球发展的贡献者”。我们现在经过四十年的改革开放,确实是比过去强大了,我们现在有能力提出我们的中国智慧、中国方案,为全球的发展作出我们自己应有的贡献,“一带一路”就是最典型的例子。我们要继续坚持一种开放的精神,为全球的经济发展作出应有的贡献。

三是要做“国际秩序的维护者”。就像习近平总书记所讲的,我们不谋求颠覆现行国际秩序。大家知道现行的国际秩序是以美国为首的西方国家所建立的,我们不会颠覆全球现行体制,就是不挑战美国全球老大的地位,而是希望和美国建立一种不冲突、不对抗、相互尊重的关系。我们在任何情况下都应该把这些重大战略放在第一位。当前的国际秩序有两个方面:第一个是第二次世界大战以后建立的一整套国际规则,第二个是第二次世界大战以后建立的一整套国际组织。我们不颠覆现有的国际秩序,就是要继续遵守现行的国际规则体系,继续在现行的国际组织的框架之内支持国际组织发挥作用,坚定地实行多边主义。

习近平总书记在博鳌论坛的这样一段重要讲话,为当前如何进一步统一思想、坚持对外开放、处理好复杂的国际关系指明了方向。我们在改革开放四十周年的历史时刻,要牢记习近平总书记的重要讲话精神,使我们真正成为世界和平的建设者、全球发展的贡献者、国际秩序的维护者。做到这一点,我们将极大推动中国经济的发展,并在这样一个历史进程当中,为人类作出更大的贡献。

敢为天下先　法治是保障

张 文 显*

自改革开放以来，我国开始了对法治建设的探索，并在长期实践中取得了长足的发展。可以说，法治建设是国家发展的客观需求，同时也顺应了时代的发展趋势，为国家的发展与社会的变革起到了重要的推动作用。作为改革开放排头兵、先行地、试验区的广东，敢为天下先，不但经济建设领先，而且法治建设也走在全国前列。

一、改革开放四十年来法治建设的广东经验

广东是我国改革开放的前沿，创造了许多改革开放的第一。广东的经验是中国特色社会主义法治的经验，法治建设的广东经验就是法治发展的中国经验。四十年来，广东经济社会发展取得了举世瞩目的成就，发挥着引领全国改革开放排头兵的作用，与此同时，广东在法治建设方面创造了许多先例，创造了依法治省、建设法治广东的先进经验，提供了法治建设的“广东样本”。可以概括为以下几点。

（一）在全国率先提出依法治省的基本方略

早在 1993 年 5 月，中共广东省委就在省党代会上正式提出开展依法治省

---

* 中国法学会党组成员、副会长、学术委员会主任。本文由 2018 年 5 月 8 日中国法治论坛（2018）“与法共进——改革开放广东发展成就”专题论坛主旨演讲稿整理而成。

工作,后来决定在深圳进行依法治省的试点。三年后,在总结深圳做法经验的基础上,广东省委出台了《关于进一步加强依法治省工作的决定》,这在我国民主法制建设史上写下了浓重的一笔,掀开了法治广东建设的实践篇章,为全国的法治建设起到示范和推动作用,也为党的十五大提出依法治国、建设社会主义法治国家积累了丰富的实践经验。在广东省委的《决定》里,提出了依法治省的五句话:“依法执政、完善立法、严格执法、公正司法、全民守法”。这与党的十八大提出的十六字方针,除了“依法执政”一条以外,只有两个字的区别,就是“完善”。党的十八大的表述是“科学立法、严格执法、公正司法、全民守法”。所以说,本人觉得这不仅提供了经验,也提供了理论。党的十八大的新十六字方针,也是概括了国内很多经验,包括法治浙江、法治江苏、法治广东等方面的经验。而广东起步最早,确立了符合省情的二十字方针。其中“依法执政”,对各级党委自身在法律范围内活动提出了要求。

(二)改革创新的立法思维

改革开放初期在没有立法权的情况下,广东省就以地方人大和政府决定的方式,为改革开放实践提供规范性文件支持。全国人大,1981 年赋予广东人大地方立法权,1992 年又赋予省人大制定法规在经济特区实施的权力。获得地方立法权以后,广东省与深圳市以极大的勇气与改革创新的立法思维,充分利用立法权保障、引领、规范经济改革和对外开放。广东创造了到今天来讲仍然是非常先进的立法思维。一是打破常规,这和现在中央提出的加强重点领域立法是非常契合的。二是超前立法,引导推进保障改革。在立法工作中,强调成熟一个、制定一个,但是面对蜂拥而至的改革浪潮和社会变革,这种立法思维很难适应广东改革开放的需要。为此,广东省和深圳市突破了这种立法思维,提出需要一个、确定一个,做到急用先立。还有,改革开放之初我们的立法思维当中有一个是宜粗不宜细的特点。在当时社会变革的情况下,这已经是非常好的立法思维了。但这对于广东来讲,他们认为仅仅这样是不够的,于是创造性地提出了能细则细、宜粗则粗、粗细结合的立法思路。三是广东专门出台了借鉴香港经济立法经验、加快深圳立法工作的方案,吸收其中有益的养分为经济特区的建设发展所用。四是率先提出了开门立法、公开立法,推出了一系列的民主立法、开门立法的举措。

（三）大力推进行政执法体制改革

早在二十年前，广东就已经推出了在法治政府建设方面的很多改革措施，先是行政审批制度，还有综合执法体制改革、行政执法责任制、行政公开以及提出政务公开等。而在司法改革方面，广东早在 1998 年就开始起步了。例如：全面落实公开审判、深化审判方式改革，扩大合议庭的权责、缩小审判委员会的权责、强化合议庭和独任审判员的职责、建立健全冤案错案责任追究制、强化审判管理、落实院长庭长的带头办案制度。中政委前年才刚刚出台院长庭长带头办案的规定，而广东省很早就提出来了，还采取有效的措施来解决打官司难的问题，落实司法为民。与此同时，广东还作出专门决定，破解执行难问题，率先打响破解执行难的攻坚战。这比全国正在进行破解执行难三年攻坚战，早了二十年。2006 年，深圳市在充分调研执行难症结的基础上作出了决定，提出了六个字："威慑、监督、联动"。现在各地也是这样做的，这是破解执行难的基本做法。

（四）广东实践是敢为天下先的法治试验

用数据来表述，改革开放中广东的立法有三个三分之一：第一个是在国家和地方立法没有先例的条件下先行先试的立法占三分之一；第二个是根据经济体制和对外开放的实际需要对国家法律法规进行必要的变通补充和细化的立法占三分之一；第三个是根据法治建设、经济建设、社会治理的前沿领域需要而进行的立法占三分之一。三个三分之一，很多都是敢为天下先。总之，无论广东省还是深圳市的法治建设，都创造了很多的鲜活经验，成为中国法治建设一个非常重要的源头活水。

二、深化依法治国实践对广东的期许

2018 年是改革开放四十年，我们要回顾总结过去，坚定法治信念，坚定不移地走中国特色社会主义法治道路。同时，我们也要面向未来，着眼深化依法治国实践要求，进一步加强新时代法治建设。相信在未来较长的一段时间里，广东将继续领跑法治中国建设。在法治领域有几个比较大的宏观背景需要很好地把握。

（一）新时代社会矛盾的深刻变化，对于法治建设提出了更高标准

党的十九大作出了我国社会主要矛盾已经转化为人民日益增长的美好生活需要和不充分不平衡的发展之间的矛盾，人民美好生活需要的增量部分集中在法治领域。党的十九大报告强调，民主法治、公平正义、安全环境、人权保障、人的全面发展、社会的全面进步，归结起来就是人民美好生活当中最突出的增量部分，而这个增量部分又恰恰集中在民主法治领域，这就为我们的法治建设提出了新的任务，也提出了更高的要求。怎么样回应人民对于法治、对于高品质的多元化的法治需求，这是一个非常重要的课题。

（二）全面建成小康社会进入关键阶段，到 2020 年全面建成小康

小康社会里面的法治小康的任务也非常重要。党的十八届四中全会提出了依法治国方略全面落实，法治政府基本建成，司法公信力不断提高，人权得到切实尊重和保障。党的十八届五中全会稍稍地充实了这四条，“司法公信力不断提高”改为“司法公信力显著提高”，在人权保障后面加上了产权得到有效保护。离实现这几个目标还有三年时间，怎样才能够实现？如果实现不了，法治小康、小康社会就没有真正实现。习近平总书记讲了，这方面的任务很重，所以中央成立全面依法治国委员会，很重要的是加强对法治建设的领导，加快提速。到 2035 年法治国家、法治政府、法治社会基本建成，法治现代化迈开新的步伐，可以说是目标明确，使命光荣。

（三）中国特色社会主义总体布局得到调整和完善，法治引领和保障作用更加凸显

党的十九大“五位一体”总布局有明确的表述，十三届全国人大一次会议以宪法修正案的方式，进一步地完善了“五位一体”，经济建设、政治建设、社

会建设、文化建设、生态文明建设,分别对应的是什么呢? 对应的是物质文明、政治文明、社会文明、生态文明、精神文明这“五大文明”。还对应的是什么呢? 是富强中国、民主中国、文明中国、和谐中国、美丽中国。所以“五大建设”“五大文明”关键词,构成了一个具有内在逻辑联系的更加完善的“五位一体”的总布局。这个“五位一体”的总布局怎么样有效地推进? 法治在这中间起到什么作用? 法治既是“五位一体”的内容,又是“五位一体”的引领和保障。在这种情况下,我们每个领域都要去考虑法治应该起什么样的作用。

(四)在我们党的历史上第一次把依法治国提升为坚持和发展中国特色社会主义的基本方略

党的十五大提出全面依法治国的基本方略,党的十八大提出法治是依法治国的基本方式,这次党的十九大把法治作为新时代坚持和发展中国特色社会主义的十四个基本方略之一,排在第六,非常重要。依法治国基本方略地位的提升,凸显了依法治国在党和国家工作全局中的地位和作用,在全面推进中国特色社会主义事业、实现中华民族伟大复兴当中不可替代的作用。为此,我们要站在新的历史方位来思考和加强法治建设。

新的时代、新的起点,期待广东在改革开放再出发的新征程中,不断深化依法治国实践,推动法治建设进一步提速增效,继续引领法治中国建设。

改革开放与法治建设相得益彰

梁 伟 发*

今年是我国改革开放四十周年。广东作为改革开放的排头兵、先行地、试验区,历经筚路蓝缕、风雨兼程,已发展成为中国参与经济全球化的主体区域、全球先进制造业基地、重要的科技创新与研发基地,中国集聚人口最多、经济总量最大、实力最强、市场化程度最高的地区之一,是全面建成小康社会、加快社会主义现代化国家新征程的重要支撑,是展示改革开放成就的重要窗口。

一、改革开放为广东发展带来了举世瞩目成就

广东得益于改革开放先行,思想观念解放,体制机制灵活,发展高速高效,在很多方面创造了全国第一。

(一)经济建设跨越发展

广东国内生产总值2017年达89879.23亿元,比1978年的185亿元增长485倍,年均增速13.3%。1989年,广东经济总量跃为全国第一并保持至今达29年,1998年超过新加坡,2000年首破1万亿元大关,2003年超过中国香港,2007年破3万亿元并超过中国台湾,2011年破5万亿元,2015年破7万亿元。地方一般公共预算收入11315.21亿元,比1978年增长271倍,连续27年居全国第一。全省城乡居民人均可支配收入分别达40975元、15779元,比1978

* 广东省法学会会长。

年分别增长 99 倍和 82 倍。特别是区域创新综合能力 2017 年跃居全国第一，国家高新技术企业存量 3.3 万家，第一、二、三产业结构比为 4.2 ∶ 43.0 ∶ 52.8，其中现代服务业增加值占服务业增加值的 62.6%，先进制造业和高技术制造业增加值分别占规模以上工业增加值的 53.2%和 28.8%。

（二）对外开放硕果累累

广东充分发挥毗邻港澳、华侨众多优势，率先实行改革开放，以外向带动促进发展，共交国际友城 175 对，朋友如云，遍及五大洲 61 个国家，世界 500 强企业有 400 多家在粤投资；同时不断提升企业“走出去”质量和效益，广东 11 家企业挤进世界 500 强。1979—2017 年实际利用外资 4748.1 亿美元、居全国第一，2000—2017 年进出口总额 103619.03 亿美元，占全国 1/4，连续 31 年第一；其中跨境电子商务进出口规模居全国首位，动漫总产值占全国 1/3。

（三）基础设施建设成绩斐然

2017 年，全省高速公路通车里程达 8335 公里，高铁运营里程达 1538 公里，创造多项世界第一的粤港澳大桥全线贯通；港口泊位 2811 个，其中万吨及以上吨级泊位 304 个，全省港口货物年通过能力达 16.7 亿吨，居全国第二位。邮电业务总量 61734.13 亿元，互联网接入信息流量达到 13 亿 G 比特，IT 产业电话总时长比开放初期增长 5000 倍；广东电网统调负荷达 10506 亿千瓦，全省用电量 5958.97 亿千瓦；①“三桶油”（中石油、中石化、中海油）炼油产量 1 亿吨位，以上指标均领跑全国。

经济发展带来社会建设日臻进步，文化建设引领潮流，行政体制改革先行先试，法治建设位居前列，社会治理效果明显，绿色广东建设卓有成效。四十年发展取得的辉煌成就，为贯彻落实习近平总书记提出的“四个走在全国前列”要求打下了坚实的基础。

二、改革开放与法治建设相随共进

改革开放使广东取得如此辉煌的成就，有人说，靠的是灵活变通，“遇到黄灯快快走，遇到红灯绕道走”，甚至还有人说是靠走私贩私发起来的。事实并非如此。改革开放四十年广东的高速高效发展靠的是中央改革开放政策、靠的是法治建设。

（一）从农业省份到工业大省产业转型升级快，倒逼加强法治建设

改革开放以来，广东抓住历史机遇实现了两次产业转型升级。第一次是1978—2007年的三十年，主要依靠土地资源、人力资源、外来投资三大基本要素，承接了世界经济体系中加工贸易型低端制造业的移入，形成劳动密集型、外源型产业结构，由农业地区成功转型为工业制造加工地区。第二次是2008年至今的十年，面对世界金融危机带来全球经济低迷的重压，广东主动实施“腾笼换鸟”战略，推动劳动力和产业双转移，拥抱数字经济、创新经济，发展先进制造业和高技术制造业，力推“广东制造”变“广东智造”。在两次转型中，土地、人力、资本三大要素的汇聚整合，创新、创业、创造的破茧蝶变，须臾离不开法治建设。

1. 倒逼土地使用法规的出台

土地是经济发展最基本的资源、资产、资本。为盘活国有土地资源，1981年广东出台《深圳经济特区土地管理暂行规定》，从法律上确立土地有偿使用和转让制度。1987年冬，深圳敲响了拍卖国有土地使用权的第一槌：一块面积8588平方米、使用期50年的土地，经过公开竞拍以525万元成交。这是依据省人大常委会于1987年12月通过修改后的《深圳经济特区土地管理条例》，最先开展的土地有偿使用和转让。土地开始产生巨大市场价值，也因利益巨大带来涉土矛盾纠纷凸显，甚至不时引发群体性事件。2005年广东提出征地建设项目“三条红线”、出台七个相关细则规定，从制度层面减少涉土涉房纠纷井喷，保障了土地资源依法依规、充分合理利用，有力维护了社会稳定。

2. 倒逼吸纳资本法规的出台

资本是经济发展的必备条件。1987年出台《广东省鼓励外商投资实施办法》，加快建立以市场调控为主、政府调控为辅的多层次、多渠道融资机制；1991年7月3日，深圳证券交易所正式营业，开启了建立现代企业制度、集中

社会资金投资、推动经济结构调整的全新历程;1992 年出台《关于进一步扩大对外开放若干问题的决定》,在更大范围、更广领域和更高层次上推动参与国际经济合作与竞争;2002 年出台《关于进一步优化广东投资软环境的若干意见》,重在加快利用外资步伐;2007 年出台《关于加快实施“走出去”战略的若干意见》,扶持推动形成一批有国际竞争力的跨国公司。由 1979 年吸纳外资不足 1 亿美元到 2017 年达 229. 5 亿美元,居全国第一位。广东 A 股上市公司从最初 5 家发展到 2017 年的 569 家,[②]加上境外上市,总市值达 14 万亿元位居榜首;实有市场主体总量 1002. 7 万户,占全国 1/10,独占鳌头。

3. 倒逼鼓励创新创造法规的出台

创新是推动经济社会发展的不竭动力。随着全球化红利逐渐衰退、粗放型经济边际效益衰减、资源消耗与环境承载压力剧增等情况的出现,[③]2007 年,广东启动了产业和劳动力“双转移”的“腾笼换鸟”艰难历程。先后出台《自主创新促进条例》《关于促进科技和金融结合的实施意见》《关于全面深化科技体制改革　加快创新驱动发展的决定》《关于加快科技创新的若干政策意见》《促进科技成果转化条例》等一系列政策法规。2017 年又出台鼓励高级人才政策:博士毕业可直接评正高、上车牌不用摇号、未来五年将投 63 亿元资助他们创新、创业、创造。目前广东有博士和博士后 5 万人,科技研发人才 70 万人,过去五年累计投入研发资金 9000 亿元,正推动“广东制造”向“广东智造”转型,2017 年,有效发明专利量 20. 85 万件居全国首位。[④]尤其是深圳,2016 年 PCT 国际专利申请量 19648 件超过全国总量一半,累计 PCT 国际专利 69347 件居全球第二位。[⑤]

(二)经济外向程度高,市场化、法治化、国际化营商环境要求加快法治建设

广东成为中国参与经济全球化的主体区域,成为国际重要的高新技术生产基地,成为现代金融、高端制造、新材料等战略性新型产业集群地带,均要求从 3 个方面加快构建市场化、法治化、国际化营商环境。

1. 加快法治政府建设

广东按照“法定职责必须为、法无授权不可为”的要求,加快政府职能转

变，建设适应市场经济发展要求的法治政府。1991年制定《广东省行政事业性收费管理条例》，取消不合法收费项目，有效遏制行政部门滥收费现象；1992年出台《广东省行政复议实施办法》，畅通保护民权的渠道；1994年21名省人大代表质询省国土厅实施《广东省城镇房地产权登记条例》的有关问题，首开省人大代表质询政府部门之先河。1998年率先开始政府审批制度改革，2005年首次出台《广东省政务公开条例》，2012年公布第一批行政审批制度改革事项目录251项，2015年出台准入负面清单、行政审批清单、政府监管清单，向社会公开51个部门保留的权责事项6971项，取消、下放和实行重心下移的职能事项2580项。近年为建立便民利民的服务型政府，深圳、东莞等市率先推行"全程电子化+审批中心"登记改革，广州实现"五证合一、一照一码"改革，省、市电子营业执照与数字证书体系深度集成，工商登记实现"全城通办"，极大便利了社会公众和市场主体。

2. 加快现代企业制度建设

市场经济是法治经济；现代企业制度必定以法治为保障。1984年出台贯彻《国务院关于进一步扩大国营工业企业自主权的暂行规定》的意见，率先推行多种形式的承包责任制，扩大企业自主权；1993年出台《广东省公司条例》，率先以法规形式引导和规范企业产权明晰化、管理科学化、组织公司化；1994年出台《广东省现代企业制度试点工作方案》，指导250家试点企业建立现代企业制度，实现政资分开、政企分开，以点促面带动企业真正进入市场；1998年出台《广东省股份合作企业条例》，规范股份合作企业发展，保护企业股东的合法权益。2001年广东依法审理"广东国投破产案"，标志着政府不再为企业承担无限连带责任，广东国企自此走向现代企业制度；2003年出台《关于加快民营经济发展的决定》，推进企业制度创新和管理创新；2010年出台《关于加快民营经济发展的决定》，重点解决融资、放宽和规范市场准入等问题；2015年率先颁布《广东省商事登记条例》，推进商事登记便利化服务，强化商事主体信息公开，为鼓励创业就业、优化产业结构、推进信用监管、改善营商环境奠定了制度保障。

3. 加快保护产权的法治建设

市场准入、市场竞争和市场交易需要规则来维护，企业和企业家的合法权益需要法治来保障。截至 2017 年,现行有效的地方性法规中,经济类立法占总数的 50.2%。如 1996 年颁布《广东省专利保护条例》,鼓励发明创造,加强企业专利保护;1999 年制定《广东省查处生产销售假冒伪劣商品违法行为条例》,积极保护经营者、消费者的合法权益;2002 年出台全国首部电子商务条例《广东省电子交易条例》,为"互联网+"经济探索保护各方合法利益的游戏规则,促进新业态健康发展;2007 年出台《广东省企业信用信息公开条例》,促进企业诚信建设;2010 年出台《广东省企业民主管理条例》,建立企业工资集体协商制度和争议调处机制;2013 年在前海成立深圳国际仲裁院,是内地首个以立法方式规范法人治理模式的仲裁机构,前海成为"全国法治示范区";2014 年,广州知识产权法院在全国首批挂牌,开展知识产权民事、刑事、行政案件"三审合一"改革。

(三)广东流动人口众多、社会结构复杂多元,必须加强依法治理

截至 2017 年底,广东流动人口 4300 多万人,其中省外流入约 2600 万人,既形成人口红利优势,也带来巨大社会矛盾压力。面对严峻挑战,必须加强法治建设、推进平安建设。

1. 刑事、治安案件高发,必须依法打击整治

经济发展带来人流、物流、车流、资金流、信息流的空前涌动,也诱发部分社会成员各种越矩行为,流动人口参与的刑事、治安案件高发,进入二十世纪九十年代后,全省刑事案件作案成员中,流动人口每年均占 7 至 8 成。为此,广东多年来持续重典治乱、重拳出击开展严打整治。1986 年,广州市公安局首开 110 电话报警服务台,群众可随时举报犯罪,此举迅速在全国普及;1998 年,"张子强案"在广东侦破并由广州市中院判决,解决了内地与香港刑事管辖权冲突问题,让"世纪贼王"俯首认罪,也推动了粤港澳三地法律深度合作。针对市场经济带来的制假贩假、坑蒙拐骗、黄赌毒邪等社会乱象,2012 年部署开展打击欺行霸市、打击制假售假、打击商业贿赂专项行动;2014 年以刮骨疗毒的决心和铁腕整治的力度,出动 6525 名警力开展东莞"扫黄"专项行动;2014 年组织 3000 名警力突袭陆丰市博社村实施"雷霆扫毒",掀起全省禁毒

高潮。通过严打整治,极大震慑了违法犯罪,一系列影响社会稳定的沉疴宿疾得以整治扭转,2017 年中央综治办委托的民调显示,广东群众安全感满意度达 91.96%。

2. 各类矛盾纠纷增多,必须依法调处化解

一是大量流动人口集中在珠三角地区就业;二是全球经济下行压力传导、国内经济结构调整、产业转型升级、市场机制逐利本性等多重因素叠加下,以劳资纠纷为首的社会矛盾多发高发一度困扰广东。省委、省政府将“外来工合法权益保障工程”纳入“十大民心工程”,从政策法规层面加强保护外来务工人员合法利益,先后建立农民工维权服务联动机制、最低工资保障制度、工资集体协商制度、工资支付预警机制、劳动保障监察制度、欠薪保障金制度、行政司法联动打击欠薪逃匿机制等。特别是近年来运用法治思维、法治方式,积极倡导劳资双方“包容性增长”理念,妥善化解了南海“本田公司”、东莞“裕元鞋厂”群体性劳资纠纷等重大事件,成为中国涉外企业劳资集体协商的成功典型。

3. 社会治理难度加大,必须依法共建共治

“孔雀东南飞”“民工大潮涌”。如何解决流动人口在城乡二元结构下的社会冲突和社会融入问题日渐凸显,倒逼广东改革探索治理机制。2003 年“孙志刚事件”推动广东出台流动人员管理服务条例的修订,取得保护人权的标志性进步。为进一步寻求基层治理之道,2008 年,在全国首推流动人口居住证“一证通”制度,随后配套推进教育、医疗、卫生、法援等公共服务均等化覆盖外来人口,非户籍常住人员不仅可当“两代表一委员”,而且可成为“乡亲调解”“民族调解”“农民工调解”等多元解纷模式的调解员。2009 年起率先在县市区、镇街、村居建设全覆盖、规范化的综治信访维稳中心,2010 年首创“诉前联调”机制推进多元调解紧密衔接。2014 年,全省实行“一村居一法律顾问”制度,为包括外来人员在内的乡村和社区居住群众提供方便快捷管用的法律咨询、法治宣传和法务援助。在一系列体制治理机制的创新上,拓展了外来人口在经济层面、社会层面、心理层面的社会融入和参与社会共治的路径。

三、“四个走在全国前列”为广东法治建设提出了更高的要求

习近平总书记提出广东要“在构建推动经济高质量发展体制机制、建设现代化经济体系、形成全面开放新格局、营造共建共治共享社会治理格局上走在全国前列”，对广东法治建设提出了新的更高的标杆。面对新形势、新要求、新挑战，广东将更加清醒地认识在新时代的责任担当，更加精准地聚焦深化改革中的问题短板，更加清晰地确立法治建设的攻坚方向。

（一）进一步营造法治高效便民的政务环境

围绕建设职能科学、权责法定、执法严明、公正公开、廉洁高效、守法诚信、便民利民的法治政府，进一步不断推进“放管服”改革，落实政府部门权责清单制度。深化行政审批制度改革，围绕市场主体关注的企业开办、施工许可、财产登记、信贷获取、税收征管、跨国贸易等方面，大力进行审批管理“同类项合并”，建设“互联网+政务”的“一门式”政务模式，让社会公众和市场主体到政府办事“最多跑一次路”；实现行政决策科学民主合法，健全重大决策终身责任追究、责任倒查及鼓励改革创新的容错机制；以公开公正、廉洁高效的政务环境，保障经济发展高质量、社会治理高水平。

（二）进一步构筑公开公平正义的司法环境

公平正义是司法追求的核心价值。要积极回应人民群众关切和期待，以提升司法效率、质量和公信力为目标，深化司法体制综合配套改革，大力推动司法“实体正义”和“程序正义”，打造更高标准“阳光司法”，让公平正义看得见、摸得着。要深入开展扫黑除恶专项斗争，坚决清除影响社会平安的毒瘤，推动法治建设在基层纵深发展。要坚持依法打击违法犯罪和保护各类市场主体合法权益相统一，贯彻宽严相济刑事政策，强化诉讼过程中当事人和其他诉讼参与人的知情权、陈述权、辩护辩论权、申请权、申诉权的制度保障；加强对司法活动监督，健全司法机关内部监督、上下监督、人大监督、法律监督、律师

监督、社会监督、舆论监督。

(三)进一步打造共建共治共享的社会环境

法治的权威源自人民对法律的内化于心和外见于行。满足人民群众对法治、公正、平安美好生活向往的更高要求,要以法治凝聚社会共识,推进普法社会化运行,充分发挥人民群众在基层社会治理中的主体性、积极性作用,在多层次多领域推进系统治理、源头治理、依法治理、综合治理;要全面深化法治城市、法治县区、法治镇街、法治村居“四级同创”活动,做到法治宣传到位、法治意识加强、法治机制健全、法治效果显现;要运用法治思维和法治方式调节社会关系、化解社会矛盾,运用社会逻辑和市场逻辑构建矛盾纠纷多元化解法治框架;要强化法治精神、法治意识、法治思维,引导人民群众尊崇法律、自觉守法、遇事找法、解决问题靠法。

(四)进一步完善良法善治的法规制度环境

“立善法于天下,则天下治;立善法于一国,则一国治。”要在尊崇宪法和国家法律前提下,健全党委领导、人大主导、政府依托、各方参与的立法工作格局,发挥地方立法的创新性、针对性、可操作性,不断探索反映客观规律、体现人民为本、解决实际问题的良法治理;围绕经济社会发展大局,继续加强先行性、自主性、实用性地方立法,推进科学立法、民主立法,加强经济创新、民主进步、文化提升、社会治理、生态文明等重点领域立法,使法治成为经济发展助推器、社会运行调节器、群众生活导航器,以良法善治引领和保障政治清明、经济发展、文化昌盛、社会和谐、生态美丽。

(五)进一步加强党对法治建设的全面领导

坚持党的领导是社会主义法治的根本特征、根本保障。要以习近平新时代中国特色社会主义思想为指导,牢固树立“四个意识”,坚定“四个自信”,坚决维护以习近平同志为核心的党中央权威和集中统一领导,全面加强党对依法治省工作的绝对领导,进一步健全党领导法治建设的制度机制,强化党政主要负责同志履行法治建设第一责任人意识,把法治建设成效纳入党政领导班子和领导干部政绩考核重要内容，坚持党领导立法、保证执法、支持司法、带头守法，坚持法治国家、法治政府、法治社会同步协调建设，及时解决法治建设中的重大事项和重要问题，把中央部署要求不折不扣地贯穿到法治建设全过程。

习近平总书记在今年10月视察广东时强调：我们要抓住机遇，迎接挑战，关键在于高举新时代改革开放旗帜，继续全面深化改革、全面扩大开放。在主持召开中央全面依法治国委员会第一次会议时指出：坚定不移走中国特色社会主义法治道路，更好发挥法治固根本、稳预期、利长远的保障作用。在习近平新时代中国特色社会主义思想指引下，广东将高举新时代改革开放旗帜，乘势而上、奋力前行，以良法促善治保稳定护发展，以法治稳定预期、增强信心、激励创新，激发社会活力，促进改革发展，把广东建设成为全国最安全稳定、最公平公正、法治环境最好的地区，让人民群众安居乐业，获得感、安全感、幸福感更加充实、更有保障、更可持续，让广东成为向世界展示习近平新时代中国特色社会主义思想的重要窗口和示范区。

【注释】

①耿旭静、蓝旺：《广东用电负荷领跑全国》，载《广州日报》2017年8月19日。

②王海岚：《去年广东IPO数量全国第一》，载《南方日报》2018年2月5日。

③张德鹏、张凤华、陈晓雁：《广东产业转型升级的倒逼机制构建及路径选择》，载《科技管理研究》2013年第17期。

④王晓易：《粤有效发明专利量连续八年居全国第一》，载《南方日报》2018年2月9日。

⑤张淼：《深圳市2016年专利申请量近十五万件》，载《深圳特区报》2017年2月13日。

改革推进法治　法治保障改革

谢 晓 丹[*]

改革开放深刻改变了中国，也深刻影响了世界。习近平总书记将改革开放称为“中国的第二次革命”，指出中国进行改革开放，顺应了中国人民要发展、要创新、要美好生活的历史要求，契合了世界各国人民要发展、要合作、要和平生活的时代潮流。对历史前进逻辑和时代发展潮流的准确把握，是改革开放必然成功的重要原因。作为国家重要中心城市、广东的省会城市，广州勇当排头兵，锐意进取、先行先试，在经济、政治、法治、社会、文化等诸多领域走在全国前列。本文以习近平新时代中国特色社会主义思想为指导，以落实习近平总书记对广东提出的“四个走在全面前列”为出发点，回顾改革开放进程中的法治广州建设，探索改革开放与法治建设的内在关系，谋划新时代“在法治下推进改革，在改革中完善法治”的广州实践，共建共治共享有态度、有温度、有深度的法治广州。

一、改革开放进程中的法治广州建设回顾

改革开放四十年来，广州在各个方面为中国改革开放探路，经历了从农村到城市，从经济体制到社会、政治和文化体制，从法制建设到依法治市，从对内搞活到对外开放的波澜壮阔的历史进程。一是经济实现飞跃式发展。1978年广州的地区生产总值是 43 亿元，2017 年为 2. 15 万亿元，成为继上海、北

---

* 广东省广州市委常委、市委政法委书记，市法学会会长。

京、深圳之后第四个地区生产总值超过 2 万亿元的城市。二是体制机制开放灵活。广州勇于破除旧的思想观念,倡导商品经济理念,在 1978 年价格改革中取得突破后以市场为导向建立了社会主义市场经济体制。20 世纪 90 年代后,广州建立了现代企业制度,搭起社会主义市场经济体制的基本框架,成为市场化程度最高的地区之一。如今,广州正着力构建推动经济高质量发展的体制机制,实施创新驱动发展战略,构建开放型经济新体制。三是人民获得感、幸福感、安全感显著增强。国际航运、航空、科技创新三大战略枢纽建设成效突出,地铁通车总里程将近 400 公里,居全国第三、世界前十。白云国际机场近 300 条航线基本覆盖了全球主要城市,2017 年,机场旅客吞吐量达 6583.69 万人次,居全国第三位。2017 年,广州快递业务量稳居全国第一,达到 39.33 亿件,远远领先上海、深圳、杭州等城市,人均收发快递量达 280 件。居民平均预期寿命 81.7 岁,超过美德等发达国家。四是国际影响力迈上新台阶。从改革开放初期"东西南北中,发财到广东",到如今致力营造"市场化、国际化、法治化"的营商环境,广州从"国家中心城市"迈向"世界城市"。2018 年全球化与世界城市研究组织公布的全球 361 个世界城市中广州排名第四十位,跻身世界一线城市。

改革开放和社会主义现代化建设的总设计师邓小平同志指出,"搞四个现代化一定要有两手。所谓两手,即一手抓建设,一手抓法制"。在改革开放的进程中,广州法治工作把握时代脉搏、紧跟时代步伐,勇当全国法治建设先行者,探索多个"全国首创",为全国提供"广州经验"。

(一)科学民主立法方面,首个制定议案条例、首个尝试网络开门立法、制定全国首部地方依法行政"基本法"

2005 年,广州通过《广州市人民代表大会议案条例》,随后获得广东省人大常委会批准,成为全国首个人大议案条例。2011 年开设全国人大系统第一个立法官方微博"广州人大立法",2012 年底举行全国首个网络立法听证会,扩展听取民意的深度和广度,使公众意见和建议为立法提供更为可行、可靠的决策依据。2017 年的《广州市停车场建设和管理规定》网络立法听证会将网络听证和现场辩论相结合并全程直播,点击量超过 1508 万人次,总投票数

改革开放初期的海珠桥人潮如梭

212万票,创造了广州市人大常委会网络民主立法公众参与的最高纪录。2016年,广州出台《广州市依法行政条例》,成为全国首部对推进依法行政工作进行全面、系统规定的地方性法规,奠定了广州市全面规范依法行政的制度基础,是广州市全面推进依法行政、建设法治政府的重要法规依据。

(二)严格规范执法方面,法治政府建设领先全国,行政执法数据完成全国首"晒"

2017年,广州法治政府建设在全国100个城市中排名第三位,得分(800.2)远高于全国平均水平(687.2),其中,依法全面履行政府职能、依法行政制度体系、行政决策、行政执法、监督与问责等指标走在前列。2013—2017年,中国法学会行政法学研究会与中国政法大学法治政府研究院联合授予广州"法治政府建设典范城市"的荣誉称号。广州除了做到依据公开、权责公开、收费公开、执法流程和办事指南公开外,2016年还制定《广州市行政执法数据公开办法》,各级执法部门"晒"出当年全部行政执法数据,成为全国首个

“晒”行政执法数据的城市。

（三）公开公正司法方面，智慧法院建设全国第一，司法实践领先全国，形成“广州模式”

2015年，广州市中级人民法院在全国法院中司法透明度指数排名第一，获评全国司法公开标杆法院，在刑事诉讼制度改革、认罪认罚从宽制度试点工作中探索形成“广州模式”被最高人民法院推广。2017年，广州市天河区人民法院被确定为全国法院案件繁简分流机制改革示范法院。2017年，广州智慧法院作为最高人民法院唯一推荐的全国法院工作品牌参加“砥砺奋进的五年”大型成就展；广州法院推出全国首个“移动执行”手机APP，助力解决“执行难”。2018年3月，最高人民法院首个司法改革与创新研究实践基地在广州市中级人民法院正式揭牌成立，探索破解制约法院工作发展难题的“广州方案”。广州市人民检察院在全省检察机关中最早开展公益诉讼活动，通过支持起诉的方式参与诉讼，积极回应了社会团体提起公益诉讼的支持需要。广州市检察院原反贪污贿赂局曾获评全国“十佳反贪局”。广州市公安局成立警务航空支队，2017年全面实施空中地面地下和网上网下联巡防控机制，推动全市案件类警情同比下降12.2%；强化“雪亮工程”视频系统建设，建成视频监控92.3万个，助力广州成为全国超大城市中的唯一一个“雪亮工程”示范城市。2017年，建成全国首个律师大厦即“广州律师大厦”。自贸区法治机构的建设也创下许多全国第一，如2015年成立广东自由贸易区南沙片区人民法院，2017年设立全国首个自贸区劳动人事争议仲裁委（仲裁院），同年12月成立广东自由贸易区南沙片区人民检察院，均为全国自贸区首创。此外，还设立了广州海事法院自贸区巡回法庭，组建了国际航运、金融、知识产权等专业仲裁机构。南沙区法院（南沙自贸区法院）在全国率先推出移动终端商事多元调解服务。

（四）全民尊法守法方面，初步形成良好的法治社会环境

改革开放以来，广州市利用新闻、报纸、网站、微博、微信等平面和移动媒体，加强法治文化建设。2002年，建设全国领先的青少年法治教育基地。

广州城市新中轴线——珠江新城

2015 年,开设广州广播电视台普法专用频道,成为收视人口超过 3000 万的华南地区最大的法治传媒机构。建成全国首个法律服务集聚区,公共法律服务成效突出,全省率先成立的中立法律服务社自 2017 年正式运作以来接访案件 862 件,服务群众 1848 人次。近年来,全市法院受理民商事案件数量逐年攀升,2017 年达 22 万宗(参见下页图 1);广州仲裁委案件受理量增长迅速,2017 年受理近 9 万宗(参见下页图 2)。市民法治观念、法治意识逐步加强,遇到问题找关系、找门路的思维逐步消减。办事依法、遇事找法、解决问题用法、化解矛盾靠法的良好环境逐步形成。

二、广州改革开放与法治建设内在关系分析

党的十八大以来,全面深化改革和全面依法治国成为两大时代主题,如何正确认识和处理好二者的关系,不仅是重大的理论问题,更是重大的实践问题。“在法治下推进改革,在改革中完善法治”,这是习近平总书记对如何辩

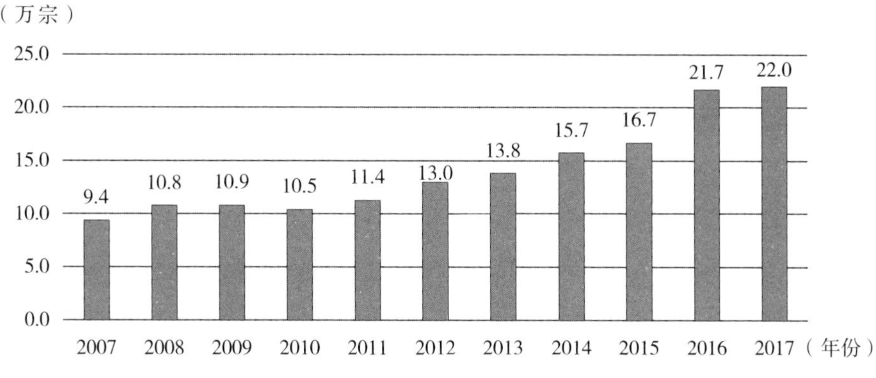

图 1　2007 年至 2017 年广州法院受理民商事案件数

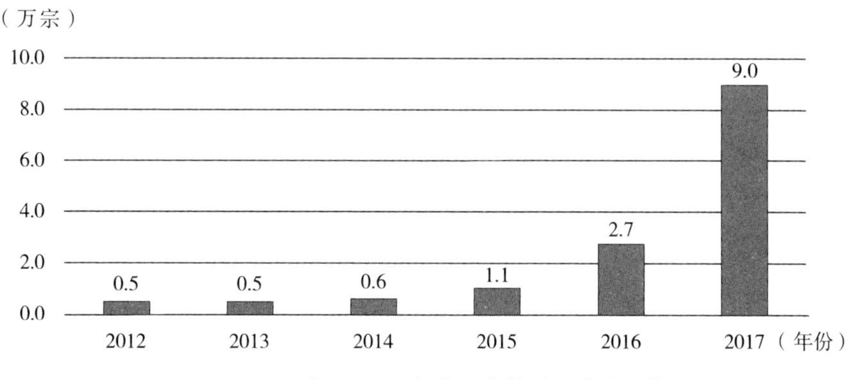

图 2　2012 年至 2017 年广州仲裁委案件受理数

证认识和处理当前我国改革与法治的关系作出的深刻论断,也是新形势下互动推进改革和法治的正确路径。省委也提出要努力把广东建设成为全国最安全稳定、最公平公正、法治环境最好的地区之一。在贯彻新发展理念、推动经济高质量健康发展的新征程上,广州市委提出“经济是硬实力、法治是软实力”,在推进改革建设的同时,注重推进以法治为核心的城市软实力建设。广州市政府提出要建设法治高效廉洁服务型政府。

(一)改革与法治统一于习近平新时代中国特色社会主义思想

改革与法治,是当今中国在时代大潮中奋勇前行的鸟之两翼、车之两轮。站在新时代的历史方位,要深刻理解改革与法治的关系,首先要深刻理解习近平新时代中国特色社会主义思想。习近平新时代中国特色社会主义思想是马克思主义中国化的最新成果,深刻揭示了改革和法治的关系。党的十八届三中、四中全会分别对全面深化改革、全面依法治国进行顶层设计,党的十九大报告正式将全面依法治国与全面深化改革共同列为“四个全面”的重要内容,共同列入新时代坚持和发展中国特色社会主义的十四条基本方略,明确了全面深化改革总目标是完善和发展中国特色社会主义制度、推进国家治理体系和治理能力现代化,而全面依法治国是国家治理体系的一场深刻革命,是治国理政的基本方式。换言之,改革只能在法治中进行。全面依法治国,核心是坚持党的领导、人民当家作主、依法治国有机统一,其中,党的领导是最根本的保证。

广州致力建设法治化营商环境

马克思认为,法律是统治阶级意志的体现。在我国的发展实践中,法是党的主张和人民意愿的统一体现,党领导人民制定宪法法律,党领导人民实施宪法法律,党自身必须在宪法法律范围内活动,这是党的领导力量的体现。党和法、党的领导和依法治国是高度统一的。早在 1986 年,广州就被国务院确定为法制建设工作的试点城市之一。1988 年,广州市委作出依法治市的决定,提出依法治市的目标，并于1990年开始实施依法治市第一个“五年规划”，这对促进广州各项工作走上法制轨道具有重要意义。一直以来，广州市委对法治建设高度重视，经过二十多年的努力，广州现已形成党委统一领导，人大、政府、政协各负其责，部门协同推动，科学立法、依法执政、依法行政、公正司法、全民守法全面推进，法治城市、法治政府、法治社会相互促进的法治建设工作格局，探索形成了一套强化党委对全面依法治市工作领导的工作机制，将推进法治建设责任切实落到全市各级党政主要负责人身上，将全面依法治国落实到各领域、各方面。2016年印发的《广州市全面依法治市第六个五年规划（2016—2020年）》，就是对全面依法治市工作作出的战略部署。

（二）改革是法治的驱动力

习近平总书记指出，改革开放是决定当代中国命运的关键抉择。没有改革开放，就没有中国特色社会主义，建设中国特色社会主义法治也就无从谈起。改革的深入推动了法治的发展，并且，随着全面深化改革不断进入深水区，也必将驱动着全面依法治国不断迈上新台阶。维护国家政权安全和制度安全、营造安全稳定的社会环境，驱动着法治进一步在维护公正、惩治犯罪、促进和谐等方面积极发挥作用。不断满足人民日益增长的美好生活需要，驱动着与人民群众生产生活关系密切的领域进一步加快立法执法司法改革力度，要求法治在保障民权、化解民忧、改善民生方面进一步发挥重要作用。事实上，党的十八届三中全会决定部署的336项改革任务、党的十八届四中全会决定部署的190项法治改革任务和举措、党的十九届三中全会关于党和国家机构改革的决定、十三届人大一次会议通过的国务院机构改革方案，这些改革都必然引起和带动立法、司法、执法、守法等各方面的深刻调整与变化。中国特色社会主义法治仍需要进行“精装修”，需要根据新实践、新要求不断进行修改完善，而全面深化改革就是推进新时代法治建设的最大客观依据、最根本驱动力。

广州作为改革开放的先行城市，处在毗邻港澳的特殊位置，人流物流数量庞大，社会结构多元复杂，社会治理难度大，改革中的矛盾往往暴露得更早更充分，存在很多发展不平衡不充分的地方，这对法治提出了新的更高要求。比如,珠三角经济迅速发展带来的人口流动使广州的流动犯罪率大大增加。广州市公安局通过加强执法,改变了 2000 年左右“平均 30 分钟发生一起抢劫案,平均 24 分钟发生一起抢夺案”的严重态势,2017 年全市“平均 6.5 小时发生一起抢劫案,平均 3.6 小时发生一起抢夺案”。又如城中村问题。城中村是城市迅速扩张、城市包围农村的结果,

城中村治安综合治理涉及利益多元复杂,是改革的“硬骨头”,为此广州颁布了《关于加快推进“三旧”改造工作的意见》以及《关于广州市推进“城中村”(旧村)整治改造的实施意见》等指导性文件,并在改造项目实施过程中从管理机制、改造指引、拆迁补偿等方面起草颁布了多份配套文件,在治理进程中完善法治。又如外国人管理问题。改革开放以来外国人大量涌入,带给社会治理新的挑战,为此,广州于 2003 年在全国最早搭建(一套组织架构、一个信息系统和一支执法队伍)“三个一”大外管格局,在全市居住 200 名以上外国人的街镇和重点社区建立了 75 个外管服务站,整合公安、房管、工商、税务等部门资源,为辖内外国人提供一站式服务。又如,实施创新驱动发展战略,迫切要求建立健全加强产权保护、维护契约自由、保障交易安全、促进公平竞争的法律制度,发挥法治在稳定预期、激励创新上的重要功能。又如网约车问题。2014 年,网约车数量呈爆发式增长,各种新问题层出不穷,亟须法治进行规制。2016 年《广州市网络预约出租汽车经营服务管理暂行办法》发布,从严格车辆、司机准入条件,规范经营行为等方面进行详细规定,价格补贴等乱象得到控制。再如共享单车问题。2017 年,广州中院受理广东省消费者委员会与被告广州悦骑信息科技有限公司侵害消费者权益公益诉讼案,①成为全国共享单车公益诉讼第一案,媒体称该案“打响了共享单车消费民事公益诉讼第一枪”。

(三)法治是改革的压舱石

“在整个改革过程中,都要高度重视运用法治思维和法治方式,发挥法治的引领和推动作用”,习近平总书记这一要求,正是对改革与法治关系的深刻总结,也明确指出了继续推进改革大业的法治路径。

首届中国广州法律服务交易会，打造高端法律服务平台

1. 法治引领改革进程

中国古代改革的突出特点就是变法，改革以立法形式出现，法律先行。商鞅变法明刑正典、王安石变法富国强兵、张居正变法实现“万历中兴”以及清末戊戌变法等，都尝试以变法的方式铲除旧制度、开创新秩序。《中华人民共和国土地改革法》以法治程序废除地主阶级封建剥削的土地所有制。党的十八大以后，改革进入攻坚期和深水区，更需要在全过程中体现法治的引领和保障作用。通过立法的引领作用，用法治的利剑为改革披荆斩棘、扫除障碍。行政审批制度改革、户籍制度改革、医疗制度改革都在法律范围内进行，《监察法》作为国家监察体制改革的配套立法，更直接统领国家监察工作，为监察工作提供法律保障。广州在改革开放进程中也注重发挥法治的引领作用。1999年、2002年和2006年广州市政府开展三轮行政审批制度改革，对行政审批事项进行清理，[②]后出台《广州市人民政府关于将一批市级行政职权事项调整由区实施的决定》《广州市商事登记暂行办法》等政府规章深入推进“放管服”改革，就是一个很好的例子。

2. 法治凝聚改革共识

改革要在共识中推进，立法程序就是达成共识的过程。为什么要改革、改革什么、怎样改革，都通过法定程序广泛听取意见，在充分讨论、沟通协商的基础上，作为社会认同的最大公约数以法律形式固定下来，使改革方案获得合法性、权威性，成为全社会共同方向和准则。[③]“开门立法”直到20世纪90年代后期才逐渐在全国各地实施，而广州市人大及其常委会早就在“开门立法”方面先行先试，并取得丰硕成果。1987年，广州即建立民意咨询制度，成立社情民意研究中心。2005年出台的《广州市人民代表大会议案条例》成为全国首个人大议案条例。此外，在执法方面，广州率先实行“开门监督”。2003年，广州市人大常委会就《广州市城市市容和环境卫生管理规定》的执行情况举行开全国先河的监督听证会，第一次让市民站到执法监督的前台，与政府部门面对面、公开评说执法状况。

3. 法治规范改革行为

改革不能以牺牲法律的统一、尊严和权威为代价，任何层面、任何领域的改革，都必须经受是否合乎法治的检验。改革越深入，越要强调法治。越是重大的改革，越要依靠法治来规范。改革开放以来，广州注重以法治方式监督行政行为合法性。《广州市政府合同管理规定》禁止“临时机构和内设机构作为一方当事人订立合同”。《广州市城市管理综合执法细则》，遏制了一段时期内普遍存在的城管执法乱象。广州还适时出台了《广州市行政执法协调规定》(2005)、《广州市行政执法责任追究办法》(2008)、《广州市规范行政执法自由裁量权规定》(2009)等相关规定，从不同的角度规范行政执法。2016年，制定了《广州市行政执法数据公开办法》，首“晒”行政执法数据，实现阳光执法。此外，广州还积极推动行政复议、行政诉讼，畅通外部监督渠道。2000—2014年的14年间，广州行政复议案件数量增长446%。[④]

4. 法治巩固改革成果

将比较成熟的改革经验和行之有效的改革举措，及时上升为法律法规，是我国改革开放以来实行最多的立法方式。对改革成果通过民主和立法程序凝聚共识、完善制度，最终形成具有普遍规范性和约束力的法规。改革开放以来，大量流动人员涌入广州，2017年流动人口(942万)超过户籍人口(897万)。[⑤]经过不断摸索，广州在流动人员和出租屋管理方面积累了大量经验，并在此基础上制定了《广州市流动人员管理规定》(2008)。2012年，广州市在全国率先全面铺开社会组织直接登记；2015 年，《广州市社会组织管理办法》以立法形式确认前期社会组织直接登记等改革成果。2011 年，广州就迈开垃圾分类的步伐，成为全国第一批生活垃圾分类试点城市和第一批生活垃圾分类示范城市。2017 年，市人大常委会以立法形式对生活垃圾分类多年实践经验进行总结巩固，完善制度措施、创新体制机制，形成统一完整、协同高效的生活垃圾分类处理全过程运行系统，为全国其他城市解决垃圾治理这个大难题提供生动的“广州样本”。

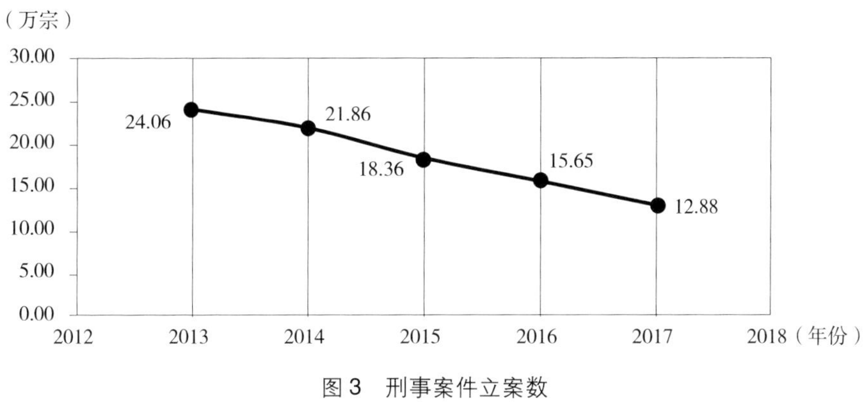

图 3　刑事案件立案数

5. 法治保障改革进程

改革驶入深海，离不开法治护航。首先，法治为改革营造稳定安全的社会环境。1986 年，全国首家“110”电话报警服务台在广州市公安局诞生，2014 年，广州警方创新警务运行机制，在全国率先建立“情报、指挥、巡逻、视频、卡口、网络”六位一体社会治安巡逻防控体系。自 2017 年实施“全民禁毒工程”以来，广州毒情体量在 2016 年、2017 年持续同比分别下降 14%、16%。近年来，广州案件类警情总数、刑事案件立案总数（参见图 3），八类暴力刑事案件立案数、命案发案数，两抢、盗窃、诈骗立案数，涉赌、涉毒警情数均呈逐年下降趋势，在全省综治和法治考评中排位进步明显，综治考核从 2015 年第十七名到 2016 年第九名再进到 2017 年第三名，2017 年法治考核也排名第三名。广州市委建设干净整洁平安有序城市环境的部署也与习近平总书记对超大城市社会治理“更有序、更安全、更干净”指示完全符合，与人民群众美好生活需要完全吻合。在省委政法委开展的 2017 年上半年民意调查中，广州市政法工作满意度、平安创建知晓度、群众安全感分别位列全省第一位、第二位和第三位。其次,法治为改革营造稳定公平透明、可预期的营商环境。广州率先加大营商环境改革力度,由市委政法委联合中国社会科学院、中山大学共同组建了广州法治化营商环境研究中心,对广州的营商环境中所存在的短板问题进行深入调研。在此基础上,市委政法委联合多部门研究出台全国唯一一个由党委政法委牵头、各相关单位配合,聚焦法治化营商环境建设、充分体现“共建共治共享”精神的《关于进一步提升法治化营商环境的工作意见》,即“二十五条工作意见”,努力解决营商环境建设中的一批制度性、瓶颈性问题,成效明显。健全营商环境制度规范体系,将市级 143 项行政职权事项和 121 项公共服务事项调整由区实施。清理 120 份市政府文件,出具 679 份部门规范性文件的审查意见。规范涉企行政执法行为,全市 33 个行政执法部门全部列入“双随机、一公开”监管部门。完善公共信用信息管理系统,实现市公共信用信息管理系统各类主体信用记录全覆盖,建立 251 个数据主题约 9.09 亿条数据的企业、个人、事业单位、社会组织和政府五类信用主体档案库。强化对民营企业合法权益的司法保护,依法批准逮捕假冒注册商标专利、侵犯商业秘密等侵犯知识产权犯罪案件 973 人、起诉 1177 人。与全国 19 个城市联合签署《电商领域知识产权联合执法宣言》,创建电商知识产权保护试点。建设“全国公共法律服务最便捷城市”,1995 年率先成立全国首家政府法律援助机构——广州市法律援助中心。2017 年在全国率先提出“司法鉴定案件办理信息化管理”理念,建立“广州司法鉴定案件信息管理系统”。打造广州国际仲裁中心,2017 年 12 月,经国务院法制办同意,由广州仲裁委牵头筹备中国互联网仲裁联盟,夯实智能仲裁的核心城市地位,打造亚太地区甚至世界仲裁中心。在 2017 年度广州市法治化营商环境建设十大案(事)例评选中,网络评选环节吸引社会各界群众 900 多万人次投票。

(四)改革与法治在互动中前行

1.破立结合,以良法促改革

改革开放初期,我们选择了一种特殊的改革路径,“摸着石头过河”,试点、试验、先行先试被赋予了“良性违法”的道德正当性,一定程度上损害了法律的权威。党的十八大以后，改革进程中更强调法治的作用。党的十九大报告更直接提出要“以良法促进发展、保障善治”。良法是善治的前提，善治是法治的目标。只有依据反映客观规律、体现人民意志、解决实际问题的良法治理国家，才能促进经济发展、政治清明、文化昌盛、社会和谐、生态美丽。习近平总书记指出：“改革要于法有据，但也不能因为现行法律规定就不敢越雷池一步，那是无法推进改革的。”因此，在改革中应坚持法治的破立结合，以良法善治为基本取向，提高立法质量，防止立法“强人之所不能、禁人之所必犯”；及时废止不符合法治实践需要的“恶法”，让改革于良法有据。

2. 变中求稳

从一定意义上说，改革是变、法治是定，改革更多强调冲破现有不合理的体制机制制度的束缚，法治则更重视维护确定的、可预期的经济社会秩序。改革开放四十年来，中国改革经历了“千年未有之变局”，随着改革不断步入深水区之际，必须拿捏好改革的“变”和法治的“定”的结合部、平衡点，“变”得太急进，或者“定”得过拖沓，都无法有利于逐步破除障碍、调整利益关系，唯有“变”和“定”衔接有度才能达致“稳”步前行的最优状态，一步一个脚印扎扎实实促进经济社会发展。中国改革成功的经验之一就是渐进式、不激进，小步快跑，稳定压倒一切。改革与法治都要继续按照这一成功经验，把“稳”作为优先考虑的价值选择，不唯变、不唯定，更不为变而变、为定而定，真正把马克思主义的基本原理和习近平新时代中国特色社会主义思想的基本方略贯彻到包括全面深化改革和全面依法治国在内的整个中国特色社会主义建设的实践中去。

3. 边拓边治

依法治国，不可仅看见“依法”二字，而对“治国”二字视而不见。中国用短短四十年时间走过了西方国家一百年的工业化道路，难免出现各种各样的问题。改革的领域不断拓展、不断深入，我们应当边摸索边反思、边拓展边治理，注重用法治方式解决发展中的问题，注重将解决问题的过程作为法治建设的一部分。例如，城市与农村发展不平衡问题。从当前我国社会主要矛盾出发，广东省最大的“不平衡不充分”在农村和城市之间，并决定举全省之力实施乡村振兴战略。广州市牢牢记住两个“260 万”（农村人口和住在老旧小区户籍人口)，引领修订完善村规民约，打好扫黑除恶专项斗争三年攻坚战，整治陈规陋习，推动“自治+法治+德治”有机结合，解决“人民民主治理”的问题。又如，互联网金融问题。在广州市经营的 P2P 平台有 61 家。此外，还有两万家“类金融机构”，数量远多于持牌机构，其中互联网金融企业占全省(不含深圳)总数超过 50%，金融风险防控形势严峻。以广州金融风险监测防控平台为基础建立的广东省地方金融风险监测防控平台，采用大数据等技术，实现行业统计与数据监测、事前事中监测预警、负面舆情监测分析等功能。

三、新时代法治广州建设的思考

党的十九大报告作出“我国社会主要矛盾已经转化为人民日益增长的美好生活需要和不平衡不充分的发展之间的矛盾”的重大论断，提出“人民美好生活需要日益广泛，不仅对物质文化生活提出了更高要求，而且在民主、法治、公平、正义、安全、环境等方面的要求日益增长”。坚持以习近平新时代中国特色社会主义思想为指导，将其活用于中国特色社会主义建设的各个领域，尤其是继续大力推进法治建设，广州敢为人先，责无旁贷。

(一)以习近平新时代中国特色社会主义思想为指导，推动法治广州建设走在前列

从人民群众对法治环境建设的要求来看，广州虽然取得了一些成绩，但从“民主、法治、公平、正义、安全、环境”更多维度衡量，面对时代和群众的新要求，仍存在不少不平衡不充分的短板。今年“两会”习近平总书记参加广东省人大代表团审议时，释放出对全面深化改革的高度重视，针对广东工作提出“四个走在全国前列”。在我国经济处在转变发展方式、优化经济结构、转换增长动力的攻关期，习近平总书记到广东代表团参加审议，体现了习近平总书记对广东进一步推进改革开放提出的新的期盼。广州市提出要将广州建设成最安全稳定、最公平公正、法治环境最好的城市，体现了作为改革开放的先行地、示范区的广东、敢为人先的广州为进一步深化推进改革开放的勇敢担当和努力作为。

要实现“四个走在全国前列”，首先要深刻领会加强和改进党的领导这一根本保障。习近平新时代中国特色社会主义思想的十四条基本方略，第一条就是坚持党对一切工作的领导。党的领导是中国特色社会主义最本质的特征，这已经被写入宪法，以国家根本大法的形式予以确认。其次，要深刻理解“四个走在全国前列”的丰富内涵。前三个“走在全国前列”集中在经济发展领域，随着社会主要矛盾的变化，人民美好生活需要向社会领域拓展，经济发展必然要求社会治理的配套跟上；而社会治理走在前列不仅为发展提供安全稳定的环境，又能促进社会公平正义、人民安居乐业，为前三个“走在全国前列”提供动力和活力。两大领域相辅相成、协同推进，共同让人民群众的获得感、幸福感、安全感更加充实、更有保障、更可持续。再次，要积极主动作为，向全世界展示共建共治共享成果。广州作为广东省的省会城市，作为粤港澳大湾区、泛珠三角洲经济区的核心城市以及“一带一路”的枢纽城市，理所应当成为践行习近平新时代中国特色社会主义思想的重要“窗口”和“示范区”。要深入分析广州的优势劣势、长板短板，做到厚植优势、巩固长板，深挖亮点、拉伸中板，破解难题、补齐短板，深入推进法治广州建设走在全国前列。

（二）结合广州实际，在法治下推进改革，在改革中完善法治

广州通过改革开放取得了众多成绩，发生了翻天覆地的变化，但对标中央和省提出的新要求，特别是习近平总书记针对广东工作提出的“四个走在全国前列”的殷切期望，以及人民群众对法治建设满意度来说，法治广州建设还存在着差距和短板。作为华南唯一核心门户枢纽城市，广州的外国领事馆多达 62 家，数量排名全国第二；地理位置毗邻港澳，社会结构多元复杂，社会治理难度大；IAB 等新技术新产业发展迅速，但产权保护的力度还不够大，侵权易发多发；社会的法治氛围不浓厚，法治观念、法治意识根基还不够牢固、营造共建共治共享社会治理格局的体制机制有待进一步健全完善。

第一，坚持党的全面领导，把握党在法治建设中的核心作用。党是领导一切的，党对政法工作的领导必须是绝对领导、对社会治理必须是全面领导。坚持党的全面领导，发挥各级党委总揽全局、统筹协调各方的领导核心作用，将党的领导贯穿在政法工作的各方面和全过程，切实增强统领作用。比如，推进

中国南沙国际仲裁中心

成立基层社会组织联合会(街镇平安促进会),打造党委政府和社区群众的连心桥、基层社会矛盾的调节器、基层平安志愿活动的孵化器;推进综治中心建设,构建完善"1+N"网格化服务管理机制,探索整合基层综合服务和社会治理平台,建设社区服务综合体,引导单位、社会组织、群团组织等各类社会力量广泛参与等,都是党委的领导在基层社会治理中的有效贯彻和切实体现,确保了人民安居乐业、社会安定有序。

第二,着力完善产权保护机制,营造一流的法治化营商环境。在完善产权保护机制改革上下功夫,坚持在法治轨道上统筹社会力量、平衡社会利益、调节社会关系、规范社会行为、化解社会矛盾,着力将广州打造成为共建共治共享产权保护典范城市。通过制定实施方案,明确落实产权保护的时间表、路线图、责任书;成立以人大代表为主的广州市产权保护专家咨询组,提高产权保护工作的专业性、客观性和社会参与性;立足"把知识产权打造成广州最叫得响的品牌"目标,努力构建全市知识产权严保护、大保护、快保护、同保护工作格局,在需求侧畅通产权特别是知识产权投诉维权渠道,建立"互联网+产权保护"机制,强化跟踪问效、督察督办,在供给侧督促支持司法机关依法公正处理产权案件,健全工作机制,依法依规加强内部监督管理;加强调研,靶向施策、精准发力,开展产权保护案件抽查评议活动，以知识产权保护、平等保护、司法保护、确权保护、协同保护、动态保护“六大保护”夯实广州产权保护典范城市根基。

第三，进一步推动社会主义法治文化建设，培育法治信仰。在加强社会主义法治文化建设上下功夫，引导社会成员养成在法治轨道上主张权利、承担义务的习惯，努力使循法而行成为全体公民的自觉行动。汲取中华传统法律文化之精华，弘扬家国相通的大局观、仁义诚信的价值观、天人合一的和谐观、礼法结合的秩序观、情理法融合的正义观，推动全社会迈向良法善治的社会主义法治新境界。广州在超大城市中第一个以依法治市领导小组的名义印发实施了《法治文化建设三年行动计划（2018—2020 年）》，努力率先建成富有广东特色、岭南风貌的社会主义法治文化品牌城市，着力打造法治文化载体建设、作品传播和示范引领三大工程，实施一区一法治文化长廊、一政务服务大厅一电子法治文化宣传屏、一区一青少年法治教育基地等 12 个项目建设，打造法治文化软环境，建设新时代法治文化品牌城市。

第四，创新完善纠纷矛盾多元化解机制，打造新时代“枫桥经验”升级版。在推进活力多元社会融合、健全矛盾纠纷多元化解上下功夫，坚持运用法治思维，进一步推动自治、法治、德治“三治融合”。加强组织协调，综合运用各种手段预防黑恶势力违法犯罪突出问题，深化线索摸排，加大打击整治力度，坚持边扫边治边建，发挥基层综治中心和网格化管理作用，形成综合治理格局。大力创新完善调解、仲裁、行政裁决、行政复议、诉讼等有机衔接、相互协调的多元化纠纷解决机制；统筹推进“掌上纠纷化解平台”建立，做到各类案件统一受理、归口化解、分层过滤、非诉优先，在线考核、在线督办，实现“互联网+”纠纷化解，实现智慧化、智能化。统筹完善矛盾纠纷化解配套制度，加强经费保障、督导考核及激励措施，逐步引导矛盾纠纷分流过滤，降低群众对强制性、对抗性、高成本诉讼程序的依赖。统筹管理矛盾纠纷化解力量，努力把各种社会力量的积极性调动起来，加强化解力量建设，分类别、分层次细致化解好矛盾纠纷。

第五，全力实施群防共治工程，营造共建共治共享社会治理格局。在构建更加有效的社会协同，打造群防共治社会治理格局上下功夫，坚持以人民为中心，动员新时代社会力量参与社会治理，创新社会治理体制，改进社会治理方式。设立全国首个“地铁安全日”，开展安全宣传活动，促进地铁安防工作“共联、共治、共享”。组织和动员以地缘、业缘、趣缘等为联系纽带的社会力量参与警民联防、企地联防、区域联防，打造“广州街坊”群防共治品牌形象。开发移动终端程序，实现群防共治队伍管理、信息采集、宣传发动、线索举报一体化运用。培育孵化一大批各具特色的群防共治品牌，建立“广州街坊”群防共治管理系统，进一步规范队伍管理，健全激励保障制度。推动“广州街坊”群防共治工作同基层党建、社区建设深度融合，实现群防共治工作社会化、常态化、智能化、特色化，进一步完善广州市吸毒人员社会化管控系统、严重精神障碍患者社会化服务系统、市区两级实名制和工资支付分账管理系统，不断完善“党委领导、政府负责、社会协同、公众参与、法治保障”的社会治理格局，形成社会治理人人参与、人人尽责的良好局面，形成具有时代特色、广州特点的社会治理体系，实现群众获得感、幸福感、安全感更加充实、更有保障、更可持续。

改革开放四十年来，广州的法治建设取得了重要成就，为全国法治建设的推进积累了宝贵的历史经验。站在新时代的历史方位，广州将坚持以习近平新时代中国特色社会主义思想为指导，以习近平总书记对广东重要指示批示精神为指引，牢记“经济是硬实力、法治是软实力”的重要判断，遵循改革与法治的内在关系，进一步加强和改善党对改革与法治的领导，在发展高质量经济的同时着力提升城市法治软实力，运用法治思维和方式提高治理能力，以党风政风的转变带动社风民风的改变，树立大数据理念，加强信息化、智能化平台建设，完善法治化营商环境，培育社会主义法治文化，努力当好在营造共建共治共享社会治理格局上走在全国前列的排头兵，力争率先实现全面建成小康社会的伟大目标，全力实现城市整体发展新飞跃，为实现中华民族伟大复兴的中国梦作出新的更大贡献！

【注释】

①参见广州市中级人民法院（2017）粤01民初445号判决书。

②李正华：《法治观念下的广州法治政府建设》，载《法治论坛》2010年第1期。

③王乐泉：《论改革与法治的关系》，载《中国法学》2014年第6期。

④李书耘：《从民告官的社会心理变化看广州的法治建设》，载《探求》2016年第2期。

⑤参见广州市统计局：《广州统计信息手册（2017年）》。

大鹏展翅　法治领航

梁增昌*

今年是改革开放四十周年，也是深圳经济特区创办三十九周年。作为我国最早实施改革开放、影响最大、建设最好的经济特区，深圳是改革开放取得成功的最生动例证。深圳为什么能够取得如此巨大的成就？首先它离不开改革开放和依法治国的国家大政方针，离不开中央的战略部署和政策支持，也在于深圳正确处理了改革和法治的关系，在法治下推进改革，在改革中完善法治，实现了改革与法治的“两轮驱动”。

一、改革开放以来深圳取得的巨大成就

改革开放的巨大成功，习近平总书记将之归结于“历史前进的逻辑”“时代发展的潮流”。深圳因改革开放而生，因改革开放而兴，因改革开放而强。深圳特区成立以来，始终不忘国家重托，忠实践行中国特色社会主义，解放思想、实事求是、敢于创新、勇于改革，成就了今日的辉煌。改革开放四十年来，深圳从一个人口只有3万人的边陲小镇发展到常住人口达到1252.83万人（2017年）的现代化大都市，地区生产总值从1979年的不到2亿元增长到2017年的2.24万亿元，保持年均近30%的增长速度，创造了世界经济发展史上的奇迹。根据中国社会科学院与联合国人居署共同发布的《全球城市竞争力报告2017—2018》，深圳排名全球第六。

* 广东省深圳市委政法委常务副书记，市法学会常务副会长。

（一）今日之深圳打上了改革的烙印，是改革之城

深圳人特别能改革，一次次大胆试、大胆闯，改革开放以来创造了二百多个“全国第一”。改革开放之初，深圳人率先解放思想，发出了“时间就是金钱，效率就是生命”“空谈误国，实干兴邦”的时代强音，叫响了一个个风靡全国的“深圳观念”，创造了一个个享誉全国的“深圳速度”……在经济发展进入新常态之后，深圳又率先走上质量型发展新路，开始坚持打造深圳质量、深圳标准。2017 年，深圳先进制造业和高技术制造业增加值分别为 5743.87 亿元、5302.47 亿元，占规模以上工业增加值比重分别达 71.0%、65.6%。深圳培育了华为、中兴、腾讯、万科、中国平安、招商银行、比亚迪、迈瑞、大疆、华大基因、大族激光等一大批具有全球竞争力的世界一流企业，并形成了以人工智能、无人机、电子通信等领域为主的具有国际竞争力的产业集群和全链条。

1981 年底，深圳蛇口工业区提出“时间就是金钱，效率就是生命”的口号

（二）今日之深圳站在对外开放的最前沿，是开放之城

深圳人特别能开放，作为中国改革开放的窗口，引领全球化的排头兵，这里诞生了第一家股份制中外合资企业，建立了第一个出口工业区……2017

年，深圳进出口总额达到28011.46亿元，占同期全国进出口总值的10.1%，其中，出口总额16533.57亿元，占同期全国出口总值的10.8%，继续位列内地大中城市首位，实现“二十五连冠”，出口目的地遍布全球226个国家和地区。深圳自建市以来，实际外商直接投资额累计约842.5亿美元，成为中国内地市场经济最活跃的地区之一。2017年共7家世界五百强企业总部位于深圳，近300家世界五百强在深圳设立运营中心、地区总部或国际总部。

（三）今日之深圳最富有创新的基因，是创新之城

深圳人特别能创新，2017年深圳全社会研发投入超过900亿元，占地区生产总值比重4.13%，居中国最前列，接近全球排名前列的韩国、以色列水平；国家级高新技术企业累计达1.12万家，广东第一、全国第二；深圳的PCT国际专利申请达20457件，占全国申请总量的48.04%，连续十四年全国第一。根据世界知识产权组织等机构发布的《2017年全球创新指数报告》，深圳居全球热点地区创新集群第二名，仅次于东京，领先硅谷。

（四）今日之深圳确立了法治的优势，是法治之城

深圳人特别讲法治，作为改革开放的窗口和试验田，深圳从特区建立时就下决心与国际接轨、厉行法治。深圳率先建立证券交易市场、敲响国有土地使用权拍卖“第一槌”、率先探索土地资源配置市场化机制、率先实行基建招投标制、率先改革劳动工资制度、率先实行劳动用工合同制、率先探索建立劳动和社会保障制度、率先建立市场经济下的土地使用制，诞生了中国第一家律师事务所、第一家合作制律师事务所、第一家合伙制律师事务所、第一家个人律师事务所、第一家深港合伙联营律师事务所、第一家专业从事涉外业务的律师事务所、第一部律师行业地方性法规……1985年，深圳就设立了全国第一个市法制局，成立第一个普法领导小组；从1988年开始，深圳开创国内先河并建立独具深圳特色的政府法律顾问制度；2008年，深圳成为全国首个法治政府建设试点城市，并推出全国第一个法治政府建设量化指标体系。深圳的法治建设一直走在全国前列，多次获得“中国法治政府奖”等诸多奖项。

1987 年 12 月 1 日,深圳市首次公开拍卖土地使用权,敲响了新中国历史上土地拍卖的“第一槌”

二、深圳的发展成就得益于改革与法治的“两轮驱动”

习近平总书记强调:“改革和法治如鸟之两翼、车之两轮。”深圳发展的每一步都离不开法治的促进和保障,深圳的法治建设也同样跟随着改革开放的前进步伐不断进步。

(一)深圳“五位一体”总体布局的统筹推进离不开法治的促进和保障

特区建立伊始深圳就明确法治先行,率先探索完善社会主义市场经济体制,不断努力推进法治建设。习近平总书记要求:“我们要实现经济发展、政治清明、文化昌盛、社会公正、生态良好,必须更好发挥法治引领和规范作用。”深圳改革开放四十年来的成就也表明了,在物质文明、政治文明、精神文明、社会文明和生态文明“五位一体”总体布局的统筹推进中,法治起到了不可替代的作用。

1. 法治引领和规范物质文明

一方面,深圳经济发展的“奇迹”离不开法治的推动。深圳产业经济的一个发展优势就在于借助双立法优势构建起科学完备的市场经济法规体系。在1992年深圳人大获得特区立法权之后的八年中（1992年7月至2000年12月），立法重点就是市场经济立法，约占立法总数的43%；从深圳市政府获得立法权后到2000年《立法法》颁布这八年间，立法内容也主要以市场经济体制为核心，此阶段制定经济类规章数量占本阶段规章制定数量的近60%。《深圳经济特区有限责任公司条例》《深圳经济特区股份有限公司条例》规范了市场主体，企业发展由此驶上有序轨道；《深圳经济特区循环经济促进条例》成为深圳破解“四个难以为继”难题之利器；《深圳经济特区商事登记若干规定》激发新一轮创业热情与活力……正是这些规章条例使得深圳在全国较早地形成了一套与国际惯例相衔接的、适应深圳经济特区市场经济运作的法规体系框架。

昔日渔村发展成为现代化大都市

另一方面，法治化和市场化又是相辅相成的，深圳市委、市政府历来奉行“大市场、小政府”的城市管理理念，注重以法治思维和法治方式深化改革、推动发展：通过权责清单、负面清单、督察清单的公布，努力厘清政府和市场的边界，理顺政府的管理者角色与企业的市场主体地位的关系；以规则保障市场秩序，充分发挥法治在配置市场资源、调控市场秩序和保障市场主体权利中的作用；不断完善产权制度和要素市场化配置，初步实现了产权有效激励、要素自由流动、价格反应灵活、竞争公平有序、企业优胜劣汰，最大限度地释放企业家和劳动者的潜力和创造力。

2. 法治引领和规范政治文明

法治当中有政治,没有脱离政治的法治。深圳的发展离不开党的领导、人民当家作主、依法治国有机统一的制度建设,不断推进社会主义民主政治制度化、规范化、法治化、程序化。深圳的政治文明、法治文明建设十分生动地体现了党在领导立法体制建设、保证法治政府建设、支持司法体制改革、推动法治社会建设、带头守法方面的突出作用。

第一,在领导立法方面,深圳市委陆续出台《加强我市立法工作的通知(1992)》《关于进一步发挥市人大及其常委会在立法工作中主导作用的意见(2014)》《加强党领导立法工作的实施意见(2017)》等文件,率先建立起人大主导立法新机制。2016 年,深圳市委出台了《关于在市政协开展立法协商工作的意见》,确立由党委领导、政协参与的立法协商工作机制。

第二,在保证执法方面,深圳 1995 年召开全市依法行政动员大会,全面推进依法行政工作;1998 年推动政府审批制度改革;1999 年率先提出在九个方面实行政府机构和行政行为法定化;2008 年推出并实施了全国第一个法治政府建设指标体系。

第三,在支持司法方面,深圳 1999 年开始牵头推进“执行难”问题;2013 年以来牵头推进深圳司法体制改革工作取得明显成效,成为全国司法体制改革的“深圳样本”,中国法学会组织开展第三方评估给予了高度评价。

第四,在带头守法方面,深圳切实落实党委、政府主要负责人推进法治建设第一责任人职责,坚持以法治理念、法治方式、法治程序开展工作,把调查研究、征求意见、法律咨询和集体讨论决定作为重大决策的必经程序;建立健全理论学习中心组学法、政府常务会议学法、集中培训学习、学法登记等制度,实现学法用法常态化、制度化、规范化。

3. 法治引领和规范精神文明

当今世界,文化已成为城市的核心竞争力,精神文明建立对于深圳这种年轻城市来讲尤为重要。深圳一向注重精神文明建设,以法治方式和法治手段促进文化建设,将社会主义核心价值观融入法治建设,为市民行为确立“法治基准线”。例如,2013 年深圳出台全国首部《文明行为促进条例》,将诚信建设、垃圾分类、养犬管理等文明领域问题纳入法律制度框架。2005年深圳制定了《生活垃圾分类和减量管理办法》，日前《深圳经济特区生活垃圾分类条例（征求意见稿）》正在向社会各界广泛征求意见，深圳成为全国首个对垃圾分类进行顶层设计的城市。近年来，深圳又陆续出台《深圳文化创新发展2020（实施方案）》《深圳市民文明素养提升行动纲要（2017—2020年）》等纲领性文件，充分发挥文化的引领、熏陶作用。

4. 法治引领和规范社会文明

习近平总书记强调："法治兴则国家兴，法治衰则国家乱。什么时候重视法治、法治昌明，什么时候就国泰民安；什么时候忽视法治、法治松弛，什么时候就国乱民怨。"随着城市化进程的迅猛发展和人口数量的急剧膨胀，深圳逐渐成为社会治安动态化程度最高、社会治理难度最大的城市。在这种背景下，深圳一向重视法治在社会治理中的关键作用，不断提高运用法治思维和法治方式深化改革、推动发展、化解矛盾、维护稳定的能力。例如，由于实际管理人口远超户籍人口，深圳警力不足问题一直非常突出，大量使用的辅警又面临着职权、身份定位不明等一系列难题，2017年，深圳实施《警务人员辅助条例》，赋予辅警适当执法权，在法律上对辅警身份予以确认，以法治方式彻底解决了这一困扰多年的问题。

5. 法治引领和规范生态文明

作为一线城市，深圳在北上广深中土地面积最小，经济密度高度聚集，单位面积承载的经济活动远高于全国平均水平，承受了较大生态环境的压力。因此，深圳充分认识到"绿水青山就是金山银山"，近年来深圳一直坚持质量引领、创新驱动、转型升级、绿色低碳的发展路径，如今质量高、结构优、消耗低已成为深圳经济发展的新常态。这一切都与深圳重视加强生态保护的法治建设有关。例如，2005年，深圳颁布《深圳市基本生态控制线管理规定》，明确规定全市生态用地比例不低于50%，在全国率先划定了974平方公里基本生态控制线。在巨大的用地压力面前，深圳一直牢牢坚守基本生态控制线，实行最严格的源头保护制度和责任追究制度，方才成就今日深圳的良好生态。

（二）在不断发展中确立法治优势

如果我们将深圳与其他城市的横向比较看作是一场竞争的话，那么，现代城市之间的竞争更重要的一个维度是制度的竞争，而法治就是制度建设最核心的要素之一。那么，深圳是如何确定自身法治优势的呢？

1. 正确处理改革与法律的关系，实现立法和改革决策相衔接

《中共中央关于全面推进依法治国若干重大问题的决定》指出，在处理法律与改革的关系时要注意："实践证明行之有效的，要及时上升为法律。实践条件还不成熟、需要先行先试的，要按照法定程序作出授权。对不适应改革要求的法律法规，要及时修改和废止。"

第一，改革开放以来，深圳坚决试、大胆闯，摸着石头过河，形成了许多行之有效的做法和方式，最终上升为深圳的立法，甚至为中央立法所采纳。例如，2017 年出台的《深圳经济特区质量条例》就将有关深圳质量的重点工作和行之有效的经验做法以法规的形式予以确定。

第二，按照法定授权不断先行先试的过程，在深圳的改革进程中也经常遇到。例如，对流动人口的管理，深圳从 20 世纪 80 年代率先实施暂住证管理，90 年代建成"暂住人口信息管理系统"，2008 年又推出居住证制度。深圳最早于 1984 年开始颁发"深圳经济特区居民证"，成为"中华人民共和国居民身份证"的母本。

第三，当现行法律已经阻碍改革时应当首先对法律进行修改或废止，然后再进行改革。例如，深圳市先后几次对特区法规、政府规范性文件以及党内法规进行了大范围的清理：深圳市人大于 2014 年首次对全部现行有效 166 项法规中需要梳理的 153 项法规进行了全面梳理；深圳市政府在 1992 年至 1993 年期间第一次开展规范性文件清理，在 2016 年至 2017 年开展建市以来首次全面清理市政府规范性文件；2015 年，深圳市委全面完成 1979 年 11 月 26 日至 2012 年 6 月期间以市委或市委办公厅印发的 848 件党内规范性文件的清理工作。

2. 充分利用特区立法权，做到立法主动适应改革需要

习近平总书记要求："立法主动适应改革需要，积极发挥引导、推动、规范、保障改革的作用，做到重大改革于法有据，改革和法治同步推进，增强改革的穿透力。"深圳在改革开放的历程中一直践行这一理念，特别是在获取特区立法权的二十六年立法实践中，深圳充分发挥了特区立法"试验田"的作用，

中国法治论坛永久落户深圳

制定了很多在全国具有领先意义的法律，真正以改革精神创制法律，以良法促进改革、保障善治。截至 2018 年 2 月 28 日，深圳市人大及其常委会共制定法规 225 项，其中先行先试类 106 项、创新变通类 57 项，占制定法规的 72.44%，而在 106 项先行先试类法规中，有 41 项是早于国家法律、行政法规出台的，有 65 项是国家尚无法律、行政法规规定的。

3. 坚持依法执政、依法行政，建立高效的法治实施和监督体系

习近平总书记曾经引用“天下之事，不难于立法，而难于法之必行”这句话来强调法治实施的重要性，他强调：“依法治国是我国宪法确定的治理国家的基本方略，而能不能做到依法治国，关键在于党能不能坚持依法执政，各级政府能不能依法行政。”为了推动建立高效的法治实施和监督体系，深圳很早就建立了高层的法治领导机构。1985 年，深圳在全国率先设立市法制局，成立普及法律常识领导小组，首次明确专门机构承担全市法制工作；1994 年，深圳成立市依法治市工作领导小组，对全市的法制建设进行统筹安排；之后又在市委统一领导下组建了高规格的“深圳市委全面依法治市工作领导小组”。这些机构成为推动依法执政和执法行政的高层设计。

深圳还率先建立健全重大决策合法合规性审查机制。2006 年，深圳在全

国最早明确规定,所有涉及法律问题的议题必须在市政府常务会议之前经过市法制办合法性审查。2017年,深圳出台《关于进一步做好市委文件审核工作的意见》,建立健全市委文件前置审核机制,明确规定拟提请市委常委会会议审议的市委文件稿,除时限要求急等特殊情况外,上会前应当由市委办公厅文件审核机构进行前置审核。

4. 注重国法与党规的互联互动,配合推动改革举措有效运行

深圳正确理解并灵活运用了国法与党规、法律与政策之间的互联互动,使它们最大可能地配合作用。

第一,在深圳,许多地方性法规的制定是在政策的实践经验基础上制定的。例如,在2017年《深圳经济特区人才工作条例》出台之前,深圳市委、市政府陆续出台过《关于引进国内人才来深工作若干规定》(已失效)、《关于加强高层次专业人才队伍建设的意见》《关于实施引进海外高层次人才“孔雀计划”的意见》《深圳市人才认定办法》《关于促进人才优先发展的若干措施》等一系列政策性文件。

第二,在深圳,重大改革举措出台前有时会首先通过政策性文件在系统内凝聚共识、坚定信念、明确目标、形成合力。例如,深圳法治建设总体布局的每一次重大提升都伴随着重要政策性文件的出台。1994年《深圳市依法治市工作方案》,在全国率先提出了建设“现代化国际性社会主义法治城市”的目标;1999年《关于加强依法治市工作、加快建设社会主义法治城市的决定》,提出通过10年的时间逐步建成社会主义现代化法治城市;2013年《深圳市加快建设一流法治城市工作实施方案》,确立了建设“一流法治城市”的目标;2017年《法治中国示范城市建设实施纲要(2017—2020年)》,提出到2020年基本建成“法治中国示范城市”。

第三,在深圳,关于某些重要领域或重要事项,也会选择直接以地方性法规的形式确定相关规范的内容。例如,在制定《深圳经济特区改革创新促进条例》(2006年)的过程中,有专家提出首先制定党委政策性文件待成熟后再出台立法,但在当时深圳面临着土地、能源、环境、人口“四个难以为继”的难题,深圳市委以巨大的担当选择了以立法保障改革作为突破口,领导人大制定了《改革创新促进条例》,将改革纳入法治轨道,确立了改革创新目标,规范了

改革创新程序,明确了对改革者的权益保障,同时确立了改革创新协调机制和评价机制,成为深圳未来改革创新事业的基础性原则。

(三)以法治方式激活发展活力

深圳的法治优势还在于它通过法治方式激发了全社会的发展活力、创新活力、人才活力,通过法治方式营造有竞争力的法治营商环境,保障了社会创造力得以实现的外部环境。

1. 以法治方式保障发展、人才、创新的相互促进

2018 年 3 月 7 日,习近平总书记在参加十三届全国人大一次会议广东代表团审议时希望广东“在构建推动经济高质量发展体制机制、建设现代化经济体系、形成全面开放新格局、营造共建共治共享社会治理格局上走在全国前列”。他强调:“发展是第一要务,人才是第一资源,创新是第一动力。”深圳的发展活力就在于它成功地通过法治方式实现了发展、人才和创新的相互促进。

第一,发展是第一要务,深圳发展活力的激发和保持离不开法治的保障和促进。党的十九大报告指出:“我国经济已由高速增长阶段转向高质量发展阶段。”深圳早在 2010 年就在全国率先提出“深圳质量”新理念,主动探索质量型发展道路;2014 年,深圳提出打造“深圳标准”,铸造“深圳品牌”,树立“深圳信誉”,提升“深圳质量”,并于年底通过了《关于加强深圳经济特区标准建设若干问题的决定》,将“深圳标准”建设纳入法律范畴;2015 年,深圳发布《关于打造深圳标准构建质量发展新优势的指导意见》及行动计划,提出一条标准先行、创新驱动、内生增长、绿色低碳的质量型发展新路;2017 年,深圳出台《深圳经济特区质量条例》,突出以“五大发展理念”为引领,走质量型发展道路,以法规形式规范了深圳质量的系统性、协调性和长期性。

第二,人才是第一资源,深圳的人才活力离不开法治的支撑。深圳一向重视人才强市战略,制定实施人才工作条例,率先设立“人才日”,建成人才公园,成立国有全资的人才集团和猎头公司,举办中国国际人才交流大会。2011 年起深圳实施“孔雀计划”,至今已累计认定海内外高层次人才 9933 人。

2017年,《深圳经济特区人才工作条例》出台,以立法形式全面清理和打破妨碍人才流动的制度障碍,实现特区人才发展体制机制的改革创新。

第三,创新是第一动力,深圳的创新活力离不开法治的保障,法治成为深圳最具竞争力的创新创业环境。深圳2003年出台国内首部创业投资立法《深圳经济特区创业投资条例》;2006年出台《深圳经济特区改革创新促进条例》,率先进行土地、产权、资本、人才、劳动力等要素市场改革;2008年制定国内首部创新型城市立法《深圳经济特区科技创新促进条例》;2010年制定《加快经济发展方式转变促进条例》;2018年颁布国内首部以城市为整体建设单元的自主创新示范区立法《深圳经济特区国家自主创新示范区条例》。

2. *以法治为引领、以改革为动力,营造法治化、国际化、便利化的营商环境*

作为中国改革开放建立的第一个经济特区,深圳深谙法治营商环境的重要意义,也清楚法治化环境最能聚人聚财、最有利于发展。近年来,深圳陆续出台了营商环境改革"20条"、降低实体经济成本"28条",推进商事登记制度改革,推进信用信息体系建设,严格知识产权保护营造创新环境,加速人才引进机制,对标国际一流发展国际仲裁,助力跨境电子商务迎接"E+深圳"发展。不断优化的法治营商环境吸引无数的企业、企业家选择深圳、扎根深圳,共谋深圳经济发展新篇章。

为了加强营商环境的塑造,保持创新创业的动力,深圳一直注重知识产权的保护。2008年制定《深圳经济特区加强知识产权保护工作若干规定》;2009年,深圳在全国率先实现了专利、版权、商标、技术秘密等"多合一"的大知识产权管理体制,成为目前全国范围内唯一实行知识产权综合管理的城市,建立了3级联动的知识产权行政执法体系;2017年通过《深圳市关于新形势下进一步加强知识产权保护的工作方案》,提出力争到2020年率先在全国建立最严格的知识产权保护制度,将深圳打造成为全国知识产权严格保护示范区。目前《深圳经济特区知识产权保护条例(征求意见稿)》正在向社会征求意见,日后它的出台必将为深圳知识产权保护带来更好、更新的变化。

三、深圳的未来展望:继续坚持改革与法治“两轮驱动”,率先建设社会主义现代化先行区

2017年4月4日,习近平总书记对广东工作作出重要批示,希望广东坚持党的领导、坚持中国特色社会主义、坚持新发展理念、坚持改革开放,为全国推进供给侧结构性改革、实施创新驱动发展战略、构建开放型经济新体制提供支撑,努力在全面建成小康社会、加快建设社会主义现代化新征程上走在前列。征程再起,在新的历史节点上,深圳市委认真学习贯彻落实习近平总书记对广东、深圳工作的重要指示批示精神,审时度势,在2017年作出深圳率先建设社会主义现代化先行区的决定。作为中国改革开放的先行地,这既是深圳的自我要求,也是特区的应有作为,在这个过程中,我们必须要重视法治的基础作用。

(一)深切把握“四个坚持”的要求,率先建设社会主义现代化先行区

新时代深圳率先建设社会主义现代化先行区,必须坚持党的领导、坚持中国特色社会主义、坚持新发展理念、坚持改革开放,这是特区获得新发展的前提。

第一,坚持党的领导,是办好特区的根本保证。深圳要牢固树立“四个意识”,在思想上政治上行动上同以习近平同志为核心的党中央保持高度一致,确保中央决策在深圳得到不折不扣的贯彻落实。

第二,坚持中国特色社会主义,才能始终沿着正确方向前进。深圳特区要进一步先行先试新的体制机制,努力打造前海中国特色社会主义法治示范区,为坚持和发展中国特色社会主义道路、丰富中国特色社会主义理论体系、完善中国特色社会主义制度输送经验、打造样本。

第三,坚持新发展理念,以法治方式实现创新、协调、绿色、开放、共享的新发展。深圳要以《深圳经济特区改革创新促进条例》等已有法律为基础进一步夯实创新发展的法治基础,坚定不移地建设更具国际创新力的创新之都;深

圳要进一步完善协调发展的法治机制,进一步实施“东进、西协、南联、北拓、中优”的战略,全面实现特区一体化,携手周边共建世界级大都市圈;深圳要进一步践行“绿水青山就是金山银山”的理念,努力打造人与自然和谐共生的美丽中国典范;深圳要积极服务国家“一带一路”建设、主动服务粤港澳大湾区建设,积极学习国际制度和国际规则,加强自贸区法律制度建设,构建立足中国、面向全球的更高水平的开放法治格局;深圳要打造更加平等正义的法治环境,共建共治共享的社会治理格局,完善党委领导、政府负责、社会协同、公众参与、法治保障的社会治理体制,提高社会治理社会化、法治化、智能化、专业化水平。

第四,坚持改革开放,在法治框架下让市场发挥积极主动作用是保持经济活力和创造力的重要保障。习近平总书记强调:“经济特区的成功实践……充分证明了改革开放是决定当代中国命运的关键抉择,是当代中国发展进步的活力之源,是党和人民事业大踏步赶上时代的重要法宝,是坚持和发展中国特色社会主义、实现中华民族伟大复兴的必由之路。”

(二)以法治方式保障关键领域的改革,争做“三个支撑”的模范

为全国推进供给侧结构性改革、实施创新驱动发展战略、构建开放型经济新体制提供支撑,是新时代深圳率先建设社会主义现代化先行区的题中应有之义,也是深圳经济特区新时期肩负的重大政治责任。争做“三个支撑”的模范,离不开法治的保障。

第一,推进供给侧结构性改革需要法治提供制度保障。“从法权意义上讲,供给侧改革的核心要义在于释放作为市场主体的企业的创造活力,加大制度创新力度,降低市场交易费用,依法调控经济运行,为激发市场主体能动作用创设坚实的法治基础。”①供给侧结构性改革必须坚持法治的基础作用,通过市场经济体制改革激发市场主体的创新创业活力。

第二,实施创新驱动发展战略必须要有一套完善的法律保障机制。创新是深圳发展的灵魂,深圳的经验证明,改革要求创新,创新需要法治。2006年,深圳出台了《深圳经济特区改革创新促进条例》,对改革创新的工作职责、基本程序,同时宽容改革创新失败者。作为先行者,深圳必须在人工智能、信

息化、服务创新驱动等方面走在全国的前列,也必须在这些前沿领域中确定自己的法治优势,继续大力推进相关事项的法律规制。

第三,构建开放型经济新体制离不开法律服务事业的对外开放。为了打造对外开放新格局,深圳必须以“一带一路”建设为重点,坚持“引进来”和“走出去”并重,遵循共商共建共享原则,加强创新能力开放合作,形成陆海内外联动、东西双向互济的开放格局。首先,深圳的企业必须不断“走出去”,法律服务也应当跟着“走出去”,例如,深圳国际仲裁院创建北美庭审中心标志着中国仲裁机构从深圳真正走向世界。其次,我们还要“引进来”打造现代法律服务业,深圳必须利用好香港的法治资源,深化深港两地在粤港澳大湾区不同法律背景下的法律合作,必须进一步学习引进西方市场经济的先进法律经验,打造与国际接轨的法律服务环境。

(三)继续坚持改革与法治“两轮驱动”,勇当“四个走在全国前列”的尖兵

深圳提出率先建设社会主义现代化先行区,勇当“四个走在全国前列”的尖兵,一方面要继续推动改革与法治“两轮驱动”;另一方面则要加快建设法治中国示范城市。

第一,必须正确处理改革和法治的关系。党的十八大以来,中国的社会主义现代化呈现出改革与法治“两轮驱动”的局面:“改革是发展的强大动力,法治是发展的可靠保障。”[②]深圳必须正确处理改革与法治关系,避免习近平总书记所指出的两种错误观点:“一种观点认为,改革就是要冲破法律的禁区,现在法律的条条框框妨碍和迟滞了改革,改革要上路、法律要让路。另一种观点则认为,法律就是要保持稳定性、权威性、适当的滞后性,法律很难引领改革。”正确的观点应是,坚持在法治下推进改革,在改革中完善法治改革。

第二,必须加快建设法治中国示范城市。改革进入深水区,面对这些新问题,为了加强保障改革的法治举措,进一步提高法治优势,2017 年深圳出台《法治中国示范城市建设实施纲要(2017—2020 年)》,提出在 2020 年基本建成“法治中国示范城市”。为此,深圳必须按照《法治中国示范城市建设实施纲要(2017—2020 年)》的要求,用足用好经济特区立法权和设区的市立法权,

加快形成完备的地方法规规范体系;深入推进依法行政,率先基本建成法治政府;深入推进司法体制改革,提高司法公信力;强化全民法治观念,推进法治社会建设;加快建设前海中国特色社会主义法治建设示范区,营造法治化国际化便利化营商环境;加强党的领导,强化法治建设组织保障。

深圳经济特区作为我国改革开放和社会主义现代化建设的重要起源地,作为中国特色社会主义的忠实践行地,一直担负着在改革开放和社会主义现代化建设中先行一步的战略定位,承担着为实现国家富强、民族复兴、人民幸福探索新路的使命任务。深圳在未来的改革和发展中所面临的很多问题都是全新的、复杂的、困难的、有争议的,深圳要率先建设社会主义现代化先行区,必须坚持党的领导、坚持中国特色社会主义、坚持新发展理念、坚持改革开放,以法治凝聚改革共识,为推进供给侧结构性改革、实施创新驱动发展战略、构建开放型经济新体制奠定良好的法治基础、提供充分的法治保障。

【注释】

①公丕祥:《经济新常态下供给侧改革的法治逻辑》,载《法学》2016 年第 7 期。

②陈冀平:《党的十八大以来法治建设新成就(一)》,载《民主与法制时报》2018 年 1 月 6 日。

科学发展　良法善治

张　强*

珠海位于广东省珠江口西南部，东与香港隔海相望，南与澳门水陆相连，拥有全国最大的陆路口岸——拱北口岸，陆地面积1736平方公里，海域面积6050平方公里，是珠三角地区海域面积最大、岛屿最多、海岸线最长的城市，素有“百岛之市”的美誉。1980年8月，中央决定设立深圳、珠海、汕头、厦门四个经济特区，由此拉开了珠海经济特区发展的序幕。2008年，国务院颁布实施《珠江三角洲地区改革发展规划纲要（2008—2020年）》，明确珠海为珠江口西岸核心城市。①2010年，经国务院批准，珠海经济特区扩大到全市。

特区使命引领向前，改革探索永不止步。改革开放四十年来，珠海经济特区作为中央最早设立的改革开放“试验田”和“重要窗口”，紧紧抓住“发展才是硬道理”这个关键，以敢为天下先的胆识和魄力，积极创新实践，扩大对外开放，经济社会实现了快速发展，并逐步从一个边陲小镇发展成为初具规模的现代化花园式海滨城市。近代以来，珠海人杰地灵，名人辈出，产生了华南地区第一位系统传播马克思主义的杨匏安，中华全国总工会第一任委员长林伟民，中共六届中央政治局常委苏兆征，中国第一位留美学生、中国近代留学教育的奠基者容闳，中国体育运动史上第一个世界冠军容国团等历史名人。珠海经济特区设立后，在全国率先实行土地管理“五个统一”、环境保护坚持“八个不准”、城市建设实行“八个统一”，为经济社会的可持续发展奠定了坚实基础，并先后创造了许多全国“第一”。如全国第一家“三来一补”企业、全国第

* 广东省珠海市委常委、市委政法委书记，市法学会会长。

一家中外合作酒店、全国第一次重奖科技人才、全国第一个带飞行表演的国际航展、全国第一个跨境工业区……②一项项引领全国先河的举措不断推出，珠海经济特区的实践探索为全省全国提供了可复制、可借鉴的“珠海经验”。伴随着经济社会的发展，珠海的民主法治进程加快推进，并在不断探索中结出了丰硕成果。如出台了全国首部保障律师执业权利的地方性法规——《珠海市律师执业保障条例》，还在全国率先实行律师凭“三证”会见制度。全国人大在2008年《律师法》和2012年《刑事诉讼法》修订时，在律师执业保障规定方面均借鉴了“珠海经验”。珠海高新区成立了全国首个知识产权法庭和知识产权检察室，为珠海知识产权保护工作提供了良好的法治保障。创新设立了“一带一路”国际商事调解中心珠海调解室，组建了“一带一路”法律服务专家库及中拉律师法律服务团，为服务“一带一路”倡议，进一步深化珠港澳法律合作迈出了坚实步伐……这些只是珠海深化改革创新的一个缩影。

改革开放四十周年是一个新的起点。2018年3月7日，习近平总书记在参加十三届全国人大一次会议广东代表团审议时指出，要抓住建设粤港澳大湾区重大机遇，携手港澳加快推进相关工作，打造国际一流湾区和世界级城市群。作为粤港澳大湾区城市群的重要一员，珠海要以习近平新时代中国特色社会主义思想为指导，深入贯彻落实习近平总书记对广东工作的重要指示精神，顺应供给侧结构性改革、创新驱动发展战略和开放型经济新体制的要求，把握港珠澳大桥建成通车的重大机遇，加速融入粤港澳大湾区，奋力开创珠海改革开放和社会主义现代化建设新局面。这其中，法治的有力保障和紧密衔接是关键环节，必须紧紧围绕经济社会发展大局，充分发挥法治对经济社会发展的引领、服务和保障作用，在营造共建共治共享社会治理格局上率先探索，以法治促善治、以善治促发展，使社会在深刻变革中既生机勃勃又井然有序，进一步提升社会治理的法治化水平。

一、改革开放四十年来珠海各项事业的发展变化

改革创新是当今时代的主题。作为全国最早实施对外开放的四个经济特区之一，珠海经济特区因改革而生、因改革而兴、因改革而强，改革创新是珠海

今日珠海风光（珠海歌剧院）

永恒的使命和不竭的动力。改革开放四十年来，珠海勇于担当特区使命，大胆探索、先行先试，以杀出一条血路来的拼劲，生动书写特区之“特”这篇大文章，充分发挥了改革开放“试验田”的作用，全市创新环境不断优化，发展动能转换提速，海陆空交通体系不断完善，生态优势持续巩固，民生保障不断加强，逐步走出了一条有别于全国其他地区的科学发展新路。

（一）坚持创新驱动，走经济高质量发展之路

珠海坚持科学技术是第一生产力，主动适应经济新常态和新业态，精准发力供给侧结构性改革，着力发展实体经济，全市各项经济指标全面向好。本地生产总值从 1980 年的 2. 6 亿元增长到 2017 年的 2564. 73 亿元；工业总产值从 2. 3 亿元增长到 4653. 09 亿元。工业产品科技含量不断提高，高新技术产品产值占全市工业总产值的三分之一，纳入统计范围的高新技术企业近百家。截至 2017 年底，全市高新技术企业总数突破 1400 家，规模以上工业企业研发机构覆盖率达 37. 5%，全市高技术制造业增加值 306. 87 亿元，占规模以上工业增加值的 27. 8%；民营科技企业创造的产值占全市高新技术产品总产值的 50%以上。其中，具有代表性的市属国有企业，珠海格力集团有限公司自

1985年3月创立以来,从单纯的家电制造企业发展成为资产规模超2000亿元的多产业大型国有独资企业集团。2017年,集团实现营业收入1517.89亿元、净利润223.69亿元。在经济和社会同步发展的基础上,城乡居民的生活不断改善,全市城镇居民人均可支配收入43969元(按可比口径),人均GDP达14.91万元,按平均汇率折算为2.21万美元。持续加大对教育、医疗、养老、就业等民生领域投入,民生支出占一般公共预算支出的71.7%,并率先实行12年义务教育、率先推行“全民医保”,基本公共服务体系进一步完善。居民消费结构发生明显变化,用于住房、教育、文化、旅游等方面的消费支出比重逐年提高,城乡居民生活质量进一步提高。开展城中旧村改造,居民住房条件得到明显改善,市区居民人均居住面积达到25平方米。珠海大力提升高等教育办学水平,全日制在校大学生超过13.68万人,已发展成为广东省重要的高等教育基地。

(二)坚持对外开放,走区域合作共赢之路

珠海处于改革开放的最前沿。改革开放以来,珠海依托毗邻港澳的特殊地理优势,深入推进珠海与澳门的全方位、宽领域合作,加快推进粤港澳紧密合作示范区建设。如探索建立了横琴决策委员会、咨询委员会、专家委员会,建立珠澳多层次沟通机制,积极打造澳门青年横琴创业谷;粤澳合作产业园初具规模,港珠澳大桥即将通车,横琴珠澳口岸开启24小时通关。以高度政治责任感做好服务保障,对澳门淡水供应超过95%,输电超过90%。截至目前,位于珠海的粤澳合作产业园18个项目已开工建设,粤澳中医药科技产业园注册企业达94家。澳门机动车出入横琴政策受惠面扩大,横琴口岸率先启动两地牌小客车检查结果参考互认。粤澳合作发展基金落户珠海横琴,内地首家澳门银行营业性机构开业。到目前为止,外贸结构持续优化,对“一带一路”沿线国家出口增长36.4%,高新技术产品进出口增长12.9%。珠海有外商投资企业超过7000家,外商投资企业已成为珠海经济的重要组成部分。积极实施外向带动战略,大力拓展出口市场,外贸进出口增长势头强劲。在保持对欧洲、美国等传统市场出口快速增长的同时,开拓了非洲、拉丁美洲、大洋洲和“一带一路”沿线国家的新兴市场。与此同时,不断完善创新创业政策,推动

出台系列人才新政，持续优化人才政策体系，通过实施人才优先引进、留学人员创业资助等措施，加大高层次人才引进力度，为特区人才发展营造良好的政策环境。

（三）坚持绿色发展，走生态文明建设之路

优美的生态环境是珠海的城市品牌，也是珠海的特色和魅力所在。珠海从创建经济特区之初起就明确了发展经济不以牺牲环境为代价的理念，始终坚守蓝天白云、绿水青山这条底线，不走先污染后治理的老路，经济建设、城市建设与环境建设同步规划、同步实施、同步发展，走出了一条经济发展与环境保护并重的发展道路。特别是通过加强生态文明法治体系建设，留住珠海绿水青山，擦亮珠海生态名片。珠海环境空气质量一直保持全国重点城市前列，主要河流和饮用水源水质达标率保持100%，城乡生活垃圾无害化处理率达100%，城市绿化率达52%。1990年以来十次荣获全省城市环境综合整治定量考核第一；先后荣获“国家生态园林城市”“国家森林城市”“国家卫生城市”“国家级生态示范区”“国家环保模范城市”“中国优秀旅游城市”和联合国人居中心授予的“国际改善居住环境最佳范例奖城市”，还是全国唯一以整体城市景观入选“全国旅游胜地四十佳”的城市。2017年，珠海接待游客3980.69万人次，旅游总收入367.7亿元，珠海已成为国内外著名的旅游城市。

（四）坚持法治保障，走现代民主法治之路

市场经济也是法治经济，经济社会发展到哪里，法治服务和保障就要跟进到哪里。改革开放四十年来，珠海以平安珠海和法治珠海建设为主线，不断升级加固社会治安防控体系，人民群众安全感有效增强。珠海于2014年11月1日公开发布全市24个镇街的“平安指数”，成为全国首个以镇街为单位每天发布综合平安状况量化指数的地级市。2015年6月，由华南理工大学政府绩效评价中心公布的广东省法治政府绩效满意度报告显示，珠海的社会治安指标在全省得分最高，被誉为“全省最有安全感的城市”。在此基础上，珠海始终牢记促进澳门及香港长期繁荣稳定的重大使命，主动策应“一国两制”制度

横琴新区法院成立

的实施，积极探索珠港澳跨区域执法司法合作新模式，为全国创造了可复制、可借鉴的区域警务和法务合作新经验，有力维护了区域社会稳定，助力粤港澳大湾区建设。特别是在公安部和省公安厅的领导下，积极配合港澳警方，成功侦破了“东星轮”千万港元大劫案、张子强特大暴力犯罪团伙案等重特大刑事案件，有力确保了香港和澳门回归祖国以来的持续繁荣稳定。珠澳两地警方还共同创办了“澳门·珠海警务论坛”，以理论研讨推动警务合作的理念创新和机制创新，成为继“海峡两岸暨香港、澳门警学研讨会”之后又一个跨境、跨法域警界交流平台。③

（五）坚持社会治理，走共建共治共享之路

珠海是广东省社会治理创新的先行地区。自 2009 年被确定为广东省社会管理创新先行先试城市以来，珠海强化顶层设计，大胆创新实践，大力推进社会建设、创新社会治理，率先启动社会治理体制改革，成立“中共珠海市委社会管理工作部”，颁布《珠海经济特区社会建设条例》等一批社会治理领域

的地方法规，积极创建社会建设示范市，逐步探索总结了一批具有珠海特色的好经验、好做法，得到了业界、学界的广泛好评。特别是突出法治在社会治理中的重要作用，引导社会组织有序参与社会治理，创新推动境内境外、网上网下各项工作，把体现人民利益、反映人民愿望、维护人民权益、增进人民福祉贯穿到平安建设和依法治市全过程，为率先营造共建共治共享社会治理格局夯实了法治基础，形成了在党的领导下，运用法治思维和法治方式有效管理经济、文化和社会事务的格局，确保了社会在深刻变革中既井然有序又生机勃勃。2016 年和 2017 年，珠海连续两年被评为“全国社会治理创新优秀城市”。

二、改革开放四十年来珠海法治服务和保障经济社会发展的创新实践

改革开放四十年来，在经济社会快速发展的同时，珠海正确处理好改革、发展、稳定的关系，突出法治的引领、规范和保障作用，持续推进民主法治进程，以法治珠海建设营造良好营商环境，有力保障和促进经济社会发展。

（一）坚持党的领导，强化统筹推进，以党的领导确保经济建设与法治建设同频共振

全面推进依法治市，必须坚持党的领导。经过持续多年的探索，珠海逐步建立健全了党领导法治建设的体制机制，法治建设的框架性制度已初步建立。2017 年，珠海市委出台《珠海市法治之城建设工作方案》，提出法治建设阶段性目标，从加强和改进党的领导、完善和发挥立法优势、全面推进法治政府建设、深入推进公正司法、加快建设法治经济、加强法治社会建设、推进法治文化建设、加强法治工作队伍建设八个方面，明确了法治之城建设的重点任务，着力加强创新驱动、开放发展、城市建设等法规建设，研究制定新业态新领域创新成果保护机制，加强“一带一路”建设的法律服务等，珠海依法治市工作初步形成“五年有规划、年初有部署、年中有督查、年底有考核”的工作格局。加强党对全面依法治市的领导，关键是压实党政主要负责人第一责任。珠海市认真贯彻落实《党政主要负责人履行推进法治建设第一责任人职责规定》，把

法治建设作为“一把手”工程来抓，压实党政主要负责人责任，把法治建设履职情况作为各区党政领导班子和全市处级干部年度考核的重要内容。加强党对全面依法治市的领导，同样体现在党要带头守法上。珠海市努力健全完善党委依法决策机制，严格执行领导班子议事规则和决策程序，凡是涉及全市重大发展战略、重大改革事项、重大民生问题以及党的建设方面的重大事项，都要由市委常委会会议或全体会议讨论决定，并且进行合法性审查，切实做到科学决策、民主决策、依法决策。

（二）坚持立法先行，完善制度体系，以地方立法的形式服务和保障珠海经济社会发展

良法乃善治的前提。1996 年全国人大常委会授予珠海经济特区立法权，2000 年珠海被授予较大市立法权，标志着珠海可以利用特区立法权和较大市立法权在全市范围内探索实施新的地方性法规。改革开放四十年来，作为为数不多的同时拥有经济特区立法权和设区的市立法权的城市，珠海的立法工作始终与经济社会发展同步。始终坚持“党委领导、人大主导”的立法体制，坚持从实际出发认真履行“立法试验田”的特殊使命，突出体现珠海特色，注重增强法规的可操作性和可执行性，充分发挥人大及其常委会在立法工作中的主导作用，将科学立法、民主立法的理念贯穿于立法工作的全过程，以地方立法的形式服务和保障珠海经济社会发展。如率先制定出台了《珠海经济特区人才开发促进条例》，为国家层面的人才立法提供有益借鉴；率先出台了《珠海经济特区预防腐败条例》，为形成以惩治为基础、以预防为重点的反腐败综合治理体系奠定制度基础；率先出台了全国首部规范“两法衔接”工作的地方性法规《珠海经济特区行政执法与刑事司法衔接工作条例》，有效规范行政执法、强化法律监督；率先出台了首部专门规范地下综合管廊建设与管理的地方性法规《珠海经济特区地下综合管廊管理条例》，促进城市地下空间高效集约利用。又如 2016 年 7 月 28 日，珠海的“母亲河”前山河迎来首个法定保护日，珠海市首部流域保护综合性地方法规《珠海经济特区前山河流域管理条例》也于同一天施行。该条例的出台标志着对前山河流域的管理上升到了法规的层面，前山河的蜕变，恰恰彰显了法治的引领和保护作用。从保障市民

人身财产安全的《珠海经济特区消防条例》，到服务市民、确保用电安全的《珠海经济特区电力设施保护规定》；从解决市民基本“食、住、行”问题的《农贸市场管理办法》《公共租赁住房管理办法》《珠海经济特区物业管理条例》《出租车管理条例》，到规范养犬、维护市容的《养犬管理条例》《户外广告设施和招牌设置管理条例》，再到充分释放市场活力的《商事登记条例》《民营经济促进条例》等。仅在最近短短五年间，全市共制定法规 25 件、修订 1 件，出台政府规章 34 部，相关法规规章在各自领域均发挥了切实功效。

港珠澳大桥雄姿

（三）倡导依法行政，建设法治政府，以政府职能转变促进经济社会转型升级

2016 年，珠海市“公平公开公正的全方位行政复议综合改革”项目荣获“中国法治政府奖”，是该奖项中的唯一广东元素，这是珠海市法治政府建设的一个缩影。近年来，珠海市委、市政府始终坚持把深入推进依法行政和加快建设法治政府作为全面推进依法治市的重点任务和关键环节，以努力打造一流法治政府为统领，加快政府治理转型，并在制度创新上进行了大胆探索和尝

试，有力推动法治政府建设走在全省乃至全国前列。法无授权不可为，法定职责必须为。以行政审批制度改革作为重要抓手，珠海市通过简政放权推动政府职能转变，全面开展行政审批标准化建设，同时还推行权责清单制度并实行动态管理，将政府工作部门行使的各项行政职权及其依据、行使主体、责任事项、监督方式等向社会公开，使政府事权规范化、法治化，让权力"一目了然"。为保证行政决策科学化、民主化、法治化，提升行政决策公信力和执行力，珠海市、区、镇（街）三级均设立了政府法律顾问室或聘请了政府法律顾问，让政府法律顾问在制定重大行政决策、推进依法行政中发挥积极作用。珠海市还在全国率先建立法治政府建设基层工作联系点，增强政府决策的针对性和有效性。推进依法行政，还要切实做到严格规范公正文明执法。珠海市不断加强执法人员培训和执法案件评查力度，将各执法部门落实"两法衔接"的情况纳入年度依法行政考评。据省政府依法行政考评组年度考评的结果显示，珠海社会各界对行政执法的满意度显著提高。

（四）严格公正司法，维护公平正义，以司法质效的提高增强珠海经济发展软实力

公正是法治的生命线，司法作为维护公平正义的最后一道防线，必须牢牢守住。深化司法改革，健全司法体制机制成为题中应有之义。根据中央和省委的部署，珠海推进完善司法责任制等四项改革试点工作，一批先行先试的改革经验在全省全国推广。通过深化司法改革，使司法权力运行更加规范，司法公正看得见、摸得着，人民群众对于司法的权威和温暖有了切身感受。横琴新区人民法院和横琴新区人民检察院是珠海司法改革的窗口。2013 年，经最高人民法院、最高人民检察院同意，珠海市横琴新区人民法院、珠海市横琴新区人民检察院分别于当年 12 月 26 日和 20 日成立。这两个机构的诸多创新为中国探索司法体制改革积累了丰富经验。2014 年至 2015 年，横琴新区法院取消案件审批制，推行法官办案责任制，将审判权还给法官，法官的审判不再受到院领导等行政化的干预，真正落实"让审理者裁判，由裁判者负责"的司法责任制。横琴新区法院还率先试行类似案例辩论制度，推进区际司法协助，推行与公证处司法辅助业务协作，建立常态化实习生审判辅助人员机制，聘任

港澳籍特邀调解员，聘用澳门高校学生担任法官助理。此项改革举措也得到了最高人民法院的高度肯定：横琴新区法院为改革提供了可复制、可推广的经验。横琴新区检察院在全国率先探索主任检察官办案责任制、检察官惩戒监督机制、在公安分局设立主任检察官办公室引导侦查取证等改革创新。该院推行对政府及公共机构工作规程进行预防职务犯罪备案审查的新机制，被省自贸办列为可复制可推广的经验。横琴新区改革的成功经验已经逐步推广到全市法院和检察院系统。2018 年 4 月 25 日，最高人民法院在珠海横琴召开全国法院自贸试验区司法服务与保障工作座谈会，充分肯定了包括横琴新区在内的自贸试验区法院在自贸试验区司法保障工作中所取得的成绩。

（五）对标国际标准，强化法治保障，以高端法律服务打造珠海国际化法治化的营商环境

珠海先后制定了涉及商事登记、商品交易市场管理、技术成果入股与提成、科技创新促进、人才开发促进等条例，初步形成支持创新、鼓励开放的政策法规体系。在迎来国家“一带一路”建设稳步推进、横琴自贸片区高水平建设和港珠澳大桥即将通车等历史性机遇面前，珠海坚持以法治引领创新和开放发展，着力打造国际化、法治化和市场化营商环境，推动珠海在创新中谋求更全面的开放、在开放中促进更高水平的发展。横琴新区作为广东自贸试验区片区之一，担负着先行先试的重要使命。打造全国首个“诚信岛”，设立国内首家内地与港澳合伙联营的律师事务所、国际仲裁院的正式挂牌成立。在珠海诸多创新亮点中，以国际公信力为重点的法治体系建设总能成为关键词。近五年来，珠海横琴打造自贸区法治化、市场化、国际化营商环境初见成效，横琴 GDP 增长了 55 倍，固定资产投资增长了 18 倍，实际利用外资增长了 759 倍。

改革开放四十年来，珠海法治建设在改革创新中取得了显著成效，为全市经济社会发展提供了强有力的法治保障。实践表明，经济社会的发展过程，就是法治体系逐步健全完善和法治环境不断优化的过程。没有良好的法治环境和强有力的法治保障，经济社会的快速发展将无从谈起。习近平总书记强调，凡属重大改革都要于法有据。迈入新时代，人民群众对民主、法治、公平、正

义、安全、环境有了更多新的期待，而经济社会的不断发展也在倒逼法治体系的适应性重构，法治功能的渗透力与规制力亟待增强。特别是对照“四个走在全国前列”的总要求和粤港澳大湾区建设的新要求，尤其与全省全国先进城市相比，珠海的法治建设还存在较大差距；与珠海市委推进“二次创业”、奋力走在全国前列的部署要求相比，还存在许多不相适应的地方。主要包括法律制度体系有待健全完善，粤港澳大湾区建设背景下的法治问题亟待研究解决，区域法治建设合作需要冲破障碍、务实推进，基层社会治理法治化水平有待提升，国际化法治化营商环境仍需进一步优化，等等。必须以推动珠海“二次创业”的勇气与担当，对标先进地区，兼顾港澳因素，推动粤港澳大湾区建设背景下的法治珠海建设，以法治建设的新成效争创珠海发展新优势，为广东加快实现“四个走在全国前列”的目标蹚出一条新路子。

三、法治建设进一步服务与保障经济社会发展的基本思路

党的十九大报告指出，开放带来进步，封闭必然落后。中国开放的大门不会关闭，只会越开越大。更加开放的经济发展需要更加优良的法治环境作保障。粤港澳大湾区是我国开放型经济发展的重要实践样板。中共广东省第十二届委员会第四次全体会议要求，广东要以构建“一核一带一区”区域发展格局为重点，加快推动区域协调发展。根据省委的部署要求，珠海明确了新的发展定位，就是要成为粤港澳大湾区经济新引擎、独具特色令人向往的大湾区魅力之城和践行新发展理念的典范城市。在粤港澳大湾区建设的大背景下，珠海要以习近平新时代中国特色社会主义思想为指导，抢抓粤港澳大湾区建设和港珠澳大桥即将通车的重大机遇，进一步突出法治的引领、规范和保障作用，深入推进全面依法治市，强化对推进供给侧结构性改革、实施创新驱动发展战略、构建开放型经济新体制的法治保障，努力为推动珠海“二次创业”、实现走在全国前列，营造更加优良的法治化国际化营商环境，提升珠海经济社会发展的软实力。

（一）发挥党对法治建设的统领作用

一是要坚持党的领导、人民当家作主和依法治国有机统一，完善党领导法治建设体制机制，紧紧围绕推动经济高质量发展、推进城乡区域协调发展、促进依法高效公正司法、保障民生和提升社会治理水平，研究制定中长期法治建设发展规划，把党的领导贯彻到科学立法、严格执法、公正司法、全民普法等法治建设的全过程和各方面，切实解决好关系改革发展稳定全局、涉及群众切身利益和社会普遍关注的问题。二是要强化党对法治队伍的绝对领导，以推进公安改革和司法改革为契机，加强对法官检察官及其辅助人员、公安民警、司法行政人员等公职法治队伍的专业化、职业化建设，打造忠诚于党、服务为民的法治队伍。三是要统筹协调好社会法治力量。要统筹全社会法治建设资源，推动法治方式从“行政主导型”向共建共治共享的社会治理方式转变。特别是要着眼于加强对律师、企事业单位法律顾问等社会法治力量的组织建设保障，创新推动律师行业和企事业单位党建工作，进一步增强党的凝聚力和向心力。

（二）增强珠海特区立法的引领示范效应

以深入学习贯彻习近平总书记在海南建省办经济特区三十周年大会上的重要讲话精神为契机，继续发挥珠海经济特区引领示范作用，勇于担当特区立法“试验田”，用好珠海经济特区立法权和设区的市立法权，逐步构建科学完备的珠海社会治理制度体系，促进社会治理制度化和规范化，为全国其他地区创新地方立法提供经验借鉴。一是健全立法工作机制，加强和改善对立法工作的领导，完善立法工作重大问题决策程序，健全党委领导、人大主导、政府协同、各方配合、公众参与的地方立法工作格局。二是切实提高立法质量，健全立法起草、认证、协调、审议机制，完善立法专家顾问制度和委托第三方起草法规草案机制，健全与社会公众沟通机制，把立法的过程变成广泛凝聚社会共识的过程。三是把立法优势转化为发展优势，聚焦经济社会发展重大问题，回应市民关切，推进创新驱动发展、自贸试验片区建设、生态文明建设等重点领域、重点环节的立法，做好立法与改革决策的衔接，完善法治化、国际化、便利化的营商环境,吸引全国、全球的高端要素资源集聚珠海,增强内生发展动力。

(三)打造服务粤港澳大湾区建设的国际化法律服务高地

对标世界先进湾区法治建设标准,探索构建具有时代特征、区位特点、珠海特色的公共法律服务体系,形成完备的法律法规体系,高效的法律实施体系,严密的法律监督和有力的法律保障体系,打造具有珠海特色的法治品牌。加快推动横琴海上丝绸之路法律服务基地建设,建立完善国际仲裁机构和涉外纠纷解决体制机制,妥善化解商事贸易纠纷。以横琴自贸片区国际知识产权交易中心发展为支点,探索建立粤港澳大湾区城市知识产权跨境合作。加强粤港澳大湾区各城市的法律服务和执法司法合作,扎实推进扫黑除恶专项斗争,共同打击跨境电信诈骗、非法集资、洗钱和涉黑涉恶等违法犯罪活动。此外,随着中国(广东)自由贸易试验区珠海横琴新区片区的发展、粤港澳大湾区的开发和建设,珠海对高端法律服务人才的需求将日益增加。要强化与粤港澳大湾区经济社会发展需求相适应的专业人才储备,推动落实珠海“英才计划”,实行更加大胆和开放的人才引进政策,积极引进高端法律人才,通过聚天下法律英才,为深化和推进珠海法治建设提供充足的人才保障。

(四)深化珠港澳法治建设区域合作

在粤港澳大湾区建设的大背景下,珠海法治作为调处社会关系、化解矛盾纠纷和保障合法权益的重要手段,在服务和保障改革发展稳定的过程中必然会面临更多新的问题和挑战。如各类经济纠纷和诉讼案件将逐步增多,相关的司法审查和法律服务需求也将同步增加,与之相适应的司法审查制度的透明性和公正性要求将会更高,对法律制度、法治环境和依法治理的能力与水平等提出了新的更高要求。一是要加强调查研究。粤港澳大湾区内同时存在着“三大自由贸易区”+“两种制度体系”+“三个法域”,在这样一个特殊的区域进行整体战略布局和经济发展规划,如同一场经济社会发展领域的深刻变革,没有任何经验可循,必须摸着石头过河。对此,要依托高端智库,加强粤港澳大湾区建设背景下的法治问题研究,增强法治建设的前瞻性、系统性和科学性,为新时期的区域法治建设提供理论支撑和智力支持。二是要坚持求同存异。在“法治”主要追求自由、公平、秩序等核心价值层面有合作的基础。通过法治融合推动区域协同发展，运用法的价值取向来消除区域差异和冲突，这一点是港珠澳各方都可以努力的方向。三是要推动务实合作。港珠澳大桥建成通车后，珠海成为全国唯一陆路同时连接香港和澳门的城市。要以此为契机，进一步深化珠海与港澳地区的合作，加强三地跨区域、跨部门沟通协调，共同研究解决“一国两制三法域”环境下可能出现的相关实务问题，力争在探索建立区域联动机制、提升国际法律服务水平和加强专业人才培训等方面取得突破，共同提高跨区域法治建设水平。

（五）提高基层社会治理法治化水平

一要建立健全领导干部学法用法制度，着力提高领导干部运用法治思维和法治方式思考、处理问题的能力；要教育广大政法干警牢固树立法律红线不能触碰、法律底线不能逾越的观念，始终做到严格执法、公正司法，切实提高执法司法公信力，在推进法治珠海建设中发挥更大作用。二要加强全民普法教育。当前，一些群众的法治意识还比较淡薄，用非法律手段解决法律问题的现象还时有发生，“信访不信法”的观念严重影响了司法功能的有效发挥，从而引发了一系列的社会问题。要创新法治教育宣传的方式方法，充分利用网络、电视、现代科技以及自媒体等，开拓法治教育宣传新阵地，增强基层群众的法律意识，转变过去“信访不信法”和“大闹大解决、小闹小解决、不闹不解决”的观念。三要统筹城乡、区域法律服务资源。继续做好司法救助和法律援助工作，推动法律服务向基层社会治理前移，总结推广“一村（社区）一法律顾问”的经验做法，在各区均已设立法律顾问室和各镇（街）已全部聘请法律顾问的基础上，强化重点村（居）法律顾问工作，协调解决好基层群众最关心最直接最现实的利益问题。四要创新依法治理方式。借鉴“枫桥经验”，完善诉求表达、利益协调、矛盾调处、权益保障体制机制，探索在行政服务中心成立劳动争议仲裁庭、设立行政复议巡回法庭及推广高新知识产权仲裁中心经验等方式，发挥法治在利益协调、权益保障、化解矛盾和维护稳定等方面的积极作用。

【注释】

①珠海特区报社编:《珠海九问——面向〈珠江三角洲地区改革发展规划纲要〉的现实选择》,珠海出版社 2009 年版。

②陈义、唐榕达:《珠海之最》,珠海出版社 2006 年版。

③马耀权、张强:《区域警务合作的实践与探索》,中国人民公安大学出版社 2016 年版。

依法治市促发展

廖 文 松*

汕头于1860年开埠，是近代中国最早对外开放的城市之一，素有“百载商埠”的美誉，恩格斯曾撰文指出，“汕头是中国除五口通商之外有一点商业意义的口岸”。1980年8月，经全国人大批准设立汕头经济特区，成为中国首批设立的四个经济特区之一。1981年11月正式起步，初始面积1.6平方公里，后经几次扩围，逐步扩至全市范围，下辖金平区、龙湖区、澄海区、濠江区、潮阳区、潮南区和南澳县，常住人口561万人，总面积2199平方公里。汕头经济特区因“侨”而立，侨乡优势是汕头最大特色，现有500多万海外华侨、华人和港澳台同胞，遍布世界100多个国家和地区。

改革开放四十年来，汕头经济特区以邓小平理论、“三个代表”重要思想、科学发展观、习近平新时代中国特色社会主义思想为指导，解放思想，开拓创新，抢抓机遇，发奋图强，突破传统体制束缚，城乡面貌发生显著变化，人民生活水平得到极大提高。实现了从以农业经济为主向现代工业、服务业综合发展，从封闭半封闭状态向开放、繁荣、充满活力的现代海滨城市的转变，从根本上改变了贫困落后的面貌，经济社会建设取得长足进步。地区生产总值从1978年的7.29亿元增加到2017年的2350.76亿元，年均递增11.3%；地方公共财政预算收入增长94倍，年均递增15.3%；现有上市企业32家，居全省第三位，新三版挂牌企业56家，形成了证券市场“汕头板块”。

改革开放四十年来，特区建设者以勇立潮头、敢为人先、走求实之路的创

---

* 广东省汕头市法学会会长。

业精神,创造了多个“全国率先”。在全国首开政府机关对企业服务实行承诺制先河,实行二十四小时审批答复制度;建立四个经济特区中唯一的顾问委员会,率先提出“放开视野、放宽政策、放胆试验、放手大干”“开发一片、投资一片、收益一片”,大力招商引资发展经济;设立首个经济特区创汇农业发展区,在全国率先实现“吨粮市”“吨谷市”,连续多年保持高产纪录;率先启动京粤地区博士后科技开发基地,形成企业、政府和科研单位“三位一体”机制;开通首条信息高速公路(广州汕头光纤同步数字通信系统),率先利用网络技术改善市场经济监管方法,开通国内第一个地方政府信用网。积极对接融入国家重大战略部署,努力打造二十一世纪海上丝绸之路重要门户,成为“一带一路”沿线国家 15 个重点建设港口之一。

改革开放四十年来,汕头经济特区坚持改革开放与法共进,统筹推进法治建设,大力优化法治环境,加快法治化进程,为汕头特区改革发展事业提供坚强法治保障。基层依法治理取得新成效,科学立法有新突破,法治政府建设成效明显,司法体制改革向纵深发展,社会治理法治化水平明显提高,法治创建有新成果,法治文化建设不断深化。

一、改革开放中法治实践回顾

习近平总书记指出:“依法治国是坚持和发展中国特色社会主义的本质要求和重要保障,是实现国家治理体系和治理能力现代化的必然要求。”要实现经济发展、政治清明、文化昌盛、社会公正、生态良好,必须更好发挥法治引领和规范作用。与其他经济特区相比而言,汕头人多地少、区位偏远、先天条件较差,但一代代特区人在党中央、省委的正确领导下,紧紧围绕党和国家战略部署,弘扬“敢闯敢试、敢为人先、敢于拼搏”的特区精神,以法治为引领,在正确运用特区优惠政策先行先试、依法行使特区立法权和较大市立法权、建立社会主义市场经济体系、转变政府职能、规范权力运行、维护社会公平正义、加强党风廉政建设、创新基层治理等方面进行了一系列改革、实践和创新,走出一条民主法治建设和特区建设同步推进的发展新路。经过四十年的努力,法治建设为汕头深化改革开放提供了有力保障,形成一系列可复制、可推广的制度成果，全民自觉守法、办事依法、遇事找法、解决问题靠法的法治良序加快形成，法治精神深植人心，并延伸到经济社会发展各个方面，法治建设迈出重大步伐。

汕头特区华侨经济文化合作实验区珠港新城

（一）开拓创新法律服务和普法方式，养成尊法守法学法用法良好习惯

法治宣传教育是推进全面依法治国、建设社会主义法治国家的一项重要基础性工作，也是一项必须长期坚持的重大政治任务。改革开放四十年来，汕头不断拓宽普法工作思路，创新普法工作方式，加大普法工作力度，推动普法规划顺利实施，法治建设在经济社会管理中的基础性和保障性作用日益彰显。

改革开放伊始，特别是 1981 年成立汕头经济特区管委会之后，汕头经济特区司法机关带头转变观念，积极开展普法工作，大力弘扬社会主义法治精神，培养公民法治观念，营造了良好法治氛围。自 1991 年“二五”普法以来，汕头经济特区司法部门每月组织开展特区管委会领导干部学法日，从领导干部层面增强依法推进改革、依法发展经济的意识和能力；成立普法讲师团，创办《法律服务》期刊，填补了全国法制报刊的空白；在全国率先尝试律师事务所实行自收自支体制改革，并在珠池、下蓬乡镇试点建立法律服务所，成立全市首个区级公证处，为基层群众提供法律服务，取得良好社会效益。历次普法任务中，汕头经济特区坚持每年在机关、事业单位开展学法考核，常规性进行学法用法经验交流，抓好重点对象普法。市法学会组建法治小演说家报告团和公益法律服务志愿团，市司法局、律师协会与汕头电视台联合举办“法治进校园、进社区、进企业”活动，社会组织举办公益系列活动100余场，为中小学生及家长普及法律知识，学生违法、犯罪率明显下降。坚持依法办事、为民服务，优化建设项目审批流程，提高审批效率，降低制度性交易成本，将建设项目从立项到验收的审批时限由原来的233个工作日缩短为45个工作日，提速达80%，进一步激发市场活力。依法推进农村基层建设，建立农村集体“三资”管理服务平台，用好、管好涉农集体资金资产。区（县）、镇（街道）两级“三资”管理服务平台基本建成，纳入各级平台服务交易602宗，交易金额近亿元，为保护农村集体经济组织及其成员合法权益发挥了重要作用。

（二）灵活运用特区立法权和较大市立法权，开启汕头特色立法模式

立法权是汕头经济特区建设的一把尚方宝剑。作为中国改革开放的试验田，经济特区特事特办，其中重要的一点在于拥有特区立法权。在过去四十年中，汕头利用特区立法权、设区市地方立法权分别制定了多项地方性法规和政府规章，有些更是填补目前国内空白。这些因实际需要而诞生的良法，为特区的改革开放保驾护航。截至2018年，已经制定现行有效的特区法规42件，其中，对国家没有直接上位法律的法规23件、对国家法律作出细化规定的法规13件、授权决定对法律部分规定作出变通的法规6件，一些法规制定走在全国前列。汕头以改革创新精神科学立法，及时制定经济社会发展急需而国家、省又尚未立法的法规。在制定的法规中，属于创造性、自主性的法规就占了一半。

以经济立法为重点促进发展。如随着汕头经济持续稳定增长，电力供应不足成为制约经济社会发展的“瓶颈”，而电力设施保护区范围内违法建设日

趋严重,窃电行为未能得到有效遏制,一定程度上影响了电力事业的发展。对此,2005 年 1 月和 2016 年 10 月,汕头市相继出台修订了《电力设施建设与保护条例》《预防和查处窃电行为条例》,规范了供用电市场经济秩序,保障了供用电安全,促进了电力事业健康发展。又如 2014 年 9 月,国务院批准在汕头经济特区设立华侨经济文化合作试验区,市人大常委会及时制定《汕头市人民代表大会常务委员会关于华侨经济文化合作试验区行政管理有关事项的决定》,授权华侨试验区管委会及其工作机构实施行政管理的法律主体地位,为试验区管委会及其工作机构行使有关行政管理职权、推进试验区的建设发展提供法律依据。此外,2012 年 9 月和 2017 年 4 月,汕头市先后制定《汕头经济特区土地储备条例》和《汕头经济特区储备土地管护和临时利用办法》,创新土地储备的收购方式,变通土地储备前期开发运行模式,规范土地市场运行,促进土地节约集约利用,有效破解土地储备管理难题。

在加强经济立法的同时,还不断拓宽立法领域,加快了科教文化、社会管理和民主政治领域等方面的立法步伐。如 2013 年 5 月出台的《汕头经济特区预防腐败条例》成为我国首部预防腐败的特区法规,将反腐关卡前移,化被动惩治为主动预防,成为一项创新之举。如为解决侨房遗留问题,凝聚侨心,1997 年 10 月,汕头市率先在全国制定《华侨房地产权益保护办法》;为消除语言隔阂影响、改善投资环境而制定的《推广和使用普通话决定》;《旅游业条例》《企业职工社会保险条例》《防御雷电灾害条例》等法规也是在国家、省没有相关立法的情况下适时出台的。汕头特区立法先行,对优化投资环境、规范行政管理、保护公民权益、促进经济社会发展,起到了积极推动作用。

(三)持续推进平安汕头建设,初步形成共建共治共享社会治理新格局

汕头经济特区始终把社会治理作为平安建设重点,注重从法治层面上对根本性、全局性、长期性的问题加以解决,加强和创新社会治理。认真贯彻落实总体国家安全观,增强风险意识、忧患意识,始终把维护国家政治安全特别是政权安全、制度安全放在首位,切实消除各类影响汕头政治安全的风险隐患。坚持依法严惩、除恶务尽,把打击锋芒对准群众反映最强烈、最深恶痛绝

的各类黑恶势力违法犯罪，打掉一批黑恶势力犯罪团伙，依法抓捕一批涉黑涉恶犯罪嫌疑人，依法起诉、审理一批黑恶势力犯罪案件，对发现的“保护伞”线索及时移送纪检监察机关查办，形成扫黑除恶的强大声势。组织开展涉农、涉土、涉众金融、环保“邻避”、劳资纠纷、房地产等社会矛盾治理工作，加强对涉稳突出问题的专项整治，通过源头治理、源头化解，最大限度地把矛盾化解在基层、解决在萌芽状态，确保社会大局持续和谐稳定。深入开展“飓风”专项行动，严厉打击“两抢一盗”“黄赌毒”、新型网络犯罪、经济犯罪和食药环领域犯罪等，保护群众人身财产安全、增强群众安全感。坚持科学规划、加强系统设计，完善机制衔接、强化整体防范，统筹推进“民主法治村（社区）”“门禁+视频”系统、“平安细胞工程”建设，创新社会治安防控体系，营造更加安全有序的社会环境。

与此同时，始终将社会稳定作为重点，既立足当前、稳步推进，又着眼未来、统筹兼顾，运用法治手段处理社会矛盾问题。金平区鮀莲街道由于历史原因，曾发生群体性事件。通过成立汕头特区首个街道级基层社会组织联合会，运用“互联网+”、建立便民服务平台等创新手段，促进干部群众交流，实行办事公开，规范集体资产资源管理，从源头堵塞漏洞、遏制腐败，防止矛盾纠纷激化，促进涉农社区集体经济发展。教育引导村民充分认识只有通过法律渠道才是解决农村历史遗留问题的唯一出路，营造积极向上的政风民风，切实改善基层治理、实现平安发展。

（四）率先深化司法体制改革试点，构建公平正义法治环境

汕头经济特区认真贯彻习近平总书记“努力让人民群众在每一个司法案件中都感受到公平正义”的要求，以落实司法责任制为核心，深化司法体制综合配套改革，依法独立公正行使审判权和检察权。汕头经济特区作为广东省第一批四个司法体制改革试点城市之一，在最高人民法院、最高人民检察院，省委、省政府的大力支持下，汕头地方党委政府在人力、财力等各方面也给予全力支持，突出司法实践能力和工作业绩，择优选任首批主审法官、主任检察官，改革了审判权、检察权运行机制，完善了主审法官、主任检察官办案责任制，落实错案责任追究，切实做到“谁办案、谁决定、谁负责”，真正体现法官、

检察官的主体地位。健全了对司法权运行和司法责任制的监督考核制度，推进审执分离改革试点，解决人员分流安置和岗位津贴问题，使汕头司法体制改革顺利推进、成效明显。

全市司法机关积极推进广东省司法体制改革试点工作，大胆尝试、勇于探索，取得积极成效。汕头市中级人民法院“员额制”改革试点经验成为全国先进典型，被中央电视台大型政论专题片《将改革进行到底》采用，作为党的十九大献礼内容，彰显了汕头司法体制改革总体新水平。试行“员额制”改革之后，全市法院办案的质量和效率有了显著提升。两年来，全市法院在法定审限内结案率达到98.3%，明显优于省高院设定的93%—98%的参考值，一审判决案件改判发回重审率为1.8%，也优于省高院设定的2.5%—5%的参考值，充分显示法治对改革的保障和推动作用。2016年底，广东检察机关在全国率先完成公益诉讼改革任务。汕头市作为广东省公益诉讼试点地区，检察机关以生态环境和资源保护领域为重点，通过积极受理、办理，推动民事、行政公益诉讼试点工作有序开展。2015年7月至2018年6月，汕头市人民检察院提起民事公益诉讼5件，提起行政公益诉讼7件，向行政机关发出检察建议212件。以司法介入保障改革事业健康发展，维护群众合法权益和社会公平正义。

（五）大力倡导法治文化与潮汕传统文化高度融合，凝聚改革发展正能量

党的十八届四中全会首次将“建设社会主义法治文化”写入全会决定。汕头经济特区把法治文化作为法治建设的重要支撑，坚持与潮汕传统文化融为一体，组织发动各地各单位，积极举办各类法治文化展示活动，如法治文化集市、法治皮影戏、法治灯谜擂台、法治小品情景剧、法治诗歌、法治主题宣讲比赛、文化讲堂等丰富多彩、群众喜闻乐见的形式。市政法机关和有关单位在汕头电视台开辟《打开案卷》《说法》《城事访谈》《汕头警声》等专题节目，对市民广泛进行法治宣传教育。汕头海关等7个单位成为广东省法治文化建设示范点，获评单位数量居全省地级市前列。市法学会在基层、窗口单位创建8个法治示范点，创办《法治汕头》期刊，其中龙湖区法治文化示范点创作的《法

治名言书法大典》《以史为鉴话清廉》等法治文化精品多次获得“大世界吉尼斯之最”殊荣。汕头电视台开办网络电视台“汕头橄榄台”和《今日视线》《厝边头尾》《双响炮》等具有地方特色的电视节目，把法治文化与群众生活结合起来，受到市民的青睐，收到很好效果。

《汕头经济特区预防腐败条例》座谈会

在法治文化建设取得阶段性成效的基础上，汕头市于 2016 年 5 月开展了声势浩大的创建全国文明城市活动。通过开展文明创建，强化城市管理，汕头基础设施建设、环境卫生、城乡面貌等焕然一新，创出了好环境、创出了好形象、创出了精气神，实现了信心回归、潮商回归、形象回归、特区精神和特区效率回归。截至 2017 年底，共组织人力约 661. 8 万人次，拆除违章建筑物约 75. 3 万处，违规搭建高脚屋约 1521 处，清理乱摆乱卖行为约 108. 3 万宗，纠正、查处交通违章约 89. 9 万宗，新建或改建市场 150 个、公园（广场）414 个。其中龙湖区向市民免费开放 75 个体育设施和活动场所，金平区开设 13 个文明驿站和 11 个社区书院。在整治和拆违中，由于法治观念深入人心，不仅没有出现涉法对抗等过激行为，更多的是主动配合职能部门执法，形成良好遵法守法的社会氛围，创文工作取得阶段性成就，于 2018 年 2 月获“全国文明城市提名城市资格”。

二、改革与法治两者的辩证关系

如何正确认识和处理好全面深化改革与全面依法治国的关系，不仅是一个重大的理论问题，更是一个重大的实践问题。习近平总书记在中央全面深化改革领导小组第六次会议上指出："全面深化改革需要法治保障，全面推进依法治国也需要深化改革。"改革与法治是发展与保障的关系，是调整与完善的关系，两者相辅相成、互为促进。在新时代推动汕头经济特区再出发、再创新辉煌，必须全面理解、准确把握改革与法治两者的关系。

（一）改革与法治是发展与保障的关系

马克思在《〈黑格尔法哲学批判〉导言》中指出："法的关系正像国家的形式一样，既不能从它们本身来理解，也不能从所谓人类精神的一般发展来理解，相反，它们根源于物质的生活关系，这种物质的生活关系的总和。"改革更多强调创新突破，法治更加重视规则程序。正确认识与处理好改革与法治的关系，是提高改革决策科学性、增强改革措施协调性、找准深化改革突破口、明确深化改革重点的关键。改革就是要坚决破除一切妨碍科学发展的思想观念和体制机制弊端，为此，必须不断解放思想，作出理论创新、制度创新。马克思指出："社会的物质生产力发展到一定阶段，便同它们一直在其中活动的现存生产关系或财产关系（这只是生产关系的法律用语）发生矛盾。于是这些关系便由生产力的发展形式变成生产力的桎梏，那时社会革命的时代就到来了。随着经济基础的变更，全部庞大的上层建筑也或慢或快地发生变革。"经济基础决定上层建筑，上层建筑反作用于经济基础。当上层建筑无法适应经济基础的发展要求、不能很好地为经济基础服务时，就要进行改革。提高改革决策的科学性需要法治的规范和保障。改革必须在中国特色社会主义法律体系内进行，自觉以法治的理念、法治的机制、法治的规则，坚持立法与改革决策相衔接，以立法规范改革措施，确认、巩固和扩大改革成果，发挥法治对改革的引领、推动和保障作用。

实践表明，汕头经济特区十分注重以立法规范来巩固改革成果，充分体现了改革与法治是发展和保障的关系。如1999年,汕头市工业总产值的51%,社会消费品零售总额以及水运、公路运输营业总额的50%以上,均是个体私营企业创造的;出口总额的30%、税收总额的41.5%,是个体私营企业提供的;每四名从业人员就有一名就业于个体私营企业。与此同时,全国各地正为民营企业的地位能不能为法律所保护而担忧的时候,汕头市组织立法调研,了解个体私营企业发展的法治需求,率先研究个人独资企业的立法问题,以立法来规范个人独资企业的经营,以立法来保障个人独资企业的合法性,让广大经营者放心经营,让创业者大胆创业。2000年2月,汕头经济特区制定了国内地方首部个人独资企业条例,规定了在个人独资企业的财产权、土地财产权、生产经营权、劳动用工权以及行政机关对个人独资企业的服务保障措施,特别是在细化个人独资企业清算和承担责任等方面,进行了一系列的制度创新,多方面填补了国家立法空白,有力地促进地方经济的迅猛发展,其中,民营经济增加值占全市生产总值的72%,截至2018年6月底,全市拥有各类市场主体322260户。各类主体新登记加速增长,对比全省,全市新登记主体增速比全省平均数24.9%高出26.4个百分点。新登记企业的注册资本222.64亿元,显示企业较强的投资信心。全市32家上市企业中有31家是民营企业,位居全省前列。

又如2005年3月制定出台《汕头市专利奖励办法》,是全国同等城市中首个以政府规章出台的专利奖励办法,营造了鼓励创新、尊重知识产权的良好氛围。截至2018年,汕头市累计专利申请量131726件,专利授权量82526件,注册商标拥有量16万件,其中中国驰名商标30件、省著名商标213件,居全省地级市前列。2018年5月,汕头市获批国家知识产权示范城市,是本批次中广东省唯一入选城市。

(二)改革与法治是调整与完善的关系

马克思认为,“在民主制度中,国家制度、法律、国家本身,都只是人民的自我规定和人民的特定内容”。习近平总书记创造性地提出“科学立法、严格执法、公正司法、全民守法”的法治建设“新十六字方针”,明确了依法治国新要求,为法治建设提供了根本遵循。马克思主义及习近平新时代中国特色社会主义思想为改革与法治的关系提供了理论依据。汕头经济特区改革开放与法共进的实践,让我们更加深刻认识到改革与法治的辩证关系。一方面,我国法治建设还在继续加强和完善的过程,需要根据改革、发展、稳定的新实践和新要求不断进行修改完善,科学立法、严格执法、公正司法、全民守法将面临十分艰巨和繁重的任务。另一方面,改革也应在法治的保障下,稳步有序推进,最大限度用法治凝聚改革共识、完善改革决策、推动改革进程,确保改革始终在法治的轨道上全面推进和不断深化。如 2011 年 4 月出台《汕头市行政程序规定》,将行政部门依法行政纳入有序轨道,成为全国第一个较大城市完成有关行政程序的立法工作,开创了我国地级市行政程序综合立法的先河。《汕头市行政程序规定》积极创新行政理念、行政体制机制、管理方式,形成了“一个窗口对外”并联审批等行政管理创新、法治政府建设成果。

(三)改革与法治是相互促进的关系

改革与法治具有深刻的内在统一性。无论从体现人类进步的精神上看,还是从推动历史发展的作用上看,改革与法治本质上都是相统一的,两者相互交融、交织,相互兼备、促进。坚持改革开放与法治建设并驾齐驱、综合运用,有利于促进经济社会健康发展。纵观中国历史上历次变法,都是改革与法治紧密结合的产物,其实质就是改革与法治统一的过程。改革冲破束缚生产力发展的旧制度,法治则紧随其后,建立适应生产力发展的新制度。“改革是发展的强大动力,法治是发展的可靠保障。”如在市容环境卫生管理上,制定市容环境卫生管理条例,对占道经营、乱张贴、户外广告、建筑工地、集贸市场的环卫管理等问题既有规范引导,又有严格管理。同时加大对城市“牛皮癣”、无证摊点等城市管理难点问题的整治力度,严肃查处违法行为。在对相对人违法行为的处理上,坚持先教育后处罚,对行政管理机关既赋予权力、也负有责任,较好地适应了城市建设和管理工作的需要。实践证明,不抓法治,对外开放就不可能抵制腐蚀;不抓法治,社会主义市场经济就不是法治经济;不抓法治,我们就不可能转变执政方式;不抓法治,就无法实现社会公平正义;不抓法治,特区优势就无法发挥出来,就不可能把特区办好。实现汕头经济特区二次创业、再创辉煌,必须遵循改革创新与法治建设两者高度融合的规律性。

三、新时代建设法治汕头的对策

2018年4月，习近平总书记在庆祝海南建省办经济特区三十周年大会上发表重要讲话，充分肯定经济特区建设的历史功绩，深刻总结经济特区建设的宝贵经验，对经济特区全面深化改革开放提出新要求，对办好经济特区发出了新时代的进军号令。同年6月，中共广东省委十二届四次全会召开，明确汕头省域副中心城市的发展定位，支持打造区域经济中心、科教中心和交通枢纽。同年7月，广东省委要求汕头充分发挥特区优势、区位优势、侨乡优势，把汕头建设成为名副其实的省域副中心城市，打造成内秀外名的活力特区、和美侨乡、粤东明珠。

当前，汕头把习近平新时代中国特色社会主义思想作为认识自我、提升自我、超越自我的宝贵精神财富和科学行动指南，认真学习贯彻中共广东省委十二届四次全会精神，进一步增强建设省域副中心城市的自觉性和坚定性，以新担当新作为推动新时代汕头经济特区再出发，再创汕头新辉煌。明确提出补齐科技创新能力、城市化进程、城市软实力"三大短板"，突出加快构建现代产业体系、打造区域科教文卫中心、建设高水平全国性综合交通枢纽、培育壮大高端现代服务业"四个重点"，打造自由贸易区、华侨经济文化合作试验区、国家高新区、汕头江湾新区"四大平台"，全面实施以功能区为引领的区域发展新战略，着力优化城市布局。创新引侨聚侨的体制机制，打出一手好"侨"牌，在华侨试验区打造集经济、文化、教育、人才、金融于一体的高端发展示范区，促进东部大发展；科学规划、谋定后动，高水平布局汕头江湾新区，发展高新科技产业，加快西部大开发；抓紧申报自贸区，大力发展临港工业、港口经济，推动南部大建设；优二进三，做强做大产业集群，打牢产业基础，实现北部大提升，以更高站位、更宽视野、更大力度谋划和推进汕头各项工作。

汕头正处于承先启后、继往开来的历史节点和时代坐标上，党中央和省委赋予了新时代经济特区新的战略定位和汕头新的历史使命，为办好经济特区、再创汕头新辉煌提供了难得的历史机遇。我们要不忘初心、牢记使命，以习近平新时代中国特色社会主义思想为指导，坚定不移走中国特色社会主义法治道路,不断提高治理体系和治理能力现代化水平,运用汕头经济特区四十年来改革开放与法共进的成功经验,抢抓机遇,迎接挑战,创新举措,促进法治汕头建设与全面改革开放共同推进、协调发展,为广东实现“四个走在全国前列”、当好“两个重要窗口”作出应有贡献。

(一)坚持政治引领,弘扬宪法精神

习近平新时代中国特色社会主义思想是以习近平同志为核心的党中央划时代的理论创新、实践创新,是马克思主义中国化的最新成果。十三届全国人大一次会议把习近平新时代中国特色社会主义思想载入宪法,以国家根本法的形式确立习近平新时代中国特色社会主义思想在国家政治和社会生活中的指导地位。推动新时代改革与法共进,必须准确把握好指导思想和宪法精神这两个政治方向性问题。要全面增强“四个意识”,坚定“四个自信”,提高政治站位,坚决维护以习近平同志为核心的党中央权威和集中统一领导,坚持一切工作以习近平新时代中国特色社会主义思想为统领。要全面系统学习习近平总书记重要讲话精神,与习近平新时代中国特色社会主义思想和党的十九大精神、总书记对广东工作一系列重要指示精神一起学习领会,整体贯彻落实。要大力弘扬宪法精神,广泛深入开展宪法宣传教育活动,注重理解和把握宪法修正案的核心要义,普及宪法知识,维护宪法权威,使广大干部群众自觉运用法治思维投身改革、推动发展。通过送法上门、专题宣讲、课题研究、问题回应、普法全覆盖等形式,形成全市上下学习宪法、遵守宪法、敬畏宪法、运用宪法的浓厚氛围。

(二)强化党的领导,建设法治政府

中国共产党的领导是中国特色社会主义最本质的特征,是社会主义法治最根本的保证。2018 年 8 月 24 日,习近平总书记亲自担任中央全面依法治国委员会主任并主持第一次会议,发表了重要讲话,强调要加强党对全面依法治国的集中统一领导,坚持以全面依法治国新理念新思想新战略为指导,坚定不移走中国特色社会主义法治道路,更好发挥法治固根本、稳预期、利长远的保障作用。推动新时代改革与法共进,必须进一步健全党领导法治工作的体

制机制，加强党对法治汕头建设的集中统一领导，建立党委法治建设决策议事协调机构，负责法治建设的总体布局、统筹协调、整体推进。要建立党委法治建设决策议事协调机构，负责法治建设的总体规划、统筹协调、整体推进。要建立法治建设评估制度，强化法治建设第一责任人的责任，把法治建设第一责任人履职情况纳入政绩考核指标体系，作为考察使用干部的重要依据。在各级党政机关全面推行聘请法律顾问和兼职律师制度，完善党政机关法治决策和依宪执政、依法行政的工作机制，增强依法治理能力。要着力推进政府职能依法全面履行，优化政府职能，紧紧扭住“放管服”主线，继续清理规范行政审批和公共服务事项，着力精简行政审批前置条件，继续完善市、县两级权责清单，优化行政服务，切实做到依法行政。要着力提高依法行政制度建设水平，强化制度建设的计划性、合法性、实操性，要着力提升行政决策科学化民主化法治化，构建决策科学、执行力强、监督有效的权力运行机制。要着力推进综合执法改革，转变执法理念和方式，全面落实执法责任，彰显法治权威。要着力强化对行政权力的监督制约，全面推进政务公开，自觉接受各方面监督，确保公权力真正为民服务。要着力形成法治政府建设的强大合力，坚持党的领导，加快建设职能科学、权责法定、执法严明、公开公正、廉洁高效、守法诚信的法治政府。

（三）发挥立法优势，强化法治保障

汕头经济特区具有特区立法权、设区市地方立法权，可以在不违背宪法和法律的前提下，根据办好经济特区的需要，以立法推动改革、建设、发展。推动新时代改革与法共进，必须充分发挥这一优势，遵循立法原则，尊重立法规律，积极用好特区立法“两权”。健全人大主导立法工作的体制机制，增强立法的系统性、配套性、前瞻性和实效性，完善立法论证咨询和立法后评估等工作制度。建立地方法规规章合宪性自查机制，主动对生效的地方性法规以及运用特区立法权制定的法规、规章、条例进行自查自纠，实行法规规章目录和文本动态化、信息化管理，提高立法精细化水平。

汕头经济特区的立法工作必须坚持服务经济、保障经济发展。当前应突出经济新常态下的园区治理、企业经营、权益保障等领域立法，引导运用法治思维和法治方式解决好各类矛盾纠纷。要保障脱贫攻坚，健全脱贫重大政策、

重大项目、重大资金使用合法性审查机制,提高脱贫攻坚法治化、规范化、制度化水平。要保障创新创造,牢固树立“以法治保护创新,以创新推动发展”的理念,形成行政执法、行业自律、企业维权“三位一体”的知识产权维权保护机制。要把立法重点放在围绕江湾新区、华侨经济文化合作试验区、国家高新区、保税区和中以(汕头)科技创新合作区等的发展需要,加大推动经济高质量发展、推进供给侧结构性改革、实施创新驱动、加快乡村振兴、建设现代化经济体系、构建法治化国际化便利化营商环境、加强生态文明建设等方面的立法工作;加快公园广场条例、礐石风景名胜区保护条例等民生民安立法,克服随意性和盲目性,减少或避免失误和滞后,切实提高立法质量。

“法治的力量”普法活动

(四)重视人才培养,壮大法治队伍

人才是第一资源,人才队伍的素质直接关系着事业的成败。推动新时代改革与法共进,必须建立一系列引才、育才、用才、励才的机制。一是建立法律人才库,加快培养地方立法领军人才,多渠道选拔和吸收优秀的立法人才,制定人才培训规划,提高立法人才的专业化、职业化水平。二是加快建设法治专业队伍,完善考核、选拔、培养的制度,优化法治专业队伍知识结构、年龄结构、组织管理模式,提高队伍综合素质。三是通过多种方式引进一批国内外专家、专业人才,并为他们提供良好的工作、生活条件;建立与专门机关、高等院校、学术团体协作机制,搞好项目研究、人员培训、交流合作,最大限度发挥专家、学者作用;奖励有功人员,对法治建设有突出贡献的集体和个人实行重奖;重视人才资源资本积累,建立“教育+培训”的网络体系。

(五)创新社会治理,维护平安稳定

推动新时代改革与法共进,必须在基层社会治理、风险管控、突出问题整治、司法保障、公共法律服务等方面加大力度,提升治理能力,创新载体形式,努力构建共建共治共享社会治理格局。一是创新基层治理。探索建立业主、外来人员参与城市社区治理的有效机制,推进市、县、镇、村四级综治中心提质升级改造,实现规范化管理。二是加强风险管控。完善矛盾纠纷多元化解机制,形成调解、仲裁、行政裁决、行政复议等相互协调的工作格局,加强社会风险研判,开展社会矛盾专项治理,实现社会治理常态化法治化。三是整治突出问题。针对社会治安和公共安全的存在问题,深入开展扫黑除恶专项斗争,严查涉农、涉金、涉网、扶贫领域、危害环境的刑事犯罪和职务犯罪,开展社会治安专项斗争,全面排查社会隐患,严防重特大事故发生。四是开展创建活动。深化法治城市、法治区(县)、法治乡镇(街道)、民主法治村(社区)“四级同创”活动,开展法治示范点和示范单位创建活动,实施一批法治惠民工程;加强法治文化载体建设,推进法治文化主题公园和公共设施建设。五是整合资源,建立公共法律服务体系,发挥法律服务志愿者作用,提高“12348”公共法律服务热线和网上服务功能水平,推动社会治理共建共享。六是强化司法保障,落实司法体制综合配套改革,完善员额动态管理机制,司法职业保障制度;加大民事、行政公益诉讼工作力度;统筹推进公安和司法行政机关的改革,深化以审判为中心的刑事诉讼制度改革,构建开放、动态、透明、便民的阳光司法机制,全面提升司法公信力。强化产权法律保护,推动知识产权民事、刑事、行政案件的“三审合一”改革,完善知识产权代理、运营、鉴定、维权援助等服务体系;积极拓展涉外法律服务业,全力服务“一带一路”等国家重大建设和开

放型经济新体制建设。

（六）改革与法同行，再创特区辉煌

办好新时代经济特区的目标任务不亚于当年“摸着石头过河”“杀出一条血路”的艰辛拼搏，必须坚持在法治下推进改革开放，勇于担当，干事创业。要跳出汕头看汕头、跳出粤东看汕头，着力打造新时代改革开放和法治建设的新标杆，为全国提供更多可复制可推广的经验。一是模拟自贸区、比照自贸港、追赶大湾区。用好用足经济特区、国家高新区、华侨试验区等现有平台的政策，提供法治保障。大力争取中央、省支持在汕头保税区设立自贸区，逐步探索建设中国特色自贸港。主动作为，模拟自贸区现行试点政策，实行更加开放的管理制度，争取获批国家跨境电商综合试验区，推动形成“保税+国际贸易”“保税+现代物流”等新生态；比照自贸港开放形态，探索内外贸、投融资、财政税务、金融业、高新技术引进、人才引进、港口通关、出入境等方面更加灵活、更加科学的法规政策体系；依托泛珠三角区域合作机制，加快融入粤港澳大湾区，密切与珠三角、港澳和海西地区的合作，形成全面改革开放新格局。二是继续对营商环境进行“革命性再造”。提升政务管理服务水平，营造便捷高效政务环境，推动市场准入便利化，保障内外资企业平等权益，主动对接省赋予汕头行使的部分省级管理权限，配套法规建设，形成法治化国际化便利化的营商环境和公平开放统一高效的市场环境，以满足企业对营商环境的法治要求。目前汕头的营商环境“革命性再造”已经取得阶段性成就，全市 42 个网厅进驻单位 985 个，事项办理时限全部达到全省前列的要求。

壮阔东方潮，风正一帆悬。奋进新时代，谱写新篇章。中共汕头市委十一届六次全会提出特区二次创业、再创辉煌的发展战略，是改革开放四十年来汕头深入学习贯彻习近平新时代中国特色社会主义思想，建设省域副中心城市，实现“四个走在全国前列”的重要举措；是汕头把“三个自我”学思践悟的结晶落实到拓展产业空间、构建以功能区为引领的区域发展新格局的重要载体。我们坚信，在习近平新时代中国特色社会主义思想的科学引领下，在中共广东省委、省政府的正确领导下，汕头市委、市政府一定能够凝聚全市人民和海内外潮人潮商的智慧和力量，把汕头经济特区办得更好、办出水平。

改革与法治双轮驱动

易 新 华*

改革开放四十年来,佛山实现经历了从经济落后到发展繁荣的宏伟跨越、从中小城市到特大城市的华丽蝶变、从传统管理向现代治理的全面升级、从基本温饱到全面小康的历史性飞跃。区域面积仅3800平方公里的佛山,在区域竞争和城市发展中一直走在全省前列,得益于敢为人先的改革精神和治以法尊的法治理念,用法治思维和法治方式正确处理政府与市场、社会关系,激活市场和社会的一池春水,在法治框架内推进改革、在改革实践中完善法治,保证改革和法治相辅相成、相互促进,实现了法治与改革的比翼齐飞、携手共进。在纪念改革开放四十周年之际,梳理佛山改革成就与法治佛山建设之间的共进关系,谋划佛山进一步改革发展的路径选择,具有重要的理论和现实意义。

一、佛山改革发展和法治建设的辉煌成就

改革开放四十年来,佛山以"敢饮头啖汤、敢为天下先"的勇气披荆斩棘,以"杀出一条血路"的豪情闯关夺隘,以法治思维和法治方式推动改革发展,成就了"改革先锋""开放前沿""现代化建设先行区"的城市形象,铸就了"治以法尊"的城市品格。

* 广东省佛山市委政法委专职副书记、市委依法治市办主任,市法学会副会长。

（一）在改革深化中推动实现经济社会持续健康发展

改革是佛山的城市基因，改革创造了一个又一个的“佛山奇迹”。2017年，佛山地区生产总值达9549.6亿元，居全国大中城市第16位；规模以上工业总产值2.2万亿元，居全国第六位，先进制造业总产值占规模以上工业总产值比重达46%。据中国社会科学院和经济日报社最近共同发布的“2017年中国城市综合经济竞争力排行榜”，佛山综合经济竞争力在全国294个城市中排名第十一位，广东第三位，在全国普通地级市中排名第二位。佛山是民营经济大市，2017年，佛山规模以上民营工业完成工业总产值1.58万亿元，对全市工业增长的贡献率达81.6%，主营业务收入超100亿元的民营企业18家，7家企业进入“2017中国民营企业500强”。佛山是创新型城市，2017年，专利申请量达7万多件，居全国地级市前列，累计有10家企业获“国家知识产权示范企业”，33家企业获“国家知识产权优势企业”，拥有“国家知识产权示范城市”“国家知识产权服务业集聚发展试验区”“全国陶瓷产业知名品牌创建示范区”“国家商标战略实施示范城市”“中国品牌经济城市”“中国品牌之都”等称号，现有驰名商标159件，位居全国地级市首位。

佛山市千灯湖金融高新区

(二)在开放发展中提升经济竞争力和国际影响力

佛山是中国历史上较早对外开放的商埠之一,也是改革开放后中国较早的商品出口基地之一,产品远销100多个国家和地区。2017年完成出口总额3153.6亿元,进口总额1203.8亿元,目前已有一汽大众、丰田集团、百威集团等60个世界500强企业落户。近年来,佛山企业"走出去"步伐加快,碧桂园、联塑、国星光电、东方精工等骨干企业加快多元化海外投资并购步伐,美的收购德国库卡,打造美的库卡智能制造产业基地。佛山在匈牙利、澳大利亚设立佛山泛家居品牌产品展示体验馆,联合德国不来梅、汉诺威等33个国内外城市组建"中德工业城市联盟"。中德工业服务区是广东省六大重点发展平台之一,已上升到中德两国国家级合作层面,以"发展高技术服务业,致力于引进和加强与德国高技术服务业企业的合作,努力推进广东珠三角地区产业转型升级"为目标,打造"仿真德国",已成功引进史太白技术转移中心、VJP知识产权事务所、F+U教育集团等一批德国工业服务机构,提升了开放型经济发展水平。

(三)在全面发展中担当社会主义现代化建设先行区

在2017年全国科学发展综合实力百强区中,佛山5区均位列前50强,其中顺德区、南海区分列第一位、第二位。佛山现有中国产业名都、名镇41个,省级专业镇38个,数量位居全省地级市之首。2017年,佛山地方一般公共预算收入661.4亿元,民生支出573.5亿元,占一般公共预算支出的73.9%,在省基本公共服务均等化绩效考评中获第一名。佛山是广东省教育强市、广东省教育现代化试点市、全省首个推进教育现代化先进市、国家现代学徒试点市,所有区均为广东省教育强区,所有镇(街道)均为广东省教育强镇,所有义务教育学校均为广东省义务教育规范化学校,佛山开展的现代职业教育体系建设改革试点获联合国"2015中国可持续发展城市范例"奖。佛山经济社会全面健康发展,荣获国家园林城市、全国绿化模范城市、国家森林城市、全国文明城市、国家环境保护模范城市、全国科技强警示范城市等荣誉。

（四）在法治建设中凝结成“治以法尊”的城市品格

佛山发展历程中蕴藏着丰富的法治基因与法治情怀，一路走来，佛山能有今天经济社会建设各方面的卓越成就，法治文化的传承功不可没。佛山市委、市政府历届领导班子均强烈意识到，处于改革攻坚期和矛盾凸显期的关键时刻，唯有坚持不懈地培养法治思维，善用法治方式，弘扬法治文化，才能最终砥砺出“治以法尊”的城市品格，在国际化竞争中抢占先机，勇立潮头。市委主要领导在多个重要会议中均强调“没有一流的法治，就没有一流的发展”，要全力以赴地打造佛山“治以法尊”的城市品格，把佛山打造成为一流的法治城市，为全市改革发展大局提供有力的法治保障。在近两年的法治广东考评中，佛山是全省为数不多连续两年被评为“优秀”等级的城市。

二、辉煌成就之内在逻辑：改革与法治的双轮驱动

改革与法治如车之双轮、鸟之双翼，相辅相成。法治通过引领、规范、保障等作用推动了佛山的改革发展不断向纵深推进，同时佛山改革发展的生动实践又促进法治不断完善和进步。改革发展的佛山实践与法治佛山建设形成相互促进的融合共进关系，铸就了法治与改革双轮驱动的最佳典范。

（一）法治推动佛山改革不断向纵深推进

习近平总书记指出，“各级领导干部要提高运用法治思维和法治方式深化改革，推动发展，化解矛盾，维护稳定能力”。佛山改革发展成就的取得，与法治的引领、规范和保障作用密不可分，法治引领推动改革不断走向深入。

1. 用法治护航全面深化改革

改革是发展的强大动力，法治是发展的强大保障。①“如果说改革必然要试错，那么法治的作用就在于纠错以防止出现一种全局性、长期性的失误；如果说改革就要付出代价，那么法治的作用就在于最大限度地降低改革成本，规避不必要的代价；如果说改革就必然有风险，那么法治就是规避风险、把风险

控制在最小范围内的不二法门”。[②]佛山以制造业立市，以民营经济兴市，这是发展之基、强市之本。历经四十年高速发展，佛山民营制造业在质量、效益和规模上有了大幅提高，但由于自主研发创新能力薄弱，大量民营中小企业面临转型升级的巨大压力。如何打破在全球制造产业链中处于低端位置的劣势，提高创新能力，是佛山民营制造企业面临的最大挑战之一。佛山抓住获批成为国家制造业转型升级综合改革试点的有利机遇，推进供给侧结构性改革。在改革进程中，佛山注意运用法治思维和法治方式推进改革，推动改革取得积极成效。第一，佛山在广东省率先出台供给侧结构性改革总体方案及“三去一降一补”五个行动计划，制定《提振民营企业家信心，促进创业创新的若干措施》，从降成本、助融资、促创新、拓市场、强保障五个方面为民营企业提供四十项政策保障，提振民营企业家信心。第二，佛山出台《佛山市人民检察院关于充分发挥检察职能　依法服务保障民营经济发展的若干措施》，从“保护、打击、监督、预防、机制”五个角度推出十六条措施，全方位为民营经济健康发展保驾护航。第三，为提升知识产权司法水平、营造有利于企业创新发展的良好环境，佛山成立了全国第二家、广东省首家跨区集中管辖知识产权专业化审判法庭——禅城区人民法院新城知识产权法庭，探索推行知识产权民事、刑事、行政案件的“三审合一”机制，中国知识产权保护中心落户和广州知识产权法院巡回法庭落户佛山。第四，为规范“僵尸企业”依法退出市场，佛山市中级人民法院以成为全国第一批破产审判方式改革试点单位为契机，不断规范“执转破”工作，探索建立“僵尸企业”破产案件识别和分类处置机制，并在广东省率先探索破产财产网络拍卖，取得较好成效。

2. 运用法治规范市场经济发展

市场经济是法治经济，法治所确立的稳定性制度框架和可预期的行为规范，能够为经济社会发展提供基础保障。与全国其他城市相比，佛山资源和政策优势并不明显，佛山发展能够走在全省乃至全国前列，最重要的原因之一就在于走法治化的市场经济道路，用法治为经济发展保驾护航。2014 年佛山市被确定为广东省建设法治化国际化营商环境试点城市，成为唯一的“非特区”地级试点市。佛山运用法治促进市场经济发展的举措主要有：一是“三单”管理制度打造透明佛山。政府与市场的关系是法治经济和法治政府建设的首要问题。佛山市坚持“法无授权不可为”“法定职责必须为”“法无禁止即可为”[③]的法治理念,向市场放权,向基层放权,激发了市场和基层的活力。2013年佛山市南海区在全国率先推出负面清单、准许清单、监管清单“三单”制度。2014年11月佛山市在广东省率先编制实施政府权责清单,包括行政职权清单和企业投资管理“三单”,编制范围涉及172个行政机关。权责清单厘清了市级政府职能部门之间和市、区、镇三级政府之间的权力边界,规范权力运行,为各类市场主体创造一流的发展环境。二是“一门式一网式”政务服务改革和商事制度改革打造便民佛山。法治政府是便民高效政府。《全面推进依法行政实施纲要》指出,行政机关实施行政管理,应当遵守法定时限,积极履行法定职责,提高办事效率,提供优质服务,方便公民、法人和其他组织。为市场主体提供宽松、高效的政务环境,不让企业戴着“镣铐”在市场上跳舞,是依法行政的必然要求。2014年佛山市禅城区率先探索“一门式一网式”政务服务改革,充分利用信息技术,把政府不同职能部门的多个办事大厅向一个集中、不同业务多个办事窗口向一个集中,简化办事流程,创建“一门式一网式”审批服务制度体系。改革取得明显成效,办事效率大幅提高,办事窗口减少15%,窗口人员减少30%,群众办事等候时间、办理时间缩短50%以上。2015年8月,佛山在全市推广“一门式一网式”政务服务创新体系建设。“一门式一网式”政务服务模式改革2017年入选国家“互联网+政务服务”示范工程。佛山在全省率先实施商事制度改革,建立企业登记“一站申请、一表登记、一窗受理、六证并联、三证同发、许可告知”的联合审批模式,在全省乃至全国率先将开办企业全流程时间压缩至五个工作日内。改革激发了市场活力,截至2018年3月,佛山市实有各类市场主体63.6万户,注册资本(金)13.5万亿元。三是营造亲清新型政商关系,打造廉洁佛山。健康政商关系是经济社会发展的润滑剂和助推器。为营造亲商、重商、安商、扶商的营商环境,佛山发布了《非公有制企业防治腐败工作指引》以及国内首个城市“政商关系”交往守则——《佛山市政商关系行为守则》和《佛山市政商交往若干具体问题行为指引(试行)》,为公职人员和企业人员列出“正面清单”与“负面清单”。

佛山市“一门式一网式”政务服务创新体系获第五届“中国法治政府奖”

3. 运用法治完善矛盾纠纷解决机制

现代社会不是桃花源或者乌托邦，而是充满矛盾、纠纷和问题。所有这些问题的存在犹如人会感冒生病一样，是社会的常态，不足为奇。关键是遇到问题或者发生问题需要解决时怎么办？习近平总书记指出，“要善于运用法治思维和法治方式解决涉及群众切身利益的矛盾和问题”。法治具有规范性、统一性、平等性、公开性和公正性等特点，是解决现代社会纷争的最和平、最有效的手段。作为改革开放先行地的佛山，由于一些改革进行得比较早没有经验可循，因改革所带来的矛盾和问题也在佛山提前出现。因此，佛山制定出台了《佛山市按法治框架解决基层矛盾工作方案》《关于构建公共法律服务体系推进基层社会治理法治化的实施方案》等政策文件，运用法治思维和法治方式解决改革发展所带来的利益冲突和矛盾。2010 年顺德区某镇到省里集体上访总量排名全省镇级第一，2011 年被省、市定为突出信访问题重点管理单位。某镇抓住被确定为全省唯一的法治镇创建工作先行点和“按法治框架解决基层矛盾试点单位”之契机，围绕以法为纲、以人为本、良法善治的原则，全面推进法治镇建设和按法治框架解决基层矛盾试点工作，充分尊重不同利益主体的诉求，将各种矛盾置于法治框架内予以公正处理，逐步探索出一条协同共治、利益共享、法治惠民的新路,形成法治型社会治理的"六大机制"。④三水区通过构建便捷有效的"大调解"格局,建立健全了区、镇、村三级矛盾纠纷调解平台、网络以及人民调解、司法调解、行政调解相衔接的矛盾纠纷大调解机制,基本实现一般矛盾纠纷化解在村(社区)的效果,筑好维护社会和谐"第一道防线"。佛山率先在全市推进综治网格化管理工作,并将其向工业园区延伸,网格员依托镇街和村(社区)综治平台及时解决群众诉求,实现"三早"(纠纷信息早掌控、矛盾调处早到位、突出问题早解决)和"身边事不出网格、小事不出社区、矛盾纠纷不上交、就地解决"的新时代"枫桥经验"精髓,全面提升群众安全感、满意度和知晓率。2015 年三水区被评为"全国法治县(市、区)创建活动先进单位"。为夯实基层治理法治化的法治人才基础,2011 年佛山开始在全省率先实行"一村居一律师"工程,目前全市 759 个村居已实现律师全覆盖。在此基础上,2014 年佛山全面推进区镇村三级公共法律服务体系建设,建立"三官一师"直联村居工作机制和"一村居一专职调解员"制度,即每个村居均派驻一至两名律师、社区警官、法官和检察官挂点联系,每个村居由镇街司法所派驻一名专职调解员,形成化解基层矛盾的法治合力。

4. 运用法治维护社会和谐稳定

习近平总书记指出,要处理好维稳和维权的关系,要把群众合理合法的利益诉求解决好,完善对维护群众切身利益具有重大作用的制度,强化法律在化解矛盾中的权威地位,使群众由衷感到权益受到了公平对待、利益得到了有效维护。佛山集体经济较为发达、集体资产较为庞大,积累的问题以及由此引发的矛盾和纠纷较多,直接影响佛山基层社会的稳定。佛山运用法治思维和法治方式,不断创新和完善制度建设,有效维护了群众权益和基层社会和谐稳定。比如,佛山市南海区先行探索土地股份合作制,但土地股份合作制也导致了书记、主任、社长三个职务一肩挑,书记一人说了算,既是运动员,又是裁判员,难免造成决策上的个人独断和不民主,导致农村干群关系紧张,甚至引发矛盾冲突,成为影响农村和谐的最重要诱因。为约束村居负责人决策上的"任性",以制度管人管事,2010 年 12 月以来,南海区着手组织制定《佛山市南海区村(居)集体经济成员股权(股份)管理流转交易办法》等一系列政策文件,建立农村集体资产三大管理平台,完善农村集体资产管理的体制机制。集体资产管理交易平台、集体财务监管平台、集体经济组织成员股权(股份)管理交易平台等三大平台,像三道“防火墙”,阻断了村干部暗箱操作,而“书记、主任不管钱”的模式,也防止了集体经济“绑架”社区服务使之瘫痪的可能。政经分离和三大平台的制度设计,体现了权力制衡和公开透明的法治理念,实现了集体经济公开透明运营,有效化解了引发农村不稳定因素的症结。再比如,佛山市三水区结合新一轮农村综合改革,在社会治理组织机制上进行了深度思考,探索出“组为基础,两级联动”的村、村小组两级议事会:即以村民自治为核心,以法治为保障,引导群众参与议事,从而形成多元议事、科学决策、有效监督的民主议事机构,在白坭镇试点探索的基础上,确立了“政社归位、协同共治、规范管理、服务下移”的基层治理思路,2015年将“村民议事会决策,村委会执行,村务监督委员会监督落实”的三权分设机制在全区村(居)全面推进。与此同时,三水深化村民议事机制,以村民议事会作为社区协商的主要模式,推进村民议事会、村务监督委员会、家乡建设委员会、乡贤慈善会“四会”联动机制。多种措施探索运行以来,成效显著,提升了决策效率,激发了基层活力,逐渐摆脱了此前基层自治中存在的尴尬和困境。该区创新的基层治理模式得到了国家民政部充分肯定。目前,全区800多个村民小组全部组建了村民议事会。得益于“三权分置”机制、“四会”联动机制,2017年三水重点难点村换届选举取得了新突破,换届工作呈现出了交叉任职率高、参选率高、新干部素质高等亮点,加速推动了新农村建设和美丽乡村建设的进程,实现了基层共治善治的良好局面。

(二)佛山改革发展创新实践促进法治建设不断完善

改革与法治,相辅相成。法治在引领和规范改革的同时,也随着改革的深入发展而不断健全和完善。法治佛山建设促进了佛山改革开放的发展。佛山改革开放的丰富实践也为国家法律制度的创新和完善提供了鲜活的改革经验和实践素材,诸多国家立法的完善体现了“佛山智慧”和“佛山方案”之贡献。

1. 广佛高速的建设为我国确立利用外资建设经营性高速公路收费制度提供了鲜活的佛山经验

广佛高速作为我国第一条中外合资建设的高速公路,它的建成通车揭开了广东高速公路建设的序幕,也揭开了我国利用外资建设高速公路的序幕。改革开放后,珠三角经济发展很快,是外商投资热点。当时商务往来和小批量货运,以公路为主,广佛公路交通十分繁忙,堵车非常厉害,当时被称为“全国最大的停车场”。交通成为经济发展的最大制约因素,也是外商最大的憾事。建设广佛高速成为省市的共识。但当时最困难的是资金问题。而香港外资公司的引入,保证了广佛高速公路建设资金的来源。1989 年 8 月通车的广佛高速成为我国第一条利用外资建设经营性收费高速公路。正是这种兼顾公平与效率、使资源配置达到最优的高速有偿使用制度,才使得我国高速公路事业得以迅猛发展,开启了广东高速公路建设的先河,为我国其他高速公路建设积累了宝贵的经验,具有里程碑意义,也为我国经营性高速公路收费制度的确立提供了鲜活的佛山经验。

2. 土地股份合作制的南海模式与“三权分置”入法

20 世纪 80 年代末至 90 年代初,随着农村经济改革的深入,南海农村非农就业比重逐步提高,一家一户的小生产方式,已经不适应现代农业规模经营的发展趋势。为了适应生产力的发展,促进农业规模经营,1992 年南海罗村镇下柏管理区进行股份合作制试点,即让农民以土地承包经营权入股,把全管理区的土地集中起来,由管理区实施统一规划、管理和经营。这种试点创造了“三权分置”的农地产权结构:土地所有权属于集体所有;承包权属于农户,以股份的形式体现;经营权属于股份社,由股份社统一规划、合理使用。南海土地股份制试点所体现的“三权分置促进规模经营”的思路被中央政策和国家立法吸收,促进了国家立法的完善和进步。2016 年 10 月 30 日,中共中央办公厅、国务院办公厅印发的《关于完善农村土地所有权承包权经营权分置办法的意见》明确提出,“实行所有权、承包权、经营权分置并行”。即将审议通过的《中华人民共和国农村土地承包法修正案(草案)》,其修改的主要内容就是“三权分置”。

3. 集体建设用地入市的南海试点与土地管理法变革

依据我国现行土地管理法的相关规定,农民集体所有的土地的使用权不得出让、转让或者出租用于非农业建设。该规定排除集体经营性建设用地使用权市场化流转,不利于盘活存量的集体经营性建设用地,不利于农民土地权益的保障和实现。为探索变革土地管理法律制度，根据全国人大常委会2015年2月27日的特别授权决定，南海作为广东省的唯一试点单位，获特别授权突破土地管理法的相关规定，试点“在符合规划、用途管制和依法取得的前提下，允许存量农村集体经营性建设用地使用权出让、租赁、入股，实行与国有建设用地使用权同等入市、同权同价”。此后，南海出台了《南海区新一轮深化“三旧”改造综合试点实施意见及分工方案》《关于加快推进村级工业园改造提升　促进产业社区发展的指导意见》等文件，对建立“同权同价、流转顺畅、收益共享”的集体经营性建设用地入市制度进行了大胆探索，取得了较好的试点成效，为国家土地管理法的修改完善提供了实践经验。目前《中华人民共和国土地管理法（修正案）（征求意见稿）》已向社会公布，佛山南海的试点探索经验即体现其中。

（三）法治与佛山改革发展实践的融合共进

改革与法治的关系，不仅是单向度的“法治保障改革”，也不仅是单向度的“改革促进法治”。改革与法治双向度的不断互动、融合共进，共同推动佛山经济社会不断迈上新台阶，不断再创佛山新的辉煌，是佛山改革发展经验的生动写照。

1.民营经济的茁壮成长与非公有制经济之宪法地位的渐次明晰和提升的积极互动

佛山在发展非公有经济方面先行一步。1982年，佛山南海成立全省第一个个体劳动者协会，当年全县、乡、村三级工业企业就达到4101家。到20世纪80年代后期，在许多地方还在为非公有制经济姓“资”姓“社”争论不休之时，佛山人却实行国营、集体、个体经济一起上，县、公社、村、生产队、个体、联合体企业“六个轮子一起转”，对民营经济实行“政治上鼓励、政策上扶持、方向上引导、法律上保护”。“六个轮子一起转”发展民营经济的成功探索，为宪法的修改提供了“珍贵样本”。1988年，宪法修正案规定，“国家允许私营经济在法律规定范围内存在和发展”。此后，佛山市因势利导，出台相关的政策措施，鼓励个体私营经济的发展。2000年以来，在佛山市规模较大、有一定知名度的原生态私营企业，如广东美思内衣有限公司、广东恒威集团有限公司等，都是在这个时期建立和发展起来的。[⑤]在私营经济蓬勃发展的同时，由于传统观念和习惯势力的影响，不少私营企业主为享受国家有关集体企业的优惠政策，或为取得有关的生产和经营资格，或为保持在生产经营活动中的信誉，或为便于获取有关证明材料等，纷纷找“靠山”戴“红帽子”，形成了数量较多的“挂靠”集体企业，名为集体，实为私营，客观上形成了产权不清的隐患。1999年，宪法修正案规定，“在法律规定范围内的个体经济、私营经济等非公有制经济，是社会主义市场经济的重要组成部分”，提升了非公有制经济的宪法地位，这为佛山民营经济的发展迎来了新的发展机遇。佛山民营企业开始加快“摘帽”，摘掉集体企业的身份，恢复其民营企业之本真。到2001年“摘帽”工作基本完成，民营经济的发展进入一个新的高潮。因此，正是佛山改革的实践与非公有制经济之宪法地位的渐次明晰和提升的积极互动，促进了佛山民营经济的发展不断迈上新的台阶。

2. 产权制度改革与有关商事法律制度的积极互动

随着企业规模的扩大，“产权不明、责权不清、政企不分、管理不善”等问题日益困扰着政府和企业。为解决企业发展的体制弊端，一场前所未有的企业产权改革攻坚战在顺德率先打响。佛山顺德明确提出要通过产权制度改革，促进以股份制为主要形式的多种经济成分并存的混合型经济的迅速发展，建立适应市场机制的公有资产管理运营体制。佛山顺德企业产权制度改革，为探索国有企业改革路径，建立现代企业制度，促使企业真正成为自主经营、自负盈亏、自我发展和自我约束的市场主体，提供了先行一步的示范，为1993年12月29日我国第一部公司法的通过贡献了顺德经验。此后公司法的颁布也为顺德的进一步的产权制度改革提供了引领、规范和保障作用。在1993年公司法的指引下，顺德的产权制度改革进一步加速，到1996年底，顺德市、镇两级1001家企业中，经过改革已经有622家企业实现改制，涌现出一大批明星企业，如美的、顺特、格兰仕等。1997年11月5日、6日、7日，《人民日报》连续3天刊登“广东顺德市综合改革报道”，对顺德企业产权制度改革的探索给予充分肯定。[⑥]顺德产权制度的改革探索与有关商事法律制度的积极互动和相互促进，是顺德民营经济发展的重要原因之一。

三、“四个走在全国前列”指引下的法治佛山建设新路径

习近平总书记在参加十三届全国人大一次会议广东代表团审议时，赋予广东新时代“在构建推动经济高质量发展体制机制、建设现代化经济体系、形成全面开放新格局、营造共建共治共享社会治理格局上走在全国前列”的新使命。习近平总书记的重要讲话精神，是佛山迈向新时代、建设社会主义现代化的强大思想武器和科学行动指南。沿着习近平总书记“四个走在全国前列”指示精神指引的方向，谋划佛山改革发展和法治建设路径，是推动改革发展再出发迫切需要解决的重要课题。

（一）牢固树立改革法治观，坚定不移深化改革开放

改革开放是决定当代中国命运的关键一招，也是决定实现“两个一百年”奋斗目标、实现中华民族伟大复兴的关键一招。习近平总书记指出，开创广东工作新局面，最根本的还要靠改革开放。四十年改革实践证明，改革是佛山的根与魂，没有改革就没有佛山的今天，也只有改革才能赢得明天。目前佛山全面深化改革已经进入攻坚期和深水区，改革任务之重前所未有，矛盾挑战之多前所未有，越来越多触及深层利益关系，必将遇到更大的阻力、更大的争议。凡属重大改革都要于法有据，在整个改革过程中，都要高度重视运用法治思维和法治方式，发挥法治的引领和推动作用，加强对相关立法工作的协调，确保在法治轨道上推进改革。对于属于佛山地方立法权限范围内的改革项目，要用好地方立法权，对于实践证明行之有效的，要及时上升为地方性法规，对不适应改革要求的地方性法规和规范性文件，要及时加以修改和废止。对于不属于佛山地方立法权限范围的改革项目，要在上位法预留的改革空间内探索和创新。改革举措涉及突破上位法有关规定的，可以通过争取成为国家立法机关特别授权的改革试点单位来推进改革，决不允许擅自突破上位法的规定搞“抢跑改革”。佛山将加快构建有利于全市统筹发展的体制机制是佛山改革再出发的关键，在法治框架内加快构建“强市、活区、实镇”发展新格局的改

革思路。强市,就是强化市级战略统筹,坚持全市“一盘棋”,增强市级发展战略的宏观引领和主导作用;强化市级规划统筹,加强规划编制、土地统筹管理、生态环保等方面的决策部署、政策制定、监督指导等。活区,就是发挥各区的改革优势、资源优势;强化区级经济发展职能,在全市产业布局框架下,由各区负责制定本区产业规划、加强经济运行监测、统筹制定招商选资政策等。实镇,就是做实镇(街)公共服务和社会治理职能,由镇(街)提供劳动就业、社会保障、社会救助等公共服务,提高直接服务企业、群众和社会的能力水平等。

(二)以高质量法治服务高质量发展,加快构建推动经济高质量发展的体制机制

推动经济高质量发展,法治是关键要素和重要保障。构建推动经济高质量发展的体制机制,核心问题是处理好政府和市场的关系,使市场在资源配置中起决定性作用,更好发挥政府作用。佛山要积极运用法治思维和法治方式推动经济发展,坚持法定职责必须为、法无授权不可为,完善行政决策程序、落实法律顾问制度、健全决策问责机制,深化行政执法体制改革,加强对行政权力的制约和监督,建立权责统一、权威高效的依法行政体制。在市场经济条件下,营商环境优劣决定了高端要素资源流向和集聚效应,也成为综合实力和国际竞争力的一个非常重要的有机构成。环境既是实力的体现,也是竞争力的体现。[⑦]推动经济高质量发展,最为关键的就是营造法治化国际化便利化的营商环境,实现由“政策洼地”向“环境高地”转变。要深化“放管服”改革,以“互联网+”、人工智能、大数据等现代化手段优化提升政务服务,完善事前事中事后监管,维护良好的市场秩序。妥善处理历史形成的产权案件,严格遵循法不溯及既往、罪刑法定、在新旧法之间从旧兼从轻等原则,以发展眼光客观看待和依法妥善处理改革开放以来各类企业特别是民营企业经营过程中存在的不规范问题。积极探索产权保护制度改革,加大知识产权保护建设力度,以法治思维保护创新成果,“给天才之火添加利益之油”。建设好发挥好中国(佛山)知识产权保护中心、禅城区人民法院新城知识产权法庭的积极作用,争取广州知识产权法院巡回法庭的尽快落地,推进知识产权民事、刑事、行政

案件的“三审合一”改革，加快建设国家知识产权服务业集聚发展试验区，形成具有佛山特色的知识产权服务保障体系和相关产业。

（三）以法治之光照亮制造业优化升级之路，加快构建现代化经济体系

法治是完善市场经济、激发市场活力的必然要求。佛山构建现代化经济体系，必须充分把握法治与现代化经济体系之间的内在联系，协同推进法治政府与现代化经济体系建设。要发挥现代化经济体系构建对法治政府建设的倒逼作用，继续推进人民满意政府建设，以地方党政机构改革为契机，严格落实权责法定原则，推动政府职能科学配置、机构定位清晰、分工明确合理，依法推进政务公开，打造高效廉洁的服务型政府。要发挥法治政府建设对构建现代化经济体系的制度保障作用，提高政府运用法治方式发展市场经济的能力和水平，打造“有为政府”，出台精准的政策措施扶持现代产业发展尤其是制造业优化升级，及时矫正市场缺陷，严格落实地方金融监管责任，引导资金“脱虚向实”，推动金融更好服务于实体经济发展。现代产业体系是现代化经济体系的核心。佛山是民营经济大市、制造业大市，建设现代化经济体系，必须原原本本把法律法规确定的各项政策措施严格落实到位，以法治思维和法治方式严格落实各项产业政策，突出做大做强以制造业为根基的实体经济。持续深化供给侧结构性改革，重点在“破、立、降”上下功夫，推动供给结构优化升级。毫不动摇鼓励支持引导民营经济发展，推动民营企业做大做强做成“百年老店”，大力培育发展更多产值超百亿元的大型企业集团。加强质量法治建设，深入实施“以质取胜、技术标准、品牌带动”三大战略，全面提升产品、工程、服务、环境质量，来一场佛山制造的品质革命，支持佛山制造争创中国制造最高品质。

（四）以法治思维构建开放型经济新体制，加快构建全面开放新格局

积极融入粤港澳大湾区建设是佛山构建对外开放新格局的重要举措。佛山要借力粤港澳大湾区建设的国家战略，全面贯彻落实复制推广广东自贸试

佛山举办知识产权保护绿岛论坛，探索知识经济健康发展路径

验区第四批改革创新工作，争取扩大试点覆盖率，扩大试点影响，继续对照省有关改革创新经验事项，确保复制推广工作取得实效。融入粤港澳大湾区，建设“不是自贸区的自贸区”，佛山要积极对接国际办事准则与规则，加大地方性法规、规章和规范性文件“立改废”的力度，把与国际接轨、符合佛山实际的改革创新经验“立”起来，同时加大地方性法规、规章和规范性文件的清理力度，对于有悖于国际办事准则与规则的地方性法规、规章和规范性文件应尽快通过法定程序“废”“改”掉，力图将佛山打造成广东省市场准入最透明、资源配置最高效、企业运营成本最经济、政府监管行为最规范的城市之一。另一方面，佛山要加强涉外涉港澳台法律服务，搭建“一带一路”建设和粤港澳大湾区法律问题研究和交流平台，设立“一带一路”和粤港澳大湾区法律研究项目，发挥市律师协会行业引领作用，引进港澳等地高端法律人才，组建不同领域的专业化法律服务团体，为佛山“走出去”的企业提供优质法律服务。

（五）加快社会治理法治化，营造共建共治共享的社会治理格局

稳定是改革发展的前提和基础。把佛山建设成为广东最安全稳定、最公平公正、法治环境最好的地区之一，是新时代促进佛山改革发展的基础性工程。作为改革先行区的佛山由于一些改革走在全国前列，因改革所带来的矛

盾和问题也在佛山提前出现，解决不好会直接影响佛山基层社会的稳定。运用法治思维和法治方式解决基层矛盾，实现基层治理法治化，是维护佛山社会和谐稳定的必然选择。佛山当前要全面落实扫黑除恶专项斗争工作总体方案，聚焦打击十类黑恶势力及其保护伞，坚持以打开路、扫建结合、综合治理，精准打击、打早打小，有黑扫黑、无黑除恶、无恶治乱，着力解决黄、赌、毒、拐、骗、涉枪涉爆等突出治安问题，推动扫黑除恶专项斗争引向纵深。健全维护公共安全体系，严格落实安全生产、食品安全“党政同责、一岗双责、齐抓共管、失职追责”制度，加强重点领域安全监管。进一步建立健全党建统领，自治、法治、德治相结合的农村基层治理体系，推进乡村振兴战略顺利实施，建设平安佛山，促进社会和谐稳定。大力推进多元化纠纷解决机制建设，深化司法体制改革，努力让人民群众在每一个司法案件中感受到公平正义。

【注释】

①陈冀平:《党的十八大以来法治建设新成就(一)》，载《民主与法制时报》2018 年 1 月 6 日。

②江必新:《以法治思维和方式推进法治中国建设》，载《理论参考》2014 年第 5 期。

③“法无授权不可为”“法定职责必须为”，针对政府而言；“法无禁止即可为”，针对市场主体而言。

④宣传引导机制、风险控制机制、权益保护机制、纠纷调处机制、利益平衡机制、秩序维护机制。

⑤丁桂培:《佛山民营经济发展轨迹初探》，载《广东经济》2010 年第 1 期。

⑥丘劲生主编:《活力佛山——佛山经济发展的轨迹》，广东人民出版社 2008 年版，第 101—102 页。

⑦康念福:《广东建设法治化国际化的营商环境及对策建议》，载《广东经济》2012 年第 9 期。

惠民之州　法治之州

李　敏*

改革开放之初，惠州市是惠阳地区的专署驻地，当时惠阳地区辖包括宝安县在内的1市10县。1979年3月，撤销宝安县，设立深圳市。1988年1月撤销惠阳地区，设立惠州、河源、东莞、汕尾4个地级市。经过设地级市30年特别是党的十八大以来的改革发展积累，惠州借助改革开放和地处沿海的优势，从一个地区生产总值仅32亿元、一般公共预算收入仅2.1亿元的落后地区，一跃成为经济总量、财政实力分别达3830.58亿元、389.07亿元、双双排名全省第五的经济强市。伴随改革开放进程，惠州市在法治建设中也打造了一批在全国、全省有影响的工作品牌，先后蝉联“全国社会治安综合治理优秀市”“全国社会治理创新优秀城市”，荣获国家“五五”“六五”普法优秀城市，全国首批法治城市创建活动先进单位等荣誉，捧回代表全国政法综治领域最高荣誉的“长安杯”，连续4届获评“全国文明城市”称号。站在改革开放四十周年这一新的历史起点上，系统回顾惠州改革开放发展所取得的成就和经验，全面总结法治建设在其中发挥的重要作用，并就新时代如何坚持与法共进、开创建设绿色化现代山水城市新局面作出对策思考，具有重大的理论与实践意义。

---

* 广东省惠州市委副书记、市委政法委书记，市法学会会长。

惠民之州，西湖风貌

一、惠州在改革开放中走出一条绿色跨越发展新路

惠州建市以来，历届党委顺应时代的发展和要求，先后提出建设“富裕文明的经济发达区”“现代石化数码名城”“科学发展惠民之州”“绿色化现代山水城市”的城市定位。从农业大市转变为工业立市、生态旺市到“五位一体”新跨越，从打造现代石化数码名城、建设科学发展的惠民之州，到践行新发展理念、确立建设绿色化现代山水城市的目标定位，惠州“五位一体”的道路越走越宽，绿色跨越的步伐愈益坚定，经济、政治、文化、社会、生态文明建设取得令人瞩目的成就。

（一）经济建设走出惠州特色转型升级之路

习近平总书记强调，“必须始终高度重视发展壮大实体经济，抓实体经济一定要抓好制造业”。惠州从抓经济源头、抓经济基础、抓经济积累到坚持大项目带动大发展、创新驱动发展和工业立市“三大发展战略”，始终把发展的着力点放在实体经济上，以大平台聚集大产业，以大项目衍生大集群，持续强化规模化综合制造能力优势，走出了一条“引进大项目、培育大产业、带动大发展”的惠州特色转型升级之路。惠州抓住中海壳牌南海石化这一事关惠州百年发展大计的“种子”项目，引进中海炼油等石化大项目落户，促进石化产业迅速集群发展，形成2200万吨炼油、220万吨乙烯的年生产能力，成为国内炼化一体化规模最大、产业高端、绿色安全、配套完善、规范管理、高质量发展的世界级石化产业基地。在电子信息产业，惠州引进了韩国三星、美国科锐、日本旭硝子、韩国SK集团等一批外资龙头企业，培育出TCL、德赛、华阳、亿纬等本土企业，形成较为完整的移动通信、平板显示、汽车电子、LED和新能源电池5条产业链，成为全国重要电子信息产业基地。在电子、石化产业带动下，惠州从农业大市蜕变为工业大市，三次产业比例由1988年的40.3∶26.2∶33.5调整为2017年的45∶55∶40.5，“二三一”产业结构新格局不断巩固优化。2017年，电子、石化行业分别完成增加值737.15亿元、333.49亿元，两大支柱产业占规模以上工业增加值的59.6%；先进制造业、高技术制造业增加值占规模以上工业增加值的比重分别为63.5%、41.4%，居全省前列。

（二）政治建设实现从管理到治理，从善政到善治

乡村处在贯彻执行党的路线方针政策的末端，是我们党执政大厦的地基。在政治建设中，惠州注重夯实基层基础，把民主治理和依法治理有机结合起来。惠州“四民主工作法”和“法制副主任”工作机制，就是在这样的探索中建立起来的。针对基层干部存在的治理观念误区，惠州改“为民作主”为“由民作主”，从2007年开始在农村基层探索实施“四民工作法”。对村务实行“民主提事、民主决事、民主理事、民主监事”，村里的事由村民自己议、自己定、自己干、自己管，包括土地征收补偿、宅基地分配、基础设施建设、山林土地纠纷等在内的一大批矛盾易发的“老大难”问题得到有效解决。针对基层干部群众法律意识淡薄、村级组织乱作为、群众“信访不信法”等现象，从2009年起率先在广东推行村（居）委聘任“法制副主任”制度。聘请律师担任“法制副主任”，走村入户，采取以案说法、法治讲座、法律咨询等形式，每月到驻点村（居）提供法律服务。村民遇到矛盾，从过去“我打你”变成“我告你”，“你跟我的律师谈！”正成为村民处理纠纷的口头禅。民众法律意识的增强，倒逼党政机关依法行政、依法办事，运用法治思维和法治方式解决问题。惠州“民主+法治”的乡土实践，有力促进了“基层稳，社会定”，是巩固党的执政基础、

推进基层治理现代化的有效方式。“四民工作法”被评为“全国基层党建创新最佳案例”，写进《中共广东省委关于贯彻落实〈中共中央关于加强和改进新形势下党的建设若干重大问题的决定〉的实施意见》《中共广东省委关于做好新形势下群众工作的意见》，向全省推广。“法制副主任”制度获广东“政府治理能力现代化”优秀案例奖，并在全国推广，相关经验做法在 2017 年 5 月 9 日《人民日报》头版进行了刊登。

惠州市基层治理推广“四民工作法”

（三）文化建设打造鹅城特色“文明之市”

文化是城市的灵魂，丰富的历史文化积淀和独特的自然风貌相融合，构筑了惠州城市特色和文化亮点。从 1991 年惠州市被评为广东省首批“省级历史文化名城”，到 2015 年获评“国家级历史文化名城”，惠州一直注重历史文化的传承保护。惠州高度重视对历史城区、历史文化街区、名镇名村、各类历史遗存和非物质文化遗产的保护，把历史文化名城保护作为立法项目，相继制定了《惠州市历史文化名城保护管理暂行规定》等多项与国家法律、法规相配套的地方性制度,逐步构建了较完善的历史文化保护法规体系。惠州抓住创建全国文明城市这一重大载体,着力打造具有鹅城特色的“文明之市”,不断提升市民文明素质、城市文明程度、城市文化品位和群众生活质量,连续4届获评“全国文明城市”荣誉称号。惠州坚定文化自信,不断推动文化创意产业快速发展,近年来,文化产业增加值占GDP比重超5%,高于全省平均水平。惠州注重增强文化软实力,加强对东坡寓惠文化、江河海洋文化、宗教文化、东江民俗文化、红色文化的研究、梳理和开发,充分展示惠州城市魅力,彰显惠州城市精神。结合推进全国文化体制改革先进地区、国家文化消费试点城市等工作,擦亮惠州文化惠民服务品牌,推动文化强市建设不断迈向新台阶。

(四)社会建设打造“惠民之州”亮丽城市品牌

惠州惠州,惠民之州,发展惠民是惠州一切工作的出发点和落脚点。惠州坚持以人民为中心的发展理念,加大民生投入,打造“民生财政”,近年来,每年将市级新增财力的75%、县级新增财力的60%以上投入民生。惠州坚持改善民生,先听“民声”,每年办些什么民生实事,修学校医院、建公园绿道还是发放文化惠民卡,通过“海选”广泛征求公众意见,变“政府配餐”为“群众点菜”。惠州抓住全省首个基本公共服务均等化综合改革试点契机,对公共服务付费机制作了系列改革,让群众在分享蛋糕时有更多选择权。比如,公租房租金市场化改革,由以前的“补砖头”变为现在的“补人头”。在教育、文化、养老等方面,尝试推行电子教育券、文化消费卡、养老服务券。这样,既增强了竞争性,也促进服务生产的专业化、服务供给的多元化、服务流程的简约化,真正把民生实事做成“惠而不费”的好事。惠州坚持群众利益无小事,组织全市公安机关开展破小案专项行动,将各类侵害群众切身利益的小案作为打击重点,精准发力、持续猛打,多破小案护民生,提升群众安全感。惠州坚持创新社会治理,健全利益表达、利益协调、利益保护机制,引导群众依法行使权利、表达诉求、解决纠纷,实现政府治理和社会调节、居民自治良性互动。自2013年起,连续四年举办社会治理创新十大项目征选活动,共培育了105个社会治理创新项目,先后建立了“流动商户之家”“复退军人之家”“出租车司机之家”“外来工之家”等12类“特色之家”。其中,复退军人服务管理工作得到省委多次批示表扬，中央政法委长安网和全省社会治安综合治理创新工作会议专题介绍推广了惠州市经验做法，搭建各类群体自我管理、自我服务、自我帮助的平台，实现了政府行政管理和社会特定群体自治的有效衔接和良性互动。

（五）生态建设率先在全省提出建设“绿色化现代山水城市”目标

保护生态环境就是保护生产力，改善生态环境就是发展生产力。惠州始终注重绿色发展，增强竞争优势，近年来，每年统筹各级财政安排20亿元种树、20亿元治水，蓝天成了名片、“山水”成为招牌，成功创建国家森林城市、国家园林城市、国家环保模范城市，荣获首批国家生态文明建设示范市，绿色发展指数居广东第一，空气质量稳居全国重点监测的74个城市前十，城市饮用水源水质达标率100%，东江干流惠州段水质长期保持国家Ⅱ类水质标准，获省环境保护责任考核“十连优”。惠州坚持“既要金山银山又要绿水青山”，发展决不以牺牲环境为代价，努力将生态优势转化为发展优势，推动实现“绿水青山就是金山银山”。比如，惠州博罗县横河镇这几年没有发展工业，守住了绿水青山，单单一个景田百岁山矿泉水项目，一年就贡献4个亿的税收，“水经济”让绿水青山和金山银山找到了结合点。又比如，惠州实施“美丽乡村”三大行动，对村庄进行全面洁化、绿化、美化，为村民巧借山水、发展旅游创造了机遇，山里的寻常“土货”成了人气商品，对城里人来说是“来自绿水青山的问候”；对农民来说是“金山银山的收获”，美丽乡村孕育出“美丽经济”。再比如，惠州大亚湾石化区发展的是重化产业，但惠州通过循环经济、“吃干榨尽”、变废为宝，推动了高碳产业的低碳发展，成为国家新型工业化产业示范基地、广东唯一的国家首批绿色园区。以凯美特气体有限公司为例，这家石化产业链下游企业的主要业务就是回收中海壳牌生产过程中排放的二氧化碳，企业将化工废气经过过滤和提纯得到高浓度的二氧化碳，生产出安全的食用添加剂，广泛应用在可乐等碳酸饮料的生产加工上。大亚湾也在有大工业大石化的背景下，依然保持着好山好水好空气，被称为“挑剔的水质检测员”的珊瑚海龟，不约而同地“用脚投票”，继续在这儿安家落户。

二、惠州改革开放与法治建设相互促进共同发展

法治是一种基本的思维方式和工作方式，法治化环境最能聚人聚财、最有利于发展。惠州改革开放取得的成就与法治建设密切相关，因为改革开放本质上就是“社会主义+市场经济”，而在市场条件下投资者像候鸟，哪里办事效率高办事公开透明就去哪里，哪里法治健全法治环境好就选择哪里。惠州秉持法律这个准绳、用好法治这个方式，刀刃向内推进改革，让政府和市场“各就各位”，使“看不见的手”和“看得见的手”都用好，吸引来全球、全国处于行业领先地位的企业，走出了一条非常成功的绿色跨越发展新路。

（一）市场经济繁荣，得益于法治保障

市场经济本质是法治经济，市场必须通过法律的形式全面规范社会经济活动中各个主体的权利、义务和行为规则、政府行为等。惠州今天的经济繁荣面貌，得益于长期以来的法治建设。改革开放初期，由于惠州毗邻港澳，海岸线较长，惠州的沿海走私在全国“有名”，市场环境受到严重挑战。为此，惠州下重拳严厉打击走私违法犯罪行为，逐步扭转了走私猖獗的不良势头。伴随改革开放的深入，惠州紧紧围绕使市场在资源配置中起决定性作用深化经济体制改革，从政府自身改革做起，制定并实施权责清单、服务清单和负面清单“三张清单”，收紧政府的“手”，放开市场的“脚”。围绕项目和企业从“孵化”“出生”到“成长”全过程，大刀阔斧推进项目审批制度和工商登记制度改革、社会信用体系建设、公共资源交易、“中介超市”“首席服务官”制度等一系列改革。率先在全省建成市、县（区）两级互联互通的行政执法与刑事司法“两法衔接”信息系统，将行政机关依法行政情况纳入法律监督机关的全程监督，有力遏制“同案不同罚，同事不同办，有案不移，以罚代刑”现象的发生。在全省率先试点“法制副厂长（经理）”制度，通过向律师事务所购买社会服务，指派律师担任企业的“法制副厂长（经理）”，助力企业建立和完善规章制度，参与企业涉法事务，规避经营风险，组织开展企业法治宣传教育活动，化解矛盾纠纷，培养员工依法维权意识，提升企业依法治理水平。开展“以法兴企”系

列活动，服务并促进企业学法、知法、守法、用法，帮助企业家树立法治信仰，让他们切实感受到法律能够有效地发挥作用，坚信法治能带来实实在在的好处，帮助企业更好发展。出台《关于审理知识产权民事案件的若干意见》，成立广州知识产权法院仲恺巡回审判法庭、市中级人民法院知识产权仲恺巡回审判法庭，推进知识产权民事、行政和刑事案件审判的“三审合一”以及知识产权民事案件集中管辖工作。自实行知识产权民事案件集中管辖以来，全市法院共新收知识产权民事案件2890件，结案2842件，结收案比为98.34%；新收知识产权刑事案件197件，结案224件，结收案比为113.71%。惠州法治化营商环境持续改善，政府公共服务满意度连续多年位居全省第一，极大促进了项目落地，推动了企业成长，为经济高质量发展注入生机和活力。

推行“法治副厂长”制度，促进基层社会治理

（二）社会和谐稳定，靠的是法制健全

依法依规是化解社会矛盾、促进社会和谐、维护社会稳定最根本的方式。惠州市相继出台《惠州市平安惠州建设“十二五”规划》《惠州市平安惠州建设

“十三五”规划》,以创新完善“智慧+”治安防控体系和“精准+”社会治理为载体,引领“平安惠州”最安全城市建设。构建人本化、民主化、法治化、源头化、立体化、信息化“六化”基层治理体系,将法治建设寓于社会治理的全过程,依法防范和化解各种社会矛盾冲突,从根本上维护社会和谐稳定。坚持治理人本化,从 2016 年 7 月开始试点“和美网格”创建,通过“科学划网”实现城市管理网格与社会治理网格的精准对接,探索出了一套从条块分割走向资源整合、从运动式走向常态化、从粗放型走向精细化的治理的新模式,促进社区内人和事和关系和、言美行美生态美,以美的管理和互动推动社区街区和美化、整个城市和美化。坚持治理民主化,创新网络问政等干群互动机制,做好专家论证、第三方评估、公众参与等工作,把决策过程变成尊重民意、化解民忧、维护民利的过程。坚持治理法治化,出台《惠州市政府重大行政决策目录管理办法(试行)》,公布《惠州市惠州区人民政府重大行政决策事项目录及程序规定》,政府法制部门进行严格的法律把关和社会风险评估,有效防控风险,维护社会和谐稳定。制定实施《惠州市建设行政执法责任制示范市工作方案》,全面推进依法行政,依法依规办事,促进权利公平、机会公平、规则公平,以法为秤维护社会公平正义,以法为盾保护群众安居乐业。坚持治理源头化,创新实施社会形势分析会制度,主动治理重点领域和重点行业的突出社会矛盾问题,做到发现在早、防范在先、处置在小。坚持治理立体化,先后出台《惠州市加强社会治安防控体系建设实施方案》《惠州市“中心+网格化+信息化”建设工作考核办法》等文件,全市建成县(区)综治中心 7 个、镇(街)综治中心 76 个和村(居)综治中心 1281 个,划分网格 3324 个,配备网格员 5313 名,使大调处、大群防、大综治、大化解落到实处。坚持治理信息化,注重利用互联网扁平化、交互式、快捷性优势,提高执法司法供给质量和效率,为群众提供全天候、零距离、无障碍的公共法律服务,切实解决百姓问累、诉累、跑累问题。

(三)精神文明发展,核心是法治文明

法治文明是精神文明的核心内容,并对精神文明建设起着保障和促进作用。法律是成文的道德,道德是内心的法律,法律和道德都具有规范社会行

为、维护社会秩序的作用。惠州始终坚持法治和德治相结合、他律和自律相结合，同步推进“法治之城”和“好人之城”建设。注重以“法治”促“德治”，要求公安、检察院、法院、司法行政等政法机关必须运用法治思维和法治方式执法办案、审判裁决、化解矛盾、维护稳定，以实际行动维护法律尊严，守护社会公平正义的底线，不让违法者、失信者、投机者有空可钻、有利可图，在全社会营造信法、讲法、崇法、守法的法治环境。在创建全国文明城市过程中，也注重以法治促文明，出台一系列措施为文明定规立法，2014 年出台了《惠州市培育和践行社会主义核心价值观实施意见》和《惠州市志愿服务激励回馈办法（试行）》，让法治外化为文明创建工作的制度成果，内化为市民的文明行为习惯。把培育和践行社会主义核心价值观作为文明创建的基础工程和长期任务，着力在落细落小落实上下功夫，在“常”“长”二字上下功夫，做到“百姓日用而不知”。开展专项活动严查酒后驾驶，对“中国式”过马路现场开罚，开设诚信“黑名单”曝光造假售假等违法违规企业，变文明的软性要求为硬性规定，以法治为“鞭”对不文明现象进行惩处。成立“关爱好人”慈善基金，颁布志愿服务激励回馈办法，探索回馈关爱机制让“好人有好报”，以法治为“灯”对文明行为进行奖赏和鼓励。通过法治文明建设，惠州强化了规则意识，弘扬了公序良俗，使法治成为人们的道德追求，让文明成为市民的行为习惯，文明现象从“盆景”变“风景”，从“风景”变“风尚”。

（四）惠民之州建设，重点是司法惠民

随着经济社会发展，人民群众在满足温饱之后，对民主、法治、公平、正义、安全、环境等方面的需求日益增长。作为惠民之州，必须着力解决好群众最关切的公共安全、权益保障、公平正义问题，使市民的获得感、幸福感、安全感不断增强。惠州把平安创建作为民心工程，从 2012 年 4 月起开展“全警上路大巡防”活动并将其固化为常态性制度成果，一举扭转过去民警坐堂办公的“机关化”倾向，通过全警上路、屯警街面，有效压减了街面违法犯罪，“两抢一盗”案件逐年递减，全市治安形势明显好转。惠州注重以警力带动民力，充分撬动群防群治力量参与社会治安巡逻防控，形成 6 万多人的群防群治队伍、34 万名平安志愿者，开创了公安工作社会化的新路子，惠州全警“大巡防”牵引全

民“大群防”的转型升级经验在全省乃至全国推广。惠州注重“科技创安”，建成视频监控一类点8600多个、二三类点约10万个、治安卡口170余个，建成涉车大数据系统，构筑一张全天候、多层次覆盖的视频监控“天网”，提高了预测预警预防能力。惠州全面深化司法体制改革，市中级人民法院院庭领导办案制度建设的做法，在全省法院司法改革督察推进会上被作为先进经验予以推广，并成功入选2017年全国法院司法改革20个典型案例之一。截至2018年4月，全市共选任员额法官290余名，按照新型审判权运行机制组建审判团队163个，改革后法官年人均结案270余件，增长30.61%。在司法惠民方面，成立惠州中立法律服务社，秉承中立、客观、专业、公益的宗旨，为百姓提供精准的法律服务。打造“惠州e普法”微信公众平台，着眼于服务全市人民与提高全民法治素养，通过信息化的手段让法律走进千家万户，给群众送去专业贴心高效的公共法律服务。设立司法惠民工作站（室）55个，将法治宣传教育、调解前移至基层。对当事人双方均有调解意愿且有调解可能的纠纷、家庭与邻里纠纷、法律规定不够明确以及简单按照法律处理可能失之公平的纠纷，先行引导当事人选择调解等非诉讼解决方式，将大量矛盾纠纷化解在打官司之前。2017年，两级法院通过诉前联调化解矛盾纠纷4296件。

（五）生态环境美好，有赖于法治保护

环境问题归根到底是发展方式、经济结构和消费模式问题，只有实行最严格的制度、最严密的法治，才能为生态文明建设提供可靠保障。惠州坚持立法先行，自2015年获批行使地方立法权以来，先后为保护一条江（西枝江）、一座城（历史文化名城）、一座山（罗浮山）、一个湖（惠州西湖）进行立法，“一江一城一山一湖”立法经验叫响全国。惠州坚持规划引领，制定实施低碳生态规划、主体功能区规划，以“碳规”为指引，大力推动“多规合一”，从源头加强生态环境保护、促进资源有效利用。惠州坚持取舍有道，出台《惠州市招商引资环保指引》《惠州市企业投资管理负面清单（试行）》，严格控制新污染源的产生，实行新建项目主要污染物排放“等量置换”或“减量置换”，坚决执行不符合环保规划和产业政策的项目不批、未取得排污总量指标的项目不批、环境风险难以防范的项目不批等“三个一律不批”。一个投资达2亿美元的项目，

因污水排放标准达不到东江水域的区域排放标准,惠州予以否决。2017年,全市共否决不符合环保要求的项目136个,否决率10.1%,“十三五”以来平均每年否决率均超过10%。惠州坚持严格执法,不断加强“两法衔接”工作,制定出台《关于做好环境污染犯罪案件联合调查和移送工作的意见》(惠市环〔2014〕127号),2015年至2016年审查破坏环境资源案件近100件180余人,其中批准逮捕70余件130余人,以严惩重罚促使企业环境行为的外部性内部化,形成遵法守法的内生动力。市环保局从2014年以来连续五年发布典型环境违法案件。市中级人民法院专门成立负责环境资源审判的民事审判第五庭,为惠州推进生态文明建设与实施绿色发展战略,促进实现“绿色化现代山水城市”建设目标提供优质司法服务和保障。惠州坚持落实责任,出台实施《惠州市自然资源资产清单管理及生态资产(GEP)核算制度》《惠州市自然资源资产绩效评价办法》,构建GDP与GEP“双核算、双考核”体系,使党政主要领导干部树立科学的政绩观,在自然资源的开发利用中更加注重经济效益、社会效益和生态效益相统一。

三、与法共进开创建设绿色化现代山水城市新局面

随着改革开放的深入发展,惠州先后迈入高铁时代、航空时代、城轨时代,空港、海港、高铁齐备,陆海空大交通网络已具雏形,正在建设的赣深高铁、广汕高铁将在惠州接驳形成枢纽,惠州即将全面融入广州、深圳、香港的“30分钟生活圈”,成为粤港澳大湾区连接粤东粤北和闽赣区域的枢纽门户。庞大的海陆空交通网络,将为惠州的全方位开放构筑起新优势,为惠州在粤港澳大湾区加快产业承载、深化创新合作夯实基础。惠州将抓住粤港澳大湾区建设重大机遇,坚持与法共进,以良法促善治保稳定护发展,努力打造更具创新特质的智造高地、更具综合实力的区域枢纽、更具绿色内涵的生态名城、更具人文气息的文化强市、更具幸福认同的惠民之州,推动习近平新时代中国特色社会主义思想在惠州结出丰硕成果。

（一）不断优化法治化营商环境，打造更具创新特质的智造高地

依托环大亚湾新区、潼湖生态智慧区、珠三角（惠州）国家自主创新示范区等重大创新平台，积极对接广深科技创新走廊，加快推进“港深创新+惠州智造”，着力打造大湾区创新成果转化高地。全力推进法治化营商环境省级试点，更好发挥法治在稳定预期、激励创新方面的重要功能，完善加强产权保护、维护契约自由、促进公平竞争、鼓励诚实守信的制度机制，最大限度激发创新创业活力。加大依法保护产权力度，加强对各类企业自主经营权和财产所有权保护，依法及时妥善处理涉产权保护案件，促进市场主体立恒心、增信心，让企业家安心在惠州投资兴业、扎根发展。充分发挥知识产权司法保护主导作用，完善知识产权案件审理机制，加大对侵权行为的惩治力度，把违法成本显著提上去，把法律威慑作用充分发挥出来，推动创新要素高端聚集、高度聚集、高速聚集。严厉打击欺行霸市、恶意竞争、合同诈骗等行为，维护正常的经济秩序、生产秩序、金融秩序，为惠州建设“2+2+N”现代产业体系、[①]推动经济高质量发展提供更加稳定、公平、透明、可预期的法治化营商环境。

（二）充分发挥法治规范作用，打造更具综合实力的区域枢纽

发挥地方立法引领推动作用，密切关注改革发展过程中急需立法支撑、属于本级地方立法权限范围的突出问题，及时从立法上提出解决问题的路径和方法，实现立法与改革开放决策相衔接、与经济社会发展相适应，为绿色化现代山水城市建设提供坚实的法律支撑和制度保障。加大“放管服”改革力度，深入推进“数字惠州”“集成办理、一次搞定”等政务改革，加快建设职能科学、权责法定、执法严明、公开公正、廉洁高效、守法诚信的法治政府。加强对国际投资贸易新规则的跟踪研究，建立与国际接轨的商事规则制度体系，引入国际通用的行业规范和管理标准，积极参与粤港澳大湾区建设，加快推进中韩（惠州）产业园规划建设，深化与“一带一路”沿线国家交流合作，加快构建开放型经济新体制，形成全面开放新格局。

（三）强化绿色发展法治保障，打造更具绿色内涵的生态名城

严格落实生态保护红线、环境质量底线、资源利用上线和环境准入负面清单制度，强化空间、总量、准入环境管理，健全落后产能退出机制，全面推行清洁生产，充分发挥环境保护在绿色化现代山水城市建设中的“调节阀”作用，以“绿色化”为统领建设“现代化”，倒逼产业转型升级，推动构建现代化经济体系、形成绿色发展方式，确保发展不超载、底线不突破，从源头防控环境风险。分季度开展“春雷”“清夏”“秋风”“凛冬”四大专项执法行动，全方位、全时段加强环境管控，严惩环境违法行为，全面清理“散乱污”企业，增强环保执法震慑力。继续加大力度抓好市检察院、市公安局、市环保局联合下发的《关于做好环境污染犯罪案件联合调查和移送工作的意见》的落实，形成高压的环境严管态势，确保环境安全，特别是把饮用水源一级保护区（东江、西枝江、白盆珠水库等）、自然保护区（罗浮山、象头山等）的保护列入惠州市重中之重的保护区域。探索在市域范围不同主体功能区（行政区）之间开展纵向和横向生态补偿，完善 GDP 和 GEP“双核算、双运行”制度体系，提高党政责任考核的“绿色比重”，用绿色指挥棒引导各级各部门培养绿色政绩观，自觉落实生态环保责任，自觉遵守环境保护法律规章制度，做到执法必严、违法必究。

（四）营造崇尚法治良好氛围，打造更具人文气息的文化强市

深入实施“七五”普法规划，积极推广“惠州 e 普法”平台，形成“全媒体、全天候、全覆盖”的普法与公共法律服务工作格局。发挥好执法司法、法律服务、法治宣传教育在崇法尚德、移风易俗中的积极作用，大力宣传是非对错标准、划清行为底线，在全社会树立法律至上、法律面前人人平等的法治理念，形成办事依法、遇事找法、解决问题用法、化解矛盾靠法的法治环境，使循法而行成为全体市民的自觉行动，坚持“法安天下，德润人心”，推进法德同治，充分发挥社会主义核心价值观和中华优秀传统文化的“滋润”作用，发扬博罗县、大亚湾区获评全国法治县（区）创建活动先进单位的经验做法，大力推进法治公园、法德讲堂、县镇村法治文化阵地建设，通过乡贤的力量、乡规民约的权

威、生活礼俗的教化，引导人们行为、规范社会秩序、平息矛盾纠纷，把社会和谐稳定建立在更高道德水准之上，使人文惠州魅力更加迷人、文化软实力更加彰显、“文明之市”“好人之城”影响力进一步提升。

（五）着力提升法治惠民水平，打造更具幸福认同的惠民之州

整合司法惠民资源，充分发挥公共法律服务和中立法律服务社及法律援助中心的作用，健全矛盾纠纷多元调解机制，加强人民调解、行政调解、诉前联调、法律援助工作，构建覆盖城乡、上下贯通的法律服务网络，让群众有更加充实的获得感。丰富提升“四民主工作法”“法制副主任”“法制副厂长（经理）”“特色之家”“和美网格”等基层治理品牌，拓展外来人口参与社会治理的途径和方式，推动法治、德治、自治更加紧密结合，营造共建共治共享社会治理格局，让群众有更有保障的幸福感。坚持民有所呼、我有所应，对群众深恶痛绝、反映强烈的违法犯罪，要依法严惩、绝不手软，进一步加大对恐爆枪、黄赌毒、食品药品安全环境等违法犯罪活动的打击和惩治力度，确保突出犯罪有效遏制，社会治安持续好转，人民群众的人身权、财产权、人格权得到更好保护，让群众有更可持续的安全感，为实现省委提出的“把广东建设成为全国最安全稳定、最公平公正、法治环境最好的地区之一”目标作出惠州新的更大贡献。

法治，既是对改革开放四十年来成果的捍卫，又是开启新一轮改革开放的制度基石。改革开放与法治建设的惠州实践表明，改革开放目的是要建设社会主义市场经济，而市场经济的本质是法治经济。改革开放四十年来，惠州坚持与法共进，形成了一批全国有影响、全省有地位、全市有口碑的法治品牌，这些法治建设成果为惠州“五位一体”绿色跨越起到重要的引领、规范、保障作用。站在改革开放四十周年的新起点，惠州将以习近平新时代中国特色社会主义思想统领惠州一切工作，按照中央和省委决策部署，深入推进法治惠州、平安惠州建设，加快营造共建共治共享社会治理格局，让“安全、公平、法治”成为惠州城市新名片和核心竞争力，充分发挥法治在新一轮改革开放中的压舱石、助推器和保护神作用，抓住用好粤港澳大湾区打造国际一流湾区和世界级城市群重大机遇，奋力走出一条具有惠州特色的高质量发展之路，努力开创

建设绿色化现代山水城市新局面，为广东实现“四个走在全国前列”、当好“两个重要窗口”作出惠州应有的贡献。

【注释】

①“2+2+N”现代产业体系是指，继续壮大电子信息、石油化工两大支柱产业，着力培育汽车与装备制造、清洁能源两大新的支柱产业，加快发展其他战略性新兴产业和现代服务业，推动传统产业转型升级。

经济发展与法治建设并进

邓 志 广*

改革开放四十年东莞的成就覆盖经济、政治、文化、社会、生态等领域。法治与改革开放在东莞相得益彰，其特点和风格主要体现为保障、反哺和共进的互动关系。

一、缩影：东莞改革开放四十年的成就与经验

（一）东莞改革开放四十年的成就概况

响应改革开放决策，广东东莞踏上经济发展快车道。依托国家政策、地理区位、土地资源、人力资源的优势，大力发展"三来一补"加工业，创办全国首家"三来一补"企业——太平手袋厂。随着外来劳动力的大量涌入、市直管镇的行政架构等后发优势的助力，劳动力密集型为特点的制造业逐渐推动东莞工业化的实现，"东莞只用了20多年，就完成了西方发达国家曾用100多年、亚洲'四小龙'曾用40多年才完成的工业化进程"。[①]2007年，面临国际国内形势变化，特别是东莞社会治理的深层次矛盾的逐渐显现，东莞将"推进经济社会双转型，建设富强和谐新东莞"确定为未来发展的核心战略。此后，2008年世界金融危机来袭，东莞坚持"双转型"不动摇，经济发展逐渐稳步复苏。经过努力，东莞进入增速换挡、结构优化、动力转换时期。当前，东莞处于转型

* 广东省东莞市法学会会长。

质变突破的攻坚期关口，在制造业智能化转型、滨海湾新区建设等关键领域正奋力推进。“从一个传统农业县发展成为世界制造业名城，以占全国0.03%的土地面积，创造了全国0.92%的生产总值、1.6%的税收收入、4.6%的出口总额”。东莞被誉为“中国改革开放的一个精彩而生动的缩影”。

以“五位一体”总体布局的视角展示东莞改革开放成就，既契合当前国家总体发展要求，也有利于指引东莞市未来发展方向。

东莞科学发展示范区、转型升级引领区——松山湖（生态园）

1. 经济领域

2017年度，全市国民生产总值为7582.12亿元，比1978年的6.11亿元增长约1241倍。进出口总额达12264.4亿元。在海关总署公布的中国外贸百强城市榜单中，东莞首次进入前三。按可比口径计算，全市税收总额达2010.57亿元，其中国税总额达1505.80亿元，是全国第二个全年国税收入突破1000亿元的地级市。2017年末金融机构各项本外币存款余额达12497.97亿元，比1978年的10496万元增长约11907倍，其中住户存款余额达5160.71亿元。②深入推进商事制度、项目投资、外商服务管理等改革，东莞商改模式成为全国样本。主动适应经济发展新常态，转型升级取得突出成效。着力扶持以先进制造业为核心的实体经济发展，制定“东莞制造2025”战略，推动“机器换人”和智能装备制造业发展。统筹推进重大产业集聚区规划建设，加快重大产业项目落地和重要基础设施建设。实施高新技术企业“育苗造林”行动、科技企业孵化器“筑巢育凤”计划。推动“四新”经济蓬勃发展，着力打造“一带一路”重要节点城市。在全国率先构建提高开放型经济水平政策体系。外向型经济规模不断扩大，“目前已吸引全球40多个国家和地区的外商前来投资，汇集了近1.1万家外资企业，累计利用外资近890亿美元，全球49家500强企业在东莞投资项目88个”。外向型经济质量提升向好。2017年，全市高技术制造业、现代服务业利用外资分别增长9.3%和26.1%。③

2. 政治领域

与国家有序稳妥推进政治体制改革的步伐相适应，注重根据东莞实际探索政治领域改革。在行政架构方面，不设县区一级政权，实行市直管镇（街道），推进扩权强镇（街道），一定程度上提高了行政效率。在此基础上，逐渐形成并仍在探索园区统筹组团发展格局；在机构职能方面，市政府工作部门和市直临时议事协调机构不断精简，新设新莞人服务管理局、城市综合执法管理局等机构，理顺政府职能；在村级改革方面，推进村民自治、经济发展、公共服务等职能分离；深化行政审批事项、警务机制等改革，积极推进并联审批、网上审批和电子监察；稳妥实施事业单位分类改革和人事制度改革。民主法治建设稳步推进，特别是在2015年以来，出台全面深化法治东莞建设的实施意见、印发《东莞市政府重大行政决策听证事项目录》、健全政府法律顾问、专家咨询论证、征求公众意见等制度。出台首部社会管理地方性法规《东莞市城市管理综合执法条例》、首部政府规章《东莞市城市轨道交通运营管理办法》。推进司法体制改革，努力打造司法改革“东莞模式”。积极开展法治镇街和民主法治村（社区）年度创建工作。基层社会治理创新、社区网格化管理和微治理等改革不断推进。

3. 文化领域

随着经济基本保持中高速发展，群众对精神文化的需求日益强烈和多元。东莞启动并积极推进城市文化品牌建设，致力于为东莞正名，“文化名城”战略深入推进。大力弘扬“海纳百川、厚德务实”的城市精神，截至2017年底，已经实现全国文明城市“四连冠”。加强博物馆、图书馆、文化广场建设，实现村（社区）文化设施“五个有”全覆盖。开展文化节目进社区活动，让基层共享文化成果。公共文化服务标准化试点通过验收转为全国示范，公共文化服务体系日益完善。深化文化事业管理体制改革，加快现代媒体深度融合步伐。

着力打造“图书馆之城”“博物馆之城”“广场文化之城”“音乐剧之都”，逐渐摆脱“文化沙漠”负面评价，正在由文化新城向文化名城跨越。

4. 社会领域

随着改革开放的深入，作为以外来人口为主的城市，东莞逐渐认识并不断优化城乡社会结构，推动科教文卫体等社会事业发展。公共安全治理不断加强，建筑、教育、医疗、交通、公共卫生等重点领域的安全生产和服务水平不断提升。1989 年普及九年义务教育，1995 年在全省率先普及高中阶段教育。2017 年的全市医疗机构实有病床数为 2.99 万张，比 1978 年的 2257 张增长约 13.25 倍。④1992 年提出实施按现代化城市格局建设东莞的战略。优化新莞人服务工作。义工等志愿服务工作不断拓展。完善信访调解网络，健全维稳综治体系。建立市、镇、村三级“智网”工程，全面实行网格化服务管理，推动城市精细化治理。制定社会建设“1+7”政策文件，⑤与广东省社工委共建全省创新社会管理引领区，建立社会建设研究院，探索“微治理”模式，小区“微治理”模式在全省推广。率先在全国推行“社保卡诊疗一卡通”。出台《东莞市创新基层社会治理综合改革实施方案》。截至 2018 年 4 月 9 日，已经实现全国双拥模范城“八连冠”，蝉联全国社会治安综合治理优秀市“三连冠”，荣获全国综治工作最高荣誉“长安杯”。蝉联全国创新社会治理优秀城市，荣获国家电子商务示范城市、全国质量强市示范城市、国家知识产权示范城市、国家公共文化服务体系示范区等称号。

5. 生态领域

随着改革开放的深入，东莞加深了对生态环境重要性的认识。基础环境方面，东莞较早地开展城乡基础设施改造工作，生态环境保护也包括在内。加快环保设施建设，全面开展污染整治，促进节约集约用地。划定生态控制线范围，建设森林公园、乡村公园、绿道等。建设污水污泥处理厂及截污主干管网工程、医疗废物处理中心，推进生活垃圾分类试点。全面铺开“三旧”改造，促进城市更新与城乡一体。划定重点饮用水源保护区，启动水源保护隔离工程。深化运河综合整治，加强环境执法和污染企业监管，茅洲河等跨界河和内河涌污染治理全面加强。水乡地区“两高一低”企业加快退出，黄标车和老旧车顺利淘汰，推广应用新能源汽车，空气质量有所改善。基础设施日趋完善，城市功能不断强化，荣获国家森林城市、国家节能减排财政政策综合示范城市等。

（二）东莞改革开放四十年的基本经验

1. 解放思想、与时俱进

思想是行动的先导。正是因为东莞坚持解放思想，排除各种思想束缚，勇饮“头啖汤”，率先引资开展“三来一补”业务，才能在广州、深圳两大改革开放高地的夹缝中打开改革开放局面；策略必须符合时势。正是因为东莞坚持与时俱进，善于抓住机遇，才能响应社会治理需求提出经济社会双转型、才能创新城市发展思路提出园区统筹组团发展、才能适应国家时代大势提出打造滨海湾新区和制造业智能化转型。

2. 合理定位、务实而行

东莞能够合理定位市场与政府的角色，能够正确处理好市场与政府的关系。坚持尊重市场规律，在改革开放中贯穿“放开、搞活”原则，致力于提高政府办事效率，例如实行市直管镇（街道）的行政架构、全面推进商事改革和行政审批事项改革；各项改革开放措施以务实为基调，没有一味地为创新而创新。例如，于1978年创立全国第一个对外来料加工装配办公室，直接服务于“三来一补”业务。

3. 共享共治、制度为盾

东莞秉持“海纳百川”的城市精神，在改革开放中以善于包容为特点。注重将改革开放成果惠及普通群众，不以户籍为区分。例如，于2007年将东莞市的外来务工人员定位为“新莞人”，通过开展积分入户、廉租房、参政议政等方式让“新莞人”参与东莞经济社会治理、共享改革开放红利；注重推进改革开放成果规范化，例如在获得地方立法权之前，即制定发展民营经济的实施细则。2015年获得地方立法权后，则推动城市治理法治化，将改革开放成果及时上升为法律规范，例如印发《东莞市城市管理综合执法条例》。

二、互动：法治与东莞改革开放的内在关系

东莞改革开放成就离不开法治的作用，东莞改革开放经验饱含着法治的

追求。改革开放四十年来,伴随国家民主法治的恢复,东莞的法治建设逐渐恢复和改观,个别领域推出创新之举。例如,在1998年,东莞市人民法院率先在全国设立交通事故审判庭。在党的十五大提出“依法治国,建设社会主义法治国家”后,特别是党的十八届四中全会提出“全面推进依法治国”以来,东莞的法治进程明显加快,[⑥]先后制定《关于加快推进我市法治政府建设的意见》(2010年1月)、《法治东莞建设五年规划(2011—2015年)》(2011年4月)、《关于建设“六个东莞”营造法治化国际化营商环境的意见》(2012年6月)、《关于加快推进新时代全面深化改革的实施意见》(2014年1月)、《关于全面深化法治东莞建设的实施意见》(2015年1月)、《关于深入推进依法行政加快建设法治政府的意见》(2015年4月)、《东莞市创建法治政府示范区实施方案》(2016年2月)、《东莞市法治政府建设规划(2016—2020年)》(2016年12月)等一系列政策文件。法治工作亮点频现,以法院工作为例,东莞市中级人民法院曾获“全国法院调研工作先进集体”“全国维护妇女儿童权益先进集体”。东莞第一法院获得“全国模范法院”荣誉称号。东莞市第二法院被评为“全国法院文化建设示范单位”。东莞市第三法院获得“全国优秀法院”荣誉称号,被评为全国“基本解决执行难”示范单位,2010年至2014年连续五年在排头兵达标竞赛活动中位列全市基层法院第一。在《中国法治政府评估报告2015》中,东莞市总分居全国地级市第一位。

法治与东莞改革开放的内在关系符合法与社会的一般原理,同时又具有东莞发展实践的特点和风格。法治是现代东莞的基本治理方式,改革开放是东莞发展的系统工程,法治与改革开放共同驱动东莞发展,融合于东莞发展大业。法治与东莞改革开放,主要体现为保障、反哺和共进的互动关系。

(一)法治保障东莞改革开放

法治代表规则之治。法治之于东莞改革开放,主要体现为规制保障作用。法治对东莞改革开放的保障作用,至少体现在以下方面。

1. 正面指引

通过现行法律规范关于经济、政治、文化、社会、生态等主要领域的明文规定,正面调整社会关系,指引东莞上述领域的改革开放实践。例如,在国家先

东莞中立法律服务社为群众提供免费法律咨询服务

后修宪，肯定“私营经济是社会主义公有制经济的补充”、确立社会主义市场经济的基本经济制度、确立依法治国基本方略、鼓励支持引导非公有制经济发展、明确公民私有财产不受侵犯。根据国家法律，东莞及时调整政策、进一步加强体制机制创新，提出2001年“民营经济48条”、2006年“民营经济新48条”，提出“推进依法治理，营造高水平崛起的法治环境”。“经验说明，软环境建设，对引进外资至关重要，其意义不下于硬环境建设……珠江三角洲各市（县）的涉外项目，审批的效率高，服务态度好，对外资吸引力强，东莞在这方面十分突出。”⑦结合我国《劳动合同法》的实施，有效维护东莞地区和谐劳资关系。大中型国有企业逐步完善“三会四权”的法人治理结构，增强企业综合竞争能力。东莞全市32个镇街全部设立政府法制机构和政府法律顾问室，有效地促进依法行政。重新修订并公布实施《东莞市文化广电新闻出版局自由裁量标准》（2017修订版），推进文化执法规范化。

2. 反向制约

通过刑法、治安管理处罚法及有关行政法规等限制人身、财产、资格等权益的法律规范,对东莞改革开放过程中违反法律的主体予以制裁。例如,东莞市在中国港澳台籍、外国籍罪犯和外省市罪犯社区矫正方面的探索和实践,为广东乃至全国刑罚执行提供了鲜活经验,保障东莞社会大局稳定和改革开放有序进行。现有中国(东莞)知识产权维权援助中心、中国东莞(家具)知识产权快速维权援助中心、广州知识产权法院东莞松山湖诉讼服务处等知识产权保护机构。据东莞市环保局提供的数据显示,2017 年,东莞环保行政执法 4078 宗,其中有 2 宗实施行政拘留,环境违法罚款 1.289 亿元。

3. 无形培育

通过法治的正面指引、反向制约,辅之以法治文化建设,无形中培育社会主体的规则意识,进而保障东莞改革开放事业顺利进行。例如,2011 年至 2015 年,东莞市建设 130 个法治宣传长廊,设立 4800 多个村(社区)宣传栏。在市镇两级开通普法微博 30 多个、普法微信公众号 20 多个。制定企业法治文化标准,并选取三家企业开展试点工作。麻涌镇"普法之声"等五个法治品牌被评为广东省法治文化建设示范点,[8]保障改革开放在法治氛围下进行。

(二)东莞改革开放反哺法治

改革开放代表社会发展的政策取向和实践成果。东莞改革开放之于法治,是生动地反哺规则之治的关系。东莞改革开放实践对法治的反哺作用,至少体现为以下几方面。

1. 推动立法成果生成

东莞地方立法是东莞改革开放进程发展到一定阶段的产物,引导东莞城市治理从规范性文件发展至法律规范。东莞改革开放的经验、教训,为东莞地方立法、向上级建议立法提供了广泛而丰富的立法素材。

例如,依托东莞市城市轨道交通运营管理、东莞市饮用水源水质保护等本土实践开展地方立法,首部政府规章《东莞市城市轨道交通运营管理办法》发布,首部实体地方性法规《东莞市饮用水源水质保护条例》获广东省人大常委会审查批准实施。

2. 影响执法司法布局

社会对法治具有反作用,社会发展现状对法治建设布局具有反向作用。

"普法万里行·走进东莞"系列活动之法治进校园

东莞的特殊行政架构影响东莞市基层法检机构的布局，其特殊人口结构则促成新莞人服务管理局的设置。

3. 强化学法守法意识

社会发展需求对法治需求具有反作用。东莞背靠广惠、面向深港，经济发达、思想多元、纠纷多发，对交易安全、公平正义的需求更加强烈，对学法守法的需求更加突出，倒逼东莞法治向前发展。例如，东莞严格执行领导干部学法用法制度，每年出台学法计划，把学习情况作为单位年度依法行政考核标准之一；面向新莞人开展"法伴我行""带法回家"等专题教育活动；依托"校园法苑"建设，推进青少年学法课堂化；推行"一村（社区）一法律顾问"制度，推进村（居）民学法制度化。

（三）法治与东莞改革开放共进

法治本质是一种治理方略、治理思维，改革开放则是一种治理国策、治理取向。在某种程度上，二者均具有工具价值。所不同的是，在现代社会，法治是所有社会活动的基本框架,包括但不限于改革开放的全体社会活动均必须在法治框架内行进,法治的工具意义更加宏大、更加鲜明。法治与东莞改革开放是共进并行的。其共进关系至少表现在以下方面:一是同步规划。法治东莞建设的性质与功能决定于东莞改革开放事业,并与东莞改革开放事业并进。中共东莞市委将法治东莞建设作为事关全局的战略任务和关键性工程,坚持在法治引领下深化改革、推进开放,在法治框架下加快发展、转型升级。在制定实施法治东莞建设五年规划等常规动作之外,力求顶层设计、全面发力。伴随改革开放的深入,东莞的法治工作机构逐渐演变。例如,1996 年 9 月,成立东莞市依法治市工作领导小组。2003 年 10 月,东莞市普法办公室正式挂牌成立,日常办公地点设在东莞市司法局。2016 年初,参照省的做法,"东莞市依法治市工作领导小组"更名为"中共东莞市委全面依法治市工作领导小组",并把领导小组办公室设在市委政法委,实行一体化运作,进一步体现市委对这项工作的重视和加强。二是共同完善。建立健全重大决策合法合规审查机制,以法治完善东莞改革开放重大决策。制定实施《东莞市重大行政决策程序规定》《东莞市政府重大行政决策听证事项目录》《东莞市政府重大行政决策事项目录》《东莞市重大行政决策后评估办法》等。2012 年,中共东莞市委制定发布《关于建设"六个东莞"营造法治化国际化营商环境的意见》,"法治东莞"成为"六个东莞"风向标之一。2015 年 1 月 23 日,中共东莞市第十三届委员会第五次全体会议通过《中共东莞市委关于全面深化法治东莞建设的实施意见》,确立法治东莞建设的行动纲领,打造法治东莞"升级版"。

三、路径:新时代东莞法治与发展一体化

改革开放是东莞的历史使命和时代进程,"四个走在全国前列"则是东莞改革开放事业的时代定位,二者蕴含于东莞发展大业之中。法治是东莞发展的必然选择,"转型期的中国,东莞人也在日复一日的寻找法治的真谛。"[⑨] 基于全面深化改革、全面推进依法治国的叠加效应,法治与东莞改革开放的契合越来越紧密。"四个走在全国前列"对社会治理提出新的要求,而法治是现代社会治理的基本方式,法治与东莞"四个走在全国前列"的内嵌将更加紧迫。

综上所述,法治与东莞发展之间具有内在一致性。故可探索法治与发展一体化路径,实现治理方式与治理任务的双赢,助力东莞“四个走在全国前列”。

2018年是改革开放四十周年,是东莞升格地级市三十周年。面临“产业发展层次总体偏低,现代化经济体系不够健全”“新旧动能转换仍处于胶着状态”“经营城市理念不强,城市更新动力不足”“区域发展不均衡情况依然存在,镇街发展差距比较明显”“实现水环境的根本性改善仍需时日,大气、固废、土壤等污染防治任务艰巨”“社会治理体系和治理能力与经济发展水平不相适应,矛盾纠纷仍然高发多发”“优质教育资源供给不够丰富,文化、医疗、社保等公共服务的质量和均等化水平需要继续提升”“一些干部懒政怠政和不作为、慢作为的现象仍然存在,攻坚克难锐气不够,一定程度上影响了工作推进”等现实问题,东莞应坚定法治与发展一体化路径。东莞法治与发展一体化,应坚持围绕和服务中心,紧紧围绕“四个走在全国前列”总体目标,更加自觉和积极地推进法治东莞建设;坚持立足市情、分类实施,立足东莞实际,按照法治系统工程的不同阶段精准施策,提高法治保障对“四个走在全国前列”的针对性和实效性;坚持总结经验、一体联动,注重提炼、巩固东莞法治和发展的既有成果,推动形成法治和发展联动的长效机制;坚持以人民为中心、与时代共奋进。始终把维护人民群众的根本利益作为法治和发展一体化的出发点和归宿,切实增强运用法治思维和法治方式推动发展的能力。结合东莞实际,具体思路和重点方向如下。

(一)发挥地方立法优势,巩固发展成果

要巩固改革开放红利、巩固东莞“四个走在全国前列”成果,既要直接行使地方立法权力,严格立法立项关、起草关、审查关和民意关。例如,适应全面开放新格局,充分行使东莞市在城乡建设和管理、环境保护、历史文化保护等方面的地方立法权,将园区统筹组团发展、滨海湾新区发展等城乡协调发展和对外开放的有益经验及时总结、上升为地方立法;又要合理行使立法建议权利,弥补地方立法权限不足,例如及时总结商事登记制度改革经验,向广东省人大提供构建推动经济高质量发展体制机制、建设现代化经济体系的相关立法建议;要加强地方立法调研。针对在“四个走在全国前列”落实过程中出现

的法律问题,要迅速开展专门立法调研,加强请示汇报,推动问题及时、有效解决。

(二)强化执法司法力度,优化发展环境

严格对照修改后的宪法等国家法律、行政规章、广东省地方性法规和东莞市地方立法,梳理建立执法权力清单,突出完善公安、交通、环保、税务、民政、卫生、住房和城乡建设等系统的行政执法权力清单,确保执法机关执法有据;继续推进文明执法、理性执法,加强法治政府建设。深化行政审批改革,进一步精简和规范审批事项。深入推进公共服务事项标准化,细化办事指南和流程,打造一体化的政务服务体系。探索推进相对集中行政许可权,实施部门行政审批职能整合归并。深入实施城市综合管理执法工作规范,强化规则意识。推进执法信息公开,全面、系统推进执法信息公开,广泛接受社会监督,建设服务型政府;深化司法体制综合配套改革,将对辖区司法改革的支持力度纳入地方党委政府法治建设述职内容,着力加强对法官单独序列改革、司法人员分类管理改革、省以下法院检察院人财物统管等改革的政策沟通和工作衔接。优化人民法庭(巡回法庭)布局,综合全市案件分布、经济社会发展、员额法官配置等因素,进一步优化人民法庭(巡回法庭)设置,提升共建共治共享社会治理均衡度。深入开展扫黑除恶专项斗争。强化东莞市中级人民法院环境资源巡回法庭、东莞市人民检察院派驻水乡环境保护巡回检察室、广州海事法院东莞巡回法庭建设保障,为美丽东莞建设和乡村振兴战略提供有力司法保障。

(三)推动全民法治建设,凝聚发展合力

坚持人民主体思想,紧紧依靠民众、发挥民智、借助民力推动治理制度共建、治理行动共为、治理成果共享。创新领导干部学法工作,将日常学法与年度述职有机结合,将述法纳入述职述廉的并列内容。继续深入开展东莞普法工作,将普法品牌做大做强。坚持“空中普法基地”等普法品牌建设,重点做好法治教育进学校、进企业、进部队工作。创新普法形式,加强法治文化建设;扎实开展法治教育研究,鼓励法学研究者、法律工作者深入东莞基层开展调查

研究,助力东莞发展;加大对本地高校法治教育的支持力度,加快法治教育基地建设。加强对东莞发展和法治建设的专题研究力度,将法治建设与基层社会治理有机结合,推动法治工作向基层下沉。例如建立与东莞内部区域协调发展相适应的法治治理规则,主动承接深圳前海、广州南沙等广东自贸区建设政策外溢。打造与全面开放新格局、开放型经济新体制相适应的法治队伍,例如涉外民商事审判、涉外法律服务的力量。坚持和完善新莞人服务管理工作,提升社会治理特别是基层治理的精细化水平。完善各级各部门决策合法合规性审查。加强政府机关法律顾问制度、镇街村居法律顾问制度的建设。创新守合同重信用企业的审查和激励工作。

法是国之重器,法治为善治之基石。当前,东莞正在打造“善治之城”,着力增创法治东莞优势,以法治优势倍增发展优势,以法治红利扩大改革红利。东莞人已经深刻认识到,法治与发展内在紧密地契合,才能为东莞“四个走在全国前列”、进一步改革开放提供规则保障。实现法治与发展一体化,东莞有信心、有目标、更有行动。

【注释】

①陈立平:《中国改革开放的一个精彩而生动的缩影——东莞奇迹·东莞特色·东莞经验》,载《广东党史》2009 年第 1 期。

②1978 年的本外币存款余额来自东莞年鉴资料。2017 年度的年末金融机构各项本外币存款余额、住户存款余额来自《2017 年东莞市国民经济和社会发展统计公报》,载《东莞日报》2018 年 4 月 12 日。

③数据来自张叶、黄锐:《莞版“外资十条”开始征集意见　力争成为全省首批出台利用外资新政的城市之一》,载《东莞日报》2018 年 4 月 13 日。

④1978 年的医疗机构床位数来自东莞年鉴资料。2017 年的医疗机构实有病床数来自《2017 年东莞市国民经济和社会发展统计公报》,载《东莞日报》2018 年 4 月 12 日。

⑤具体是指《中共东莞市委　东莞市人民政府关于加强社会建设的意见》和《关于加快推进社会体制改革建设服务型政府的实施意见》《关于加强社会组织管理的实施意见》等 7 个具体实施意见。

⑥根据东莞市十六届人大三次会议文件(七)之东莞市中级人民法院 2017 年度工作报告,东莞两级法院共受理案件 182833 宗,审结 160163 宗。

⑦中共中央办公厅调研室综合组编:《东莞十年(1979—1988)》,上海人民出版社 1989 年版。

⑧法治文化建设情况参见中共东莞市委全面依法治市工作领导小组办公室、东莞市人民政府地方志办公室:《法治东莞史录(2011—2015)》,第 99—100 页。

⑨王琳:《东莞"求法":从法制到法治的渐进》,载《东莞日报》2008 年 12 月 24 日。

改革开放发展历程的法治之路

杨 安 队*

改革开放四十年来，中山市取得了在发展模式方面经历了从专业镇向组团发展的转变、在增长方式方面实现了从农业县到工业市再到科技创新城市的跨越、在区域协调发展方面完成了城乡均衡协调发展、在法治建设方面打造了全国地方法治建设的样板、在社会治理方面创新了共建共治共享的社会治理之路等成就。取得这些成就是多种因素共同作用的结果，法治作为其中一个重要的因素起到非常重要的作用。法治在中山改革开放进程中保障了稳定的政治环境、调适了政府与市场的关系、营造了法治化国际化的营商环境、推动了产业转型升级、实现了改革发展成果的公平分享。站在新的历史起点上，中山进一步改革开放应当全面贯彻习近平总书记“四个走在全国前列”重要讲话精神，在法治思维和法治方式的引领和推动下，努力在构建推动经济高质量发展体制机制上走在全国前列、努力在建设现代化经济体系上走在全国前列、努力在形成全面开放新格局上走在前列、努力在营造共建共治共享社会治理格局上走在全国前列，开创进一步改革开放的新局面。

一、中山改革开放四十年来取得的系列成就

四十年来，中山市改革开放硕果累累，在经济实力、人民生活水平、社会活力、生态环境等方面均取得了瞩目的成就，在各个领域涌现了数十个全国首

---

* 广东省中山市委常委、市委政法委书记，市法学会会长。

创,城市综合实力大大提升。中山市先后荣获联合国人居奖、全国文明城市、国家卫生城市、国家环保模范城、国家历史文化名城、中国优秀旅游城市、全国园林城市、全国首个地级生态市等一系列荣誉。最近由国家发改委主管的中国信息协会发布的报告显示,中山全面建成小康社会指数位列全国第 12 位,5 个分项指数均为 A+,为广东省唯一获得 5A+的城市。

(一)发展模式:从专业镇到组团发展

改革开放让中山经济实力有了巨大飞跃,中山以占全省 1%的土地面积连续多年创造出居全省第五的经济总量。四十年来,中山地区生产总值由 1978 年的 5.76 亿元发展到 2017 年的近 3450.31 亿元;人均 GDP 由 1978 年的 573 元增加到 2017 年的过 10 万元,且人均 GDP 连续多年稳居全省前五名。

中山经济快速发展的一个很重要的原因是契合的发展模式为经济发展提供了强大的动力。改革开放以来中山经历了从专业镇向组团发展的转变,这两种发展模式在不同的阶段为中山经济发展作出了巨大的贡献。

改革开放前期,专业镇成为中山发展模式的代名词。1983 年,中山乡镇企业在全县(当时为中山县)工业总产值的比重占到近 30%,到九十年代初中山乡镇企业已经占据全市国民经济的“半壁江山”,为中山成为改革开放之初崛起的“广东四小虎”之一奠定了扎实基础。进入二十一世纪后,中山充分利用不设县(市辖区)的“直筒子”优势,大力推进“一镇一品”产业带模式,发展起古镇灯饰、小榄五金、东凤家电、大涌红木等专业镇经济,前述镇区产品在国内均占过半份额。目前,全市 18 个专业镇中省级专业镇达到 16 个,其产值占全市产值比重超过 70%。

改革进入深水区后,为适应产业发展需要,近年来中山大力推动镇区组团发展,全市 25 个镇区(含翠亨新区)组成五个组团协同发展,推动中山从“行政区经济”向“经济区经济”转变,实现中山经济新一轮大发展。

(二)增长方式:从农业县到工业市再到科技创新城市

改革开放之初,中山尚是传统的农业县。二十世纪八十年代初开始,中山市属企业、乡镇企业迅猛发展,全市工业总产值以每年25%左右的幅度持续增长。到1987年全市工业总产值在工农业总产值中所占比重达到70%,在社会总产值中的比重上升到47%,工业经济已成为全市经济的首要支柱。1990年,国家级高新技术产业开发区批准落户中山。1999年,中山明确提出“工业立市”战略决策,2003年提出向“工业强市”迈进。目前,中山拥有38个国家级产业基地,省级以上名牌、名标达到516个,形成了以灯饰光源、红木家具、游戏游艺、五金锁具和电梯等为代表的一批特色产业集群。

中山故里,城市风貌

在发展工业的过程中,中山市日益重视科技创新。1999—2001年,颁布实施一系列鼓励科技创新的政策制度。2014年开始,中山掀起新一轮工业技术改造,制定系列政策,从工业设计、机器换人、提升效能等方面引导企业以技术改造提升创新发展能力。近年来,中山全力推动工业新动能加快发展,大力推进科技金融加速融合,实施的“政府+保险+银行+评估公司”共担风险的融资模式获国家知识产权局肯定推广。2017年高技术制造业增加值210.17亿元,同比增长11.2%。目前中山已建立省级产业技术创新联盟12家,市级协同创新中心27家,先后建成装备制造、电子信息、家用电器等3个千亿级产业集群。目前,中山高新技术产业已增至884家,近两年增速分别居全省第一位和第二位,城市科技创新发展指数位列全国城市前20强、地级市第四,并获评全国科技考核先进市和国家知识产权示范市,中山正逐步成为一座创新之城。

（三）区域协调：城乡均衡协调发展

改革开放以来，中山坚持城乡协调发展，注重城乡均衡发展，在不断发展城区的过程中，重视农村集体经济发展。到 2013 年，中山的集体经济平均规模已达到 1400 多万元。同时，自 2000 年以来，通过实施调整合并行政村、农村股份制改革、"村改居"、推进"三个一"工程（即每个农民都有一份工作、一份医疗保险、一份养老保险）等工作，中山的城镇化水平不断提高，目前全市城镇化率接近 90%。

在经济快速发展影响下，中山的城乡居民收入不断增长，农村居民收入增长尤为快速，增速连续多年赶超城镇居民，城乡居民收入差距不断缩小。2016 年农村居民人均可支配收入 27529 元，排在全国第 7 位。2017 年农村居民人均可支配收入 30012 元，是 1987 年的 23.7 倍，是 1996 年的 5.8 倍。1996 年中山的城乡居民收入比为 1.62，到 2011 年缩小为 1.59，2017 年再次缩小到 1.51，城乡收入差距连续多年为全省最小。

（四）法治建设："法治中山"建设经验成为全国地方法治建设样板

改革开放的过程同样是法治变迁、法治进步的过程。中山在法治建设中率先在全省探索出诸多卓有成效的创新举措。在司法方面，中山近年来探索的诉前联调、未成年人前科消灭制度、未成年人"圆桌审判"、家事审判、司法网络拍卖、繁简分流、社会化购买方式剥离审判辅助事务、查办和预防扶贫以及涉农领域职务犯罪、未成年人检察等工作经验在全省甚至全国推广；市第一法院获评"全国繁简分流改革示范法院"，相关改革经验得到中央改革办、中央政法委、最高法院肯定；2014 年以来，司法体制改革稳步推进，法官、检察官办案责任制不断完善，审判、办案的团队化、专业化加强，司法办案质量和效率不断提升。在法律服务和基层法治建设方面，率先实现公共法律服务体系全覆盖，市镇村三级公共法律服务中心建设达到 100%；率先在全省开展镇（区）法治建设实绩独立考核，全市 24 个镇区全部达到省法治镇创建标准，在 2016 年首次法治建设考核中获得全省第一。

在依法行政方面,中山在全省率先探索规范性文件实施效果评估工作;率先开发运用行政执法监督管理系统,该做法获得“2016 中国十大社会治理创新奖”,得到国务院法制办的肯定,还于 2016 年被中宣部确定为全国“改革追踪看落实”专栏的 12 个报道专题之一;中山在全省率先创新行政复议工作,探索行政复议开庭审理新模式,行政复议委员会试点做法被作为“广东经验”在全国推广。近年来,中山不断加快行政审批体制改革,不断优化政务服务;高标准建成全省最大的“一站式”行政服务中心,先后经历六轮行政审批制度改革,裁掉了八成行政“权力清单”,对投资项目实行并联审批,审批时限压缩 3/4,商事登记实现“11 证合一”,网上办事大厅全流程办理率达 98. 8%,网上办结率达 99. 7%,居全省前列,中山的营商环境不断优化。

(五)社会治理:共建共治共享的社会治理之路探索经验在全省推广

近年来,中山以群众需求满足和问题源头化解为导向,相继开展了全民修身、全民创文、全民治安、全民禁毒等十多项全民参与社会治理行动,社会参与不断扩大。在平安建设中,通过不断深化“平安细胞”创建和全民创建“10+N”系列行动,坚持源头防范、打防结合,相关经验在全国综治创新工作会议上得到推广。中山治安形势持续优化,2016 年全市刑事发案比 2012 年同比下降 45. 4%,2017 年再实现警情、案件“双下降”。近五年来,命案维持“低发高破”良好态势,未发生一例危害公共安全的个人极端事件、暴恐事件以及重特大公共安全事故。群众安全感和满意度一直稳居全省前列,连续六次获得中国社会治安综合治理优秀地市,四次捧回“长安杯”,在 2017 年“中国最安全城市”排行榜中,中山位列全国第五位,广东第一位。率先探索社会服务供给改革,建立融党群建设、社会治理、公益服务为一体的基层社会服务综合实体,通过开展公益创投活动,以竞争性方式支持社会组织参与禁毒宣传、社区矫正、问题青少年帮扶等社会治理工作,探索出以社会公益方式破解治理难题的“中山模式”,连续两年获全国创新社会治理优秀城市称号。2016 年 10 月,省委政法委选择在中山召开全省社会治安综合治理创新工作会议,专门推广中山的全民参与治理经验。

同时,中山坚持"在中山就是中山人"的理念,推动新老居民共融共进。早在1996年,中山在全国首创外来务工人员担任政协委员。2007年起,中山借鉴国外移民管理经验,在全国率先以"积分制"为突破口探索渐进式户籍改革和基本公共服务均等化,后逐渐在全省全国推广。该项创新举措获评第七届"中国地方政府创新奖"。[①]自2010年全面推行积分制管理以来,超过7万异地务工人员(包括配偶和随迁子女在内)入户中山,共有9.1万多名异地务工人员子女获得积分入读公办学校资格。近年来不断拓展内容,将公租房住房保障、参保医疗保险等纳入积分服务范围,并积极构建流动儿童关爱服务体系,解决异地务工人员后顾之忧。中山还在全省率先建立村(居)委会特别委员制度,不断拓宽外来务工人员参与基层公共事务的渠道。

二、法治在中山改革开放进程中作用的述评

改革开放以来,随着法治地位的提高和法治建设的快速推进,社会主义法治逐步成为经济政治社会关系的主要调节器和稳定器,对经济政治社会发展发挥着重大推动和保障作用。[②]中山改革开放取得的巨大成就固然是诸多因素共同作用的结果,但法治作为其中一个重要的因素,在改革开放的进程中扮演了非常重要的角色。具体而言,发挥了以下五方面的作用。

(一)法治保障了稳定的政治环境

中国改革开放四十年来之所以取得举世瞩目的成就,其中不可忽视的原因就是治国者合理地消解了改革与稳定之间的张力,为社会经济发展提供了良好的政治环境。体现在法律制度层面上则是:"治国者为在稳定的政治秩序和经济发展间求得平衡,经常采取在时间维度上的试行立法和空间维度上的试点立法、授权立法等充满实验精神的立法措施,通过边破边立的路径选择,在经济转轨的大环境下逐步完成所需的各种法律制度的变迁。"[③]中山作为改革开放的前沿阵地和试验田,自然也逃离不了这个基本经验的框架。中山改革开放以来所取得的巨大成就,得益于法治所保障的政治稳定。

设立维权中心，保护企业知识产权促进产业发展

法治不仅表明法律与政治的密切关系，也体现了法律对国家政治生活的巨大作用。法治保证政治稳定主要是通过将政治运行带有规律性、符合国民价值追求的活动加以制度化，通过法律制度所具有的稳定性、不变性等特质，促使政治活动良性运行。④具体而言，法治保障政治稳定主要体现在两方面：一是法治充分保障公民的基本权利。公民的权利得到有效保障是政治稳定的首要前提，只有当法律能够保护人们的权利，服务于人们的利益，实现人们的愿望，政治稳定才有可能实现。中山市在制度构建和法律执行过程中尤其重视公民权利的保护，既保证公民享有的权利能够有效落实，又畅通渠道，使得公民的诉求能够得到有效表达。这种法治的状态避免了恶性社会群体事件的频繁发生，给中山社会经济发展创造了稳定的环境。二是法治有效约束了政府公权力的运行。政治稳定的另一个重要方面是约束政府公权力，也就是政府运行的法治化。中山市通过制定《政府重大决策程序规定》、开发运用行政执法监督管理系统，达到权力运行制约和监督体系完善的目标，规范了公权力的有序运行，确保了中山市无重大政治事件和其他影响社会稳定的重大事件发生，为经济社会发展提供了有利的环境。

(二)法治调适了政府与市场的关系

改革开放以来,我国逐步确定了社会主义市场经济体制。市场经济体制永恒的课题是如何合理调适市场“看不见的手”和政府“看得见的手”关系。学界多年来都在试图找到市场和政府的边界,却发现市场和政府的边界并非“楚河汉界”般清晰。但形成的共识是“在政府职能之外的都应当交给市场”“凡市场无法或不能有效调节的、社会无法或不能有效自治的,人民就要求政府积极作为以利社会整体利益和民众福祉”。这即是说凡是市场能够自己搞定的就应当尊重市场配置资源的决定性作用,市场调节失灵之处则就需要政府宏观调控加以弥补。这种关系可以概括成为一种博弈关系。政府与市场之间是长期的、动态的、重复的博弈过程,往往呈现出“均衡—非均衡—均衡”的博弈轨迹。这也就是说政府和市场的边界并非是静态固定的,也更无法通过具体的法律条文来呈现,再精确的法条都无法准确定位政府和市场的边界。政府和市场关系只能依靠法治在动态的框架内,有效的调适。具体而言,对于政府和市场的关系只能够采用概括赋权的方式,将“相机抉择”的权力授予政府,让政府在市场不能有效调节时发挥自身职能,弥补市场失灵的缺陷。

中山在社会主义市场经济建设进程中,依靠法治框架的设定,政府在与市场关系的互动过程中有进有退,合理定位自身职能,有效化解市场失灵,确保了市场经济平稳有序发展。主要体现在两个方面:一是中山市政府不断健全市场规则体系。我国社会主义市场经济体制的建立是自上而下改革的产物。建立之初,市场规则缺失,竞争混乱。中山市采取行政、法律等有效手段设定游戏规则,建立“信用中山”信用管理平台、市场主体“黑名单”信息库、公共资源交易平台,在全省率先实行将有无行贿记录作为政府重大项目招投标准入条件,从而培育规则意识、匡扶市场秩序,为经济发展提供法治保障。二是中山市政府不断培育市场。我国市场经济是从计划经济转轨而来,市场本身发育并不充分。因此,在推进市场经济建设的进程中,政府理应承担培育市场的职责。中山市采用提供各种公共产品均等化服务的方式,通过政府投资、政府搭建平台等措施,不断培育市场,提高政府配置资源的效率,弥补市场调节的不足,促进市场经济迅速发展。

（三）法治营造了法治化国际化的营商环境

营商环境是指商事主体从事商事组织或经营行为的各种境况和条件，包括影响商事主体行为的政治要素、经济要素、文化要素等，是一个国家或地区有效开展交流、合作以及参与竞争的依托，体现了该国或地区的经济软实力。法治化营商环境，是指要有一套行之有效的法律、法规、监管程序、制度安排和体制设计，严格约束和规范行政权力，建立具有公信力的公正司法体系，以保障企业在法律和规则的保护下健康高效运行；国际化营商环境，是指与日益透明和便利的全球营商趋势接轨，引入国际通用的行业规范、管理标准和营商规则，深化企业投资、商事登记、贸易通关等领域改革，建立符合世贸规则的市场经济运行机制和体系，为企业营造公平有序的竞争环境、公开透明的政策环境、高效便捷的办事环境。随着世界经济全球化、贸易自由化的发展，发展要素尤其是市场、资源、人才等方面的竞争日趋激烈。一国、地区或城市要在更加激烈的竞争中取得主动权和主导权，营造良好的营商环境，尤其法治化国际化的营商环境是关键。⑤法治化国际化的营商环境一般具有公平、透明、可预期等几个显著特征。要突显这几大主要特征，就需要强调对法治的坚守，因为“营商环境优化中的法治化建设是根本的根本，基础的基础工作”。⑥

改革开放以来，中山市在法治的引领下，坚持引进来和走出去的基本战略，不断完善相应的制度，提升自己竞争力，营造法治化国际化的营商环境。具体而言表现在：一是不断推进法治建设，形成公平透明的法律执行体系。中山市不断推进企业投资项目、外商投资项目负面清单管理，进一步放宽企业投资准入，公布准入负面清单，列明禁止准入、核准准入、限制准入项目，减少公权力对私法主体行为的过度干预，激发市场主体的创新、创业活力。二是严格规范涉企涉商行政执法行为。中山率先在全省开发建设行政执法监督管理系统，将全市 7800 多项处罚事项及裁量标准程序以及执法全过程全部公开，实行异常系统自动预警机制，群众可以进行实时查询，让政府行政执法行为“在阳光下运行”。三是严格保护知识产权。知识产权保护在营造法治化国际化营商环境中具有关键性作用。“科技的进步和经济全球化进程所表现出来的对政治和法律的诉求，就是要把作为经济要素的知识财产的保护升华至法律和制度性规范，形成社会公认的产权形态，借助上层建筑的反作用力，对生产关系施加影响。”⑦中山市顺应改革开放的潮流，构建完备的知识产权保护机制。例如中山市成立了中国中山（灯饰）知识产权快速维权中心、中国（中山）知识产权维权援助中心、广州知识产权法院知识产权巡回审判庭等机构，为企业提供咨询、受理、调解、查处等方面的司法保障和服务，为灯饰产业知识产权保护提供了强有力的维权机制与司法保障。四是构建快速的权利救济体系。权利救济途径的多样化以及便捷化是法治化国际化营商环境的重要指标。中山在不断提升司法公信力的基础上，建立了完备的公共法律服务体系，成立了135个商事和行业调解组织，并积极推行“调解协议+司法确认”机制，使得商业仲裁更加便捷、有效。

（四）法治推动了产业转型升级

改革开放以来，产业转型升级就成为全国面临的共同性课题。中山市经历了两次较大的产业转型升级。第一次是从传统农业转向工业制造业，这一时期劳动密集型产业遍地开花，为其经济发展做出了巨大贡献；第二次是强调创新驱动，从低端产业转向中高端产业。无论哪个阶段的产业转型升级，都需要政府和企业的共同作为来推动，特别是政府层面的空间和时间规划、产业发展和扶持政策、公共服务平台的建立和强化、城市基础设施的规划和完善、新兴产业的引进和培育等。⑧甚至有学者指出，产业转型升级单靠市场无法完成，政府的作用是无可替代的。⑨在具体的经济活动中，政府在产业转型升级中所起的作用最终都通过政策的形式予以呈现。产业转向何处，以及在何种程度上进行升级，基本上都由政府政策的内容决定。也就是说，政策执行的好坏在于政府是否具有相应的约束机制。这种约束机制就是政府对法治的坚守，是政府通过法治思维和法治方式来引领推动产业转型升级，既约束企业，也约束政府。⑩

中山市在产业转型升级过程中，充分运用了法治思维和法治方式，确保了政策的连续性，采取了一系列措施推动了产业转型升级。一是以制度引导企业增强自主创新能力。通过建立企业研发准备金等制度，引导企业开展产品创新、工艺创新、商业模式创新，落实研发费用加计扣除、研发费补助、科技创新券等激励创新的普惠性政策，降低企业开展创新活动的成本和风险。通过政策制度加强对中小企业技术创新支持，鼓励企业通过购买专利、入股、扶持发展等方式，加强产学研用合作。二是构筑产业创新高地。围绕生物医药、智能制造、新能源、新一代信息技术等战略性新兴产业，积极打造研发与转化功能型平台，大力构建生态、生产、生活、孵化区一体化相融合的新型双创载体。三是集聚各层次创新人才。营造有利于人才成长发展的良好生态，既提供空气清新、出行便利等城市硬环境，又提供制度软环境，特别是优化政策环境，向用人主体放权、为人才松绑，持续破除一切不利于人才发展的思想观念和体制性障碍，着力解决人才普遍反映的安居、子女教育、医疗等问题。

（五）法治实现了改革发展成果的公平分享

改革发展成果是指在改革发展进程中，公民和社会群体能够感受得到的一切物质性和精神性的利益的总和。使全体人民共享改革发展成果已成为我国经济社会发展的重要目标。要保证社会全体成员能持续地分享发展成果，就必须在市场机制的基础上进一步完善宏观调控体系，增强宏观决策水平，以保证经济增长、充分就业、稳定物价和国际收支平衡等宏观调控目标的实现。[11]中山市作为改革开放的前沿阵地，自改革开放初期就吸引了大量的异地务工人员。这些异地务工人员成为中山经济社会建设的重要力量，为中山经济社会发展作出了巨大贡献。因此，在改革发展成果的分享上，这些异地务工人员理应得到应有的份额。改革发展成果的公平分享并非轻而易举，其中事关本地居民和异地务工人员的博弈，以及地方政府是否具有改革的决心与勇气。因此，改革发展成果的公平分享需要有强有力的法律制度作为支撑。[12]

中山市为改革发展成果公平分享，尤其是为了改革发展成果公平惠及异地务工人员，在法治思维和法治方式的引领下，主要从以下两方面保障异地务工人员公平享受改革发展成果：一是创新社会治理方式，畅通异地务工人员融入机制。为了促进异地务工人员与中山本地居民的融合，实现共建共享共治的社会治理格局，中山市创设了村（居）特别委员制度，促进非户籍人口参与基层治理，保障异地务工人员公共参与的权利和其他合法利益。二是提升公共产品服务质量，推动公共产品全覆盖。中山市创新流动人口服务管理模式，拓展居住证社会应用功能,发展异地务工人员服务组织。为了解决异地务工人员社会保障、医疗服务、子女入学等问题,中山市实行了户籍制度、积分入学制度改革,基本满足了异地务工人员的基本生活需求。

三、法治视域下中山进一步改革开放的展望

改革开放四十年,中山在取得巨大成就的同时也面临发展中的一些困境或挑战,正因如此,中山市第十四届党代会提出"四个难以为继"和"五个短板"。[13]理论和实践都证明法治对改革发展有着重要的保障促进作用,因此,如何进一步改革开放尤其是如何坚持改革开放和法治"两手抓"、让两者共融共进成为中山市重大的理论和实践课题。习近平同志在2018年两会期间参加广东代表团审议时,向广东提出了"四个走在全国前列"的明确目标:在构建推动经济高质量发展体制机制、建设现代化经济体系、形成全面开放新格局、营造共建共治共享社会治理格局上走在全国前列。这一明确目标,为中山新时代的改革开放指明了方向、提供了遵循。近两年,广东省颁布实施了《法治广东建设第二个五年规划(2016—2020)》和《广东省法治政府建设实施纲要(2016—2020年)》,中山也出台了相应的实施方案。下一步,应当贯彻落实前述法治规划文件,将法治放在更加重要、更加突出的全局性、基础性和战略性地位,努力运用法治思维和法治方式推动各项工作,巩固改革开放所取得的成就,争创更高层次的改革开放新局面。

(一)努力在构建推动经济高质量发展体制机制上走在全国前列

实现高质量发展是适应我国社会主要矛盾变化和全面建成小康社会、全面建设社会主义现代化国家的必然要求。跨越由高速增长阶段转向高质量发展阶段的重大关口,必须加快形成推动高质量发展的指标体系、政策体系、标准体系、统计体系、绩效评价、政绩考核,创建和完善制度环境。对于中山市而言,为了努力在构建推动经济高质量发展体制机制上走在前列,应当着重从以下几方面努力。

1. 突出战略谋划,全方位谋划落实新的战略定位

中山应当发挥其独特的地理区位优势,积极落实广东省委确立的“一核一带一区”区域发展新格局,做好“东承”“西接”的各项工作,建设成为粤港澳大湾区区域性综合交通枢纽。为此,中山应当完善各类规划,一方面保持原有城市规划、产业规划的相对稳定,不随意更改,另一方面又要放开视野、放大格局,按照大湾区建设的形势需要布局重大交通和产业项目。

2. 全面推进体制机制创新,提高资源配置效率效能

应当营造有利于创新的环境,推动创新要素自由流动和聚集。设立协同创新平台建设专项资金,支持专业镇协同创新发展,以优质的制度供给、服务供给、要素供给和完备的市场体系,增强发展环境的吸引力和竞争力。

3. 推进全市资源统筹,加快实现协同发展、集约发展

统筹考虑全市区域空间布局、产业基础、资源禀赋,构建“一中心、四组团”差异化发展格局。以主城区为核心,加快发展高端服务业,打造高品质城市中心。完善组团式发展领导机制,推进组团内产业布局、科技创新、基础设施、环境保护、公共服务等一体化发展。完善全市要素资源分配联席会议制度,加强扶持资金、土地指标、环境容量等要素资源统筹。同时,依照法律规定理顺市、镇权限,并积极争取省和中央的支持,实现部分经济发达镇区享有县级市的权限。

4. 加快形成绿色发展的体制机制

进一步加强环境治理的力度,通过环境治理倒逼经济结构调整,倒逼落实以人为本的发展理念,倒逼生产方式和生活方式的改变。应当用好用活地方立法权,加强环境保护方面的地方法规制定,以良法促发展。

(二)努力在建设现代化经济体系上走在全国前列

一般而言,现代化经济体系至少包括高质量的经济发展、高效益的经济水平、中高速的经济增速、高水平的农村发展、更平衡的地区发展格局、更完善的市场经济体制、更全面的对外开放等基本特征。中山在努力建设现代化经济体系上走在前列的进程中,应当着重关注以下几方面的工作。

1. 深入实施创新驱动发展战略

瞄准生物医药、智能制造等基础较好的产业,加强与知名高校的协同创新。引进建设集共享设计、智能制造、产品智能化、共性工厂、检验检测于一体的全生命周期公共技术服务体系。加强对创新的法律保护,完善知识产权代理、运营、鉴定、维权援助等服务体系,实施严格的知识产权保护制度,切实把违法成本提到最高,把维权成本降到最低,优化科技创新的良好法治环境。

2. 建设协同发展的产业体系

加快传统优势产业转型升级,积极运用新技术、新业态、新模式,优化升级古镇灯饰等特色传统产业,推进产业集群建设。推进产业平台建设,围绕新一代信息技术、高端装备制造、生物医药等战略性新兴产业,积极引进优质项目,构筑产业体系新支柱。

3. 持续深化供给侧结构性改革

贯彻落实广东省支持实体经济的政策措施,开展重点产品质量提升行动计划,加快淘汰落后产能,大力破除无效供给,打好企业降本减负“组合拳”,加快补齐交通、文化、体育、医疗、教育基础设施建设短板。

4. 全面保障市场主体尤其是民营企业的合法权益

为各类市场主体提供更公平、高效的司法服务。在执法、司法工作中,注重平等保护各种所有制经济的产权。严格区分“罪”与“非罪”,分清经济纠纷与经济犯罪、企业正当融资与非法集资等方面的界限,并慎用搜查、扣押、冻结、拘留、逮捕等措施,减少对企业正常生产经营活动的影响。优化法律服务,成立市、镇、行业三级商会法律中心(站),强化“法商服务在线”“商会法律服务直通车”“法律服务进百会(企)”等品牌法律服务项目建设。

5. 营造市场化、法治化、国际化营商环境

提高依法行政水平,完善“一门式一网式”政府服务模式。完善企业开办、施工许可、财产登记、信贷获取、投资保护、税收征管、跨国贸易、合同执行、企业破产等方面的法治管理制度。深化商事制度改革,推进贸易投资、工商注册便利化,整合以项目为中心的并联审批事项,推进投资项目代办导办改革。健全公共信用信息管理系统和信息共享交换服务平台。进一步依法清理和规范涉企行政事业性收费,行政审批中介服务、涉企经营服务、进出口环节经营

服务收费。创新商事纠纷解决方式,健全商事纠纷非诉讼解决机制。

6. 同步推进特色小镇建设和乡村振兴战略的实施

中山镇域经济对村集体经济的带动作用比较明显,应当通过特色小镇建设带动周边村居的形式来推动乡村建设。按照中央和广东省委的决策部署,实施“六百”工程,努力实现“业兴、村美、家和、民富”的目标。⑭

(三)努力在形成全面开放新格局上走在全国前列

新时代,全面开放将成为重要的特征,因此要努力推动形成全面开放的新格。全面开放新格局实质上是开放发展在空间、领域、方式、体制等多维度的拓展与深化。中山市对标全面开放新格局的特征,努力在形成全面开放新格局上走在前列的进程中应当着重从以下几方面推动各项工作:

1. 加快建立完善开放型经济制度

主动对标广州南沙、深圳前海、珠海横琴三大自贸片区等“制度高地”,积极复制推广自由贸易区制度创新。积极发展涉外法律服务,加强与境外司法实务界的沟通合作,探索发展高端商事法律服务。

2. 积极参与“一带一路”建设

充分利用国际国内“两个市场、两种资源”,凝聚海外侨乡力量,共同拓展与“一带一路”沿线支点国家、欧美发达国家交流合作。推广市场采购、跨境电商等外贸新业态,鼓励本土企业赴沿线国家投资合作、共建园区。聚焦欧美发达国家和世界500强、大型央企、重点民企,实施精准招商、中介招商。

3. 加快中山粤澳全面合作示范区建设

大力推进通关建设改革,深入推进通关一体化改革,不断扩大和提高对外开放水平,努力打造对外开放新高地。加强与港澳台在人才、创新、产业、社会民生、文化旅游等领域合作交流。

(四)努力在营造共建共治共享社会治理格局上走在全国前列

习近平总书记在党的十九大报告中提出:“要打造共建共治共享的社会治理格局,提高社会治理社会化、法治化、智能化、专业化水平。”共建共治共享是执政党治理理念不断提升和治理实践不断拓展的结果,体现了执政党对公共治理理念的吸纳认同、上层建筑对经济基础的积极调整、国家治理对社会主要矛盾变化的正确回应。其内涵主要体现在“共建、共治、共享”三词中:共建,即共同参与社会建设;共治,即将党总揽全局、协调各方的政治优势同政府的资源整合优势、企业的市场竞争优势、社会组织的群众动员优势有机结合起来,打造全民参与的开放式社会治理体系;共享,即共同享有治理成果。中山市努力在营造共建共治共享社会治理格局上走在前列工作中应当着重从以下几方面入手。

1. 创新社会治理体制

进一步强化“在中山就是中山人”理念,完善共建共治共享多元驱动机制,充分调动各方力量积极参与城市建设管理。坚持在法治轨道上统筹社会力量、平衡社会利益、调节社会关系、规范社会行为、化解社会矛盾,以良法促发展、保善治。

2. 促进异地务工人员融入中山

推动非户籍人口在城市落户实施方案,深化户籍制度改革,有序推进非户籍人口在城市落户。继续完善优秀异地务工人员担任村(居)委会特别委员机制,探索在异地商会成立异地务工人员互助组织。

3. 不断提升公共服务均等化水平

逐步实现异地务工人员及其家属在社会救助、法律援助、公共交通等社会保障方面,享受与当地居民同等公共服务待遇。

4. 强化法治思维的运用,提升社会治理的法治化水平

高水平推进一村(社区)一法律顾问、政府部门普遍设立法律顾问等工作,不断提升法律服务水平。深入探索律师调解工作,推动律师进警队、进派出所、进法院,促进矛盾纠纷的依法化解。

【注释】

①中国地方政府创新奖是由中央编译局比较政治与研究中心、中央党校世界政党比较研究中心和北京大学中国政府创新研究中心联合组织发起。

②袁曙宏:《我国法治建设三十年回顾与前瞻》,载《中国法学》2009年第1期。

③张建伟:《“变法”模式与政治稳定性——中国经验及其法律经济含义》,载《中国社

会科学版》2003 年第 1 期。

④刘薰词、肖君拥:《依法治国的政治环境三题:构成、影响与优化》,载《衡阳师范学院学报(社会科学版)》2001 年第 5 期。

⑤黄吉乔、丘书俊、张颖:《推进深圳法治化、国际化营商环境建设的国际比较分析及启示》,载《市场经济与价格》2014 年第 2 期。

⑥刘君为:《深化"放管服"改革,营造国际化、法治化、便利化的营商环境》,载《华东科技》2018 年第 2 期。

⑦曲三强:《知识产权保护的国际化趋势》,载《法治研究》2010 年第 4 期。

⑧刘丽辉、陈振权、辛焕平:《珠三角地区制造业专业镇转型升级的路径选择及保障机制研究——以南海大沥镇为例》,载《科级管理研究》2013 年第 22 期。

⑨蒋兴明:《产业转型升级内涵路径研究》,载《经济问题探索》2014 年第 12 期。

⑩赵晖:《依法治国是破解中国经济转型升级的根本途径》,载《商业经济》2015 年第 1 期。

⑪李昌麒、甘强:《我国改革发展成果公平分享的实现路径构想》,载《社会科学研究》2010 年第 5 期。

⑫黄茂钦:《改革发展成果公平分享的制度障碍及法律对策》,载《理论与改革》2010 年第 3 期。

⑬"四个难以为继"是指传统专业镇为主的发展模式难以为继、以土地低效扩张为主的发展模式难以为继、以镇区为主推进创新发展的管理体制难以为继、以现有城镇空间布局建设更加宜居城市难以为继。"五个短板"是指高端人才不足、现代创新活力不足、对外交通体系不健全、现代金融服务体系相对落后、缺乏新兴产业龙头骨干企业。

⑭"六百"工程即实施百亿现代农业提质增效工程、百村环境综合整治提升工程、百个乡村旅游示范创建工程、百家新时代文明实践中心建设工程、百村公共服务和基础设施提升工程、百村乡村善治示范引领工程。

侨乡发展　法治先行

黎 兆 元*

江门市地处珠江三角洲西部，毗邻港澳，是全国著名侨乡。据统计，祖籍江门五邑的海外华侨华人和港澳台同胞近 400 万人，分布在全世界 107 个国家和地区。改革开放以来，江门市委、市政府认真贯彻落实党中央和广东省委决策部署，一手抓改革开放，一手抓法治建设，主动作为，埋头苦干，取得令人瞩目的发展成就，侨乡大地发生广泛而深刻的变革。改革开放和法治建设如同"鸟之两翼"在激发经济社会发展活力中发挥了重要作用。

一、江门市改革开放以来取得的发展成就

（一）经济发展成就巨大

改革开放以来，江门市经济综合实力全面提升，从农业经济向工业强市、产业强市迈进。1978 年到 2017 年，地区生产总值从 14 亿元增加到 2690.25 亿元，增长 192 倍；城乡居民储蓄存款余额从 1.96 亿元增加到 4271.88 亿元，增长 2180 倍；地方财政一般预算收入从 2 亿元增加到 222.35 亿元，增长 111 倍。2017 年，江门市主要经济指标中，地区生产总值增长 8.1%，高于全省平均水平 0.6 个百分点；固定资产投资总额增长 16.9%，高于全省平均水平 3.4 个百分点；地方财政一般预算收入增长 10.98%、城镇居民可支配收入增长

* 广东省江门市法学会会长。

9.9%,均高于全省平均水平。目前,江门市有六个产值超300亿元的产业集群,分别是电子信息、金属制品、纺织服装、食品、化工、汽车及摩托车制造,综合实力跻身中国百强城市行列,经济发展步入“快车道”。

侨乡江门风貌

(二)改革创新成效显著

改革开放以来,江门市全方位推进农村、投资、财税、金融、国企、社保、教育、医疗、卫生、人事以及管理体制等领域的改革,取得了良好成效。近年来,江门市深入推进“放管服”改革,深化商事制度改革成效显著、落实事中事后监管等相关政策措施社会反映好,获得国务院办公厅通报奖励;在全国率先实施企业“十五证合一”和个体户“五证整合”改革,“多证合一”登记制度改革经验在全省推广,在全省率先实现“双随机一公开”监管“两个全覆盖”,全市市场主体总量突破34万户。积极推进清单制、承诺制、委托制改革,在全省地级市率先实施食品经营行政许可审批“申请人承诺制”试点改革;率先实行工业产品生产许可证“先证后核”;率先推行投资项目承诺制改革试点,政府投资项目在全市范围内试行,企业投资项目在“1+6”园区试点推行。河长制工作得到了住建部、水利部的肯定并在全国专题培训班上作经验介绍。大力推进国际贸易“单一窗口”建设,江门市海关出口和进口通关效率全国领先。

(三)对外开放深入推进

改革开放以来,江门市充分利用地处珠三角、毗邻港澳、海外华侨众多的优势,逐步形成全方位、多层次对外开放大格局,实现了“三个提升”:一是把“招商引资”提升为“招商选资”;二是把“以侨引资”提升为“全面合作”;三是把以对外加工贸易为主提升为以自主创新为主的发展方式。实行产业招商,更加注重招商项目的质量以及其所带来的经济和社会等综合效益,发展综合效益好、经济带动性强的产业,为地方财政培育税源,创造更多的税收和就业机会。坚持改善投资环境与创新招商引资方式并重,大力推进产业招商、园区招商、项目招商、专业招商,调整优化利用外资结构,吸收外资规模与质量同步提升。如自 2009 年江门市与香港中华总商会、香港中华厂商联合会、香港工业总会签署合作协议后,多次召开江港澳三地招商推介会,港方会员企业纷纷转移到江门产业转移工业园。同时,完善全球华侨华人“邑门式”综合服务系统,深化“侨梦苑”建设,精心组织好世界江门青年大会和世界广府人恳亲大会等,积极为广大侨商投资发展、创业创新搭建平台,提供支持和帮助。据统计,截至 2017 年底,全市侨资企业累计 5719 家,投资总额累计超过 282. 17 亿美元。立足于打造粤港澳大湾区西翼枢纽门户城市,江门正在描绘一幅全面开放的美好蓝图——坚持开放带动,以开放促发展、促改革,全面融入粤港澳大湾区。

(四)社会事业蓬勃发展

改革开放以来,江门市各项社会事业协调发展,科技、教育、人才、文化、侨务、医疗、卫生、体育、慈善等事业成就斐然。江门市用社会主义核心价值体系引领侨乡精神文明建设,公民道德教育、社会主义荣辱观教育和现代公民教育深入开展,以创建文明单位、文明社区、文明村、文明城市为载体的精神文明创建活动取得明显成效,2011 年荣获“全国文明城市”称号,还获得了“中国优秀旅游城市”“国家园林城市”“全国双拥模范城”“国家环境保护模范城市”等多种荣誉称号。江门市文化事业和文化产业发展加快，全市非物质文化遗产项目有119项，其中7项列入国家级非物质文化遗产名录，整体水平居于全省前列。广东桥梁博物馆、五邑华侨华人博物馆、五邑华侨广场、江门体育中心、江门美术馆等文化馆（场）等标志性景观相继落成。联手国务院侨务办公室积极推进全国侨乡侨文化保护工作，开平碉楼与村落成为广东省首个世界文化遗产和中国首个华侨文化世界遗产。

（五）人民生活明显改善

改革开放以来，江门市委、市政府坚持以人民为中心的发展理念，落实好各项保民生措施，努力实现好、维护好、发展好最广大人民群众的根本利益。人民生活不断改善。1978年到2017年，全市农民人均可支配收入从117元提高到16473元，增长140倍；城镇居民可支配收入由430元提高到32478元，增长75倍。消费结构不断优化，衣、食、住、行、娱的质量不断提高，文化生活日益丰富，人民生活步入宽裕小康。各级财政对民生投入不断增加，其中2017年投入227.8亿元，增长15.3%。实施城乡居民收入倍增计划，2017年城镇居民人均可支配收入增长9.9%；农村居民人均可支配收入增长8.2%。

（六）民主法治逐步健全

改革开放以来，江门市民主法治建设迈出重大步伐。加强党对人大和政协工作的领导，对事关全市发展大局及牵涉千家万户群众利益的重大事项，广泛征求代表委员的意见，积极支持政协委员参政议政。江门市把依法治市工作作为“一把手工程”来抓，1996年11月18日，成立江门市依法治市工作领导小组，由市委书记任组长。创新推动地方立法工作，在全国省市两级人大常委会负责同志学习班上作为地级市代表作经验发言。各级依法办事、依法行政、依法管理水平不断提高。以公正和效率为重点推进司法改革，促进公平公正司法。深入开展平安建设，江门是全省社会治安环境最好的地区之一。全方位、多层次开展普法工作，领导干部“为官先要学法、为政要会用法”的意识普遍增强，公民的法治观念有较大提高。江门市被评为“全国首批法治城市创建活动先进单位”，下辖的蓬江区、江海区、恩平市被评为“全国法治县（市、区）创建活动先进单位”。

（七）党的建设全面加强

改革开放以来，江门市坚持全面加强党的建设，为经济社会发展提供坚强的政治保证和组织保证。认真学习贯彻党的路线方针政策，深入开展群众路线教育实践活动、“三严三实”专题教育和“两学一做”学习教育。严格落实中央八项规定精神，大力整治“四风”。严肃党的政治纪律和政治规矩，加强各级领导班子和干部队伍建设，加大“裸官”专项整治力度，强化对领导干部“八小时以外”活动的监督。开展市县镇三级党委书记抓党建示范行动，实行镇（街）领导干部驻点普遍直接联系群众制度，整顿了一批软弱涣散基层党组织。落实“两个责任”，重大工程项目风险评估、践行监督执纪“四种形态”等多项工作走在全省前列。保持惩治腐败高压态势，查处一批腐败案件。各级党委（党组）总揽全局、协调各方的领导核心作用充分发挥，管党治党主体责任履行有力，党内政治生活更加严肃规范，各级党组织凝聚力、战斗力不断增强，政治生态明显改善，党风政风持续好转。

二、改革开放与法治建设的辩证关系与相互作用

改革开放以来江门市取得的重大成就，是全市各级党委、政府从江门的实际出发，正确处理改革开放与法治建设的关系，在改革开放中加强法治建设，以法治建设保障和促进改革开放发展的结果。

（一）改革开放与法治建设辩证关系

在改革开放过程中，法治建设是一个贯彻始终的鲜明主题，必须将改革开放纳入法治的轨道，才能正确推进改革开放进程并且保障改革开放的成果。

1. 改革开放和法治建设在目标上具有一致性

改革开放和法治建设都是把“促进社会公平正义、增进人民福祉”作为价值追求，都以让人民更好地享有广泛的权利、保证公民各方面权利得到落实、

努力维护最广大人民的根本利益、保障人民群众对美好生活的向往和追求为目标。二者在目标上是一致的。因此，正确处理改革开放与法治建设的关系，是推动经济社会持续健康发展的最佳路径。近年来，江门持续深化"放管服"改革，实施"全市通办""一窗多能""多证合一"等创新改革，真正做到了规范、便企、利民。江门市作为全国第一批"小微双创"基地示范城市、广东省唯一的"小微双创"综合改革试点城市，在全省首创"骨干企业扶持+社会信用体系"的诚信绿卡计划，完善失信联合惩戒机制，在全省率先出台投资领域失信联合惩戒办法，对失信企业和相关人员实施联合惩戒。李克强总理对江门"多证合一"登记制度改革、科技型小微企业认定标准、"小微双创"指数评价体系等创新举措和成效给予了充分的肯定。

2. 改革开放和法治建设在过程上具有关联性

法律具有稳定性的特征，改革开放攻坚到哪里，法治建设就应跟进到哪里，越是重大改革，越要法治先行。任何层面、任何领域的改革，都应在法律框架下实施、在法治轨道中运行、以法治的方式推进。近年来，江门市坚持运用法治思维，全面启动创建全省深化医药卫生体制综合改革示范城市工作，大力推进"医联体"试点建设，试点数量和完成时间全省领先。统筹推进"三医联动"（医疗、医保、医药）改革，启动国家级医养结合项目试点，率先在全省出台了家庭医生签约实施意见、实施方案和收付费指导意见，收到较好效果。

3. 改革开放和法治建设在整体上具有协调性

每一项重大改革都会对法治建设产生重要影响，每一项重大改革又是在法治建设协同配合中推进。要更加注重两者间的相互促进、良性互动，整体推进，重点突破，形成推进改革开放的强大合力。"放管服"改革首先需要厘清政府与市场的边界，为此，江门市在全国首创"1+3+N"开放型清单体系（权责清单+负面清单、审批清单、监管清单+其他相关清单），推行阳光政务。该清单实施两年来，江门坚持把权力关进制度的"笼子"，凡没有纳入清单并未经清单信息管理系统网上公示的行政职权，各部门一律不得擅自行使，做到了有权不能任性。各级各部门按照清单权责划分，把该管的事管好管到位、该放的权放足放彻底，实现行政权力进清单，清单之外无权力，进一步理顺了江门市、县两级政府层级间、政府部门间的权责关系和边界划分，规范了权力运行，方便了群众办事。

（二）改革开放与法治建设相互作用

改革开放与法治建设如同“鸟之两翼、车之两轮”，在激发经济社会发展活力中发挥了重要作用。两者是相互协同促进的关系，相辅相成、缺一不可。

1. 法治建设能够凝聚改革开放的广泛共识

改革开放的政策和措施必须符合国家和人民的根本利益，这就要求我们科学决策和民主决策，而法治建设为科学决策和民主决策提供制度保障。因此，法治建设可以规范改革的程序，从根本上凝聚社会各界的改革共识，使改革能够为人民所理解并获得人民的支持，从而最大限度地降低改革产生的社会风险。江门是著名侨乡，海外华侨华人和港澳台同胞众多，历来有海内外“两个江门”的人缘优势。改革开放后，江门市认真落实党的侨务政策，依法依规妥善处理华侨房屋及其他物业等历史遗留问题，以及涉外婚姻、涉外财产继承和投资经商等，保护他们的合法权益，深受广大侨胞及其亲属的赞誉，极大地调动了海外侨胞、港澳台同胞爱国爱乡热情和支持家乡建设的积极性。如1982年，新会的侨捐学校澄波小学复办，恢复用捐赠人名字作为校名，并为创办人恢复名誉，其后裔深受感动，于翌年捐资105万港元，扩建、修建校舍校园，还承担学校日常开支，附近乡村学生免费就读。之后又捐资1400多万港元在罗坑镇兴建陈瑞祺中学；捐资2000万港元在会城街道兴建陈经纶中学。2006年，全国人大常委会原副委员长顾秀莲在执法工作检查江门汇报会上，对江门贯彻执行《中华人民共和国归侨侨眷权益保护法》给予了充分肯定，认为“江门市政府和各职能部门的工作扎实，工作落到实处，一步一个脚印，一环扣一环来抓落实”。2007年，江门市被评为“全国侨办系统信访工作示范单位”。

2. 改革开放为推进法治建设提供强大动力

坚持制度变革与理论创新相互促进，通过完善各项制度和法律，推动法治建设创新，保障人民的根本利益，为改革提供合法性支持，从而进一步增强人民法治意识，夯实法治建设社会基础。2015年5月28日，江门市取得地方立法权以来，加强对法规、规章草案的合法性研究、论证，立足本地改革实际，创新立法工作，如将程序法作为首部立法，先建章立制后开展立法；先后制定实施了《江门市潭江流域水质保护条例》《江门市市区山体保护条例》和《江门市城市市容和环境卫生管理条例》等地方性法规，实现了立法与改革决策相衔接。

法治政府出“实招”，市校合作共建“法治恩平”

3. *在法治下推进改革，在改革中完善法治*

习近平总书记指出：“凡属重大改革要于法有据，需要修改法律的可以先修改法律，先立后破，有序进行。有的重要改革举措，需要得到法律授权的，要按法律程序进行。”这就要求我们把改革纳入法治的轨道，在改革创新中运用法治思维和法治方式思考问题、破解难题，提高改革决策的科学性，增强改革的可控性，降低改革可能带来的社会风险，使改革规范有序进行。江门市获得地方立法权后，制定实施的首部实体法就是《江门市潭江流域水质保护条例》，通过立法保护好江门的“绿水青山”。并在《江门市潭江流域水质保护条例》中设置了河长约谈制，成为全省首个将河长约谈制写入地方性法规的地级市。目前，江门正在继续完善相关配套制度，以全面推行河长制作为打赢治水攻坚战的重要抓手，确保到2020年底基本实现“河畅、水清、堤固、岸绿、景美”的目标。

三、以法治建设保障和促进改革开放的对策建议

习近平总书记强调，开创广东工作新局面，最根本的还是靠改革开放；广东既是展示我国改革开放成就的重要窗口，也是国际社会观察我国改革开放的重要窗口。“两个重要窗口”的重要定位，是习近平总书记立足全国改革开放大局赋予广东的更大使命担当、提出的更高目标要求。江门市要认真学习贯彻习近平总书记重要讲话精神，坚持用习近平新时代中国特色社会主义思想武装头脑、指导实践、推动工作，进一步真抓实干、奋发进取，坚持在法治之下推进改革发展、在改革发展中完善法治，不断谱写新时代江门法治建设的新篇章，为广东实现“四个走在全国前列”，当好“两个重要窗口”作出江门贡献。

（一）全面加强党对法治建设的领导

完善党领导法治建设的体制机制，充分发挥党委总揽全局、协调各方的领导核心作用，做到党领导立法、保证执法、支持司法、带头守法。各级党委要完善党委议事决策规则，建立健全科学决策、民主决策、依法决策机制，完善党委重大决策听取意见制度，使作出的决策符合法律规定和法定程序，善于运用法治手段解决改革发展中的问题。积极支持人大及其常委会、政府、政协和人民团体依照法律和章程创造性地开展工作。各级党政主要负责人要严格履行推进法治建设第一责任人职责，定期研究、协调解决法治建设重大问题。健全法治江门建设评价指标体系，将法治建设成效作为衡量领导班子和领导干部实绩重要内容。加强政法队伍建设，积极推行法律顾问制度和公职律师制度，加强公证、司法鉴定、人民调解、法律援助等队伍建设。

（二）坚持科学民主立法

健全党委领导、人大主导、政府依托、各方参与的立法工作格局，健全地方立法重大事项报告制度，发挥人大及其常委会在立法工作中的主导作用。坚持“针对问题立法，立法解决问题”工作思路，主动适应江门市改革发展需要，

发挥地方立法引领推动作用,实现立法和改革发展决策的衔接,确保在法治框架内推进改革。及时开展立改废释工作,加强城乡建设与管理、环境保护、历史文化保护等重点领域立法,在不与上位法相抵触的前提下突出江门特色。完善各项地方立法配套制度,拓宽公民参与立法的途径,健全公众意见采纳情况反馈机制。

(三)加快建设法治政府

把政府各项工作纳入法治化轨道,结合政府机构改革,推进机构、职能、权限、程序、责任法定化。加快转变政府职能,深化大部门体制改革和行政审批制度改革,提高行政效能,动态管理市、区两级政府权责清单。依法全面正确履行政府职责,切实解决越位、错位、缺位、不到位的问题,健全部门间协调配合机制,进一步理顺关系,进一步推进简政放权。全面贯彻落实法治政府建设实施纲要,健全依法决策机制,加大政务公开力度,推进审计监督全覆盖,强化对行政权力的制约与监督。推进市场监管、环境保护、城市管理等领域综合行政执法改革,促进严格规范公正文明执法,规范行使行政执法自由裁量权,严格行政执法过错责任追究。建立健全"12345"政务服务平台与投诉举报平台,落实行政机关负责人出庭应诉制度,加大行政问责力度,坚决纠正行政不作为、乱作为。加快推进政务公开,制定政务公开负面清单,完善政府新闻发言人、突发事件信息发布制度。

(四)深入推进公正司法

深入推进司法体制改革,完善以审判为中心的诉讼制度,优化司法职权配置,落实司法责任制,完善司法管辖制度,切实提高司法质量、效率和公信力,逐步形成权责明确、相互配合、相互制约、高效运行的司法体制。深化司法体制综合配套改革,健全领导干部干预司法活动、插手具体案件处理的记录制度和责任追究制度。开展人民法庭审判权运行机制改革工作,健全网络财产查控、失信惩戒等执行工作机制,推动解决执行难问题。贯彻宽严相济刑事政策,落实人民陪审员和人民监督员制度。加强检察机关各项法律监督工作,建立健全检察机关提起公益诉讼制度。全面推进司法公开,努力让人民群众在每一个司法案件中都感受到公平正义。

(五)积极营造法治化营商环境

全面融入“一带一路”建设和粤港澳大湾区建设,积极推动江港澳深度合作,深化以清单制、委托制、承诺制为重点的“放管服”改革,分类改革涉企行政审批事项,加快投资项目在线审批监管平台建设,深入推进“证照分离”“多证合一”等商事制度改革,力争实现“只进一扇门、最多跑一次”“只进一个网、办事零跑动”。全力推进“数字政府”综合改革试点,破除行业和部门“数据孤岛”。完善商事纠纷非诉讼调解及商事仲裁机制,维护公平、合理的市场秩序和保护创新的法治环境。加快企业信用体系建设,打造“信用江门”。

(六)全力维护社会稳定

落实社会治安综合治理领导责任制,加强社会治安防控体系建设。加大对社会治安重点地区和突出问题排查整治力度,坚决打赢扫黑除恶专项斗争三年攻坚战,进一步提升群众安全感。全面防控各类风险,更加注重主动治理、源头治理、系统治理,健全社会矛盾排查预警、利益表达、救助救济等机制,依法妥善处置群体性事件。大力推进信访法治化建设,落实信访工作责任制,推动信访积案化解,依法规范信访行为,健全信访工作机制。推进人民调解、司法调解与行政调解三大调解机制的有效衔接。将调解工作和综治工作、信访工作有机结合,健全调解、仲裁、行政裁决、行政复议、行政诉讼等化解矛盾纠纷的多元联动机制。推进覆盖城乡居民的公共法律服务体系建设,完善一村(社区)一法律顾问工作制度,健全律师服务基层治理长效机制。完善法律援助制度,加大司法救助体系建设,加强“12348”公共法律服务平台建设,提升热线服务功能和水平。

(七)提高全民法治意识

抓好“七五”普法规划的实施,完善法治宣传教育工作格局。深入开展宪法学习宣传教育活动,大力弘扬宪法精神,维护宪法权威。加强对领导干部、青少年学生和外来务工人员的法治宣传教育。建立健全媒体公益普法制度,落实“谁执法谁普法”的普法责任制，发挥新媒体新技术在普法工作中的作用，实施“互联网+法治宣传”行动，建设法治宣传教育云平台。深入开展社会主义核心价值观宣传教育，充分发挥法治典型和道德模范的示范引领作用。鼓励文化企业、团队参与法治文化作品的创作，培育具有五邑侨乡特色的法治文化品牌。全面推进法治城市、法治县（市、区）、法治乡镇（街道）、民主法治村（社区）、依法治校示范校创建活动。提供更多优质、便捷、经济的公共法律服务，加大法律援助和司法救助力度。大力弘扬社会主义法治精神，让广大人民群众充分相信法律、自觉运用法律，努力形成办事依法、遇事找法、解决问题用法、化解矛盾靠法的良好法治环境。

改革开放中的法治政府建设

于 晓 军*

党的十一届三中全会的召开开启了我国改革开放历史新时期，全国人民在党的领导下，在新的历史阶段开始了新的伟大革命。肇庆作为粤港澳大湾区城市群之一，连接大西南枢纽门户城市，秉包公之风，开改革之先河，一方面，经济社会持续高速发展，实现了从粤西小渔村到现代化都市的华丽转身，到2017年地区生产总值达2190亿元，人均生产总值提升到53674元，全体居民人均可支配收入达22500元。肇庆市经济发展成就详见下表。

肇庆市经济发展成就对比表（以1978年和2017年为对比年份）

	1978年	2017年	2017年∶1978年
GDP	8.51亿元	2200.61亿元	259倍
第一产业产值	4.23亿元	487.67亿元	115倍
人均GDP	307元	53674元	175倍
地方财政一般预算收入	0.77亿元	94.85亿元	123倍
城乡居民储蓄存款余额	0.63亿元	1388.91亿元	2205倍

注：表中数据来源于肇庆市统计局。

另一方面，肇庆社会平安稳定，连续四次被中央综治委评为全国社会治安综合治理优秀城市，并两度荣获全国社会治安综合治理工作的最高奖项“长

* 广东省肇庆市委政法委常务副书记，市法学会常务副会长。

安杯”;2013 年肇庆市被全国普法办评为“全国首批法治城市创建活动先进单位”,下辖四会市被授予“全国第二批法治县(市、区)创建活动先进单位”。在经济发展社会稳定的同时,肇庆市法治政府建设也取得令人瞩目的成效,探索积累了许多宝贵的经验。回顾历史、总结经验、展望未来,自觉地用以指导今后一段时期整个法治政府建设进程,为经济和各项社会事业继续健康发展提供保障,意义重大。

一、肇庆市构建法治政府的简要回顾

改革开放四十年来,我国社会主义法治建设经历了不同的发展阶段,肇庆市构建法治政府的历程与我国法治政府的建设过程相伴随,是落实和推进国家、广东省依法行政要求的过程。

(一)政府法制建设的恢复和探索

1978 年 12 月,中国共产党召开了十一届三中全会。全会结束了“以阶级斗争为纲”、动辄“运动”的年代,宣告“要把全党工作的重点转移到社会主义现代化建设上来”。会议提出了“为了保障人民民主,必须加强社会主义法制,使民主制度化、法律化,使这种制度和法律具有稳定性、连续性和极大的权威,做到有法可依、有法必依、执法必严、违法必究”的工作方针,并将“发扬社会主义民主,加强社会主义法制”作为基本治国方针,吹响了法制建设的集结号,我国法制建设开始步入恢复和探索发展的轨道。和全国一样,这一阶段,肇庆市法治政府建设是在计划经济体制下恢复,同时作出了适应社会主义市场经济发展的新探索。相继重建了公安局、司法局、人民法院、人民检察院等法治专门机构,根据中央“做到有法可依、有法必依、执法必严、违法必究”“从依政策办事,逐步转变为既要依政策办事,又要依法律办事”“法制建设必须贯穿于改革的全过程”等指导思想,做好社会管理各项工作。1989 年,广东省政府发出《关于建立健全政府法制工作机构的通知》(粤府〔1989〕116 号),就全省各市、县(区)人民政府和省政府直属各单位建立和健全法制工作机构问题作出了具体部署,明确了市、县政府和省政府直属各单位法制工作机构的 7

项职责任务。此后,肇庆市政府也组建政府法制工作机构,并明确各级政府法制工作机构是同级政府法制工作的专门机构,也是同级政府及行政机关领导在处理法律事务方面的参谋、助手和顾问。

魅力中国城 肇庆新风貌

(二)法治政府建设全面展开

进入20世纪90年代,党中央提出以约束行政权力、规范政府行为为重要手段,建设法治政府。1993年11月,党的十四届三中全会通过的《中共中央关于建立社会主义市场经济体制若干问题的决定》中提出了八个方面的改革内容,其中明确要求:“各级政府都要依法行政、依法办事。”这是党的文件中第一次正式确立依法行政的原则。肇庆市按照中央部署严格执行行政诉讼法等一系列规范政府行为的法律、行政法规为抓手,及时出台相关配套措施,行政机关依法行使行政权力的氛围逐步形成。肇庆市与社会主义市场经济体制相适应的法治政府建设由此全面展开。1997年3月,肇庆市在德庆县召开全市依法治市工作经验交流会,回顾总结全市依法治市工作情况,进一步深化认识,明确思路,推进依法治市工作上新台阶。市政府法制工作继续围绕依法治市、依法行政的目标,努力促进政府工作规范化、法治化,不断改善和提高行政管理、行政执法的水平。1999年,市政府共发布规范性文件13件,内容主要涉及城市建设、旅游及环境保护、高新技术开发等促进经济社会发展方面的工作,如《肇庆市星湖景观娱乐用水保护区管理规定》《肇庆市开采石矿粘土矿自然生态环境治理规定》《肇庆市高新科技产业开发区若干优惠政策》等。1999年实施新的行政复议法,扩大行政复议的受案范围,肇庆市进一步强化行政机关内部层级监督纠错机制,进一步完善行政复议制度。在这一阶段各县(市、区)普遍设立了政府法制工作机构,部分县(市)还在乡镇一级设立法制工作机构或配备了专职或兼职法制员,市政府部门大多设立了法规科,有力地推进法治政府建设。

(三)法治政府建设加速推进

进入21世纪特别是党的十八届四中全会后,肇庆市进入加快推进依法行政、建设法治政府的阶段,近两届政府按照国务院提出"全面推进依法行政、经过10年左右坚持不懈的努力,基本实现建设法治政府的目标",积极探索符合肇庆实际的依法行政、法治政府建设模式推进法治政府建设。首先,肇庆市确立法治建设目标,制定并部署实施《法治肇庆建设五年规划(2011—2015)》,大力推动法治幸福肇庆建设,全民法治意识不断增强,社会大局和谐稳定,为实施"两区引领两化"战略、[①]加快建设珠三角连接大西南的枢纽门户城市营造良好法治环境;其次,肇庆市以依法行政为抓手,创新决策手段,完善执法模式,先后颁布实施了《肇庆市法治政府建设实施意见(2016—2020年)》《肇庆市全面推进依法行政若干规定》,为全市依法行政提供行为规范准则,并加强督察落实中央和省《法治政府建设实施纲要(2015—2020)》(以下简称《纲要》),压实法治政府建设工作职责;再次,以开展党的群众路线、"解放思想、实干兴肇"等系列主题教育实践活动为契机,稳妥推进法治政府建设各项工作;最后,将法治重点下沉到基层一线,积极推行各级党代表、人大代表、政协委员到镇、街综治维稳中心参与信访活动,及时把矛盾化解在基层,保障群众的合法权益,维护社会大局的和谐稳定。

新城崛起、府城复兴。和全国、全省一样,法治的春天助推了肇庆改革开放和大跨度的发展,也为肇庆经济社会持续发展、全面建成小康社会奠定了制度、机制和体制上的重要基础。

二、肇庆市法治政府建设的成效与经验

改革开放以来，特别是国务院《全面推进依法行政实施纲要》颁布以来，肇庆市各级行政机关及其工作人员依法行政的理念和意识持续增强，运用法律手段处理经济社会事务的能力不断提高，行政机关权力与利益脱钩、权力与责任挂钩不断得到强化，行政公开、民主参与、行政管理程序约束等制度不断健全完善，政府工作开始走上了行政决策合法化、行政执行规范化、行政监督法治化之路，法治政府建设、政府职能转变、行政管理体制和方式改革等都取得了显著成效。

（一）“全方位”推进“放管服”改革层面的法治实践创新，政府服务效能显著提升

“简政放权、放管结合、优化服务”既是当下行政体制改革的重要内容，也是法治政府建设的基本要求。肇庆市按照党中央、国务院提出的“放管服”改革思路，注重运用法治思维和法治方式，“全方位”推进“放管服”改革层面的法治实践创新，使得政府服务效能显著提升。一是不断取消和下放审批事项，推动政府职能转变。近年来先后六次调整行政审批事项共 418 项，精简率达到 55%以上，基本实现了政府权力的“大瘦身”，有效推动政府职能转变。二是建立完善权责清单制度，把“权力关进制度的笼子里”，49 个市直部门共梳理权责事项 6132 项，八个县（市、区）政府及部门共梳理权责事项 39619 项，并在各级政府门户网站和部门门户网站上公布。三是全面清理规范行政许可中介服务项目及收费，促进中介服务行业公平竞争。前后分三批清理规范了 84 项行政许可中介服务项目，公布了市级保留的行政审批中介服务共 103 项，破除垄断，有效促进中介服务市场健康发展，形成以市场调节为主、政府定价为辅的价格监管方式。四是深化商事制度改革。出台《肇庆市企业集群注册登记管理暂行办法》，推进“一照一码”登记制度改革，实施“五证合一”改革。全面启动“多证合一”服务模式，在肇庆开办企业最多七天就可以领取营业执照、印章、银行开户许可。五是建立健全信用体系。完善手机 APP 和微信应

用平台建设,完成第二批单位首期数据采集和入库。建立健全肇庆市征信平台建设,市公共信用信息管理系统共归集 44 个市直部门、287 个县级部门的信用信息数据,实现与省级信用平台的对接。六是优化"一门式一网式"政府服务模式改革,加快网上办事大厅建设和应用。建成全省首个实现不分类收件、"一窗通办、全科服务"的城市。企业投资项目审批总时限从 107 个工作日缩短为 36 个工作日,开办企业全流程时间由 25 个工作日缩短为最多七个工作日,开办企业便利度位居全省前列。行政审批事项网上全流程办理率和办结率分别为 98.6%和 96.4%,142 项行政审批事项实现"零跑动"办理。

整体来看,肇庆市近年来推行的"放管服"改革不仅促进政府服务效能显著提升,而且在改革方式上,坚持与厉行法治协调同步,注重政府职能法定化,注重改革程序的正当性、合法性,实现了政府活动全面纳入法治轨道的改革要求,有力促进了法治政府建设。

(二)"全领域"推进制度层面的法治实践创新,依法行政制度体系不断完善

制度建设是推进依法行政、建设法治政府的基础和根本。建设法治政府的关键是构建系统完备、科学规范、运行有效的依法行政制度体系。《纲要》对依法行政制度体系的构建提出了具体要求。近年来,肇庆市围绕《纲要》要求,加强政府立法和规范性文件管理工作,使得依法行政制度体系不断完善。

1. 加强重点领域政府规章立法工作

市委高度重视地方立法工作,定期听取立法工作情况汇报,研究解决具体问题。市委主要领导在 2017 年 3 月 28 日省人大常委会会议上,亲自到会对《肇庆古城墙保护条例》作说明,是全省各市第一次由市委、市人大常委会主要领导到会作法规说明,得到了省人大常委会的充分肯定。2015 年 7 月,市人大常委会与肇庆学院合作建立地方立法研究评估与咨询服务基地,促进地方立法质量的提高。肇庆市政府积极支持配合地方性法规立法工作,自 2015 年 9 月获得地方立法权以来,市政府组织起草地方性法规草案和参与起草市人大地方性法规草案共六件,其中地方性法规《肇庆市城区市容和环境卫生管理条例》《肇庆市古城墙保护条例》等已获省人大常委会批准并颁布实施;

市政府规章《肇庆市控制和查处违法建设办法》和《肇庆市人民政府起草地方性法规草案和制定政府规章程序规定》颁布实施,《肇庆市消防安全管理规定》已颁布,将于 2018 年 2 月 1 日实施。其他列入立法计划的地方性法规和规章正在有序推进。

肇庆市委理论学习中心组专题学习“宪法修改与新时代宪法实施”

2. 坚持以人民为中心,加强立法信息公开、立法听证、立法调研等工作

在首个地方性实体法规《肇庆市城区市容和环境卫生管理条例》起草审议过程中,充分协调并较好地处理城管综合执法改革实践与规范保障市容和环境卫生管理两者的关系,实现了立法与改革的有机衔接;《肇庆古城墙保护条例》及《肇庆市端砚石资源保护条例》在起草时主要着眼于处理好政府管理与社会参与、修复与保护、保护与合理利用三种关系,对保护肇庆古城墙、肇庆独有的端砚石资源与推动历史文化名城、砚都建设有重要意义;其他相关法规草案都能够很好地体现以地方立法方式保护肇庆特色资源和传承发展本土历史文化、保障和促进改革发展的重要理念。市政府重点抓好政府规章立法工作,连续两年编制规章和规范性文件制定计划并向社会公布,完成首个地方政府规章《肇庆市控制和查处违法建设办法》的颁布实施,将《肇庆市农贸市场建设管理办法》《肇庆市城区机动车停放管理办法》等纳入年度规章立法项目

组织实施。为提高立法质量,坚持开门立法,规章草案在制定过程中,注重公开征求公众意见,善于借助“肇庆发布”微信公众号发布立法信息和征集民意,深入基层镇(街)、村(居)调研听取群众意见,让规章立法“接地气”。依托政府法律顾问团和地方立法专家库,借力“外脑”,发挥智囊作用,综合研究并采纳各方面反馈意见,对规章草案中有争议的条款反复斟酌并协调有关各方形成一致意见,修改完善后再审议研究,让规章立法“有共识”。规章和规范性文件发布后及时通过纸媒、网媒开展规章的深度解读和专题报道,让规章立法“容易懂”。

3. 加强规章和规范性文件监督管理工作

制定《肇庆市人民政府办公室关于印发肇庆市行政机关规范性文件统一登记统一编号统一公布规则的通知》。2015 年至 2017 年,连续三年组织开展规范性文件清理工作,对 1988 年地改市以来现行有效的市政府规范性文件进行全面清理,目前,共废止规范性文件 184 个,修订规范性文件 60 个,基本完成对现行有效的规章和规范性文件清理工作并向社会公布。

4. 进一步建立健全依法决策工作机制

制定《肇庆市人民政府重大行政决策程序规定》等决策制度,坚持把公众参与、专家论证、风险评估、合法性审查、集体讨论决定作为重大行政决策必经程序,确保决策制度科学、程序正当、过程公开、责任明确。加强重大行政决策事项目录管理。从 2016 年起,连续两年编制市政府及其相关部门的重大行政决策事项目录,并在市政府门户网站及部门门户网站公布。同时依托政府信息公开发布平台,加强重大行政决策公众参与平台建设,实现公众参与决策常态化。贯彻执行省、市重大行政决策专家论证制度,组建重大行政决策咨询论证专家库。建立完善政府法律顾问工作机制,为重大行政决策合法性审查提供有力法治保障。制定《关于建立完善市委市政府法律顾问工作方案》《肇庆市人民政府法律顾问工作规则》等制度文件,建立以政府法制工作机构人员为主体,吸收专家和律师参加的法律顾问队伍,全面完成市、县(市、区)两级政府法律顾问室建设,并向政府部门及基层乡镇延伸拓展。

整体而言,肇庆市坚持以人民为中心,突出重点、提升质量、强化效果,“全领域”推进制度建设,着力完善政府制度体系,不断提高制度执行力,为推进依法行政、建设法治政府,也为建设人民满意的政府提供制度保障。

(三)“全角度”推进行政执法的法治实践创新,行政执法管理不断规范

行政执法体制既是行政体制的重要组成部分,更是法律实施体制的关键环节。深化行政执法体制改革是全面推进依法治国、加快建设法治政府的迫切要求。深化行政执法体制改革能否取得显著成效,直接关系到法律法规能否全面正确实施,关系到人民群众合法权益能否得到切实保障,关系到经济社会秩序能否有效维护,关系到依法行政能否真正落到实处。肇庆市政府近年来“全角度”推进行政执法的法治实践创新,使得行政执法管理不断规范。

1. 大力推进综合执法改革

完成城市管理和综合行政执法局体制改革,建立了“统一领导、重心下移、条块结合、以块为主、分级管理”的执法体制。合理划分市食品药品监管局与各层级的事权,形成了横向到边、纵向到底覆盖“市、县、镇、村”四级食品安全监管体系。完成劳动保障监察综合行政执法体制改革和农业综合行政执法体制改革。

2. 严格实行行政执法人员持证上岗和资格管理制度

建立全市行政执法人员网上培训和考试平台,对未通过培训考试的1000多名执法人员重新进行培训考试,全面实行行政执法人员网上培训和网上考试,全面提高行政执法人员执法水平。

3. 健全行政执法和刑事司法衔接机制

建立完善两法衔接信息共享平台系统,2017年,85个单位新接入两法衔接信息共享平台系统,全市接入两法衔接信息共享平台系统的单位增加到328个,基本实现了全覆盖。

4. 进一步规范行政执法行为

厘清执法权限,规范执法程序,对全市行政处罚、行政许可、行政强制等10类行政权力进行了全面清理,编制执法权责清单和行政执法运行流程图。健全完善行政裁量权基准制度。建立诚信档案、失信联合惩戒和黑名单制度。建立肇庆市行政执法业务和电子监察系统电子行政执法平台,做到执法程序

网上流转、执法活动网上监督。建立肇庆市公共信用信息管理系统平台。在市公安局、市城市管理和综合行政执法局、市农业局试点推行行政执法全过程记录制度。

5. 全面落实行政执法责任制和行政执法案卷评查监督工作

严格执行《广东省行政执法责任制条例》,各级行政执法机关全面建立执法责任和责任追究机制,完善行政执法责任制的相关配套文件。对全市行政执法部门行政处罚、行政强制、行政许可等案卷进行了集中评查,切实规范行政执法行为。

(四)“全链条”推进社会矛盾纠纷化解的法治实践创新,社会秩序和谐稳定

改革开放以来,随着我国经济社会的快速发展,社会各阶层的利益需求日益分化多元,由此产生的矛盾纠纷也愈加复杂多样。党的十八大提出要推进国家治理体系和治理能力现代化。而国家治理体系和治理能力现代化,从本质上说,就是要改变过去单纯的纵向管理、单向管理、垂直管理,丰富发展为法治、德治、自治、共治的多元治理体系。妥善化解矛盾纠纷,除加强和改进司法机关、行政机关等官方主导的化解手段外,还必须充分调动各种范畴、各种层次、各种形式的社会力量参与矛盾纠纷的化解。如何最广泛地调动各种社会力量化解矛盾纠纷,维护社会和谐稳定,是推进国家治理体系和治理能力现代化面临的重大课题。肇庆市经过多年探索,建立健全了人民调解、行政调解、司法调解等有机衔接、互相协调的多元化纠纷解决机制,成功构建社会矛盾纠纷“大调解”工作格局,使得社会秩序和谐稳定。2017 年 1 月至 11 月,全市人民调解组织共调解各类矛盾纠纷 7014 件,调解成功 6826 件,调处成功率为 97.32%。深入开展“一村(社区)一法律顾问”活动,将法律服务延伸到基层,努力将矛盾纠纷化解在基层。肇庆市还深入贯彻落实《广东省信访条例》,畅通信访渠道,健全利益协调机制、诉求表达机制、协调对话机制。充分发挥综治信访维稳中心的统筹协调作用,积极引导和支持信访人理性表达诉求、依法维护权益。坚持市长信箱、市领导接访日、信访工作领导责任追究等制度,全面推行部门联合接访,实现省交办信访积案结案率 100%。深入推进“阳光信

访”,建成肇庆市网上信访信息系统并与省级信访信息系统对接,在全省率先开通肇庆手机 APP 信访平台,实现信访事项全过程的实时查询。

肇庆市调动各种范畴、各种层次、各种形式的社会力量参与,“全链条”推进社会矛盾纠纷化解的法治实践创新,创造了肇庆和谐稳定安乐祥和的社会局面,得到了中央、省的充分肯定,也为推进国家治理体系和治理能力现代化积累了宝贵经验。

(五)“全过程”推进行政权力监督制约的法治实践创新,监督机制不断健全

行政权力作为国家权力的重要组成部分,一旦被滥用,就会对公民合法权益带来损害,从而影响依法治国方略的实施。全面推进依法治国,必须强化对行政权力的制约和监督。因此,必须加强监督制度建设,强化对行政权力的制约和监督。这既是有效保障公民基本权利的客观需要,更是全面推进依法治国的重点环节。改革开放以来,经过多年实践发展和制度建设,我国已经形成一套有中国特色且行之有效的行政权力制约和监督制度体系。肇庆市根据国家的行政权力制约和监督制度,“全过程”推进行政权力监督制约的法治实践创新,构建较为完备的行政权力监督机制。

1. 主动接受党内监督、人大监督、民主监督、司法监督

市政府及其部门切实履行党风廉政建设主体责任,加强本级政府本部门党风廉政建设。严格执行依法行政定期报告制度,市政府在每年第一季度内向省政府、市委和市人大常委会报告年度依法行政和法治政府建设工作情况。出台《肇庆市行政应诉工作规定》,推动行政机关负责人出庭应诉。2017 年,市政府负责人两次出庭应诉最高人民法院受理的征地行为行政纠纷再审案、省高级人民法院受理的梁某吴某诉市政府和市国土资源局行政纠纷案,得到人民法院的肯定评价,起到很好的示范作用。

2. 加大行政监督和行政监察力度

完善行政不作为、乱作为及失职、渎职举报投诉和监督查处制度。进一步完善网上办事大厅和电子效能监察系统建设。深化本级预算执行审计监督,推动领导干部依法履职和廉洁从政。

3. 完善社会监督和舆论监督机制

健全“12345”便民服务平台与投诉举报平台并向县(市、区)延伸,建立平台微信公众号。建立健全对行政机关违法行政行为实名投诉举报登记制度,依法及时调查处理违法行政行为。

4. 全面推进政务公开,打造“阳光政府”

贯彻落实中央和省关于全面推进政务公开的有关意见,坚持以公开为常态、不公开为例外原则。重点推进财政预决算、公共资源配置、重大建设项目批准和实施、社会公益事业建设、公共监管等领域的政务信息公开。推进本级预算执行及其他财政收支情况的审计工作报告和依法行政(法治政府建设)报告在市政府门户网站公布。

(六)“全覆盖”推进法治教育培训的法治实践创新,政府工作人员法治思维和依法行政能力全面提高

政府工作人员是行政机关开展各种行政行为及具体行政事务的实施者和执行者,他们的法治思维方式和依法行政能力高低,直接影响行政相对人即公民、法人和其他组织的权利义务能否有效实现,对于法治政府意义重大。党的十八届四中全会通过了《中共中央关于全面推进依法治国若干重大问题的决定》,站在完善和发展中国特色社会主义制度、推进国家治理体系和治理能力现代化的战略高度,就全面推进依法治国、建设社会主义法治国家作出了全面部署,对坚持依法执政提出了具体要求:即各级领导干部要带头遵守法律,带头依法办事,不得违法行使权力,更不能以言代法、以权压法、徇私枉法;坚持把领导干部带头学法、模范守法作为树立法治意识的关键,完善国家工作人员学法用法制度;党员干部是全面推进依法治国的重要组织者、推动者、实践者,要自觉提高运用法治思维和法治方式深化改革、推动发展、化解矛盾、维护稳定的能力。中组部、中宣部、司法部、人力资源和社会保障部于 2016 年 3 月 22 日联合印发《关于完善国家工作人员学法用法制度的意见》,就进一步推动国家工作人员学法用法工作,切实提高国家工作人员法治素养和依法办事能力提出了指导意见。肇庆市特别注重强化领导干部法治意识,建立健全了公务员特别是领导干部学法用法制度,建立领导干部尊法学法守法用法长效机

制,加强领导干部法治教育培训,制定《关于进一步完善国家工作人员学法用法制度的实施意见》,健全和完善市政府常务会议学法制度。要求市、县(市、区)两级政府领导班子成员集体学法两次以上。同时加强全市政府工作人员法治教育培训,对全市政府工作人员进行年度普法考试,落实"谁执法谁普法"制度,制定出台《2017年肇庆市普法领导小组成员单位"谁执法谁普法"普法责任清单》,以创建国家文明城市为契机,深入开展法治宣传,启动"与法同行、共创文明"专项行动。肇庆市"全覆盖"推进法治教育培训的法治实践创新,使得政府工作人员法治思维和依法行政能力全面提高。

总结回顾改革开放以来特别是党的十八大以来肇庆法治政府建设取得的成效,可以得出以下经验。

1. 法治政府建设必须始终坚持党的领导

党领导人民制定宪法、法律,同样也领导人民实施宪法、法律。建设法治政府,一刻也离不开党的领导。回顾肇庆市法治政府建设的进程可以看出,每一次法治政府建设的跨越式前进,工作重点的变化,无不是在党作出重大决策之后进行的,每一项成效的取得,无不是在党的政策指导和党的领导下进行的。

2. 法治政府建设必须始终坚持以人民为中心

我们的政府是人民的政府,是为人民服务的政府。政府的一切权力都来自于人民。人民权利的行使和保障,是法治政府建设的内在要求。因此,建设法治政府必须坚持以人民为中心,将满足人民的意愿、诉求作为衡量法治政府建设成败的最高的终极的尺度。肇庆市始终坚持把创新、协调、绿色、开放、共享的发展理念贯穿到法治政府建设各个方面,解决了一大批事关群众切身利益的难点热点问题。也只有坚持以人民为中心,及时总结、升华人民群众在改革中的创新之举,才能依据实践推进法治政府建设。

3. 法治政府建设必须适应经济社会发展的需要,重视基层实践创新

经济基础决定上层建筑。法治政府建设的实践证明,法治政府建设必须,也只能适应经济社会发展需求而发展。改革开放后,我国经过基层实践创新探索逐步确立了社会主义市场经济,法治政府建设便发生适应社会主义市场经济需求的变化。而且,法治政府建设的步伐快慢也取决于经济社会发展需求及基层实践创新的强烈程度。换言之,经济社会发展的需要和基层实践创

新是推进法治政府建设的直接动力。

4. 法治政府建设必须解放思想

建立在社会主义市场经济基础上的社会主义的法治政府,必须坚持从实际出发,从经济社会发展的需要出发,从人民群众的利益诉求出发,破除旧体制、旧机制、旧观念、旧习惯的桎梏,解放思想、勇于创新。肇庆市始终坚持把改革创新作为法治政府建设的根本动力,以前不敢碰、不敢啃的“硬骨头”被一一砸开,走出了一条法治政府建设先行先试的新路子。

三、新时代肇庆法治政府建设的展望

深化改革、扩大开放,需要有完备的法治来保障。随着改革开放的不断深入,经济社会各项事业的全面推进,经济社会生活以及利益关系发生了许多新的变化,需要通过不断完善法律、法规和制度来加以规范和调整。习近平总书记在中共十八届中央政治局第四次集体学习时指出,要“坚持依法治国、依法执政、依法行政共同推进,坚持法治国家、法治政府、法治社会一体建设”。法治政府,简而言之,即政府在行使权力和履行职责的过程中,始终做到坚持法治的原则,严格依法行政,政府的各项权力都在法治轨道上运行。通过法治政府建设,依法规范和约束政府权力,依法界定政府与企业、政府与市场、政府与社会的关系,更多地运用法律手段管理经济社会事务,才能充分发挥市场在资源配置中的基础性作用,从而进一步解放和发展社会生产力,推动经济社会跨越式发展。

党的十九大全面总结了党的十八大以来依法治国取得的辉煌成就,科学描绘了新时代法治政府建设的宏伟蓝图,对“建设法治政府,推进依法行政,严格规范公正文明执法”作出了重要部署,吹响了建设法治政府的号角,开启了建设法治政府的新征程。展望今后一段时期,肇庆市要将深入贯彻落实党的十九大精神,以习近平新时代中国特色社会主义思想为指导,贯彻落实好习近平总书记对广东提出的“四个走在全国前列”的要求,全身心投入到建设珠三角连接大西南枢纽门户城市的热潮当中,敢于破除落后观念,努力解放思想、“干”字当头、敢闯敢试,深化全面依法治国实践,按照省委省政府和市委的部署要求，朝着在2018年内基本建成法治政府的目标奋勇前进，建议主要从以下五方面推进。

（一）全面贯彻《法治政府建设实施纲要》，深入推进法治政府示范区建设

法治政府示范区建设能够大力促进法治政府建设。肇庆市在贯彻落实中央和省《实施纲要》，建设法治政府示范区方面取得了很大的成效，示范区创建的措施很实，在行政决策、行政体制改革、政务公开、政府法律顾问4个方面先行试点工作任务均做到有措施、有成果、有亮点。但在上述方面宣传贯彻力度不够大，措施还不够实。建议今后，一方面抓好宣传贯彻，借助普法宣传、法治培训、互联网等方式广泛宣传，采取生动的形式让群众知晓。另一方面，列出年度需要完成的重点工作任务，建立清单和台账，落实责任单位和完成时限，实施“挂图作战”。同时，把法治政府示范区建设纳入市年度依法行政评查督促落实，强化考核评价和督促检查机制及考评结果运用，加强对法治政府建设进展情况督促检查。

（二）进一步加大简政放权力度提升行政效能

深入贯彻落实中央和省关于全面深化改革、全面推进依法治国的各项部署，加大简政放权力度，继续向基层下放事权，依法推行政府购买服务，积极构建公共法律服务体系。推行行政机关机构、职能、权限、程序、责任法定化。深入开展行政审批制度改革，全面落实政府部门权责清单制度，推进企业投资负面清单制度。继续深化商事登记改革，强化市场监管体系建设，营造良好的政务环境。

（三）进一步提高政府立法水平和制度建设质量

肇庆获得地方立法权时间不长，立法经验还不足。一般而言，地方立法前期工作启动早、准备充足、质量水平也比较高，因此，建议今后围绕“十三五”时期的重要方针政策和重点决策部署，早启动早做准备，科学制定立法计划，发挥立法的引领、保障和推动作用，实现立法和改革决策相统一、相衔接。坚

持开门立法,努力拓展收集地方性法规草案和政府规章草案意见的征集面,多到基层一线听取执法部门和群众代表的意见,多调动高校专家、律师协会、人大代表、政协委员、民主党派等专业人士为法规规章草案建言献策的积极性,使地方立法更体现地方特色、更细致实用。在规范性文件管理方面,则要进一步落实规范性文件"三统一"制度和政策解读工作,推行规范性文件有效期制度,制定相关制度,建立健全常态化的规章和规范性文件清理机制。

(四)进一步规范重大行政决策程序,推动政府决策科学化、民主化、法治化

肇庆市下辖的个别县(区)和市直部门在重大行政决策的制度建设方面尚未完善,在推动机制落实层面上还有欠缺,如重大行政决策目录管理制度和实施后评估制度部分单位尚在探索实施当中。建议今后要抓好市、县(市、区)两级的重大行政决策制度建设,抓紧实现制度的全覆盖。加快推动重点部门在重大行政决策制度落实方面作出示范,形成经验,予以推广,把重大决策公众参与、专家论证、风险评估、合法性审查和集体讨论决定机制全面纳入法定程序。同时要进一步发挥政府专家顾问团和政府法律顾问在制定重大决策、推进依法行政中的积极作用,主动为政府决策提供专业的服务。

(五)进一步深化行政执法体制改革,严格规范公正文明执法

在信息时代要紧紧把握时代发展的脉搏,充分依托"互联网+"和综合执法平台建设推动行政执法规范化、信息化,提升执法效率和工作水平。朝着加快建立权责明确、行为规范、监督有效、保障有力的行政执法体制方向努力,大力推进城市综合执法改革工作。全面建立行政执法全过程记录制度、重大执法决定法制审核制度、行政执法公示制度,与珠三角核心地区同步建立统一的行政执法信息平台。同时,大力加强法治人才队伍建设,做到严格规范公正、文明执法。

【注释】

①即通过推动肇庆高新区、肇庆新区建设,加快引领肇庆市全市的新型工业化、城市化进程。

法治护航改革开放

李 安 平*

改革开放四十年来，韶关人民与全国人民一道，共同参与了改革开放的伟大征程，见证了这段波澜壮阔的历史。经过四十年的改革开放，韶关发生了翻天覆地的变化，取得了令人瞩目的成就。新时期，韶关正以习近平新时代中国特色社会主义思想为指引，以广东省委十二届四次全会精神为遵循，在新的历史起点上全面开创改革发展的新局面。在韶关发展的进程中，法治为经济建设营造了和谐的社会氛围和良好的发展环境，在韶关深化改革、推动发展的进程中发挥了举足轻重的作用。

一、改革开放四十年韶关取得的主要成就

改革开放四十年来，在党中央、国务院和省委、省政府的正确领导下，韶关市委、市政府团结带领全市人民锐意进取，经受住了各种严峻考验和重大挑战，走过了四十年不平凡的风雨历程，在经济、政治、社会、生态等领域都取得了令人瞩目的成就。

（一）经济实力实现历史跨越

改革开放四十年来，韶关经济以年均 9.47%的速度快速增长，地区生产总值于 1997 年提前三年实现比 1980 年翻两番的目标，城市综合竞争力 2003

* 广东省韶关市委常委、市委政法委书记。

年跃升全省二类地区,2005 年进入中国综合实力百强城市。2017 年,完成生产总值 1338 亿元,比 1978 年增长 139.9 倍;财政总收入 256.96 亿元,比 1978 年增长 136.7 倍。回顾四十年的发展历程,韶关经济发展呈现出三大鲜明特点:一是经济质量明显提高。2017 年,韶关人均地区生产总值为 45086 元,比 1978 年的 413 元增长 108.2 倍;三大产业结构由 1978 年的 31.7∶48.6∶19.7 优化调整为 2017 年的 12.8∶36.7∶50.5。二是内外源型经济协同发展。1979 年,韶关与外商首批签订五宗引资合同,1980 年实现第一笔 5 万美元外资到位。到 2017 年末,累计实际利用外资 40.89 亿美元。民营经济也从无到有,2017 年完成增加值 682.57 亿元,占据全市 GDP 的半壁江山,成为经济发展的主力军。三是发展后劲不断增强。2017 年,全社会固定资产投资完成 692.8 亿元,比 1978 年的 1.6 亿元增长 432 倍,一大批国家、省的重点项目相继动工、竣工和投产,为经济持续发展奠定了基础。

(二)城乡面貌展现全新气象

四十年来,韶关城乡面貌发生了翻天覆地的变化,韶关形象得到提升。依托市区三江穿境、三山环绕的良好生态,韶关做好山水林园路与城市的共生共融文章,高水平山水城市成为发展新亮点。市区建成了 12 公里滨江景观带,三江六岸呈现出“河畅、岸固、水清、景美”新面貌。建成城市绿化景观带 300 多公里,建成小公园、小绿地 200 个和城市绿道 30 公里,基本形成了“推窗见绿、开门见园”的生态休闲体系。围绕有新貌、创新业、树新风的目标,韶关坚持因地制宜、因村施策,建成了一批产业兴旺、生态宜居、生活富裕、富有岭南特色的社会主义新农村,生态美丽宜居乡村成为发展新窗口。

(三)社会建设实现全面进步

四十年来,韶关社会建设进入高速发展新阶段。教育事业发展突飞猛进,2008 年率先在粤东西北地区提前三年实现普及高中阶段教育,2010 年在全省经济欠发达地区率先实现基本普及学前三年教育目标,成为全省欠发达地区首个实现普及 15 年基础教育的山区市。韶关教育综合竞争力居全省前十位,在东西两翼、山区市处于领先地位。医疗卫生事业发展全面加快,2017 年,全

南岭名城韶关新貌

市共有医疗卫生机构 688 个,其中医院、卫生院 157 个。各类卫生技术人员 2.03 万人,医疗卫生床位 1.71 万张,全市卫生水平走在全省区市前列。加强就业工作,城镇登记失业率控制在 3.5%以内。大力实施扶贫工程,精准实施产业帮扶、就业帮扶、金融帮扶、教育帮扶、医疗扶贫、政策兜底扶贫等措施,2017 年完成 1.06 万户共 3.36 万人脱贫任务,获得全省脱贫攻坚综合评价地级市第一名,精准脱贫"六种帮扶模式"被国务院扶贫办推广。积极推进社会体制改革,改革开放四十年来,特别是党的十八大以来,韶关市分别在劳动就业体制改革、城乡户籍制度改革、行政综合执法体制改革、食品药品监管体制改革、社会诚信体系建设等方面取得了明显成效。深入开展社会主义核心价值观教育和公民思想道德教育,积极创建全国文明城市,着力打造"善美之城",城市文明程度进一步提升。

(四)人民生活水平不断提升

四十年来,韶关人民生活实现了从"温饱不济"向"总体小康"的跨越。居民收入大幅增加,2017 年城镇居民人均可支配收入 28306 元,农村居民人均可支配收入 14108 元;城乡居民储蓄存款余额 1086.8 亿元。居民家庭食品消费支出占消费总支出的比重(恩格尔系数)为 37%。社会保障全面加强,初步形成社会保险、社会救助、社会福利、优抚安置、社会互助相结合的社会保障体系。韶关全市低保和五保对象实现应保尽保,城乡贫困人口显著减少,基本公共服务均等化水平明显提高。韶关率先在全省基本解决市区和县城"双困户"住房问题,2017年基本建成各类保障性住房2559套,补助低收入户农民家庭改造住房5600户。

(五)发展环境得到明显改善

四十年来,韶关发展环境日益改善,封闭阻塞的状况已经一去不复返。韶关在交通布局上已经实现了高速公路县(市、区)全覆盖。2017年末,公路通车里程16629公里,公路密度90.4公里/百平方公里。发展载体建设明显增强,产业共建园区实现县域全覆盖。重视加强政务环境建设,全市各级政府坚持依法行政、民主施政、科学理政、从严治政,坚决打击违法犯罪活动,社会治安综合治理成效明显,社会和谐稳定。

(六)粤北生态屏障得以筑牢

2008年5月13日,韶关市被国家环境保护部列入全国首批6个生态文明建设试点地区之一。近年来,韶关认真落实主体功能规划,抓住全国划定生态红线的契机,科学调整各类生态保护区范围,优化绿色发展空间格局。扎实推进广东绿色生态第一市建设,加强生态环境修复,全面推进森林碳汇、生态景观林带、森林进城围城、乡村绿化美化四大工程建设,完成造林40万亩、森林碳汇造林6.2万亩,完善提升生态景观林带38公里,新增森林公园11个、湿地公园1个。2017年末,全市森林覆盖率达75.05%、有林地面积1911万亩、活立木蓄积量9054万立方米,三项指标稳居全省首位。韶关率先在全省开展碳普惠制林业碳汇交易试点工作,在全省率先建成森林航空消防基地。韶关大力开展农村人居环境综合整治,建设国家土壤污染综合防治先行区,启动粤北生态特别保护区规划建设,深入创建国家生态文明先行示范区。城市建成区无黑臭水体,饮用水源水质达标率100%,空气质量继续保持优良。始兴县荣获"中国十大品质休闲城市"称号,始兴县深渡水瑶族乡、乐昌市九峰镇、南雄市帽子峰镇入选首批"广东省森林小镇"。新时期绿色产业成为发展新动能,目前,韶关正在构建绿色产业体系,大力发展生态工业、生态农业、生态旅游业,加快实现绿色崛起。

与改革开放前的贫穷落后相比,韶关能取得如此成就,实属不易。回顾过往,追问缘由,法治建设功不可没。可以说,韶关发展与法治共进,因为以法治促发展,发展才能出成就;以法治护航发展,发展才能可持续。

二、改革开放四十年韶关以法治促发展的基本经验

走在改革开放前沿的广东很早就意识到了法治在经济建设中的重要作用,早在 1993 年,广东省委就在全国率先提出了“依法治省”的工作目标,此后,广东依法治省工作领导小组成立,两个“法治广东”五年规划相继出台,广东省实现了法治建设和改革开放的融合并行。广东各地级市也在省委、省政府的领导下,积极开展地方法治实践。韶关在对接省委、省政府关于法治建设基本目标要求的基础上,结合本地实际,在以法治促发展的实践中,积累了一些经验,这些经验也是韶关改革开放四十年取得巨大成就的重要原因。

(一)以法治推动经济社会转型升级

改革开放初期,中央、省在韶关部署了一系列重大工业项目,老一辈韶关人充分发挥“艰苦奋斗、甘于奉献、坚韧实干、追求卓越”的工矿精神,在国家和广东工业史上谱写了辉煌的篇章。但是随着改革开放的深入,国家的总体产业布局发生变化,特别是 20 世纪 90 年代以来,韶关作为众多大型国有企业所在地的老工业城市,面临着经济转型的巨大压力。转型期背景下,经济体制的深刻变革以及利益格局的重新调整,导致社会矛盾的急剧增多。国企改制导致大量人员下岗分流产生的矛盾纠纷,城镇化过程中征地拆迁产生的矛盾纠纷,城市基础设施建设以及房地产开发过程中产生的矛盾纠纷,成为韶关当时社会矛盾的典型表现。法治在解决上述矛盾纠纷过程中起到了重要的推动作用,韶关各级职能部门充分运用法治思维,依法、依规解决了历史遗留问题以及现实的利益纠纷。2017 年 6 月以来,韶关市中级人民法院(以下简称“市中院”)积极协助市政府研究解决国内最大玩具代工厂——旭日玩具厂二期

用地历史遗留问题。根据该问题产生的原因及现状,市中院认真准确梳理了利益相关方的法律关系和争议焦点,充分借鉴了处理类似问题的审判经验和工作思路,结合旭日玩具厂的实际情况,提出了以诉讼方式解决该历史遗留问题的方案,为市政府在法律框架内解决旭日玩具厂的用地问题提供了一种全新的选择。同时,为进一步提高该"诉讼方案"的处置效率,市中院积极向省法院汇报和协调,争取该案的管辖权,为上述历史遗留问题的后续处理和协调工作奠定了良好的基础,并为韶关市今后处理类似问题开创了先例,为优化韶关市投资创业环境,促进经济社会发展提供了优质的司法服务和保障。可以说,正是法治化的解决方式为经济体制改革扫清了障碍,保障了韶关经济社会转型升级的顺利进行。

(二)保护生态环境,强化生态法治

2013 年 4 月 8 日至 10 日,习近平总书记在海南考察时指出,良好生态环境是最公平的公共产品,是最普惠的民生福祉。改革开放以来,生态环境一直都是韶关的突出特色和发展优势,目前韶关 84.5%的国土被列入国家和省级重点生态功能区,法治为保障韶关的这一特色和优势提供了强大支撑。为全面贯彻落实"又好又快"和建设"两型社会"的发展战略,韶关市政府在 2005 年初就开始组织编制《韶关市环境保护规划》。经过环境保护部华南环科所和韶关市环保局历时两年的深入调查、研究和论证,完成了韶关历史上第一部全市域的环保规划。规划提出了"四十二项环保指标""五大建设任务"和"五大保证措施",破解了实施产业发展、园区建设和集约招商等带来的环保难题,为韶关市全面实现社会经济的可持续发展提供了强有力的支撑。同时,韶关不断加强生态环境执法力度,为进一步规范矿山整治,关停了所有的煤矿及不规范的有色金属矿,并通过加强环境生态司法保护以及信访维稳等综合手段,解决了大批原矿主不断到各级党委政府上访的问题。2010 年以来,韶关相继被列入国家和省级重点生态区以后,以法治保障生态环境的力度进一步加大,特别是 2015 年省人大常委会授予韶关地方立法权后,环境保护成为韶关地方立法的鲜明特色,一系列有关生态保护的地方立法项目相继推出。《韶关市烟花爆竹燃放安全管理条例》开始实施,《丹霞山风景名胜区保护条例(草案修改稿)》进行了第二次审议,《韶关市城市市容和环境卫生管理条例(征求意见稿)》《韶关市皇岗山芙蓉山莲花山生态保护条例(征求意见稿)》《韶关市野外用火管理条例(草案)》通过初次审查,韶关市人大还启动了《韶关市建筑垃圾管理条例(草案)》的立法工作。法治正从立法、执法、司法等多维度发力,守住韶关的青山绿水,保护韶关的生态环境。

(三)“多元互动”化解基层社会矛盾

理顺基层关系、化解基层矛盾、夯实基层基础是基层社会治理的关键。改革开放以来,韶关各县(市、区)因地制宜,广泛动员、组织群众和社会力量参与社会事务管理,初步形成了镇(街)有亮点,县(市、区)有强项,部门有特色的化解基层社会矛盾新局面。按照“属地管理”“谁主管、谁负责”和“分级管理、归口调处”的原则,构建多元化矛盾纠纷化解模式,广泛建立指导、协商、调解(包括行政调解以及各种行业性、民间性的调解)、仲裁等社会机制。一是编印《预防化解社会矛盾法律法规政策指引》。针对基层各领域普遍存在的矛盾纠纷问题,以群众法治需求为导向,组织专业人才编写了《预防化解社会矛盾法律法规政策指引》,引导群众自觉把法律作为指导和规范自身活动的基本行为准则,依法依规化解社会矛盾,在全社会形成按法律、按制度办事的意识和习惯。二是实行各级领导班子包案化解社会矛盾纠纷制度。对一些社会影响较大、牵涉部门较广、解决较困难的社会矛盾纠纷或历史积案,采取领导包案方式进行化解,有效维护了社会的和谐稳定。三是完善行政调解组织网络。建立了县、镇、村三级矛盾纠纷调处化解综合工作平台,成立县、镇、村三级人民调解委员会,充分发挥县、镇两级的信访、司法、行政、仲裁、法制等部门及村(居)综治站、人民调解委员会的作用,在第一时间有效化解矛盾纠纷。四是引导行业调解组织发展。扶持培育劳动争议、医疗、交通事故、环境污染、征地拆迁、棚户区改造等行业性专业调解组织,充分发挥这些组织在化解矛盾纠纷方面的专业性作用。五是扶持民间调解组织发展。吸纳“两代表一委员”及工会、共青团、妇联、工商联等各种社会力量参与矛盾纠纷调解工作。部分县(市、区)在发展民间调解组织方面进行了探索并取得了良好效果。如南雄市在县城成立了民间纠纷调处中心,在镇(村)成立了民间“懂事会”，组织当地热爱调解工作、有社会感召力和一定法律知识、公道正派的社会贤达人士组成“懂事会”。这些“懂事会”人员对群众产生的矛盾纠纷进行调解，有夫妻打架、有邻里纠纷、有土地山林争议、有狗咬伤人主人不肯赔钱、有借款不还等各类纠纷，用影响力和亲和力，通过讲人情、亲情和讲道理、法理的独特调处方式，达到“和事”目的，深受群众欢迎，化解了大量矛盾纠纷。

广东省环境资源法学研究会在韶关成立，服务南岭生态保护

（四）“三管齐下”打造平安韶关

人类社会自古代就有丰富的治安管理实践，根据治安理论和实践的一般经验，治安问题取决于三个因素，即政权对犯罪的态度如何、政权拥有技术手段和财政资源如何、民间对犯罪的认可度如何。回顾改革开放这四十年，韶关经历了人民内部矛盾凸显、刑事犯罪高发、对敌斗争复杂的过程，但社会治安始终处于总体平稳可控的状态，没有出现大的波动。韶关曾经连续九年没有发生在全国有重大影响的政治事件、群体性事件和恶性刑事案件，八类主要刑事案件逐年下降；通过开展平安建设，从 2012 年开始，韶关迎来了刑事犯罪总量持续平稳且稳中有降的转折点。近五年来，现行命案破案率达到 94.3%。在创建平安广东暨综治工作考评中取得优秀成绩，2013 年、2014 年考核名次分列全省第四位、第二位，2015 年人民群众安全感位列全省第三位。这些成

绩的取得与以下三方面的努力密不可分:一是对社会治安问题的打击力度不断加大。各级政法机关以人民群众对社会平安的需求为导向,紧紧抓住影响群众安全感的突出治安问题,始终秉持打击犯罪、防范风险、维护稳定三位一体的执法理念,坚持常态化打击和专项打击相结合,持续开展了严打整治、三打两建、打黑除恶、"三打击一整治"、飓风行动、扫黑除恶一系列专项打击整治行动。二是立体化防控体系不断健全完善。完成了市、县(市、区)两级公安指挥应用平台建设,制定了韶关市公共安全视频监控系统建设"十三五"规划、公共安全视频监控时空大数据选址规划,并将公共安全视频监控系统建设纳入市委、市政府为民办实事工程,启动实施了"雪亮工程",重要单位、重点部位探头覆盖率达到100%,各地社会治安视频(一类点)联网率达到95%以上,一类点高清摄像头比例达到70%以上。三是营造平安韶关的氛围不断浓厚。群众既是平安工作服务的对象,又是营造平安氛围的主体。如紧紧围绕"群众知晓率""群众安全感"和"提升政法工作群众满意度"三个重要考核指标,各职能部门各司其职,着力加强创平工作宣传,努力实现社会宣传全覆盖,为韶关在创建平安广东暨综治工作考评中取得优秀成绩奠定了坚实的群众基础。

(五)合力打造法治化营商环境

2016年3月7日,习近平总书记在参加十二届全国人大四次会议黑龙江代表团审议时指出,法治化环境最能聚人聚财,最有利于发展。从这个意义上说,法治环境本身就是重要的营商环境。改革开放以来,韶关将法治作为提升营商环境促进改革发展的重要抓手,合力打造法治化营商环境。相关单位积极探索构建系统外互动交流模式,如市检察院与市工商联多次召开服务经济社会发展调研座谈会,收集非公有制企业发展过程中遇到的法律问题和对检察工作的意见建议,并研究建立联席会议、定期调研等工作机制。同时,市检察院还与市中院及公安、司法、工商、税务等相关职能部门建立联动工作机制,发挥各自职能,为企业提供行政审批事项"一条龙服务",构建服务经济发展"绿色通道"。韶关依法及时妥善处理本地企业的司法诉求,形成保障经济发展的"司法屏障",凝聚促进经济社会健康发展的工作合力。2009年,韶关发生了旭日玩具厂"6·26"群体性斗殴案件,各职能部门站在国家利益、民族团结的战略高度，精心组织、提前介入、周密安排，实现审理过程“零纰漏”，取得了良好的法律效果、社会效果和政治效果，得到上级充分肯定。

（六）构建法治建设综合保障体系

法治建设是一项系统工程，法治对韶关改革开放四十年经济社会发展的巨大贡献离不开综合保障体系的支撑。一是加强政府法律顾问制度，促进依法科学民主决策。韶关制定了《韶关市关于推行法律顾问制度和公职律师公司律师制度的实施意见》，目前全市各县（市、区）都已建立政府法律顾问室并配备法律顾问 77 名，镇（街）法律顾问配备率达 72. 5%。二是加大法律服务基层力度，落实一村（社区）一法律顾问制度，目前 195 名律师和东莞对口支援韶关的 148 名律师完成了与结对村（社区）签订《法律顾问合同》，并进驻村（社区）开展法律服务工作，一村（社区）一法律顾问工作在全市 1454 个村（社区）实现了全覆盖。三是加大法治宣传教育力度。建立了全市普法联席会议制度，明确全市各级国家机关普法责任清单，进一步完善了“大普法”工作格局。同时，充分运用多种宣传途径，提高民众法治意识，为全社会形成法治氛围创造条件。

三、韶关深化法治实践的未来展望

回顾总结是为了更好地指引未来。进入新时代，韶关将以习近平新时代中国特色社会主义思想为指导，紧紧围绕贯彻党的十九大、省委十二届四次全会和市委十二届七次全会这条主线精神，认真实施全省“一核一带一区”功能区发展战略，落实全省功能区发展战略，坚定不移融入珠三角、服务粤港澳大湾区。坚定不移走以绿色发展为鲜明特色的高质量发展之路，进一步发挥资源优势、区位优势、文化优势和产业基础优势，全面优化营商环境，深化与粤港澳大湾区的共建共融，把韶关建设成为珠三角先进装备制造业共建基地、珠三角旅游休闲度假首选地、珠三角优质农产品生产供应基地、高效联通珠三角与内地的商贸物流集散地。加强全域生态保护，争当全省生态文明建设排头兵。以更高标准、更严要求和更坚决行动，坚决打好大气、水、土壤污染防治攻坚战,围绕水源涵养和生物多样性保护两大核心功能提升,以规划建设粤北生态特别保护区为契机,统筹全市生态保护与经济发展,严守生态保护红线、环境质量底线、资源利用上线“三条红线”,大力发展生态农业、生态旅游、生态工业,把生态优势转化为经济发展优势,以新担当新作为开创韶关改革发展新局面。

(一)“全面深化改革”与“全面依法治市”同步推进

改革是发展的动力,要想突破制约韶关发展的突出问题,必须改革制约发展的各种体制性机制。过去四十年的改革开放促使韶关经济高速发展,原本落后的社会生产力得到了极大的解放和提升,人民群众的物质需求也得到了极大满足。但是经济总量极大提升的同时,“人民日益增长的美好生活需要和不平衡不充分的发展之间的矛盾”凸显。一方面,处在粤北山区的韶关,经济总量和经济增长速度处于全省较低水平,韶关内部也存在城乡一体化建设的现实需求。当前广东省正加快推动区域协调发展,韶关将以建设粤北生态保护区为契机,大力推进绿色发展,坚定不移融入珠三角、服务粤港澳大湾区。这种新的区域定位意味着韶关有着全面深化改革的现实需要。在经济发展上,韶关必须淘汰一批落后产能,构建新的产业体系,谋求生态保护基础上的高质量发展。另一方面,从社会建设上来看,韶关人民的需求已经不仅仅体现在物质上,更体现在对公平正义的需求上。新的改革必须更加注重公平、正义,才能避免新的社会矛盾产生,实现更平衡、更稳定的发展。因此,“全面深化改革”与“全面依法治市”必须共同推进,在经济发展过程中,政府依法行政,领导干部运用法治思维分析问题、解决问题,才能促进韶关经济社会实现真正高质量的发展。

(二)善用地方立法权,为韶关发展把舵护航

立法是法治建设的基础环节,地方性法规是韶关推动各项工作的基本遵循。立法好不好,直接关系到韶关经济社会发展各项工作的成效。2015 年新修订的《立法法》,将地方立法权扩展到所有设区的地级市;2018 年,市一级地方立法权载入宪法。韶关可以根据本市的具体情况和实际需要,在城乡建设

与管理、环境保护、历史文化保护等方面制定符合韶关实际的地方性法规。地方立法权是韶关发展的契机,必须善用这一宪法权力,为韶关发展保驾护航。首先,要做到科学立法、民主立法、依法立法。精心筛选立法项目,紧紧围绕韶关经济社会发展需要,选取具备立法条件的事项开展立法工作,从源头上确保制定地方性法规“小而精”。在地方性法规的制度设置上,针对具体问题制定切实可行的解决措施,不贪大求全,以解决问题为导向开展立法,增强地方性法规的可执行性。其次,切实发挥政府在立法工作中的依托作用,市政府要加强对立法工作的领导,督促政府部门充分认识到立法对本地本部门改革发展的引领和推动作用,加强立法调研,围绕社会公众关切、经济社会发展需要的项目提出立法建议。同时,强化立法责任,将政府部门立法工作纳入部门年度考核目标,推动政府部门增强立法工作积极性、主动性,从“要我立法”向“我要立法”转变。再次,完善地方性法规起草工作机制,坚持“党委领导、人大主导、政府依托、各方参与”的立法原则,充分发挥人大代表、立法咨询专家、地方立法顾问的作用,积极吸纳政府及社会各方参与立法工作。建立健全人大与政府的沟通协调机制,充分发挥政府各部门在地方立法工作中的依托作用,对于综合性较强、涉及多个部门的重大立法项目,市人大常委会有关工作机构要提前介入,加强协调协商,督促指导有关部门抓紧起草工作。同时,把好草案制度设计第一关,从源头上防止部门利益化倾向。充分发挥韶关学院立法研究基地的作用,探索委托第三方起草、参与立法论证和征求意见、独立开展表决前评估工作。

(三)严格规范公正文明执法,加快建设法治政府

政府是法治建设的主导力量,国务院发布的《全面推进依法行政实施纲要》以及《国务院关于加强法治政府建设的意见》为法治政府建设提出了基本要求,中共中央、国务院印发的《法治政府建设实施纲要(2015—2020年)》为法治政府建设确定了行动纲领。新形势下,韶关将结合新情况,以“严格规范公正文明执法”为重点,争取法治政府建设取得新进展。首先,进一步提升政府信息透明度和政府公信力。借鉴其他先进城市的经验做法,完善政府信息公开与新闻舆情研判、政府数据共享开放等工作协调推进的体制机制。结合

行政审批制度改革，全面公开实施行政审批申请、受理、决定告知等运行流程。全面公开市一级预算单位财政预决算及“三公”经费，将重点支出公开细化到项。其次，进一步推动市、县（市、区）政府及工作部门建立健全法律顾问制度，更好发挥法律顾问作用。促进政府法律顾问忠诚履行职责，在主动提示预报法律风险基础上，更善于提出建设性意见和建议，为政府决策提供法律依据。再次，也是最重要的，要继续推进综合行政执法体制改革，加强执法监督和指导，加大执法全过程记录制度、重大行政执法决定法制审核制度、行政执法公示制度的执行力度，杜绝执法不作为、乱作为，推诿扯皮，执法腐败现象的出现。

（四）深化司法体制改革，维护社会和谐稳定

司法是社会公平正义的最后一道防线，当正当权利受到侵害时，司法提供最后的救济。司法救济渠道的畅通能够及时化解社会矛盾，避免社会风险的产生。首先，按照中央和省的统一部署，深化司法体制综合配套改革。全面落实司法责任制，完善员额动态管理机制，统筹推进法院、检察院内设机构改革和新型办案组织建设，落实与监察体制改革试点衔接工作。深入推进以审判为中心的刑事诉讼制度改革，努力实现惩治犯罪和人权司法保障相统一。进一步深化涉法涉诉信访改革，积极稳妥推行依法终结制度，深化律师参与化解和代理申诉制度。推动民事诉讼制度改革，以民事诉讼制度改革为突破口，切实提高司法效能，破解“案多人少”、案件积压、执行难等突出问题。加大对违法失信行为联合惩戒力度，构建“一处失信、处处受限”的信用惩戒大格局。其次，全面推开综合解决家事纠纷工作，将综合解决家事纠纷工作打造成韶关司法体制改革的品牌项目。搭建综合解决家事纠纷平台和反家庭暴力惩防体系，建设专业化的家事纠纷解决队伍，制定符合家事纠纷特点的案件审理规则，建立家事回访帮扶制度，设置家事指导服务中心（站）。再次，加强司法经验制度化工作。韶关属于粤北山区，林权纠纷较多，法院在处理林权纠纷的过程中逐渐形成了比较合理的调解和审判机制，法院在安置下岗职工、处理历史遗留问题等方面形成了较为丰富的经验，要将经验转化为制度，为化解基层矛盾、维护社会稳定发挥法治保障作用。

（五）全力打造法治化营商环境，助力韶关“绿色崛起”

地方营商环境是推动地方经济发展的基础条件。投资程序的合法高效，企业权利的切实保障，政府依法决策、依法审批、依法办事等法治实力是一个地区重要的软实力。韶关是广东省践行绿色发展理念的重要城市。过去，老一辈韶关人建设了辉煌的工业历史；新时期，韶关正在新的历史起点谋求“绿色崛起”。韶关生态资源丰富，生态产品众多，绿色发展前景广阔，为韶关“绿色崛起”提供法治化营商环境是法治护航经济发展的典型表现。首先，进一步深化商事制度改革。通过优化准营管理、加强事中事后监管等方式，精简领取营业执照后的各类许可证，进一步破解企业“办照容易办证难”“准入不准营”的突出问题。健全商事纠纷非诉讼解决机制。启动信用平台建设、公平竞争审查制度建设。其次，强化产权保护的法治保障，落实中央、省关于完善产权保护制度依法保护产权的意见，充分发挥产权保护工作部门间联席会议制度作用，完善平等保护产权制度，依法平等保护企业和企业家的财产权、创新权、自主经营权和知识产权，推动依法妥善处理社会反映强烈的产权纠纷案件，营造促进企业公平竞争诚信经营的市场环境。再次，将生态保护作为地方立法的基本原则，确保有关商事制度改革、政府招商引资规范性文件体现绿色发展理念，用立法指引韶关绿色发展。同时，大力整治社会治安和公共安全突出问题，组织开展扫黑除恶专项斗争，为韶关经济发展提供良好的治安环境。

（六）加强法治宣传，培育共建共治共享社会治理理念

普及法律知识，增强法律意识是法治实践的重要环节。韶关将充分结合地域实际，深入开展“七五”普法宣传活动。除利用村（居）委会等平台进行常规性的普法宣传外，还成立专业的法律服务小组，深入基层，针对某地比较常见的利益纠纷或者历史遗留问题导致的矛盾纠纷，以法律为基础，摸索出处理某一类问题的常规机制，在普法过程中，为基层民众提供法律援助，引导基层民众以理性的方式化解矛盾。同时，把基层治理同普法活动结合起来，培育民众共建共治共享社会治理理念。以法律为基本遵循，以普法宣传为契机，引导民众在知法、守法的基础上有意识、有能力参与社会治理，促进共建共治共享

社会治理格局的形成。

（七）以法学会为依托，活跃本土法治研究

法学会是法学、法律界的全国性学术团体，也是政法战线的重要组成部分，是推进依法治国的重要力量。韶关市法学会在法治韶关的建设中，应当充分发挥党和政府联系广大法学、法律工作者的桥梁和纽带作用，积极创造学术交流平台，活跃本土法治研究，为法治韶关建设提供智力支持。一方面，进一步加强市、县（市、区）两级法学会建设，建立健全法学会各项规章制度，大力开展法学学术研究和法律公益服务，每年至少举办一期法治主题研讨会。研讨会紧扣韶关经济社会发展主题，通过法学界的交流和研讨，致力于繁荣本土法治研究，为韶关发展出谋划策。另一方面，市法学会要积极对接广东省法学会、中国法学会，以法学会为重要平台，拓宽本地法学界对外交流和学习的渠道。

（八）引进法律人才，为法治韶关提供人才支撑

人才是第一资源，高素质的立法队伍、高标准的政法队伍、高水平的法治研究队伍直接关系到韶关法治建设的水平。韶关将出台具体的高端法律人才引进培养激励机制政策文件，明确高端法律人才引进、培养、激励的具体措施，在职业规划、经济收入、工作环境及家庭生活等方面给予一定的保障，确保高端法律人才招得到、留得住，没有后顾之忧。通过人才引进政策，为法治韶关建设提供人才支撑，为韶关法治发展贡献智慧和力量。

绿水青山　法治保障

叶 步 高*

2018年是中国改革开放第四十年，四十年来中国的经济社会发展取得了卓越的成就。广东省作为中国改革开放的试验田、先行区，敢闯敢试、为推动全国改革开放积累了大量的经验。2015年9月，由广东省政协征编、人民出版社出版的大型文史资料丛书《敢为人先——改革开放广东一千个率先》很好地展示了改革开放前沿建设者们解放思想、先行先试的改革勇气和生动实践。伴随改革开放巨大成就的是法治建设，法治广东的人大模式、法治广东的自治模式和创新法治思维等被法学理论界和实务界进行研究和学习。在广东改革开放进程中，深圳、广州、东莞等珠三角地区的发展往往引人注目。作为粤东北山区的河源结合自身的地域和资源优势，在改革开放中也取得了经济发展的成果和特色并伴随着法治河源的建设。

一、河源改革开放四十年来取得的成就与山区特色

河源1988年建市，正逢改革开放的好时机。先梳理下河源改革开放后经济发展的几个关键时间节点。1992年，河源被列入沿海开放地区，河源充分利用沿海开放地区吸引外资的优惠政策，在埔前到仙塘一带建设“工业走廊”，借助京九铁路、广梅汕铁路建设“铁路经济带”，跨出了对外开放和山区

* 广东省河源市法学会专职副会长兼秘书长。

工业发展的重要一步。1998 年,河源市提出了“工业立市”“旅游旺市”发展战略。2003 年首次提出“工业立市”“工业旺县”的发展战略,以承接珠三角等地产业转移,大力推进产业转移园建设,取得了显著的工作成效。2011 年提出遵循“生态优先、加快发展、注重民生、构建和谐”的发展思路,实施“依托珠三角、服务珠三角、融入珠三角”的发展战略,践行反传统发展路径依赖、反经济周期操作、反梯度产业承接的“三反”理念,大力发展新电子、新能源、新材料、新医药“四新”产业。2017 年,河源全面融入深莞惠经济圈,提升河源在粤港澳大湾区中的战略功能,打造生态河源、现代河源“两个河源”。

河源市城市沿江鸟瞰

从河源市改革开放四十年的历程看,河源市改革开放取得的成就和发展特色主要体现在以下几个方面。

（一）在党的领导下，河源紧抓国家和省委的政策，借力珠三角城市，在粤北山区建设了河源特色的现代化经济体系

2017年，全市生产总值达952.12亿元，比上年增长5.1%，比1987年增长40.46倍。人均生产总值由1987年的445元增加到2017年的30853元。地方财政收入由1987年的0.4亿元增加到2017年的71.19亿元，增长了175.86倍，1988—2017年年均增长18.8%。2017年，全市财政支出达282.80亿元，比1987年增长225.26倍，1988—2017年年均增长19.8%。[①]2006年，河源地区生产总值增速达27.30%，居全省第一位；2014年，河源地区生产总值总量首次突破700亿元，增速达10.9%，居全省第一位；广东省社会科学院发布的《2015年度广东区域综合竞争力报告》，在广东21个地级以上市发展后劲的较量中，河源异军突起，连续三年（2013年、2014年、2015年）排名第一，被称为“粤北黑马”。河源经济大发展突出的表现为三方面：一是产业园区从无到有，再到进一步提质扩容。在2003年至2008年期间河源工业园区逐步形成了“一区六园”格局。河源高新区于2003年6月启动开发建设，2015年2月经国务院批准升级为国家高新区，是粤东西北地区首个国家高新区。2018年，河源市科学调整“一区六园”功能布局，加快形成以市高新区为龙头、中心城区“四园”联动发展、各县园区错位发展的格局。二是基础设施日臻完善，交通区位优势显著提升。河源位于粤港澳大湾区东北部，是粤东西北唯一同时近距离接受广州、深圳、香港三个一线城市辐射带动的地区。三是中心城区扩容提质。“三江六岸”、高铁新城等专项规划高标准开展。升级改造长安街、文明路、新风路、大同北路、小江桥下穿道路等一批市政道路。完成老城区39个背街小巷改造修缮项目。加快江东新区起步区建设，完成县道X168线临江至古竹公路项目建设。“西优”工程稳步推进。市区水源工程一期建成。新建、改建小公园43个，建成客家文化公园三期，启动东江湾公园二期建设，成功创建国家园林城市。市图书馆新馆工程获得中国建设工程鲁班奖。

(二)河源在改革开放中凸显生态优势,绿水青山是河源最大的发展优势和最重要的民生福祉

河源作为后发城市具有天然的生态优势。河源市委在2003年11月就提出"既要金山银山,又要绿水青山"的发展理念,②之后河源市一直坚持该发展理念,坚持"生态优先、加快发展、注重民生、构建和谐"的发展方针,走战略竞争之路,将改革开放之路和生态发展之路紧密结合。广东省委强调,绿色是河源最鲜明的底色,绿水青山是河源最大的发展优势和最重要的民生福祉,随着绿色发展理念深入人心,生态环境已经成为一个地方竞争力的核心构成要素,绿水青山的经济价值不断提升,河源的生态优势日益凸显,并将逐步转化为巨大的发展优势。具体表现为:

1. 加强绿水青山的保护和治理

肩负东江上游水源地和生态屏障保护重任的河源,多年来始终坚持把生态环境保护作为第一战略。河源全市划定水功能区39个、城乡饮用水源保护区122个,严格实行分区管理和保护,明确禁止在饮用水源保护区内建设与供水设施无关的各类项目。编制实施《新丰江水库生态环境保护总体方案》《河源市新丰江水库生态环境保护工作指引》等规划方案,严格控制新丰江水库库区、东江干流河源段等重点水域污染项目建设,稳定水源地水资源涵养功能,强化水土污染防治、环境综合整治等水质安全工作,推动完善重大污染事件应急处置机制等配套保障。2013年,新丰江水库成功竞得中央5.93亿元重点资金扶持,库区生态环境保护已经上升到国家战略生态建设规划层面。河源率先落实广东省相关政策,出台《河源市最严格水资源管理制度实施方案(2013—2015年)》,从2012年起,实施以"用水总量指标控制""用水效率指标控制""水功能区限制纳污指标控制"三条红线为主要内容的水资源管理制度,强化水资源论证、水功能区管理、取水许可审批等相关工作;严格执行广东省东江水量分配方案,建立取水许可管理信息台账,推行取水许可制度和年度用水计划相结合,并通过规范温泉开发等严格控制地下水开采量。河源在东江流域全面实行段长制、河长制,由县区长、镇长负责强力推进水环境综合整治;精心部署了一系列河流整治工作,包括:对东江中上游地区水土流失进

行治理，累计治理面积 500 平方公里，集中开展 25 条重点中小河流、290 条中小河流综合治理。2018 年 9 月 11 日，广东省环保厅发布今年 1—8 月全省城市地表水环境质量状况，河源市地表水环境质量综合指数为 3. 2829，排名全省第一，继续保持全省最好水质。

河源在广东率先出台《河源市创建林业生态市的决定》《关于全面推进新一轮绿化河源大行动的实施意见》等文件，全面启动林业生态市创建工作，率先实施全面封山育林，以东江水源涵养林建设、“一灭三改”森林碳汇工程、省级林分改造工程等重点项目为中心，对全市 1000 多万亩林地分别实行全封山、半封山、轮封山；同步推进生态绿化工程，抓好交通干线两旁和城市周边、江河两岸等重要地段植树造林，建立以国家、省、市、县级生态公益林为主体的稳定安全的生态屏障，2012—2014 年累计完成省级森林碳汇造林 273. 25 万亩、生态景观林带示范段 232. 3 公里。目前河源的省级以上生态公益林总面积 1018 万亩、占林业用地面积 55. 8%，全市森林覆盖率 73. 3%，远超过广东省 58. 2%、全国 21. 6%的平均水平。③

2. 发展生态旅游业，打响“客家古邑、万绿河源、温泉之都、恐龙故乡、红色经典”旅游品牌

广东河源万绿湖旅游开发始于 1995 年，并在全国率先推出生态环保游。当时，同时推行导游员兼环保员背环保袋上岗制度，这在全国也是首创。后来，万绿湖成为广东省首批“环境教育基地”、粤东地区首个国家 AA 级旅游区、广东生态旅游热点。④

在 2006 年基本形成了以万绿湖和桂山为代表的生态游、以苏家围为代表的客家文化游、以龙川学宫和恐龙蛋化石为代表的古迹游以及以龙源、热龙和御临门温泉为代表的温泉游四大品牌。河源恐龙博物馆是中国科学院在广东地级市中首个直接授牌的国家级博物馆。河源恐龙博物馆获得世界吉尼斯纪录证书的 15000 多枚各种恐龙蛋化石、黄氏河源龙正型标本及在河源市发现的恐龙足迹化石，体现了河源市“三位一体”的独特恐龙化石资源。

河源市是中国革命策源地之一，是著名的革命老区，有着丰富的红色旅游资源。河源养育了中国共产党早期党员阮啸仙、刘尔崧，他们和黄居仁被称为广东革命史上著名的“东江三杰”。大革命时期，刘尔崧、刘琴西等在紫金传

播马克思主义，建立中共党组织，面对白色恐怖，毅然发起“四·二六”武装暴动，成立全国第一批县级革命政权——紫金县人民政府，之后建立炮子红色苏区，海陆惠紫成为中国革命著名的红色根据地。周恩来、彭湃、徐向前、叶剑英、阮啸仙等老一辈革命家都曾在河源领导过革命斗争。2017 年 1 月，龙川县五兴龙苏维埃政府及兵工厂旧址被列入《全国红色旅游经典景区名录》（广东省仅有 13 个景区被收录），河源市借势打造好这一红色旅游品牌，挖掘好红色资源，推动了红色旅游发展。

（三）河源创造了“赚钱多、麻烦少、身体好”的营商环境，逐步营造共建共治共享社会治理格局

“赚钱多、麻烦少、身体好”是河源营商环境的品牌。“赚钱多”就是为投资者创造高回报率。“麻烦少”就是让投资者尽量减少不必要的麻烦。政府依法行政是减少麻烦最重要的手段，河源市政府秉承讲法治、重信用、低成本、高效率、好服务、可持续的优质服务原则为投资者服务，让投资者心宽体胖，加上一流的空气、水和森林，自然会“身体好”。这九个字既是广大投资者的普遍追求，也是衡量一个地区营商环境的最高标准。

河源建市不久，“黄赌毒”等一些不良社会现象不断滋生。如 105 国道、205 国道沿线部分路段出现的“车匪路霸”。全市政法机关对“车匪路霸”进行了严厉打击。通过两年的整治，扒货车偷抢货物的违法犯罪行为等得到有效遏制，治安环境得到极大改善。随着经济的发展，一些社会问题也逐渐显露出来。二十世纪末期，市区及各个县城“两抢一盗”案件时有发生。从 1997 年开始，河源市政法部门进一步加强对“两抢一盗”的打击力度，到 2005 年前后，市区“两抢一盗”案件频发局面开始得到控制，并开始呈下降趋势。到了 2013 年市“两会”期间，“两抢一盗”问题不再是人大代表、政协委员们热议的话题了。党的十八大以来，河源市委政法委以“防控风险、服务发展、破解难题、补齐短板”为重点，不断创新工作方法，从顶层设计到基层试点，从群众被动响应到群众主动共建共享，从“一站式”服务到“群众少跑腿、数据多流转”……一系列举措让群众见证平安河源的与时俱进，共享平安河源建设的成果。通过织密筑牢社会面治安防控网、重点行业和重点人员治安防控网、乡

镇(街道)和村(社区)治安防控网、机关企事业单位内部安全防控网和信息网络防控网,构筑了立体化社会治安防控体系,极大提升了主动预警和防范打击违法犯罪的能力。这五张"防控网",也成为河源治安防控的核心战斗力。2015年,河源市平安创建知晓率全省排名第三,群众安全感全省排名第八;全市刑事犯罪案件同比下降8.8%,"两抢一盗"警情同比下降18.6%。省市县三级列账督办的矛盾纠纷化解率达98.5%,成功调解社会矛盾纠纷6140宗。2016年7月,省公安厅通报2016年上半年河源市群众安全感、满意度以79.16分的总分位居全省第二。2017年,河源市委政法委大力开展综治全领域创新,在探索形成党委领导、政府负责、职能部门积极参与、社会力量群策群力、人民群众共建共治共享的社会治理机制上迈出新步伐。创新举办首届"河安杯"综治创新大赛,全市实施创新项目317个,进一步调动了各方面的积极性,开创了多元共治的社会治理新局面。实行河源市平安建设报表制度,每月以报表形式从治安安全、政法综治重点工作、政法及公共安全、维护稳定4大项103小项反映和通报全市平安建设情况。创新设立平安金鼎(金牌)奖项,对连续两年获得"优秀"的县(区)和市直单位颁发平安金鼎或平安金牌。平安河源建设数字化,让群众主动参与平安建设、共享平安建设成果。东源县仙塘镇派出所主动运用数字化、信息化手段,构建以"镇—村(居)—组"为区域范围的网格化管理网络,构建部门联动、资源共享的治安防控管理新模式,为有效管控重点人、快速侦查案件、精准打击违法犯罪提供了强有力的信息支持。紫金县龙窝镇创新人民调解思路,探索实施"五老一贤"辅助工作法,在预防和化解基层矛盾纠纷、维护社会稳定中配合村"两委"班子,起到了很好的辅助作用,该镇基本实现了"小事不出村,大事不出镇,矛盾不上交"的目标。

在深入推进"平安细胞"创建和推广"千人治安大联防"经验做法的同时,河源市成立平安志愿服务队、"平安河源"建设宣传调研队,大力开展各种形式的志愿服务活动。一批批身着红马夹的志愿者们踊跃参与平安河源建设,弘扬志愿者精神,不断夯实平安河源建设的社会基础,体现了共建共治共享的社会治理新理念。

（四）河源人民生活水平不断提高，生活幸福指数提高，河源成为人民幸福“心城”

河源市城镇在岗职工年平均工资由1988年的1146元增加到2017年的56513元，年均增长14.4%。农民人均纯收入由417元增加到13301元，年均增长12.2%；居民人均储蓄存款余额由1988年的2.12亿元增加到2017年的722.30亿元，年均增长21.4%。河源是广东省贫困山区市，在改革开放中，河源不断改变贫困面貌，提高人民生活水平。

2006年在全国首创出台“千村脱贫政策”，使全市行政村年集体收入均达到3万元以上，获得第二届中国消除贫困奖政策奖。该政策从2005年时任河源市委书记梁伟发调研全市大部分乡村开始到组织专题调研、制定政策初稿、征求意见稿再到2006年4月24日市委、市政府印发《关于推进社会主义新农村建设的实施意见》，正式明确出台实施“千村脱困政策”。政策颁布后又抓落实，使传统扶贫模式实现了“五个转变”。政策出台后短短半年时间，全市就有1071个村、居委会自愿参加富民工业园建设，共筹集资金2.33亿元（其中市、县配套资金1.165亿元）。至2013年，市高新区富民工业园已累计为入股贫困村分红16824万元，各村集体年收入平均增加2.38万元，达到了3万元以上，实现了“一策解脱千村困”的目标。该项政策也对河源市各县区乃至兄弟市产生了很好的示范带动效应，和平县与深圳市福田区参照“千村脱困政策”，共同在福田（和平）产业园建设扶贫“双到”工业园，有30个贫困村参加，每村每年分红两万元。龙川县借鉴市“千村脱困政策”，鼓励78个贫困村入股宝安（龙川）产业园，每村每年分红六万元。省内多个兄弟市也专程前来学习河源市的“千村脱困政策”，比如梅州市及其下辖的兴宁市等参照河源市做法，鼓励贫困村入股广州（梅州）产量园和兴宁产业园，起到了良好的示范作用。

河源市共有省定贫困村255个，建档立卡贫困人口118062人。2016年至2017年，河源市坚持精准施策，发展特色产业带动贫困人口增收，贫困人口持续减少，8.5万人达到预脱贫标准，约占全市建档立卡贫困人口的72%。2017年，全市建档立卡贫困户人均可支配收入达7450元，比帮扶前增加了

3890 元。

河源市做好教育、卫生、社会保障和社会环境等方面的工作，使人民生活安定幸福。

二、河源法治建设在改革开放中的作用

改革开放的历史就是中国法治建设的历史，改革开放与法治建设是同步的，它们之间相互支持、相互促进、互为推动。河源的法治建设在改革开放中也取得了一些成绩，下面以河源法治建设的具体实例来分析法治建设在改革开放中的作用。

（一）改革开放是推动法治建设的决定力量

社会经济体制改革和社会的发展是推动法治建设的决定力量。如 1992 年提出“社会主义市场经济”，1993 年修订宪法将市场经济写入宪法。社会经济体制的重大改革都会带来法律观念、法律思维、法律规范和法治方式的因应创新。邓小平同志多次强调，改革要坚持“一手抓建设，一手抓法制”“两手抓，两手都要硬”的方针。中国与世界经济、贸易、政制、文化、军事、技术等诸多方面的全方位开放，中国特色社会主义法律体系与改革开放和现代化建设相伴而生、相互促进，具有鲜明的时代特征。一方面，改革开放和现代化建设为法律体系构建提供内在需求和动力，提供实践基础和经验；另一方面，法律体系的构建为改革开放和现代化建设提供法治环境。积极发挥促进、规范、指引和保障作用，注意妥善处理法律稳定性和改革变动性的关系，在及时肯定已有成功做法、巩固已有改革开放成果的同时，又要为进一步改革开放留下空间，还要打破“改革就是要突破现有法律”的认识误区。随着中国特色社会主义法律体系的形成和各方面制度体系的成熟，我们有条件也有必要从政策推动改革转变为法治引领改革，实现改革决策与立法决策的协调同步。

河源的法治建设就是在改革开放中推进的。1996 年 8 月 26 日河源成立了依法治市工作领导小组，紧接着制定了《河源市依法治市五年（1996—2000）规划》。依托该小组统筹推进法治建设和以法治市、法治县（市区）、法

治乡镇(街道)、民主法治村(社区)为主要内容的法治建设“四级同创”各项工作,以河源法治建设的新成效增创河源发展新优势。推动科学立法、严格执法、公正司法、全民守法各项工作,完善社会领域制度体系,全面提升法治政府、法治社会水平,以适应改革开放的需要。

(二)法治建设保障改革开放有序进行

党的十八大提出了全面建成小康社会的奋斗目标,党的十八届三中全会对全面深化改革作出了顶层设计,实现这个奋斗目标,落实这个顶层设计,需要从法治上提供可靠保障。

1. 法治建设有效保障经济社会发展

从规范性文件的合法性上,保障重大经济社会决策科学化。河源市2009年出台了《河源市行政机关规范性文件管理规定》,将各级行政机关规范性文件的制定、审查、发布、备案、有效期、定期清理、实施后评估等纳入制度化、规范化管理,为河源经济社会发展提供良好的法治环境。河源市、县(区)、乡镇(街)和村(社区)均设立了政府法律顾问室或聘请了政府法律顾问,市委和县(区)委均聘请了政府法律顾问,让政府法律顾问在制定重大行政决策、推进依法行政中发挥积极作用。

依法进行深化改革,改善了营商环境,招商引资、企业投资数量上升。依法深化“放管服”改革,清理规范中介服务事项20项,取消权责事项99项,取消行政许可事项18项。推进“减证便民”,市本级取消证明事项112项。城市管理综合执法体制改革顺利推进。完成基本公共服务均等化综合改革试点工作,实施县区零基预算改革和财政资金项目库管理试点。完成普惠金融“村村通”试点工作,农信社改革工作顺利推进。全面推行“多证合一、一照一码”,强化事中事后监管,市场主体总量突破15万户,企业年报公示率排名全省第一。开展投资项目审批改革试点,推行企业投资清单制、项目代办制,成功举办一系列重大招商推介活动,签约项目185个、总投资440亿元。出台支持出口退税融资服务促进外贸稳增长政策措施,实际利用外资增长9.5%。河源跨境电商监管中心启用,盐田国际河源内陆港投入运营,国际贸易“单一窗口”上线,柬埔寨商品河源体验馆开馆,“三互”大通关改革进一步推进,完成综合保税区选址工作。

经济社会的发展重心下沉在基层，推进农村综合改革，农村土地确权登记颁证 51.1 万本，颁证率达 99.1%、排名全省第三。

河源市在全国率先开展县委书记、县长经济责任同步审计。2001 年，河源市在全国首次开展县委书记、县长同步审计，被称为“河源经验”。2007 年，中央经济责任审计工作联席会议办公室以简报的方式在全国推广河源的经验和做法，从而确定了河源是全国最早开展书记、县长经济责任同步审计的地区。2007 年 8 月，河源市委、市政府出台了《河源市县（区）委书记、县（区）长经济责任同时审计实施办法》，确定了逢离（职）必审和两年轮审一次的制度，标志着河源市县（区）委书记、县（区）长经济责任同步审计走上了正常化、制度化、规范化的轨道。这一创新不仅在加强县域经济管理和促进党风廉政建设等方面有着极其重要的作用，而且在提高领导干部驾驭经济能力和推动县域经济发展等方面取得明显成效。⑤管好基层干部也是法治建设的必要内容。河源创设了基层职务犯罪预防“仙塘模式”。2005 年以来，河源市检察机关在东源县仙塘镇率先开展基层组织职务犯罪预防工作，全力打造“检察与镇村共建，预防与综治结合，廉政与文明并进”的基层职务犯罪预防“仙塘模式”。2010 年 7 月，全省检察机关预防基层组织职务犯罪工作现场会在河源召开，总结推广“仙塘模式”。2013 年，河源市基层职务犯罪预防“仙塘模式”被最高人民检察院列为 100 个挂牌督办、全国推广预防项目之一。而仙塘镇也是河源市经济发展得最好的镇之一。

2. 法治建设保障生态文明建设

河源市制定《关于落实科学发展观加强环境保护工作的决定》《河源市环境保护规划（2007—2020 年）》等指导性文件和规划不断推进生态环保工作的制度化、规范化，专门出台《关于加强万绿湖集雨区环境保护管理的若干意见》《关于加强新丰江枫树坝水库及入库支流水质保护的通知》《河源市东江水环境综合整治工作指引（试行）》等政策文件突出加强东江水环境保护，逐步构建起措施严厉、稳定有效的地方生态环境保障法治体系。

2014 年 10 月，河源市检察院与市环保局、国土局、林业局联合下发了《关于建立生态环境保护信息员工作机制的实施办法》，在全省首创推行生态环境保护信息员工作机制。生态环境保护信息员是指将护林员、国土资源村级执法监察信息员、村级环保信息员职责合为一体的工作人员，简称“三员合一”，由各县区统一管理并落实经费保障，接受市、县（区）国土、林业、环保等职能部门的业务指导，并接受检察机关的法律监督，在生态环境领域内实现资源和信息的有效整合。2015 年，该机制被中国法学会、国家环保部评为全国生态环境法治保障制度创新优秀事例。

为深入贯彻习近平新时代中国特色社会主义思想和党的十九大精神，认真贯彻落实中央、省委、市委和上级检察机关关于加强环境保护和生态文明建设的决策部署，充分发挥检察职能作用，强化生态环境司法保护的实效，依法服务保障河源市生态文明建设，促进绿色发展，河源市检察院紧扣市委七届四次全会提出生态河源、现代河源发展思路，制定实施《河源市人民检察院关于充分发挥检察职能服务保障我市生态文明建设的意见》，为河源市生态文明建设保驾护航。实施河源市“水十条”，12 个国控、省控断面水质达标率 91.7%，饮用水源达标率 100%。空气质量优良率达 97.5%、综合排名全省第三。森林覆盖率 74.6%。康禾温泉森林公园、东江湿地公园分别获得国家森林公园、国家湿地公园称号。东源县获评全国首批“绿水青山就是金山银山”实践创新基地。

3. 法治建设充分运用“互联网+”，促进共建共治共享社会治理格局的形成

“一门式一网式”政务服务创新平台在 2016 年全面投入使用。大力推动放权强区，授予江东新区、市高新区 85 项市级权限。启动“数字政府”建设。

河源在全省率先开通了河源网上信访大厅县级分厅，构建具备河源特色的智能便民网上信访大厅平台。

河源市在全省首创智慧法援服务平台，零距离服务困难群众。积极践行以人民为中心的思想，建设“智慧法援”零距离服务平台。通过建立农村贫困户、残疾人、五保户、低保户、军人军属等援助对象的大数据库，组建法援律师数据库，群众只要输入身份证号码就可通过手机或电脑在网上约见律师进行视频接访和申请法律援助，让“数据多跑路、群众少跑腿”，实现市县镇法律援助接访大厅实体平台服务和大数据互联网智慧服务双驱动。

创新“互联网+法治宣传”模式，打造普法善治升级版。实施全年一计划，每月一主题，每天一案例，统筹安排法官、检察官、律师和市直执法部门领导、一线执法人员以案说法。开展《法治声音》栏目进基层、进校园、进校园活动。让“谁执法谁普法”责任制有平台、有责任、有考核、有问责，努力推动“官善用法、民愿守法”，打造服务型、互动型、创新型的普法善治升级版。同时，通过河源司法行政网和河源普法微信公众号等新媒体，积极推广推送栏目内容。和平、东源、源城、龙川、连平县局均推出普法微信公众号。东源县局推出首部普法微电影《跟读生》，社会反响强烈，受到《法制日报》关注报道。全市司法行政系统积极探索、大胆创新，广泛应用“互联网+”技术与法治宣传业务的深度融合，充分发挥新媒体对法治宣传广度和深度的创新驱动作用，全力打造创新型、服务型、互动型的“三型”法治宣传教育新模式，“五措”并举，探索一条具有河源特色的新媒体法治宣传之路，全力打造河源普法善治升级版，积极创建“官善用法、民愿守法”的良好法治环境。

（三）改革开放与法治建设相随共进才能保障人民群众幸福生活

习近平总书记指出，“明确新时代我国社会主要矛盾是人民日益增长的美好生活需要和不平衡不充分的发展之间的矛盾，必须坚持以人民为中心的发展思想，不断促进人的全面发展、全体人民共同富裕”。社会主要矛盾的转化经历了量变到质变的过程，这个过程已经反应在法治领域并引起法治工作方针的调整，从“有法可依、有法必依、执法必严、违法必究”到“科学立法、严格执法、公正司法、全民守法”，从形成中国特色社会主义法律体系到建设中国特色社会主义法治体系，从健全法制到建设法治中国，实质都是新社会矛盾在上层建筑中的反映和调整。面对法治领域的供需矛盾和人民对民主法治的美好向往，法治建设必须更加强调“以人民为中心”“以人民为主体”，以满足人民对美好生活的向往为己任。这是中国特色社会主义法治的根本价值所在，也是中国特色社会主义法治发展的强大力量所在。⑥

打击犯罪，建设平安河源，提升群众安全感。完善矛盾纠纷多元化解机制，有效排查不稳定因素。夯实基层治理基础，加强公安派出所建设，继续推进“一村（居）一辅警”；突出科技支撑、信息主导，发挥“中心+网格化+信息化”作用,全面推进“五星”平安村(社区)建设。健全社会治安防控体系,推进“雪亮工程”建设,盯紧社会治安突出问题,深化严打整治行动。2006 年,河源全部行政村配备民事纠纷调解员,农民的法律意识、农村文明和谐程度和村委班子工作水平普遍得到提高。2012 年 7 月 20 日,河源市建设“两法衔接”工作机制暨信息共享平台联席会议在市检察院召开。市检察院牵头建立“两法衔接”工作机制,制定《关于河源市行政执法与刑事司法衔接工作的实施办法》等制度,2013 年 10 月在市、县两级全面建成联网互通的“两法衔接”信息共享平台,硬件、软件建设走在全省检察机关前列,相关规范性文件获最高人民检察院全文转发。

2013 年,河源市中级人民法院党组决定在全市法院系统深入开展“百名法官进百村”司法服务活动。截至 2016 年全市两级法院已派出 1323 人次法官下基层,走访 192 个村民小组,1100 多农户,开展巡回审判 87 件,诉前化解纠纷 257 个,案件判后回访答疑 83 件,案件息诉罢访 107 件,帮助农村群众立案 92 件,帮助群众办实事 26 件,解答群众法律咨询 3540 人次,撰写调研文章 32 篇,提出司法建议 26 件。紫金县龙窝镇调解委员会被评为“全国模范人民调解委员会”,江东新区古竹镇和源城区源南镇双下村调委员会主任被评为“全国模范人民调解员”。

三、新时代下河源改革开放与法治建设的新征程

党的十九大提出全面依法治国是中国特色社会主义的本质要求和重要保障。必须把党的领导贯彻落实到依法治国全过程和各方面,坚定不移走中国特色社会主义法治道路,完善以宪法为核心的中国特色社会主义法律体系,建设中国特色社会主义法治体系,建设社会主义法治国家,发展中国特色社会主义法治理论,坚持依法治国、依法执政、依法行政共同推进,坚持法治国家、法治政府、法治社会一体建设,坚持依法治国和以德治国相结合,依法治国和依规治党有机统一,深化司法体制改革,提高全民族法治素养和道德素质。2018 年 3 月 7 日“两会”期间,习近平总书记到广东代表团参加审议时要求广东的同志们进一步解放思想、改革创新,真抓实干、奋发进取,以新的更大作为开创

广东工作新局面,在构建推动经济高质量发展体制机制、建设现代化经济体系、形成全面开放新格局、营造共建共治共享社会治理格局上走在全国前列。

(一)新时代下河源深化改革开放的发展总目标和战略

新时代下河源发展的总目标和战略定位为深入学习贯彻落实习近平总书记重要讲话精神,在实现"四个走在全国前列"中建设成为广东省绿色发展的示范区、融入粤港澳大湾区的生态排头兵。一是建设成为全省绿色发展的示范区是总目标。绿色是河源最鲜明的底色,绿水青山是河源最大的发展优势和最重要的民生福祉,随着绿色发展理念深入人心,生态环境已经成为一个地方竞争力的核心构成要素,绿水青山的经济价值不断提升,河源的生态优势日益凸显,并将逐步转化为巨大的发展优势。要深入贯彻落实习近平生态文明思想,坚定践行"绿水青山就是金山银山"理念,走出一条生态优先、绿色发展新路子。二是建设成为全省融入粤港澳大湾区的生态排头兵是战略定位。河源紧邻粤港澳大湾区,处在珠江东岸深莞惠经济圈辐射带动的第一层,在对接粤港澳大湾区建设、利用珠三角和港澳优质资源上具有天然优势,完全有条件发展成为粤港澳大湾区的重要战略腹地。要坚持把融入粤港澳大湾区作为最重要的战略方向,把提升在粤港澳大湾区中的战略功能作为最突出的战略支点,加快培育形成粤港澳大湾区东北部核心城市的功能要素,重点要在与粤港澳大湾区世界级城市群一体化发展上、与粤港澳大湾区国际科技创新中心协同创新上、建设粤港澳大湾区"一带一路"的重要物流节点上、打造内地与港澳深度合作示范区的特色平台上、共建共享粤港澳大湾区宜居宜业宜游优质生活圈上下功夫,全面融入粤港澳大湾区。三是走出生态河源、现代河源相得益彰的发展新路,是新时代下河源发展的科学路径。扎实推进"两个河源"建设,大力实施都市经济带动战略和乡村振兴战略。保护和发展不是矛盾对立,而是辩证统一的关系,生态环境保护并非不要经济发展,关键是要调整经济结构、转变发展方式,坚持在保护中发展、在发展中保护;要力戒重走"发展—污染—治理—发展"的老路,坚决摒弃要素驱动、规模扩张的惯性思维,力戒把生态环境保护当成发展的负担、包袱,破除消极悲观、无所作为或"等靠要"的传统思想,力戒把生态发展当作不担当、不作为的托词,消除坐等上级政策、坐论他人短长的现象。

要按照广东省委全面实施以功能区为引领的区域发展新战略、构建“一核一带一区”区域发展新格局等决策部署，充分发挥河源既有“区”的本质、又有“核”的特质的独特优势，坚持以生态为“本”，以现代为“魂”，依托生态河源建设绿色发展示范区、生态排头兵，推动现代河源成为大湾区世界级城市群有机组成部分，着力构建生态、现代协同发展的新优势，努力从原来珠三角发展的“跟随者”转变为生态发展的“引领者”。一是以“一核一带一区”区域发展新格局为引领，努力建设现代化经济体系。河源建设现代化经济体系的关键路径是融入粤港澳大湾区。要坚持差异化特色发展，主动参与粤港澳大湾区产业合作分工，推动产业集中、集约、高效发展，打造绿色低碳为本、质量效益为先的现代化经济体系，全面融入粤港澳大湾区市场一体化进程。培育发展战略性新兴产业。以绿色化为主攻方向推动传统产业转型升级。高标准推进产业园区建设。做优做强高端现代服务业。二是以实施乡村振兴战略为推动，加快建设农民群众安居乐业的美丽家园。积极培育灯塔盆地国家现代农业示范区示范引领作用。大力发展特色优势农业。推进生态宜居美丽乡村建设。以农村基层党组织建设牵引乡村振兴。坚决打赢脱贫攻坚战。大力推动城乡一体化发展。三是以全域参与融入粤港澳大湾区建设为方向，加快形成全面开放新格局。在“外联”交通上做文章。全面对接开放型经济新体制。创新招商引资工作机制。大力营造良好营商环境。四是以实施都市经济带动战略为着力点，不断增强城市辐射带动能力。强化城乡规划引领作用。在“内通”交通上下功夫。全面提升城市功能品质。全面提升县域经济发展质量。五是以对接广深科技创新走廊为突破口，大力推进与粤港澳大湾区协同创新。充分发挥企业创新主体作用。构建高水平科技创新体系。大力打造高端人才基地。六是以践行“绿水青山就是金山银山”理念为根本，巩固培植绿色发展的核心竞争优势。保护好一江清水和青山翠岭。打造全域旅游的“河源样本”。坚决打好生态文明建设持久战。七是以提高发展质量和效益为导向，加快构建推动经济高质量发展体制机制。深入推进供给侧结构性改革。深化关键领域改革。坚决打好防范化解重大风险攻坚战。

河源深化改革开放已经进入深水区，更需要法治建设进行保驾护航。

（二）新时代下法治河源的建设路径

平安和谐稳定的社会环境是河源振兴发展的有力保障、人民美好生活的基本需要。要加快推进社会治理现代化，努力把河源建成全省最安全稳定、最公平公正、法治环境最好的城市之一。

1. 以平安法治河源建设为重点，加快营造共建共治共享社会治理格局

“我们必须牢记，党的领导是中国特色社会主义法治之魂，是我们的法治同西方资本主义国家的法治最大的区别。离开了中国共产党的领导，中国特色社会主义法治体系、社会主义法治国家就建不起来。我们全面推进依法治国，绝不是要虚化、弱化甚至动摇、否定党的领导，而是为了进一步巩固党的执政地位、改善党的执政方式、提高党的执政能力，保证党和国家长治久安。”依法治国是广大人民群众在党的领导下，依照宪法和法律规定，通过各种途径和形式管理国家事务，管理经济文化事业，管理社会事务，保证国家各项工作都依法进行，逐步实现社会主义民主的制度化、法律化。同样，依法治市也是在党委领导下治理全市的具体事务。

河源的法治建设要以“四个走在全国前列”为统领，营造以良好的法治市的社会治理格局，做到改革开放在法律框架内进行，推进经济社会发展的重大决策均依法作出，以此推动河源建设现代化经济体系和高质量发展体制机制，最终形成全面改革开放新格局。河源要大力推动社会治理重心向基层下移，健全以党组织为核心的社区治理架构，着力构建基层党组织领导、基层政府主导、多方参与、共同治理的城乡社区治理体系。做实社区自治，推动乡镇（街道）把工作重心转到社会管理和公共服务上来。健全矛盾纠纷预防和多元化解机制，加强重点领域和特定利益群体社会矛盾专项治理，打造新时代河源“枫桥经验”。

2. 运用好地方立法权，重点保护好河源的绿水青山，完善乡规民约、市民公约、行业规章等社会规范体系

2015 年 3 月《立法法》修改，将地方立法权授予所有设区的市，河源市开始享有地方立法权。现已经制定《河源市制定地方性法规条例》《河源市恐龙地质遗迹保护条例》，正在制定《河源市农村生活垃圾治理条例》。为了更好

地进行地方立法,河源市人大常委会编制了《立法项目库》,初步形成35件立法项目,其中城乡建设与管理类法规项目19件、环境保护类法规项目6件、历史文化保护类法规项目10件。河源将制定一批具有河源特色的地方性法规和规章。从《立法项目库》的立法项目可见,城乡建设与管理类等三类立法项目不仅有关共建共治共享社会治理格局,还关系生态发展和地方特色文化。前文已述,河源虽然制定了一些保护东江水环境和保护林业生态的政策性文件,但毕竟政策性"红头文件"的效力级别较低。河源市应在上述政策性文件的基础上制定地方法规或规章,以便更好地保护东江水环境和林业生态环境。河源可参照《广东省封山育林条例》《广东省森林公园管理条例》等地方性法规,建立针对破坏林业生态违法行为的严厉查处机制,规范相关单位及个人的管理责任,明确禁止乱砍滥伐等破坏林业生态行为。现河源《立法项目库》中已有河源市生态公益林条例、河源市霍山风景区保护条例、河源市枫树坝水库水质保护条例、河源市新丰江水库水质保护条例、河源市森林防火条例等立法项目等待立法。

河源是客家古邑,具有浓厚的客家文化底蕴和乡土人情,在地方立法的同时应完善乡规民约、市民公约、行业规章等社会规范体系。

3. 深化司法体制综合配套改革,全面提升司法质量、效率和公信力

作为司法机关,要进一步发挥审判职能作用,提高司法服务大局的能力。营造公平公正高效的司法环境,切实增强人民群众的幸福感。协调推进公安改革、国家安全机关改革和司法体制改革,深入推进以审判为中心的刑事诉讼制度改革,规范执法司法权力运行机制,推进"两法衔接"工作,进一步提高执法司法公信力,确保人民群众在每一个司法案件中都感受到公平正义。坚持外部监督与内部监督相结合,大力推行执法司法公开,着力解决影响社会稳定、群众安全感以及执法不严、司法不公、司法腐败等群众反映强烈的突出问题。

4. 坚持依法化解社会矛盾,深化法治建设"四级同创"和"法安河源·德润民心"活动,加大全市普法力度,加强公共法律服务

法治建设"四级同创"是指法治城市、法治县(区)、法治镇(街)、民主法治示范村四个层面的创建。"法安河源·德润民心"活动以"法治与德治共

举，开启治理新风尚”为主旨，将运用法治手段解决道德领域突出问题、依法加强对群众反映强烈的失德行为进行整治，解决当前社会中突出的诚信缺失问题，推动全市法治建设再上新台阶，为全面依法治市创造良好人文环境。

河源市作为广东省的后发城市，改革开放是河源实现决胜小康、率先振兴、同步现代化奋斗目标的根本路径。面对建设粤港澳大湾区千载难逢的历史机遇，河源市提出建设成为粤港澳大湾区东北部核心城市，早日形成全面开放新格局。而法治建设是河源全面开放新格局的根本保证、重要的软实力和竞争力，河源市将努力践行习近平新时代中国特色社会主义思想，开创依法治市和改革开放新局面。

【注释】

①数据由河源市统计局提供。

②梁伟发：《既要“金山银山”又要绿水青山》，载《南方日报政论选萃》2003 年 11 月 18 日。

③广东省法学会：《依法治理显威力　一江清水惠港胞——持之以恒、依法保护东江供水工程的成功范例》。

④中国人民政治协商会议广东省委员会编：《敢为人先——改革开放广东一千个率先（卫生・生态卷）》，人民出版社 2015 年版，第 245—247 页。

⑤中国人民政治协商会议广东省委员会编：《敢为人先——改革开放广东一千个率先（政治卷）》，人民出版社 2015 年版，第 167—170 页。

⑥张文显：《新思想引领法治新征程——习近平新时代中国特色社会主义思想对依法治国和法治建设的指导意义》，载《法学研究》2017 年第 6 期。

法治助力客都发展

刘 远 辉*

梅州位于广东省东北部,粤闽赣三省交界处,是国家历史文化名城、国家生态文明先行示范区、国家级客家文化生态保护区、中国优秀旅游城市、国家园林城市、国家卫生城市、海峡两岸交流基地,素有"文化之乡、华侨之乡、足球之乡"的美誉。改革开放四十年来,梅州市的法治建设与经济建设相互推进,共同发展,推动建设社会主义市场经济体制和建设社会主义法治国家构成了改革开放大潮中交相辉映的两条主线。

一、梅州市改革开放四十年来经济社会发展取得的成就

四十年来,梅州市积极探索符合梅州山区科学发展新路径,统筹抓好发展、民生、稳定三件大事,坚定不移推动改革开放和经济建设,始终把法治作为推进经济社会又好又快发展的法宝,推动梅州山区经济社会发生了根本性历史性变革,谱写了从封闭、贫穷、落后走向开放、富裕、文明的宏伟篇章,开创了经济快速发展、社会和谐稳定、民生持续改善、群众安居乐业的崭新局面,为确保如期全面建成小康社会,为实现两个百年奋斗目标、实现中华民族伟大复兴的中国梦奠定更加坚实的基础。

* 广东省梅州市委政法委调研员,市法学会副会长。

（一）经济综合实力显著增强

经济建设上了新台阶，经济发展速度明显加快，经济实力明显增强。统计显示，2017 年，全市生产总值 1125.82 亿元，按可比价格计算，比 1978 年增长了 400 多倍，年均增长 10%以上；财政收入 338.14 亿元，比 1978 年增长了近 310 倍。尤其是“八五”计划以来，梅州市经济发展特别是第二产业的增加值比重迅速提高，1992 年开始超过第一产业成为主导部门，1992 年，全市三次产业增加值构成已演变为 33.5∶39.7∶26.8，呈现出“二一三”型特征。到 2003 年，全市三次产业的比例为 27.2∶39.5∶33.3，呈现出“二三一”型特征，也就是工业化初期的产业结构特征。近年来，随着绿色优势产业不断培育壮大，以生态旅游产业为带动的第三产业加快发展，经济结构发生重大变革，产业结构实现了由“一二三”到“三二一”格局的重大转变，需求结构实现了主要依靠投资拉动转为投资和消费共同拉动的良好格局。2017 年，全市规模以上工业总产值和规模以上工业增加值分别为 655 亿元、204 亿元，分别是 1978 年的 118 倍、97 倍；全市三次产业的比例为 18.5∶34.3∶47.2，呈现出“三二一”型特征，第三产业呈快速发展态势。改革开放四十年来，梅州紧紧抓住和用好重要战略机遇期，开放开发步伐不断加大，县域经济社会协同发展统筹推进，“互联网+”逐渐融入各行各业，电子商务、移动支付、快递等新业态新模式蓬勃发展。

（二）基础设施建设成绩斐然

随着梅县撤县设区，梅州市区面积扩展至 3053 平方公里，梅城建成区面积扩大到 54.8 平方公里、人口突破 65 万。全市基础设施保障能力和基础产业发展实现大飞跃，交通、水利、电力、通信、旅游和城乡等基础设施明显改善，长期制约梅州发展的“瓶颈”正在加快打破。大力实施交通先行战略，梅县机场旅客吞吐量突破 30 万人次；京九铁路“大动脉”穿市而过，梅汕高铁动工建设；各县（市、区）均通高速，全市实现“一小时交通圈”。改造升级国省干线，新（改）建通乡、通村公路。邮电通信业规模不断扩大，服务种类不断丰富，信息通信水平不断提升，固定电话、移动信号、电信宽带覆盖所有乡（镇），八个

“天下客都”梅州城市建设新貌

县城实现4G网络全覆盖。大力发展民生水利，梅江一河两岸堤围建设被国家建设部授予“人居环境范例奖”，并荣获“联合国人居环境项目优秀范例奖”，完成梅江、汀江、韩江航道整治工程，粤电大埔电厂建成投产，高陂水利枢纽工程、五华抽水蓄能电站顺利动工，完成中小河流域治理上千公里。原中央苏区农村超高速无线局域网应用试点加快推进，被列为创建“宽带中国”示范城市。大力推进城乡道路、供水、排水、垃圾处理、地下管网改造等建设，全力实施乡村振兴和城乡提升战略，新型城镇化质量显著提升。

（三）人民生活水平极大改善

牢固树立以人民为中心的发展思想，凝心聚力保障和改善民生，大力促进就业创业，千方百计增加居民收入，坚决打好脱贫攻坚战，全面提高社会保障水平，人民群众的获得感、幸福感、安全感显著增强，实现了从贫困到温饱再到奔小康的历史性巨变。在基础弱、底子薄的情况下，梅州居民人均可支配收入保持了较快的增长速度，“十二五”时期年均递增12.8%，2016年、2017年分别增长9.6%、9.2%。2017年，梅州市全体常住居民人均可支配收入达到19635元。居民生活水平和质量极大改善，吃、穿、用、住、行、娱、游等消费结构不断升级换代，发展型、享受型消费占比明显上升。大力实施“扶贫双到”、精准脱贫攻坚战略，坚持以“绣花”功夫精准扶贫精准脱贫，不断创新扶贫工作机制和模式，基础设施建设、产业扶贫、就业扶贫、教育扶贫、健康扶贫、低保兜底、金融扶贫等成效明显,脱贫攻坚取得重大阶段性胜利。截至 2017 年底,梅州市省定贫困村 349 个,相对贫困人口 58633 户 158994 人,全市累计筹集扶贫资金 29.69 亿元,实施超 49.6 万个帮扶户项目、3439 个村项目,组建农民专业合作社逾 500 个。大力实施积极的就业创业政策,"大众创业,万众创新"蓬勃兴起,动态消除城镇"零就业"家庭,大量农村富余劳动力向非农产业有序转移。覆盖城乡居民的社会保障体系基本建成,全面实施城乡居民大病医疗保险,实现了动态管理下的应保尽保。

(四)社会事业取得全面进步

不断加大教育、卫生、文化、体育等领域的投入,稳步推进教育、卫生、文化等领域体制改革,基本公共服务水平不断提升,经济社会发展的协调性明显增强。全面贯彻党的教育方针,坚持教育优先发展,大力推进九年义务教育和免费职业教育,扎实办好继续教育,群众受教育程度不断提高,成功创建粤东西北地区首个教育强市,"全国义务教育发展基本均衡县"全覆盖。医疗卫生事业由弱到强,健康梅州建设加快推进,重大疾病防控体系不断完善,公共卫生服务体系不断建立健全,为满足人民群众卫生服务需求提供了重要保障。坚持百花齐放、百家争鸣,大力推动客家文化发扬光大,不断完善公共文化服务体系,奋力推进文化产业与旅游业深度融合,全民健身和竞技体育全面发展,群众日益增长的精神文化需求不断得到满足。全面推进依法治市,成为全省首批获得地方立法权的地级市之一。加强和创新社会治理,连续八年获评"全省综治工作优秀市",2017 年获评"全国创新治理优秀城市"。

(五)生态文明建设成效卓著

始终自觉践行新发展理念,坚持"绿水青山就是金山银山",不断加大环境综合治理力度,着力保障生态安全,巩固提升环境质量,可持续发展能力显著增强,生态文明建设和节能降耗工作成效突出。近年来,立足生态发展区的功能定位,坚持生态优先、绿色发展,持续开展"绿满梅州"大行动,全市森林覆盖率达 74.8%。建设国家节能减排财政政策综合示范城市,推动经济转型发展、绿色发展。推进城乡人居环境综合整治,获评"中国十佳优质生活城市”。蕉岭获评世界长寿之乡,大埔、梅县、丰顺获评中国长寿之乡。

二、地方法治建设对改革开放的促进作用

改革开放离不开法治的引领和保障,法治必须紧跟全面深化改革的进程和步伐,充分发挥法治的规范、调节、引导、惩处功能,融入政治建设、经济建设、生态文明建设、社会建设和党的建设各领域,切实以法治建设优化市场环境、政务环境、社会环境和政治生态环境,着力解决好影响制约科学发展的法律法规和体制机制问题,大力推动区域经济社会全面快速发展。随着法治地位的不断提高和法治建设的快速推进,社会主义法治在经济政治社会发展中的作用加速递增,逐步成为全市经济政治社会关系的主要调节器和稳定器,对梅州市经济政治社会发展发挥着重大推动和保障作用。

(一)坚定党对法治工作的领导,营造风清气正政治生态环境

党的领导是全面推进依法治国、建设社会主义法治国家最根本的保证。梅州市进一步发挥好党委的领导核心作用,健全党委领导制度和工作机制,加强党内法规制度建设和执行,以法治建设不断优化政治生态环境。一是确保中央重大方针政策全面贯彻落实。加强党对法治建设的领导,调整并充实市委全面推进依法治市领导小组,由市委主要领导任组长,人大、政府、政协主要领导及相关市级领导任副组长,市直各单位主要负责人为成员,使领导体系和组织架构得以健全完善。各县(市、区)按照市里模式均成立相应领导小组,组建有人员、有编制、有经费的法治办公室。全市上下形成了由党委统一领导、政法委统筹、职能部门参与,齐抓共管、协调有力的领导体制和主要领导亲自抓、分管领导具体抓、常态化工作专人抓的格局。制定《梅州市法治政府建设指标考核体系》,明确依法行政考评标准,完善考评方案,改进考评方法,全面推进依法治市实施规划的重点任务细化分解为具体工作,逐一明确牵头单位、完成年度、目标路径和成果形式,对具体任务实行项目化管理。围绕各牵头单位发挥作用情况,定期进行部署、调度和推进,对市直各有关部门推进落实情况逐项强化督导。二是确保党员干部法治思维和依法办事能力不断提

高。坚持管方向、管政策、管原则、管干部，着力提高广大党员干部法治思维和依法办事能力，自觉在宪法法律范围内活动，支持政法部门依照宪法和法律独立负责、协调一致地开展工作。抓住领导干部这个“关键少数”，充分发挥领导干部尊法学法守法用法的模范作用。发挥党员干部带头遵守国家法律法规的表率引领作用，使各级党委的思路、重点工作和人事安排通过法定程序得到全面贯彻落实，发挥各级党组织在改革开放和现代化建设事业中的中流砥柱作用。三是确保从严治党各项工作取得实效。坚持党要管党、从严治党，持之以恒抓好作风建设，在抓常、抓细、抓长上下功夫，着力铲除不良作风滋生蔓延的土壤。在大是大非和原则问题上敢于亮剑，坚定不移推进反腐败斗争，以零容忍的态度惩治腐败，努力营造一个风清气正的政治生态环境，确保凝聚起强大的干事创业精气神。

（二）依法积极推进转变政府职能，营造高效规范的政务环境

建设法治政府，是全面深化改革的核心问题，也是法治建设的重要目标。围绕深化依法行政，加快推进法治政府建设，更好地发挥政府和市场“两只手”的作用，促进外来资金、人才、技术等要素与本地优势资源相结合，切实做到政府“法无授权不可为、法定职责必须为”，真正落实市场主体“法无禁止皆可为”。一是坚持依法简政放权。继续推进政府向市场放权，把不该管、管不好的事交给市场；推进政府向社会放权，更好发挥社会力量在管理社会事务中的作用；推进市级向县级放权，最大限度地调动基层的积极性、创造性。市、县一级同时要推进自身简政放权，抓紧清理以“红头文件”设定的管理事项，一律取消不符合法律规定的管理、收费、罚款项目。二是坚持依法规范权力运行。形成科学有效的权力运行制约和监督体系，把权力关进制度的笼子里，使权力运行守边界、有约束、受监督。推进政府法律顾问制度建设，建立和完善机关单位议事规则和程序，切实把主要精力集中到谋大事、抓大事和承担主体责任上来。权力集中的部门和岗位实行分事行权、分岗设权、分级授权，定期轮岗，强化内部流程控制，防止权力滥用。完善市公共资源交易平台建设，从制度上切断权力与微观经济的联系，防止领导干部插手土地出让、工程招标、政府采购等事项，为投资者营造公平的竞争环境。三是坚持依法强化政府公

共服务。坚持依法推动政府职能向创造良好发展环境、提供优质公共服务转变,创新服务方式,为资本的生长创造适宜的土壤,为投资兴业提供良好的平台,为支持科技创新提供适合的“水分、温度、光照”,真正形成完备的政策法规体系,吸引更多的资金、技术和人才等生产要素,激发全社会的创造创新活力。

(三)依靠法治大力发展市场主体,营造崇商重企营商环境

党的十八届四中全会通过的《中共中央关于全面推进依法治国若干重大问题的决定》指出,社会主义市场经济本质上是法治经济。这一重要论断深刻揭示了市场和法治的内在关系。“经济要发展,法治必先行”。梅州市委、市政府充分认识到全面推进依法治市是加快区域经济发展的重要保证,着力营造吸引投资、促进创业、鼓励创新的“软环境”。一是依靠法治培育市场主体。严格落实中央关于维护公平竞争市场秩序的要求,坚持权利平等、机会平等、规则平等,清理和废除对民营经济的不合理规定,鼓励民营经济参与国有企业改革,深入推进工商注册制度改革,消除各种有形和无形的壁垒。制定和完善资源市场化配置、工业园区建设、产业发展等方面的地方性法规,大力营造法治化市场环境,确保各类市场主体平等地获得金融、税收、土地、创新等方面的支持。二是依靠法治引进市场主体。积极适应对外开放不断深化的新要求,不断完善相关地方性法规,推进发展环境法治化,增强对外来投资者的吸引力。推出“千人计划”人才引进培养使用等方面的地方性法规,把畲江高新工业园区、嘉应新区、丰顺新区等开放平台建设成为梅州开放创新的高地。创新利用外来投资管理体制,不断完善对外来投资的配套服务。把良好的生态环境作为吸引外来投资者的独特优势,加快生态发展先行区建设,加快健全有效约束开发行为和促进绿色发展、循环发展、低碳发展的生态文明地方性法规,市人大全面启动制定《梅州市森林保护条例》等四个法规的立法工作,率先在全省探索建立生态文明法规体系,精心呵护好梅州得天独厚的绿水青山。三是依靠法治健全市场体系。要健全以公平为核心原则的产权保护制度,未经正当法律程序,任何组织和个人不得限制或者剥夺任何人的自由和财产。保障企业依法自主经营,坚决防止乱检查、乱收费、乱罚款、乱摊派。加快完善

产权保护、科技引领与支撑等方面的地方性法规,促进科技成果资本化、产业化。

举办世界客商大会,凝聚客家乡情,促进梅州发展

(四)依法打击违法犯罪,营造安定祥和的治安环境

依法治理,是坚持和发展中国特色社会主义的本质要求和重要保障,是实现国家治理体系和治理能力现代化的必然要求。和谐社会是法治社会,实现社会长治久安,根本上要靠法治。当前,梅州正处在爬坡过坎的关键时期,维护社会和谐稳定压力大、问题多。梅州谋划工作努力运用法治思维、法治方式处理问题,为改革开放营造了平安和谐、稳定有序的社会治安环境。一是坚持依法做好信访维稳工作。运用法律调节社会关系、维护社会秩序、规范人的行为。坚决落实中央关于健全依法维权和化解纠纷机制的工作要求,强化法律在维护群众权益、化解矛盾纠纷中的权威地位,坚持运用法治思维和法治方式化解社会矛盾,维护群众权益。建设好各级综治维稳工作中心,继续抓好领导干部包案督访和信访维稳攻坚战,加快推进信访法治化进程。根据信访法律法规规范信访人行为,实行诉讼与信访分离,切实防止"信访不信法"的倾向,着力解决"导入难、纠错难、终结难"的问题。妥善处理征地拆迁、重点项目建设等工作中的矛盾纠纷,既保护群众的合法权益,又维护正常的建设秩序。切

实强化各级党政主要领导干部维护稳定第一责任，对于因失职、渎职等原因引发群体性事件的，依法严肃追究责任。二是坚持依法推进社会治安综合治理。坚持打防结合、预防为主、专群结合、依靠群众的工作方针，深入推进社会治安综合治理，确保人民安居乐业、社会安定有序。建成了“五位一体”的信息化立体化治安防控体系，坚持依法严厉打击危害社会治安的各类违法犯罪，着力打好禁毒人民战争，切实扭转地方社会治安混乱、黄赌毒问题突出的现状。积极参与整顿与规范市场经济秩序，依法打击针对外来投资者的违法犯罪，确保投资者在梅州的人身财产安全。深入推进扫黑除恶专项斗争，凡党员干部参与经营涉黄涉赌场所、充当黑恶势力“保护伞”的，一律从严处理。三是坚持依法加强和创新社会治理。准确把握新形势下推进依法治理的新要求，使社会治理的一切活动和工作，都纳入规范化、法治化的轨道。积极开展法治建设“四级同创”活动，坚持系统治理、依法治理、综合治理、源头治理，深入开展多层次、多形式的基层组织和部门、行业法治创建活动，提高社会治理法治化水平。充分发挥基层党组织在全面推进依法治市中的战斗堡垒作用，建立重心下移、力量下沉的法治工作机制，积极解决群众在司法领域反映强烈的热点、难点问题，让群众从身边案件的查办中感受到公平正义，提高社会治理法治化水平。

（五）依法推进机构体制改革，营造多元共治的和谐环境

一是稳妥有序推进司法体制改革。坚持把公正作为法治的生命线，推行司法体制机制改革，实行以审判为中心的诉讼制度，加强司法机关之间的相互配合、相互制约，健全错案防止、纠正、责任追究机制，努力让人民群众在每一个案件中都感受到公平正义。顺利完成员额法官、检察官遴选工作，建立了权责统一的法官检察官办案责任制，司法工作机制进一步健全，新一轮司法体制改革给人民群众带来更多的“获得感”。二是完善基层法治工作机制。基层司法所、派出所、派驻检察室、法庭等基层执法、司法单位基础设施和装备条件明显改善，人员配备及业务素质全部达标，初步建立起重心下移、力量下沉的基层法治工作机制。三是构建基层法律服务平台。着眼于为全市经济社会发展提供优质高效的法律服务和法律保障，搭建起覆盖区、镇、村三级的公共法

律服务体系，充分发挥中立法律服务社作用，积极开展“以法兴企”文化沙龙活动，全面落实“一村（居）一法律顾问”工作机制，打通了服务群众法律需求的“最后一公里”。四是充分发挥人民调解组织作用。组建交通事故、劳资纠纷、医疗纠纷、物业纠纷、婚姻家庭、环境保护等行业性人民调解委员会，建立起村（居）人民调解委员会 550 个，借鉴发扬“枫桥经验”，依法妥善调处基层热点、难点问题。仅 2017 年，全市各级调解组织共调解各类矛盾纠纷 5000 余起，调处成功率达 95%，基本实现“小事不出村、大事早介入”，为维护基层社会稳定作出了积极贡献。

（六）深入开展普法教育，营造尊法守法的社会环境

一是全面形成法治大格局。“市委统一领导、政府组织实施、人大实施监督和政协全力支持、全社会积极参与”的法治宣传教育工作格局全面建立；全市每年定期召开法治专题会议，多次接受人大、政协视察；组织领导干部和公职人员学法考法；全市中小学开展各类法治教育活动 3000 余次；受教育学生 55 余万人；1000 余家小微企业实现了“法律体检”全覆盖；送法进农村 2000 余次，受教育农村党员、干部、群众代表约 400 万人。二是全面创新法治新平台。近年来，梅州市积极开展普法宣讲机制创新，“直通联普式普法”“立体电子式普法”“网格式普法”“电子屏普法”“短信普法”“微博普法”等 10 多种普法方式方法和宣教技术在实践中不断得以推广应用，通过立体电媒平台开展普法宣传 1500 余次，法治宣传月、周、日等常项全民法治宣传教育活动定期开展，各市直单位、各县（市、区）、镇街联动普法 500 余次，组织以普法志愿者为主体的法治文艺演出 100 余场，普法覆盖面达 90%以上，辐射教育群众达 400 余万人。三是全面优化法治大环境。梅州市以“法律六进”为基础，以法治创建为载体，以法治服务民生为出发点和落脚点，认真贯彻落实“谁执法谁普法”的普法工作责任制，全面弘扬法治精神，积极培育法治风尚，创造性实施“四点”工作模式，奋力打造梅州普法依法治理工作升级版。近几年来，梅州市积极探索法治宣教新途径，大力开展生活化、亲民化、立体化的“三化”宣教活动，重点打造了一批市镇村三级法治文化公园，全市目前已建成 1 个市级、15 个镇级、50 个村级法治文化公园，成为传播法治文化、弘扬法治精神的重要

载体和基础平台。如今,办事依法,遇事找法,解决问题用法,化解矛盾靠法,良好的法治环境在推动梅州市经济社会建设中起到了引领、规范和保障作用。

三、加快推进地方法治建设进程的思考

习近平总书记参加十三届全国人大一次会议广东代表团审议并发表重要讲话,充分肯定四十年来广东改革开放取得的巨大成就和作出的重要贡献,要求广东在构建推动经济高质量发展体制机制、建设现代化经济体系、形成全面开放新格局、营造共建共治共享社会治理格局上走在全国前列,并勉励广东继续深化改革、扩大开放,为全国提供新鲜经验。梅州市委七届五次全会提出,梅州要按照"四个走在全国前列"要求,打造区域竞争新优势,形成高质量发展新动力。按照省委和市委的部署要求,高扬中国特色社会主义法治的旗帜,更加注重发挥法治的引领和规范作用,加强和创新社会治理,使改革开放事业建立在法治的坚实基础之上,努力为把广东建设成为全国最安全稳定、最公平公正、法治环境最好的地区之一作出梅州应有的贡献。

(一)坚持以习近平新时代中国特色社会主义思想统领梅州法治建设工作

党的十九大确立了习近平新时代中国特色社会主义思想,将其写入党章,作为我们党必须长期坚持的指导思想。这是党的十九大最重要的理论成果,也是党的十九大最重要的历史贡献。要坚持用习近平新时代中国特色社会主义思想武装头脑、指导实践、推动工作。要牢固树立"四个意识",特别是核心意识、看齐意识,坚决维护习近平总书记的核心地位,坚决维护党中央的权威,坚决维护党中央的集中统一领导。坚定不移地走中国特色社会主义法治道路,坚决维护宪法法律权威,依法维护人民权益、维护社会公平正义、维护全市社会大局稳定,为加快梅州振兴发展提供有力的法治保障。始终把法治建设工作置于党的工作全局中去谋划,自觉围绕中心、服务大局,确保党的路线、方针、政策和重大决策部署在法治建设工作中得到不折不扣地贯彻执行。坚持中国特色社会主义制度,贯彻中国特色社会主义法治理论,落实形成完备的法

律规范体系、高效的法治实施体系、严密的法治监督体系、有力的法治保障体系,形成完善的党内法规体系的要求,坚持依法治国、依法执政、依法行政共同推进,坚持法治国家、法治政府、法治社会一体建设,全面推进依法治市,加快建设法治梅州,使依法治国基本方略全面落实,地方性法规逐步完备,行政权力依法规范运行,司法体制机制健全完善,党内法规得到严格遵守,党员干部法治思维和依法办事能力明显提高,公民法治意识和法律素质普遍增强,各类社会主体合法权益得到切实保障,法治环境明显改善,依法治市取得显著成效。

(二)建立立法体制机制,积极推进科学立法

一要明确地方立法的职责。市委要高度重视地方立法工作,在把握方向、掌握权限和范围上确保与中央、省委高度一致。市人大及其常委会要根据中央和省委的部署,做好行使地方立法权的准备工作,发挥人大在依法治市中的主导作用。各级党委要带头遵守宪法和法律,支持人大及其常委会依法行使职权。二要建立健全立法体制机制。市人大要加强对立法工作的组织协调。建立市人大各工作委员会和人大常委会有关工作机构与市政府、市法院、市检察院有关部门的沟通机制。加强地方政府规章工作机制建设,广泛听取社会公众意见,提高政府规章制定质量,防止部门利益和地方保护法律化。加强立法机构建设,充实立法专业人员,使立法机构的规格、编制与其承担的职责和任务相适应。三要深入推进科学立法、民主立法。紧紧围绕全市工作大局,科学制定立法规划和年度计划。进一步发挥高等院校和科研机构的智库作用,建立健全立法机关和社会公众沟通机制,开展立法协商。建立和完善立法信息公开制度,细化公众参与立法的程序和法律责任。四要做好立法和改革决策的衔接。用好地方立法权,积极探索城乡建设、城乡管理、环境保护等事项的立法工作。发挥立法的引领和推动作用,实现立法决策和改革决策相衔接,保障重大改革于法有据、有序推进。

(三)深入推进依法行政,加快建设法治政府

一要推进政府职能法定化。坚持法定职责必须为、法无授权不可为,坚决

纠正慢作为、不作为、乱作为。加快转变政府职能,优化政府组织机构,建立权责统一、权威高效的依法行政体制。推进市、县政府事权规范化、制度化。合理界定各级政府的基本公共服务事权和支出责任。健全事权与支出责任改革相适应的财政转移支付制度。依法创新和规范政府管理服务。推进政府购买服务规范化。加强政务服务平台建设,推进行政服务标准化,逐步完善市县镇村四级政务服务体系。二要深化行政审批制度改革。认真贯彻落实行政许可法,依法减少行政许可项目,规范行政许可行为,改革行政许可方式。加大对行政许可与非行政许可审批的清理和规范力度,深化商事制度改革,推进政府管理由事前审批更多地转向事中、事后监管,在全市范围内建成上下顺畅、紧密衔接的制度体系。三要健全重大行政决策机制。实行重大决策事项目录管理,严格落实公众参与、专家论证、风险评估、合法性审查、集体讨论决定的法定程序。政府及工作部门普遍设立法律顾问室,发挥法律顾问在重大行政决策、推进依法行政中的积极作用。建立重大决策终身责任追究制度及责任倒查机制。建立健全重大决策记录制度,完善重大决策实施后评估等监督制度。四要深化行政执法体制改革。重点在食品药品安全、工商质监、公共卫生、安全生产、劳动保障、文化旅游、网络安全、资源环境、农林水利、交通运输、城乡建设等领域推进综合执法。探索推行跨部门、跨行业综合执法。理顺行政强制执行机制,建立行政机关与人民法院协作机制,提高行政强制执行率。健全行政执法与刑事司法衔接机制。五要严格规范公正文明执法。完善执法程序,规范执法流程,强化执法指引,强化执法监督,堵塞执法漏洞。建立健全重大行政处罚、行政许可、行政强制、行政征收等执法决定备案制度。全面落实行政执法责任制,完善责任追究机制。加强执法监督,定期开展专项执法检查活动。加强行政执法信息化建设和信息共享,提高执法效率和规范化水平。加强对行政权力的制约和监督。强化政府内部层级监督。强化对重点部门和岗位的权力制约。加大对违法行政、懒政怠政的行政监督、监察力度。完善审计制度,保障审计机关依法独立行使审计监督权。加快推进政务公开,重点推进行政权力运行、财政预算、公共资源配置、重大建设项目批准和实施、社会公益事业建设、公共监管等领域的信息公开。

（四）保证公正司法，提高司法公信力

一要落实确保依法独立公正行使审判权和检察权的制度。各级党政机关和领导干部要支持法院、检察院依法独立公正行使职权。建立领导干部干预司法活动、插手具体案件处理的记录、通报和责任追究制度。落实行政机关行政首长依法出庭应诉、尊重并执行法院生效裁判等支持法院审判行政案件的制度，切实解决行政诉讼立案难、审理难、执行难等突出问题。落实惩戒妨碍司法机关依法行使职权、拒不执行生效裁判和决定、藐视法庭权威等违法犯罪行为的法律规定。二要优化司法职权配置。积极探索实行审判权和执行权相分离的体制改革。支持法院、检察院探索实行司法行政事务管理权和审判权、检察权相分离。推进法院案件受理制度改革，做到有案必立、有诉必理，保障当事人诉权。加大对虚假诉讼、恶意诉讼、无理缠诉行为的惩治力度。落实审级制度，确保审级独立。完善对涉及公民人身、财产权益的行政强制措施实行司法监督制度。落实检察机关督促纠正行政机关违法行使职权或者不行使职权行为的制度。探索建立检察机关提起公益诉讼制度。三要健全司法机关内部监督制约机制。完善主审法官、合议庭、主任检察官、主办侦查员办案责任制，科学划分内部执法办案权限和责任，做到谁办案谁负责。明确人民法院内部院、庭长与其职务相适应的审判管理职责，完善审判长联席会议制度、专业法官会议机制。建立司法机关内部人员过问案件的记录制度，规范记录有关情况，并及时移送纪检监察部门备案。四要健全侦查和预防职务犯罪工作机制。实行举报线索集中动态管理、集体评估、处理情况定期通报等制度。推进案件线索数据库建设，加强对案件线索管理、流转和调查的监督。进一步明确纪检监察和刑事司法办案标准和程序衔接。五要严格规范司法行为。严格执行事实认定符合客观真相、办案结果符合实体公正、办案过程符合程序公正的法律制度。推动建立全市法院、检察院案例指导制度，加强和规范司法解释和案例指导。严格执行司法各个环节的办案要求和操作规则，让人民群众感受到公平正义。推进以审判为中心的诉讼制度改革，确保侦查、审查起诉的案件事实证据经得起法律的检验。实行办案质量终身负责制和错案责任倒查问责制，确保案件处理经得起法律和历史的检验。六要保障人民群众参与司法。

在司法调解、司法听证、涉诉信访等司法活动中保障人民群众知情权、参与权和监督权。完善人民陪审员选任、管理等制度,提高人民陪审制度公信度。逐步实行人民陪审员只参与审理事实认定问题,不参与审理法律适用问题。强化对人民陪审员的履职保障,加强对人民陪审员的业务培训。加快推进司法公开,构建开放、动态、透明、便民的阳光司法机制,推进审判公开、检务公开、警务公开、狱务公开。加强人权司法保障,加强对司法活动的监督。

(五)推动全民守法,加快法治社会建设

一要深入开展法治宣传教育。广泛开展以建设法治梅州为核心的普法宣传教育活动,推进法治宣传教育进机关、进乡村、进社区、进学校、进企业,引导群众自觉守法、依法办事、解决问题靠法。坚持领导干部带头学法、模范守法,创新办好每年一次的党政主要领导干部党纪政纪法纪教育培训班。健全国家工作人员学法用法制度,把宪法法律列入各级党委(党组)中心组学习内容。注重青少年法治教育。落实国家机关"谁执法谁普法"的普法责任制。二要坚持法治与德治相结合。大力弘扬客家优秀传统文化,培育具有梅州特色、行业特点、组织风貌的社会规范建设示范点、民主法治示范村(社区),充分发挥市民公约、乡规民约、行业规章、团体章程等在社会治理中的积极作用。加强社会诚信建设,健全公民和组织守法信用记录,完善守法诚信褒奖机制和违法失信惩戒机制,提高全社会的诚信意识。深入开展社会主义核心价值观宣传教育,推进法治文化示范点建设,大力弘扬中华传统美德,培育社会公德、职业道德、家庭美德、个人品德,增强法治的道德底蕴,弘扬公序良俗。三要发挥人民团体和社会组织在法治社会建设中的积极作用。依法规范和促进社会组织发展,建立健全社会组织参与社会事务、维护公共利益、救助困难群众、帮教特殊人群、预防违法犯罪的机制。拓宽社会组织参政议政渠道。建立健全社会组织对其成员的管理制度,完善自律机制。建立法律服务志愿者组织体系,吸纳有法律专长的人士加入志愿者队伍。

改革开放再出发,贯彻法治思维、推进法治实践,用法治力量巩固拓展改革开放成果是时代的必然选择。梅州市将在新的历史起点更要高扬中国特色

社会主义法治的旗帜，积极谋划和推进法治建设，走出一条具有时代特征、梅州特点的法治发展路子，为梅州新一轮振兴发展提供更加有力的法治保障，推动梅州市各项事业沿着法治化轨道继续奋勇前行。

后发前行　法治相随

陈 样 新*

新时代要有新的大作为。海陆丰是全国13块著名革命根据地之一，也是广东省唯一一块革命根据地。以习近平同志为核心的党中央十分关心支持革命老区发展。我们要牢记习近平总书记的殷殷嘱托，认真贯彻省委的部署要求，做好新时代汕尾法治建设等各项工作，奋力担当起对标广东"四个走在全国前列"任务和"两个重要窗口"目标中的重要责任，认清汕尾在全省改革发展大局中的所处位置。

一、汕尾发展成就与法治建设

汕尾市位于广东省东南沿海，是1988年初经国务院批准建立的地级市，现辖汕尾城区和海丰县、陆丰市、陆河县以及红海湾开发区、华侨管理区，总面积5271平方公里，总户籍人口352万人。全市旅居海外的华侨和港、澳、台同胞130万人。汕尾是著名的革命老区和人才圣地，乡贤资源丰富，有近140万人口在珠三角等地创业就业，有2.5万家在外乡贤企业。汕尾是潮汕、客家、广府文化等多文化交融的区域。拥有正字戏、西秦戏、白字戏三大稀有剧种，有8个国家级、23个省级非物质文化遗产项目，是"中国民间文化艺术之乡"。

近年来，汕尾紧紧抓住广东省振兴发展战略的深入实施、深圳全方位对口帮扶的历史机遇，坚持向珠三角发展，推动经济社会加快发展。2017年，全市

* 广东省汕尾市法学会会长。

地区生产总值(含深汕特别合作区)903 亿元,增长 8.1%;固定资产投资 669 亿元,增长 17%;规模以上工业增加值 257 亿元,增长 11.4%,增速排名全省第一;工业用电量 23.5 亿千瓦时,增长 10.1%,增速排名全省第三;一般公共预算收入 36.8 亿元,增长 23.9%,增速排名全省第一。2018 年一季度,汕尾全市实现地区生产总值 201.88 亿元,同比增长 8.1%,增速居全省第三位;一般公共预算收入 10.21 亿元,增长 29.4%,增幅居全省首位;固定资产投资总额 77.05 亿元,增长 19%;完成规模以上工业增加值 38.17 亿元,增长 8.8%。在经济下行压力加大的大环境下,汕尾市经济发展保持稳中有进的态势,发展前景向好。

汕尾市取得的这些成就离不开法治的保驾护航,而法律又是社会发展的产物,是构成我们整体社会生活的规范之一,它与各地风俗习惯和社会环境有着紧密的联系,“它维护现存的制度和道德、伦理等价值观念,它反映某一时期、某一社会的社会结构,法律与社会的关系极为密切”。①

(一)汕尾发展成就

1.经济发展水平明显提升

汕尾经过建市三十年来的发展,经济运行总体保持平稳较快增长。1988 年,汕尾市地区生产总值 18.7059 亿元,2017 年,汕尾市地区生产总值(含深汕特别合作区,下同)903 亿元,比 1988 年增加了 884.29 亿元。2017 年汕尾制定出台一系列实体经济扶持政策,新培育“四上”企业 97 家,新投入工业技改资金 100 亿元。深入实施创新驱动发展战略,新增高新技术企业 9 家、企业研发中心 36 家,新认定省级工程技术研究中心 5 家。全年接待过夜游客 845 万人次,旅游总收入 130 亿元,分别增加 7%和 6.9%;农业增加值 146 亿元,增长 4.8%,省、市级农业产业化龙头企业达 77 家,新增省级农业标准化示范区 4 个;海洋经济总产值 358.24 亿元,增长 10%。汕尾市投资载体日趋完善,深入实施了“向西融珠”战略,全面参与了“深莞惠+汕尾河源”的“3+2”经济圈建设,“总部研发销售在深圳,生产基地在汕尾”的产业共建模式更趋成熟,亿元以上新动工项目 33 个,大幅超额完成省定任务,全省排名第一。“1+4”产业园区载体建设不断深入,2017 年以来,全市各县(市、区)按照“倒排工期、挂图作战”的总体要求，紧盯年度目标不放松，大力推动产业园区扩能增效和产业项目建设，取得了显著成效。截至2018年5月，全市5个产业园区入园企业（项目）累计150个，其中动工在建产业项目88个，建成投产产业项目30个，已签约未供地项目14个，供地未动工项目18个。动工在建的88个项目中，符合项目建设时间进度的有70个项目，占总数的80%。一批产值超十亿、超百亿产业项目相继开工建设、试产投产。其中2008年1月至5月，全市产业园区新动工产业项目13个，新建成投产产业项目9个，预计年底将有31个项目建成投产。全市承接珠三角产业梯度转移项目11个，完成省下达年度目标任务的22%；产业园区新动工亿元以上产业共建项目7个，完成省下达年度目标任务的35%。

汕尾市城市建设新风貌

汕尾市海岸线绵长，达455公里。汕尾市因地理优势成为广东重要的海洋捕捞和海水养殖基地，汕尾渔场是全国闻名的南海渔场之一。1982年，汕尾在全国第一个实行“渔船折价承包制”。1989年，由广东省人民政府申报，经国务院批准，汕尾市城区渔业经济体制综合改革试验区成立，这是广东省第一个渔业经济体制综合改革试验区。1992年，城区政府根据《中共汕尾市委、汕尾市人民政府关于建设“海上汕尾”的决定》的精神，成立了海洋开发领导小组，负责制定海洋经济发展规划、政策和措施，处理、协调海洋经济发展具体事宜。2011年，省水产局会同省政府发展研究中心以及省农村改革试验区办公室有关人员，赴汕尾市就城区渔业经济体制综合改革试验区工作进行专题调研，充分肯定试验区取得的显著成绩。“2013年，全区渔业总产量18.94万吨，全区建成9家国家、省和市渔农业龙头企业示范单位。”[②]汕尾市城区渔业在经济体制改革中，一直起着带头示范作用。

深汕特别合作区是广东省区域协调发展的样本。2011年2月，广东省委、省政府批复《深汕（尾）特别合作区基本框架方案》，正式设立深汕特别合作区（以下简称“合作区”）。2011年5月，广东省委、省政府将“中共深汕特别合作区工作委员会”“深汕特别合作区管理委员会”牌子授予深圳、汕尾两市，合作区正式运作。合作区位于广东省东南部，地处珠三角平原和潮汕平原之间，是粤东地区通往珠三角地区的桥头堡。2017年，广东省委、省政府作出决策，将深汕特别合作区调整为由深圳市全面主导开发建设。2018年5月，广东省委强调要狠抓产业项目落地，让合作区发展尽早见到成效，把合作区建设成为现代化的滨海新区、产业新城，打造区域协调发展的生动范例、创新典范。为了提高合作区的有效运行，广东省委、省政府确定合作区党工委、管委会为省委、省政府派出机构，享有地级市一级管理权限，委托深圳、汕尾两市管理，深圳市主导经济管理和建设，汕尾市负责征地拆迁和社会事务。合作区党工委、管委会下设若干个职能部门。这种管理模式为广东省乃至全国区域协同发展提供了良好的借鉴。

除合作区外，红草产业园也正如火如荼地加快建设，园区已有35个项目在建或建成投产，投资总额285亿元，预计年产值达500亿元，同时还有35个项目等待进园。海丰生态科技城、陆河新河工业园、陆丰产业园都实现了从无到有、从小到大的跨越，承接珠三角产业转移、与珠三角进行产业共建的平台载体日益成熟。

汕尾有望获得国家贫困革命老区与省产业共建政策等多重政策叠加支持，广东省政府即将出台《海陆丰革命老区振兴发展规划》；4个产业园区纳入省级管理，可享受省产业转移扶持政策。深汕特别合作区实行省直管财政管理体制，明确总部在深圳的企业到合作区投资享受深圳企业同等待遇，深圳企业转入深汕合作区的,可享受 13 项深圳市本级产业扶持专项资金。汕尾已出台实施《关于进一步优化投资环境扩大招商引资的若干规定》《汕尾市关于促进市级工业园建设与招商引资若干规定》《关于优化营商环境扶持企业加快发展的若干意见》《汕尾市贯彻落实广东省进一步扩大对外开放积极利用外资若干政策措施的实施意见》,对外来投资商,将依法依规在财税、基础设施建设、用电、用水、用地、政府收费、用工社保、金融支持和政府服务等方面给予充分优惠。

政府"放管服"改革力度加大,"一门式一网式"政府服务模式不断完善。投融资体制改革有新进展,社会投资、政府投资项目审批时间分别缩短为 40 天、55 天,平均提速达到 70%以上。政府工作效率的提高,大大优化了汕尾商业投资环境。

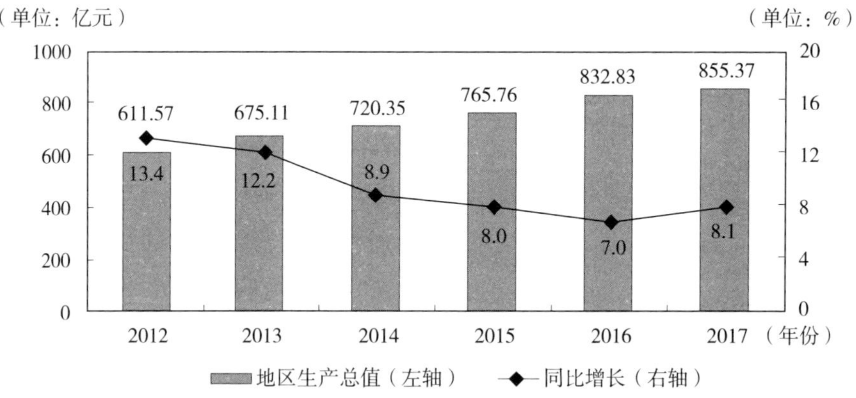

图 1 汕尾市 2012—2017 年地区生产总值及其增长速度

汕尾市扎实推进经济体制改革,推进供给侧结构性改革,落实好国家"降税减证提标"三项措施和省"实体经济十条",推进"三去一降一补"任务,清除"僵尸企业",化解产能过剩。2017 年,汕尾市在全省各市开办企业便利度评估中排名第十一位。汕尾坚持实施创新驱动发展战略,提高对外开放水平,推动经济朝着高质量方向发展。

在经济发展方面,汕尾市具有突出的区位优势,西连深圳、东莞、惠州,东接汕头、厦门,汕尾港距太平洋国际航线只有 12 海里,水路距香港仅 81 海里,距台湾高雄港 200 海里,是珠三角辐射粤东的战略支点,海上丝绸之路的重要

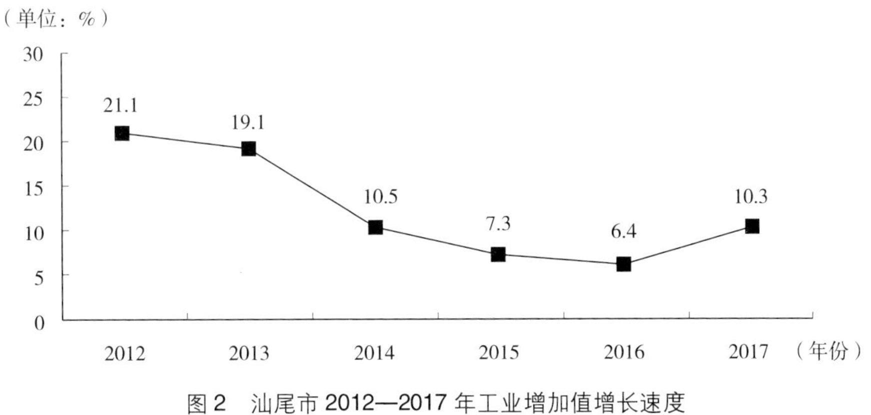

图 2　汕尾市 2012—2017 年工业增加值增长速度

节点。区域交通日臻完善。324 国道、深汕高速公路、厦深高铁和潮惠高速横贯全境。厦深高速铁路的通车使汕尾到深圳缩短至 60 分钟；广州至汕尾铁路动工建设，通车后汕尾到广州在 60 分钟之内，汕尾迈进了粤港澳大湾区一小时生活圈，为打造珠三角产业拓展聚集地提供了坚实的保障。

2. 社会民生事业全面发展

汕尾市始终践行以人民为中心的发展思想，2017 年全年完成九大民生支出 174.5 亿元，占一般公共预算支出 78.4%。市下拨 6.4 亿元用于支持基层建设，每个镇（街）综合保障专项经费 100 万元，每个镇（街）消防安全整治专项经费 100 万元（11 个重点整治镇各 300 万元），142 个省定贫困村创建新农村示范村专项经费各 100 万元，每个村（社区）环境卫生整治专项经费 5 万元。城镇新增就业 4.9 万人，新增转移农村劳动力就业 2.8 万人，城镇登记失业率 2.38%，基本社会保险覆盖率 96%。拓展提升"人才驿站"，出台"红海扬帆人才计划"，设立 2 亿元人才基金招贤纳士。教育"创现"工作全面启动，新增幼儿园 27 所，清理整治无证幼儿园 112 所，成功创建 2 所省重点中职学校，总投资 8.75 亿元、在校生规模达 10000 人的市高级技工学校破土动工。精准扶贫、精准脱贫基础不断夯实，累计投入 12.6 亿元，实施扶贫项目 1247 个，转移就业 1.5 万人，实现 5.158 万相对贫困人口脱贫，率先实现所有行政村 100%光纤到户。社会矛盾排查化解有效加强，民间矛盾纠纷调解成功率达 99.8%，社会和谐稳定持续向好。

3. 生态环境质量持续改善

汕尾环境质量指标长期居全省前列，AQI 达标率、$PM_{2.5}$、PM_{10}、NO_2、O_3 等指标连续三年均稳居全省第一。落实了节能减排责任，超额完成电机能效提升和绿色建筑发展任务，关停非法电镀厂 28 家。大力发展绿色交通，淘汰黄标车 1796 辆，新投放纯电动新能源公交车 600 辆。全面推行了河（库）长制，全市 784 条河流、392 宗水库均落实专人负责。品清湖蓝色海湾整治及奎山河、奎山湖黑臭水体整治启动实施，龟龄岛保护与开发利用项目有序推进。"一县一场、一镇一站、一村一点"收运处理体系高效运作，建成 58 个镇（街）转运站和 4615 个村收集点，农村生活垃圾有效处理率达 92.7%，村庄保洁覆盖率 100%。汕尾市新一轮绿化大行动不断深入推动，人工造林 14.4 万亩，建设生态景观林带 69.6 公里，实施山体复绿 24.8 万平方米。

（二）汕尾法治建设成就

汕尾市委、市政府高度重视法治建设，在法治建设方面取得了全方位的历史性成就，有力地保障和推进了汕尾改革开放事业继续前进，社会经济发展、生态环境保护工作取得突破性成就。

1. 地方立法

汕尾市于 2015 年获得立法权至今，结合本地实际做好地方立法精细化。2016 年施行《汕尾市水环境保护条例》，2017 年施行《汕尾市城市市容和环境卫生管理条例》和《汕尾市品清湖环境保护条例》，三部法规施行以来取得了显著成效。汕尾市在制定地方法规的过程中严格遵循科学立法、民主立法的原则，并充分结合自身发展情况，提高立法的可操作性，在实践中获得了显著效果。《汕尾市山体保护条例》已经过三次论证，即将公布实施。汕尾市在获得地方立法权后积极发挥地方的主观能动性，地方立法工作卓有成效，推动汕尾改革开放在法律的框架内稳步进行。

2. 依法行政

"善政是善治的关键，没有良好的政府治理，就没有良好的国家治理。"③汕尾市政府在政治监督方面，积极推进政务公开，自觉接受社会监督和舆论监督，积极回应民声，12345 投诉举报平台接通率位列全国第一方阵，政府公共服务总体满意度跃升至全省第 14 名。协商民主平台建设不断推进，在全省率先制定“直通车”制度和跟踪反馈制度。继续探索行政复议委员会试点工作，认真对待行政诉讼案件，推行政府法律顾问和市政府负责人出庭应诉制度，行政复议和行政应诉工作不断加强，行政行为逐步规范。

通过全国首个省级合作区立法，深汕合作的“基本法”《广东深汕特别合作区管理服务规定》（配图为合作区概念示意图）

3. 公正司法

在全面深化改革的关键时期，汕尾市高度重视司法公正的建设。全市法院结合自身实际，共组建 36 个新型审判团队，审判团队组建后，办案质效明显提高，公正司法得到了良好践行。同时，汕尾法院重视司法透明，庭审严格遵循公开为原则、不公开为例外，实行审判流程、裁判文书、执行信息网上公开公开透明。汕尾市两级检察机关通过在公安机关派出所设立九个派驻检察官办公室、搭建侦查活动监督平台，建立重大敏感案件提前介入机制，把监督关口前移，加强办案配合，强化公安机关侦查取证效率。检察机关依法履行自身职能，通过加强对刑事诉讼活动的监督，有效维护司法公正和法治权威。

4. 提升群众法律意识，加强法律文化建设

汕尾高度重视普法教育，提升群众法律意识。“全面推进依法治国需要全社会共同参与，需要全社会法治观念增强，必须在全社会弘扬社会主义法治精

神，建设社会主义法治文化。要在全社会树立法律权威，使人民认识到法律既是保障自身权利的有力武器，也是必须遵守的行为规范，培育社会成员办事依法、遇事找法、解决问题靠法的良好环境，自觉抵制违法行为，自觉维护法治权威”。

在依法处置“乌坎涉稳”问题中，汕尾、陆丰两级党政机关在省委省政府的坚强领导下，依法有效调解了各类矛盾纠纷，依法解决了村民合理诉求，惩处犯罪，张扬法治。在市区、红海湾开发区载客三轮车取缔的过程中，政府坚持法治先行、依法依规，向社会大众和三轮车工友宣传政策法规，听取载客三轮车工友的诉求，推出回收补助、转岗就业、低保、临时困难救助等一系列扶持政策，实现了“零投诉、零上访”工作目标，困扰市区多年的非法营运载客三轮车退出历史舞台。截至2017年底，汕尾城区、海丰县、陆河县3个县区完成全省法治县（市、区）创建目标，占全市总数的75%；汕尾城区马宫镇等44个镇（街）完成全省法治镇（街道）创建目标，占全市总数的77%。

二、社会治理新格局，引领汕尾法治之路

汕尾市委、市政府带领全市干部群众，沿着中国特色社会主义新时代道路，贯彻法治国家、法治政府、法治社会一体建设的法治路线，解决了汕尾法治建设进程中若干重大疑难社会治理问题。在社会维稳、征地拆迁、劳动纠纷、打击犯罪等方面取得了突破性进展，攻克了大量长期难以解决的问题，改变了汕尾的旧面貌，为新时期社会治理积累了重要经验，值得分类总结。

（一）社会治安综合治理方面

汕尾市社会治安持续好转。2017年，接报刑事警情和治安警情同比下降15.8%，仅占全省的0.58%，刑事立案数全省最低，命案发案数降至历史最低，万人犯罪率不到全省平均水平的一半。汕尾市区2012年至今仅发生一起因家庭矛盾引发的命案并且当年即破案，两次受到省委、政法委和省综治办的通报表扬。2016年，还被中宣部、司法部评为“全国法制宣传教育先进县（市、区）”。2017年，全省命案防控工作现场会在汕尾召开。

2013年，开展“雷霆扫毒”行动以来，汕尾市坚持以法治思维治理毒品犯

罪顽疾，狠抓思想、组织、队伍、问责和经费“五大保障”，开展系列行动，持续开展高强度整治，陆丰制毒中心地位、毒品集散地位和制贩毒隐患明显下降，打击成效快速提升与禁毒长效机制建设同步发展，涉毒重点人员管控有效，群众识毒拒毒防毒意识增强，社会治安进一步好转。2016 年以来抓获涉毒逃犯 594 名，2017 年 3 月份以来陆丰未发现制毒窝点，毒情形势实现根本好转，带动了全市毒情形势的持续向好，得到国家禁毒委、省禁毒委的充分肯定，国家禁毒委、省禁毒委同意陆丰市向国家禁毒委申报“摘帽”。

全力开展打击整治碣石地区走私经营“洋垃圾”专项行动，有效整合公安、边防、工商、海关缉私、海警、海缉、环保等部门优势力量，发挥联合执法威力，合力围歼“洋垃圾”。采取源头截流，切断“洋垃圾”供应链；加大海上巡防力度，突出陆上查缉，形成强大执法包围圈。经过强力打击整治，陆丰碣石地区走私经营“洋垃圾”问题得到根本解决。

（二）城市规划治理方面

汕尾市成功创建成为省卫生城市，获省文明城市提名，汕尾市提前 1 年在 2018 年创建省文明城市。汕尾人民心中的新地标——善美广场，中国最美海湾同时也是第 16 届亚运会帆船帆板项目比赛场地——红海湾等景点为汕尾市容增添了浓墨重彩的一笔。同时，汕尾城市规划建设管理还存在一些薄弱环节。对此，汕尾市提出加强城市规划建设管理，启动新一轮城市总体规划修编工作，实现市区近期建设规划范围内控制性详规全覆盖。以汕尾新区等三个起步区为基本框架，推动中心市区“东拓、西延、北扩、中优”，提升市中心城区首位度和辐射力。良好的城市规划增强了城市活力，汕尾人民从中享受了城市现代化的便利与丰富的生活资源，也为政府民生工作带来了机遇与挑战。在道路规划建设方面，依法拆迁、推进道路交通。以红海西路的建成为典型，为其他片区依法拆迁开发建设提供了基层法治工作经验。

三、红色革命老区和生态环境的法治保护

汕尾的红色革命老区定位和后发优良的生态环境，与法治思维、法治建设

密切相关，也是值得分类总结、体现汕尾特色和亮点的经验。

（一）大善——红色革命老区的法治保护与发展

海陆丰革命根据地，是党的十一届六中全会确定的土地革命战争时期全国13个红色革命老区，是我国第一个县级苏维埃政权诞生地。作为中国共产党领导的农民运动的策源地，海陆丰革命根据地在开展农村武装斗争、政权建设和土地革命等方面进行了许多伟大探索和实践。汕尾市目前已被广东省委党史研究室审定的革命遗址共有615处，居全省地级市革命遗址数量首位。

红色革命的精神要不断传承下去，还需要政府打造好“红色文化名片”。近些年来，汕尾市委、市政府高度重视红色文化资源的保护利用，以此来推动汕尾的发展。“在革命、建设和改革的不同历史阶段，红色资源对党和国家的进步，对人民群众的物质和精神文化生活都产生过积极的作用和影响。”④在新时代，红色资源不仅强调法治保护，更是着眼于通过法律手段对其进行开发利用。随着《中华人民共和国英雄烈士保护法》的颁行，《汕尾市革命遗址遗迹保护条例》和《汕尾市革命老区红色资源保护条例》已经过多次论证和听证，正在积极推进中。依法加大保护开发红色革命老区，保护红色文化，激发爱国爱乡热情，是大善。

（二）大美——生态环境的法治保护

汕尾市重视依法保障绿色发展。汕尾市的污染防治任务十分艰巨，存在部分地区水污染问题较为突出。汕尾市迎难而上，打好污染防治攻坚战，加强生态文明建设。一是推进绿色发展。发展壮大节能环保产业、清洁生产产业、清洁能源产业，建立健全绿色低碳循环发展的经济体系。加强对重点耗能工业企业节能管理，确保完成节能降耗任务。二是加强生态环境治理和保护。坚决打好水、大气、土壤污染防治三大战役，继续做好中央环保督察问题整改落实工作。全力抓好水污染防治，实行最严格水资源管理制度。依法严厉打击非法偷排工业废水行为，严守海岸带生态保护红线，做好近岸海域污染防治，清理非法设置入海排污口。汕尾是珠三角东郊十分难得的生态家园，是中国十大休闲城市之一。全域河流水质均达到Ⅱ级以上，空气纯度达到100级，长期居全省空气质量前列。陆河县森林覆盖率高达70%,拥有4万亩红椎林、10万亩青梅林以及一批珍稀观赏树种,是中国青梅之乡,省级林业生态县;海丰县境内,莲花山森林保护区保持有良好的生态和绿色植被,由联安湿地、大湖鸟岛、公平鸟岛组成的上万公顷的国际湿地,是中国水鸟之乡;海丰县内的鸟类保护区则是由广东省政府在1998年批准成立的省级自然保护区,2006年被国家林业局列入《全国湿地保护工程实施规划》优先建设项目和被列入全国林业系统自然保护区优先晋升国家级自然保护区名录,2008年正式加入国际重要湿地名录。

汕尾"红、蓝、绿、古、特"五色旅游景观齐集,素有"粤东旅游黄金海岸"之美誉,红海湾开发区是全省首批滨海旅游产业示范园区。汕尾进一步落实水污染防治工作计划,加强饮用水源管理保护,城市集中饮用水源、主要入海河口、近岸海域环境功能区水质达标率均为100%。全面推行河(库)长制,全市784条河流、392座水库均落实专人负责。

汕尾市探索推进特色小镇试点项目建设,支持和鼓励海丰县大湖镇、黄羌林场和陆河县水唇镇、螺溪镇从区位优势和资源禀赋出发,因地制宜。推进特色小镇建设以来,大湖镇形成以鸟岛、湿地、海滨观光等旅游为主的休闲滨海旅游镇基本成型;水唇镇修复滨水生态环境,螺溪镇的华侨城螺溪谷的扶贫开发,建设客家风情小镇,扎实推进陆河世外梅园景区建设开发,塑造了"梅泉林歌"新形象;黄羌林场推进森林资源、水库风光、红色资源、户外运动有机结合,"旅游+运动"逐步成为汕尾旅游新标杆。

四、全面深化改革,法治汕尾善美在路上

(一)依法抓住互联网信息时代的挑战和机遇

当前整个中国社会步入了加速发展的信息时代,云计算、大数据、"互联网+"、人工智能等领域的发展层出不穷,创造性利用互联网技术来整合社会资源已成为社会发展的技术新引擎。汕尾市要抓住当前信息时代的挑战和机遇,充分利用互联网技术,坚持开放共享,营造开放包容的发展环境,将互联网

作为生产生活要素共享的重要平台，最大限度优化资源配置，加快形成以开放、共享为特征的经济社会运行新模式。通过大力发展共享经济，努力在构建推动经济高质量发展体制机制、建设现代化经济体系、形成全面开放新格局、营造共建共治共享社会治理格局上走在全国前列，打破地理区域障碍，打破依据传统经济模式构建起来的法律制度的平衡，从而倒逼监管体系的重构和法律制度的完善，实现汕尾的善美之法治。

（二）继续优化汕尾地方立法、执法、司法工作

1. 加强地方立法工作

汕尾市获得地方立法权后，各部门积极配合市人大常委会开展立法相关工作，立法成果显著。在以后的立法工作中应做到：（1）根据汕尾市地方特色和社会实际情况，坚持特色创新，完善地方法规体系。（2）应始终坚持以保障和维护公平正义为目标，强化合法性审查，把权力关进制度的笼子里，在立法过程中坚持依法审核，保障公平正义。（3）把地方立法作为公民意志的集中和表达过程，作为公民当家作主的重要途径，保障社会公众有序参与立法，坚持开门立法，集聚民智民意。（4）社会发展是一个动态发展过程，立法应不断跟进、适应社会的发展，要建立立法后评估制度，不断完善立法。（5）组织开展政府规章规范性文件清理工作，使地方性法规、政府规章和规范性文件更加体现与时俱进的时代特征。

2. 加快提升政府依法行政能力

汕尾善美之法治的实现，必须大力推进依法行政，让汕尾善美之法治的魅力融入人民群众对政府行政执法的评价中去，从而让法治落地生根。具体做法有：（1）构建领导干部学法长效机制，邀请法律专家对汕尾市各级政府领导干部进行法律宣传贯彻；组织多层次法治教育培训活动，对普通政府工作人员进行法治教育和培训。（2）树立重视法治素养和法治能力的用人导向，把法治观念强不强、法治素养好不好作为干部能力实绩考察的重要内容，对不依法办事的干部不作为动议和推荐人选。（3）对违反依法行政原则的领导干部和普通政府工作人员依法进行有效惩处，建立群众举报热线，加强执法监督。（4）落实各行政部门对行政诉讼案件的应诉出庭激励和惩罚机制，并将此列

为汕尾法治考核标准。

3. 进一步推进司法体制改革

汕尾市坚定不移按照中央部署推进司法体制改革:(1)以推进员额制改革为抓手,科学统筹,精准匹配基层法院、检察院员额并严格入额遴选工作,优中选优确保业务水平高、司法经验丰富、能独立办案的优秀人才进入员额,进一步提升法官、检察官职业化、专业化水平,把全部员额配置在办案业务部门,确保法院、检察院绝大部分司法资源配置到办案一线。(2)推动专业法官会议制度的设置,设立刑事专业法官会议和民事行政执行专业法官会议,促进各审判长经验专长的发挥,有效解决合议庭审理案件过程中遇到的疑难问题。(3)落实司法办案责任,确保办案监督追责制度化。明确法官检察官对所办案件终身负责,探索建立法官检察官办案责任体系和责任追究体系,确保司法责任真正落实到人、具体到案。同时,研究制定法官、检察官依法履职保护办法,依法采取切实有效措施保障法官、检察官权益,为法官、检察官敢于承担责任、敢于依法办案提供制度保障。(4)进一步落实院庭长办案制度和随机分案制。包括院长、庭长在内,严格实行随机分案为主、指定分案为辅的案件分配制度,并根据《广东省高级人民法院关于院长庭长办理案件的暂行规定》严格监督院长、庭长办案比例和办案质量,充分调动和利用审判力量。(5)全力推进智慧法院建设。进一步开发"互联网+诉讼服务中心"。升级科技法庭、庭审网络直播平台、数字化档案管理系统、云桌面及移动办公办案平台等法院智能平台,为提升司法工作效率和构建开放、动态、透明、便民的阳光司法机制,努力提供更加优质、高效、便捷的司法服务。

(三)依法创建汕尾社会治理与建设新格局

1. 加快社会治安防控体系建设

要坚持重拳惩恶,严厉打击黄赌毒黑拐骗和制假售假等各类突出违法犯罪活动,建设法治汕尾、平安汕尾。保持禁毒力度不减,建立网格化管控禁毒模式,健全禁毒长效机制,严防毒情反弹回潮。建立常态化管控机制,防止碣石"洋垃圾"问题死灰复燃。构建立体化、信息化社会治安防控体系,加快"雪亮工程"建设,有效推进陆丰、海丰社会治安重点地区整治。推进信访工作法治化建设，坚持依法彻底解决“乌坎涉稳”、土地争议等问题。加强对涉军、涉农、涉土、涉环保、涉劳资纠纷等不稳定因素排查化解，确保不发生重大群体性事件。

2. 加强城市安全和公共安全工作

健全应急管理体制，提高街头和社区见警率。同时加强社区视频监控的布防及视频监控的监管维护，防止监控设备故障和监控数据的丢失。提高突发事件预防预警和应急处置能力。加强防灾减灾救灾体系建设，全面完成三防系统标准化建设，推进“五个一”救灾平台建设。深刻吸取个案重大火灾事故血的教训，增强安全生产红线意识和风险管控意识，落实企业安全生产主体责任和行业监管责任，以更大力度消除各类安全隐患、堵塞各类安全漏洞。加强食品药品、重点工业产品、危爆物品、特种设备等安全监管，继续加大打击假冒伪劣产品力度。打好防范化解重大风险攻坚战，开展护航金融“利剑行动”，坚决打击非法集资活动，严守不发生系统性区域性金融风险底线。做好国防动员、人民防空、双拥共建、优抚安置等工作。

3. 加强基层乡村建设

要积极实施乡村振兴战略，推进农业农村现代化。在村务治理方面，要加强村（居）务公开“五化”和村务监督委员会“九有”建设，建立健全村（居）民民主议事制度，发挥村（社区）公共服务中心（站）作用，增强村“两委”干部素质和本领，全面提升基层自治能力和服务水平。在农业方面，要继续推进农业供给侧结构性改革，坚持质量兴农、绿色兴农、科技兴农。在农村方面，要加快新农村建设步伐，加快推进农村全域人居环境整治，打造美丽宜居乡村。通过乡村科学规划、提升公共服务质量和加强基础设施建设，使乡村社会治理和建设格局焕发新颜。

4. 推动教育资源整合

大力发展普惠性幼儿园，全面整治清理无证幼儿园。规范各类校外培训机构，提高学校教学质量，加快学校升级提质。大力扶植特殊教育、民办教育，推进集团化办学模式。根据国家和广东省的教育法规、规章，将进一步整合教育资源，加快学校布局，调整打造功能齐全的现代化学校，解决山区留守儿童和边远学生入学住宿用餐问题，努力使每个孩子均享有公平而有质量的教育。

（四）以法治保障建设沿海经济带靓丽明珠

1. 建立先进高端的现代化产业体系

要通过产业共建推动珠三角优势产业、优质企业把生产环节布局在汕尾市，引进提升研发、销售环节，大力发展先进制造业和新兴产业。要推动物流业、金融业与制造业联动发展，立足资源禀赋和区位优势打造珠三角旅游健身养老基地，以生产性服务业为重点发展壮大现代服务业。要突出抓好深外海捕捞和水产品深加工，加快退出近海养殖，提升海洋渔业发展水平。要通过集中丢荒农田发展种养业，加快农业适度规模经营，提高农业产业规模效益。

2. 坚守环保底线

要树立绿色发展理念，宁愿发展慢一点，也要好一点，决不能饥不择食、急功近利。要加大生态环境治理和保护力度，着重补齐污水垃圾处理设施等短板。发展壮大节能环保产业、清洁生产产业、清洁能源产业，建立健全绿色低碳循环发展的经济体系。加强对重点耗能工业企业节能管理，确保完成节能降耗任务。推进节约集约用地，加大闲置土地处置力度。倡导简约适度、绿色低碳的生活方式，加大新能源汽车推广力度，推广绿色建筑和建材，大力发展装配式建筑，开展创建节约型绿色社会。

3. 加强人才引进和培养

要树立人才是第一资源的理念，厚植高质量发展的根基。针对产业发展的现实需求，进一步拓宽人才引进渠道，优化人才环境，推动“人才驿站”和“红海扬帆人才计划”等政策措施落地见效，确保人才引进取得实质性进展，坚持人才优先发展，支持创新型企业聚集、引进、培育高层次领军型创新人才，对引进的两院院士，国家科学技术奖获得者，国家重点学科、重点实验室、工程研究中心、工程实验室的主要专家，省级有突出贡献的中青年专家，重点学科带头人等领军人才，财政给予专项经费和住房补贴。落实人才培养与激励保障的政策措施，切实解决新引进的高层次人才住房、落户及其配偶就业、子女入学入托等问题。

（五）法治护航，助力深汕特别合作区

2017 年 9 月 21 日，广东省委、省政府批复《深汕特别合作区体制机制调

整方案》，决定将合作区党工委、管委会调整为深圳市委、市政府派出机构，合作区也由此正式进入“深圳的全面主导期”。这座新城正加速迈入建设管理的新时期。深汕特别合作区的建设可以实现深圳与汕尾两地资源共享、互通有无、互利共赢。汕尾应当抓住深汕合作的契机，积极突破限制汕尾发展的各种因素。围绕经济发展所需要的市场化体制和法治环境，优化和提升营商环境。同时，简政放权，优化政务服务，积极推行“一门式一网式”服务模式。[⑤]发挥合作区管理机构管理的主体作用，要以法治为保障，依法制定发布合作区管理权限事项目录，落实合作区管理机构地级市经济管理权限，完善合作区管委会与海丰县政府对社会事务管理的协调沟通机制，以人为本、民生优先，助力深汕特别合作区实现政治、经济、文化、社会、生态全面发展。汕尾要实现新的发展，就要充分利用深汕合作的机会，积极引入和学习深圳特区成功的经验和模式，助推汕尾各方面发展。

【注释】

①瞿同祖：《中国法律与中国社会》，中华书局 1981 年版，第 1 页。

②中国人民政治协商会议广东省委员会编：《敢为人先——改革开放广东一千个率先（经济卷）》，人民出版社 2015 年版，第 386 页。

③俞可平：《中国的治理改革（1978—2018）》，载《武汉大学学报》2018 年第 3 期。

④张泰城、刘浩林：《红色资源的时代价值论析》，载《求实》2011 年第 5 期。

⑤陈彦玲：《深汕提别合作区：以“三大”创新激发各方活力创建“飞地经济”新模式》，载《广东经济》2017 年第 19 期。

奋力追赶　法治引领

朱 自 派*

改革开放四十年来,我国的经济社会发展令世界瞩目。伴随着经济社会的发展历程,我国法治建设也经历了不断的发展和完善的过程。四十年来,我们党领导全国人民,正确处理发展、改革、稳定的关系,始终坚持发展引领社会建设,充分发挥法治对经济社会发展的保障作用,取得了非凡成就。与全国一样,阳江也迎来了历史性的变化。

阳江位于南海之滨,原是一个名不见经传的农业县,在历史的长河中默默无闻。二十世纪后半叶,阳江迎来了具有深远意义的历史转折。1978 年,阳江人民贯彻执行党的十一届三中全会决定,以经济建设为中心,实行改革开放。1988 年,国务院批准设立地级阳江市。阳江开启深化改革、艰苦创业、建设富裕文明新阳江的新征程。

一、改革开放之缩影——阳江取得的历史性发展成就

改革开放四十年,阳江取得了全面发展、跨越发展、绿色发展的伟大成就,并在全省形成了具有地方特色的城市定位和发展品牌,实现了经济社会的巨大变化,体现了改革开放在阳江实践的成果。

——阳江经济实现后发赶超。四十年来,全市主要经济指标呈百倍以上

* 广东省阳江市委政法委专职副书记、市委依法治市办主任,市法学会常务副会长。

的增长，其中地区生产总值增长 364 倍，人均地区生产总值增长 262 倍，工业总产值增长 1015 倍，农业总产值增长 118 倍，社会消费品零售总额增长 373 倍，外贸出口增长 448 倍，地方一般公共预算收入增长 119 倍。可以说，阳江实现了农业市向工业市的转变，实现了小县城向中等城市的转变，经济实力不断增强，在全省形成了具有特色的产业结构，如五金刀剪产业、海洋渔业产业、滨海旅游产业、能源产业位居全省前列。2013 年，阳江在全省欠发达地区率先突围，人均地区生产总值在粤东西北地区率先超过全国平均水平。2017 年，全市地区生产总值 1428 亿元，排全省第十五位。

阳江市城市新貌

——阳江成为绿色滨海城市。全市人民坚持走绿色发展的路子，在加快经济发展的同时，保持了绿水青山。城市空气质量长年保持优良，漠阳江水环境质量总体为优，在全省环保责任考核中，阳江连续 13 年获得优良以上等次。2011 年，《CCTV 经济生活大调查》节目，将阳江选入中国十大最具幸福感城市。改革开放四十年来，阳江中心城区面积由 1978 年的不到 7 平方公里扩展到 68.07 平方公里，城区面积扩大 10 倍，阳江从一个县城初步发展为广东中等现代化滨海城市。

——阳江成为广东旅游大市。阳江以滨海旅游为主的旅游业得到快速发展，已成为全省最具特色的滨海旅游城市。2017 年，全市接待游客数量达到 2100 万人次，旅游收入达到 268 亿元。海陵岛大角湾海上丝路旅游区是全国唯一的滨海旅游5A级景区,开发建设了全国著名的“南海一号”旅游景点。

——阳江成为新兴能源基地。阳江是广东省近年来新兴的以新能源为主体的能源基地,全市电力能源的装机容量达到800万千瓦,在建760万千瓦。预计到2020年,全市电力装机将达到1500万千瓦。其中核电、风电、水电、太阳能等清洁能源将达到80%以上。目前,阳江核电站已有四台百万级机组投入运行,还有两台百万级机组在建。建成后,阳江将成为全球最大的核电基地,年发电量480亿千瓦时。

二、法治建设之保障——推动阳江经济发展作用凸显

改革开放四十年,阳江取得的巨大成就,离不开市委、市政府的坚强领导,离不开全市人民的艰苦努力,离不开法治的推动。几十年来,法治建设始终贯穿全市改革开放的全过程,始终在全市经济社会发展中起着全方位的保障作用。

(一)推进改革措施落实,为促进地区经济大发展提供政策保障

改革开放四十年来,随着社会主义计划经济转轨社会主义市场经济,新的经济政策和改革措施不断深化,推动着经济社会的不断发展。改革时期不断深化的经济政策和改革措施,实质上是法治建设初期的重要内容和主要表现形式。政策先行和政策支撑,是法治建设引领改革发展的最重要因素。从改革开放实践看,法治保障下的政策支撑确保了改革的成功和发展的持续稳定。

1.农村改革政策的实施,促进了农村经济的大发展

党的十一届三中全会以后,我国开始了农村先行的改革。1980年,阳江地区全面推广包产到户和包干到户的政策,极大地解放了农村生产力。仅两年时间,1982年,全市粮食获得超历史的大丰收,为解决温饱问题奠定了基础。此后,农村改革不断深化和完善,1985年,全面落实粮食购销政策。二十世纪八十年代中期开始至九十年代重点发展乡镇企业。2003年,开始农村税费改革等。一系列农村改革政策的有效落实,促进了农业和农村经济的大发展。

2. 城市改革政策的实施,促进了现代经济的大发展

在农村改革取得初步成功的同时,城市经济体制改革也在稳步推进。相继开始实施的财政包干、工业生产经济责任制,发展集体、个体经济和国企改革等,城市改革以点带面、全面推进。二十世纪八十年代,阳江地区开始发展集体和私营个体经济,建立多渠道、少环节、开放型的流通体制。接着,发展对外经济,推进国营企业改革。1984 年,启动以扩大国营企业自主权为主要形式的国企改革,相继经历了经营承包责任制、租赁经营责任制、股份制改革、抓大放小等过程。仅 2000 年以来,市委、市政府就先后出台了六个关于深化国企改革的文件,为国企改革提供政策支撑。城市经济体制改革的成功,极大地促进了阳江的工业化和城镇化进程。

3. 地区发展战略的实施,促进了经济大发展大提升

以改革为抓手,以党中央提出的现代化建设目标为方向,全面实施地区发展规划和发展战略,加快经济社会发展的步伐。1997 年,阳江市认真落实《广东省东西两翼区域发展规划纲要》,确定"阳江市发展成为以轻工业、旅游业为主的海港城市";1999 年,市委、市政府提出实施"追赶""科教兴市""可持续发展"三大战略,加快发展区域特色经济;2011 年,提出建设三次产业协调发展的新型工业化城市的发展战略;2016 年,提出以海兴市、绿色发展、建设富美阳江的奋斗目标。按照不同时期的发展战略,全市人民持之以恒抓改革,全力以赴促发展,促进了阳江经济的腾飞。

(二)推进法治政府建设,为打造适宜的政务环境提供法治保障

法治政府建设的重点是政府职能改革、机构改革、管理手段和方式的改革等。通过改革,将政府对经济活动的管理从直接管理向运用经济、行政、法律等手段间接管理的转变,加快管理型政府向服务型政府的转变,在社会主义市场经济体制下,为加快经济发展提供了坚强的保障作用。

1. 推进完善法治制度体系

阳江市高度重视制定和完善法治政府建设的一系列规范性文件和制度,实施了《阳江市法治政府实施纲要》和《阳江市依法行政工作五年规划》。2004 年以来,制定了规范性文件的管理制度五项、重大行政决策制度文件九

项、地方立法配套制度两项、行政执法监督制度五项、行政应诉调解制度两项、政府信息公开制度六项、行政问责制度三项，以及领导干部学法、政府法律顾问制度一批。为推进法治政府建设、全面提高依法行政水平提供了制度保障。2016 年，阳江依法行政考评在粤东西北地区排名第一，全省排名第八。

2. 推进政府职能机构改革

全面完成地方政府工作部门权责清单编制和公布工作，深化“放管服”改革，出台政府部门审批中介服务目录及事项清单，取消市、县 61 项行政许可事项。为了适应政府职能转变的需要，持续进行政府机构改革。2009 年，阳江市作为机构改革试点，在全省地级市率先进行大部门改革，市政府工作部门由原来的 37 个降为 25 个，成为广东欠发达地区机构改革力度最大的地级市之一。

3. 推进行政审批制度改革

加大简政放权力度，大幅精简行政审批事项，全市行政审批事项压减比例为 50%以上，市级设置的行政审批事项全部取消，市直单位行政处罚自由裁量权得到了量化细化。同时，优化行政审批流程，实施行政审批标准化，进一步提高了依法行政的效率和透明度。如工业及房地产项目审批由 156 个工作日压减到 86 个工作日，大大提高了行政审批效率。

4. 推进政务服务方式改革

实行“一门式一网式”政府服务模式改革，网上办事大厅联通 52 个市级部门、6 个县（市、区）政府及其部门，开通 48 个镇（街）网上办事站、826 个村居网上办事点，初步建成了四级实体化政务服务体系，为方便群众办事提供了便捷的条件。

5. 推进执法体制综合改革

全面推进行政执法责任制，加强综合执法队伍建设，完成了综合执法机构改革。严格规范管理行政执法队伍，加强行政执法人员资格和持证上岗信息化动态管理，实施和规范行政执法全过程记录制度。通过改革，初步解决了困扰企业的多头执法问题，有效改善了执法环境，减轻了企业负担。

6. 推进政务公开制度改革

加快推进权力清单、责任清单、负面清单公开。特别是不断深化重点领域信息公开，推进行政审批、财政预决算和“三公”经费、住房保障、食品药品安全、环境保护等23个重点领域信息公开。开通了集“党务、政务、厂务、村务”为一体的“四公开”信息平台，将市直108个单位、6个县（市、区）直507个单位和全市所有镇（街）以及村委会全部纳入平台的实施范围，做到以公开促规范、以公开促发展。

依法处置“邻避效应”事件，保障核电项目顺利实施

（三）推进法治经济建设，为建立法治化营商环境提供法治保障

法治经济建设的重点是深化商事制度改革、做好企业法律服务、建立统一开放、竞争有序的市场体系和监管规则，努力清除阻碍经济发展的体制机制障碍。

1. 深化商事制度改革

大力放宽市场准入条件，提升服务效能，着力营造更加便利的营商环境。开展“证照分离”改革，重点是推进住所（经营场所）登记改革，完善“一照多址”“一址多照”改革措施；在全省率先成立登记注册局，改革“窗口”服务流程，打造“全业务”窗口，提升服务效能；推行商事登记银政直通车服务，打造中心城区企业群众步行10分钟就能达到窗口办理业务的“服务圈”；推广“互联网——商事登记”服务模式，实现工商登记全程电子化；全面实施“多证合一，一照一码”改革；开展后置审批项目改革，有效解决了商事主体“办证多、办证难”“准入不准营”等突出问题；开展个体工商户登记制度改革，实行经营范围自主决定，推行“放权放到底、一人全办结”制度。据统计，2017 年前 10 个月，全市新登记各类市场 19606 户，同比增长 3. 99%，其中新登记企业 3798 户，同比增长 9. 55%。个体工商户 15702 户，同比增长 1. 8%。核发“一证一码”营业执照 8044 户。通过登记制度改革，保持了新登记企业的稳步增长。

2. 完善市场监管体系

围绕建设“统一、开放、竞争、有序”的市场环境，全面加强市场监管体系建设。重点建设市场准入体系、质量监管体系、市场竞争秩序监管体系、行政执法体系、行业自律体系、消费维权和社会监督体系、市场监管法制体系、食品安全监管体系、金融市场监管体系、市场监管信息平台体系等，建立完善了一整套市场监管的工作机制，提高了市场监管的效能。如在市场监管信息平台体系中，依托商事体制协同监管平台，公开监管信息，推进随机抽查与社会信用体系相衔接，建立健全市场主体信用档案、失信联合惩戒和“黑名单”制度，开展联合抽查工作机制，形成监管合力。通过加强市场监管，规范了健康有序的市场经济秩序。

3. 做好企业法律服务

引导法律工作者为经济转型升级提供优质法律服务。市工会成立了法律服务律师团，聘请了 20 名律师担任 40 家非公企业工会法律顾问。市法学会和市律师协会积极推动律师参与信访工作，委托律师每个工作日到市信访局值班半天，参与化解和代理涉法涉诉信访案件。推进企业聘请法律顾问制度，2017 年，全市律师担任单位和企业法律顾问达 347 家。市依法治市办和市法学会联合企业家商会等单位，开展《依法兴企法律讲堂》活动，为民营企业宣讲法律知识，增强了民营企业防范法律风险的意识。检察机关成立“法治宣讲团”走进非公企业开展法治宣传、警示教育和法律咨询，帮助企业解决经营中的法律困惑，受到企业的欢迎。

4. 加强知识产权保护

不断完善知识产权综合管理体制，集中打击侵犯知识产权和制售假冒伪劣商品行为。依法加快处理专利纠纷案件，切实做好知识产权纠纷案件调处，维护专利权人的合法权益。2017年,共立案处理侵权纠纷案件32宗,假冒专利案件46宗;加强专利代理管理,加大专利保护力度,成立了“中国阳江(五金刀剪)知识产权快速维权中心”,开通专利快速授权、维权援助服务通道,为地方产业创新发展提供优质的知识产权综合服务和保障;加大知识产权司法保护力度,依法审理涉及商标、著作权等知识产权案件。2017年,依法审结涉及商标等知识产权案件84件。

5.建立创新激励机制

积极实施创新创业人才激励和吸引政策,设立了阳江市科学技术奖、阳江市专利奖等一系列奖励机制。奖励有突出贡献的科技人员和科技项目,鼓励高层次科技人才落户和创业,形成了有利于技术创新的良好体制机制。建立了科技专家库,帮助企业引进科技人才,在全国重点大学及国家级科研机构中聘请一批专家担任科技特派员,帮助企业开展科技创新,目前已有88名科技特派员。加大创新投入,2017年共投入3项科技经费3900万元用于科技创新、成果转化和推广服务。

(四)推进法治社会建设,为营造稳定的社会环境提供法治保障

稳定的社会环境是改革发展取得成功的关键,市委、市政府始终坚持两手抓,一手抓改革发展,一手抓社会稳定,致力于营造稳定的发展环境。

1.围绕建立稳定的社会环境,致力于解决影响社会安定的突出问题

改革开放四十年来,为了营造有利于经济社会发展的稳定社会环境,阳江市始终坚持不懈地保持社会治安高压态势,始终坚持不懈地打击影响社会治安稳定的犯罪活动。特别是近10年来,全市持续开展了三项重大专项行动,从根本上改变了全市的治安面貌。2005年,针对全市“双抢两盗”猖獗的情况,全市开展为期三年的“严打”整治行动,通过严打和综合整治,从根本上解决了阳江市“双抢两盗”的突出问题,治安乱象得到明显改观。2007年,开展打黑除恶专项行动,依法严惩许建强、林国钦黑社会组织,一举铲除了影响阳江社会稳定的毒瘤,解决了黑社会长时间垄断市场的问题,有力地改善了市场环境和投资环境。2012年阳江开展“三打两建”专项行动,对欺行霸市、制假售假、商业贿赂犯罪进行了强力打击,有效解决了影响市场经济秩序的违法犯

罪问题,净化了市场环境,对市场秩序的好转发挥了重要作用。

2. 围绕建设项目的顺利进行,全力化解不安定因素和群体性事件

把解决影响经济发展和项目建设的不安定因素和群体性事件作为维稳工作的重中之重。针对建设用地一征就闹、一闹就停的问题,切实解决好项目建设的"邻避效应"。如建市初期建设的阳春大河水库,对阳江经济发展有着举足轻重作用的高新区建设,对阳江引进项目具有指标性意义的阳江核电、阳西火电等重大项目引发的重大群体性事件,进行了有效的处置,确保了这些项目和建设的顺利进行。特别是近年来对阳江民生和环境保护有着重要影响的阳春春湾水泥厂垃圾处理项目引发的重大群体性事件,在其他地区同类项目由于"邻避效应"纷纷中止的情况下得以顺利施工,得到了上级有关部门的充分肯定。多年来,全市尚未发生由于群体性事件影响而造成项目建设中止的情况,有力地推动了全市经济的发展。

3. 围绕服务和保障经济发展,充分运用司法手段帮助企业化解难题

积极探索为企业提供司法保障的措施,帮助企业解决经营过程中遇到的实际困难,为企业经营发展提供司法支撑。依法审理民商事案件,在准确适用法律的基础上注重适应形势发展及时调整裁判尺度,平等保护市场主体合法权益,2017 年审结各类民商事合同纠纷案件 9470 件;充分运用破产重整重组清算程序清理"僵尸企业",坚持"尽可能多兼并重组、少破产清算"的原则,对于能救治的企业尽量通过资本运营等方式重整救治,帮助企业进行资源有效配置;建立完善协调联动、风险预警和资金保障等工作机制,统筹解决企业破产处置中的难题,最大限度地降低社会稳定风险;建立运用小额诉讼程序快速处置机制。在闸坡旅游区设立旅游巡回法庭,运用小额诉讼等程序依法快立、快审、快结与旅游消费、投资、服务有关的纠纷,助力打造国内著名滨海旅游目的地;与海事法院联合建立海事纠纷诉讼联络点,服务农海产品生产加工基地、区域性商贸物流中心建设,助力海洋渔业、海运、物流、仓储等行业的发展。

4. 围绕营造宽松的营商环境,致力于为非公有制经济发展提供司法保障

非公有制经济是阳江经济发展的主力军,贡献了全市 64. 9%的税收、70%的 GDP、89. 7%的外贸出口和 93%的就业。检察机关注重为非公有制经济提

供司法保障和司法服务。开展了“非公企业服务年”活动,建立班子成员挂点服务非公企业制度,全程跟进和帮助企业经营发展;改进办案方式方法,做到慎重查封扣押冻结涉案财物、慎重使用强制措施,防止“案件办了,企业垮了”,维持涉案企业的正常运转和继续经营;把准法律政策界限,特别是准确把握个人犯罪与企业违规的界限,严格区分合法的经营收入和违法犯罪所得,保障企业生存发展;提出检察建议帮助企业建章立制,促使发案单位及时完善管理制度、制定防范对策、规范监管措施,帮助企业诚信经营、守法经营,推动非公有制经济健康发展。

三、绿色崛起之护航——阳江新时代发展的法治思考

改革开放的实践证明,阳江的发展,离不开法治的保障,离不开法治的相随。当前,我国改革开放和社会主义现代化建设已经走进了新时代,要继续深入贯彻党的十九大精神,以习近平新时代中国特色社会主义思想为指导,按照习近平总书记提出的广东“四个走在全国前列”的要求,围绕市委提出的以海兴市、绿色发展、建设富美阳江的奋斗目标,同步推进经济建设和法治建设,充分发挥法治对经济社会发展保障作用,努力把阳江建成法治环境最好的地区之一,护航阳江绿色发展。

(一)推动全民普法教育,营造深厚的法治氛围

形成深厚的法治氛围,特别是在全民学法、守法、用法和执法各个环节形成社会氛围,这是推进法治社会建设的基础和条件。一要推动学法。首要任务是推动全民普法教育,重点是针对不同群体开展全面的普法教育,通过学法达到全民懂法的效果,增强全民的法治意识和法治观念。二要鼓励守法。在全民中树立对“法”的敬畏,树立守法的自觉性,用“法”的准则和要求约束全社会的行为。领导干部要做到依法决策,公务人员要做到依法行政,老百姓要做到依法办事。三要善于用法。注重用法治思维提高驾驭经济工作的能力,用法治方式化解经济领域的社会矛盾,用法治手段解决经济发展过程的问题,

全面提高各个阶层运用法治的能力和水平。四要严格执法,切实做到有法可依、执法必严、违法可究,以体现“法律”面前人人平等,营造良好的法治环境。

(二)深化政府职能改革,营造成熟的政务环境

要以问题为导向,全面推进深化改革各项措施的落实。一要落实政府职能法定化。重点是推进政府机构、职能、责任法定化,推行权责清单制度,推动政府职能部门权责清单公布,加快法治政府建设。二要健全行政决策程序化。推动行政机关积极开展重大行政决策听证活动,推进行政决策科学化、民主化、法治化。三要健全重大决策责任追究制度,包括重大决策终身责任追究、责任倒查制度以及支持改革创新的容错机制。四要推进行政审批便捷化。全面规范行政审批事项设立、实施和监督管理,全面简化和推进政府服务模式改革。五要推进政务信息公开化。推进决策公开、执行公开、管理公开、服务公开、结果公开,重点推进公共资源配置、重大建设项目批准和实施等领域的政府信息公开。六要落实行政执法综合化。不断改革执法体制和工作机制,切实解决执法过程中的问题,营造宽松的执法环境。

(三)强化司法保障服务,营造公平的社会环境

要坚持依法打击违法犯罪和保护各类市场主体合法权益相统一,为经济社会发展提供优质高效的司法保障和司法服务。一要建立统一开放、竞争有序的市场体系和监管规则。依法支持和平等保护各类投资者、经营者平等参与市场竞争,努力营造有利于吸引投资的良好氛围。二要强化创新驱动发展的法治保障。落实激励创新的知识产权制度、知识产权保护制度和促进科技成果转化的制度,完善产权综合管理体制和服务体系,依法保护企业家和从业人员创新创业积极性,营造保护创新的法治环境。三要建立执法部门协作机制。健全行政执法与刑事司法相互衔接工作机制,完善办案协调机制和涉及企业纠纷的多元化调解机制,为企业提供有效的司法保障和服务。四要认真落实企业发展的司法保护措施。进一步加大对损害企业权益的虚假诉讼、恶意诉讼监督力度,妥善处理企业经营管理人员受到的不实举报或诬告陷害,依法保护企业经营者和从业人员的合法权益。

（四）解决治安突出问题，营造安定的发展环境

全力推进平安建设，把阳江建成全省最平安和谐稳定的地区之一，确保为实现发展目标营造稳定的环境。一要始终坚持高压态势，及时解决不同时期社会治安的突出问题，保持社会面长期的稳定，助力投资环境的改善。二要坚决打击干扰企业经营发展的违法犯罪。及时打击涉及企业的“黑恶势力”以及欺行霸市、强买强卖的犯罪行为，严厉打击侵犯投资者、企业经营者人身安全的犯罪，依法严惩社会主义市场经济秩序犯罪和破坏公平竞争的犯罪，营造有利于企业经营的治安环境。三要及时化解影响经济发展的不稳定因素。特别是要运用法治手段及时处置影响投资项目和经济发展的不稳定因素和群体性事件，创新工作方式，提高维稳实效，助力全市经济社会发展。

海洋大市　法治导航

王　盛*

2018年是改革开放四十周年。四十年来，湛江作为全国首批对外开放沿海城市，在中央和省委的坚强领导下，正确处理改革、发展、稳定的关系，始终坚持改革与法治齐头并进，在法治引领下推进改革，在改革驱动下完善法治，充分发挥法治对经济社会发展的引领和保障作用，经济社会发展取得了非凡成就。

一、湛江市改革开放四十年来的发展成就

1978年12月，我们党召开了具有划时代意义的十一届三中全会，作出了把全党工作的重心转移到社会主义现代化建设上来的战略决策，开启了波澜壮阔的改革开放历史新时期。四十年风雨兼程，四十载春华秋实。伴随着中国改革开放的步伐，湛江人以敢为人先的勇气和永无止境的创新精神，大手笔描绘出一幅幅壮丽的画卷。四十年来，湛江历经了人的思想观念从封闭保守到开放包容的转变，历经了经济体制从高度集中僵化的计划经济到充满生机活力的社会主义市场经济的变革，历经了社会形态从农业社会到工业社会的巨变，历经了人民生活从温饱不足到即将全面实现小康的变迁。特别是党的十八大以来，湛江被国务院、广东省委省政府定位为国家“一带一路”海上合作支点城市、全国性综合交通枢纽、北部湾中心城市、省域副中心城市，得到了中央和省持续重视，迎来了大发展机遇期。全市人民在市委、市政府的领导

* 广东省湛江市委政法委常务副书记，市法学会常务副会长。

下，对标新定位、新要求，全力落实“三大抓手”实施方案和“五大产业发展计划”，城市全面建设更是取得了翻天覆地的变化。

湛江海湾大桥

（一）改革开放四十年是湛江经济实力大提升的四十年

四十年来，全市经济持续快速健康发展，经济实力逐年增强。2017 年地区生产总值 2850 亿元，与 1978 年相比，增长 235.7 倍；人均生产总值 38744 元，增长 46.5 倍；全市固定资产投资 1641.5 亿元，增长 949.4 倍。三次产业占地区生产总值的比重由 51.4∶29∶19.6 变为 18.6∶38.8∶42.6。货物运输量增长 18.8 倍。全市港口货物吞吐量增长 24.5 倍，2018 年将突破 3 亿吨大关。2017 年实现进出口总额 345.6 亿元，财政总收入 583.8 亿元，财政实力成百倍增强。城市综合实力迈入全国城市百强。按照国务院、省委省政府的统筹部署，湛江驶入发展的快车道，湛江的美好前景令人欢欣鼓舞。

（二）改革开放四十年是湛江社会事业大发展的四十年

四十年来，全市社会事业发展成果显著，人民安居乐业。2017 年与 1978

年相比，高等院校由四所发展到七所，中专、中技学校由 19 所发展到 75 所。全市初中在校生由 21. 7 万人增加到 25. 83 万人，高中阶段在校生由 7. 1 万人增加到 15. 34 万人。高校在校生 13. 5 万人，增长 90. 5 倍。全面完成农村义务教育学校危房改造任务。城乡九年义务教育阶段全面免除学杂费、书费，大幅减轻群众教育负担。科技兴湛工作成效明显。逐步建立健全覆盖城乡的社会保障体系。市区 60 岁以上老人半票、70 岁以上老人免费乘坐公交车，市区公园免费向市民开放，人民群众生活更加舒适、便利。城乡三级医疗预防保健网络不断完善，卫生服务机构遍布乡村社区。城乡居民医疗保险率超过 90%。全力开展精准扶贫工作，2017 年政府共落实扶贫资金 43 亿元，实施扶贫项目 11. 2 万个，7. 2 万贫困人口实现脱贫，解决 120 万人通自来水和饮水安全问题，农村群众饮水困难问题得到解决，水库移民生产生活明显改善。文化、体育事业走向繁荣、东海人龙舞、吴川飘色、遂溪舞狮、雷州石狗、雷剧等地方色彩鲜明的红土文化蓬勃发展；培育了劳丽诗、何冲、张小冬等多名奥运冠军和世界冠军，“跳水之乡”闻名海内外。广播电视、新闻出版等各项事业长足发展。

（三）改革开放四十年是湛江城乡面貌大改观的四十年

四十年来，随着湛江经济的迅猛发展，一大批基础设施项目相继建成，城市框架进一步扩大，市容市貌焕然一新，热带海湾城市特色凸显，城市功能和品位显著提升。2017 年与 1978 年相比，市区面积已达到 1702. 92 平方公里；城市人口增长 5. 4 倍，城市化率由 11. 7%提高到 42. 09%。全市共有自然保护区 19 个，其中国家级自然保护区三个，总面积 208. 08 万公顷，城市建成区绿地率、绿化覆盖率均超过 40%，名列全国重点城市第二位。全市森林覆盖率达到 29. 69%，城市环境空气质量综合排名居全国重点城市前五位。先后获得“广东省卫生城市”“广东省文明城市”“中国优秀旅游城市”“国家园林城市”和“国家卫生城市”等称号。城乡交通运输迅猛发展，公路通车里程从 5751 公里增加到 22251 公里；行政村硬化公路通畅率从零起步到基本全覆盖；高速公路从无到有，广湛、渝湛等高速公路建成通车。深圳至湛江高铁已于 2018 年 6 月底建成通车。广大农村实现通电、通电话、通电视、通宽带网。

乡村振兴战略扎实推进，农村面貌日新月异，湛江市的经验和做法得到中央和广东省的充分肯定。

（四）改革开放四十年是湛江人民生活大改善的四十年

四十年来，人民群众的生活发生了巨大变化，生活水平质量不断提高。2017 年与 1978 年相比，城镇居民人均可支配收入增长 61.6 倍，达到 27119 元；农村居民人均纯收入增长 121 倍，达到 14484 元。城乡居民人均居住面积大幅度增加。2017 年末城乡居民参加医疗保险人数 646.59 万人，参保率 96.38%；各类收养性社会福利单位共有床位 38729 张，收养人员 2589 人；全市各种社区服务设施 4152 处，其中综合性社区服务中心 17 个；全市共有艺术表演团体 8 个、文化馆 10 个、博物馆 8 个、公共图书馆 11 个、广播电台 6 座、电视台 6 座，广播、电视综合人口覆盖率均为 100%；全市共有各类医疗卫生机构 3400 个，床位 35091 张。民生保障水平大幅度提高。

二、法治建设保障改革开放深入推进

法治建设与改革开放相伴而行、相辅相成，既为改革开放保驾护航，又是改革开放成果的总结与升华。改革开放四十年来，随着法治地位的不断提高和法治建设的快速推进，社会主义法治在经济、政治、社会发展中的作用加速递增，逐步成为经济、政治、社会关系的主要调节器和稳定器，对经济政治社会发展发挥着重大推动和保障作用。伴随着改革开放，湛江的法治建设迈出重大步伐。依法治市工作稳步推进，地方立法不断深化，以良法促进改革发展；普法力度不断加大，全社会法治观念明显增强；行政体制和司法体制改革有效实施，严格文明执法、规范公正司法深入推进；法治经济、法治政府、法治社会建设相互促进，共建共治共享的社会治理格局逐步形成。

（一）法治政府建设提升服务水平

建设法治政府，推进依法行政，严格规范公正文明执法是改革开放有效开展的前提。一是坚持严格规范公正文明执法，深化城市执法体制改革。2017

建设绿色钢铁，守护碧海蓝天

年 9 月，湛江率先挂牌成立城市管理和综合执法局，全省第一个完成城市管理领域大部制改革机构设置，标志着湛江城市管理执法体制改革进入了一个新阶段。动态调整行政职权，先后分两批次取消和调整了 620 项，重点在劳动执法、城乡住房建设执法、林业执法等方面下放了 486 项，有效地推动属地执法。强化行政执法监督。全面贯彻落实《广东省行政执法监督条例》《广东省行政执法案卷评查办法》，2017 年全市抽选 46 个考评对象单位的行政处罚、行政许可和信访等执法案卷 500 多宗进行评查，查明 450 多条问题并形成清单反馈给相应部门进行整改。加强行政执法队伍建设。加大领导干部依法行政培训力度，严格实行行政执法人员持证上岗和资格管理制度。二是加快推进政务公开。完善政务公开工作制度，制定了《湛江市全面推进政务公开工作实施方案》，对政务公开的意义、内容、程序、目标等提出了具体要求，并明确各项任务责任单位及完成时限。突出政府信息公开的重点，重点推进财政预决算、公共资源配置、重大建设项目批准和实施、社会公益事业建设等领域的政府信息公开。创新政务公开方式，成功上线政府网上办事分厅 APP 手机版，开通 121 个镇(街)、1934 个村(社区)网上办事站(点)，基本建成基层公共服务平台。三是推进政务服务方式改革。深化“放管服”改革，全面推行“最多跑一次”。全市整合11个部门、71项审批事项统一进驻综合服务窗口，政务服务工作审批流程更优化，便民措施更完善，服务渠道更多样，服务方式更便捷，审批服务更人性。2017年共为企业群众提供容缺审批服务2071人次，受到企业和群众的好评。湛江市“一门式一网式”政府服务模式改革不断推进，基层公共服务平台建设不断提升，12345市民服务热线服务水平不断提高。四是城市立法工作开创新局面。2015年5月，湛江获准成为制定地方性法规的设区市，成功搭上行使地方立法权的“头班车”，成为广东省首批、粤西首个获准开始制定地方性法规的设区市，赢得了推动地方经济社会发展和民主法治建设的宝贵机遇，立法工作进入全新时代。2016年2月，湛江市十三届人大六次会议审议通过了《湛江市制定地方性法规条例》，为制定地方性法规打下了坚实的基础。按照该条例所规定的程序和突出地方特色的要求，湛江市科学立法、民主立法，在城乡建设与管理、环境资源保护、历史文化保护等方面制定符合湛江发展实际要求的地方性法规。目前，湛江市的两部实体法规——《湛江市城市市容和环境卫生管理条例》《湛江市湖光岩风景区保护条例》已制定出台，为湛江持续发展营造了良好法治环境。

（二）法治经济建设改善营商环境

党的十一届三中全会实现了党和国家中心工作的拨乱反正，从“以阶级斗争为纲”转移到“以经济建设为中心”。经济建设需要法治建设的保障，法治经济建设的重点则是深化商事改革、做好企业法律服务、完善市场监管体系，清除妨碍经济发展的体制机制障碍。一是深化行政审批制度改革。大力推行行政审批委托制，在发展改革、国土资源、城乡规划等领域赋予各县（市、区，管委会）16个部门市级管理事权163项。印发实施《湛江市人民政府决定第三批清理规范市级35项行政审批中介服务事项目录》和《湛江市政府部门行政审批中介服务事项保留清单（共98项）》，有力推动行政审批提速增效。动态调整和更新了52个市政府部门权责清单，共保留行政职权6322项，有效地巩固深化政府部门权责清单制度管理。2017年，全市取消行政许可事项51项，下放许可事项4项。清理规范行政审批中介服务事项35项，不再作为行政审批的受理条件。二是深化商事制度改革。在“五证合一”的基础上，推进公安、工商和刻章企业的信息共享，整合了刻章许可证与营业执照。与全省同步实施“多证合一”改革，2017年共发放“多证合一、一照一码”营业执照10.3万份。全面实施工商登记便利化改革，全面推广“互联网+商事登记”服务，推行全程电子化登记，实现“零纸张、零见面、零费用”的电子化登记。推广具有金融服务功能的电子营业执照，推行商事登记银政直通车服务，2017年共发出企业电子营业执照4605户。实施企业简易注销登记改革，实现企业从准入到退出全过程的便利化，全市387户企业办理了简易注销。三是深化和完善市场监管。努力净化市场环境，从2012年2月起在全市范围开展“三打两建”专项行动，严厉打击欺行霸市、打击制假售假、打击商业贿赂，同时以打带建、以打促建，建设社会信用体系、建设市场监管体系，重塑社会主义市场经济优势。大力推进“双随机一公开”监管。梳理汇总形成全市41个行政执法部门抽查事项清单，34个行政执法部门执法人员名录。加强企业信用监管力度。建成“一库两平台”（公共信用信息资源库、工商登记制度改革后续监管平台、市场主体信用信息公示平台），与“全国一张网”有效对接，推进部门之间共享涉企信息。四是创新开展“党员律师进企业”活动。从2017年1月开始，选派30名党员律师分别进入社会组织和非公企业，为企业的依法经营、诚信经营提供专项法律服务，由于成效明显，被省司法厅列入“创新”工作项目，也被《法制日报》在头版位置进行了报道。

（三）法治社会建设维护稳定大局

安全稳定的社会大局是成功实施改革开放各项措施的关键，湛江始终坚持一手抓改革开放，一手抓社会稳定，两手都要硬，全力营造有利于经济社会快速发展的社会环境。一是整治突出治安问题。围绕建立安全稳定的社会环境，紧紧抓住严打首要环节，大力开展各类严打专项行动和治安突出问题排查整治，切实解决影响稳定发展的社会治安问题。近年来，全市连续开展“秋风”“紫荆”“清枪”“清网”“6+3”“3+2”“平川”“飓风”等系列专项打击行动，大胆创新将民风民俗活动纳入依法管理，组织开展有史以来最高规格的市区交通秩序综合整治，高质量完成第十四届广东省运动会安保工作任务，“飓风2017”取得湛江公安有史以来综合类专项全省排名第一的好成绩，“四项建设”全省排名第七,治安防控体系建设效能、执法质量考评连年排名全省前列,队伍增质提效工作屡受上级好评。尤其是针对岁末年初违法犯罪高发、社会不稳定因素增多、安保任务繁重的形势,自主组织开展“平川”安保维稳专项行动,有力维护了春节、清明、“两会”、博鳌论坛期间的重点时段的社会安全稳定,为全市经济社会发展提供了安全稳定的社会环境。二是运用司法手段为企业化解难题。民商事审判坚持服务大局,近年来成功审理了中谷集团、嘉粤集团等系列破产重整案,引进投资人实现企业重整,盘活濒危企业。围绕建设北部湾中心城市发展战略,推进“三大抓手”,审结一批涉及南方电网、农垦、南油、宝钢、广医附院等重点行业、大型企事业单位改革和生产经营活动案件。2017 年,全市法院受理民商事案件 27445 件,审结 24323 件,解决诉讼标的 145.60 亿元。三是创新普法宣传教育。精心设计各种载体普法,将普法宣传的触角延伸至各个领域和各个生活层面,取得了良好的社会效果。特别是 2013 年“一中心三平台”(法制教育片制作中心和多媒体法治宣传车、电视普法专栏以及普法网三个平台)普法模式的创建,将身边的人、身边的事,摄制多种语言的以案说法教育片,深入基层、走进民众进行普法教育,开创了广东省乃至全国的先河。《法制日报》在头版头条位置报道了这一普法模式,并把这一模式称为“广东模式”,广东省司法厅在湛江市召开司法行政基层“以案说法”现场会。广东省依法治省办和普法办联合发文,在全省推广湛江市这一普法模式。普法工作注重大众化、个性化、实用性,有效地提高了法治宣传的时效性、覆盖面和影响力。湛江市于 2013 年 3 月被评为“全国法治城市创建活动先进单位”,2014 年 3 月被评为“全国‘六五’普法中期先进城市”,2016 年 5 月被评为“全国法治宣传教育先进城市”。四是营造共建共治共享社会治理格局。充分发挥各级党委政府在社会治理中总揽全局、协调各方的领导核心作用,以保障人民群众根本利益为出发点和落脚点,鼓励和引导企事业单位、社会组织、人民群众积极参与社会治理。如湛江廉江市的邻居理事会,就是一个集民意收集、救助服务、矛盾化解、休闲娱乐等功能于一体的社会组织。该社会组织有效提升了居民参与社区事务的自治能力,在汇集政府、社会、社区三方力量方面发挥了桥梁和纽带作用,实现基层服务全覆盖、零距离,得到上级领导充分肯定。又如,湛江徐闻县的“以法会友五老和事团”。它是一支由老法官、老警察、老调解员、老党员、老干部等多元化人才组成的化解社会矛盾的民间队伍，是维护当地社会稳定的重要社会力量。再如，农村维稳律师团，坚持依法反映农民诉求和调解农村纠纷，依法维护农民权益和农村社会稳定，有效地架起了政府与农民之间的沟通桥梁。近三年来，律师团共接访群众法律咨询 10882 件，劝回上访群众近三万人次，成功调解民间纠纷 8000 多起，把信访引向“信法”，把无序变成有序，切实起到了维稳“助推器”的作用。

中国法学会领导出席“以法兴企”文化沙龙活动，推动构建“亲”“清”政商关系

三、法治湛江建设工作展望

改革与法治如鸟之两翼、车之两轮。在全面深化改革、全面依法治国的新时代，湛江要始终坚持改革开放与法治建设共进。要深入贯彻党的十九大精神，以习近平新时代中国特色社会主义思想为指导，按照“四个走在全国前列”的要求，围绕全面建成小康社会、加快建设北部湾中心城市和省域副中心城市、打造广东经济新增长极的奋斗目标，立足客观实际、遵循客观规律，最大限度地实现改革与法治的高度统一，充分发挥法治引领、推进、规范和保障作用，创造稳定、平安、幸福湛江，全面推动经济实现高质量发展。当前，改革发

展稳定任务艰巨,加快湛江法治建设在全市工作全局中的地位更加突出、作用更加重大,重点是要在努力促进经济发展的同时大力创造良好法治环境,确保及时提供优质的法律服务和强有力的法治保障。

(一)加强全民普法教育,营造良好法治氛围

要在全市形成浓厚的法治氛围,关键在于培育法治信仰。既要让全民学法、懂法、守法,更要努力让全民发自内心地相信法、依靠法、敬畏法。要引导社会成员养成对照运用法律的具体规定和原则精神处理问题的思维习惯及在法治轨道上主张权利、承担义务的自觉性。推动全民普法教育,重点是区别不同群体有针对性地开展全面的普法教育,进一步增强全民的法治意识和法治观念。要建设好"湛江市公共法律服务"微信公众号,通过开通视频普法访谈直播和视频法律咨询等功能,面对面解决广大市民关心的法律问题,把微信公众号建设成掌上公共法律服务大厅,推动普法教育工作均衡发展;要深入推进湛江市"七五"普法规划,拓展"党员律师进企业"活动,引导律师为企业开展"法律体检",提出法律风险防范门诊报告,推动企业转型升级,为企业的依法经营、诚信经营提供专项法律服务;要扎实开展法治进校园活动,助力未成年人犯罪预防法治宣传教育,让法治阳光辐射到校园的每一个角落;要进一步壮大一村(社区)一法律顾问工作服务团队,推进村(社区)法律顾问工作深入开展,构建全市经济社会民生的法律服务网;持续开展"育亮点、创品牌"创建活动,充分利用传统媒体和新媒体,采用群众喜闻乐见的形式开展法治宣传教育活动,如"以案说法"节目专栏、派发《法律知识读本》《信访维稳案例选编读本》、创建"民主法治村(社区)""法治文化建设示范企业"等活动;要通过制定印发《湛江市国家机关"谁执法谁普法"责任清单制度的工作意见》《关于在全市建立法官、检察官、行政执法人员、律师等以案释法制度的意见》等,进一步推进"谁执法谁普法"责任制落实。通过全方面、多层次、广覆盖、有重点的法治宣传,努力营造良好法治氛围。

(二)推进法治政府建设,全力优化政务环境

改革必须于法有据。坚持立法服务于改革、发展、稳定大局,以及"不抵

触、有特色、可操作”等地方立法原则制定地方法规。通过制定景区保护管理条例及市容和环境卫生管理条例，进一步保护和合理利用风景名胜资源及加强本市城区市容和环境卫生管理。要推进历史文化街区和历史建筑保护、农村生活垃圾处理、鹤地水库水质保护等地方法规进程；要建立人大代表参与立法机制，建立公民有序参与立法制度，建立法规草案公开征求意见和公众意见采纳情况反馈制度，选聘立法咨询专家，推进科学立法民主立法；要健全决策机制。严格落实重大决策合法性审查制度，推动行政机关积极开展重大行政决策听证活动，推进行政决策科学化、民主化、法治化。构建专业化政府法律顾问团队，组建立法咨询和重大行政决策专家库，为政府行政决策和行政行为提出审查意见。要大力推行行政审批委托制，动态调整和更新政府部门权责清单，巩固深化政府部门权责清单制度管理；要推进行政审批便捷化。全面规范行政审批事项设立、实施和监督管理，全面简化和推进政府服务模式改革。要规范行政执法。动态调整行政职权，重点在劳动执法、城乡住房建设执法、林业执法等方面下放权限，推动属地执法，营造宽松的执法环境；要推进政务信息公开化。推进决策公开、执行公开、管理公开、服务公开、结果公开；重点推进公共资源配置、重大建设项目批准和实施等领域的政府信息公开，要完善政府新闻发言人、突发事件信息发布制度。同时积极组织第三方评测机构对全市政府网站进行监测和季度抽查，查找各政府网站存在的问题，提升政府政务公开水平；要严格落实行政机关负责人出庭应诉制度，加大行政问责力度，坚决纠正行政不作为、乱作为；要强化行政监督，加强行政复议决定履行情况监督。总之，要通过各种举措、各种渠道，全面提升政务服务水平、优化政务环境。

（三）提升司法公信力，维护社会公平正义

要始终牢记“执法司法中万分之一的失误，对当事人也是百分之百的伤害”的道理，要严把事实关、证据关、程序关和法律适用关，努力让人民群众在每一个案件中都感受到公平正义。要继续推进民商事审判方式改革工作，规范繁简分流、小额速裁、要素式审判方式改革。适应经济发展新常态，立足深化供给侧结构性改革，激发各类市场主体活力；要积极推进以审判为中心的刑

事诉讼制度改革，推进庭前解决非法证据排除、异议证据、法律适用争议等问题，提高庭审效率和质量。创新轻微刑事案件快速办理机制，推进认罪认罚从宽和量刑规范化改革，提高刑事案件当庭宣判率，节约司法资源，保障被告人权利；要深入推进执法司法规范化建设，推动执法司法活动程序公开化、裁量标准化；行为规范化，要组织开展执法司法规范化大检查，依法解决执法司法活动中滥用权力损害当事人合法权益的问题；要进一步深化司法体制改革。要抓好基层法院、检察院内设机构改革，坚持综合机构和业务机构同步改，机构精简和职能优化相结合，强化案件管理部门对司法办案活动的集中统一管理，加强对办案活动的监督制约，确保案件依法公正处理；要强化错案追责。坚决按照"谁决定谁负责、谁办案谁负责"的原则严肃追究责任。同时要持之以恒地对干预司法的行为进行问责追究；要强化信息化建设与司法公开深度融合，推进智慧法院建设。实现信息互通、资源共享、数据全覆盖，依托信息化司法公开平台，实时公开办案流程节点信息，推行庭审同步录音，在"中国庭审公开网"实现随时直播庭审，增强司法工作透明度；要打造高素质专业化队伍。大力加强干警的业务建设，切实提高干警思想文化和道德修养水平，培养一批符合时代要求的中国特色社会主义法治事业人才队伍，营造良好的司法生态，树立清正廉洁形象。

（四）整治治安突出问题，依法维护社会稳定

坚持以人民为中心的发展思想，全力推进平安建设，要对不同时期社会治安的突出问题保持高压态势，坚决守住社会稳定底线，确保为实现发展目标营造稳定的环境。要进一步做好矛盾纠纷滚动排查化解工作。要提高情报预测预警的能力，对可能引发不稳定因素的重点行业、重点领域、重点群体进行动态管控；要深入贯彻落实党中央和国务院的决策部署，强力推进扫黑除恶专项斗争，严厉打击群众反映强烈的各类黑恶势力违法犯罪；要坚持"命案必破"，开展命案积案攻坚工作，确保命案现案侦破率上升、命案积案存量不断缩减；要全面加强环湛公安检查站毒品查缉工作，全面推进实施物流寄递实名制，切实提升毒品堵源截流效能。发力推进涉毒重点地区整治工作。加强对娱乐场所和易制毒化学品企业的日常监管，深入开展吸毒人员大排查、大收戒，及时

发现和堵塞管理漏洞;要重点打击走私、非法集资、合同诈骗、生产销售伪劣商品等破坏市场经济秩序犯罪,努力营造法治化营商环境,促进市场公平有序竞争;要深化社区戒毒社区康复工程和青少年毒品预防教育工程,积极开展“无毒创建”活动,着力完善毒品综合治理体系;要树立数据文化理念,充分运用大数据、云计算、物联网、“互联网+”等新技术,不断研究创新完善社会治安防控体系的路径和方法,构建完善立体化、智能化、信息化社会治安防控体系。按照“全采集、大整合、高共享、深应用”的思路,全力推进社会数据采集工作,构建全时空的智能感知采集网;要进一步推动“雪亮工程”建设,逐步建设市级公共安全视频图像信息交换共享总平台,探索拓展“雪亮工程+”业务视频监控系统建设应用;要加强城域网管控建设和网综平台数据资源汇聚、互联查控工作。提高城市地址信息标准化工作,实现门禁视频系统基本覆盖;要依托医患纠纷诉前联调中心、旅游巡回法庭、交通巡回法庭、土地征拆行政纠纷诉前联调中心等纠纷解决平台,以非诉方式化解基层矛盾。通过切实整治各类治安突出问题,防范化解社会矛盾,提升人民群众的安全感,要把法律的刚性和执法的柔性结合起来,改进执法方式,做到法理情相融、法律效果和社会效果相统一,营造安全稳定的社会环境。

筑牢法治台　唱响“山海经”

孙丽华　程文海*

改革开放四十年来，我国法治建设经历了不同的阶段，由改革开放之初的建立及完善法律体系阶段，到全面推进依法治国，再到构建法治社会阶段。对于法治国家而言，地方法治实施是对国家法治是否扎实、深厚的检验。国家科学设计法治的顶层方案，具体的实施主要在地方、在基层，地方是建设法治国家的落脚点。地方法治建设，需要在国家法治的基本框架内，结合各自的省情、市情，根据本区域社会经济发展的现实情况进行探索和实施。研究茂名建设发展中的法治，解析改革开放与法治内在联系，透析法治在茂名发展建设中发挥的作用，分析存在的问题，对完善我国法治及探索地方法治建设，具有重要意义。

一、国家法治引领下茂名发展建设概述

茂名位于中国南海之滨，地处广东西南部，背靠祖国大西南，是中国华南地区最大的石化基地，也是“中国最大的水果生产基地”。改革开放四十年来，茂名利用国家的政策、法律法规，有序开展地方经济的发展和建设。法治的规范、有序和竞争机制，促进了茂名经济的健康发展，给茂名提供了宽松的发展空间和自由竞争的舞台，也给茂名发展建设成果提供了安全保障，在法治的良好秩序护卫下，茂名的发展建设取得了可喜的成绩。

* 孙丽华，广东省茂名市法学会常务理事；程文海，广东省茂名市法学会秘书长。

(一)利用法治规范促进茂名经济稳定发展

“法对经济秩序的维护体现为使经济活动摆脱偶然性和任意性而获得稳定性及连续性。”①法的这种偶然性和任意性,说明经济的运行需要科学的规划和论证,法的稳定性和连续性,要求我们在进行经济建设中要有长远持续的发展理念。经济的发展是地方所有发展的基础和前提,茂名地处粤西不具有珠三角的优势,改革开放四十年来,早期依靠国家政策,后来在国家法律和经济发展战略指引下,根据本地区特点,在考察、调研、论证的基础上,因地制宜,科学地规划设计茂名发展建设,使经济持续稳定发展,经济总量逐年提高。

表 1 “六五”期间到“十二五”期间经济发展速度

每五年 / GDP 及人均 GDP	“六五”期间 1985 年	“七五”期间 1990 年	“八五”期间 1995 年	“九五”期间 2000 年	“十五”期间 2005 年	“十一五”期间 2010 年	“十二五”期间 2015 年
全市地区生产总值(亿元)	32	81. 56	227. 80	417. 36	807. 31	1492. 09	2445. 63
人均地区生产总值(元)	703	1722	4483	7981	12729	23961	40324

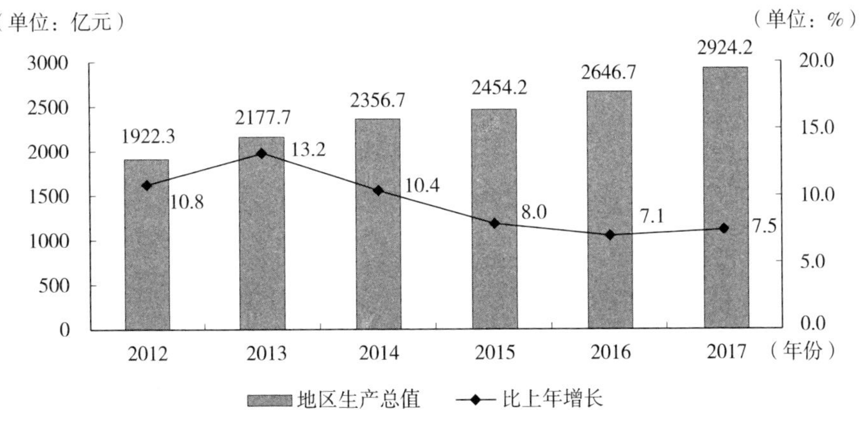

图 1 2012—2017 年地区生产总值及其增长速度

“十二五”期间，尤其是党的十八大以后，市委、市政府坚持稳增长、促改革、调结构相结合，促进产业结构不断优化升级。使茂名经济发展有了重大跨越，2017 年，全市实现地区生产总值 2924.2 亿元，增长 7.5%，经济总量继续居粤东西北首位。从 2001 年起，总量连续 16 年居粤东西北首位。

从 1978 年地区生产总值 13.1 亿元，人均地区生产总值 322 元；到 2017 年的 2924.2 亿元，人均地区生产总值 47443 元。四十年改革开放经济总量增长了 2911.1 亿元，人均地区生产总值增长了 47121 元。茂名经济的提升，得益于国家各项政策及法律的规范、指引和保障。

（二）利用法治秩序指引茂名城市发展建设

法治的最重要功能是法律秩序的规范作用，利用法律调控手段将计划、生产、分配和交换加以更有效的调节。法对秩序的维护是法治的使命和价值，在茂名的发展建设中，用法治秩序规范茂名城市发展建设取得了较大的成效。

茂名市是全国为数不多的先规划后建设的城市之一。在建市后的近 50 多年里，茂名分别进行了四次城市总体规划的编制及修编。二十世纪七十年代后期，由于《茂名市城市总体规划（1957—1967）》在规划年限期满后没有修编，城市空气污染、洪水灾害及地方工业发展滞后等问题比较突出。从 1979 年 6 月至 1981 年 9 月，对茂名市城市总体规划进行修编。1993 年、2009 年根据《广东省城市总体规划和市域城镇体系规划编制审查工作规则》，形成《茂名市城市总体规划（2008—2020）纲要》。

在茂名城市发展建设中，依据国家关于环境法律的要求，不断改进城市规划，突出解决了茂名城市空间结构方面的局限性和 30 万吨乙烯厂建于城市的上风向，避免城市（包括河东中心区）的人居环境质量面临被破坏的危险，使茂名整体建设科学、环保、保护居民为其特征。

改革开放之初的 1978 年，茂名公路总里程 7455 公里，2016 年达到 17966 公里。近几年打造粤西组团式中心城市，不断拉大城市框架。完成 20 多条主干道路及街坊路“黑底化”工程。2016 年，全市市区建成区面积 128.32 平方公里，比 2012 年扩大 25.6 平方公里；城区人均公园绿地面积 16.46 平方米，

滨海绿城，“好心茂名”

比 2012 年增长 33.4%。全市城镇化率 40.80%，比 2012 年提高 3.37%。2015 年，高州、化州成功获批省级产业转移工业园，成为全省率先实现省级产业园县域全覆盖的地市之一。

（三）利用法治构建和谐社会提升茂名民生福祉

法治的目的是通过法律的规范治理，实现关切民生、保护居民权利和自由的价值目标。在茂名经济总量提高带来的城市发展变化的同时，居民个人收入水平及财产储蓄的增多，社会保障完善，提升了居民的幸福感。

1. 城乡居民收入

1979 年后茂名市城镇在岗职工年平均工资收入逐步提高。1979 年为 614 元，1984 年为 1005 元，1990 年为 2263 元，1995 年为 6401 元，以后每一年增幅 15%左右，2016 年为 57059 元。市和四县农民人均纯收入 1979 年为 164 元，1984 年为 357.2 元，1990 年达 810.8 元，1995 年跃升为 2318.2 元，以后每年提升 20%左右，2016 年为 14519.9 元。

表2 1979—2016年茂名市城乡居民收入

年份	农民人均纯收入(元)	城镇在岗职工年平均工资(元)	年份	农民人均纯收入(元)	城镇在岗职工年平均工资(元)
1979	164	614	1990	810.8	2263
1980	188.8	574	1995	2318.2	6401
1981	241.7	746	2000	3632.4	9038
1982	312.6	869	2005	4580.4	16104
1983	346.7	946	2010	6801.6	25811
1984	357.2	1005	2015	13224.0	53036
1985	382.5	1189	2016	14519.9	57059

2.城乡居民储蓄存款余额

从改革开放之初的1979年,茂名市城乡居民储蓄存款余额逐年增加。1979年为0.64亿元,1983年增至2.63亿元,1990年为29.71亿元,1995年首次突破百亿元,达107.4亿元,2000年达247.45亿元。从2006年到2016年十年间,由458.41亿元增到1532.81亿元,增加了1074.4亿元,平均每年增加100多亿元。

表3 1979—2016年城乡居民储蓄存款余额

年份	城乡居民储蓄存款余额(亿元)	年份	城乡居民储蓄存款余额(亿元)	年份	城乡居民储蓄存款余额(亿元)	年份	城乡居民储蓄存款余额(亿元)
1979	0.64	1990	29.71	2007	481.36	2012	984.04
1980	0.99	1995	107.40	2008	567.27	2013	1135.23
1981	1.37	2000	247.45	2009	640.08	2014	1271.20
1982	1.85	2005	410.02	2010	750.67	2015	1410.49
1983	2.63	2006	458.41	2011	851.75	2016	1532.81

改革开放四十年来,茂名经济的发展使民众财富不断增多,有了储蓄可以实现和满足居民各种需求,人们有能力改善生活条件,追求更好的生活质量,提升了茂名群众的生活福祉。

3. 社会保障完善

2016 年末，全市有各类社会福利院 7 所，收养孤儿 629 人，敬老院 105 所，集中供养老人 1782 人，分散供养老人 29496 人。全市居民最低生活保障已保 74095 户，人数 177381 人，发放最低生活保障费 47946.44 万元。城乡低保、五保救助、残疾人等困难群体保障水平大幅提高。

拥有 798.85 万人口的茂名，是广东省及国家法治建设的有机组成部分，其发展建设也是全国地方法治发展中比较积极、活跃及具有生命力和实践基础的地方之一。改革开放四十年的发展历程，体现了国家法治的总体指引；取得的成绩，彰显了运用法治思维和法治方式推动发展建设的必要性。

二、茂名发展建设的法治实践

茂名的发展建设需要法治的引领、规范和保障。透析茂名发展建设中的法治特征，有利于认识我国地方法治的脉络及法治在基层发展建设中的重要性。

（一）依法构建推动经济高质量发展的体制机制改革

法治不但规范秩序，也服务于经济和社会发展，厉行法治是发展社会主义市场经济的内在要求。法治具有的自由平等竞争规则，是茂名经济发展的基础、前提和保障。习近平总书记为广东经济社会发展提出了“四个走在全国前列”，茂名在“构建推动经济高质量发展的体制机制”中，依据国家政策、法律，因地制宜，用法治方式、法律程序、法治理念推进体制机制改革。

“六五”期间（1981—1985 年），茂名以“振兴六大业，念活山海经”作为发展战略，发展横向联合，引进外资，加快技术进步，推进经济体制改革，初步形成“油头——化身——轻纺尾”的工业体系。到“七五”期间（1986—1990 年）发挥本地潜力和优势，利用沿海经济开放区和山区县享有的优惠政策，以建设能源、原材料两个基础为重点，加强配套建设，优化产业结构；重点抓粮食生产，促进农、林、牧、副、渔全面发展。

“八五”期间（1991—1995 年）和“九五”期间（1996—2000 年），茂名把农业作为经济头等大事，增加科技投入，层层落实行政首长“米袋子”“菜篮子”负责制，大力发展“三高”（高产、高质、高效）农业、乡镇企业。1996—2000年，从传统的计划经济体制向社会主义市场经济体制转变，经济增长方式从粗放型向集约型转变。重点依据《公司法》开展国有企业改革，同时把发展农业放在首位。

“十五”期间（2001—2005）和“十一五”期间（2006—2010），农业开始注重科学技术，工业注重调整结构。2005年实施“工业立市”“四大跨越”战略，利用科技的进步进行结构的调整。2010年，茂名实施三个转变，农业大市向农业强市转变，传统工业形态向新型工业形态转变，生产型经济向服务型经济转变。思想观念的变革，使经济发展的体制和机制不断完善，党的十八大以后，茂名在推动经济高质量发展体制机制上做了以下努力：

全民共建民生与法治

第一，在推动经济高质量发展体制上，突出供给侧结构性改革这条主线，重在实现传统产业升级与新兴产业培育同步推进、同步提升。着力在“破、立、降”上下功夫：“破”方面，坚决淘汰落后产能，破除无效供给；“立”方面，积极引导200家工业企业开展技术改造，支持企业开展数字化、网络化、智能化和绿色化改造；“降”方面，降低制造业企业成本，支持实体经济发展相关政策配套措施的落实。

第二，在推动经济高质量发展机制上，围绕做大经济总量的主旋律，贯彻落实“一体两翼三大抓手”，注重振兴实业，注重产业集聚，注重优化环境。同时拓展民营经济发展空间，制定《茂名市促进民营经济大发展的若干政策措施》，利用规范规则拓宽民营经济发展空间，按规范实施企业经济加快转型升级。2016年制定了茂名《培育壮大工业主导产业五年行动计划（2016—2020年）》，使企业体制和机制的改革和运行严格依法运行。

第三，在推动经济高质量发展体制机制上，利用国家政策，从项目投资决策、国有资产授权、经营政策、融资筹资政策、优化资本结构政策、企业兼并政策、财税优惠政策、收费优惠政策、部门协调政策、奖励政策、动态管理等方面实施对骨干企业重点扶持。通过“绿化达标”合同方式，实施“山上茂名工程、水上茂名工程、双百工程和领雁工程”、实施兴农“四大工程”的战略决策。

通过推动经济高质量发展的体制机制的建设，茂名实现了“四个走在前列”，使企业及企业创造的价值取得了可喜成绩。2016年，全市规模以上工业增加值由2012年的498.1亿元提高到857.8亿元，按可比价格计算，年均增长12.3%。地方工业企业增加值占规模以上工业增加值比重55.2%，比2012年提高13.5个百分点。

从下页图2中可以看出，通过构建有利于推动经济高质量发展的机制体制，茂名规模以上工业逐年升高，助力了茂名持续升高的经济发展，实现了“走在经济高质量发展的体制机制”的前列，使地处广东粤西欠发达地区的茂名，能实现经济发展全省排第七的位置。

（二）通过环境立法、执法和司法保护茂名的碧水青山

经济的发展，带来的环境问题日益凸显，如何有效保护与修复环境，成为社会最为关切的问题。茂名是油页岩矿产发源地，1955年被列为国家第一个五年计划的重点建设项目，经过几十年的油页岩的开采开发，露天矿区的生态环境被严重破坏，废渣场上终年寸草不生、油烟弥漫、尘土飞扬。小东江底泥

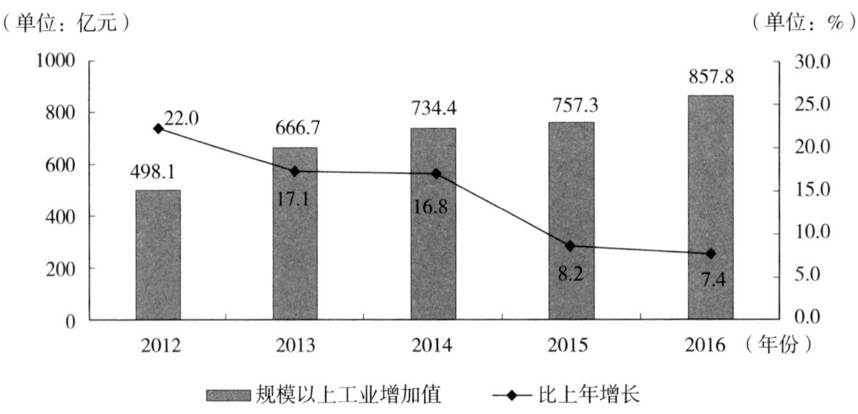

图2　2012—2016年规模以上工业增加值及其增长速度

污染物残留，石油类超标890倍，铅超标400倍，镉超标135倍，含酚高达0.273毫克/公斤。加之茂名人口众多、环境保护是地方法治建设的重要任务。如何实现茂名的碧水青山，不但从立法、执法和司法的途径，还注重发挥公民、其他组织，助力茂名的环境保护。

茂名水质一直是政府特别关注的事项，1980年，国家实行排污超标收费，解决了部分治理资金，治理步伐进一步加快，小东江水质进一步改善，乌石以下河段出现鱼虾洄游。1995年，地面水控制断面水质继续好转，水中石油类含量比1994年分别下降13%、50%和50%，水质指标全面达到Ⅲ类水质标准。

第一，露天矿2013年移交茂名市政府后，市委、市政府按"引水、种树、建馆、修路"八字方针建设。如今的露天矿，不仅是市民生态旅游、观光、休闲、娱乐的好去处，也是传承老一辈建设者开拓精神、弘扬茂名矿业文化的平台，昔日污染的地域，变成了美丽、干净、优美的生态花园。2017年通过了《茂名市露天矿生态公园保护管理条例》，该条例规定："加强对茂名市露天矿生态公园矿山工业遗址以及生态环境的保护和管理，实现生态资源的可持续利用。"

第二，保护环境的执法，需要社会各方的参与，引导公民、其他组织参与茂名环境保护，参与打击环境违法行为，持续改善环境质量。环境执法部门通过"环境质量、环境标志和环境监督，监督性监测"形式及时反馈环境情况。同时通过通知、公告、信函、对话、视频等形式，线上线下，进行环境宣传和公告。其中《茂名市环境保护局关于公众举报环境违法行为奖励办法（试行）》，不惜重金奖励举报违反环境的人。

执法运用法、情、理，调动公民及组织参与保护茂名环境，例如：《茂名市创卫办致市民的一封信》《茂名市重点排污单位名录的通知》《茂名市水污染防治达标方案实施情况公布》《致污染源普查对象的一封信》等，让人民群众认识生态环境保护、治理环境污染的紧迫性和艰巨性。茂南区新坡镇高岭村一名小朋友倡议书写道：“要保护好蓝天，因为我们在同一片蓝天下呼吸空气……”

第三，司法保护是最后一道防线。茂名市中级人民法院环境资源审判庭，集中管辖茂名、阳江、湛江环境类民事案件，标志着粤西地区环境资源审判工作跨入专门化审判新历史阶段。为了实现“让人民群众在每一个司法案件中感受到公平正义”，坚持司法为民、公正司法，2016 年 10 月，茂名中级人民法院与广东石油化工学院成立了“院校法苑论坛”，针对司法判决中需要讨论的案件进行学术探讨和研究，凡是涉及公益诉讼的案件都开展学术论坛分析探讨。

第四，茂名市法学会、环境资源法学会认真研究环境法的立法、执法及司法实务，通过“粤西环境公益诉讼理论和实务”的学术研究，参与茂名环境的立法、执法及司法活动，对茂名及粤西环境的立法、执法、司法进行分析研究，解读分析环境公益诉讼案例，提出建议和对策，保护茂名的碧水青山。

（三）运用知识产权创新驱动战略提升茂名特色农业发展空间

知识产权的创新模式占据了技术发展、文化产业的高端，它节省能源、创造价值高，无环境污染，是最佳的国家发展模式。知识产权是知识经济时代经济增长方式的关键点，是企业竞争不可缺少的利器，是实现产业效益和社会发展的重要法宝。党的十八大提出：“科技创新是提高社会生产力和综合国力的战略支撑，必须摆在国家发展全局的核心位置”，并要求“实施知识产权战略，加强知识产权保护”。

早在 1979 年，茂名市注重引进新技术、新工艺，实施一批国家级、省级和市级新产品试制鉴定计划,加速新产品开发。1999 年、2000 年,茂名市有 13 项新产品获广东省地方税务局给予的新产品减免税优惠待遇,共享受减免税 849 万元。至 2000 年,全市累计开发出新产品 309 种,其中国家级 9 种,省级 35 种。在新产品中,茂南山阁联合瓷土工业公司开发的涂料高岭土干粉质量标准达到国际先进水平,并填补了国内空白。

2014 年 9 月,茂名获批建设国家知识产权试点城市,其对知识产权保护发展,表现在专利申请数量逐年增多、商标原产地特色及非物质文化遗产的申报及保护方面。

1. 加大投入,促进专利申请数量大幅提高

表 4　1989—2000 年茂名市专利申请与专利授权统计表

年份	申请量(件)				授权量(件)
	发明	实用新型	外观设计	小计	
1989	7	20	3	30	6
1990	2	25	0	27	8
1991	4	8	31	43	10
1992	8	41	10	59	20
1993	16	57	0	73	22
1994	13	47	13	73	19
1995	15	29	25	69	21
1996	13	17	18	48	26
1997	9	41	23	73	23
1998	0	28	16	44	44
1999	8	31	17	56	55
2000	22	49	23	94	53

2013 年、2014 年发明专利申请量增长率分别列全省第一位和第二位。2015 年,专利授权总量增长率、发明专利申请量增长率及发明专利授权量增长率均排全省第三位。2016 年,全市专利申请 5240 件,同比增长 48.11%,其中发明专利申请 1132 件,发明专利申请量居粤东西北地市第二位;专利授权 1593 件,其中发明专利授权 142 件,居粤东西北地市第三位。2017 年,茂名修

改完善《茂名市促进专利申请的激励措施(试行)》,加大资助力度,大力促进专利申请数量提高质量提升。全市专利申请6629件,同比增长77.86%,增长率全省地级市排第二位,其中发明专利申请1644件,发明专利申请量同比增长126.13%,增长率全省地市排第二位,同时注重专利的运用和转化。广东石油化工学院的“一种基于人工免疫与证据理论相结合的符合故障诊断方法”专利,近三年在石化系统应用产生的销售额超过8亿元,利税超过3亿元。2017年全社会R&D投入17.8亿元,获省科技奖8项,均居粤东西北首位。新增省级工程技术中心21家。申报高新技术产品133个,为历年最多,一批新产品、新技术从茂名走向市场。

2. 实施商标品牌战略,有效保护茂名特色农业发展

1979年至1985年,全市共办理商标注册核转204个,核准注册137个。1985年,全市有注册商标232个,其中6个为部优产品商标。1988年,全市又办理了386个商标注册。1994年,全市有效注册商标980件。1996年,共为企业代办商标注册申请55件,全市共拥有注册商标869件。1998年有效注册商标1160件。1999年达到1562个。截至2017年5月,共有有效注册商标20111件,驰名商标1件,著名商标45件。地理标志商标7件,在全省地级市中排名第二位。地理标志中的信义怀乡鸡、高州香蕉、高州荔枝、高州龙眼、化州橘红、水东芥菜,是茂名旅游者想品尝的靓丽美食和药材。

3. 科技创新和驱动极大地促进了特色农业的可持续发展

1986年初,国务院批准实施“星火计划”开始,1993年开始两系法杂交稻的研究与应用并在高州、化州等地连片示范千亩,亩产600公斤,最高亩产700公斤,米质均在二级以上。2000年两系杂交稻在中南各省及茂名市各乡(镇)设置100多个试种示范点,大力拓展东南亚市场,出口供应给越南的两系杂交稻种子分别在十多个省进行试种示范,效果很好。1999年,“松毛虫质型多角体病毒杀虫剂”支援湖南省防治松毛虫,为该省挽回直接经济损失4000多万元。2017年省级以上农业龙头企业达50家,居全省第三位。

2010年,茂名水果研究所研究的《龙眼产期调控技术》、实用新型“疏花疏果机”获得了国家专利授权;2011年,《龙眼疏花、疏果技术》获得广东省农业技术推广三等奖;《叶面喷施氯酸钾近季龙眼产期调控技术》《妃子笑药物疏

花技术》《一种龙眼糖果》等技术锁定了茂名在"中华之最"评选活动中,茂名获国务院发展研究中心命名为"中国最大的水果生产基地"的美誉。《荔枝新品种"翡脆"》于2017年1月获得了广东省农作物品种审定证书(粤审果20170002)。2017年底,"翡脆荔枝"种植面积预计达到8000亩以上。"高州香蕉""高州荔枝""高州龙眼"共带动近10万人就业,创造产值近1300万元。

4.知识产权战略的实施,科学地保护了茂名的文化遗产

茂名是一个美丽的、蕴含浓郁传统文化的滨海城市,根据史料记载,早在新石器晚期茂名境内已有人类文明痕迹。2006年开始的非物质文化遗产审查,共涉及16个门类,近68个种类,共238项,基本覆盖了茂名农耕文明。目前为止非物质文化遗产名录中,国家项目3个,省级项目17个,市级项目40个,县级项目68个。茂名的非物质文化遗产具有项目门类齐全、地方特色鲜明、传统技艺高超的特点。高州的"木偶戏",信宜镇隆的"飘色",核雕、玉雕,是茂名地区传统聪明智慧的结晶,其细腻、精美可称为技艺高超。冼夫人和年例信俗,反映了茂名地区传统风土人情,展现了茂名先人文化生活的记忆和背影。

2014年,"冼夫人信俗"入选第四批国家非物质文化遗产代表性名录。目前,全世界有2500多座冼夫人庙,茂名占八分之一,有380多间,遍布城乡。为保护其文化遗址及文物,2017年《茂名市冼夫人历史文化保护条例(草案)》成为立法项目。

(四)完善法治化体制机制

党的十八届四中全会提出,人民权益要靠法律保障,法律权威要靠人民维护。茂名在实施法治化机制中,以普惠民众为目的。

1.实施专项打击犯罪行动,保障居民安全

保障居民安全是法治社会的基础,为确保安定的社会环境,针对涉案较多的"涉毒违法犯罪、涉车违法犯罪、涉枪违法犯罪、电信诈骗及银行卡违法犯罪、涉黄赌违法犯罪、食药假违法犯罪"实施专项严厉打击行动。共破获相关案件209宗。2017年破获"3+2"专项刑事案件6761起。茂南区首创了"以民促安"立体化打防管控体系的"茂南模式"。

2. 实施食品安全监管机制，确保居民生命安全

对食品的监管，面向烟草、医疗、药品、卫生、食品等市场加以管理；开展“诚信守法示范企业”“食品安全示范店”“百家放心农资示范店”创建活动，出台《茂名市食品小作坊禁止生产加工食品目录》。依法严惩各类经济违法行为，打假治劣食品，惩戒严重失信违法行为。

3. 实施化解纠纷机制，确保社会和谐

将与民众有关的涉农、劳资、环保、金融、房地产五个领域作为深入开展社会矛盾化解的重点领域，成立工作专班，开展专项整治。依靠“一村（居）一法律工作站”的律师，化解基层社会纠纷。设立中心法庭的镇和所有街道设立镇级便民诉讼服务中心。构建镇级便民服务中心、镇级综治信访维稳中心、村级法律工作站等三方便民无缝对接机制，解决了法律调解服务群众“最后一公里”的问题。此举属全省首创，《法制日报》《南方日报》、广东电视台等中央、省、市媒体都作了较大篇幅的报道。

4. 实施普法宣传机制，提升公民的法律意识

通过重要节日有目的进行法律宣传，开展“6·26”国际禁毒日、“12·4”国家宪法日、“民生与法治”普法宣传活动。开展《与法同行》广播节目、“普法之窗”报纸栏目，推广关注“广东普法”“茂名普法”微信工作。重大案件中，有针对性地进行教育宣传，2010 年在信宜紫金矿业有限公司银岩锡矿高旗岭尾矿库溃坝事件后，针对家属进行法治教育，走法律程序，启动律师援助机制，为在该溃坝事件中造成重大人员伤亡和财产损失提供法律援助，立案 2497 宗，诉讼标的 3.4 亿元，历经八次开庭终以“一揽子”调解协议结案，全镇 1.8 万名灾民均领到应得的赔偿款。

三、茂名发展建设的法治思考

在我国，地方法治作为一种独特的法治现象，与国家法治同步生长，改革开放四十年来从法治的建立完善到依法治国，建设社会主义法治国家的基本方略确立，党的十八届四中全会以来国家法治不断完善，使地方实施更具可操作性。茂名改革开放四十年，就是国家政策、法律具体操作和使用及实施的过

程,通过对其发展建设中的法治透析,引发以下思考。

(一)法治国家、法治政府、法治社会一体建设问题

坚持法治国家、法治政府、法治社会一体建设是法治建设的要求。茂名市党委、政府在改革开放以来,一直严格履行和推进国家法治在地方的实施。在党的十八届四中全会《中共中央关于全面推进依法治国若干重大问题的决定》和《法治广东建设五年规划(2011—2015年)》的指引下,茂名通过了《中共茂名市委贯彻落实〈中共中央关于全面推进依法治国若干重大问题的决定〉的实施意见》(以下简称《实施意见》)。《实施意见》按照中央、省的部署和安排,针对茂名具体情况,提出要健全党委领导及依法行政等法治建设的工作制度和机制,加强对法治建设的统一领导、统一部署、统一协调,强化党对法治建设的领导组织协调与督促检查等职能,加强和改进党对依法执政的领导。

在我国地方法治建设中一直存在强政府、弱社会的问题。[②]茂名改革开放以来,地方法治建设的成效体现了政府的强力推进作用,尤其乡镇农村更体现了党委及政府的强大推进力量。自上而下的政府主导型法治,这是中国固有的传统及社会治理的方式的体现。但一个真正的法治社会的实现,还需要有社会参与、人民群众及社会团体作用的发挥,最终呈现给人们的是社会自下而上的变革,社会整体的法律治理的规范和人们对法律的信仰,这才是真正的法治社会的实现。尽管地处粤西偏远区域,人员素质参差不齐,但实现党的十九大提出的"坚持依法治国、依法执政、依法行政共同推进,坚持法治国家、法治政府、法治社会一体建设"的要求,是必须努力的方向。

(二)推进基层治理法治化与强化基层法治队伍

推进基层治理法治化与强化基层法治队伍是党的十八届四中全会提出的要求。全面推进依法治国,基础在基层,工作重点在基层。而基层操作法律的是基层干部及工作人员。如何提高他们的依法办事能力,是当前地方法治中的重点。改革开放以来,茂名经济的快速发展,需要地方法治操作人员有法律知识、有责任感及丰富处理问题的经验。但一些专业上访及闹事人员给基层人员带来了一定压力。

社会治理强调人民主体地位,以人民为中心,为了人民,依靠人民,同时基层工作最大的责任是维稳。所以当遇到个体上访,胡搅蛮缠不听劝阻,不走法律程序的人,工作人员特别担心和焦虑,因为出现不利后果的时候,工作人员将被处分或批评。因此,在地方法治工作中,对那些社会特殊人员要有所记录和特殊关注。上级领导也不要轻易地认为工作人员不负责,同时对具体的工作人员要给予特殊的保护,并对基层工作人员进行必要的法律知识培训和心理的安慰。

(三)法治宣传的普惠群体与关注困难的个体

法治社会的治理和建设,更注重问题导向,国家法治的要求,要实现系统治理、依法治理、个人治理的有机结合。基层法治的实施、运行和操作,更多要求做到的是项目式、活动式法治宣传,这种活动形式对宣传法律、普及法律方面具有重要意义,但针对具体个人的法律服务和个人困难的解决,效果不尽如人意。

农村许多村民的土地纠纷都是兄弟之间、亲属之间因继承问题发生的,还有许多村民为结婚、生育等个人利益,更改出生年龄,年老时要享受养老待遇,又纠缠更改回原来的年龄;在居委会调解纠纷时,常遇到不听劝解,自己利益受损或达不到利益的时候,暴躁发火,情绪失控。更可怜的是,一些身患疾病、生活困难的人,不知道寻找哪个部门解决自己的困难等。基层有各种困难人群的行为,按我国现有的制度和法律,是有救济的途径的。但他们不知道如何寻求。为此,政府实施购买服务的方式,委派专业的社会工作人员,处理特殊的、有困境的人群,使其能及时得到国家相关机构的帮助。同时注意法治宣传要有针对性,利用媒体对私利贪占之人进行批评教育,并披露违法可耻事件,对规范守法之人的事例进行宣传。

(四)发挥基层软法治理功能的必要性

姜明安教授认为:“软法是一定人类共同体共同通过其成员参与、协商方式制定或认可的,对人们的行为具有约束力的行为规则。”③软法是原则上没有法律约束力的,但有实际效力的一种行为规则,对于茂名这样的基层地域,软法的建立和实施是必要的。比如:社会组织章程、规制、规约倡议书、协会规章等，都属于软法范围，对相关的组织和团体具有约束力，是地方基层维护社会秩序和稳定的有效手段。茂名民营企业不断发展壮大，其在参与商业经营和经济发展中运用软法具有行业约束力和规范性的特点，避免发生失信、欺骗、垄断、侵犯知识产权等违法行为和被欺骗的问题；同时茂名基层的村民和居民在村委会和居委会的居住，常涉及垃圾的倾倒、物品的堆放、邻里间生活方式习惯相互干扰等，造成对他人生活的不利及生活区域居民的影响，有必要制定自治章程、自律规约、乡规民约等。这些软法在处理乡村和居民生活矛盾时是需要的，鼓励和提倡相关组织和机构建立软法是极为必要的。

法治是保障社会良好运行的最佳方略，一个区域的发展建设，需要法治的保障和引领，同时具体区域的发展建设过程中法治的实施，都有不同的特点。改革开放四十年来，国家法治的发展也有不同，“1978 年到 1993 年，基本上还是一个政策之治的阶段，主要是靠政策来治理国家，可将其称为政策治理或政策之治阶段。1993 年以后确立市场经济制度，有了一些初步的市场法则，如企业法、公司法、证券法等，但主要是依靠政策来推进经济改革，是党的改革文件和政策之治的阶段”。④全面推进依法治国，基础在基层，工作重点在基层。茂名发展建设的历程，见证了国家政策治理及法律制度推进改革的历程，也展示了法治的发展历程和法治在社会发展中所发挥的独特作用。

茂名发展建设中的法治，体现在构建推动经济高质量发展的体制机制改革，环境立法、执法和司法保护，知识产权创新驱动茂名地方特色和实施法治化机制普惠民众方面，体现了法治在基层运行所发挥的作用及体现的价值。由此可以说明，地方法治的完善，是实现社会可持续发展不可或缺的重要部分。

【注释】

①张文显：《法理学（第四版）》，高等教育出版社、北京大学出版社 2011 年版，第 262 页。

②朱未易：《我国地方法治建设的实践、问题及其路径》，载《政法论丛》2017 年第 3 期。

③姜明安：《软法的兴起与软法之治》，载《中国法学》2006 年第 2 期。

④李曙光：《让法治成为经济发展的主要推动力》，载《经济参考报》2015 年 1 月 6 日。

在加快发展中加强法治建设

肖　文　林为民*

1988年,在改革开放十周年之际,清远市乘改革春风应运而生。建市之初,清远是一个集"老、少、山、边、穷"为一体的山区市,是广东欠发达地区的典型代表。建市三十年来,清远人民在历届市委、市政府的正确领导下,坚持法治促发展,经济实力显著增强,基础设施日臻完善,城乡面貌焕然一新,各项事业蓬勃发展。中国特色社会主义进入新时代,清远建市三十年的实践充分证明,只有不断深化改革开放和法治建设实践,清远才能适应新时代、展现新作为。

一、法治护航,清远建市三十年各项事业蓬勃发展

(一)清远经济持续稳健发展

一是经济总量持续增长。1978年,全市GDP只有7.2亿元,人均GDP才255元,地方一般公共预算收入0.64亿元,人均公共预算收入22.5元。建市之初,全市GDP是44.9亿元,全社会固定资产投资额9.2亿元,地方财政收入2.4亿元,城乡居民储蓄存款余额23.3亿元,农村人均年纯收入683元。至2017年底,全市地区生产总值(GDP)达到1500.9亿元,是1978年的208

---

* 肖文,广东省清远市政协党组副书记、副主席,市法学会会长;林为民,广东省清远市委政法委专职副书记,市法学会常务副会长兼秘书长。

倍,是建市之初的33倍;地方一般公共预算收入上升到103亿元,是1978年的160倍,是建市之初的42.9倍。随着经济的快速发展,人民生活水平发生了质的飞跃,2017年农村居民人均可支配收入14027元,是1978年的137倍,是建市之初的20.5倍。2001年清远市调整发展战略,将建设"广州后花园"单一战略调整为"三化一园"综合发展战略,2004年至2010年主要经济指标增幅实现了全省"七连冠",综合增长竞争力全省排名第五位,被称为欠发达地区跨越式发展的"清远现象"。二是发展质量和效益显著提升。经过"七连冠"的高速发展,清远发展速度与质量的矛盾逐渐显现。为克服发展后劲不足的问题,清远主动调结构转方式。"十二五"期间,第三产业占GDP比重提高5.2%,五大高耗能产业增加值占GDP比重下降2.3%。先进制造业和高技术制造业增加值分别年均增长26.6%和31.2%,为同期全市规模以上工业增加值增速的2倍和2.4倍。工业技改投资年均增长45%,增幅居全省前列。单位建设用地GDP产出提高40.4%,单位GDP能耗下降19%。引进长隆、神华国华等一批具有重大支撑作用的产业项目,一批新的产业集群正在形成。2017年,清远国家高新区在全国排名上升两位,成为国家高性能金属材料高新技术产业化基地。三是旅游产业实力稳步增强。清远山清水秀,旅游资源十分丰富,全市旅游接待总人次从2012年的2821万人次增加到2017年的3986万人次,累计增长41.3%,年均增长7.2%;旅游总收入从178.71亿元增加到314.36亿元,累计增长75.9%,年均增长12.96%。目前,全市开放接待的旅游景区86处,有国家3A级以上旅游景区23个,其中国家5A级景区1个,国家4A级景区17个,是广东4A级景区最多的地级市。截至2017年底,正在建设的清远长隆、际华园等重点旅游项目21个,总投资额723.11亿元,其中10亿元以上在建旅游项目6个。

(二)民主法治建设有序推进

一是科学民主立法有了新突破。2015年9月25日,清远获批行使地方立法权。市人大设立了市人大法制委员会,制定了《清远市制定地方性法规条例》,修订完善了清远市人民代表大会和常委会议事规则,为依法立法提供保障。2017年1月1日,清远市制定的首部实体性地方性法规《清远市饮用

北江明珠，美丽清远

水源水质保护条例》正式实施。规范性文件备案审查工作有序推进，2012 年至 2017 年共审查规范性文件 113 件，梳理出立法方面的文件 56 件。二是依法行政体制机制不断完善。制定《清远市规范行政执法规定》，细化行政执法程序。以深化行政审批制度改革为重要抓手，持续推进“放管服”改革，全面完成市级行政审批中介服务事项清理，积极推进相对集中行政许可权改革试点，率先成立了粤东西北首个行政审批局。动态调整市政府各部门权责清单，共调整 15 个部门 410 项权责事项，完成的 670 项行政许可和公共服务事项审批标准，对市直 33 个部门实施的 284 项行政许可开展实施和监督管理情况进行评价。充分发挥法律顾问在重大行政决策中的作用，在县级以上政府普遍设立政府法律顾问室。三是公共法律服务体系不断健全。以公共法律服务体系建设为“纲”，统筹推进社区矫止、律师、公证、司法鉴定、法治宣传、法律援助、人民调解和队伍建设等党和国家司法行政各项工作。依托“12348 法网”，建设完善“线上 30 秒、线下半小时”的公共法律服务圈，建成覆盖市、县、镇、村四级公共法律服务平台。四是普法宣传教育工作全面开展。连续开展六个普法五年规划活动，组织开展“法治文化建设示范企业”和“民主法治村（社区)”创建评比活动,推动多层次多领域依法治理,深化法治建设“四级同创”。全面建设市青少年法治教育实践基地,打造青少年法治教育省级示范点,每个县市至少建成一个法治文化主题公园,全面提升公民法治观念和法治素养。五是民主协商制度更加完善。制定了《中共清远市委关于加强新形势下党外代表人士队伍建设的实施意见》《中共清远市委关于加强社会主义协商民主建设的实施意见》《清远市人民政府工作部门与市各民主党派、工商联和无党派人士对口协商制度试行办法》等一系列民主协商制度,分别就市委重要人事安排及重要规划、政府工作报告、党代会报告等重要文件召开了党外人士座谈会和专题民主协商会议。健全“党委出题、党派调研、政府采纳、部门落实”机制,市委主要领导每年带头主持召开重点提案办理协商会议以及民主党派、无党派、工商联代表人士暑期座谈会、情况通报会,切实提高协商民主制度化、规范化、程序化水平。

(三)民生事业扎实推进

一是基本公共服务均等化水平显著提升。为推进区域协调发展,2012年,清远市出台《关于推进基本公共服务均等化的意见》,从公共教育、基本医疗、社会服务、文化体育、扩大就业、社会保障、住房保障七个方面出台缩小南北部地区基本公共服务差距的具体措施。在2016年全省地级市公共服务均等化考核中,清远排在全省第七位,全市基本公共服务水平达到全省平均水平的80%以上、北部地区基本公共服务水平达到南部地区平均水平的80%。清远市人民医院、市中医院等7家城市公立医院改革顺利推进,并取得实效。二是脱贫攻坚取得实质性进展。建市之初,清远被称为邻近金三角的寒极,生产生活条件极端恶劣的石灰岩地区占全省石灰岩地区面积的70%,占全市总面积的24%,农业人口占全市的19.73%,全市有100多万绝对贫困人口,占全省200多万绝对贫困人口的50%,占全市总人口的30.73%,其中4个县被列入全国特困县。1991年,清远开始组织石灰岩特困乡镇的人口迁移,至1998年共完成18万贫困人口大移民,堪称岭南地区现代史上最大规模的移民。2011年11月26日,《人民日报》头版头条介绍了清远扶贫“双到”工作经验。2016年,根据中央和省委部署,新一轮脱贫攻坚战全面启动,清远出台了四个政策文件和一系列配套方案，并派出 8 个驻县工作组、85 个驻镇工作组、690 个驻村工作队。2017 年，清远顺利脱贫 5.2 万人，贫困村居民人均可支配收入达 14610 元。截至 2017 年底，全市现有贫困户 58740 户、132605 人，全市贫困发生率降为 4.6%。三是教育强市战略成效明显。“十二五”以来，清远以创建“广东省教育强市”为抓手，着力解决教育底线民生和热点民生问题。全市教育“创强”累计总投入 52.38 亿元，2014 年实现了创建广东省教育强市目标，2015 年成功创建广东省教育强市，教育强县、强镇全覆盖，义务教育发展基本均衡县（市、区）全覆盖，教育发展综合水平跃居粤东西北地区的前列。2016 年至 2020 年，清远市、县两级财政统筹投入教育发展专项资金 41.7 亿元，用于“强师工程”、教研经费等专项工作。2013 年在市中心区域内规划出 33.22 平方公里用于省级职教基地建设，现有广东交通职业技术学院等 12 所学（院）校进驻，其中高职院校 9 所，到 2020 年在校学生规模将达到 10 万人。四是交通短板逐渐补齐。建市之初，公路通车里程 4227.8 公里，交通一直是制约清远发展的瓶颈。近年来，清远持续发力，道路交通条件有了极大改善。截至 2017 年，清远公路通车总里程达 24803 公里，其中普通国省道 1598.8 公里，农村公路 22624.7 公里，高速公路 580 公里。公路通车总里程是建市之初的 5.9 倍，排名全省第一位；公路密度 130.3 公里/百平方公里，跃居粤东粤西粤北地区第一位。另外，清远内河航道通航总里程 347 公里，通航条件明显改善，现有港口码头泊位 39 个，其中千吨级以上泊位有 18 个。五是文化体育事业蓬勃发展。覆盖城乡的公共文化体系基本建成，全国广电公益广告论坛、连州国际摄影年展的影响力和知名度不断提升，成功举办清远马拉松比赛、全市乡镇篮球联赛等一系列群众性体育赛事。文艺精品创作活跃，地方传统历史文化和民族文化资源的挖掘保护力度持续加大，完成 14884 个自然村落历史人文普查工作，瑶族耍歌堂、长鼓舞、英石假山盆景传统工艺等 17 个项目进入国家、省非物质文化遗产保护名录。

（四）社会治理形成品牌

一是农村综合改革形成清远样本。清远市委、市政府在尊重群众创造、总结农村群众智慧结晶的基础上，积极稳妥推进以“三个重心下移”（党组织建设、基层自治组织、农村公共服务）和“三个整合”（农村土地资源、涉农资金、涉农服务平台）为核心的农村综合改革，就此打造出全国农村综合改革的“清远样本”。“三个重心下移”完善了农村基层治理体系和治理模式，激发了农村发展活力；“三个整合”重组了农村的生产要素，农村发展的内生动力得到提升。截至 2017 年 7 月底，全市实际整合耕地面积 155.1 万亩，占二调耕地总面积的 40.7%，占二轮承包耕地总面积的 70.6%，全市累计整合非普惠性资金 33.95 亿元。《清远市“三个重心下移”完善农村基层治理的探索与实践案例》被评为 2016 年全国创新社会治理十佳案例之一，《人民日报》、中央电视台等中央、省级主流媒体多次深度报道清远农村综合改革的探索实践经验。二是社会治理形成清远品牌。深化以“一总体，两专项”五年规划、法治建设“五级同创”为内涵的“三个率先”平安清远建设，平安清远和法治社会建设取得新成效。2016 年 1 月 24 日，清远市的“分类治理三级自治多元共治城市社区治理模式”在第二届城市民生建设与民生保障论坛暨全国社会治理创新经验交流会上被评为“首批全国社会治理创新优秀城市”。2016 年 12 月 13 日，清远“民俗文化调解法”、政法干警任村“五员”工作法、“五字诀”工作法、“强服务促平安”等做法，再次获评“创新社会治理优秀城市”。2018 年 1 月，《法制日报》头版头条刊登了“清远探索社会治理品牌工程为平安建设提质增效”经验，详细介绍了清远以“三大重点建设”（基层党组织建设、“中心+网格+信息”建设、公共法律服务建设）和“社会三治”（法治、德治、自治）为核心的社会治理经验。三是社会安全感明显提升。严厉打击各类违法犯罪，深化全民禁毒斗争，积极推进“扫黄打非”“打黑除恶”等专项行动，社会治安综合治理得到加强，安全生产形势总体稳定，食品药品、粮食安全保障能力有效提升，社会治安环境不断优化。基层人民群众的法律意识不断增强，全市信访总量持续下降，其中 2017 年信访总量下降 8%。在 2015 年全省考核中，清远的社会安全指数高达 92.2%，位列全省前列。2017 年，《中国城市竞争力报告》显示，清远市在“安全的社会环境”指标方面排名全省第一位，也是广东省唯一跻身全国前五十位的城市。

（五）美丽清远建设取得实效

一是绿水青山得到有效保护。加大环境保护力度，在全省率先建成“智慧环保”应用平台，在线监控企业128家。全力推进空气环境“五大领域”治理，设立四级河长1716名，清理禁养区内畜禽养殖场374个。大力发展绿色生态产业，落实珠三角后花园战略，大力发展全域旅游。阳山创建为全省首个“国家生态原产地产品保护示范区”、获评“全国森林旅游示范县”，连州连续三年成为全省县（市）域旅游十强，连山戏水节获评全国“2017年最具影响力特色节庆”，连南稻田鱼文化节被认定为“国家级示范性渔业文化节庆”。二是生产生活环境明显改善。以创文创卫为抓手，强化环境卫生、交通秩序、农贸市场和社区服务等突出问题综合整治，完成六大类3000多个整治建设项目，整治老旧小区3015个、内街背巷525条，解决一批群众关心关注的热点问题，市区面貌焕然一新。制定“美丽乡村2025”行动计划，实施五大创建工程，已投入2.4亿元，加大村道巷道硬底化、休闲娱乐、公共卫生等方面的基础设施投入力度，村容村貌有了明显改观。据统计，现已建成美丽乡村2080条，整治20户以上自然村8427条，成为全国美丽乡村建设示范区。建市三十年来，清远先后荣获中国优秀旅游城市、国家园林城市等诸多称号。三是文明程度不断提升。开展创文突出问题综合整治工作，构建了“一把手负总责、属地管理属地负责、谁主管谁负责、一岗双责和职能部门分工负责”五项责任制，全面推进立体式创文宣传攻势和包联工作机制，城市设施与城市环境的“脏、乱、差、堵、污、烂、缺”等问题得到有效整治，市民文明素质得到明显提升。2017年7月27日，清远市被授予“2015—2017周期国家卫生城市”称号，是广东省内同期获此殊荣的两个城市之一，2015年和2018年连续两次获得“全国文明城市提名城市”。

二、与法共进，清远建市三十年取得成就的重要经验

站在新的历史方位，党的十九大对我国社会主义现代化建设作出新的重

大战略部署，并明确以“五位一体”总体布局推进新时代中国特色社会主义事业。纵览“四个全面”战略布局，全面依法治国是实现战略目标的基本方式和可靠保障。

“全国乡村基层治理清远实践成果研讨会”，推广乡村治理“清远样本”

（一）法治建设必须坚持党的领导

党法关系是法治与政治关系的集中反映，社会主义法治必须坚持党的领导，党的领导必须依靠社会主义法治。习近平总书记明确指出：“党和法的关系是一个根本问题，处理得好，则法治兴、党兴、国家兴；处理得不好，则法治衰、党衰、国家衰。”他还强调：“必须把党的领导贯彻落实到依法治国全过程和各方面。”坚持党的领导是清远法治护航清远经济社会全面发展取得成就的重要法宝。一是坚持党的全面领导。自建市以来，历届党委、政府都一以贯之坚持将法治建设作为中心工作抓紧抓实，成立依法治市领导小组，强化党政主要负责人履行推进法治建设第一责任人职责。二是坚持领导守法用法。强化法治意识，善用法治思维，提高依法执政能力，首先要求各级党委（党组）要带头学法用法。2017 年，全市有 91 位行政机关负责人出庭应诉，清远行政机关负责人出庭应诉被写入 2017 年广东省高级人民法院工作报告中。三是坚持善用法治手段。制定《清远市人民政府重大行政决策程序规定》,明确了重大决策的范围及程序要求,确保科学决策、民主决策、依法决策。同时,为提高运用法治解决问题的能力,市党政主要负责人都配备有法律顾问。四是坚持党领导司法改革。将司法改革纳入市委重点改革内容,建立定期报告制度,确保司法改革巩固共产党执政地位、维护社会长治久安、保障人民安居乐业、服务经济社会发展。

(二)经济高质量发展需要法治提供保障

习近平总书记指出“推动经济高质量发展的体制机制是一个系统工程,要通盘考虑、着眼长远、突出重点抓住关键。”对清远来说,关键就是要用法治的思维和方式继续深化改革,处理好政府与市场的关系。在传承“洲心经验”(田间管理责任制改革)、“清远经验”(超计划利润提成奖改革)、“清远现象”(跨越式发展经验)等的基础上,近年来清远在以法治促改革上持续发力。一是深化改革必须坚持法治思维和法治方式。“三个重心下移”和“三个整合”为主要内容的农村综合改革能够取得成功,坚持农村基本经济制度是根本前提和重要保障。2013 年在粤东西欠发达地区率先启动商事制度改革,2016 年率先启动“七证合一”登记制度改革,制定《清远市市级政府保留行政审批事项目录》《清远市商事登记后续监管清单》《清远市企业投资负面清单》,“法无禁止即可为,法无授权即禁止”是推进商事制度改革的重要指引。2012 年启动“两建”工作以来,每年都确定市场监管体系和社会信用体系重点建设项目任务,现已建立各项机制 200 多项,完成各项重点项目 150 多项,这些都是对现行法治体系的具体化。二是构建现代经济体系必须依法推进。习近平总书记指出:“要果断淘汰高污染、高排放的产业和企业,为新兴产业发展腾出空间。”“十二五”期间,为落实中央关于供给侧结构性改革要求,清远主动调结构促转型,推进“三去一降一补”,依法实施是关键。如:全市依法淘汰落后水泥产能 1049 万吨,推动市属 99 家“僵尸企业”市场出清;制定《清远市扶持企业上市试行办法》,扶持 5 家企业启动 IPO,7 家企业在“新三板”挂牌,90 多家企业在区域性股权交易中心挂牌。这些措施的顺利推进,坚持依法依规是前提和保障。

（三）提升社会治理能力必须依法而为

习近平总书记指出，“广东提出要建设成为全国最安全稳定、最公平公正、法治环境最好的地区之一，顺应了人民群众新期待，体现了责任和担当”。清远社会结构复杂多元，治理难度大。要实现习近平总书记提出的目标要求，必须改进社会治理方式，加快形成社会治理人人参与、人人尽责的良好局面。如：连南县以“瑶老调解机制”为品牌，将“瑶老”为民、廉洁、公正、善于调解、化解矛盾的形象与社会矛盾纠纷调处相结合，建设一支“会讲本地话、了解本地事、掌握本地情、知晓本地俗”的“瑶老”调解员队伍；市中级人民法院以“蓝榕概法官调解工作室”为品牌，打造立体化社会矛盾纠纷化解网络；清远市法学会主办的市中立法律服务社以“第三方”的身份，引导、帮助群众用理性方式表达诉求，得到群众的好评。这些多元调解工作机制的建立，就是法治精神在清远的具体实践。

（四）法治是社会主义文化建设的重要内容

中国特色社会主义法治文化是社会主义核心价值观的重要内容，是对中华传统优秀文化的继承和发扬。习近平总书记指出：“把法治中国建设好，必须坚持依法治国和以德治国相结合，使法治和德治在国家治理中相互补充、相互促进、相得益彰，推进国家治理体系和治理能力现代化。”弘扬中国特色社会主义法治文化，有利于通过法治的手段，凝聚大家的力量，不断增强和坚定我们的文化自信。清远建市以来，大力开展“一五”至“六五”普法工作，并结合清远创建全国文明城市的部署和要求，深入推进法律进机关、进单位、进校园、进企业、进乡村、进社区“法律六进”活动，营造了浓厚的法治文化氛围。对全市1203个村（居）委的干部进行了法律培训，并组织150名新任村、社区书记、主任进行集中培训，提高了基层法治文化素养。按照一村（社区）一法律顾问要求，全市共1024村（社区）聘请了法律顾问。牵头建立跨省（区）调解协作机制、英德政府部门普法宣讲齐上阵、谁执法谁普法构建大普法机制等做法在中央和省媒体被广泛宣传推广，丰富了社会主义法治文化内涵。

(五)法治为社会主义生态文明建设提供保障

建设美丽中国,法治是生态文明建设的重要制度保障。经过四十年的发展,我国生态法治建设取得显著成果,已经从无法可依发展为世界上生态环境立法较多的国家之一。清远结合实际,坚持绿水青山就是金山银山的理念,走出了一条生态振兴、绿色崛起的新路子。一是实施主体功能区规划法治先行。建立健全绿色发展指标体系、资源环境承载能力监测预警指标体系和绩效考核评价体系。以主体功能区规划为基础,统筹各类空间性规划,推进"三规合一",抓好连阳四县(市)国家重点生态功能区建设。合理调控工业化城镇化开发内容和边界,严格实行重点生态功能区产业准入负面清单制度,推动北部地区在享受财政转移支付等优惠政策的同时,严格按照主体功能区定位谋划经济社会发展。二是实现绿色发展需要法治保障。提高生态产品供给能力,推动生态优势转化为发展优势,大力发展生态农业,积极探索林农转型发展新途径,前提就是加强生态环境保护执法力度。积极创建全国环境保护模范市,坚决打好大气、水、土壤污染防治攻坚战和持久战,建立生态保护红线管理制度,必须做到依法行政,严格执法。

三、以习近平新时代中国特色社会主义思想引领法治清远建设

全面依法治国是国家治理的一场深刻革命,习近平总书记在参加广东代表团审议时强调:"要形成有效的社会治理、良好的社会秩序,促进社会公平正义,让群众安居乐业,获得感、幸福感、安全感更加充实、更有保障、更可持续。"广东省委提出:"努力把广东省建设成为全国最安全稳定、最公平公正、法治环境最好的地区之一。"要实现这一目标,清远必须在已有的基础上,继续深化法治清远建设实践,为"四个走在全国前列"作出清远贡献。

(一)坚持党的领导,推进依法执政

习近平总书记指出:"全面依法治国,核心是坚持党的领导、人民当家作

主、依法治国有机统一，关键在于坚持党领导立法、保证执法、支持司法、带头守法。”一是加强法治建设的政治引领。牢固树立“四个意识”，坚定“四个自信”，坚决维护以习近平同志为核心的党中央，坚决维护党中央权威和集中统一领导。协调推进“四个全面”战略布局，落实好全面依法治国的各项举措，为统筹推进“五位一体”全面布局提供良好秩序和法治保障。深入推进政府职能转变，充分发挥基层党组织政治功能，组织发动群众积极参与扫黑除恶等专项斗争，营造良好社会环境。二是强化领导责任。强化党政主要负责人履行推进法治建设第一责任人职责，坚持用中国特色社会主义法治思维去思考问题，坚持把清远发展的各项重点工作纳入法治化的轨道去谋划和推进。各级政府主要负责人要加强对法治政府建设的组织领导，将依法治市(县、区)年度工作要点列为党委督查重点事项，纳入绩效考核。三是深入推进基层党组织建设。充分发挥乡镇(街道)党(工)委的龙头作用，完善乡镇(街道)机关党组织设置，严格规范组织生活，切实解决乡镇(街道)机关党建“灯下黑”问题。实施基层党组织“头雁”工程，参照精准扶贫选派“第一书记”的方式，从机关事业单位中选派一批党务骨干到非公经济组织中挂任党组织负责人。四是深入推进作风建设。锲而不舍贯彻落实中央八项规定精神，深入治理形式主义、官僚主义突出问题，继续深入开展“正风”行动和“公述民评”活动，改进考核方式和评价体系，加大机关单位内部“中梗阻”问题治理力度，深入整治庸政懒政怠政问题。坚持严格约束与正向激励相结合，贯彻“三个区分开来”精神，激发党员干部担当精神。五是深入推进反腐败斗争。围绕群众最关心、最迫切、最直接的需求，惩治扶贫领域腐败和作风问题、农村集体“三资”领域腐败和作风问题、行政执法领域“为官不为”问题、公共服务行业“吃拿卡要”问题、村(社区)“两委”换届中的拉票贿选问题、其他损害群众利益的突出问题，健全基层不敢腐、不能腐、不想腐的长效机制。认真落实“勤廉工程”工作机制，建立健全规范村(居)干部权力运行的制度体系。

(二)善用法治力量，推进转型发展

习近平总书记强调，要善于运用法治思维和法治方式深化改革、推动发

“三个重心下移”，建设美丽乡村

展、化解矛盾、维护稳定。党的十八届五中全会提出了“加快形成引领经济发展新常态的体制机制和发展方式”的重要任务，广东省委提出了“一核一带一区”区域发展战略，清远要转变发展方式，建设好广东生态屏障，处理好环境保护、社会安全、公平正义等与发展的关系，必须运用法治思维和法治方式，纠正“生态发展区就是不发展或者慢发展”等错误观念，跳出北部山区思维定式，将清远打造成为环珠三角地区融入粤港澳大湾区的先行市、国际化旅游城市，全省绿色生态发展示范区、乡村振兴发展示范区。一是构建高质量发展体制机制。加快推进广清一体化战略，将广清一体化建设成珠三角带动粤东西北振兴发展示范区。积极推动南部地区走产业生态化发展之路，加快对接珠三角和粤港澳大湾区，北部地区走生态产业化之路，努力将北江版图打造成“山水名城、岭南绿都”的全新格局。围绕高质量发展要求，加快推出系列精准有效的改革举措，打造一批体现清远特色的改革品牌。二是构建协同发展体系。深入实施创新驱动发展战略，推动传统产业“瘦身”转型，大力开展企业“扶优计划”，引导全市战略性新兴产业按照“一核、三片、多点”布局发展。实施区域协调发展战略，着力补齐民生领域短板，缩小民生保障水平城乡和区域差距。加快推进省级职业技术教育示范基地建设，每年为珠三角地区输送

4 万名高级技术技能人才,年均提供高级职业培训 20 万人次。三是着力实施乡村振兴战略。持续深化以“三个重心下移”“三个整合”为主要内容的农村综合改革,强化自治、法治、德治“三治结合”,健全乡村治理体系,选优配强带头人队伍。注重城乡融合发展,走“中心城市+特色小镇+美丽乡村+生态特别保护区”之路,推动城市好经验下乡、农村好经验进城,实现全域规划“一张图”。把脱贫攻坚与实施乡村振兴战略有机结合起来,全面打赢打好脱贫攻坚战,到 2020 年如期完成全面脱贫攻坚任务。

(三)坚持依法行政,建设法治政府

习近平总书记指出,要以建设法治政府为目标,推进机构、职能、权限、程序、责任法定化,推进各级政府事权规范化、法律化。一是提高行政效能和服务水平。依法全面履行政府职能,继续健全“放管服”制度,继续深入开展行政审批制度改革和推进行政体制改革,明确政府职能定位,全面梳理部门职责,从职能设置和体制源头上发挥市场在资源配置中的决定性作用。大力推进强市放权、强县放权,进一步将量大面广、风险可控、下级管理更加方便有效的事权下放实施,赋予县级政府更多自主权。加强已取消、转移和下放行政审批事项的落实和衔接,强化对承接职能部门的监督指导。二是继续开展“两建”工作。主动对接“一带一路”建设,继续完善市场监管体系和社会信用体系建设体制机制,突出信用服务市场培育、食品案例监管、质量强市建设三个重点,进一步完善农村金融改革创新、社会信用奖惩、“两法衔接”三项机制,建设好“信用清远”网、市场监管信息平台、12345 政府服务热线品牌三个平台,努力构建与国际接轨的法治化、国际化、便利化的一流营商环境。三是不断深化行政执法体制改革。根据中央和省的部署,有序推进党和国家机构改革。按照“权责一致、事权统一、提高效率”的原则,大幅减少执法队伍种类,合理配置执法力量。继续探索实行跨领域跨部门综合执法,建立健全综合执法主管部门、相关行业管理部门、综合执法队伍间协调配合、信息共享机制和跨部门、跨区域执法协作联动机制。完善执法程序,严格执法责任,强化行政执法监督,加大政务公开工作力度。

（四）全面深化改革，坚持法治先行

习近平总书记指出，“改革和法治如鸟之两翼、车之两轮”“在整个改革过程中，都要高度重视运用法治思维和法治方式，发挥法治的引领和推动作用”。一是做好地方立法。习近平总书记指出：“我们要加强重要领域立法，确保国家发展、重大改革于法有据，把发展改革决策同立法决策更好结合起来。要坚持问题导向，提高立法的针对性、及时性、系统性、可操作性，发挥立法引领和推动作用。”坚持依法、科学、开门立法原则，用好地方立法权，每年就城乡建设与管理、环境保护、历史文化保护等方面的事项制定地方性法规。针对市区市容和环境卫生管理问题和农村村庄无序建设的现状，将《清远市市容与环境卫生管理条例》和《清远市村庄规划建设管理条例》等列入立法计划。二是深化司法体制改革。习近平总书记指出：“司法体制改革在全面深化改革、全面依法治国中居于重要地位，对推进国家治理体系和治理能力现代化意义重大。”要进一步巩固司法体制改革的成果，组建和完善市法官、检察官惩戒委员会，从律师、法学专家中公开选拔立法工作者、法官和检察官工作，确保司法机关依法独立行使审判权和检察权，切实提高司法透明度和公信力。建立审判监督权力清单制度，建立以信息化手段为辅助的常态化监督机制，推进司法工作标准化的建设。完善特定类型个案监督，大力推进案件质量评查，保障案件质量。三是加强立法监督。全面贯彻实施《中华人民共和国各级人民代表大会常务委员会监督法》，积极探索有效的监督方式，把监督寓于支持之中，推动“一府两院”工作。重点要围绕推动振兴发展、保障民生福祉、落实良法善治等开展监督，深化对全口径预算决算的审查和监督，加强对环境状况及环境目标完成情况等工作的监督，加强对司法工作的监督。

（五）加强社会综合治理，打造平安清远

习近平总书记指出，要加快形成社会治理人人参与、人人尽责的良好局面。清远在近年法治建设基础上，按照“一总体、两专项五年规划和一办法”的总体框架，每年突出两至三个重点，以项目化运营方式逐年打造社会治理工作亮点，加快营造共建共治共享社会治理格局步伐。一是完善“一核多元”治

理机制。发挥党建引领作用，以党组织和党的工作全覆盖推进和引领社会领域服务管理全覆盖，不断推动社会治理创新。健全社区党组织、社区居民委员会、业主委员会和物业服务机构及社会组织多方协调机制。强化社区党的治理等职能，指导小区开展居民自治和业主自治，提高居民组织化程度。二是搭建县、镇、村三级法治平台。建立健全面向基层、便利群众的综合性法律服务中心（站、窗口）和全市统一的公共法律服务信息化网络平台。拓展县、镇、村三级综治信访维稳工作平台功能，构建网格化管理服务体系和基层矛盾纠纷排查调处制度机制。三是全面打造法治建设综合示范镇（街）。通过在全市范围内开展打造政法工作、平安建设、法治建设综合示范镇（街）工作，在营造共建共治共享社会治理格局方面走在全省前列，把清远建设成为全省最安全稳定、最公平公正、法治环境最好的地区之一。四是深入开展平安法治社区建设。落实中央、省关于加强和完善城乡社区治理的实施意见，出台城乡社区治理地方性法规和地方政府规章。开展"民主法治社区"创建活动，做好特殊人群关爱救助。深化城乡社区警务战略，全面提高社区治安综合治理水平，防范打击基层黑恶势力。五是深入推进法治建设"五级同创"。在当前开展法治建设"四级同创"的基础上，结合清远实际，推进法治建设"五级同创"，把法治建设延伸到自然村一级。加强村（居）民小组党支部和理事会建设，提升基层依法自我管理、自我规范、自我建设能力水平。

改革潮涌　法治立潮

林 壮 森*

在四十年改革开放的历程中，潮州市正确处理好改革和法治的关系，发挥法治引领和规范作用，实现经济发展、政治清明、文化昌盛、社会公正、生态良好的局面，先后被授予"国家历史文化名城""中国优秀旅游城市""国家园林城市"等荣誉称号和"中国人居环境范例奖"。

一、全面深化改革以来潮州取得的巨大进步

（一）经济得到全面发展

改革开放四十年来，潮州市经济社会得到全面发展。地区生产总值由1978年的4.27亿元增加到2017年的1075亿元，增长252倍；地区人均由1978年的239元增加到2017年的40555元，增长170倍；三次产业的比重由1978年的42.4∶35.1∶22.5调整为2007年的7.5∶57.4∶35.1，再到2017年的0.5∶47.6∶51.9；全社会固定资产投资由1978年的0.21亿元上升到2007年的121亿元，再到2017年的501.05亿元，增长2386倍；2007年全市海关出口总额31.11亿美元，比1978年的外贸出口总额1.05亿美元增长30倍。2017年城镇化率64.5%，城市功能不断完善，城市品位得到提升。潮州形成了基础厚实，产业聚集明显，以轻工制造业为主导，以陶瓷、服装、食品、电

* 广东省潮州市委副书记、市委政法委书记，市法学会会长。

子、不锈钢、塑料制品、印刷包装和水族器材为支柱产业的民营经济。全市拥有国家级区域品牌和特色产业基地35个，拥有省级以上名牌名标360项。2017年全市民营单位10.16万家，规模以上企业890家，产值亿元以上工业企业增加116家，增长34%；高新技术企业达78家，增长47%，增幅为历年最高。全市共有市级专业镇29个，其中省级专业镇20个，高新技术企业53家。

潮州陶瓷产业和陶瓷传统工艺源远流长，文化底蕴深厚，技艺精湛，风格独特，体系完整，是我国的古瓷都和陶瓷文化的发祥地之一；通过历史的积淀和发展，潮州已成为全国最具活力和发展最快的陶瓷产区之一，是目前国内外工艺瓷、卫生洁具重要生产基地，更是世界上最大的日用瓷的生产和出口基地。潮州陶瓷工业总产值从1980年的0.35亿元上升到2007年的217亿元，增长了619倍，占全市工业总产值的28%。至2017年，全市陶瓷工业总产值达400多亿元，较1980年产值，增长超过1000倍。潮州是全国陶瓷出口量最大的地区。陶瓷出口额占广东省陶瓷出口的半壁江山，产品畅销世界五大洲160多个国家和地区。其中，日用陶瓷、艺术陶瓷、卫生洁具年产销量分别占全国的25%、25%和40%，出口量分别占全国的30%、40%和55%，均居全国首位。潮州同时也是全国最大的日用瓷和卫生洁具出口基地。2004年4月，中国轻工联合会和陶瓷工业协会授予潮州“中国瓷都”称号；国家科技部批准潮州为“国家日用陶瓷特色产业基地”。日前，潮州顺利通过中国五矿化工进出口商会专家复核，继2013年之后再获“中国建筑卫生陶瓷出口基地”荣誉称号。潮州的高技术陶瓷紧跟现代电子信息产业，发展陶瓷电子元器件，电子瓷基体年产量达1200多亿只，占世界的60%，氧化铝陶瓷基片和光纤连接器陶瓷插芯也进入全球行业前三名。

在发展经济的同时，潮州市以提升科技创新能力为目标，深入实施创新驱动发展战略，持续优化科技成果转移转化环境，创新驱动发展取得明显成效，2015年至2017年，共有“凤凰单丛乌龙茶资源利用和品质提升关键技术及产业化”“高白度日用玻璃陶瓷制品的关键技术及产业化”“高品质电子陶瓷元件关键技术及大规模产业化”“阳极支撑型SOFC单电池”“节能降耗的多制式多功能智能双列制袋装备的研究及应用”五个项目获广东省科学技术奖，并取得了广东省科学技术奖一等奖“三连冠”的佳绩。其中，潮州三环（集团）

海滨邹鲁，大美潮州

股份有限公司“高品质电子陶瓷元件关键技术及大规模产业化”技术，填补了国内电子陶瓷领域专用设备的技术空白，为我国电子陶瓷材料、元器件及下游产业的技术进步和品质提升提供了有力的支撑和示范。广东健诚高科玻璃制品股份有限公司“高白度日用玻璃陶瓷制品的关键技术及产业化”技术开发产品获中国绿色环保产品、广东省名牌产品的认定；企业获得国家高新技术企业、省级清洁生产企业认定；第三方评价表明，项目总体技术达到国际先进水平。在国内最大日用陶瓷产区潮州市树立了传统日用陶瓷产品的升级换代和安全、环保、资源有序开发的产业示范，项目经济和社会效益显著。

（二）法治建设全面加强

1. 全面加强党的建设

潮州市突出政治引领，把坚持和加强党的全面领导贯穿改革开放的全过程。从巩固党的执政基础入手，切实解决实际问题，维护好群众的合法权益。扎实推进村（社区）公共服务中心（站）建设，加强基层组织建设，充分发挥基层党组织领导核心和战斗堡垒作用,确保基层安定有序和社会和谐稳定。建成并开通运行潮州村级基层组织管理平台和潮州农村信息服务平台,以信息化手段加强对基层组织的实时管理和监督。以整顿软弱涣散村(社区)党组织为抓手,出台《潮州市市直基层党组织量化考核制度(试行)》,确定整顿对象,选派优秀干部担任第一书记,驻村(社区)进行整顿。全市有3000多家"两新"组织建立了党组织,占"两新"组织总数的60%,党的工作覆盖率达到100%,超额完成目标任务。全市私营企业中,已建立党支部121个,党员852名。潮州市个体协会推进非公企业党建工作的做法,被中共广东省私营企业党委《党建通讯》多次予以刊发,并受到地方党委及组织部门的充分肯定。党的十八大以来,潮州出台了《中共潮州市委关于进一步加强农村基层党建的若干意见》《中共潮州市委关于进一步加强机关党建工作的意见》和《潮州市基层党建工作问责办法》,并提出建立"1+N"基层党建体系以推动党建工作有标准、有要求的落实。队伍建设方面,规范基层党组织的党内政治生活,充分发挥基层党组织对广大群众的政治引领作用,使基层党组织更具社会号召力,确保党中央的路线方针政策在基层得到不折不扣贯彻执行。

2. 坚持和发展好人民代表大会制度

市人大及其常委会坚决贯彻党的路线方针政策,在推进经济建设全面发展的同时,民主法治进程大步迈进。尤其是党的十五大把"依法治国,建设社会主义法治国家"正式确立为党领导人民治理国家的基本方略后,全面推进依法治市,加快法治潮州建设,连续制定并实施了五个依法治市五年规划,在依法执政、依法行政、公正司法、基层民主、普法教育、社会治安综合治理等各个方面都取得明显成效。2012年以来,市人大及其常委会以党的十八大和习近平总书记系列重要讲话精神为指导,坚持和发展人民代表大会制度。一是围绕发展大局依法监督成效显著。通过听取和审议市政府有关国民经济和社会发展、重点项目建设、预算执行等情况的报告共155项,提出审议意见或作出决议。二是维护最广大人民群众根本利益成效显著。推动人民群众切身利益问题的解决,对包括村村通公路、乡镇卫生院建设、就业再就业、解决农村饮水难、韩江水源水质保护、菜篮子工程、农村税费改革、社会治安综合治理等涉及民生的问题,开展视察、调研、工作评议或听取专项工作报告达249次

(项)。三是促进社会公平正义成效显著,组织开展执法检查61次,配合上级人大开展执法检查45次。对市中级人民法院关于民事审判、立案信访工作和市人民检察院关于预防职务犯罪、民事诉讼监督等工作进行监督,促进司法公正。四是充分发挥人大代表作用成效显著,向"一府两院"交办的代表议案、意见和建议达到1405件,推动民生工程事项得到有效解决。五是推进地方立法工作成效显著,目前已经有《潮州市韩江流域水环境保护条例》等四部地方性法规通过省人大常委会批准正式实施。在2017年全省科学立法考核中,潮州市人大常委会立法工作质量在全省21个设区市中,排名第六位。

3. 深入推进法治政府建设

加强政府法治建设,通过制定规范性文件,加强社会管理工作。市人民政府坚持依法行政,依法制定规范性文件300多件,并严格依照法律法规,及时修订、废止,目前生效的规范性文件共188件,主要涉及经济管理、国土资源、环境保护、城市建设、城市管理等内容,为全面依法行政提供政策依据;推进行政审批制度改革,制定《潮州市行政许可事项标准应用实施工作方案》《潮州市市级行政许可事项目录(2017年)》,完成市级行政许可标准化录入及合规性、合法性审查工作,最大限度清理取消行政许可;严格规范行政执法行为,建立健全行政裁量权基准制度。出台《潮州市规范行政执法自由裁量权规定》,完成行政处罚自由裁量权适用规则和细化标准并上网公布,规范"两法衔接"平台建设;全面推进政务公开,全市对社会公众申请公开政府信息的答复率、答复及时率和录入公开系统及时率均达到100%。在全省率先推出"一门式一网式"政务服务模式,推进审批权和监督权分开的"三集中一分开"行政审批服务模式,各县、区和镇级政务服务机构全面建成投入运行。

(三)文化建设繁荣兴盛

立足中华优秀传统文化,从中汲取丰富营养,使其成为涵养社会主义核心价值观的重要源泉。潮州文化是潮州人民在长期历史发展过程中积淀的独特文化传统和人文精神,潮州文化倡导"开放、务实、创新、奉献",与社会主义核心价值观一致。改革开放四十年来,潮州市坚持文化自信,注重精神文化引领,着力打造潮文化精品城市和世界潮人精神家园。在传承和发展潮州文化上不断提出新思路，推出新举措，促进了文化与经济融合。1978年，枫溪研制的1.2米三层“友谊通花瓶”作为国礼由邓小平同志赠送给朝鲜金日成主席。近年来，潮州企业305件陶瓷精品先后在国家级比赛中获金奖，成为中国现代陶瓷产业的窗口。改革开放四十年来，潮州市通过一系列政策措施加以扶持引导，工艺美术产业获得飞跃式发展，门类品种、人才队伍、创新能力、精品力作和产业规模等方面在国内均处于优势地位和领先水平。至2017年底，市级非遗代表性项目51项，其中省级非遗代表性项目34项，省级非遗代表性项目被确定为国家级非遗代表性项目15项，数量上居全省第二位；市级代表性传承人149人，其中，被命名为省级代表性传承人70人，省级代表性传承人被命名为国家级代表性传承人16人；市级传承基地45个，省级传承基地26个，国家级传承基地2个，数量上居全省第一位，而且占全省总数的一半，省级文化生态保护实验区1个。全市现有工艺陶瓷、木雕、潮绣等门类品种40多个，工艺美术企业1815家，2015年总产值320亿元，占全市工业总产值的24.25%；全市工艺美术业从业人员6万多人，享受国务院特殊津贴6人；全市共有国家级大师18名、省级大师103名、市级大师144名。先后被国家授予“国家重点工艺美术城市”“中国工艺美术之都”称号。潮州市也是中国著名侨乡，目前海外潮籍（祖籍地在潮州市行政区域）的海外同胞约有250万人。华侨华人是扩大对外开放，开展对外交流与合作的重要桥梁与纽带，也是潮州市经济建设的重要力量。改革开放初期，潮籍港澳同胞、海外侨胞支持改革开放回乡创业，积极捐赠善款造福桑梓，涌现了庄静庵、李嘉诚、陈伟南、谢慧如等一大批著名爱国潮商。潮州市大力弘扬潮籍海外同胞吃苦耐劳、笃行坚定、开拓进取、顽强拼搏的“红头船精神”，把弘扬“红头船精神”与践行社会主义核心价值观结合起来，大力宣传港澳同胞、海外侨胞爱国爱家乡的事迹，激励广大人民群众投身经济社会发展事业。潮州也是历史文化名城，唐代韩愈曾在潮州任刺史，为潮州发展作出了积极的贡献。近年来，潮州市全力打造以韩文公祠为主要载体的廉政教育示范基地，推出了以韩愈精神为廉政题材的一系列专题教育活动，大力宣扬韩愈以民为本的从政之德、高效勤勉的务实之举、克己奉公的清廉之风，得到了省纪委的高度重视和大力支持。2010年，经省纪委推荐，中纪委正式批准潮州韩文公祠为全国第一批廉政教育基地，韩文公祠成为广东省仅有的两个全国廉政教育基地之一,成为广东省廉政文化宣教的一大重要阵地。以韩愈精神为廉政题材的古装潮剧《韩愈治潮》在第十二届广东省艺术节中一举获得优秀剧目二等奖等六大奖项,是广东省第九届精神文明建设“五个一工程”优秀作品奖。

(四)社会环境风清气正

习近平总书记强调,公平正义是我们党追求的一个非常崇高的价值,全心全意为人民服务的宗旨决定了我们必须追求公平正义,保护人民权益、伸张正义。潮州市着力为经济社会全面发展营造风清气正的社会环境。一是全面深化司法体制改革。细化司法责任制改革,落实配套机制,深化重大敏感案件风险防控机制,健全质量评估、统一裁判标准机制。以法官、检察官为中心,优化设置团队组建原则、运行规则、基本架构和人员分类。建立考核结果与奖金分配挂钩的激励机制,发挥绩效考核指挥棒作用。建立人民监督员联席会议制度,为人民监督员依法履职提供制度保障。建立健全符合司法规律的案件管理和质量评估机制,落实违法办案责任认定和追究机制。建立案件复查制度,对上级转来判后答疑申诉、申请再审案件以及当事人反映强烈的信访案件,专门成立复查组进行复查,提升司法公信力。强化对失信被执行人跨部门协同监管和联合惩戒,完善执行联动机制。二是全面提升防范化解管控风险能力。抓好重点领域和重点群体的矛盾排查化解工作,深入开展基层治理,以打造共建共治共享的社会治理格局为目标,以“六城同创”“治六乱”为抓手,加强和创新社会治理,推动社会治理中心向基层下移。以社会治理的精细化为目标,全面推进“中心+网格化+信息化”建设工作,把社会治理与精准扶贫、扫黑除恶工作结合起来,切实推进各项工作深入开展。推进镇级综治中心规范化建设,健全落实相关制度,形成强大的工作合力,提升基层平安建设水平。三是深入开展法治宣传教育。从 1985 年下半年起到 2015 年,组织实施“一五”到“七五”七个五年普法规划,法治宣传工作扎实推进,形成了坚持运用法治思维和法治方式开展工作、自觉守法、解决问题、推动发展的良好局面。加快覆盖城乡居民的公共法律服务体系建设。全面完成县、镇、村三级公共法律服务实体平台建设,健全完善“一村(社区)一法律顾问”制度。在全省率先实现律师担任村(社区)法律顾问工作全覆盖。形成了市、县(区)法律援助处、乡镇(街道)法律援助工作站、村(居)法律援助联络点的四级法律援助网络体系。2011年,潮州市律师协会党总支部委员会被广东省社会组织党工委评为“广东省社会组织先进党组织”,饶平县法律援助处分别于2007年、2013年被省司法厅授予第二届全省法律援助先进集体称号和全省“便民服务示范窗口”称号。

科学立法、民主立法、地方立法推动生态保护

(五)生态环境明显改观

习近平总书记指出,要科学布局生产空间、生活空间、生态空间,扎实推进生态环境保护,让良好生态环境成为人民生活质量的增长点,成为展现我国良好形象的发力。潮州市着力打造舒适宜居的生活环境、凝心聚气的人文环境、山青水绿的生态环境、规范高效的营商环境,坚持绿色发展、循环发展、低碳发展,大力推进节能降耗工作,努力创建全国文明城市。2016年全市单位GDP能耗比上年下降4.07%,2013—2016年,全市单位GDP能耗累计下降17.81%,年均下降4.78%;单位工业增加值能耗年均下降15.53%。全力推进

大气污染整治工作，进一步建立长效机制，巩固整治成果，空气质量改善幅度列全省前茅。积极启动“国家环境保护模范城市”创建活动，集中力量强化控尘、控烧、控车、控煤、控企和预报预警的“五控一预”措施，扎实开展企业废气排放污染和企业废料乱堆乱放违法行为等多项整治行动。针对陶瓷企业烧制陶瓷所用的燃煤锅炉易产生烟尘以及二氧化硫等有害气体，是大气污染防治的情况。对全市工业锅炉污染整治任务进行分解，淘汰禁燃区内燃煤锅炉。潮安区大力清查违规不锈钢抛光场，集中开展环境保护违法违规建设项目清理整改、完善建设项目环保手续等工作，实现全镇抛光无直排；有 385 家不锈钢生产企业已完善环保手续。2017 年以来，潮州实施“治六乱”大行动，对市区肉菜市场、西湖公园、中山路、一江两岸实施改造，受到群众好评。2017 年，潮州获评“全国厕所革命优秀城市”。在整治城乡“脏乱差”的过程中，积极破解水系和水环境受到不同程度破坏的问题，先后开展了“治水”“水岸同治”“生态水乡建设”等行动，实施了控污截流、河塘清淤、岸坡整治、生态修复等民生水利工程，全市水利基础设施得到明显改善，水质恢复初见成效。推行“河长制”，明确河（渠）段责任，强化畜禽养殖污染整治和清理工作，重拳打击违法排污企业，围绕推进生态文明建设，强化潮州韩江流域水环境保护和水资源管理，多措并举，有效确保了韩江干流潮州市境内各断面常年达到或优于国家地表水Ⅱ类标准。2017 年，韩江获评“全国十大最美家乡河”。

二、全面深化改革与法治建设相得益彰

“在法治下推进改革，在改革中完善法治”，这是习近平总书记对如何辩证认识和处理当前我国改革与法治的关系作出的深刻论断，也是新形势下互动推进改革和法治的正确指引和路径。四十年改革开放的历程告诉我们，只有处理好两者的关系，才能推动社会健康发展。全面深化改革应当在法治之下有序、渐进、稳步推进，以最大限度用法治凝聚改革共识、完善改革决策、规范改革行为、推动改革进程、固定改革成果，保证改革始终在法治的轨道上全面推进和不断深化。

（一）法治建设为全面深化改革提供有力保障

1. 以法治凝聚改革发展共识

邓小平同志指出："为了保障人民民主，必须加强法制，必须使民主制度化、法律化，使这种制度和法律不因领导人的改变而改变，不因领导人的看法和注意力的改变而改变。"①推动改革进程，并非没有秩序、随意率性所为，而应当在法治的轨道上健康发展。潮州地处粤东，素有"省尾国角"之称，在计划经济年代，国家投资少，大型国有企业少，集体企业规模也不大，在商品经济的市场竞争中，国有、集体企业因经营不善逐渐陷入经营困境。同期，省内沿海一带城市的经济快速发展，相比之下，潮州面临严峻的考验。破除体制的束缚，利用传统产业基础的优势，大力发展民营经济成为改革的共识。从 1992 年起，潮州市委、市政府立足市情，确立了调整所有制结构，发展各种所有制企业，实现国有、集体、个体、私营、三资"几个轮子一齐转"的发展思路，逐步打破对发展民营经济的思想禁锢，民营企业正式登上潮州经济的舞台。在这一过程中，改革发展的共识就是在依照国家和省的政策，在符合法律规定的前提下，采取鼓励国有、集体企业通过承包、转让的形式，盘活资产，激发活力；鼓励下岗职工自主创业，发展民营经济。事实证明，这些措施行之有效，在潮州的民营企业中，30%以上的龙头企业、纳税大户都是通过对国有、集体企业改制转化的。

2. 以法治建设推进全面深化改革

习近平总书记强调，凡属重大改革都要于法有据。在整个改革的过程中，都要高度重视运用法治思维和法治方式，发挥法治的引领和推动作用。随着民营经济的发展壮大，民营企业自身表现出来的管理不规范、体制不健全、产权不明晰的问题逐渐显现，为进一步提高民营企业的现代化管理水平，促进民营企业做强做大。1998 年，潮州市委、市政府确立"鼓励发展民营经济，加快实施工业立市发展战略"，相继出台《关于进一步鼓励扶持民营经济发展的规定》等政策文件，通过政策引导企业科技创新、实施名牌战略、加强招商引资、实现工业结构调整等，把民营企业的发展引到法治轨道上来。接着，又在 2001 年出台了《关于大力推行股份制和股份合作制》等政策措施，指导企业实现资产、股权、结构重组和公司登记,全面支持股份有限公司加快发展,催生实施上市战略的优质主体。至 2018 年初,全市共有在上海、深圳、香港、新加坡上市的股份制公司 9 家,在新三板挂牌的企业 47 家。

3. 以法治规范全面深化改革

在经济社会发展处于深刻转型期,体制机制的转换转轨、经济社会结构的深度调整,给社会价值观念的转变产生了深刻影响。个体的道德观念遭遇利益关系调整和多元文化交融的双重冲击,诚信等传统价值观念出现缺失和缺位等现象。民营企业也不例外。潮州市委注意到外地一部分个体在市场经济的诱惑面前,过度追逐个人经济利益,钻制度和规则的空子,唯利是图甚至铤而走险,通过违法犯罪的手段谋取不正当利益,假冒伪劣、坑蒙拐骗,道德规范弱化和价值理念错位等一系列严重社会问题时有出现,使当地社会诚信遭到极大破坏。潮州作为传统工业发达的地区,一旦诚信经营上出现问题,将对经济产生极大影响。为引导民营企业诚信守法经营,潮州大力加强对传统食品专业镇、食品行业的管理,及时查处食品质量违法案件,确保质量诚信,至 2017 年全市没有发生重特大食品质量安全事故。同时,积极建立企业诚信体系,先后出台《企业信用分类制度》《企业信用公示制度》《企业信用警示制度》等规范性文件,建立市场主体的信用信息征集管理及信用定级评价制度,建设信用信息平台和信用档案。建立守信激励和失信惩戒机制,促进和带动更多的企业恪守诚信、依法经营。广泛开展“质量提升进企业”诚信创建活动,强化企业质量诚信主体意识。加强司法领域和金融、知识产权领域的诚信体系建设,推动诚信体系建设在司法领域延伸。

4. 以法治保障全面深化改革

习近平总书记曾经强调:“依法治国是坚持和发展中国特色社会主义的本质要求和重要保障,是实现国家治理体系和治理能力现代化的必然要求。我们要实现经济发展、政治清明、文化昌盛、社会公正、生态良好,必须更好发挥法治引领和规范作用。”经济的发展,离不开良好的社会环境。只有社会安定,市场经济秩序井然,才能为广大民营企业经营者营造一个放心、放胆干事创业的环境。改革开放以来,潮州市大力整顿社会治安和社会秩序,持续开展“打黑除恶”专项行动,重点严惩了带黑社会性质犯罪和欺行霸市黑恶势力团伙犯罪案件。比如,最高人民法院、公安部、广东省公安厅督办的以黄某、陈某为首的黑社会性质组织,自二十世纪九十年代初,在潮州、佛山、揭阳等地,以民营企业主为作案对象,实施绑架勒索、滥杀无辜,称霸一方,人民群众对此怨声载道。其中黄某犯罪团伙敲诈勒索作案29次,索得人民币近500万元。这两个黑社会性质组织犯罪团伙于2002年被彻底铲除,为潮州民营经济发展营造了良好的社会治安环境。在整顿和规范市场经济秩序方面,集中力量开展以严厉打击制假售假、假冒专利商标、骗税逃税、骗汇套汇、走私贩私、逃废债务等犯罪活动为主要内容的专项斗争和以"重点地区、重点企业、重点商品、重点市场"为主要对象的专项整治工作。全市两级法院通过依法打击不法商家"傍名牌""搭便车"等侵权行为,能够有效引导商品生产者、销售者依法经营。深入打击非法印刷卷烟商标标识违法犯罪活动,加强对非法印刷假烟等商标标识进行排查和清理整顿,遏制非法印刷卷烟等商标标识行为的转移扩散。2012年7月,经省政府同意,饶平县黄岗镇从省"打假警示区域"撤销。

(二)全面深化改革推动法治建设的发展

1. 全面深化改革对法治建设提出了更先进的理论课题

潮州民营经济从无到有,民营企业从弱到强,这一发展的历程,本身就为法治建设提出一系列的研究课题。比如针对企业发展过程中的改制问题,开展民营企业体制创新和管理创新工作,引导一批较有基础的民营企业实施股份制和股份合作制改造,引导家族管理的民营企业引入现代企业管理制度,突破单一的产权结构,建立规范的公司制,健全内部治理结构,按现代企业制度要求提高管理水平。再如,企业发展到一定实力之后,如何鼓励企业实现转型升级,如何确定产业政策、区域发展政策和制定经济发展总体规划,如何通过政策引导加快专业镇建设,推动传统产业转型升级都为经济领域方面的法治建设提出了新的研究方向。

2. 全面深化改革对法治建设提供了更丰富的实践资源

实现物质文明和精神文明同步发展,是全面深化改革应有之义。这就要求我们在改革开放发展经济的过程中,要注重法治文化的建设。比如,针对经济发展中出现的矛盾纠纷,对征地拆迁、土地纠纷等领域存在的不稳定因素,建立覆盖到村(居)矛盾排查化解机制、公共法律服务站、法律服务进学校、进企业等就是深化改革开放新生的法治实践内容。在此基础上,结合全面深化改革的需要,潮州市潮安区推出了“为民服务全程代理制”和“廉政预警机制”,把防控关口前移,积极探索从源头上预防和化解社会矛盾。前者将政务服务下沉,全程为民服务;后者形成廉政防控网,对基层干部督廉防腐,事前预警。既确立了依法办事的工作规范,又加强对有关人员的监督。再如,潮安区古巷镇的陶瓷协会,自发成立纠纷调解委员会,专门调解发生在陶瓷行业中的经济、知识产权纠纷,最大限度减少行业内的矛盾。潮州市法学会在全省市级率先举办“以法兴企”文化沙龙,定期邀请企业界和法律界人士围绕常见的法律问题,展开研究讨论,被省法学会会长梁伟发誉为“以实际行动践行了党的十九大报告精神”。这些措施,是伴随改革开放的不断深入产生的法治实践课题。

3. 改革开放对法治建设提出了更广阔的发展空间

习近平总书记强调,凡属重大改革都要于法有据。在整个改革过程中,都要高度重视运用法治思维和法治方式,发挥法治的引领和推动作用,加强对相关立法工作的协调,确保在法治轨道上推进改革。潮州民营企业众多,在改革开放早期,对知识产权保护的意识一直处于认识不足的状况。随着对外贸易的日益发展,民营企业开始被动接触到知识产权的案件,才意识到知识产权也是一种生产力,保护的意识才逐步增强。因此,知识产权保护也成为潮州民营经济发展中一个重要的新的课题,充分说明了改革开放对法治建设提出了更广阔的发展空间。比如,建立知识产权办公会议制度、成立潮州市知识产权保护协会、建立专利纠纷多元化解决机制、促进知识产权与金融资源融合等,为民营企业知识产权保护拓展了空间。未来,潮州市民营企业知识产权保护、交易、转化,知识产权与金融资源融合,还有广阔的研究空间。

4. 改革开放对法治建设提出了更高的质量要求

在全面深化改革中,就地方法治建设而言,重点是要解决有法不依、执法不严、司法不公、监督不力等问题。但随着社会的发展和人民群众法治意识的增强,地方法治建设远远不止需要有法必依、执法必严、司法公正。比如,2011年潮州潮安“古巷群体事件”,对潮州提出了一个破解社会管理困局的难题。

潮安是广东县域经济强县之一,民营经济发达,地少人多,相应地,征地拆迁、劳资纠纷、信访维稳等问题成为长期考验当地镇、村基层组织建设和社会管理的难题。“古巷群体事件”平息后,潮安区探索建立“编外村干部”措施,在优秀外来民工中挑选政治素质好、文化层次高的人员,担任村的治安干部,协调当地政府参与社会管理工作、调解民事纠纷。在城市管理方面,湘桥区太平街道创新社区治理,在全省率先推行民选巷长,实行巷道居民自治制度,由巷长带领居民实行“自我管理、自我教育、自我服务”,共同协调监督巷道卫生保洁,化解邻里纠纷等,通过观念的转变,实现了居民自治、互助,邻里关系和谐。另外,潮州还在全省首先探索建立“乡贤咨询委员会”,凝聚社会各界力量,为地方经济社会发展建言献策。这些都是潮州市构建“共建、共治、共享”的社会治理格局创新的经验。

三、全面深化改革与法治建设共同推进的启示

党的十八大以来,党中央根据全面建成小康社会决胜阶段面临的新形势新任务,着眼于破解发展难题、增强发展动力、厚植发展优势,提出必须牢固树立创新、协调、绿色、开放、共享的发展理念,指出坚持创新发展、协调发展、绿色发展、开放发展、共享发展是关系我国发展全局的一场深刻变革。改革开放四十年,也是法治建设的四十年,回顾潮州市四十年的全面深化改革和法治建设的历程,归根到底就是对新发展理念在实践上的认识。

(一)以法治方式激活发展活力,营造创新发展的法治环境

习近平总书记在参加十三届全国人大一次会议广东代表团的审议时希望广东“在构建推动经济高质量发展体制机制、建设现代化经济体系、形成全面开放新格局、营造共建共治共享社会治理格局上走在全国前列”。他强调:“发展是第一要务,人才是第一资源,创新是第一动力。”潮州的经济总量不大,但“麻雀虽小,五脏俱全”。改革开放四十年来,潮州民营经济得以健康发展,与市委、市政府以法治方式保障发展、人才、创新的相互促进,激发全社会的发展活力、创新活力、人才活力有着必然的关系。潮州先后出台了《潮州市

民营企业优才专家园住宅管理办法(试行)》等文件,加大引进“高精尖”人才,继续完善人才服务、干事创业平台。切实帮助优秀人才解决后顾之忧,使人才引得来、留得住、能发展。为激发民营企业的创新潜能,市委、市政府还出台了《潮州市促进民营经济大发展若干措施》《潮州市产业提升三年行动计划(2016—2018年)》《潮州市陶瓷产业转型升级技术路线和行动计划》等规范性文件,以切切实实的措施,鼓励企业自主创新。

(二)坚定不移发展实体经济,提高全面协调发展能力

习近平总书记指出,工业化很重要,我们这么一个大国要强大,要靠实体经济,不能泡沫化。自力更生任何时候都不能少,我们自己的饭碗主要装自己生产的粮食。潮州市被誉为“中国工艺美术之都”,传统民间工艺美术手工业十分发达,品种多样,门类齐全,艺术价值高。改革开放初期,沿海有的地方大力发展贸易产业,虽然能快速发展,但泡沫化十分严重。潮州市委、市政府审时度势,立足本地实际,鼓励民营企业因地制宜,把政策基点放在实体经济企业上。经过四十年的发展,形成了以传统产业为基础的民营经济,陶瓷、服装等特色产业的规模和发展水平均处在国内领先地位,是全国规模最大、最具活力的陶瓷产区和全国最大的婚纱晚礼服生产出口基地。而且实现区域全面协调发展,潮州市八大支柱产业在潮安区、饶平县、湘桥区、枫溪区分布较为均衡,其中枫溪区、饶平县日用陶瓷产业发达,潮安区除日用陶瓷外还有卫生洁具,湘桥区的服务产业、饶平县的海洋水产品、观赏水族制品、电子设备在国内享有盛名。协调发展的另一个表现,就是社会保障体系建设取得巨大进步,城乡一体化建设、市容市貌、交通环境得到明显改善。

(三)坚决保护青山绿水,努力实现绿色发展

习近平总书记指出,绿色生态是最大财富、最大优势、最大品牌,一定要保护好,做好治山理水、显山露水的文章,走出一条经济发展和生态文明水平提高相辅相成、相得益彰的路子。在发展的过程中,有的民营企业妄图通过投机取巧的形式实现资金积累,极个别地方出现了违法开采稀土、燃烧电路板、制假售假、滥伐林木、违规排放等,这些情况都引起党委和政府的高度重视,一旦

发现坚决查处,一方面是规范市场经营秩序,另一方面就是把企业规范在绿色发展的轨道上,决不以牺牲生态环境为代价换取 GDP 发展,更不支持发展高污染、高耗能的经济实体。潮州市委、市政府充分认识到潮州地区人多地少,山多地少,可供利用的土地资源十分有限的情况,在坚持绿色发展的问题上,立场坚定,态度坚决,为潮州经济社会实现可持续发展获得到青山绿水。比如,潮州建立法制化保护机制,以《潮州市韩江流域水环境保护条例》作为第一部地方立法,通过立法的形式,进一步规范韩江水源水质保护和管理。把韩江水资源保护纳入《重点基础设施建设专项行动计划》《潮州市全域规划》和"十三五"规划,为韩江水资源管理和保护工作提供科学的依据。建立《韩江潮州段水质保护暂行规定》,划定韩江饮用水源保护区,实施取水许可制度,保护区内严禁建设畜禽养殖场(点),确保水资源的管理和保护工作落到实处。

(四)坚守市场经济主体平等,创造开放包容的市场环境

党的十八大提出:"保证各种所有制经济依法平等使用生产要素、公平参与市场竞争、同等受到法律保护。"市场经济作为法治经济,就应当保障各类所有制市场主体公平受到法律保护。改革开放初期,民营企业的合法权利的法律保障程度还难以达到最基本的要求,各类交易主体之间难免发生各种纠纷,政府要保证各种所有制经济依法平等使用市场要素、公平参与市场竞争、同等受到法律保护。政府职能转变是关键,政府职能转变的方向,是创造良好的市场环境,提供优质的公共服务,维护社会公平正义。潮州市政府坚持依法行政,大力鼓励国内外企业到潮州落户,更出台优惠政策,在土地使用、资金扶持、审批程序上为各类市场主体提供便利条件,主动承接珠三角地区的产业转移。现有产业转移工业园区总面积 2457.1 公顷,已开发面积 792.3 公顷,是目前全省最大且具发展潜力的产业园之一,大唐国际、中国交通集团等多家世界 500 强企业已相继落户园区。

(五)坚持改革的成果人民共享,以法治建设促进社会和谐

习近平总书记指出:"人民对美好生活的向往,就是我们奋斗的目标。"改

革是促进社会和谐的强大动力，是社会和谐体制机制的构建和完善过程。在推进改革开放过程中，潮州市委、市政府坚持以人为本，民生为重，注重把提高效率同促进社会公平结合起来，通过提高效率来促进发展，同时注重从解决关乎人民群众切身利益的问题入手，努力兼顾好各方面的利益，在经济发展的基础上实现社会公平。通过妥善处理好改革过程中的各种利益关系，使广大人民群众能够共享改革发展的成果，达到以制度建设促进社会和谐、改善人民生活的目标。自 2002 年起，潮州市加大对城市基础设施的投入，大力改善城市环境，一个个惠及群众的项目相继竣工：滨江长廊、古城墙、人民广场水幕电影、音乐喷泉、牌坊街修复工程、历史街巷、市场改造、道路黑底化、潮州一江两岸夜景等，开启潮州城市夜景新时代，深受广大群众好评。改革开放，带动了潮州经济的发展，同时也提升了人民群众的生活质量，促进了城乡融合。新时期，潮州要用三年时间推动乡村振兴取得重要进展，用五年时间实现农村人居环境明显改观，用十年时间改变农村落后面貌。努力实现改革为了群众、改革依靠群众、改革让群众受益的目标。

四、坚持不懈走全面深化改革与法治建设同步发展的道路

潮州市经济总量不大，各方面的建设与发达地区相比还有很大的差距。但潮州市在大力发展以传统轻工业为基础的民营经济，大力推进法治社会建设、推动文化与经济融合、全民共享改革成果等方面，为经济欠发达地区创新发展和全面深化改革提供值得借鉴的经验。新的历史时期，潮州将坚持以法治思维和法治方式推进改革，发挥法治引领和推动作用，加强对相关政策的解读和研究，确保在法治轨道上推进改革，为广东省实现“四个走在全国前列”，建设成为向世界展示践行习近平新时代中国特色社会主义思想的重要“窗口”和“示范区”发挥积极的作用。

（一）坚持以新的发展理念为指导，引领民营企业的发展

理念是行动的先导，一定的发展实践都是由一定的发展理念来引领的。

发展理念是否对头,从根本上决定着发展的成效乃至成败。广东省委也强调,要将广东建设成为向世界展示践行习近平新时代中国特色社会主义思想的重要“窗口”和“示范区”。这是基于广东改革发展基础、把广东工作置于全国发展大局中谋划提出的。潮州市要置于全省的发展大局中来谋划,发挥改革的推动作用、法治的保障作用,贯彻落实新发展理念。按照省委要求做好“三个结合”:一要把贯彻落实习近平新时代中国特色社会主义思想与贯彻落实习近平总书记对广东工作的重要指示批示精神结合起来。二要把学习习近平新时代中国特色社会主义思想与研究解决事关广东发展的全局性、战略性和前瞻性问题结合起来。三要把当前和长远结合起来。要抓住改革开放四十周年这一重要历史契机,系统总结宝贵经验,深刻把握改革开放规律,以更大勇气和智慧、更有力的措施和办法,立足全省发展的大局、时代发展的大势,着力深化改革开放,将党的十九大的改革部署和省委的要求一项一项转化为潮州的具体改革举措;理顺重大发展平台的体制机制,扎实推进机构改革。持之以恒、久久为功,为广东建设成为向世界展示践行习近平新时代中国特色社会主义思想的重要“窗口”和“示范区”作出应有的贡献。

(二)全面加强党的建设,为全面深化改革提供坚强政治保证和组织保证

要坚决落实新时代党的建设总要求,把各级党组织锻造得更加坚强有力,建设担当作为干部队伍,为新时代潮州的改革发展提供坚强政治保证和组织保证。要旗帜鲜明讲政治,牢固树立“四个意识”,坚定“四个自信”,始终把维护习近平总书记党中央的核心、全党的核心地位,维护以习近平同志为核心的党中央权威和集中统一领导作为最高政治原则和根本政治要求,严肃政治生活,严明政治纪律,提高政治觉悟,涵养政治文化,营造良好政治生态。强化基层党组织的政治功能,精准整顿软弱涣散基层党组织,加强带头人队伍建设,加大基层基础保障和投入力度,推动基层党组织建设全面进步、全面过硬。组织开展“大学习、深调研、真落实”工作,努力把习近平总书记重要讲话精神与习近平新时代中国特色社会主义思想的思想体系、思想方法贯通起来。持续抓好深调研,在问题导向上下功夫,立足全局、着眼长远,努力推动潮州经济社

会全面发展、绿色发展、持续发展。

（三）打造高效优质营商环境，全面支持民营企业的发展

要建设法治化的市场营商环境，加强引进外资工作，更好发挥外资企业对促进实体经济发展的重要作用。要更加重视优化产业组织，提高大企业素质，在市场准入、要素配置等方面创造条件，使中小微企业更好参与市场公平竞争。党的十九大报告中指出，“要支持民营企业发展，激发各类市场主体活力，努力实现更高质量、更有效率、更加公平、更可持续的发展”。潮州市开展一系列“暖企行动”，破解企业发展瓶颈，打造高效优质营商环境。领导干部要深入到企业，了解企业生产销售、产品开发、企业经营发展等情况，了解企业发展诉求。全市各级各部门要敢于担当，主动作为，切实帮助企业解决生产经营中遇到的难题。要着力建设实体经济、科技创新、现代金融、人力资源协同发展的产业体系，不断激活各类市场主体活力。

（四）推动实体经济的发展，建设现代化经济体系

建设现代化经济体系，事关我们能否引领世界科技革命和产业变革潮流、赢得国际竞争的主动，事关我们能否顺利实现“两个一百年”奋斗目标。习近平总书记对广东提出了殷切的期望：要更加重视发展实体经济，把新一代信息技术、高端装备制造、绿色低碳、生物医药、数字经济、新材料、海洋经济等战略性新兴产业发展作为重中之重，构筑产业体系新支柱。科技创新是建设现代化产业体系的战略支撑。要大力推动习近平总书记重要讲话精神在潮州落实落地，要以壮士断腕的勇气，果断淘汰那些高污染、高排放的产业和企业，为新兴产业发展腾出空间，加快建设以创新为引领的现代产业体系，以供给侧结构性改革为主线，紧紧依靠现有以制造业为根基的实体经济和民营经济，集中力量发展新一代信息技术、高端装备制造、生物医药健康、数字经济、新材料、海洋经济等战略性新兴产业，力促一批重大产业项目落地投产。

（五）深化商事制度改革，营造优质高效的政务环境

党的十九大强调，要使市场在资源配置中起决定性作用，更好地发挥政府

作用。政府的职能和作用主要是保持宏观经济稳定，加强和优化公共服务，保障公平竞争，弥补市场失灵，加强市场监管，维持市场秩序，推动可持续发展，促进共同富裕。潮州市继续完善法治化的市场营商环境，加强引进外资工作，更好发挥外资企业对促进实体经济发展的重要作用。要更加重视优化产业组织，提高大企业素质，在市场准入、要素配置等方面创造条件，使中小微企业更好参与市场公平竞争。要继续深化商事制度改革，落实各项税费减免政策，清理规范行政审批，积极创新审批方式，完善“电子政务”，加快实施“网上审批”和“并联审批”，加强面向企业的信息服务，为企业提供高效便捷服务。

（六）着力实施创新驱动发展战略，鼓励企业加快转型升级

习近平总书记强调：“我们要大力实施创新驱动发展战略，加快完善创新机制，全方位推进科技创新、企业创新、产品创新、市场创新、品牌创新，加快科技成果向现实生产力转化，推动科技和经济紧密结合。”潮州市将发挥科技创新的引领作用，加大研发投入力度，安排和多渠道筹集专项资金，进一步提高资金使用透明度和效益。进一步突出企业的技术创新主体地位，使企业真正成为技术创新决策、研发投入、科研组织、成果转化的主体，变“要我创新”为“我要创新”。要充分发挥设区市地方立法的引领推动作用，通过制定《广东省传统工艺美术保护条例》，通过地方性法规，把创新驱动发展战略固定下来，把鼓励传统产业自主创新的经验和措施作为长期坚持措施，引导中小企业掌握关键核心技术和自主知识产权，通过技术创新带动产品创新和生产经营模式创新，提升制造品质和企业竞争力，实现转型升级，实现以良法促进和保障善治。要奋力开创新时代潮州振兴发展新局，全面落实“人才新政23条”“科技创新18条”“优化营商环境32条”②等政策；切实解决困扰企业发展的土地权属、资金不足等难题。激发企业家精神，发挥企业家才能，增强企业内在活力和创造力。

（七）加强和创新社会治理，打造共建共治共享社会治理新格局

2017年9月19日，习近平总书记会见全国社会治安综合治理表彰大会

与会代表并发表重要讲话，强调坚持走中国特色社会主义社会治理之路，确保人民安居乐业社会安定有序。社会治安的好坏，不但同每个人安全感、幸福感息息相关，而且直接关系着国家的稳定和整个社会的发展进步。人民群众什么方面感觉不幸福、不快乐、不满意，我们就在哪方面下功夫，千方百计为群众排忧解难。要完善党委领导、政府负责、社会协同、公众参与、法治保障的社会治理体制，提高社会治理社会化、法治化、智能化、专业化水平。严肃落实中央环保督导提出的整改意见，坚决查处环保违法犯罪案件，实现绿色发展。要加强预防和化解社会矛盾机制建设，正确处理人民内部矛盾。健全公共安全体系，完善安全生产责任制，坚决遏制重特大安全事故，提升防灾减灾救灾能力。加快社会治安防控体系建设，依法打击和惩治黄赌毒黑拐骗等违法犯罪活动，打好扫黑除恶专项斗争，维护和谐稳定的社会局面。

（八）加大力度从严治党，构建“亲”“清”政商关系

“亲”“清”两个字是习近平总书记对新时代政商关系的精准提炼概括。习近平总书记指出，新型政商关系概括起来，就是“亲”“清”两个字。为了推动经济社会发展，领导干部同非公有制经济人士的交往是经常的、必然的，也是必须的。这种交往应该为君子之交，要亲商、安商、富商，但不能搞成封建官僚和“红顶商人”之间的那种关系，也不能搞成西方国家大财团和政界之间的那种关系，更不能搞成吃吃喝喝、酒肉朋友的那种关系。要认真落实新时代党的建设总要求，努力把各级党组织锻造得更加坚强有力，从各级领导干部做起，从一件件小事抓起，坚决防止不良风气反弹回潮，不断巩固和拓展落实中央八项规定精神成果。贯彻执行党中央提出的新发展理念可以助推企业发展，守住“社会稳定、安全生产、廉洁从政”三条底线，积极作为、靠前服务，切实帮助民营企业解决实际困难，支持民营经济发展。

新的历史时期，新的起点，新的征途。潮州市坚决按照《中共广东省第十二届委员会第四次全体会议决议》《中共广东省委关于深入学习贯彻落实习近平总书记重要讲话精神奋力实现“四个走在全国前列”的决定》和《中共广东省委关于深入学习贯彻落实新时代党的建设总要求努力把各级党组织锻造得更加坚强有力的意见》，围绕全面加强党的建设、推进全面深化改革、建

设平安广东法治广东、推进生态文明建设、推进文化强省建设等课题，以新的更大作为奋力开创潮州工作新局面！

【注释】

①乔石：《乔石谈民主与法制》，人民出版社、中国长安出版社2013年版。

②《潮州市深化人才发展体制机制改革的若干意见》《潮州市促进科技创新发展若干措施》《关于优化营商环境扶持企业发展若干措施》。

经济起航　法治护航

周 新 全*

揭阳市位于广东省东部沿海，全市陆地面积5240平方公里，海域面积9300平方公里，素有“海滨邹鲁”“水上莲花”之美誉。揭阳市是潮汕文化的发祥地，粤东古邑，历史悠久、人文璀璨，见诸史载已有2200余年，是广东省历史文化名城，又有“小戏之乡”“龙舟之乡”“国画之乡”等美称。1991年12月7日，经国务院批准，撤销揭阳县建制，设立揭阳市。建市之后发展迅猛，又有“华侨之乡”“中国五金基地市”和“亚洲玉都”之美称。改革开放四十年来，揭阳这座既古老又年轻、既充满中华文明的基因又具有潮汕文化底蕴的城市，发生了翻天覆地的变化，从经济发展到环境保护、从社会治理到民主法治、从基础建设到民生保障，是广东省经济欠发达地区实现经济社会跨越式发展的典范。

一、揭阳改革开放四十年的成就与经验

（一）揭阳改革开放四十年成就辉煌

1978年，党的十一届三中全会拉开了改革开放的大幕，在四十年风雷激荡的岁月里，揭阳人改革创新、砥砺前行，在经济、社会、科技、文化等方面取得了前所未有的成就。

* 广东省揭阳市法学会会长。

1. 经济发展突飞猛进

改革开放四十年来，在法治的引领、推动、规范和保障下，揭阳经济取得长足发展，主要经济指标保持较高速度增长。1978 年，全市地区生产总值只有 7. 16 亿元，人均地区生产总值仅 205 元，地方财政一般预算收入 0. 89 亿元，总体发展水平比较低。2017 年，地区生产总值增至 2155 亿元，增长 300 倍；人均地区生产总值由 205 万元增至 3. 53 万元，增长 171. 2 倍；地方财政一般预算收入由 0. 89 亿元增至 72. 80 亿元，增长 80. 80 倍。形成纺织服装、金属制造、医药食品、制鞋等优势产业，全市主营业务收入超 10 亿元的大型骨干民营企业 53 家、高新技术企业 51 家、上市公司 7 家。不仅有惠来电厂、揭阳潮汕机场等一批重大项目建成，还引来中海油、中电投、中广核和我国首个一次性设计加工能力年产 2000 万吨的炼油项目等大型国企先后落户。

建设中的中德金属生态城，实施创新驱动发展战略

2. 产业结构转型升级

四十年来，揭阳致力于用法治思维谋划改革路径。2017 年 6 月，揭阳发布实施《“揭阳制造 2025”发展规划》，6 个省级产业转移工业园和聚集地固定资产投资增长 43. 6%，新增产业共建项目 58 个。组织 362 家规模以上企业实施技术改造，统筹产业扶持资金 1. 24 亿元，带动全市技改投资 361 亿元，增长 28%。关停和淘汰落后产能及环境污染企业 84 家，取缔清拆“地条钢”企业

22家。实施创新驱动发展战略,新增高新技术企业37家,累计达到102家;新增省级重点实验室1家、省级工程技术研究中心12家、省级现代农业科技创新中心(基地)5家;新增国家知识产权优势企业4家;获认定国家级科技企业孵化器培育单位1家、省级众创空间试点单位2家。着力培育新技术、新产业、新业态、新模式,建设粤东云数据中心,联合腾讯共建示范性智慧城市。揭阳市正以强劲势头调结构、促转型,走出一条以大项目拉动大发展的产业转型升级之路。

3. 城市面貌日新月异

改革开放四十年来,揭阳以法治方式推进改革,主动谋划,通过立法转化顶层设计、依靠法治引领改革进程,推动城市建设管理有新面貌。2017年实施《揭阳滨海新区发展总体规划(2017—2030年)》和《揭阳市城市总体规划(2011—2035年)》,揭阳成为粤东城市群发展和海洋经济带发展的重要中心城市。交通建设速度加快,潮惠高速一期、揭博高速正式通车,实现"县县通高速";揭阳潮汕国际机场建成通航,成为广东省第三个国际机场。从普通公路到高速公路、铁路、高速铁路、机场,揭阳初步形成海陆空河立体交通枢纽。各县(市、区)加大城市道路建设和公共服务配套建设,市区望江北路西、空港大道等一批市政道路建成投入使用,市儿童公园、黄岐山公园、东湖公园等公园建成开放,临江北路西等市政道路项目开工建设。短短20多年,揭阳从小县城发展成风景优美的现代化城市。

4. 乡村振兴万象更新

揭阳积极推动"五村共建"。农村土地承包经营权确权登记颁证基本完成;完成12.1万亩高标准农田建设;"一镇一品"工程取得成效,揭东区埔田镇被评为全国特色小镇;全面推广农贸市场食用农产品快速检测,揭西县被列为国家农产品质量安全县试点;加大农村人居环境综合整治力度,划定禁养区并全面清理禽畜养殖,实施118个乡村绿化美化工程,村庄保洁实现全覆盖,农村生活垃圾有效处理率达94.2%。精准扶贫、精准脱贫扎实推进,162个省定贫困村创建社会主义新农村示范村工作全面铺开,累计实现脱贫8.28万人。揭阳15个村获"省卫生村"称号,揭阳产业园磐东街道乔南村和普宁洪阳镇鸣岗村荣获"全国文明村镇"荣誉称号。

5. 开放合作有新境界

改革开放四十年来,尤其是2001年中国正式加入世界贸易组织后,揭阳市不断用法治方式优化改革环境,着力营造国际化、法治化营商环境。2015年,中德金属生态城成为华南地区首个中德中小企业合作区,还创办了一年一度"4个100"的中德中小企业合作交流会,每年组织各100家中德中小企业对接交流合作,聘请100名德国专家工程师担任中国企业顾问,引进100项德国高新科技成果和先进设备展示转让转化,创立营运100亿中德中小企业合作基金。目前,已经成功举办了四届中德(欧)中小企业合作交流会、六期德国中小企业经理人来华交流班、一届中奥企业合作洽谈会。揭阳港惠来神泉作业区一类口岸通过验收并获准对外开放,国际贸易"单一窗口"上线启用。还成功承办广东省第七届粤东侨博会,密切与海外潮团联系,与美国安大略市结为友好城市。

6. 环境保护有新作为

春风一过万重绿。改革开放四十年,揭阳始终坚持绿色发展理念,用法治手段破解改革难题,铁腕向污染宣战,千方百计补齐环保短板。制定实施《揭阳市落实环境保护管理职责实施方案》等一系列政策文件,2017年5月,揭阳首部地方性法规《揭阳市扬尘污染防治条例》聚焦"除尘"。2018年5月,又一部地方性实体法规《揭阳市生活垃圾管理条例》实施,为揭阳市生活垃圾管理工作提供有力的法治保障。

2015年,揭阳以中德金属生态城为平台,建成全国首个"零排放"电镀产业园,榕江流域基本实现无电镀污染。2017年,揭阳全面推行"河长制",榕江水质基本平稳,练江水质有所改善,龙江水质保持良好。揭西县获批国家级生态保护与建设示范区,继揭西、揭东之后,榕城、普宁、惠来获省政府授予林业生态县(市、区)称号。

7. 法治建设稳步推进

改革开放四十年来,揭阳始终坚持以法治思维和法治方式推动改革在法治的轨道上进行。一系列的法治实践,诠释并丰富了"全面依法治国"的实质和内涵。先后出台《揭阳市法治政府建设工作方案(2016—2020年)》以及法治政府建设一系列规范性文件,积极推进政府机构、职能、权限和责任法定化,建立权力清单、责任清单和负面清单。坚持重大事项集体决策，建立健全政府法律顾问制度，清理并公布已废止和已失效市政府规范性文件 99 件，办理行政复议案件 123 件，执法监督约谈干部 12 名。深化“放管服”改革，取消市级行政许可及中介服务事项 35 项，调整行政职权 57 项。深入推进法治揭阳和平安揭阳建设，持续开展社会治安综合治理“众剑行动”，以“五大攻坚”为重点，以扫黑除恶为抓手，铁腕打击违法犯罪、化解社会矛盾、清除安全隐患，2017 年，刑事案件同比下降 18.5%，刑事立案数同比下降 30.32%；群众安全感指数同比提高 10.77%，上升五个名次，在全省排第十二名，增幅全省第二、粤东第一。2012 年，揭阳市荣获广东省首批法治城市创建先进单位称号，揭东区被评为首批全国法治县（市、区）创建活动先进单位；2015 年，榕城区被评为“全国法治区创建活动先进单位”；2017 年，揭东区被评为第四批全国法治（市、区）创建活动先进单位。

开展社会治安综合治理“众剑行动”，推动平安揭阳建设

8. 经济社会和谐稳定

揭阳经济社会从政府单向管理向全社会共建共治共享不断推进、不断完善，全面提升基层治理社会化、法治化、智能化、专业化水平，人民群众安全感

不断提升。2004年至2012年,揭阳市连续八年四次被省综治委评为"社会治安综合治理优秀市",2017年荣获"广东省文明城市"并列为"创建全国文明城市"提名城市。2004年至2016年,榕城区连续十二年三次被中央综治委评为"全国平安建设先进区""2011年至2015年全国法治宣传教育先进区",并于2017年摘得全国综治最高奖项"长安杯"。2018年,榕城区司法局荣获"全国人民调解工作先进集体"。目前,全市经济社会秩序良好,治安形势处于良性循环状态,逐步形成社会治安综合治理共治共建共享的新格局。

(二)揭阳取得改革开放四十年辉煌成就的基本经验

四十年的历程中一系列生动实践,坚定不移推进改革开放带来的巨大改革成果,释放出巨大红利,正是以法治思维和法治方式促进改革的成果,是法治与改革正相关理论的一次次生动演绎。

1. 全面深化改革,必须走法治之路

纵观四十年改革开放,揭阳改革开放与法治建设之间是一个相互契合、相互促动的动态关系,探寻其间的规律可以发现,凡是注重法治建设的时期,经济社会就能健康发展;凡是经济快速发展期和经济转型期,越是需要法治的保障;凡是注重法治建设时期,社会治理水平就能提升。改革开放初期在法治基础缺乏、法律体系尚不健全完备的条件下,揭阳曾一度坚持改革先行、法治随附,甚至一些领域的改革是在没有法律根据的情况下,以政策文件推进的。在二十世纪八十年代,在搞活市场、发展经济方面,这种"改革突破型"的做法,客观上冲破了一些禁锢的藩篱,如1985年建成的揭阳小商品市场,鼓励个体经济发展,让揭阳焕发了商品经济的青春。当时小商品市场名列全国十大市场之一,浙江温州等地都到揭阳来学习取经。然而,到了二十世纪九十年代后期,揭阳和潮汕地区一样,一度出现了走私和偷税骗税等严重问题,经济滑坡,信用缺失。后来,在全面依法治国大背景下,经过法治思维调整发展思路后的揭阳,顺应历史规律,得出的经验是:经济是硬实力、法治是软实力,法治与改革比翼齐飞、同频共振,才是揭阳未来发展的价值取向。

2. 以问题为导向,坚持立法先行

四十年来,揭阳的改革是将解放和发展生产力的原理与揭阳实际情况的紧密结合，是将中国特色社会主义理论与不断发展的揭阳实践动态需求的紧密结合的结果。揭阳的改革开放直面经济社会发展面临的重大矛盾和问题，揭阳法治建设不是消极地适应改革、确认改革成果，而应是积极主动地适应改革发展稳定的需要。

享有立法权以后，揭阳市以立法权这个契机，主动适应改革和经济社会发展需要，为改革提供依据。近年来，根据揭阳地方立法权的权限和群众反映强烈的社会问题，推进重点领域立法，用钉钉子精神深化改革，推动提高经济立法高质量发展。实践证明，凡是以立法形式推进改革、改革事项于法有据的，都能比较顺利地推行改革措施、比较圆满地实现改革意图，最终取得较好的社会效果，并为进一步改革打下良好基础。

3. 法治同行，文明共进

法治是一个国家一个城市迈向现代文明的基本标志，是改革取得成功的根本保证。潮汕文化的价值体系是一条流动着的河流，历史进步的根源就在于价值体系的进化。揭阳积极践行社会主义核心价值观，培育“贤德揭阳、揭阳进贤”的新理念，针对独特的潮汕文化，凝聚法治力量，护航改革发展，积极构建以法治理念为内核的潮汕贤德文化。揭阳在做好潮汕传统文化继承、弘扬的同时，更好地运用了先进文化理论推动潮汕传统文化的现代变革，促使潮汕传统文化自我反省，自我批判，革旧鼎新，紧扣时代脉搏，赋予时代精神，注入现代文化因素，与时俱进。

二、揭阳四十年改革与法治互动的路线图：“在改革中完善法治、在法治下推进改革”

（一）在改革中完善法治

法治兴，则改革顺；法治强，则改革成。四十年的改革开放对法治建设提出了很高的要求，有力地促进着立法、司法和法治各环节的发展。在四十年改革开放实践推动下，揭阳法治建设亦取得了前所未有的巨大成就和进步。

1. 改革推动“潮汕文化”向“法治文化”进化

改革进步与经济增长表面的决定因素是资本、劳动力、技术和地理优势，而从某种程度来说，文化起到不可估量的作用。按照循序渐进的文化特点摸索改革路径，是推动改革成功和经济高速增长的原动力。所以说揭阳改革四十年成效与“潮汕文化”到“法治文化”的转向是密不可分的。

如果说改革开放四十年是以1978年党的十一届三中全会为标志，那么中国法治建设的恢复和发展，也几乎发生在相同的时期。1978年12月召开的党的十一届三中全会提出了加强社会主义民主法制建设的要求，强调：“为了保障人民民主，必须加强社会主义法制，使民主制度化、法律化。”全会又提出“有法可依，有法必依，执法必严，违法必究”的十六字方针，是新中国成立以来党和国家历史上的一次伟大转折。

从此，法治的春风吹绿了揭阳改革的萌芽，给潮汕传统宗法伦理带来强烈的冲击和消解。很多地方的宗族不仅组织结构开始解体，道德约束也逐渐让位于法治理念。

第一，改革推进自治、法治、德治相结合：从“宗族老人会”到“乡贤咨询委员会”的转向。早在几百年前，英国著名法律史学家梅因留下了一句至今脍炙人口的名言：所有进步社会的运动，到此处为止，都是一个“从身份到契约”的运动。其实，对于揭阳来说，也是一个从“宗族身份”“种群身份”到“公民身份”的变化，更是一个从“被管理者”到“管理参与者”身份的转化，这也诠释着揭阳的治理从“社会管理”到“社会治理”的飞跃。

改革进程中，揭阳积极探索“村两委+乡贤”的治理模式，设立“村（社区）乡贤咨询委员会”，这是揭阳市加强村级组织建设、推进基层治理的一项重要举措，凝聚了内外合力，共同传承乡村文明，推动乡村振兴。乡贤咨询委员会是延续传统乡贤文化的新载体，是村（居）民自治的有益补充，通过凝聚乡贤力量，充分发挥乡贤的亲缘、人缘、地缘优势，充分发挥乡贤在基层治理中的“智囊团、公道杯、宣传员、助推器”作用，充分发挥乡贤在村民自治和基层治理中的咨询建议、桥梁纽带等作用，激发群众自治活力，增进乡贤“参与感”，形成凝聚乡贤智慧，推进乡村民主发展的浓厚氛围。目前，全市1627个村（社区）中已有815个建立了乡贤咨询委员会，探索形成“村支两委+乡贤会”乡村治理模式，着力构建支部引领、村民自治、乡贤参与的社会治理共同体，初步形成了法治、德治、自治“三治一体”新型乡村治理体系，有力推动了基层民主建设和治理能力现代化，推动揭阳走上乡村善治之路。

实践证明，借鉴传统文化中的智慧，特别是对潮汕传统乡村自治中的精华部分的继承，将“德治”与“法治”结合起来，共同塑造基层自治，实现硬约束与软约束并举，对于“多元”治理主体的构建以及实现乡村的“善治”意义重大。

第二，改革的春风吹开潮汕大门：从“熟人式”到“陌生人式”的开放。改革意味着“破”和“变”，改革旨在鼓励解放思想、破旧立新，当发展遇到阻力、障碍或者惰性，人们就呼唤改革开放，新事物新气象不断涌现。当年，费孝通先生揭示的中国乡土礼治秩序与现代西方工商社会法治秩序冲突的社会现象，如今已发生了实质性的改变。经过四十年的改革开放，揭阳乡村发生了深刻的转型与变化，目前揭阳已经进入陌生人群治理的新阶段和新常态，此种现象对传统的治理模式提出了全新挑战，并且更新了人们对法治问题的理解。

1991 年，揭阳撤县建市，开启了揭阳城市化的进程，同时也冲击了传统的宗族礼法格局，原来的乡土社会开始瓦解，发生了乡村的“数千年从未有过的大变局”。改革开放破除了揭阳旧思想观念束缚和体制机制弊端，“陌生人式”的城市文化模式开始替代“熟人式”的乡土文化模式，城市化改造过程中的整村拆迁，当宗族所依托的农村消失时，宗族所依托的地缘维系纽带断裂，宗族的封闭性被打破，宗法族规在陌生人身上起不了作用了。在“陌生人社会”，一种新型的人际关系打破了人们对人情和关系的心理依赖。“陌生人社会”形成的直接后果是道德与权威的碎片化，道德控制社会的能力直线下滑。随着传统权威的衰落，法律就成为社会共同的信仰，从此，“契约”代替了“关系”，法律的威严代替了“熟人”的“情感”，揭阳迎来了全新的面貌，社会充满生机活力，新时代形成了法治文化。

2. 动力机制从“经济增长型”到“法治指标型”再到“开放协作型”

揭阳改革开放以来法治发展的不同阶段，因其动力机制不同而呈现出不同特点。改革开放初期，发展经济、促进地区生产总值增长一直是揭阳的绝对中心，包括法治在内的各项工作都要为经济增长服务，法治被视作“为经济建设保驾护航”的工具，通过试错来逐步突破当时的体制以谋求经济发展，法治呈现出制度创新乃至体制突破的特点。随着全面依法治国方略的深入贯彻实施，揭阳法治建设在不断探索，社会治理目标转型升级，基于法治型社会治理的需求，逐渐形成并日益勃兴一种法治发展现象，全市相继出台推进法治建设的相关文件，原有的动力机制正在被将地方法治建设成效作为评价考核指标的“法治指标”动力机制所取代，逐步建立和完善地方法治的各种相应的领导和工作机制，设立了专门的地方法治建设推进机构——市委依法治市办公室，全力推动法治揭阳建设。发生在不同地域和层级的地方法治实践，法治本身的价值得以凸显，法治的自主性日益增强。然而，无论是“经济增长型”还是“法治指标型”动力机制，均为政府主导，过多依赖于党委和政府体制内部的推动，缺乏“体制外”的动力作为支撑，持续性和长期效果不佳。新时期，揭阳法治建设开拓新局，在政府之外充分调动社会主体的积极性，培育以开放、参与、合作与回应为特色的“开放协作型”动力机制。

3.改革路径由“政策推动”到“法律引领”

改革开放初期，揭阳的发展是政策推动型，后来逐渐走向政策法治化建构之路，依照法治标准对政策进行理性建构，把法治的要素注入政策，让其符合法治的基本要求，实现立法和改革决策相衔接，做到重大改革于法有据。

揭阳近年的经济社会发展重在以法律为引领，从一个侧面来反映，如以这些年改革开放带来的副作用——资源环境的损耗问题来透视分析。揭阳一开始是靠“政策推动”的，如先后制定了《揭阳市区泥头车运输管理办法》《关于整治 PM2.5 污染的通告》和《揭阳市落实环境保护管理职责实施方案》等一系列政策文件，但是，由于这些办法、通告只是政府规范性文件，没有上升到法律层面，缺乏刚性约束，实际执行效果不佳。

2015 年 9 月 25 日，揭阳作为设区的市依法获得地方立法权，这是揭阳法治史上的里程碑！揭阳迎来重大发展机遇期，利用拥有立法权这个契机，发挥立法的引领和推动作用，使揭阳近年来一些行之有效的经验和成熟的做法上升为法律，切实提高运用法治思维和法治方式推进改革的能力水平。

2017 年，揭阳开启“法律引领”治理环境问题的模式。先后出台了《揭阳市扬尘污染防治条例》和《揭阳市生活垃圾管理条例》，成为揭阳加强管控与治理环境和空气质量的主攻方向和重要突破口。标志着揭阳市在获得地方立法权后，地方性实体法规的新突破，是推进揭阳生态文明进程的重要法律依据，也标志着揭阳正式进入“依法治理”时代。

（二）在法治下推进改革

法治是全面深化改革的重要突破口和切入点。在改革“破”和“变”的同时，需要法治的“立”和“定”。改革要“进”，法治要“稳”。法治建设的发展，对确认改革大政方针，巩固改革成果，指导改革深入，保障改革前行，有直接而重要的作用。

当改革开放带来的新趋势新变化突破了既有的制度格局、思想观念和行为方式，揭阳人民热切呼唤法治建设，要求巩固和保障改革开放成果，确立新的行为规范和治理架构。特别是当改革进入攻坚期和深水区时，更需要法治引领，以法治精神护航改革。

1. 改革从“法律让路”到“立法先行”

习近平总书记提出：“凡属重大改革都要于法有据。在整个改革过程中，都要高度重视运用法治思维和法治方式，发挥法治的引领和推动作用，加强对相关立法工作的协调，确保在法治轨道上推进改革。”①

揭阳这么多年的改革的变化性需要具备正当性基础，而改革的正当性首先体现为合法性，偏离法治轨道的改革会误入歧途。2016 年 5 月 1 日，揭阳首部地方性法规《揭阳市制定地方性法规条例》施行。该条例是一部程序法，是揭阳市开展地方立法工作的“母法”，为揭阳地方立法工作提供了程序依据和制度指引。从此，揭阳在重大决策方面，实现立法和改革决策相衔接，这是新的历史条件下揭阳全面深化改革的一个显著特点。运用法治思维和法治方式深化改革，发挥法治的引领和推动作用，各项改革都应以合法性为前提和基础，无论是谋划改革思路、设计改革方案，还是制定和实施改革措施，都必须在法治框架内进行，严格遵循法治原则、法律规则，按法定程序进行，真正做到法治引领改革、依法推进改革。

2. 经济发展从“自由探索”走向“法治规范”

1991 年 12 月 7 日，国务院批准揭阳撤县建市（地级）。几乎同一时间，1992 年 1 月 17 日，邓小平发表南方谈话，提出要发展中国特色社会主义市场经济，掀起了又一轮改革开放的热潮。1992 年，党的十四大提出建立社会主义市场经济体制，此后，市场经济开始焕发蓬勃生机。

潮汕人善经营，做生意闻名海内外，被誉为“东方犹太人”，本应该紧紧抓住市场经济和改革开放的重大商机加快发展。但是由于法治经济尚未形成，信用制度还未形成，这一时期，不只汕头的潮阳，还有揭阳的普宁、潮州的饶平、汕尾的陆丰，以及潮汕地区的其他一些地方，错把“改革创新”“跨越发展”作为可以突破法治的“借口”，甚至借改革之名行违法乱纪之实。一时间，走私猖獗、骗税疯狂、造假难禁，潮汕地区的社会经济秩序处于混乱之中，其直接后果是信用丧失、形象受损、经济遭创、百姓受苦。

1997 年，党的十五大确立了依法治国方略，伴随着“市场经济就是法治经济”认知转型，潮汕以及揭阳人痛定思痛、知耻后勇，开始“重建信用、重塑形象”，开始树立法治理念，积极推进个人信用、企业信用、政府信用“三位一体”的社会信用体系建设，大力整治市场经济秩序，引导企业遵守法律法规、依法诚信经营、公平参与竞争，改变了法治观念淡薄、法治思维缺失导致的投机经济秩序，有效地纠正了偏离法治轨道的改革。

在法治力量的推动下，揭阳步入科学发展的快车道。2017 年，进贤商城重启盘活，建成揭阳首个“新零售电商模式”小商品市场，线上线下结合互动。2015 年，揭阳军埔电子商务村被评为省电子商务产业示范基地；2016 年，揭阳军埔电子商务村被阿里研究中心、中国社会科学院信息化研究中心授予“中国淘宝村”称号；2016 年，作为中国助力世界经济转型的“良方”之一，入选《G20 中国方案》纪录片的淘宝村，亮相 G20 峰会。在军埔村的辐射带动下，2017 年，锡场镇也成为全省首批十个“互联网电商”试点小镇之一，揭阳市有五十个村被评为“中国淘宝村”。而且，商贸物流一体化，2017 年揭阳市被授予“中国快递示范城市”称号。快递业务总量列全国第十六位、全省第四位，走出了一条“小城市、大快递”的发展道路。揭阳商贸物流的这一巨大转折变化，充分显示了法治是改革的“稳定器”和“保护阀”的作用。

3. 产业转型从“黑色量增”到“绿色质变”

揭阳改革、法治、转型和对外开放的协奏曲、大合唱，完美而生动地呈现在一个典型载体上——中德金属生态城，是金属行业的绿色“涅槃”，是揭阳发展史上一个独特而经典的案例。

2015 年 1 月 1 日，号称“史上最严环保法”施行，对冠以“五金基地”的揭阳是一次挑战，金属加工业是污染的代名词，面对新法何去何从？出于金属产业转型升级的内在需求和造福子孙后代的愿望，揭阳市委、市政府作出了郑重的抉择，出台了“绿色电镀八条”，建设中德金属生态城，将治理污染和发展绿色经济作为同等重要的事情开展。改变了以往金属加工业重污染的形象，将重污染的金属加工业进行产业升级，与绿色、生态相结合，使传统落后的金属行业变身为高附加值的现代产业，从根本上治理污染，发展绿色金属产业。

4. 行业标准从“跟随者”变身“引领者”

现代社会，比产品、服务、品牌更高级别的竞争是什么？是标准。俗语说：“一流的企业做标准，二流的企业做品牌，三流的企业做产品。”谁制定、掌握了标准，谁就可以制定游戏规则，并引领一个时代的潮流。标准，是一道行业规则门槛。作为企业竞争的制高点，标准的创新对行业、产业规范，有着引领拉升促进作用。业内有句话，“得标准者得市场，得标准者得天下。”可见标准对企业的巨大意义。四十年来，揭阳“标准”这条路，行稳致远。

亮点一：2016 年康美药业子公司获“中国标准创新贡献奖”

康美（普宁）中药城是全国最大的贵细药材，是全国十七大专业药材市场之一，康美药业专注于中医药事业的发展，做出了五大方面的多个国家标准：制定中药饮片小包装标准和中药饮片生产管理 GMP 标准，被国家中医药局予以全国推广；唯一参与国家商务部中药材等级分类标准制定；独家承担编制和运营国家发展改革委授权发布的中药材价格指数——康美 · 中国中药材价格指数；推出全国唯一的“实体与虚拟市场相结合”的中药材大宗交易平台，开创中药材交易新模式；承担编制 209 个中医药编码的国家标准，有助于全国实施统一的中药、中药方剂、中药供应链编码体系。这些标准都已经基本落地，并予以广泛推广，对行业的规范和话语权掌握都起到了关键作用，更是为行业发展起到了示范效应。2015 年新版《中国药典》在部分中药材及饮片品种的标准中新增加的检测项目，正是由康美药业积极探索制定的标准的修正和升级。②

亮点二:建设首家国家级的不锈钢制品质量监督检验中心

有"中国五金制品基地市"之称的揭阳市是全国最大的五金不锈钢产品生产基地及不锈钢材料集散地之一,因此,国家质检总局同意在揭阳市筹建国家不锈钢制品质量监督检验中心,这是揭阳市首家国家级的不锈钢制品质量监督检验中心,该中心将建设成为国内一流、国际先进,集检测、科研、信息、服务、培训为一体的不锈钢制品专业检验和研究机构,紧跟世界各国相关法律、法规和产品认证的变化发展趋势,及时研究适应国际新要求的检验检测技术及不锈钢制品性能专用检测设备的计量检定校准规程。该中心立足揭阳,覆盖广东省,面向全国,加强与国际知名检测机构合作,积极开拓国际检验市场,为广东省乃至全国五金不锈钢产业提供检测平台。[③]揭阳能够制定国家标准,是揭阳企业领头羊实力的证明,也是地区经济发展的直观写照。

5. 政府职能从"行政管制"到"简政放权"

法治的核心就是"赋权和限权",赋予私权力,限制公权力。揭阳全面贯彻落实法治政府建设实施纲要,坚持"法定职责必须为,法无授权不可为"的要求,深入推进依法行政。

2016 年 4 月,中德金属生态城探索新型办园模式荣获第三届"粤治——治理现代化"优秀案例。揭阳市对中德金属生态城的一系列经济社会管理的改革,包括放管服、商事制度改革、推出负面清单等,也都以节约交易成本、降低交易费用为目的,让企业内部逐步建立和完善法人治理机制,降低了内部组织成本和外部监督成本等,是威廉姆斯著名的经济理论之交易费用理论的生动演绎。

根据广东省政府《关于支持揭阳金属生态城建设的批复》,揭阳把部分可由社会组织承担的政府职能,按照先易后难的原则,逐步转移给揭阳市金属产业联合会实施。将政府职能下放给市场主体,这是一种具有巨大突破性的尝试。这非常符合当前改革的方向,是一次非常积极的探索。揭阳在绿色发展中以全面深化改革为引领,以法治政府为主导,以中德金属生态城为平台,构建对德对欧合作新机制,努力实现从跟随式发展向跨越式发展转变。

(三)改革铺路,法治护航——构建共建共治共享社会治理格局

2017 年党的十九大报告从社会治理发展方面强调:"打造共建共治共享

的社会治理格局。”如何推进新时代社会治理体系和治理能力现代化，是揭阳政法综治部门的重要使命。揭阳不断探索以综治中心为依托载体、以“雪亮工程”为科技支撑、以网格化服务管理为手段的“三位一体”新机制，构建具有揭阳特色的社会治理新模式。

1. 共建——“事前”搭建共建架构，拓宽共建渠道

共建的重点在于“事前”的制度性安排，整合多种社会资源，调动社会各类治理主体的积极性参与社会治理。

亮点一：“众剑行动”打造红袖章品牌

从 2017 年 11 月开始的全市社会治安综合治理“众剑行动”，一开始就把构建“共建共治共享”社会治理新格局作为重中之重来抓。

“众剑行动”是揭阳最接地气的创新之举，是逐步形成共建共治共享新格局的动力源泉。行动突出基层治理和源头治理相结合，群防群治和共建共享相结合，充分发挥各职能部门的作用，形成了“党委主导、综治主抓、部门主体、基层主力、社会参与、全民共建”的社会治安综合治理共建共享新局面。

“众剑行动”横向推动全市 47 个综治成员单位齐抓共管，纵向调动市县镇村四级联动，依托群众力量壮大群防群治队伍，整合治安联防队、治保会、青年志愿者、公益组织及其他各类基层社会组织等力量，组建了一支 3.8 万人的“众剑行动”红袖章队伍，所有参加行动的干部群众全部规范行动标识，统一佩戴“众剑行动”红袖章，用接地气的方法方式开展行动，让广大干部群众参与到社会治安综合治理中来，把各类矛盾纠纷化解在基层，把问题解决在萌芽状态，把管理落实在千家万户，打造了保护群众、服务群众、推动平安建设的“红袖章”品牌，形成了人人参与法治建设的社会治理格局。

亮点二：推进“雪亮工程”建设

着力打造立体化、信息化社会治安防控体系，全面推进“雪亮工程”建设，建立“大数据”下的精细化服务模式。建成上联省级，覆盖全市各县区、乡镇（街道）、村（社区）各级的公共安全视频监控联网应用体系，实现视频图像信息交换共享平台逐级按需联通、视频资源有效整合，基本实现“全域覆盖、全网共享、全时可用、全程可控”的公共安全视频监控建设联网应用，在加强治安防控、优化交通出行、服务城市管理、创新社会治理等方面取得显著成效。

亮点三：推进平安细胞建设

重点抓好平安镇街、平安村居和平安校园、平安医院、平安企业、平安景区、平安交通、平安家庭等平安细胞创建，系统推进“个十百千万”平安细胞建设，积小安为大安。近年来，榕城区以平安建设为抓手，着力打造共建共治共享平安榕城。2005—2008年、2009—2012年连续两届被中央综治委评为“全国平安建设先进区”，2015年、2016年分别荣获“全国法治区创建活动先进单位”和“2011—2015年全国法治宣传教育先进区”称号。

亮点四：“四级同创”法治大格局

在2012年荣获“广东省法治城市创建活动先进单位”荣誉称号的基础上，揭阳市以“四级同创”为抓手，构建法治大格局。围绕平安创建、法治创建、文明创建三大任务，以全面依法治市为落脚点和出发点，积极推进法治“四级同创”，即全面开展法治城市、法治县（区）、法治乡镇（街道）、法治村（社区）“四级同创”活动，引导全民自觉守法、遇事找法、解决问题靠法，推动“平安法治文明共建”，全面提升社会治理法治化水平。

在“四级同创”中，“全国民主法治示范村”普宁新坛村，以社会治安综合治理为主要内容，不断丰富自身的内涵，根据乡村社会管理实际需要，实践形成了具有新坛特色、时代特征，科学、高效、惠民的社会治安综合治理新路子。先后被授予“全国民主法治示范村”“全国先进基层党组织”“广东名村”等荣誉称号。揭阳市作为广东省九个法治建设“四级同创”活动先行试点市之一，重点探索法治县（市、区）创建工作，为全省法治建设探索和积累经验，逐步构筑起法治揭阳大格局。

2. 共治——“事中”多元主体联建联动

共治主要体现在“事中”多元主体联建联动以及各类社会事务、问题的处理及解决方面。改变过去由政府一方主导的模式，更多地体现出民众参与治理的过程和诉求，形成社会治理人人参与、人人尽责的良好局面。

亮点一：“全国民主法治示范村”之“老官警务室”

“全国民主法治示范村”——普宁新坛村，创建了基层社会治理新样本。新坛村建立了揭阳首个以个人命名的新型人民调解组织，原来的新坛警务室更名为以“全国优秀人民警察”官汉荣名字命名的“老官警务室”，集“人民调解、行政调解、司法调解”三位一体。“老官警务室”除了老官和三名专职工作人员外，还从新坛村党员代表、村民代表、企业家中聘用特邀调解员，为群众提供“点菜式”调解服务，矛盾双方当事人可根据各自意愿，选择适当的人主持或参与调解，有效地防止邻里纠纷导致社会矛盾激化，维护了辖区社会稳定。这种以协商调解程序为基础的民主不但有利于培养人们对公共问题的关注，有效化解社会治理中的利益冲突，而且有利于达成一种相对均衡和稳定的合作秩序。这种合作秩序本质上是一种心灵归属和情感慰藉的共同体，在这种共同体里，人们之间的信任度高，认同感和归属感强。

亮点二：“一村（社区）一法律顾问”之“第三方”力量参与解决社会矛盾

2014 年，揭阳市率先在全省首推“一村（社区）一法律顾问”制度，成为法律服务的标杆示范样本。例如，揭阳榕城区着力打造民主法治平安榕城，建设一批基层法治文化公共设施，打造四个法治街道，开展“法律六进”活动，深入推进“一村（社区）一法律顾问”制度，律师参与化解矛盾纠纷调解成功率达 99.7%。驻村律师以问题为导向，扎实开展法治宣传，引导群众增强学法尊法守法用法意识，引导和支持人民群众通过合法途径维权、理性表达合理诉求，对全面推开按法治框架解决基层矛盾工作具有重要的现实意义。

亮点三：“中立法律服务社平台”参与解决社会矛盾的创新方式

维护社会稳定，需要通过合法合理的渠道，妥善解决各种矛盾和纠纷。作为法律手段之一的市法学会中立法律服务社平台，在维护社会稳定中发挥着“调节器”和“减压阀”的重要作用，使社会成员中的贫弱群体在遇到矛盾及纠纷的时候能够通过理性化制度化的方式表达自己的诉求，使上述矛盾在法律框架内得到解决。2016 年 11 月组建的揭阳中立法律服务社平台，是市法学会的一个公益性第三方法律咨询平台。2017 年，在市委、政法委和市法学会的指导下，服务社积极探索由“第三方”力量调解信访难案的创新方式，成功调解了持续十年的空港经济区林作明信访积案。

亮点四：法治塑造改革内核——打造周一升国旗仪式品牌

揭阳四十年的辉煌成就不仅来自于对外开放、人口红利参与全球分工和竞争，更重要的是依靠改革调动了相关社会资源的积极潜力。在运用社会资源塑造法治文化和打造法律信仰方面，已经形成工作亮点，成为揭阳一道独特的风景。“众剑行动”打造的周一升国旗仪式品牌。按照市委书记李水华在惠来县调研“众剑行动”时的要求,从2018年1月8日起,惠来西部片区岐石镇、隆江镇、东港镇、鳌江镇、葵潭镇和大南海石化工业区溪西镇等六个“众剑行动”禁毒重点镇,以镇为单位,由镇委书记牵头负责,每个星期一上午集中辖区内国家工作人员和村(居)委书记、主任,统一着迷彩服举行升国旗仪式,通过自我教育、自我激励,进一步锤炼干部队伍意志,提振精气神,形成良好作风,增强战斗力,深入推进“众剑行动”。

亮点五:“创文为我,我为创文”创建“红马甲”品牌

近几年,揭阳积极作为,依托公共社会资源,为法治改革转型提供充沛动力,营造共建共治共享的文明新风。自2011年获得省文明城市提名后,揭阳吹响了“创文”冲锋号,2016年7月,以创建省级文明城市为龙头,全面推进文明城市、文明县城、文明镇街、文明村居“四级联创”。2017年下半年,揭阳全面开展“创文为我,我为创文”主题活动,文明创建工作取得突破性进展,市、县、镇、村七万多名干部职工头戴“小红帽”、身穿“红马甲”,顶高温、战酷暑,走上街头,深入巷道,开展环境卫生和文明交通志愿服务活动,倡导文明从身边做起。半年多时间里,一波又一波的志愿行动席卷揭阳市每个角落。同年11月获得“广东省文明城市”荣誉称号,揭西县成功创建省县级文明城市。

3. 共享——“事后”成果共享

共享强调的是“事后”治理成果的共同享有。共享是社会走向文明、法治的标志。从改革开放的既定目标来看,“让人民群众安居乐业,获得感、幸福感、安全感更加充实、更有保障、更可持续”既是现代民主政治发展的必然趋势,又是政府实现“善治”的基本诉求。

四十年来,在法治保障下,改革释放了巨大的红利,从而惠及民生,增进人民福祉。到2017年,建成标准化义务教育学校1424所、规范化幼儿园615所,改造提升薄弱普通高中20所。其中揭阳揭东区第四小学入选首届广东文明校园,揭阳20所学校入选国家级校园足球特色学校,揭阳华侨中学成为第一个承办全国中学男子篮球赛并获冠军的县级中学,实现创建广东省教育强市目标,率先在粤东地区实现省教育强镇、省教育强县和国家级义务教育发展基本均衡县“三个全覆盖”,教育质量居粤东西北地区前列;发布《揭阳市创建粤东区域医疗中心改革发展三年行动计划(2018—2020年)》,城乡居民基本养老保险和基本医疗保险均实现全覆盖。为全市人民统一购买政府民生综合责任险,为70岁以上老人投保意外伤害险,为百岁老人、本科以上贫困大学生、乡镇卫生院全日制本科学历以上医生发放津贴补助,大大提高了揭阳民众的幸福感。

三、将改革进行到底——让改革与法治同频共振

2018年3月7日,习近平总书记参加十三届全国人大一次会议广东代表团审议时发表的重要讲话,对做好广东工作作出全面系统的指导,结合广东发展实际提出了"四个走在全国前列"的奋斗目标。广东省委十二届四次全会审议通过了《中共广东省委关于深入学习贯彻落实习近平总书记重要讲话精神奋力实现"四个走在全国前列"的决定》。接下来,揭阳将对标习近平总书记重要讲话精神,按照省委决策部署,发扬新时代揭阳"走在前列"精神,以"四个走在全国前列"的标准和要求,统领和推进揭阳一切工作,推动习近平总书记重要讲话精神在揭阳落地生根。

(一)目标领航——奋力打造揭阳副中心和粤东新的发展极

要科学谋划,狠抓落实,把惠来打造成为揭阳副中心和把揭阳打造成粤东新的发展极。

2018年是揭阳市实质性铺开揭阳滨海新区和粤东新的发展极的开局之年。对未来揭阳的发展,全市各地各部门将积极发扬新时代揭阳"走在前列"精神,加快推进"走在前列·百日百项大行动",积极配合中央环保督察"回头看"工作,全力以赴加快揭阳滨海新区建设,推动"五村共建"取得良好开局。把市委六届三次全会提出的"一四四"工作思路化为生动实践,全力打造揭阳副中心,奋力把揭阳建成粤东新的发展极,开拓揭阳全新的发展格局。

(二)法治护航——用法治思维勾画"走在前列·百日百项大行动"发展路线图

全面推进法治建设,本身就是国家治理领域一场广泛而深刻的变革,是全

面深化改革的重要任务之一。靠法治引领和推动改革，运用法治思维与法治方式加强和创新社会治理，努力把揭阳建设成为全省最安全稳定、最公平公正、法治环境最好的地区之一，着力描绘一幅科学立法、严格执法、公正司法、全民守法的法治路线图。

1. 树立“法治改革观”

坚决尊崇宪法法律，深入推进“走在前列·百日百项大行动”，全面推进《中共揭阳市委关于新时代揭阳全面深化改革扩大开放的实施意见》《揭阳市创建“最安全稳定、最公平公正、法治环境最好”县镇村推动社会治理改革的实施方案》和《揭阳滨海新区创建新时代改革创新先行区的实施意见》，率先制定“四个走在全国前列”县乡镇村实施方案。加强宪法实施并监督落实到依法治市全过程，依靠法治解决各种社会矛盾和问题，把加快推进“走在前列·百日百项大行动”和积极配合中央环保督察“回头看”工作全面纳入法治轨道。

2. 扎实推进基层治理法治化

建立健全基层各项民主管理和办事公开制度，完善农村集体“三资”管理服务平台建设，稳妥推进农村土地承包经营权确权登记颁证工作，推动“五城同创”“五河毓秀”“五路绿化”“五村共建”取得良好开局。

3. 发挥“一村(社区)一法律顾问”作用

揭阳积极发挥“一村(社区)一法律顾问”作用，完善公共法律服务体系，抓好“七五”普法教育。

4. 深入推进新时代法治揭阳和平安揭阳建设

高度重视做好防风防汛和安全生产工作，持续开展社会治安综合治理“众剑行动”，加大力度推进扫黑除恶专项斗争，铁腕打击各类违法犯罪行为，不断增强人民获得感、幸福感、安全感。

(三)扬帆远航——力争“四个走在全国前列”

有了好蓝图、好目标，就应不驰于空想、不骛于虚声，一步一个脚印，踏踏实实干好工作，切实把“四个走在全国前列”要求落到实处，以新的更大作为奋力开创揭阳工作新局面。

1. 坚持立法先行,在经济发展质量上走在前列

解决揭阳发展质量和效益不够高的问题,关键要靠体制机制创新,坚持质量引领规模,坚持立法先行;推动传统产业向新兴产业发展,形成既有质量又有规模的新兴产业集群,努力推动揭阳在高质量发展的过程中实现经济规模的快速扩张。发挥地方立法引领经济发展作用,围绕全市经济社会发展大局,聚焦打造揭阳副中心、实施“走在前列·百日百项大行动”等中心工作,突出加强对重大平台和重大项目建设、“五城同创”等工作的法治护航。按照“有需求、不抵触、有特色、可操作”的原则,把地方立法权转化为推动揭阳改革的动力源和助推器。

2. 加强法治经济建设,在建设现代化经济体系上走在前列

根据经济学“后发优势论”理论来看,揭阳在近年的迅速发展得益于后发优势。当前,揭阳还应更加关注后发劣势,后发地区模仿先进技术比较容易,但模仿先进制度比较困难,因为改革制度会触犯既得利益,甚至可能因此导致失败。所以目前对揭阳来说,突出短板是产业体系问题,更加任重道远的是制度体系上的后发赶超。

围绕建设现代化产业体系,以打造揭阳副中心为契机,积极引进重大项目和新兴产业,带动现有产业转型升级,把产业发展的重心转移到新兴产业上来,继续完善“放管服”清单,以奖代补扶持企业发展,落实“政府领导+职能部门”挂钩服务重点企业制度,把揭阳打造成为服务效率最高、管理最规范、综合成本最低的营商环境高地。做到法定职责必须为、法无授权不可为,推进机构、职能、权限、程序、责任法定化,努力推动揭阳依法行政和法治政府建设再上新台阶。

3. 营造国际化、法治化营商环境,在形成全面开放新格局上走在前列

积极参与“一带一路”建设,对外引进资金、项目、技术、人才,向上争取政策、项目、资金支持,复制推广自贸试验区的法律服务,发挥侨乡优势,加强对德(欧)交流合作(法律服务合作),扎实推进中德金属生态城改革提升,深化与先进发达国家和地区的经贸合作,推动开放型经济转型升级,为参与“一带一路”经贸合作提供有力法律保障,打造法治化、国际化、便利化营商环境,打造广东对外合作平台和粤东对外开放窗口。

4. 坚持法治引领善治，在营造共建共治共享上走在前列

坚决尊崇宪法法律，运用法治思维和法治方式破解平安揭阳建设难题，深入推进新时代法治揭阳和平安揭阳建设，丰富深化“法治揭阳”“贤德揭阳·文明揭阳”的内涵，推进法治、德治、自治“三治合一”，引导社会力量有序参与社会治理，持续开展社会治安综合治理“众剑行动”，加大力度推进扫黑除恶专项斗争，铁腕打击各类违法犯罪行为特别是涉毒犯罪；规范提升村级党组织领导下的乡贤咨询委员会，创新乡村治理体系，走乡村善治之路，全面提高平安建设法治化水平。

四十年岁月如歌，四十年砥砺奋进。揭阳乘着国家改革发展的春风，不断探索法治经济转型之路，取得了可喜成就。当下的揭阳，正处于改革与法治的共生期、共进期、黄金期，正处在最好的全面深化改革时代，也正处在最好的全面推进依法治国时代。展望未来，揭阳正迎来前所未有的蝶变重生的新机遇，600 万揭阳人民将深入学习宣传贯彻党的十九大精神，坚持改革铺路、法治护航这条主线，不忘初心、牢记使命，锐意进取、埋头苦干，做好改革与法治有机结合这篇大文章。

【注释】

①沈春耀：《坚持在法治下推进改革和在改革中完善法治相统一》，载《中国人大》2015 年第 20 期。

②中国人民政治协商会议广东省委员会编：《敢为人先——改革开放广东一千个率先（卫生·生态卷）》，人民出版社 2015 年版，第 187—190 页。

③中国人民政治协商会议广东省委员会编：《敢为人先——改革开放广东一千个率先（科技·教育卷）》，人民出版社 2015 年版，第 456—459 页。

弘扬法治精神　推进改革发展

梁之永*

云浮市位于广东省西部，西江中游南岸。总面积7779.1平方千米，常住人口301万人。1994年设立地级市，下辖云城区、云安区和新兴县、郁南县，代管罗定市。

一、云浮设市以来的发展成果与经验

（一）云浮设市二十四年来坚持改革所取得的成果

云浮设市二十四年以来，坚持改革发展，在经济、政治、文化、社会、生态等多领域，均取得了丰硕的成果。

1. 新农村建设不断完善

在改革的脚步中，云浮市新农村示范村建设成效初显。首先，2017年，全市105个省定贫困村同步开展社会主义新农村示范村建设，实现卫生站全覆盖，“三清”“三拆”工作基本完成，“三整治”工作扎实推进。其中，101个行政村实现通快递物流，851个自然村完成通村委道路硬化改造。罗定市、郁南县更是在省级新农村连片示范建设工程中通过省绩效评估，而新兴县龙坪村被命名为省级文明村建设示范点。其次，在新农村的环境建设方面，云浮市的农村垃圾有效处理率达95.01%，走在全省前列，郁南县更是成为“全国农村生

* 广东省云浮市法学会副会长、秘书长。

活污水处理示范县”。此外，云浮市政府及相关部门积极推进精准扶贫、精准脱贫工作，帮扶到村项目906个、到户项目27.18万个，全市有劳动力贫困户人均可支配收入7526元，处于全省中上水平，预脱贫人数达42685人。农村危房改造开工建设2200户，竣工2048户。

2.经济建设及工业产业发展不断提速

2017年，云浮市经济发展稳中有进。全市实现地区生产总值863亿元，同比增长(下同)6%；规模以上工业增加值265亿元，增长5%；固定资产投资总额627亿元，增长6%；工业投资346亿元，增长12.5%；地方一般公共预算收入57.49亿元，增长0.11%；税收总收入102亿元，增长14.8%；社会消费品零售总额381.81亿元，增长10.6%；外贸进出口总额133.24亿元，增长4.3%；城乡居民人均可支配收入17839元，增长8%；12月末，金融机构本外币存款余额1120.86亿元、贷款余额731.45亿元，分别增长9.2%、12.3%。实体经济规模进一步壮大，规模以上工业企业发展到966家，比上年增加91家。经济结构继续优化，三次产业比重调整为18.9∶42.0∶39.1。

广东红旗渠——罗定长岗坡渡槽，为民、担当、苦干、创新、奉献精神鼓舞今人

新产业新业态蓬勃发展。全市共引进“四新一特”项目81个,计划总投资241亿元。云计算及信息服务业相继进入并高速发展、云计算数据中心一期加快建设、“云谷”道路及绿化景观工程全面完善、配套产业创业孵化基地、创新设计中心投入使用、“核高基”技术攻关取得突破以及氢能产业发展水平处于全国同行前列等多项成就;传统产业加快转型升级。全市完成工业技术改造投资120.2亿元,增长27.2%。新增技术改造项目备案90项,涉及总投资40.78亿元,引导88家规模以上企业开展技术改造,推动4家规模以上企业开展机器人应用。

重点项目建设扎实推进。40个市管省重点项目完成投资84.59亿元,完成年度计划投资的102%;116项市重点项目完成投资197.14亿元,完成年度计划投资的100.67%。引进合同项目173个,其中投资超亿元的项目92个,超10亿元的项目14个。承接73个珠三角地区转移项目。

综合改革成果丰硕,供给侧结构性改革成效明显。“三去一降一补”取得阶段性成效,56家“僵尸企业”出清重组,取缔两家地条钢企业。商品房去库存面积70.54万平方米。“四平台五基金”累计撬动信贷投放和直接融资10.3亿元。降低企业融资成本1343万元、用电成本1.15亿元。投入54.4亿元开展补短板工程。全面完成全市158个中心村新一轮农网改造升级任务。农业供给侧结构性改革深入推进,建成市、县、镇、村四级农产品质量安全监管网格体系,“国家生态种养农业标准化示范区”加快建设。

3. 生态文明建设不断创优

在深化改革的过程中,逐渐摒弃了“先污染后治理”的老路,污染防治工作的成效明显。深入推进“大气、水、土壤污染防治行动计划”和“南粤水更清行动计划”。坚决按中央和省环保督察要求落实整改,2017年底新兴江、南山河水质达Ⅳ类标准,罗定环保基础设施建设基本完成。全面加强石材、水泥、硫化工、陶瓷等行业污染治理,市区空气质量优良率达91.8%。完成44个饮用水水源地标准化建设,建成迳尾水库备用水源项目,完成治理中小河流201公里。市城区污水处理率达90.8%,市中心城区截排系统完善及污水处理厂扩建项目全面动工。城市生活垃圾无害化处理率达100%。全面实施“河长制”,设置市、县、镇、村四级河长1043人。完成黑臭水体阶段性整治。单位

GDP 能耗下降 3.8%。严格落实环保“三同时”制度，拒绝或劝退高污染项目超过 20 个。淘汰黄标车 4297 辆。

4. 高新技术产业发展不断升级

紧跟时代的脚步，重视高新技术企业的培育。新增国鸿氢能科技、飞驰新能源汽车等高新技术企业 16 家，总量达到 39 家。新增广东省高新技术产品 83 个，增长 245.8%。研发经费支出占 GDP 比重提高到 0.8%，科技进步贡献率达 54.5%。企业知识产权创造和运用能力不断增强，有效发明专利量、专利授权量分别增长 23.52%、23.25%。云帕斯科技开发有限公司的云浮互联网远程医疗项目获第四届世界互联网大会最佳创新奖。比较重视创新平台的建设，新建省级、市级新型研发机构各 1 家，新建省级工程中心 10 家、市级工程中心 8 家、市级重点实验室 3 家、省级产业技术创新联盟 2 家和省级企业科技特派员工作站 1 家。

5. 文化教育等民生事业不断推进

2017 年全年民生类支出 132.07 亿元，占全市地方一般公共预算支出的 72.37%。教育卫生事业加快发展。广东药科大学云浮校区累计投入建设资金 5.22 亿元，项目一期主体建筑封顶。教育创现累计投入 9.4 亿元。39 个镇通过省级强镇复评。公办义务教育学校全部建成标准化学校。普通高中全部达到市一级以上，实现优质高中全覆盖。深化医药卫生体制改革，全市所有公立医院全面取消药品加成。“全面二孩”政策落实到位，人口自然增长率 8.07‰。其次，社会保障水平稳步提高。落实省、市十件民生实事资金 53.27 亿元。全面推进“大众创业，万众创新”，全市城镇新增就业 2.1 万人，扶持创业 1286 人，城镇登记失业率 2.47%。此外，云浮市的文化体育事业也在不断进步。成功创建全国文明单位 3 个、全国文明村 2 条、全国未成年人思想道德建设工作先进单位 1 个。建立云浮市文化传承发展基地，完善 16 个镇（街）综合文化站设施，建成 8 个镇（街）文体广场示范点，市中心城区建成 7 个书吧示范点。255 条行政村（社区）建成综合性文化服务中心。建成 77 个“扫黄打非”进基层示范点。

6. 基础设施建设不断拓展

随着经济的发展，云浮市的基础设施建设也在不断地完善之中。一方面，交通基础设施日臻完善,几年来完成交通基础设施投资 66.2 亿元,完成年度计划投资的 100.9%。汕湛高速清云段、汕湛高速云湛段、罗信高速、怀阳高速二期、高恩高速等 5 个高速公路项目加快建设。建成新城快线南延段、西江(界首至肇庆)航道扩能升级工程(云浮段)等项目。东部快线、新城快线二期等项目加快建设。完成国道 324 线、省道 368 线等公路路面改造工程。另一方面,近年来云浮市工业园区的提质增效明显。全市园区累计投入基础设施建设资金 112 亿元;累计入园项目 531 个,总投资 897.08 亿元;实现规模以上工业增加值 87 亿元,增长 8%。佛山(云浮)产业转移工业园引进项目 17 个,实现规模以上工业增加值 75 亿元;新规划建设的腰古片区完成征地 5400 亩。罗定片区引进项目 37 个,完成固定资产投资 18 亿元。佛山顺德(新兴新成)产业转移工业园引进项目 141 个,实现规模以上工业增加值 14 亿元。云安绿色日化产业基地引进项目 16 个,计划总投资 20.9 亿元。

7. 法治和综治平安建设不断深化

近年来,结合实际,创新方式,丰富内涵,积极推进综治平安建设和法治建设。在法治方面,云浮市成为全国首个实现部、省、市、县、镇五级社区矫正指挥平台贯通的地市,全省对接司法部社区矫正远程视频督察系统动员会在云浮召开,全市 75%的镇(街)和 52%的村(社区)达到省级法治创建标准,3 家 500 人以上企业达到省级法治文化示范企业创建标准,云城区获全省推荐参评“全国法治县(市、区)创建先进单位”;在平安建设方面,“平安云浮徽章”成为品牌,得到广泛肯定。“中心+网格化+信息化”率先在全省全面铺开,粤西片区推进会在云浮召开。获得全省唯一申报 2019 年国家“雪亮工程”重点支持项目地市资格,在全省推进会上介绍云城区“雪亮工程”建设联网应用经验。提前达到并超过省定 2020 年每 10 万人口精神障碍患者住院床位 28 张、精神卫生医生不少于 3.8 人的标准要求。同时,云浮市把全面推进镇(街)“中心+网格化+信息化”建设、以公共安全视频监控建设联网应用为重点的社会治安立体防控体系建设、社区矫正指挥中心及电子监控工程、精神障碍患者社区康复工疗站、严重精神障碍患者监护补助落实机制、社区戒毒(康复)中心建设、行政村交通安全劝导站等平安建设重点项目列入“2017 年全市十件民生实事”强势投入。平安细胞覆盖率达 100%,群众知晓率、安全感、满意度均保持在90%以上。全省综治平安建设考评,2013年、2014年连续两年评为优秀,2015年列全省第五位。

8.政府自身建设不断强化

随着改革的不断深入,云浮市的政府建设也得到了相应的完善。首先,依法行政水平得到了进一步提高。自觉接受人大法律监督和政协民主监督,认真听取民主党派、工商联、无党派人士及工会、共青团、妇联等人民团体意见建议。2017年,共办理人大代表建议132件、政协提案149件,办结率100%。办理行政复议案件62宗。其次,政府作风建设取得实效。政府系统"两学一做"学习教育常态化制度化拓展深化、引向深入。廉政建设责任制严格落实,行政监察和审计监督进一步强化。认真落实中央八项规定精神,"四风"整治不断深化,"三公"经费和会议费支出连续五年实现"零增长",政风持续好转。

(二)云浮在发展中所取得的经验

1.坚持深化改革

坚持全面深化改革,是新时代坚持和发展中国特色社会主义的基本方略之一,也是更好地推动云浮市全方位发展的重要途径。在二十四年的发展历程中,云浮市始终坚持发挥改革开放的力量,在经济建设、政治建设、文化建设、社会建设、生态文明建设等多领域取得了显著的成果。坚持全面深化改革,必须坚持和完善中国特色社会主义制度,坚定不移推进改革开放,不断在制度建设和创新方面迈出新步伐,不断促进生产关系和生产力、上层建筑和经济基础相适应,促进经济社会各个领域、各个方面、各个环节相协调,不断推进治理体系和治理能力现代化。

第一,要冲破思想观念的障碍、突破利益固化的藩篱。在全面深化改革问题上,一些思想观念障碍往往不是来自体制外而是来自体制内。思想不解放,就很难看清各种利益固化的症结所在,很难找准突破的方向和着力点,很难拿出创造性的改革举措。新时代,云浮市应以更大的政治勇气和智慧,抓住重要历史机遇期,持续解放思想,持续深化重要领域改革,攻克体制机制上的顽瘴痼疾,突破利益固化的藩篱,进一步解放和发展社会生产力,进一步激发和凝聚社会创造力。

第二,必须高度重视社会主要矛盾的历史性转化。党的十九大报告提出,中国特色社会主义进入新时代,我国社会主要矛盾已经转化为人民日益增长的美好生活需要和不平衡不充分的发展之间的矛盾。新的矛盾自然也会给改革工作带来新的要求,云浮市正是很好地看到了这一点,于是在关注经济、民生等问题的同时,也十分重视文化教育等事业建设。近年来,云浮市落实"1+3"人才政策,实施"千人计划"等引才工程,引进各类人才 2612 人。其中新增副高以上高级职称专业技术人才 327 人,引进硕士研究生以上学历人才 233 人、基层医疗卫生特殊紧缺人才 168 人。全市首家省市共建"人才驿站"于 2017 年挂牌运作,并成功举办广东省第九届"海外专家南粤行"云浮专场、海内外高层次人才云浮行等活动。

此外,坚持深化改革也要注重发展的可持续性。云浮市的新生态建设正是很好地体现了这一要求。截至 2017 年,全市共计完成森林碳汇造林 3. 5 万亩,迹地更新造林 19. 06 万亩,完善提升生态景观林带 109. 8 公里,新建生态景观林带 29. 5 公里,森林覆盖率达 69. 7%。新建森林公园 9 个、湿地公园 2 个、街头绿地 3 个。城市建成区绿地率达 38. 34%,绿化覆盖率达 42. 05%。荣获"2017 中国绿色发展优秀城市"称号。

2. 坚持法治护航

在以习近平同志为核心的党中央的坚强领导下,云浮市紧紧围绕中央和省委的重大决策部署,深入学习贯彻党的十九大报告和习近平新时代中国特色社会主义思想,认真贯彻落实习近平总书记参加全国"两会"广东代表团审议时重要讲话精神,充分发挥立法的引领和推动作用,为全市改革发展提供了坚实的法治保障,切实把思想和行动统一到中央决策部署和省委要求上来。

第一,坚持立法与改革发展决策相衔接,在推动中央和省委重大决策部署的贯彻落实上下功夫。及时修改人口和计划生育条例、预算监督条例、立法条例等多部法规,落实中央有关生育政策调整、健全人大讨论决定重大事项制度、加强人大预算决算审查监督、完善立法体制机制等重大改革举措。

第二,坚持立法与改革发展决策相衔接,在加强重点领域立法上下功夫。

加强民主法治领域立法，为营造风清气正的政治生态提供法治保障。及时制定实施宪法宣誓制度办法、村民委员会选举办法，修改选举实施细则、乡镇人民代表大会工作条例等法规，推动市、县、乡三级人大换届选举顺利开展。加强社会领域立法，为营造团结和谐的社会生态提供法治保障。及时修改相关条例，实施老年人权益保障法办法、企业工资集体协商条例等法规，创新社会治理方式。加强生态环保领域立法，为营造山清水秀的自然生态提供法治保障。制定和修改自治区环境保护条例、海洋环境保护条例、湿地保护条例、饮用水水源保护条例等生态环保方面的法规。加强经济领域立法，为改革发展提供法治保障。

第三，坚持以人民为中心的发展思想，在积极回应社会关切促进立法为民上下功夫。顺应群众期盼立法，切实保障和改善民生。在群众普遍关注、事关群众切身利益的公共卫生、身体健康、消费者权益保护、老年人事业发展、食品安全、饮用水安全等方面出台有关法规。例如：云浮市第五届人民代表大会常务委员会第四十五次会议于2016年11月3日通过《云浮市农村生活垃圾管理条例》，已经广东省第十二届人民代表大会常务委员会第二十九次会议于2016年12月1日批准，自2017年3月1日起施行。善于利用地方立法权限，加强地方立法工作，抓好重点领域立法，突出立法地方特色，注重解决社会发展中的实际问题，妥善处理不同利益诉求，让群众更有幸福感安全感。

第四，坚持问题导向，在增强立法针对性、有效性上下功夫。针对问题立法，立法解决问题。找准立法需要解决的问题，增强具体制度设计的针对性。在建设新型工业园区的过程中，面对征地赔款等制约园区发展的问题，作出法定机构治理、净地征收等创新规定。提升立法成效，突出有效管用。对关键条款深入研究，做到能具体的尽量具体、能明确的尽量明确，在有效管用上做文章。

第五，坚持遵循客观规律，在深入开展立法调研论证上下功夫。坚持群众路线，深入基层调研。在进行新农村建设的同时，积极开展下乡调研考察活动，关注到农民真实的需求和困难，聆听群众的声音。

二、改革成就的取得与法治建设的紧密关系

（一）法治的引领和规范为改革提供了坚实的发展保障

在中国特色社会主义法律体系已经基本形成的背景下，党中央作出了“实践是法律的基础，法律要随着实践发展而发展”的重大判断。由此，如何随着实践发展进一步完善中国特色社会主义法律体系，更好地为改革开放保驾护航，成为必须正面破解的问题。要善于运用法治思维和法治方式解决问题。习近平总书记对此明确指出，“要完善立法规划，突出立法重点，坚持立改废并举，提高立法科学化、民主化水平，提高法律的针对性、及时性、系统性。要完善立法工作机制和程序，扩大公众有序参与，充分听取各方面意见，使法律准确反映经济社会发展要求，更好协调利益关系，发挥立法的引领和推动作用。”用法治引领和规范改革，已经成为新时期处理改革与法治关系的基本原则。

随着改革进入攻坚期、深水区，触及的深层次问题增多，改革的复杂性、系统性显著增强，各种风险和挑战增多，对改革的协调性、有序性提出了更高要求，更加需要以法治方式凝聚改革共识、推进改革。例如，2017 年云浮打响污染防治攻坚战，出台了《市城区空气质量环境整治 2017 年 11—12 月强化措施》和《2017 年度今冬明春大气污染防治专项工作方案》，全面启动 39 条大气水污染防治强化措施，并成立了史上最强的督察工作领导小组，实行每天一报制度，强化督察落实。强化措施实施以来，发出各类整改通知书 200 多份，停产取缔 34 家、责令整改 105 家、立案处罚 16 宗、行政拘留 8 人，罚款金额 100 万元，没有出现因环保问题引发的到省进京集体上访和非正常上访情况。由此看来，以法治引领和规范改革开放，有利于预防和化解社会矛盾，广泛凝聚改革共识；有利于消除各种深层次体制壁垒与改革障碍，使改革不断向纵深推进。在法治的框架内处理各种矛盾，寻求法治之下的最大共识，这是全面深化改革的制度保障。

第十四届云浮国际石材科技展览会、第八届云浮石文化节、2017 云浮经贸活动开幕式

（二）改革的成果推动了法治建设的进一步完善

1983 年，温北英先生在云浮市新兴县创立了温氏公司。35 年后的今天，当初的七户八股 8000 元资本起家的小公司，已在省内外建成 30 多家养殖分公司，是广东省农业龙头企业和全国农业产业化重点龙头企业之一。“公司+农户”模式曾经是农企业又快又好发展的杀手锏，但近年来，随着畜禽养殖业规模加大加快，畜禽养殖污染直接造成部分地区水环境质量下降，威胁着土壤环境和农产品质量安全，影响人居环境质量和人体健康。2004 年，温氏股份高层提出把环保放到企业经营管理的重要位置，并将“持续提升企业环保治理能力”正式提上了日程。2010 年，温氏股份大力推动各级单位下属种场、饲料厂的环保整治行动，督促合作家庭农场做好环保治理。2016 年，温氏股份累计投入环保设施建设资金 6.63 亿元，环保方面的资金投入逐年加大。云浮市各级政府也一直高度重视环境污染防治工作，市先后出台了《云浮市农业农村发展“十三五”规划》《云浮市环境保护规划（2016—2030 年）》《禽畜

养殖禁养区、限养区、适养区划分方案》等规范，明确了环境保护工作的指导方针、目标体系、重点任务和保障措施，提出环境污染防治、环保民生建设、农村环境整治、生态环境保护的思路及对策。

温氏集团的发展、改革与云浮政府出台措施条例正体现着改革的成果推动了法治建设的进一步完善。改革中完善法治，以改革推动法治。实践发展永无止境，改革开放永无止境，法治建设也永无止境。在不断推进改革中探索形成的实践成果和基本经验，是推进法治建设的重要动力和保障。党的十一届三中全会以来，中央不断推进改革的过程也是法治逐渐发展完善的过程，全面推进依法治国就是改革不断深化的必然要求。党的十八届三中全会不仅提出全面深化改革的总目标，而且用“六个紧紧围绕”概括改革的聚焦点和着力点，具体提出一系列改革举措和改革事项。这些重大改革举措和改革事项大都与法治建设息息相关，涉及现行法律的修改、缺位法律的制定、陈旧过时法规的废止。特别是从市场在资源配置中的“基础性作用”到“决定性作用”，从“国家管理体系”到“国家治理体系”，都是影响深远的重大变革，必将引发和带动一系列法律变革，促进法律体系的内在调整和法律制度的修改完善。党的十八届四中全会对法治建设的一系列新部署，充分反映了全面深化改革对健全完善法律制度体系提出的新要求。因此，云浮市要切实做好立法工作，把党的改革决策和国家的立法决策紧密结合起来，主动适应改革和经济社会发展需要，着力建设中国特色社会主义法治体系。要完善立法规划，突出立法重点，坚持立改废并举，提高立法科学化、民主化水平，提高法律的针对性、及时性、系统性。要完善立法工作机制和程序，扩大公众有序参与，充分听取各方面意见，使法律准确反映经济社会发展要求，更好协调利益关系，积极发挥立法的引领和推动作用。

三、坚持深化改革开放，加强完善法治建设

（一）正确把握改革与法治的关系

要处理好改革观念层面突破法律和改革实施层面遵守法治之间的关系。

改革应否受法律的约束,不是一个可以得出笼统结论的问题,而是应当将改革的观念形成与政策实施相区别后,再做出适当的分析。基于用法治引领和规范改革的原则,对于改革应否受法律约束的问题,我们认为,在改革观念的形成上可以不受法律的约束,而在改革政策的实施上则必须受法律的约束。改革就是要突破一切不符合“三个有利于”的体制机制,因此必须先行形成突破旧有体制机制包括法律束缚的改革观念,也就是“思想解放永无止境”。没有改革观念上的突破,就没有改革政策的形成与实施,改革就会停滞不前。但是,改革观念上的思想解放,并不等于改革政策实施上的无拘无束,任何改革观念在认识范畴的形成,并不应直接转化为实践范畴的政策实施。改革政策的实施必须遵守现行法律,包括其中被认为应当破除的现行法律。如果现行法律确实妨碍了改革观念向改革实践转化,则应当通过法治方式进行改进,否则,改革效益的实现就会以法治价值的不当损耗为代价。只有正确地把握住了改革与法治之间的关系,才能更好地为云浮市今后的深化改革制定出合适的发展道路、发展目标等。

(二)完善法治建设,为后续发展提供保障

在未来的发展中,云浮市仍然需要继续完善其法治建设。只有法治建设得到了及时的完善,才能够为云浮市的经济社会、工业产业、新农村、文化教育等方面的建设提供更加强有力的保障。首先,应当大力推进法治文化建设,实现法治宣传教育由浅到深、由虚到实、由软到硬、由无形到有形、由单向到互动的五大根本性转变,是落实普法任务目标的有效途径。只有法治意识深入人心,才能够为云浮市提供一个良好的法治环境。例如云浮在实施乡村振兴战略过程中,要构建乡村治理新体系,严厉打击农村黑恶势力、宗族恶势力,严厉打击黄赌毒等违法犯罪。其次,应当继续保持以问题为导向的原则,结合云浮市在发展过程中所遇到的实际问题,对于法规条例等进行完善或修改。此外,在政府建设的方面,也要加大力度预防职务犯罪,着力构建“不想腐”的教育机制、“不能腐”的制度机制和“不敢腐”的惩戒机制,努力实现标本兼治的预防目的,为云浮市各项政策的制定与实施组建出强大的工作团队。

（三）深化改革开放，着力云浮开拓创新

全面深化改革，必须坚持刀刃向内、敢于自我革命，坚持破字当头、迎难而上，坚持激发动力、增进人民福祉。要更加注重改革的系统性、整体性、协同性，以经济体制改革为牵引，推动各方面体制机制更加健全、更加完善。要唱好国家级改革试点重头戏，准确把握改革试点方向，加大先行先试力度，努力形成一批在全国有影响力的改革品牌和改革成果。要做好重点领域改革大文章，在行政体制、国资国企、财税金融、农业农村、医药卫生体制等领域，抓紧推出并实施关键性改革举措，力争取得突破性进展。要打好推进改革落实组合拳，引导广大干部争当击楫中流的改革先锋，进一步提高改革行动能力，推动改革举措早落地、见实效。要处理好改革和法治的关系，切实提高运用法治思维和法治方式推进改革的能力和水平，努力在法治轨道上统筹社会力量、平衡社会利益、调节社会关系、规范社会行为，使全社会既生机勃勃又井然有序。

云浮市作为广东欠发达地区，正在贯彻落实支持粤东西北地级市城区扩容提质战略部署，云浮新区不仅担负着新时期新常态下打造云浮经济“新增长极”的重任，更承载着云浮深化改革创新的使命。因此，加快推动云浮新区建设，首先要创新行政管理体制，其次以创新驱动促进经济增长。目前云浮新区的发展格局为“一核三区”，对园区内已有项目或即将引进项目要以创新驱动为引领，加快新区产业升级与产业结构调整，最终实现新区高效、集约、绿色的经济可持续发展。

（四）坚持新发展理念，为加快发展注入无限动力

在深化改革的过程中，坚持在以习近平同志为核心的党中央的坚强领导下，紧紧围绕中央和省委的重大决策部署，认真贯彻落实习近平总书记参加全国“两会”广东代表团审议时发表的重要讲话精神，坚持创新、协调、绿色、开放、共享的新发展理念，促进云浮市的协调发展和可持续发展。在这一过程中，云浮市可以利用自己的体制机制优势、生态环境优势等，例如：当前云浮市的商品市场基本形成了市场主体多元化、有序竞争、公平交易、统一开放的现代市场体系；云浮要高度重视生态环境保护，大力推动实施“绿色发展”战略，

生态环境优势凸显。空气环境质量保持在国家二级标准以上,森林覆盖率、城区绿地率分别达到68.9%、36.82%,均居全省前列。这些优势的存在都使得云浮市能够更好地走可持续发展的道路,从而帮助云浮市破解发展瓶颈、增强发展动力,实现更有效率、更好质量、更加公平的改革发展之路。

(五)用法律手段推动乡村振兴战略的实施

党的十九大报告首次明确提出实施乡村振兴战略,这既是适应新时代我国社会主要矛盾变化的必然选择,又是有效解决"三农"发展中的根本问题,即农业农村发展不平衡不充分问题的重大举措。因此,在乡村振兴战略实施中建设法治乡村是其中重要一环。云浮要认真总结"三农"改革经验,继续大胆探索,充分发挥后发优势,举全市之力抓好乡村振兴战略,努力走在全省前列。在这一波乡村振兴的大浪潮中,我们要走在前列,就应该把法治的理念进一步融入新时代云浮的改革工作当中。一是将法治理念融入云浮乡村振兴的中心工作当中。习近平新时代中国特色社会主义思想的基本内涵是"八个明确",其中"三个明确"提到了法治建设。乡村振兴战略二十字总要求,产业兴旺是根本,生态宜居是基础,乡风文明是关键,治理有效是保障,生活富裕是目标,以上这些都离不开法治思维。乡村振兴战略是促进法治进步与发展的动力和措施,法治是实现乡村振兴战略的稳定基础;乡村振兴战略是农村发展和解决新时代社会主要矛盾的重要抓手,法治环境的营造是确保这一重要战略顺利实施的可靠保障,也是乡村振兴的前提条件。二是将法治教育作为云浮乡村振兴宣传的主阵地。当前云浮市的乡村,农民富起来了,环境更美了。但乡村各主体法治意识仍然薄弱,广大农民在长期生活中已经形成了既定的行为规范,缺乏利用法律解决问题的意识和能力,往往认为权力大于法律。个别乡村的迷信活动多,文化活动少。村民的集体合作观念淡漠,私有观念膨胀,精神生活贫乏,法治思维的缺乏导致法律的权威性很难树立。培育农村的法治意识和思维习惯,推动乡村从人情社会走向规则社会。借助市(县)司法局、乡镇司法所等专业力量,通过宣讲团宣讲、典型案例现身说法及报纸、广播电视、网络等新闻媒介展播等方式,深入开展农村法治宣传教育。三是用法治手段夯实云浮乡村振兴的基层基础。完善村级基层治理组织机构,理顺村党支部与村民委员会的关系，要在坚持村党支部行使领导权这一基本原则的前提下，合理划分村党支部和村委会的职权范围。一方面要规范执法行为，尤其一些涉及执法部门，如公安、综合行政执法等部门，应严格依法履行《行政许可法》《行政处罚法》等法律法规所规定的职责，做到严格公正文明执法；另一方面要加强执法方式方法的创新。完善“四个平台”运行机制，对农业、林业、国土、行政执法、市场监管等部门应当建立乡镇综合行政执法机构，有效避免因重复执法或“多头”执法带来的执法弊端，确保对农村的行政执法实现严格公正文明的基本要求。另外，随着乡村振兴战略的全面实施，乡村振兴法提上议程。我国现行大多数法律，基本上都可以说是与城市有关，用于城市振兴，推进城市法治建设或者城市政府法治建设。这类法律法规和规章，涉及乡村建设的很少。因此，制定乡村振兴法是针对乡村法治建设专门制定的一部法律，正好补上了“坚持法治国家、法治政府、法治社会一体建设”的一块短板——乡村法治。这是通过增加法律供给，来保障农民权益的具体、重大的举措。由此可见，对于实施乡村振兴战略而言，颁布出台乡村振兴法无疑具有重要意义，乡村振兴法是乡村振兴的相关决策能够持续推进的法治保障。

（六）法治护航，建设生态宜居的美丽乡村

党的十九大首次把乡村振兴提升到战略高度，为我们在新时代做好“三农”工作指明了方向、提供了遵循。实施乡村振兴战略，是以习近平同志为核心的党中央作出的重大战略决策部署，对于加快农业农村现代化、巩固党在农村的执政基础、实现“两个一百年”奋斗目标，具有十分重大的意义。云浮市要结合自身实际，坚持以习近平新时代中国特色社会主义思想为指导，抢抓机遇、主动作为，对全面实施乡村振兴战略进行部署，大力推进城乡融合发展，奋力谱写新时代云浮市“三农”工作新篇章，努力实现村美景美人更美，建设生态宜居的美丽乡村。一是要做实“整治”文章。完善和落实新农村建设的相关法律法规。加大城乡环境综合整治力度，深入开展违法建设专项治理，推进农村“厕所革命”，推进农村生活垃圾治理和农村生活污水治理，推进农业面源污染防治，推进农村建房管控和风貌塑造，确保有新村更有新貌。二是要做好“生态”文章。加强生态环境保护，实施造林绿化与退耕还林、森林质量提

升、生物多样性保护等生态工程。推行绿色生产方式,深入实施化肥农药零增长行动,积极开展秸秆综合利用、农膜回收处理等试点,推进以沼气为纽带的生态循环农业发展,实现投入品减量化、生产清洁化、废弃物资源化、产业模式生态化。

改革开放与法治系统工程

杨 建 广*

广东四十年的改革开放和法治建设取得了巨大的进步，尤其在立法、司法、执法、守法过程中一些属于法治系统工程，践行社会主义核心价值观等方面都走在全国前列，广东改革开放与广东开展法治系统工程两者之间是相互促进的关系，法治系统工程是新时期全面推进依法治国的科学途径。

一、改革开放的开启与法治系统工程的发轫（1979—1991）

（一）中央改革开放的决策与广东经济特区的试验

1978 年 12 月，党的十一届三中全会提出了将党的工作着重点转移到组织建设上来的重大决策，并提出了“保障人民民主，加强社会主义法制”的任务，提出了健全法制的“十六字方针”，揭开了中国改革开放和迈向法治的序幕。随后，中央决定率先在广东进行改革开放，设立经济特区。

1979 年 7 月，中共中央、国务院在审慎调研的基础上，批转了广东省委、福建省委关于对外经济活动实行特殊政策和灵活措施的两个报告，正式下达了在深圳、珠海试办“出口特区”的决定。①

* 杨建广，中山大学司法体制改革中心（广东省法学会法治研究基地）主任，广东省法学会诉讼法学研究会会长，中山大学法学院教授。

1980年8月,第五届全国人大常委会第十五次会议批准施行《广东省经济特区条例》。其作为广东省改革初期创新性立法范例,是广东省在听取国内外各界人士意见、研究域外经济特区法规的基础上制定的,并向全国人大常委会就条例草案作出说明。[②]该条例作为经国家最高立法机构批准施行的权威法规,以法律形式固定经济特区优惠政策、对外开放政策,确保投资回报预期,消减投资者对政策不稳定的疑虑,是对国家赋予广东特殊政策的制度化体现,成为促进外商投资、鼓励个体投资最强有力的法律保障。条例颁布实施后,不仅挖掘了深圳、珠海和汕头特区的经济潜力,也推进了广东经济振兴与法治建设齐驱并进,从而带动广东改革开放向纵深发展。

(二)广东率先开展法治系统工程的探索

在广东改革开放刚刚开启的同时,以著名科学家钱学森为代表的系统科学专家叩响了法学的大门。广东成为中国法治系统工程的摇篮。

1979年,著名科学家钱学森在《光明日报》上发表的《大力发展系统工程,尽早建立系统科学的体系》一文中首次提出了法治系统工程的概念。随后,钱学森又于1980年在《文汇报》发表论文进一步界定了法治系统工程的内涵,即:我们的法制要健全,就不能有漏洞、有矛盾,要能适应国际法律;要在成千上万件法的庞大体系中做到这一点是一项不简单的事,可能要引用现代科学技术中的数理逻辑和计算技术;而这还不是全部社会主义法治的工作,因为上面说的还只是健全法制,再加上法律的实施如侦查、检察、审判等工作,才构成全部法治;[③]建设全部社会主义法治的工作是改造社会的极其重大的任务,称之为法治系统工程。[④]

1981年起,一批广东学者率先响应钱学森的提倡,先后发表了一批相关论文,[⑤]并于1982年成立了中山大学金字塔学社法治系统工程研究会,开展了一系列研究。

1984年,钱学森同中山大学的吴世宦合作发表《社会主义法制和法治与现代科学技术》,奠定了法治系统工程的理论基础。

1985年,在钱学森的支持和参与下,中山大学与中国政法大学共同主办了全国首届法制系统科学研讨会。这次会议受到了国家高层的重视,时任中央书记处书记陈丕显发来贺电，司法部长周瑜到会并讲话。这次会议对推进法治现代化具有里程碑意义，它标志着法治系统工程的探索已在全国展开。

随后，吴世宦、杨建广、骆梅芬等一批广东学者对法治系统工程的探索继续走在全国前列，发表了一大批高质量的学术成果。[⑥]

法治系统工程也被看作是运用系统工程对法治系统及其环境分析研究，择优制定和实施法律，以维护社会整体最大利益和局部合理利益的思想方法和组织管理技术[⑦]且融入了广东的法治探索。

如图1所示，法治系统工程本身是具有多层次结构的。法治系统工程对广东改革开放的作用一般可用三个词来表达。

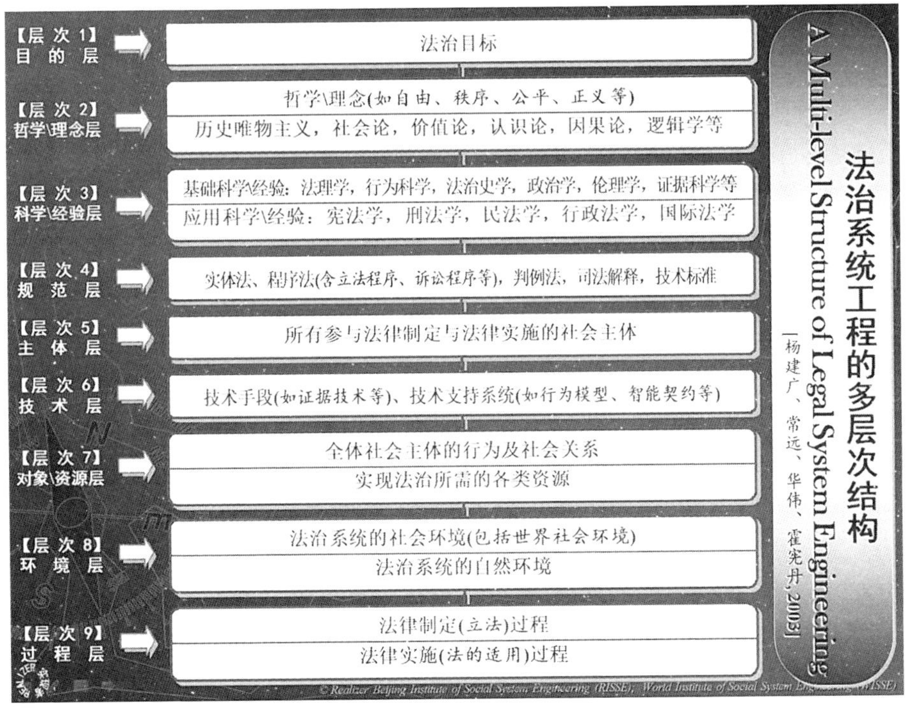

图1　法治系统工程的多层次结构

1. 总揽全局

法治系统工程是以系统方法为指导，将研究或作用对象看成系统加以分析和运用。因此，它能时刻提醒和帮助决策者全面掌握情况，弄清问题关键所在，做到宏观把握与微观推进相结合。

2. 协同创新

法治系统工程的一个重要运行原理是:整体大于部分之和;一定条件下的系统结构决定系统功能。因此,它能支撑人们在总目标的支配下,或通过重新调整系统的结构,或改善系统所处的环境,以实现系统要素的最优组合并发挥系统整体最优的功能。

3. 综合集成

法治系统是一个目标多元的复杂系统。运用系统工程技术,有利于最广泛地听取和吸收群众的意见和建议,科学地提取、整合代表大部分人的社会整体利益,同时尊重和保障少部分人的合宪合理的局部个人利益,进而在系统框架下,通过多次的多目标博弈,综合集成出合情、合理、合法的实施方案并保障其实施。

显然,法治系统工程从1979年开始,伴随着广东改革开放的浪潮日益广泛地融入了广东的社会经济建设和依法治省的实践探索之中。

(三)改革开放与法治系统工程互相促进

广东改革开放带来了广东经济的腾飞,也给广东的社会管理增加了复杂性。面对复杂的社会系统和严峻的治安形势,广东的管理者们不断探索着以法治思维为统领的社会治理新模式。

1988年,吴世宦与杨建广呼吁:为加快和保障广东社会经济发展,应尽快开展建立起以法治省的法治体系、法律体系,运用现代科学技术、系统工程等方法实现法制、法治以及法学的科学化、现代化。争取尽快用系统工程方法将广东构筑为一个建立在社会主义商品经济之上的新型的"民主—法治—科学"的三环结构系统,以保障广东改革开放的成果。⑧

与此同时,广东法治系统工程的探索为广东改革开放、经济腾飞提供了技术支持和法律保障。从改革之初,历届广东省委都非常重视社会主义民主和法制建设。注重按法治系统工程理论所强调的法律具有很强的科学性、规律性办事,不断提升立法质量。如1983年11月,为了保证深圳房地产市场的健康发展,广东省人大常委会适时通过了《深圳经济特区商品房产管理规定》。又如,为了促进商品房的销售,增强市民的安全感,深圳市人大常委会于1994

年9月及时施行了《深圳经济特区社会治安综合治理条例》。

正是由于法治系统工程理论探索与改革开放丰富实践的良性互动,广东的改革开放和法治建设一直走在全国前列。

二、改革开放的接续与法治系统工程的快速推进(1992—2012)

(一)中央坚持改革开放的决策指引广东改革开放再出发

1992年3月,邓小平同志在南方谈话中作出了“还得要靠法制”的重要论断。1992年10月,党的十四大报告中重申“高度重视法制建设。加强立法工作,特别是抓紧制定与完善保障改革开放、加强宏观经济管理、规范微观经济行为的法律和法规,这是建立社会主义市场经济体制的迫切要求”,“建立和完善社会主义市场经济体制,是一个长期发展的过程,是一项艰巨复杂的社会系统工程”。这些指引广东继续先行先试的决策,引发了广东学者的深思。

改革开放之初,特别是广东这样先行先试的地方,经济发展迅速、社会转型剧烈而法制却不健全。在这种社会大环境下,坚持广东改革开放,坚持依法治省,这是法治系统工程实践的又一突出表现。

1992年3月,中山大学吴世宦教授给时任广东省委书记谢非呈上了一份“在全国率先实行以法治省的设想”。谢非书记对吴教授的建议信作出“广东在法治方面应有所突破”的批示,[9]并指示省委政法委领导组织落实。[10]值得说明的是,这里的“以”字强调的是在改革开放之初,法律还不完善,强调的是领导者要树立法治思维。尽管吴世宦在建议中提出的“以法治省”与后来的“依法治省”有着一字之差,但其意思和效果是一样的,更符合当时的广东实际。事实上,在当年“以法治省”的提法一经新闻媒体报道后,立刻在广东省内省外各界引起了热烈反响。广东省法学会于1994年8月专门召开“市场经济与以法治省”大型学术研讨会,发表了《树立广东“全国火车头”的法治形象——成立广东省法治系统工程中心的设想》《论中国法治信息系统工程》《依法治省与社会治安系统工程》等一批法治系统工程方面的决策建议性的论文。对此，广东省委原书记、省顾问委员会原主任、时任省法学会会长王宁的评价是："'以法治省'涉及立法、执法、司法、守法、法律监督、法律教育等诸多方面，是一个系统的统一体。在一定意义上讲，'以法治省'是一项宏大的社会系统工程。"⑪

（二）广东率先依法治省对国家依法治国战略决策的促进

1993 年 5 月，谢非在中共广东省第七次党员代表大会的报告中，强调"我们必须高度重视并认真推行政治体制改革，建设民主政治，实行以法治省"。⑫

1994 年 12 月，谢非发表了题为《加强法制建设，坚持以法治省》的重要讲话，强调，"以法治省是立法、执法、守法和监督法律实施等多个方面的统一，其核心是一切依法办事"，"以法治省是我们政治体制改革的一个重要目标"，"民主法治是带根本性、起保障作用的机制，我们必须高度重视"。⑬

1996 年 8 月，广东省委又作出了《关于进一步加强依法治省工作的决定》（以下简称《决定》）。

以上三份代表广东省委意见的文件，都明显带有 1992 年吴世宦教授向广东省委递交的《率先实行"以法治省"试验的建议》的痕迹。如《决定》第七条就首先指出，"依法治省是一项社会系统工程，各行各业要……推动行业依法管理"。这些内容都是吴世宦等一批法治系统工程专家一直强调的法律的规律性、科学性的思想体现。

广东省委于 1996 年率先作出依法治省的决策，并成立了依法治省工作领导小组，形成了依法治省的工作机制。在改革开放的不断探索和实践中，逐步形成了依法治省的"广东模式"。犹如改革开放初期在南粤大地上激荡解放思想热潮，唱响先行一步壮歌那样，这次依法治省的思想酝酿又是社会系统工程的决策者与包括专家学者在内的人民群众上下同心、推动广东在建设社会主义法治国家的历史进程中再次先行一步。

1997 年 9 月，在党的十五大上，党中央确立了依法治国的基本方略。时任中共中央总书记江泽民于 1997 年 12 月 25 日在全国政法工作会议上曾就确立这一治国方略作出了说明，"实行依法治国，建设社会主义法治国家，是一项复杂的社会系统工程，在立法、执法、司法和普法教育等方面都有大量的工作要做,需要付出艰苦的努力”。[14]这明显与广东学者和广东省委早前对以法治省和法治系统工程的认识和理解是一致的。

(三)改革开放与依法治省比翼齐飞

1992年10月党的十四大直面中国改革转型的机遇与挑战,宣示中国进入新一轮改革阶段。广东敢于创新、顺势而为,遵循中央授权和嘱托探索先行,加快立法步伐,重视发挥地方性法规的经济指导效能,也承担起全国立法工作试验田的重大角色和艰巨使命。在1996年开始施行的《关于进一步加强依法治省工作的决定》中,提出依法治省的“两步走”的部署,[15]标志着广东率全国之先进入依法治省的全面实施阶段。在这一时期,法治建设与改革开放相辅相成,前者保障后者有法可依、后者倒逼前者趋于健全完善。

据统计,仅在1993年至1996年这4年间,广东省制定并通过的地方性法规多达120个,超过改革开放至1992年这14年间制定并通过的地方性法规数量总和,省级政府规章的数量更是庞大。上述地方性法规、规章超过一半都为经济领域立法,为广东经济改革、产业转型创造了良好的制度环境。

1993年5月,广东省运用法治系统工程方法完成了全国第一个委托非官方机构并运用系统方法起草的法规——《广东省经纪人管理条例》。该条例的通过充分体现了立法对改革开放的保障和促进作用。经纪人作为“市场红娘”,是改革开放之初催生的各类市场主体,在发展市场经济中具有不可或缺的作用。但在当时的法律框架下,经纪人都是“投机倒把”分子。经纪活动是一种犯罪活动。广东省率先通过该条例改变这种状况,此法在全国首次为被认为是“投机倒把”的经纪人正名,确立了经纪人的法律地位,充分释放市场经济活力,为多家报刊重点跟踪报道,给予《广东省经纪人管理条例》高度评价。

2006年,广东在制定未成年人保护相关法规的过程中,逐步探索出了“多元主体协同起草法案的立法系统工程模式”,被全国人大作为“开门立法”经验推广。[16]

安全文明小区、安全文明村建设是这一时期依法治省的又一特色活动。

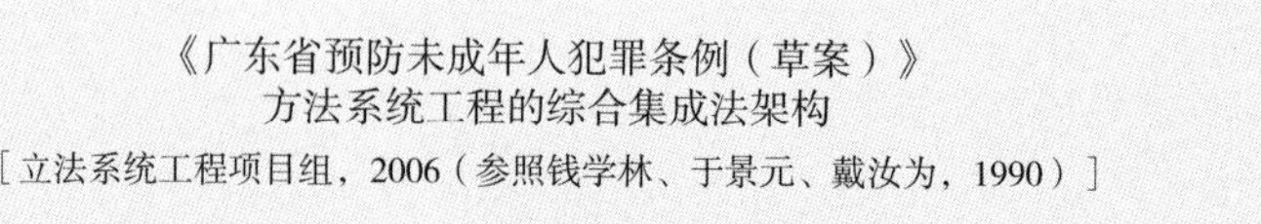

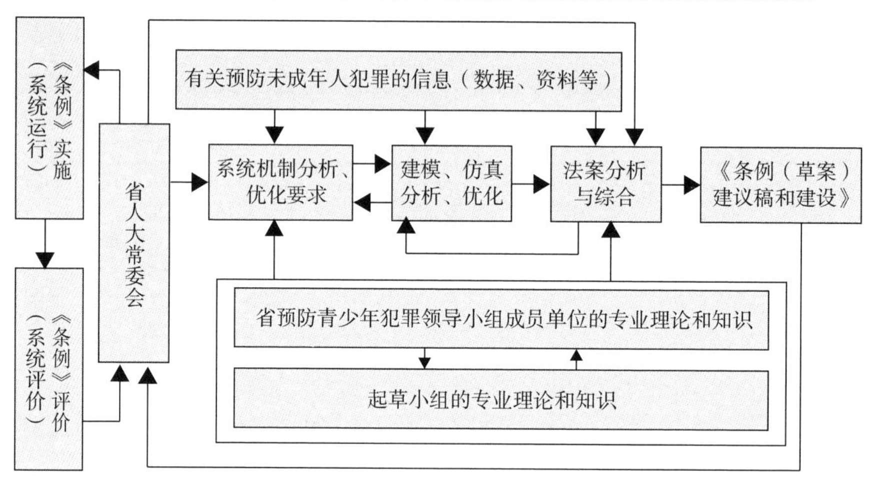

图2　多元主体协同起草法案的立法系统工程模式

1995年5月,广东省委、省人民政府在《关于加强社会治安综合治理的决定》中明确规定,在坚持高标准、规范化的前提下,在全省推广创建安全文明小区、安全文明村活动,1995年下半年各市、县百分之五十的村镇、街道开展这项活动,1996年底前全面开展。该决定的颁布,标志着安全文明小区在广东开始全面推广。此后,安全文明小区的名称在广东随处可见。[17]

镇街综治信访维稳中心(以下简称“镇街中心”)协同发挥综治、信访和维稳等多种党政机关职能,是适应转型期社会的先进治理模式,是中国改革开放的先行地区广东省落实依法治省的又一创举。其运行贯彻了法治系统工程理念。在充满复杂性的世界化时代,社会系统中发生的各种人为冲突以及灾害事故所带来的危险性也明显增加,安全与发展成为政府部门与人民群众最为关心的基本问题。从系统工程观点来看,镇街中心整合了镇街现有党政机关资源。根据系统科学的结构性原理,整合资源(即系统综合)不是将系统(镇街党政机关)已有的要素(司法所、综治办、信访办等基层职能部门)按原来的联系机械地重新拼接起来,使之复原成原来的整体系统,而是根据系统分析得到的各要素之间、要素与系统之间、系统与环境（包括管理服务对象）之间的联系特性，在总目标的支配下，寻求各要素之间的新的优化结构，重新把各种要素组织起来，创造出更适应当代复杂社会形势需要的新的系统整体（镇街中心）。广东的实践证明，整合成功的镇街中心所具备的众多功能是原有各党政机关职能部门单独运作时所无法完全实现的。[18]

三、改革开放的深化与法治系统工程的全面展开（2013年至今）

（一）全面深化改革在广东的实践

党的十八大以来，工业经济向大数据经济、信息经济转型的趋向愈发明显。信息化建设引发跨界融合和新时期生产方式的革新，并成为国际利益再分配、资源流转和重塑国际利益格局的核心要素。以信息化助推现代化成为信息经济时代国家战略体系、社会治理体系的重要内涵。2016年，《国家信息化发展战略纲要》将信息化法治建设提升到新高度，定位为全面依法治国的重要内容。

2012年12月，习近平总书记在广东省调研期间，充分肯定了广东改革开放的成就。在总结广东改革经验时，他旗帜鲜明地提出了如下论断，“改革开放是一个系统工程，必须坚持全面改革，在各项改革协同配合中推进”，并强调了“改革的协同性、系统性和整体性”。

新时期，广东省立足先前法治系统工程的理论探索与实践成果，夯实改革开放以来积淀的法治土壤，直面我国信息化发展中存在的核心技术自主创新率不高、信息集约化水平较弱、信息基础设施普及程度有待提升、区域和城乡差距较为显著、信息化在推动生产要素变革和服务国家总体布局中的潜能尚未充分发掘等难题，倡导用信息化、智能化手段疏通沟通渠道、辅助科学决策、把控社会态势，以信息化、智能化助推广东治理能力实现现代化转型，加速法治广东的建设进程。

（二）改革开放的法治保障体系日趋完善

1. 智慧法院建设推动审判体系智能化

面对有限的司法资源与日益繁重的办案任务之间的矛盾，广东省法院系统致力于加强人工智能、大数据等高新技术手段与法院工作的深度融合，推动法院司法资源集约化和审判体系现代化。[19]如在法院诉讼服务中心设置导诉机器人，以提供法规查询、指导案例查询、法律咨询等快捷及时的服务；全面推广诉讼费网上缴纳，减轻当事人负累；探索电子卷宗的随案生成与深度应用，试行法院大数据管理分析平台，实现类案识别与推送，辅助司法裁量、领导决策和法官考核，及时调整、优化司法资源配置等。

2. 智慧检务推进检察工作现代化

广东省首创的侦查活动监督平台结合侦查活动监督和审查逮捕工作经验，科学设置监督节点，通过创新监督方式助推监督品质，提升侦查监督可操作性和规范化水平。[20]自 2015 年 12 月上线以来，广东省人民检察院侦监部门已通过该平台发现多起案件存在证据瑕疵等问题，向侦查机关发送《侦查活动监督通知书》数千份，取得良好效果。其作为广东省检务工作极具代表性的现代化探索，受到最高人民检察院的肯定并要求在全国十个试点省份予以推广和升级。

此外，广东省人民检察机关案管系统充分利用大数据分析手段，实时掌握辖区内任意区域、任意时间段的犯罪走势和执法行为异象，为决策提供依据和指引；依托远程视频提审、跨部门电子卷宗网上流转、网上换押，提升办案效率，产生了令人惊叹的“深圳效率”。

3. 智慧新警务践行警务技术创新

广东公安警务工作创新在全国可圈可点。追溯警务工作的创新之路，广州市公安局在全国率先创立 110 报警服务台。当前，广州、珠海等多地的公安局已开通微信报警服务，实施社会稳定风险评估机制，定时发布安全指数和安全预警，开发并运行 110 接警服务的综合指挥调度系统，实现多层级、可视化、同步性智能集成指挥和资源调度。

2018 年 1 月，广东省公安厅与华为技术有限公司等采用“1+1+N”模式[21]

联合创建广东智慧新警务联创中心并正式启动运作。[22]2018 年 4 月,广东省公安厅推出“13847 规划”,[23]提出了警务工作未来样态的构想,进一步提升警务工作精密化、规范化管理水准。

4. 立体化社会治安防控体系保障法治广东建设

根据中央部署,广东省创新社会治安防控体系的立体化建设,致力于提升公共安全智能化水平,全面推进“平安广东”建设。一方面,依托信息技术构筑基层综合服务管理平台,发挥网格化管理在基础数据采集、治安防控、社情民意收集等方面的效能,运用大数据优化考核指标体系,提高社会治理水平。另一方面,全面探索公民利益协调和权益保障进路,构筑立体化、多层次的社会治安信息防控网和联动高效的应急救援机制,着眼于有效预防和及时化解社会纠纷。既强调政府主导,也重视社会众筹、社会合作、群众参与,致力于依靠设备互通、信息互通实现资源共享,依托数据应用实现无缝防控、及时应对。

2014 年,广东省信访局开通网上信访通道,实现信访信息系统联通和诉访分离,致力于使网上信访成为信息化时代的信访主要渠道;2015 年,共青团广州市委推动设立金不换工程[24]作为非营利性青少年教育系统工程;2016 年,广东省委、政法委部署全面健全以镇街中心为枢纽,以网格为基本单元,以综治信息系统为支撑,覆盖城乡社区的“中心+网格化+信息化”工作体系,[25]发挥防控违法犯罪、化解矛盾纠纷、排查公共安全隐患三大作用,其中广州、深圳、佛山、珠海、江门等城市的“雪亮工程”建设获得中央综治委、国家发改委、公安部的肯定,被列入全国第一批“雪亮工程”示范城市名录;2018 年,广东开通首个未成年人网络帮教预防平台,对接线下帮教平台,实现帮教预防工作的全天候、远程、实时互动,并充分利用平台数据以辅助预警分析和防治决策。

(三)法治系统工程是全面依法治国的科学路径

习近平总书记提出,全面推进依法治国是一项庞大的系统工程,必须整体谋划、统筹兼顾、把握重点,在共同推进上着力,在一体建设上用劲。法治作为社会主义核心价值观的组成部分,是全面推进中国法治化转型过程中贯穿始终的价值导向,也是实现民主、文明、公正、自由等社会主义核心价值观的基石。法治系统工程作为一种研究方法、思维模式和应用技术,则是建设法治中国的必由之路。

一方面，需要领导者进一步内化法治的理念。首先，从习惯把自己摆在法律之外或之上，转变到自觉在宪法和法律的范围内活动，保证改革开放持续健康发展；其次，从习惯于以言代法，单纯依靠政策办事，转变到重视依靠法律办事，依靠法律推进改革，把宪法和法律置于领导人讲话和政策之上。[26]2018 年 5 月 1 日开始施行的《广东省法治宣传教育条例》便是广东省为引导领导干部带头守法、引领全省树立法治信仰、提升法治化建设水平的又一突破性尝试。

另一方面，法网仍需严密编织。改革开放以来虽然法律体系已基本建成，但具体到某些方面法网仍不够严密。如社会治安综合治理方面的法律法规就有待完善。完善国家和地方两级社会治安综合治理方面的法律法规是以镇街中心为代表的立体化社会治安防控体系发挥长效机制的实现路径。

历史经验告诉我们，虽然广东的镇街中心建设卓有成效，但随着主要领导的更替、主管领导工作重点的转移，镇街中心的运作将会减缓甚至可能停顿，而要确保镇街中心发挥长效机制，最有效的方法还是将其纳入现行的全国法律法规框架，用法律制度来保障。

全面推进依法治国是一项复杂的社会系统工程。为努力把广东建设成为全国最安全稳定、最公平公正、法治环境最好的地区，我们必须在以习近平同志为核心的党中央坚强领导下，依照宪法和法律，以法治系统工程技术为支撑，总揽全局、协调创新、综合集成，这是依法治国在广东全面实现的科学路径。

【注释】

①详见《中共中央、国务院批转广东省委、福建省委关于对外经济活动实行特殊政策和灵活措施的两个报告》（中发〔1979〕50 号）。

②张明杰：《江泽民与我国经济特区的初创》，载《党的文献》2010 年第 5 期。

③杨建广：《法治系统工程 20 年（上）》，载《现代法学》1999 年第 5 期。

④钱学森：《从社会科学到社会技术》，载《文汇报》1980 年 9 月 29 日。

⑤1981 年，中山大学教师吴世宦发表了《建立我国法治系统工程学的浅议》（《科技管理研究》1981 年第 4 期）。随后，中山大学教师罗辉汉又发表了《关于开展法治系统工程研

究的刍议》(《法学杂志》1982 年第 5 期)和《略论法治系统工程的特点和方法》(《法学杂志》1983 年第 4 期)两篇论文。1983 年,吴世宦、何博传、刘春龙发表了《电子计算机法律咨询的设想与前景》一文。

⑥吴世宦等:《论法治系统工程》,群众出版社 1986 年版;吴世宦:《法治系统工程学》,湖南人民出版社 1988 年版;吴世宦、程信和:《建立中国式的经济法系统工程》,载《江海学刊》1985 年第 4 期;罗辉汉:《法治系统工程及其研究途径》,载《中山大学学报(社会科学版)》1985 年第 4 期。

⑦杨建广:《法治系统工程 20 年(上)》,载《现代法学》1999 年第 5 期。

⑧吴世宦、杨建广:《从十年来广东省改革开放的实践看马克思主义法学的新发展》,载《中山大学学报(哲学社会科学版)》1988 年第 4 期。

⑨张富强:《改革开放与广东依法治省实践》,载《学术研究》1997 年第 12 期。

⑩贺纪元:《“以法治省”的呼唤——吴世宦教授的一份郑重建议》,载《粤海同心》1992 年第 7 期。

⑪广东省法学会编:《社会主义市场经济与以法治省论文集》,花城出版社 1996 年版,第 1、52、69、197 页。

⑫张斌:《依法治省必须重视的几项工作》,载《人民之声》1994 年第 12 期。

⑬谢非:《加强法制建设,坚持以法治省》,载《南方日报》1995 年 1 月 12 日。

⑭《法制日报》1997 年 12 月 26 日。

⑮第一步是用五年形成依法治省的良好政治和社会环境,第二步是用十年建立起完备的依法治省体制。

⑯杨建广等:《法治系统工程 30 年》,载中山大学法学院编:《法学之道——中山大学法学院复办 30 年纪念文集》,法律出版社 2009 年版,第 612 页。

⑰史希腾:《社会治安系统工程的一种模式:安全文明小区》,载《现代法学》2000 年第 3 期。

⑱朱穗生主编:《强基固本新探:广东省镇街综治信访维稳中心纪实》,中国长安出版社 2010 年版,第 225 页。

⑲2017 年 4 月广州市中级人民法院发布的《推进智慧法院建设的情况报告》。

⑳2016 年 7 月,在全国第十四次检察长会议上,最高人民检察院明确将侦查活动监督平台作为“广东经验”推广至全国。

㉑两个“1”分别代表广东省公安厅和华为技术有限公司,“N”代表其他高新技术企业和科研院所等。

㉒《粤全力打造智慧新警务》，载《南方日报》2018年1月18日。

㉓“13847规划”指的是：一个愿景（为全国省级行政区的社会公共安全治理提供“广东样本”）；三步走策略；八大创新警务应用（智慧新指挥、智慧新管控、智慧新侦查、智慧新防控、智慧新交管、智慧新监管、智慧新民生、智慧新警队）；四大智慧赋能工程（大数据工程、云网端工程、视频云工程、警务云工程）；北斗七星计划。

㉔前身为1993年由广州市中级人民法院会同共青团广州市委员会设立的羊城金不换工程。

㉕金宸：《广东探索农村社区建设新路径》，载《大社会》2017年第4期。

㉖吴世宦、杨建广：《从十年来广东省改革开放的实践看马克思主义法学的新发展》，载《中山大学学报（哲学社会科学版）》1988年第4期。

法治建设助推信息产业发展

谢　琳　马英莲*

党的十九大作出了中国特色社会主义进入新时代的重大政治论断，确立了习近平新时代中国特色社会主义思想的历史地位，对新时代全面建设社会主义现代化国家作出了战略安排。建设现代化经济体系，事关我们能否引领世界科技革命和产业变革潮流、赢得国际竞争的主动，事关我们能否顺利实现“两个一百年”的奋斗目标。广东应更加重视发展实体经济，把新一代信息技术、高端装备制造、绿色低碳、生物医药、数字经济、新材料、海洋经济等战略性新兴产业发展作为重中之重，构筑产业体系新支柱。

随着信息技术的飞速发展、社会信息化进程的快速推进，人类进入了信息时代。信息时代离不开信息产业、信息技术和信息市场的支持。因此，信息产业成为当今和未来社会发展中最重要的战略产业，成为推动经济发展的主导产业和拉动经济增长的重要力量，成为当代社会逐步取代石油、钢铁、汽车等传统产业的领头产业。基于信息产业对国家经济发展和社会进步的推动作用，世界各国越来越重视对信息产业的开发和应用，制定了完善的信息产业政策并立法保障信息产业的发展。我国的信息化建设起步较晚但发展迅速，短短十几年的时间，已发展成为当今世界继美国、日本之后信息产业的第三大国，这也得益于我国制定的一系列信息产业政策、法律法规的保护。如今广东省的信息产业有了一个大跨步的发展，信息技术发展突飞猛进，信息技术创新

* 谢琳，广东省法学会信息通信法学研究会理事，中山大学法学院讲师、硕士生导师；马英莲，中山大学法学院助教。

更是层出不穷,信息产业的法治建设也更加完善。但是在经济高速发展的今天,我们迫切需要通过立法为信息产业的发展创造良好的“软”环境,以此推动广东省信息产业持续稳定发展。

一、广东信息产业改革开放四十年来的发展概况

(一)广东信息产业的发展成就

自从1946年第一台电子计算机问世以来,以信息技术为标志的高新技术迅猛发展,在全世界掀起了新的技术革命浪潮。全球信息化使信息技术在我国得以飞速发展并广泛应用,随之带动了我国信息产业的崛起和壮大。经过改革开放四十年的发展,我国信息产业的规模日益扩大,产业基础渐趋雄厚,建立起长江三角洲、珠江三角洲和环渤海地区三大电子信息产业区域,总体上已步入信息产业大国的行列。

广东省的信息产业起步较早,特别是广州和深圳,都较早建立了信息市场,一定程度上对广东省的经济发展起到了决定性的作用。改革开放四十年来,广东省的信息产业是全国的引领性产业,从1980年到1994年的15年间电子及通信设备制造业的企业数从189个增加到1631个,其发展速度大大超过了广东省的经济发展速度。①

1995年至2013年,广东省已发展成为信息产业大省和世界信息产业的一个重要制造加工基地。2002年,党的十六大报告指出:“坚持以信息化带动工业化,以工业化促进信息化,走出一条科技含量高、经济效益好、资源消耗低、环境污染少、人力资源优势得到充分发挥的新型工业化路子。”这为我国现代化建设指明了发展方向。在此期间,广东省电子信息产品制造业与软件业一直保持高速增长的态势,成为我国三大电子信息产品制造业基地之一。广东省电子信息产业工业总产值、出口交货值、产品销售收入等主要指标约占全国全行业三分之一,连续18年产值位居全国第一。广东省同时也是全球重要的电子信息产业基地,珠三角地区依托广州、深圳等地区的电子信息产业优势,成为我国大数据产业集聚区域,培育了一批实力较强的大数据创新企业,

呈现出“广州引领、珠三角集聚、粤东西北紧随”的发展态势。珠三角地区依托广州、深圳的电子信息产业优势，发挥广州和深圳两个国家超级计算中心的集聚作用，在腾讯、华为、中兴等一批电子信息企业的带动下，已经逐渐形成了大数据产业集聚发展的趋势。

2013 年至今五年的时间里，可以说广东省的信息产业又有了一个大跨步的发展。世界信息技术发展突飞猛进，信息技术创新层出不穷，以“大数据”为主导的信息化浪潮正席卷全球，成为全球范围内加速企业技术创新、推动政府职能转变、引领社会管理变革的利器。广东省信息化持续快速发展，信息技术在国民经济和社会各领域广泛应用，对信息资源的采集、分析和价值挖掘日益深入。省政务信息资源共享交换体系初具规模，交换平台覆盖 60 多个党政部门，共享数据超过 20 亿条，互联网、电信、电子商务、电力等领域形成了一批规模宏大的大型数据平台和分析应用，为企业决策、营销和客户服务发挥了巨大作用，效益显著。

（二）广东信息产业的发展特色

作为经济大省和具有区位优势的广东，信息产业的发展走在全国的前列。目前，广东信息产业发展迅速，初步形成了“广深科技创新走廊”，有了更多大型信息骨干企业，信息产业成为支柱产业，融入全球的产业发展新浪潮。

1.“广深科技创新走廊”的形成

广东省委、省政府在 2017 年提出并设计规划了“广深科技创新走廊”，由十大核心创新平台组成，主要包括：在广州，发挥高校科研院所集聚的优势，建成有国际影响力的国家创新中心城市和国际科技创新枢纽；在深圳，发挥高新技术企业集聚，市场化程度高的优势，加快建设国际科技、产业创新中心，打造具有全球竞争力的创新先行区；在东莞，发挥制造企业和工业园区集聚优势，建成具有全球影响力的先进制造基地、国家级粤港澳台创新创业基地，华南科技成果转化中心。这个科技创新走廊的形成，基本包括了广东省大部分骨干信息企业，有效地促进了区域经济的发展和科技的进步，极大地提高了科技创新能力，同时也为广东省的信息产业发展提供了相应技术支持。

2. 更多大型骨干企业的出现

2001年全国电子信息百强企业中，广州、深圳就有17家，在全国软件百强企业中有20家出自广州。至今为止，产生了一大批以华为、TCL、腾讯集团、长城计算机、天音通信和广州唯品会等为代表的大型国际知名企业。广东省以上重点企业发挥规模优势，龙头作用也逐渐显露。重点企业的发展和企业技术中心的建立，带动了广东省整个信息产业的发展和效益的增长。华为、中兴等通信设备制造大企业在移动通信设备、数字集群系统、高端程控交换机等领域的核心技术不断取得突破，行业竞争力增强。珠三角地区电子信息产业向高端“进军”，初步形成新型的显示器产业集群。目前，广东已在关键技术领域实现了重点突破，正逐步扭转产业核心竞争力不强的局面。

3. 新一代信息产业加速跑，融入了全球产业发展的新浪潮

随着广州IAB计划的实施，一大批企业加速推进信息技术产业布局，融入全球的产业发展新浪潮，中国探月工程总设计师孙家栋在2017年广州新一代科技技术院士高峰论坛上指出：“这些年国内很多地区、企业都在大力布局北斗领域，广东的发展优势最好，在广州，以海格通信为代表的企业正推动广州的新一代信息技术产业链更完整、应用面更广、发展更快。”②很多创新龙头企业的新一代信息技术产业相继在广州落地生根，根据《广州市建设“中国制造2025”试点示范城市实施方案》，到2019年底，新一代信息技术将取得重大突破，将会快速融入全球化信息产业发展的新浪潮。

二、广东信息产业的法治保障

（一）地方立法促进广东信息产业发展

在改革开放初期，广东省的信息产业发展刚刚起步，面临诸多问题，譬如创新能力不足等，尤其珠三角地区的“信息文化程度”大体上是处在以操作性信息为主的中低层次应用阶段，信息系统基础薄弱，电子化信息系统建设投入不足，生产装备现代化水平较低，信息市场发育水平低。虽然信息市场机制已初步建立，但远不能适应信息产业发展的要求。加上市场指令不灵、市场导向

不力,很多时候行政干预太多,并没有完全按市场规则和价值规律运行。但是广东省的地域优势明显,只有通过改革创新推动经济发展。为了加快信息化产业发展,规范信息化服务与管理,广东地方人大常委会开始对地方立法予以规范和引领。如深圳市人大常委会1999年1月25日通过《深圳经济特区信息化建设条例》,2004年6月25日通过修正的《深圳经济特区信息化建设条例》,2014年5月29日,广东省第十二届人民代表大会常务委员会第九次会议通过《广东省信息化促进条例》等地方法规。

两部地方性法规的制定对广东信息产业的发展起到了很好的保障、促进和引领作用。

1.明确了政府在推进信息化工作的职责

前述两个条例中都开宗明义指出:“为了促进和加快信息化建设的发展,加强对信息化建设的规划和管理,根据国家有关的法律、行政法规的基本原则,结合实际,制定本条例。”为解决信息化发展中市场导向不力,信息系统基础薄弱的问题,《深圳经济特区信息化建设条例》中规定人民政府应当扶持信息产业的发展,有步骤地开展信息化普及教育与宣传,提高全民信息化意识。这在一定程度上为深圳的信息化发展提供了支持和方向,为信息系统薄弱的问题给予了教育和帮助,从立法上促进了信息化的发展。《广东省信息化促进条例》第四、第七和第八条中规定,[③]由人民政府领导信息化促进工作,将信息化发展纳入本行政区域的规划中,根据需要安排专项发展资金,由省政府整合信息化资源,促进信息化均衡发展,推进信息资源共享;省政府与其他省市加强信息化合作,推进港澳地区的信息化建设及其交流与合作。因此,在信息化发展薄弱的情况下,通过立法规定政府为信息化发展提供支持和帮助,极大地促进了广东省信息化的发展。

2.明确了政府在信息化进程中的具体政策和措施

在信息化规划与建设以及信息资源分享上,《深圳经济特区信息化建设条例》中规定市信息化主管部门应当公布市信息化建设总体规划及其执行情况,并接受社会各界的咨询与监督,通过立法对深圳市信息化工作进行了明确的规划,指导了信息化的发展。同时还规定市信息化主管部门应当会同有关部门编制市信息产业发展目录,引导信息产业发展,市政府应当就电子信息产品的制造、软件的研究、开发与推广以及信息资源的开发与利用制定具体的优惠政策和措施，鼓励开发、生产具有国内、国际先进水平的信息技术和信息产品。有了明确的法律规定和优惠政策，信息产业得以迅速发展壮大。该条例中还规定有关政府机构设置及职责分工、办事程序、办事条件及依据等一切可以公开的信息资源，均应通过公共信息网络或其他媒介向社会公布，国家机关对外公开的信息，应当允许社会组织和公民个人无偿地查询或索取，确需收费的，有关部门可按规定收取成本费，资源的共享为信息化发展提供了更多的信息。《广东省信息化促进条例》也规定资源共享，鼓励开发，由政府统筹和建立网络服务平台，县级以上人民政府及其有关部门应当积极推进云计算、物联网、大数据等新技术、新产品在政府部门的安全可控应用，提高在线履行服务与管理职能的水平。该条例中不仅提出了大数据、云计算等新技术的推进，也明确地指出对个人信息要合理使用，不得进行不合理的利用。

信息技术发展突飞猛进，信息技术创新层出不穷，以“大数据”为主导的信息化浪潮正席卷全球，信息产业的发展成为全球范围内加速企业技术创新、推动政府职能转变、引领社会管理变革的利器。为了促进大数据产业的发展，广东省政府先后制定了《广东省大数据发展规划》《珠江三角洲国家大数据综合试验区建设实施方案》，使得广东省的数据产业发展很快融入了全球化进程。

大数据的发展离不开立法的“保护层”，在大数据时代，网络安全建设和立法是促进大数据产业健康发展的主要途径。《广东省大数据发展规划》指出其主要任务是：要建设大数据基础设施、开发大数据资源、推进大数据应用创新和发展大数据技术产业，提出要建设重点工程。该规划从经济发展、百姓民生、社会治理等领域的重点难点问题入手，明确大数据系统建设需求，构建大数据平台，开发大数据应用，增强大数据发展的内生动力，形成常态高效可持续的机制。《珠江三角洲国家大数据综合试验区建设实施方案》明确指出大数据发展的建设思路、发展目标和重点任务，指出要发挥企业主体作用，引导推动大数据在重点行业领域的深入应用，促进大数据与各行业领域融合发展，培育大数据新业态、新模式。

广东省政府统筹推进大数据交易平台建设，培育规范有序的大数据要素流通交易市场,形成大数据流通、开发、应用的完整产业链和生态链。通过省级行政立法,提升了大数据产业技术创新能力,也促进了大数据产业的高速发展。

广东省的信息化建设之所以取得今天的成就,很大程度上是得益于立法的规范、保护和引领,得益于各级地方政府的组织领导和科学规划。尤其是从信息化建设目标制定到资金支持,再到信息资源共享等诸多方面都用法律明确规定,并给予信息产业很大的优惠政策和措施,立法工作极大促进了信息化的发展,使得华为、TCL、美的等一批知名企业和知名品牌跻身全球重要的电子信息产品制造基地,电子信息产业总体层次已从最初的产业低端的加工组装型发展升级到产业中高端的制造研发型,并继续向产业顶端攀升,让广东省乃至整个中国的信息产业都跻身世界前列。

(二)广东省信息产业知识产权的立法保障

拥有核心知识产权是实体经济可持续发展的不竭动力。广东省人民政府在2016年提出的《广东省建设引领型知识产权强省试点省实施方案》中指出,广东省建设知识产权强省的重要任务是:"打造知识产权改革创新引领省、构建知识产权大保护工作格局、打造知识产权推进转型升级引领省、打造知识产权服务外向型经济引领省和打造知识产权服务业发展示范省。"同时又指出要以专利大数据为基础,实施"互联网+知识产权"计划,搭建知识产权大数据应用平台,积极拓展知识产权信息推送渠道,开展覆盖全省中小微企业的知识产权信息推送服务。计划到2020年,全省每万人发明专利拥有量达到19件,PCT(专利合作条约)国际专利申请量年均增长10%,国内商标有效注册量达到200万件,每万人作品著作权和计算机软件著作权拥有量达36件。在广东省政府的推动和引领下,广东省的信息产业知识产权已经取得了新的成绩。

专利制度作为知识产权制度的重要组成部分,作为一项激励和保护创新的基础性制度,在国家经济、科技和社会发展中起着越来越重要的作用。随着知识产权保护制度的完善,知识产权得到尊重和极大保护,广东省的专利申请数量大幅增加。据广东省知识产权局公布:2017年,广东省内发明申请共有

182639 件，授权 45740 件，发明增长率 18.42%。排名在前的是深圳、广州和东莞，较 2016 年广东省知识产权申请专利有 627819 件，同比增长 36.01%，也就是说广东省的专利申请量稳居全国知识产权发展的前例，近几年更多的是与外国竞争，取得更大的成就。

2015 年至 2018 年的三年间，广东省专利法律法规不断完善，如 2016 年底发布《广东省市场监管条例》，2017 年发布《广东省重大经济和科技活动知识产权审查评议暂行办法》，2018 年 3 月发布公开征求《广东省专利奖励办法（修改注释稿）》意见的通知，2018 年 8 月印发《“互联网+”知识产权保护工作方案》，一系列与专利相关法律法规和规章的相互协调程度进一步提高，专利制度在国家经济和科技工作中的导向作用明显增强。广东形成具有中国特色的较为完善的知识产权行政管理体制和机制，行政管理基本适应经济社会发展需要。建设知识产权强省的政策方针促进了广东省的信息产业发展，取得了可观的成绩。

三、广东信息产业的法治保障建设

（一）广东知识产权保护的法治保障

广东省制定了一系列知识产权保护条例，促进信息产业的研发和推广。《广东省信息化促进条例》第六十五条规定：“对破坏信息网络和信息系统安全，通过信息网络泄露、窃取国家秘密、商业秘密和个人隐私以及侵犯知识产权的，由有关部门依法处理。”《广东省专利条例》第五十三条规定：“违反本条例第二十五条[④]规定，为侵犯专利权行为提供便利条件的，由专利行政部门责令行为人停止该行为。”第五十四条规定：“认定专利侵权的行政处理决定、民事判决或者仲裁裁决生效后，侵权人再次侵犯同一专利权，扰乱市场秩序的，由专利行政部门按照本条例第三十七条第一款[⑤]的规定处理，没收违法所得，并可处违法所得一倍以上五倍以下的罚款；没有违法所得的，可以处一万元以上五万元以下的罚款；情节严重的，可以处五万元以上十万元以下的罚款。”可以看出，为了保障知识产权的发展，广东省相关立法连续出台，这是信息产业的高速发展所促进的结果，也是广东省人民政府引导和重视的结果。

2017 年，广东省又建立了知识产权法院，在全国只有北京、上海和广州三个地区相继成立，这是知识产权保护和司法体制改革的重要里程碑，标志着中国加强知识产权司法保护，推动创新驱动发展战略实施进入新阶段。建立知识产权法院是落实党的十八届三中全会决定要求，从实施知识产权战略、加强知识产权运用和保护、健全科技创新激励机制的高度进行谋篇布局。广东是我国改革开放的先行地和试验田，广州则是我国国家级中心城市和国家知识产权示范城市，因此知识产权法院的建立有助于培养知名知识产权法官，实现知识产权司法保护的专业化、高效率和统一性，强化知识产权司法保护的品牌效应和国际影响力。在营造有利于大众创业和万众创新的公平竞争环境上有新贡献，为广东省信息产业的发展提供了坚实的保障。

广东的品牌企业自身也有优秀的法务部，为企业保驾护航。广东省的华为公司法务部有着很大的规模，整个法务系统采用职业发展通道，一条是行政管理通道，一条是业务专业通道。在内部，有严格的区分，走专业化道路。比如说在法律领域有网络安全、隐私保护、出口管制、公司治理、交易和合同、投资与并购、内控与反腐败等 13 大专业群，建立了一个基于风险管控的全局性系统。知识产权作为一个新时代非常重要的领域，华为更加重视这方面的权利，2017 年，华为授权加申请专利的总量在 7 万多件，而且保持每年大概 2000 件左右新增的专利申请，因为在华为公司接近一半的人，也就是将近 8 万人是从事研究开发，在这样的情况下就会产生大量的创新成果和知识产权，这些知识产权要具有全球的竞争力，所以要在全球进行全面的布局，这种能力是保障开展业务和参与全球竞争最重要的工具之一，这也是华为取得如今巨大成就的原因所在。

腾讯公司专职知识产权的法务部等在广州也是有空前的规模，该公司法务部、研究院等部门也是企业发展壮大的重要组成部分，特别是腾讯公司研究院是腾讯公司设立的社会科学研究机构，在推动互联网产业健康、有序发展等方面起到了重要的作用。腾讯企业围绕知识产权、互联网法律、公共政策、互联网经济、大数据等研究方向，与国内外研究机构、智库开展多元化的合作，不断推出面向互联网产业的数据和报告，为学术研究、产业发展和政策制定提供了有力的研究支持，也成为广东省信息产业发展的领军团队。这在很大程度上促进了广东省信息产业的发展和知识产权立法。

（二）广东信息安全的法治保障

信息安全立法是伴随着信息化的发展而逐渐兴起的，就广东省内来看，在信息化发展到一定程度的情况下，信息安全的法治需求日益凸显，因此伴随着信息化的发展，信息安全立法提上了日程。2003 年 3 月 31 日，广东省人民政府第十届四次常务会议通过《广东省计算机信息系统安全保护管理规定》。《广东省计算机信息系统安全保护管理规定》指出，为了保护计算机信息系统的安全，促进信息化建设的健康发展而制定本规定。该规定提出必须建立信息安全制度，保障信息安全和落实安全保护措施等，是广东省政府为了促进互联网信息安全而进行法律规制和落实。2007 年 12 月 20 日，广东省第十届人民代表大会常务委员会第三十六次会议通过《广东省计算机信息系统安全保护条例》等。

在广东省十二届人大三次会议上，张丽杰等 11 位代表提出议案，建议制定《广东省互联网信息安全保护条例》。代表们提出"议案"时指出，伴随着互联网的发展，互联网信息涉及国家安全、个人信息、商业秘密和电子交易等社会生活的方方面面，每一个层面都有自己的特点，单一的监管模式已经不能满足互联网信息监督管理的要求。代表建议"通过立法建立健全分类监管体制，以明确各监管主体的监管义务"从而促进互联网络中的信息安全。

此外，伴随着移动互联网的兴起、手持设备的广泛应用与网上跟踪技术的迅速发展个人信息的采集行为日益密集和隐蔽。个人信息具有一定的经济利益，是一种隐形的财产，因此，随着信息化产业的发展，个人信息滥用的现象很普遍，广东省作为一个经济大省和信息化发展迅速的地区，对个人信息的保护予以重视。

2017 年 1 月，农工党广东省委会提出《关于制定广东省个人信息保护条例的建议》；2018 年广东省十三届人大一次会议期间，15 名代表提出《关于制定广东省个人信息安全保护条例的议案》。《关于制定广东省个人信息保护条例的建议》指出，个人信息保护存在的主要问题是个人信息法律保护缺乏专门性规定和个人信息安全保护监管缺乏有效的执法和保障机制,提出加快个人信息安全保护立法的必要性、迫切性及合法性,明确提出对互联网企业在信息安全方面没有明确的规定,难以适应当前严峻的互联网个人信息安全形势,大量个人信息泄露事件的发生,公民私权意识的增强,以及信息技术尤其是大数据应用的发展,个人信息保护的立法更具迫切性。

综上所述,广东省制定了一系列的安全保护规定及条例,立法推动了信息化发展下的信息安全,为信息产业提供了保障。

四、广东信息产业法治建设的展望

广东省面临网络时代到来时,大数据、云计算和“互联网+”等高科技层出不穷,信息产业作为广东省经济发展的支柱产业之一,如何进一步做好信息产业的法治研究和保障,是一个迫在眉睫又极具挑战的问题。

第一,应当加强政府引领,推进政策构建。信息产业是一个高投入高产出的行业,从上文分析可知政府在广东省信息产业的发展中起到了很大的作用,通过立法规划和保障了信息产业的发展方向和资金来源,在面临大数据等高科技的挑战时,经济发展依旧需要政府的支持和促进。需要政府制定政策,加快大数据开放、共享进度。由政府协调使各部门的数据共享。大力推进与知识产权相关的政策体系的构建,充分发挥知识产权在国家宏观政策中的导向作用。加强主管部门与相关部门的协调、合作,充分运用财政、税收、金融等政策,激励更多核心专利的创造与运用。进一步推动完善涉及国家重大利益科技项目的知识产权管理,提高科技项目的创新起点和水平,提升将创新优势转化为知识产权优势的能力,保障国家技术安全。政府需要率先开放数据给公众,建立公共服务的数据系统和共享平台,信息产业个人信息保护也需要依靠政府的立法和重视,从而保障个人信息安全,保障信息产业健康有序的发展。

第二,加强制度建设,保障信息安全。数据开放的同时,不可避免地会带来网络信息安全问题,因此亟须完善相关法律,保护信息安全。政府要从制度建设上保障个人信息和数据安全,通过制定一系列的信息法规,如政府信息资源管理条例、计算机安全条例、保密规定、信息发布管理条例等,以保护信息生产者的知识产权，也使信息消费者的合法权益得到保障。维护信息市场的健康发展，让广东省的信息产业发展“与法共进”，相互促进和深化。

第三，加快信息技术人才和创新能力的培养。广东省信息产业之所以能够呈现出快速的发展势头，是因为它凭借着廉价的劳动力和地理优势承接从发达国家或地区中转移过来的信息产业，生产高档技术的企业还不多，因此信息技术人才的培养要跟上甚至要超越时代的潮流，才能让广东省从改革开放以来立于一个新时代。大力引导发展知识产权学历教育，创新高校知识产权人才培养模式，提高知识产权人才培养水平。推动建立健全知识产权继续教育投入体制，完善政府引导、充分发挥各方面积极性、以需求为导向的继续教育体系。积极拓展培训渠道，大力开展知识产权社会培训，支持各行业协会提供具有行业、专业特色的知识产权培训服务，大力培养技能型和应用型人才，以保证广东省知识产权取得更大的进步。习近平总书记在 2018 年 3 月参加广东代表团审议时指出：“人才是第一资源，创新是第一动力。中国如果不走创新驱动的道路，新旧动能不能够顺利转换，就不可能真正强大起来。强起来要靠创新，创新要靠人才。”因此，人才和创新决定发展。习近平总书记在 2018 年 4 月 10 日博鳌亚洲论坛开幕式的讲话中指出要加强知识产权保护，加强执法力度，这是对“人才和创新”的尊重、也是信息产业发展的必要途径，因此，加强立法为重中之重。

第四，利用地理优势，推进粤港澳大湾区和国际间的合作。粤港澳大湾区的建设已经写入党的十九大报告和政府工作报告，提升到国家发展战略层面。推进建设粤港澳大湾区，有利于深化内地和港澳交流合作，对港澳参与国家发展战略、提升竞争力、保持长期繁荣稳定具有重要的意义。广东省毗邻香港、澳门，更应该促进信息技术人才的交流和人力资源培训，将港澳地区的优势与广东省的优势结合起来形成互补，完善合作机制，促进互利共赢合作关系。习近平总书记指出“要大幅度放宽市场准入，主动扩大进口，创造更有吸引力的投资环境”，[⑥]强化涉外知识产权事务统筹协调，加大对地方知识产权涉外工作指导，完善涉外专利信息沟通交流机制。加强涉外知识产权事务中全局性和战略性的政策研究，根据国际知识产权制度发展态势，适时调整专利国际合作政策，要更加重视发展实体经济，把新一代信息技术、高端装备制造、绿色低碳、生物医药、数字经济、新材料、海洋经济等战略性新兴产业发展作为重中之重，构筑产业体系新支柱，习近平总书记指出要抓住建设粤港澳大湾区重大机遇，携手港澳加快推进相关工作，打造国际一流湾区和世界级城市群。所以，我们要坚持用新时代的新思想“打开门，开大门”。

第五，与法共进，发展新兴产业，实现可持续发展。发展要本着绿色原则，广东省政府应该合理布局，保护省原有的自然环境和自然资源，为实现可持续发展努力。要努力学习新兴科技技术，跟上时代的步伐，加强创新能力，发展新兴产业。首先，加大实施品牌战略力度，培育更多有国际知名度的强势的自由品牌，开发更多具有自主知识产权和国际先进水平的信息产品。其次，应该更多地致力于构建区域创新体系，切实抓好信息技术引进、消化、吸收与创新，争取掌握更多的核心技术，降低产业的风险，确保广东省信息产业的可持续发展。习近平总书记指出：“要以壮士断腕的勇气，果断淘汰那些高污染、高排放的产业和企业，为新兴产业发展腾出空间。使创新成为高质量发展的强大动能，以优质的制度供给、服务供给、要素供给和完备的市场体系，增强发展环境的吸引力和竞争力，提高绿色发展水平。”因此，在广东省高速发展经济的同时，要注重环境保护，要注重创新，用高科技和新兴产业将广东省立于全国信息产业的顶峰，当然也要从立法上给予规范和治理，以保障可持续发展的实现。

综上所述，广东省在我国改革开放和社会主义现代化建设大局中具有十分重要的地位和作用，纵观广东省信息产业的发展历史和现状，机遇和挑战并存，发展和阻碍同在。只有继续强化政府引领、加强制度建设，保障信息安全、加快信息技术人才和创新能力的培养、利用地理优势，推进粤港澳大湾区和国际间的合作以及与法共进，发展新兴产业，加大法治建设，实现可持续发展，才能使广东省在开创广东工作新局面、在构建推动经济高质量发展体制机制、建设现代化经济体系、形成全面开放新格局、营造共建共治共享社会治理格局上走在全国前列。

【注释】

①许晶华：《广东省信息技术产业的现状与发展策略研究》，载《情报科学》1998 年第

2期。

②孙家栋院士在2017年广州新一代科技技术院士高峰论坛上的讲话。

③2014年5月29日,广东省第十二届人民代表大会常务委员会第九次会议通过《广东省信息化促进条例》。

④第二十五条规定:“任何单位和个人不得为第二十三条、第二十四条所列侵权行为提供制造、许诺销售、销售、进口、运输、仓储等便利条件。”

⑤第三十七条第一款规定:“专利行政部门处理专利侵权纠纷时,认定侵权行为成立的,责令侵权人立即停止制造、使用、销售、许诺销售、进口等侵权行为,责令销毁侵权产品或者使用侵权方法直接获得的产品,销毁制造侵权产品或者使用侵权方法的专用零部件、工具、模具、设备等物品。”

⑥2018年4月10日,习近平总书记在博鳌亚洲论坛开幕式上的讲话。

行政法治的实践与探索

刘　恒　吴堉琳*

1978年,以党的十一届三中全会为标志,中国开启了改革开放的历史进程。广东作为中国改革开放试验田、先行区,遵循着创新改革、高质量发展的理念,一直朝着"中国特色社会主义的排头兵、深化改革开放的先行地、探索科学发展的试验区"的目标前进。站在改革开放四十周年的历史节点,我们欣喜地看到,广东行政法治的四十年实践,既有从保障权力到保障权利、从管制行政到服务行政的理念转变,也有从社会控制到多元治理的手段创新,还有从混乱保密到公开透明的制度建设,清晰地记载着广东行政法治在建设法治政府、推进政务公开、完善行政救济、化解社会矛盾、开展行政法学研究、培养法学人才等方面的不懈努力。

在这四十年的改革发展中,行政权力既是推动改革的核心力量,也是改革的对象,背负着双重使命与期待。广东四十年来的行政法治建设经历了一个"痛苦"的自我改革过程——政府朝着百姓利益、公民权利这一终极目标,在与自己的斗争中前行,不断地超越自我。就是在这一充满改革勇气、力量与决心的嬗变过程中,广东的行政法治建设为全国的改革不断贡献着独特的经验和智慧。作为这段改革历程的亲身经历者,深切地感受到了广东改革的滚滚洪流以及不断溅起的朵朵浪花。

---

* 刘恒,广东省法学会行政法学研究会会长,中山大学法学院教授、博士生导师;吴堉琳,中山大学法学院行政法学博士研究生。

一、广东法治政府建设

（一）行政立法的发展

行政立法是行政机关进行行政决策、落实政策的主要手段。通过制定行政规章、行政规定进行行政决策、社会管理已经成为各级政府一项常规性的活动。行政立法也成为行政机关进行行政执法活动的最主要法律依据之一。1982 年的《宪法》《中华人民共和国地方各级人民代表大会和地方各级人民政府组织法》对地方政府制定行政立法的行为和权限作了规定。2000 年的《中华人民共和国立法法》（以下简称《立法法》）对行政立法的主体、基本程序、监督机制、适用规则和裁决机制等作出了明确规定。

广东省行政立法的规范范围十分广泛，数量巨大。在广东省人民政府法制办公室官网的规范性文件备案登记公布系统上，可以查找到 2005 年至今的 4272 件地级以上市市政府规范性文件、382 件较大的市政府规章。而回顾改革开放四十年来广东的行政立法进程，既可以看到行政立法制度从无到有、从粗到细的发展完善，也可以看到众多走在全国前列的改革措施通过行政立法这一形式得以呈现。

广东积极出台规范行政立法程序的制度文本。一直以来，我国大量的行政立法由于制定程序不规范、部门利益倾向明显、内容关涉公民权利义务、缺少行政救济等问题而受到质疑。2000 年的《立法法》并没有从根本上解决这些问题，没有针对行政立法程序制定有意义的、具有操作性的规范措施。因此，如何加强行政立法制度的程序性和规范性一直都是政府法治建设的改革重点。广东省和广州市在 2003 年、2004 年开始制定行政规范性文件管理规定，广州市在 2006 年出台了《广州市规章制定公众参与办法》，踏上了规范之路。此后，随着我国立法制度的完善与立法理念的更新，广东省继续加强制度建设，于 2014 年制定了《广东省人民政府规章立项办法》《广东省人民政府法规规章起草工作规定》《广东省人民政府法规规章审查工作规定》《广东省人民政府立法听取意见工作规定》共四项政府立法工作制度，不断增强行政立法的科学性、民主性。

除了立法制度本身的发展，广东行政立法的内容也展现出了改革的精髓。笔者之一曾参与起草的《广州市政府信息公开规定》，便是一部能够体现广东走在全国改革前列的政府规章。政府信息公开制度建设是保障公民知情权、增加政府行政透明度、减少行政权力寻租的有效途径，也是迈向阳光政府、实现依法行政的重要举措。在国际信息公开立法潮流中，广州市在全国率先作出了表态。

《广州市政府信息公开规定》开我国政府信息公开立法先河，无论是其内容、制定意义还是其实施，都产生了极大的社会正面效果。其制定后，许多内容被国务院《中华人民共和国政府信息公开条例》所吸收。2003 年 9 月 24 日的《法制日报》在名为《一个美国学者眼中的中国地方政府信息公开立法》的专题报道中提及，美国耶鲁大学法学院中国法律中心副主任、高级研究员、著名律师 Jamie P.Horsley 女士对《广州市政府信息公开规定》的出台表示庆贺，“《广州市政府信息公开规定》的出台与实施是一件非常鼓舞人心的事情，因为它是中国第一部规范政府信息公开的地方性法规，它能让广州的市民对市政府的政务工作拥有更多的知情权和监督权。”①2011 年 1 月 15 日，《广州市政府信息公开规定》荣获首届“中国法治政府奖”。广州市率先通过行政立法将政府信息公开制度规范化，为此后全省乃至全国的信息公开制度建设提供了制度框架。2013 年起，中国社会科学院法学研究所法治指数创新工程项目组从政府网站公开政府信息的情况入手，考察和测评国务院部门、省级政府和较大的市的政府信息公开情况，每年发布一份《中国政府透明度指数报告》蓝皮书，在 2013 年的蓝皮书中，广东省排名省级政府第四、广州市排名地级以上市政府第二；2014 年广东省和广州市的排名均为第一；2016 年的测评没有针对省级政府，但增加了县级政府，广州市越秀区、广东省佛山市顺德区分别排名第八和第十。信息法治不仅是政府治理的新视角，也是社会治理的新挑战。政府信息公开以及近年来起步发展的政府数据开放，是中国治理改革的重要试验方法之一，其所呈现出的是一种全新的治理模式。

（二）行政执法与政务服务的改革

我国改革开放四十年的历程，是一个不断塑造政府与市场、政府与社会边界和关系的过程。广东行政执法与政务服务改革，主要集中在行政执法责任制、综合执法和行政审批制度改革这几个方面。②

广东的行政执法制度建设始于1994年的行政执法责任制度改革，此后逐渐建立完善行政执法公示制度、行政执法协调制度、行政执法评议考核制度等，在全省各级政府及有关部门全面铺开。改革后的制度与广东的经济发展良性互动、成果突出。类似地，广东综合执法改革紧密结合广东实际，务实稳妥地逐步展开。广州市在1997年成为全国的城管综合执法试点城市，此后，深圳、顺德、汕头等地也相继取得城市管理综合执法权身份，并开展试点工作。改革至今，广东的综合执法实现了职能转变，精简了执法机构，提高了行政效率，较好地解决了职权交叉、重复执法的问题。2017年3月，广州市率先主动向社会公开行政执法数据。

广东的行政审批制度改革是另一个颇具特色的改革重点。随着我国简政放权的不断深入，强化政府后续监管、优化行政监管过程成为实现国家治理体系和治理能力现代化的关键。而行政审批制度改革是简政放权的重要一环，是转变政府职能的突破口及建设服务型政府的着力点。自2001年国务院办公厅下发《关于成立国务院行政审批制度改革工作领导小组的通知》，改革工作启动后，该领域开始了一场大刀阔斧的改革，众多行政审批项目被取消和调整，政府权责清单制度初步建立。初期行政审批制度改革取得了一定的成效，但开始呈现一些深层次问题，如放松审批门槛导致事中事后监管风险的增大、清理的审批事项避重就轻、被取消的审批事项变相恢复，又如尽管进行了审批流程的优化，办事群众仍然可能受政府部门之间职责分工不明确的影响，仍需要跑不同的行政层级、行政分区、行政部门和办事窗口，从而造成行政审批的高成本、低效率，等等。因此，如何切实提升行政审批的服务质量和办事效率，将是革新行政审批权的设定、实施和监督检查制度时所应考虑的关键。面对这些问题，广东省佛山市开始了应对性改革。

2013年，佛山市顺德区行政服务中心制定了国内首部《企业经营审批事项目录汇编》，这是针对行政机关办理企业经营审批事项的权力清单，为企业、公民提供了一个相对权威、准确的指引，具有较高的社会经济意义。2014年5月，国务委员王勇到顺德考察并给予高度评价，认为顺德从"宽准入"走向“严监管”的模式应当在全国其他省市推广。2014 年 7 月 9 日，国务院出台《关于促进市场公平竞争维护市场正常秩序的若干意见》（国发〔2014〕20 号），该意见对顺德经验予以肯定和确认。在这一过程中，笔者曾为三水区行政服务中心提出了整体性治理的思路，并提出“一层级、一城化、一窗口、一标准”的“四个一”改革口号与改革框架，得到采纳。“四个一”改革瞄准了整体性政府推进中存在的组织困境、技术困境和问责困境，建立起“内联”治理结构，发展出“外协”合作关系，打破了层级、区域、部门限制以及审批标准的差异化，将全区各行政服务中心融为一体，亦即在三水任何一个行政服务网点的综合服务窗口，均能办理不同层级、不同区域、不同部门的行政业务。整体性治理思路的实际效用在一定程度上由三水的改革实践得到验证并由此得到推广。2015 年 9 月 28 日，广东省成立“一门式”政务服务改革专责工作小组，为全面推进简政放权、放管结合、优化服务工作，深化行政审批制度改革，总结推广三水、佛山“一门式”政务服务改革经验。2016 年 3 月 23 日，广东省人民政府办公厅在前期实践基础上印发了《关于在全省推广一门式一网式政府服务模式改革的实施方案》的通知（粤府办〔2016〕19 号）。

这一改革的“突围”，本质上是在努力实现行政审批治理框架的改变，在整合先前改革成果的基础上，进行整体性治理，构建“整体性政府”，实现“法治政府”的跨越性建设。

（三）行政复议制度的革新

行政复议制度是解决行政争议的一项重要法律制度，在保护公民权利和监督行政权力方面发挥着不可替代的作用。全国最早的行政复议立法是 1990 年 12 月 24 日由国务院颁布的《行政复议条例》。而自 1999 年《行政复议法》颁布实施后，行政相对人运用《行政复议法》寻求救济的意识不断增强，行政复议制度不断完善。但随着实践的不断发展，近年来行政复议工作产生了许多新问题，如行政复议活动缺乏明确、公开的程序规范，其公正性和公信力有待提高；行政复议案件的内部审批环节繁琐，行政复议效率不高；行政复议的证据不规范、不明确；行政复议的执行和监督机制难以落到实处等。围绕这些问题，改革一直在进行着。

作为全国法治水平领先的城市,《广州市行政复议规定》是我国首部全面、系统规范行政复议活动的地方性立法。该规定于2003年6月1日正式生效实施,其中对复议制度的革新大部分被《中华人民共和国行政复议法实施条例》所吸收和采纳,对推进我国行政复议制度的发展完善有较大贡献。除此之外,广州市还制定了《广州市行政复议案件庭审规则》,并推行复议文书网上公开制度等改革举措。2017年12月22日,广州市行政复议案件受理中心揭牌成立,专门负责集中接收全市的行政复议案件材料,为人民群众提交复议申请提供了极大便利。2017年,广州市共收到行政复议案件申请7336件,同比增长46.2%,并继续维持在占广东省复议总数20%以上的高位,该数量已连续11年超过法院一审的数量。③

作为《广州市行政复议规定》的起草者,笔者之一在早期便长期跟踪中山等地的行政复议改革,并开展关于行政复议制度的功能定位、改革走向等问题的研究。《行政复议法》第十二条规定的条条管辖制度存在影响行政复议决定公正的可能性、不利于便民目标的实现、缺乏组织法基础、将使上级工作部门作出的行政复议决定执行力弱势等问题或潜在弊端。而彻底克服条条管辖制度弊端的途径是实现行政复议的司法化,建立独立的行政复议机构。因此,应重新构建行政复议模式,充分保障复议机关的专业性、独立性,使其拥有自身的财权和人事权,脱离原来的层级行政隶属关系,超脱于行政机关内部关系之上,相对中立、公正地判断争议行政行为的性质,并且解决行政复议管辖"条""块"争夺复议管辖权等问题。这一思路,正在由中山、珠海等地所推行的行政复议改革加以实现。

中山市行政复议案件历来较多,2009年广东省法制办制定的《深圳市关于〈珠江三角洲地区改革发展规划纲要〉(2008—2020)的实施方案》要求,中山市开展创建"行政复议体制机制创新示范市"工作,中山市政府将行政复议委员会试点工作作为创建"行政复议体制机制创新示范市"的切入点和着力点,提出"法治政府,复议为民"的理念,开展了集中统一行使复议权、引入社会力量参与个案审理、规定复议委员会委员只当"裁判员"、推行复议听证制度、畅通群众复议渠道等内容的行政复议制度改革。④这一改革效果非常显著,中山市的行政复议案件从2010年的280宗上升至2014年的556宗,五年间增加了 98.57%。[5]珠海于 2013 年底启动行政复议改革,将市直部门复议权统一收归市政府行使;设立复议委员会,吸纳体制外专家议决案件;创新审理程序,率先实行开庭审理。改革使得复议的权威性、中立性和专业性得以确立,改革后三年的实践效果显示,案件量年均增长 40%,首选复议解决行政争议的达 80%,复议后提起诉讼的不足 10%,复议后败诉率仅 3.8%,极大提高了复议在公众心目中的法律地位和公信力。该改革措施获得第四届“中国法治政府奖”。

二、广东行政审判改革

公正司法是权力制约和权利保障的最后一道防线,也是法治国家、法治政府、法治社会一体化建设的应有之义。行政诉讼制度是公正司法的关键,对依法行政以及法治政府建设的推进,具有不可忽视的重要意义。行政诉讼制度是国家治理体系和治理能力现代化的重要组成部分,对于保障公民、法人和其他组织合法权益、推进法治政府建设、解决行政争议、密切政府与人民群众之间的良好关系发挥着不可替代的职能作用。[6]具体而言,从我国这四十年来的法治建设过程中可以看出,对政府权力最佳的监督途径是行政诉讼制度。行政诉讼制度为公民遭受违法行政行为的侵犯提供了有效的法律救济途径,实质上也是对行政主体、行政权力的一种监督与制约。另外,权力腐败滋生的源头往往在于权力不受监督、不受控制。而抑制腐败滋生,也需要从其产生的源头出发——监督与制约权力。行政诉讼作为一种重要的权力监督机制,也是制度化反腐的一个重要组成部分。

改革开放以来,广东经济和社会不断发展,公民的法治意识逐渐加强,对司法功能的期待不断提高,行政诉讼的案件数量不断增多。案件数量的增加带来“案多人少”的压力,公众对行政诉讼制度限制权力、维护权利的功能期待越来越高,也要求广东的行政诉讼制度不断更新。如果说在改革开放初期,老百姓朴素诉讼观念以及狭隘的行政诉讼受案范围使得行政诉讼制度并未承载过多压力,但近十年来,来自各方的压力却是切实地促进着广东的行政审判制度改革。

广东的行政审判制度改革在近年来取得了明显的成绩。随着新《行政诉讼法》对受案范围、立案登记、行政首长出庭、调解等内容的规定或修订，广东的行政诉讼得以进一步发展。同时行政案件集中管辖、铁路法院管辖等改革取得重大阶段性成效，在全国率先完成改革试点任务。回顾这一改革历程，可以深切感受到广东在不断深化司法体制改革、完善行政诉讼制度、促进各级法院发挥行政审判职能作用、维护社会公平正义、依法保护人民群众合法权益方面所做出的努力。其中，最具亮点的改革措施包含以下四个方面。

（一）行政管辖制度的改革

1. 行政首长出庭应诉机制的建立

2011 年，广东省法院与有关部门联合在深圳、中山、佛山等七个市（区）建立行政首长出庭应诉机制，合力促进依法行政，这在全国省级机关中尚属首次。2013 年，全省多个地级市政府出台了行政首长出庭应诉考评体系，行政首长出庭应诉率连年递增。2015 年 5 月新《行政诉讼法》实施后，广东省人民政府专门下发了《关于进一步加强行政机关负责人出庭应诉工作的通知》，加大了“首长”出庭应诉在依法行政考核指标体系的考核分值。2016 年 12 月 1 日起，《广东省行政应诉工作规定》正式施行，推动解决“告官不见官”的难题，对督促各行政机关加强和改进应诉工作具有重要的意义，对案件法律效果和社会效果具有正面影响。2017 年 7 月 9 日，广东省高级人民法院发布的《2016 年度广东省行政诉讼白皮书》显示，“各级行政机关负责人出庭应诉达 1598 人次，比上年度上升 45. 27%；其中区县级以上行政机关负责人出庭应诉 201 人次，比 2015 年度上升 25. 62%，创新历史新高”。

2. 推动提级管辖改革

《最高人民法院关于行政案件管辖若干问题的规定》（法释〔2008〕1 号）明确规定“被告为县级以上人民政府，但以县级以上人民政府名义办理不动产物权登记的案件可以除外”的案件由中级人民法院管辖，但实践中中级人民法院多将本应由其管辖的案件根据 1990 年实施的《行政诉讼法》第二十三条第一款的规定指定由基层法院管辖，从而使得县一级政府摆脱中级人民法院的司法审查。在此情形下，广东法院进一步推行了交叉管辖改革，指导中级人民法院在其辖区对政府为被告的案件实行交叉管辖，但政府间相互帮助同样会干扰行政审判。经过调查研究，2012 年 1 月 1 日，广东省高级人民法院将以县、区级人民政府、省直厅局级行政机关、中直驻粤厅局级行政机关为被告的案件提级至中级人民法院一审管辖。[7]通过利用上位司法权监督下位行政权，为行政审判提供了优良的环境。提级管辖改革不但可以有效减少行政权力对行政审判的干预，还能保证官民平等参与诉讼的权利，更好地促进司法与行政的良性互动。提级管辖改革的成果已被新《行政诉讼法》吸收，新《行政诉讼法》已将原指定管辖不合理的条款删去。

3. 行政案件集中管辖改革试点

广东省法院一直积极探索行政审判体制改革，从相对集中管辖到集中管辖，保障公正审判。《2016 年度广东省行政诉讼白皮书》显示，“全省 21 个地级以上市已经全面启动了行政案件集中管辖改革试点工作，依法应由基层人民法院管辖的一审行政案件 95%以上实现了异地管辖和跨区划审理。2016 年全省法院新收的一、二审行政案件 2.4 万件，同比增长 2.25%，其中新收一审行政案件数量在全国占比 6.92%。”其中，铁路法院行政案件跨区域集中管辖改革试点取得了巨大成效。2014 年 10 月 16 日，最高人民法院下发了《关于开展铁路法院管辖改革工作的通知》，确定广东、上海、北京等七个省（市）在全国先期开展铁路运输法院管辖改革试点。经广东省高级人民法院充分调研、科学论证，广州铁路运输中级法院和广州铁路运输第一法院成为实施跨区划集中管辖广州市行政案件改革试点的法院。从 2016 年 1 月 1 日起，原广州市中级人民法院和基层人民法院的行政案件全部移交广州铁路运输中级法院和广州铁路运输第一法院管辖，在全国首次实现国家中心城市全部行政审判工作从地方法院到铁路法院的完整切割交接，率先完成了跨两级行政区划、两个司法审级管辖改革，地方保护和干预有效降低，行政案件裁判尺度得到统一。在过去的两年中，铁路法院处理案件数超过三万件，其中行政机关负责人出庭应诉 588 件，每个法官人均处理案件 200 多件。[8]许多案件具有典型意义和创新意义，例如“谢某诉广州市天河区市场和质量监督管理局”一案采取网络庭审直播，“刘某诉市交警花都大队行政处罚案”推动了交警对机动车违法“计分”处罚程序的完善。通过这项改革，在广州成功设立了涵盖“两级区划、两个审级”“集中全市全部行政案件”“划转全市行政审判机构编制”“汇聚原行政审判骨干”的跨区划管辖行政案件法院，是我国司法改革成效的生动反映，也为我国探索行政审判制度创新提供了实践样本。

（二）典型案例公开与案例指导制度的建设

自2011年起，广东省高级人民法院就年度行政诉讼情况印发行政诉讼情况报告或行政诉讼白皮书，对法院审理的行政诉讼的特点及发展趋势作出分析，为行政决策提供咨询意见，对行政机关提出司法建议。2015年起，广东省高级人民法院发布年度典型案例成为常态化，并争取每个季度公布当季十大典型行政案例，力争通过典型案例的积累，逐渐搭建起广东行政审判的案例指导制度。对每年审理的涉及重大权利保护、重大公共利益或者广受社会关注的案件实施总结分析，评选出十大典型案例并公开发布，有利于统一裁判标准，为人民群众依法维权、理性维权提供有效的指引，以个案的裁判法理引导行政机关依法行政。2015年1月29日，广东省高级人民法院首次发布2014年度广东省行政诉讼十大典型案例，其中两件案例入选全国法院“环境保护行政案件十大案例”。此外，深圳市中级人民法院于2015年6月30日首次公布了2013—2014年该市行政诉讼十大典型案例，其中彭某诉深圳市南山区规划土地监察大队行政不作为案入选“全国十大行政不作为案例”。广州铁路运输中级法院于2017年6月发布了“广铁法院2016年度行政审判十大典型案件”，其中杨某诉广州市律协案被写入《2016年中国法治政府蓝皮书》，被评为“弱小权利获司法救济”的代表。

（三）立案登记制度的推进

新《行政诉讼法》将立案审查制修改为立案登记制，实现对依法应当受理的案件有案必立、有诉必理。广东法院落实《最高人民法院关于进一步保护和规范当事人依法行使行政诉权的若干意见》，准确理解“立案登记制”，引导当事人正确行使诉权。行政案件集中管辖与立案登记制的实施后，行政案件数量快速增长，反映出人民群众不仅希望人身权、财产权得到保护，而且期望通过行政诉讼实现对社会公平、依法行政的更高要求。这充分说明立案登记制实施后，法院加强诉权保护力度，困扰行政审判多年的“起诉难”的问题已基本解决。同时，针对行政案件中滥诉多、程序性驳回起诉数量多的特点，强化立案工作，尽可能减少进入审判程序后又驳回起诉的案件数量，积极探索案件繁简分流的工作机制，由立案庭作出不予立案裁定，为审判庭集中精力审理好需要实体审理的案件创造了良好条件。以广州为例，2016 年广州铁路运输中级法院当场立案率为 90.84%、广州铁路运输第一法院当场立案率为 78.89%。

（四）新型行政纠纷推动行政审判的发展

2015 年 5 月，新《行政诉讼法》拓宽了行政诉讼受案范围，增加了行政争议裁判方式，从而引发大量新型纠纷。而广东行政诉讼案件也呈现出新特点，原告诉求日渐多元、群体性诉讼增多，一审案件除了劳动和社会保障、公安、城建和乡镇行政等领域，还涉及证券业监管、电梯加装规划许可、环保行政强制、行政公益诉讼等新型纠纷；同时，确认无效之诉、规范性文件（红头文件）附带审查、利用行政权排除或者限制竞争等类型案件也层出不穷，说明行政诉讼在调整行政管理领域的广度和深度方面发挥着越来越重要的作用。例如，行政相对人先后对《广州市中小客车总量调控管理办法》《广州市既有住宅增设电梯试行办法》《深圳市小汽车增量调控管理实施细则》等地方政府及其部门制定的规范性文件提出了附带审查诉讼请求。

同时，广东法院对新型行政案件的公正审理和妥善处理，保障了人民群众的合法权益，推动社会管理体系的改革与进步。如李某诉广州市国规委加装电梯规划许可案，法院较好地平衡了高层住户与低层业主的利益，对于广州市老旧住宅加装电梯类纠纷具有指导性判例的意义。又如，杨某诉广州市律师协会行政登记注册纠纷案，广州市律师协会以杨某不能提供“无犯罪记录证明”为由不履行律师实习登记法定职责，审理明确了非政府组织在承接行政职能后应承担的诉讼主体资格，厘清了法律、法规、规章授权组织行使行政管理职权与行业组织自治权的界限，创全国审理同类案件之先河，同时促使被告主动与原告和解，为人民群众摆脱开具各种“证明”的困扰具有重要示范意义。再如，蔡某与广州市交委行政处罚及复议案，审理明确了行政机关“法无授权不可为”，对行政机关选择性执法予以否定性评价，是全国率先撤销交通行政部门对“滴滴打车”处罚的案例之一。⑨

改革开放四十年，我国法治经历了从“无法可依”到“社会主义法律体系基本形成”，从“以法治国”到“依法治国”再到“全面依法治国”的历史嬗变。自党的十八大以来，以习近平同志为核心的党中央坚持问题导向，把依法治国放在“四个全面”战略布局中统筹考量，我国的民主法治建设迈出重大步伐。而依法治国的核心在于依法行政，如何把权力“关进制度的笼子里”，如何实现法治政府建设，一直是改革的重中之重。全国作为改革先行地，全国在“十三五”期间肩负着深入推进依法行政、率先实现基本建成法治政府的目标，一直走在创新与发展的前列。对广东行政法治建设四十年的回顾，可以体会到，喜人的成绩背后是巨大的自我革新的勇气，是勇敢舍弃旧制度、开放思想接受新理念的努力，是顺应时代潮流、回应社会需求的积极态度。同时，与广东行政法治建设同行的，是广东省法学会行政法学研究会团结凝聚的一股日益壮大的研究力量，为改革不断注入新思维、贡献力量。相信在未来，借助广东省法学会这一平台，理论研究与实践发展将擦出更多的火花。

【注释】

①陈煜儒：《一个美国学者眼中的中国地方政府信息公开立法》，载《法制日报》2003 年 9 月 24 日。

②刘恒等：《走向法治：广东法制建设 30 年》，广东人民出版社 2008 年版，第 88 页。

③张维：《广州复议受案量连续 11 年超法院一审》，载《法制日报》2018 年 4 月 18 日。

④谢晓玲：《关于进一步深化行政复议改革的思考》，载《中山日报》2014 年 3 月 17 日。

⑤李红云：《中山行政复议案件 5 年增加将近一倍》，载《新快报》2015 年 5 月 25 日。

⑥程琥：《行政案件跨行政区划集中管辖的法治意义》，载《人民法院报》2015 年 5 月 20 日。

⑦付洪林、窦家应：《行政诉讼提级管辖改革的探索与实践——以广东法院提级管辖改革为样本》，载《法律适用》2014 年第 5 期。

⑧潘玲娜、关维：《广州铁路法院：发挥职能助力法治政府建设》，载《人民法院报》2018 年 4 月 17 日。

⑨董柳：《顺风车被罚三万元？车主起诉交委胜诉》，载《羊城晚报》2017 年 7 月 19 日。

律师参与地方治理的创新发展

朱永平　吴午东*

改革开放四十年来，广东坚持走中国特色社会主义道路，契合改革开放的需要，结出了众多地方治理的硕果，如首创了中立法律服务社、第三方调解中心、村居法律顾问、中小企业法律服务团制度、工会法律顾问团制度等；推出了诉前联调机制，政府法律顾问，律师与法院、检察院的联动机制等的创新之举。这一项项改革创新措施中，律师都是最主要的践行者，在改革开放和地方治理中发挥了重要作用。

一、广东律师在改革开放中参与地方治理的实践回顾

为了适应国家改革开放的需要，1979 年，广东首先恢复了律师制度；1980 年"广州市法律顾问处"对外挂牌服务；1983 年，深圳蛇口工业区成立了全国第一家律师事务所；1983 年 8 月，第一家涉外律师执业机构"广东对外经济律师事务所"成立；1995 年 11 月 9 日，全国首家由政府设立的法律援助机构"广州市法律援助中心"正式成立；2002 年 12 月 9 日，广东又率先成立公职律师事务所。由此可见，广东政府部门适应社会发展需要，重视社会对律师服务的需求，积极助力律师行业的发展，不断完善律师类型，并高度认可律师在社会

* 朱永平，广东省法学会律师学研究会会长，广东大同律师事务所主任；吴午东，广东省法学会律师学研究会常务理事，广东农工商职业技术学院讲师。

治理中的能力,多方面支持律师发展,让律师参与到社会治理的方方面面。广东律师参与地方治理有以下几个创新点。

(一)推广"福田模式",通过政府购买,律师提供专业调解服务

2007年,深圳市福田区司法局利用辖区丰富的律师资源,在全国首创以政府招投标方式,向有资质的律师事务所购买法律服务,引进法律专业人员担任人民调解员,派驻到福田辖区各公安派出所、交警大队、法庭、信访、综治、公交、地铁、行业协会等单位,全天候为基层群众提供专业调解服务,实现了人民调解、行政调解和司法调解的有效衔接。该政府购买服务参与社会治理的模式被外界称为"福田模式"。直至2017年,"福田模式"受理调解案件94456件,成功调解案件86943件,调解成功率高达92.05%。"福田模式"较好地实现了人民调解与法律专业知识、律师专业力量的结合,破解了机构设置、人员配置和经费保障的困境,将律师这一专业人才引入人民调解工作领域,优化了基层调解组织人员配置,将纠纷化解在萌芽阶段。这是基层社会管理的创新之举,不仅节约了行政成本,还提高了工作效率,使深圳能够在社会稳定的前提下走在改革开放的前列。

而广东其他各地,也纷纷仿效"福田模式",通过购买法律服务保障政府决策的可行性、合法性。截至2014年,广东各级政府及其组成部门中有近3000个单位聘任了律师担任法律顾问,其中市、县(市、区)人民政府聘请比例超过60%。这些专业律师对推动各级政府依法行政、加强政府法治建设起到了积极作用。目前全省已经落实政府法律顾问工作,以公职律师与社会律师的聘请为依托的政府法律顾问的制度,使广东能在改革开放中扬帆奋进。

(二)推行"一村(社区)一律师"制度,以顾问身份全面进村进社区参与社会治理

广东早在2005年就已经开始进行了系列基层治理试验,不定期组织律师到农村和社区中开展普法活动,帮助化解村居邻里纠纷;2007年组织律师服务团入村居;2012年又组织律师事务所与镇街司法所进行"所所结对"活动,发动律师到乡村和街道社区开展公益法律服务。2013年,广东总结以往基层

治理经验，尝试以购买法律服务的方式探索法律顾问进村居的治理模式。2014 年 5 月，广东省委办公厅、省政府办公厅联合下发《关于开展一村（社区）一法律顾问工作的意见》，在全省全面推行一村（社区）一法律顾问服务，由律师为村、社区基层组织及村民、居民提供法律服务，一线城市全面覆盖一村（社区）一法律顾问服务。2015 年，一村（社区）一法律顾问工作被省政府纳入 2015 年“十件民生实事”，珠三角地区近 600 名律师对口支援粤东西北地区；2015 年 10 月，一村（社区）一法律顾问服务覆盖全省 25931 个村（社区）。一村（社区）一法律顾问工作得到广大律师的积极响应，纷纷报名踊跃奔赴基层村（社区）担任法律顾问，为基层群众提供免费法律咨询，以举办法治讲座、出具法律意见书、审查各式合同、修改完善村规民约、参与基层人民调解、为特定群众提供法律援助等方式提供法律服务，参与基层社会治理。

（三）倡导“律师接访”“律师进村”“律师进院”，化解社会矛盾，维护社会稳定

针对改革开放初期广东部分地区、特殊领域突发群体事件的矛盾与冲突，广东律师积极参与化解社会矛盾。如新世纪初湛江农村群体纠纷很多，100 名律师成立了“农村维稳律师团”参与接访、调解纠纷。“农村维稳律师团”自成立以来，坚持依法反映农民诉求和调解农村纠纷，依法维护农民权益和农村社会稳定，有效地架起了政府与农民之间的沟通桥梁。5 年间，农村“维稳律师团”共接待群众法律咨询 10882 件，劝回上访群众近 3 万人次，成功调解民间纠纷 8000 多起，化解了一批历史积案，促使信访量大幅下降，到省、进京非正常上访批次明显下降，为维护农村社会稳定作出了积极贡献。如 2010 年“9・21 信宜紫金矿难”，灾民接踵跑到政府讨说法，政府及时号召律师参加法律援助行动，76 名广东资深律师自愿加入律师团奔赴信宜乡村，持续近两年免费为 1.8 万名受灾群众提供法律援助服务。这次法律援助行动中，律师团的律师们调取的受灾群众受损登记表、财物损失表、灾情核查登记表、户籍证明信等资料达 18500 多份，录入和核对受灾群众房屋损失、财产损失等数据达 18 万多页，冲洗和复印损毁房屋照片 2.5 万张，为受灾群众起草起诉法律文书 2501 份，为受灾群众立案 2497 宗，准备的证据材料达 10 吨之重，为受灾群

众争取到1.976亿元赔偿。针对普通患者医疗知识匮乏,且面对医疗事故的敏感与偏激、医患纠纷逐渐增多的情况,广东律师走进医院担任法律顾问,运用法律手段预防和调处医患纠纷。针对广东外来务工人员数量庞大,而普遍法律意识淡薄、劳资纠纷日渐增多的情况,广东律师积极开展了"构建和谐劳资关系"法律活动,为外来务工人员提供法律援助(免审查),涵盖法律咨询、劳动仲裁、劳动诉讼与执行各个阶段。针对检察机关信访群众多、缠访闹访较多的情况,资深律师轮流参与接访,从律师的专业角度为信访人释法析理,引导信访人通过法定程序表达诉求、依靠法律手段解决纠纷、运用法律武器维护自身合法权益。目前在人民法院、监狱、看守所、拘留所、法律援助中心、法院、检察院、劳动局等单位均有律师接待窗口,为到访群众提供法律援助。

(四)组成"律师智囊团",助力广东经济、文化、体育高速发展

广东省侨资企业达3.9万余家,占全省外资企业的近七成,是中国的侨务大省,侨资企业在广东发展得较早、数量较多。2008年下半年,国际金融危机席卷全球,广大侨资企业也受到很大影响,有的企业被迫减产、裁员,甚至倒闭。面对侨资企业出现生存挑战的严峻形势,为帮助其摆脱困境,2009年3月"广东省侨资企业律师服务团"应运而生。该律师服务团通过"为企业法律体检""百名律师走访千家企业"等方式,为企业防范经营风险提供法律服务。"广东省侨资企业律师服务团"的公益服务一方面依法维护了华侨华人和港澳同胞在大陆投资的合法权益,促进侨资企业的进一步发展;另一方面也促进了侨资企业在广东经济建设中发挥更大的作用。

自2009年以来,"台资企业律师服务团""亚运会律师志愿服务团""暖企行动法律服务团""工会法律服务律师团""中小企业法律服务专家团"等多个律师服务团成立,广东律师利用其专业所长积极参与公益活动,主动为大小企业、为亚运会亚组委出谋划策,预防化解纠纷。"律师智囊团"为广东经济、文化、体育的发展作出了重大贡献,促进各方面资本更好地投资广东,并向世界展示了广东良好的社会互助共赢的环境。

（五）创设“律师调解中心”，参与社区矫正

自2005年广东开展社区矫正试点工作开始，广东律师均积极参与到社区矫正工作中，通过定期为矫正人员进行法律释疑与法治宣传，为矫正人员上法治课等方式协助各街道司法所开展社区矫正工作，而这也开创了社会力量参与社会矫正的新模式。近年来，由律师协会牵头，广东省及下属地市均成立了律师协会律师“调解中心”。这些调解中心将对接诉讼程序和机制，承接人民法院、行政机关移送的调解案件，这势必为司法资源的节约、为及时解决行政机关地方治理过程中出现的法律纠纷提供了良好的支持。

（六）组建“党员律师服务队”，擦亮广东律师金字招牌

2012年开始以党员律师为主的两万多名律师组成了627支“党员律师服务队”深入到农村、社区、学校免费开展法律咨询、法治宣传，解决群众日常生活中遇到的法律问题，及时化解农村和社区中出现的矛盾纠纷。而且每位律师党员还针对农民工、残疾人、老年人、农村留守儿童等特殊人群的特点，提供个性化、专业化服务，免费帮助他们依法解决就业、就医、就学、社会保障等方面的实际问题。而其中广东的律师党员还积极协助各级党委、政府开展信访接访工作，有针对性地提出法律意见，依法解决矛盾纠纷。如在“三打两建”行动中，以律师党员为骨干的专家律师志愿团，就通过接待来访群众，解答法律咨询，为化解矛盾纠纷与维护社会稳定发挥了积极的作用。由于力推“党员律师”品牌，近年来，广东律师的整体形象与司法环境都有了很好的提升，“党员律师”已经成为服务社会管理的一块金字招牌。

律师处于国家机构和民间社会的衔接部位，起着现代法治秩序“安全阀”的作用。律师职业活动的内容及特征决定了其具有“社会平衡器”的作用，这些作用不仅仅在于及时解决纠纷，也有利于社会稳定。[1]改革开放四十年来，广东律师是多项创新地方治理的开拓者，也是多项地方治理的受惠者。参与地方治理的广东律师都深深明白：律师业发展的好坏与地方治理的好坏息息相关，没有一个良好、稳定、和谐、经济发展的社会环境，律师业也不可能得到快速的发展。律师必须把自身发展与地方治理、国家建设紧密结合起来，通过

参与社会治理来实现自身综合素质的提高。

二、各类制度已建立相应的保障工作机制

广东律师在参与地方治理中比较重视机制的完善与可操作性，主要体现在以下几个方面。

（一）制度保障

律师参与地方治理工作很多体现为已经通过制度的规定或者通过实施细则得以落实。如前所述的“福田模式”就有一套科学严密的人民调解管理机制。该管理机制规范调解文书和档案管理，从调解的申请、权利义务的告知、调解笔录制作、调解协议书的签订和资料归档，制定了一套标准的格式和内容，做到操作程序规范、标准，一宗纠纷调解有一份按司法部规定标准制作的档案，并建立和保存电子台账。且规定每一个调解员对每一宗纠纷的调解都要严格遵循合法、自愿、尊重当事人诉权的原则进行，必须严格按照人民调解法律法规规定程序，做好纠纷调解，保障调解协议的法律效力，并要协调好法院、保险等相关部门，建立信息沟通机制，为人民调解协议的履行及有关后续工作提供保障，确保人民调解工作的方便、快捷、可靠。

而就法律援助制度来说，目前广东省根据时代发展要求建立了各式法律援助工作规范化建设机制。其中法律援助中心制度详细规定了征集律师志愿者的流程、进入法律援助中心的条件，并根据法援案件类型的不同，分门别类地征集相关律师，其中有规定执业期限要求，有经办法律援助同类案件的数量要求。而为使法律援助覆盖全省各城乡，根据广东省司法厅下发的《关于进一步加强法律援助工作规范化建设的意见》，各地依托乡镇司法所、社会组织、院校等设立法律援助工作站，并通过健全镇（街）法律援助工作站，使法律援助工作得以覆盖全省。

针对一村（社区）一法律顾问的模式，广东省及各地纷纷出台规范意见。如广东省出台的《广东省司法厅关于深化一村（社区）一法律顾问工作的若干

的意见》，中共广东省委办公厅、广东省人民政府办公厅印发《关于开展一村（社区）一法律顾问工作的意见》，广州市司法局出台的《开展一村（社区）一法律顾问工作的实施方案》。这些规范意见有力地推动了村居法律顾问这一创新社会治理机制的落实。

为确保公益律师团的工作规范，广东省司法部门制定了专门的工作制度或暂行办法，如《关于试行聘请工会法律服务律师团律师担任企业工会法律顾问的工作制度》《“三农”律师服务团工作暂行办法》《广东省中小企业律师服务团工作暂行办法》等对律师团的宗旨职责、组织与管理、工作方式与范围、工作要求等予以规定，并制定了相应的奖励与惩罚机制。

（二）经费保障

广东省对于律师参与地方治理，在强调参与的公益性外，也逐步提供了律师参与地方治理的基础经费保障，使律师能够在服务社会的同时，获得基础的经济保障。

从 2002 年开始，广东省法律援助经费保障向前跨出了一大步，成为当时全国唯一一个财政拨款以转移支付的方式扶持贫困地区法律援助工作的省份。2002 年后，广东各地区还根据具体情况，根据不同案件确定了具体的案件代理费用，通过财政补贴的方式推动了法律援助工作的不断展开。《关于法律援助工作规范化建设的意见》提出，要建立与本地区经济发展水平相适应的法律援助最低经费保障制度，法律援助办公经费和业务经费特别是办案经费纳入同级财政预算，建立法律援助经费动态增长机制，有条件的地方可设立异地务工人员法律援助专项经费；办案经费数额不低于上一年度全国人均水平，并且能够保证当年法律援助案件办案补贴全部足额发放和满足其他办案费用支出；法律援助经费要设立独立账户或单列科目、专款专用等。而一村（社区）一法律顾问制度中，广东省基本上把村居法律顾问的法律服务费用定为 2 万元一年，一个律师不能负责超过两个顾问单位。广东地区已覆盖律师参与社会治理活动的经费保障制度，律师参与地方治理都可以获得相应的基础经济保障。

（三）监督保障

广东参与地方治理的项目均有相应的监督机制。如深圳市司法局出台了《村（社区）法律顾问工作监督指导和检查评估指引》，规定深圳市司法局县级司法行政机关对律师担任村（社区）法律顾问履行职责的情况进行检查评估。监督指导实行定期开展和不定期开展相结合的方式。检查评估实行现场检查与查看书面材料相结合、听取群众意见和村（居）委意见相结合的原则。各级司法行政部门建立对村（社区）法律顾问工作的定期监督指导机制。法律顾问检查评估包括村（居）委干部与群众评价、工作日志、服务时间、工作信息报送等方面的内容。

司法行政机关公开法律援助监督员的姓名和联系方式，畅通群众向法律援助监督员反映情况的渠道。司法行政机关建立了法律援助监督员履职台账，对法律援助监督员进行年度考核和任期考核。考核结果作为对法律援助监督员表彰奖励、免除资格或者续任的重要依据。为了保证法律服务质量，广东省司法厅通过了《广东省法律援助案件质量检查办法》，规定了对法律援助派出和指定机关进行监督检查，并规定了通过检查案卷、《法律援助案件征询意见表》、旁听庭审等方式进行监督检查，向法律援助人员了解案件进展，并规定了检查项目和质量评估等级及其评定标准。各地法律援助中心也根据上述规定进行了落实和处理。

2017 年 12 月 14 日，广东省司法厅印发《广东省司法厅关于深化一村（社区）一法律顾问工作的若干意见》，第九条和第十条规定了健全督导检查制度和完善工作考核制度。关于督导检查制度的有关规定，司法行政机关要通过随机检查、暗访、交叉检查等方式，切实掌握工作开展的真实情况。要建立督导检查问卷调查制度，通过随机向村（居）民发放调查问卷或者推送调查问卷信息等方式，掌握法律顾问律师服务的真实情况，切实将群众的评价作为衡量工作开展得好与坏的重要标准。强化督导检查情况报告制度，每个季度的督导检查情况要及时报上级司法行政部门。镇（街）司法所落实每个月例行检查的规定，及时掌握法律顾问律师工作开展情况，建立工作台账，完善工作考核制度。一些市、县两级司法行政机关出台对法律顾问律师的考核办法，明确对未按要求完成服务时间和次数，或者考核不合格的法律顾问予以扣减经济补贴、撤换等处理方式。利用信息化手段完善考核制度。加大考核结果的运用，把律师工作考核结果纳入个人年度考核及执业诚信档案，在开展评优评先、项目分配、“两代表一委员”推荐等工作时予以考虑。

（四）培训保障

法律援助、村居法律顾问、中立第三方调解这些制度的创设，虽然时间不长，但是制度相对比较完善，由律师协会积极提供相关培训，并进行定期经验交流。律师协会还组织典型案例以供参考，这种培训和交流提高了律师的法律技能和化解纠纷的能力。另外也专门对参政议政的律师代表进行培训，如进行了提案步骤、草案制作、听证等方面的培训，提高律师参政议政的能力。司法行政机关及律师协会制定专门针对村（社区）律师的培训计划，分批、分期组织和落实村（社区）律师培训工作，强化法律顾问律师岗前培训，明确律师在村（社区）法律顾问和公共法律服务体系中的职责作用，增强村（社区）法律顾问对社情民意的了解程度及与群众的沟通能力。

（五）政府及司法机构、公益团体的对接合作与对律师参与地方治理的支持

“真正的和谐社会应是一个权力与权利良性互动的社会，是国家行政管理与社会自主管理的统一”，[②]而且也需要律师与国家机关的联动以及社会组织之间的联动，从而推动社会法治的主动发展。

近年来，广东省劳动与社会保障专业委员会牵头开展了珠三角劳动法论坛等活动，通过专业委员会联合各地司法局、劳动社会保障局等进行相关专业活动，沟通了律师与各部门之间的关系，促使司法局、劳动社会保障局等部门对律师开展工作流程的完善，为和谐劳动关系的形成创造了条件。

广东各地均先后出台了保障律师执业权利、改善律师执业环境的法规和政策文件。广东省高级人民法院、省人民检察院等部门领导先后多次征求律师协会和广大律师的意见，出台保障律师执业权利的文件，相关部门负责人专

程到省律师协会召开座谈会。省律师协会与省法官协会建立了联席会议制度,通过定期与公检法等部门共同组织辩论赛以及其他文体活动等方式,建立起律师与法官、检察官、公安民警之间的良性互动关系。

三、律师参与地方治理存在的问题与对策

广东市场经济发达,律师数量众多,参与地方治理的律师也越来越多,律师参与地方治理的深度与广度不断加大,地方治理研究也在不断展开,但存在以下问题迫切需要解决。

(一)大力加强律师队伍的思想建设

在地方治理的参与中,虽然大部分律师都起了积极作用,但仍存在以下问题:一些律师流于形式,不真正从地方实际出发,不用心了解地方的社情民意,不因地制宜地提供法律意见与建议,导致法律服务与地方实际不相符合,法律服务质量低下;一些律师政治立场不坚定,没有大局观,片面适用法律,导致社会纠纷无法得以解决;一些律师违规利用媒体进行炒作;一些律师一切向钱看,热衷于拉关系。这些不良风气在部分律师中蔓延,导致近年来,人民群众对律师的评价有所降低,投诉"黑律师"坑害当事人的事件有增多的趋势。

律师的思想道德建设影响着律师的执业质量与水平,律师参与社区治理应有坚定的政治立场以及正确的思想理念,并有愿意为地方治理服务的热情。而思想政治工作是我们党的政治优势和光荣传统,是新时期统一认识、端正思想、保持稳定的有力武器,是增强广大律师凝聚力、发挥律师参与地方治理作用的重要保障。因此,应加强律师的党性教育,加强广东律师行业党的建设,树立律师的爱国观、大局观、责任观以及正确的金钱观、生死观与律师信仰。只有树立起了这些思想与理念,律师才不会为了单纯收取律师费而罔顾当事人的诉求是否得当,才不会为了不当利益而去侵犯国家、社会、当事人或他人的权益,做出违反职业操守的行为。

（二）建立理论研究和学习交流的长效机制

地方律师参与地方治理是重要课题，直接关系到中国特色地方治理体系的构建和完善。目前尚存在研究力量不足、缺乏高层次人才进行专业研究等问题。虽然也有执业律师从实务出发进行针对性的研究，在法律实践中提出了很多问题，但是缺乏研究的系统性和足够的高度。需要将两者结合起来，方能实际解决目前存在的问题，能够为律师参与地方治理提供足够的理论指导，以促成理论与实践的紧密结合。

而理论与实践的结合，需引入既懂理论又懂实践的法律专业人才进行研究。建立理论界和实务界的学术与实践交流平台，不同部门进行不断交流，形成律师参与地方治理研究的长效机制，为指引律师参与地方治理奠定基础。从目前来看，各地法学会起到了这样的平台作用，而且善于利用平台进行整合交流，值得推广与借鉴。其中，广东省法学会法理学研究会建立的广东、广西、福建、浙江四省长期交流机制、进行区域学术经验交流，以及广东省法学会律师学研究会根据业务需要，与广东省人民检察院共同举办研讨会，对近年来实践中遇到的理论和实际问题进行了深入的探讨，都是理论与实践交流的良好模式。

（三）理顺律师与其他法律服务者的关系

法治是一个系统，律师参与社会治理属于其中一个非常重要的部分，但目前尚未理顺各职业之间的关系，亦未理顺各类律师之间的关系，没有实现律师的全部功能，影响律师作用的发挥。另外也没有理顺律师与非律师法律服务之间的关系，律师行业已经有了准入制度，但是随着基层法律服务工作者资格考试的取消，导致了此行业进入的随意性，需要重新建立市场准入制度。要注重发挥律师的专业能力与基层法律服务工作者丰富的工作经验之间相互支持、相互补充的作用，依托律师自身技能、专业优势以及当事人的信任，及时化解矛盾，解决问题，从而缓解基层法律服务工作人员专业能力不足、人手不足等问题。

目前律师参与地方治理活动得到不断展开，但是由于律师定位尚未明确，直接影响了律师的正常功能的发挥，特别是在有限的律师资源的背景下，如何有效地整合资源，完成相关部门之间的沟通和协调，解决国家治理、社会治理、政府治理的相互关系，为发挥律师的应有作用奠定基础。因此，不再将律师定位局限于仅仅为当事人提供法律服务。律师的作用不只是为市场经济服务。律师无法完全通过市场来提供服务，律师的价格并非仅是由需求决定的，律师的技能、经验、水平、影响力决定了价格。公共法律服务既是一种法律责任，也是一种社会责任。必须明确律师的社会责任，才能使律师发挥其作为新社会阶层的力量。

（四）正视律师资源不均衡问题

由于广东律师资源分布不平衡，东部与西部、城市与农村的法治力量相差悬殊，需要统筹协调，才能将律师的功能得以发挥。目前广东律师内部经常进行资源调配，这些机制也逐渐得以落实。如广东韶关、梅州等地区缺少律师，广东省律师协会通过报名支援的办法将广州、深圳的律师进行调配。另外需要指出的是，我们一直以来对于法律辅助人才没有进行专门的职业考试，没有准入制度。其实对公共法律服务来说，更多的不是深厚的法学功底而是经验，建议可以进行专门的资格考试，以减轻律师不足的问题，但是律师助理及其他辅助人员必须在律师或者其他法律工作者的指导下进行。建议社区法律顾问向法学教师开放，有利于教师带领学生进行更好的法律服务，有利于培训学生参与法律实践，增强学生职业社会责任教育，还有利于解决部分地区律师资源分布不均的问题。

另外，需要引入竞争机制，吸引更多的律师力量参与地方治理，并形成和完善长效机制和激励机制。由于目前律师参与地方治理往往限于属地的律师事务所和律师协会，导致无法选择充足的优秀律师，再加上各地律师事务所和律师的数量分布不均，无法择优聘用。因此有必要改革律师事务所开设的限制，允许跨区跨市跨省设立分所。通过招投标的方式，吸引优秀的外地律师和律师事务所介入到本地治理中来。由于法律公共服务与一般法律服务不同，一般法律服务无法标准化，而法律公共服务是可以标准化的，为此，可以探索专业化、市场化的道路并结合财政补贴的办法进行操作。

（五）加强律师参与地方治理的评价体系的形成和完善

从目前来看，广东已经开展了针对立法法治评价指数研究、政府法治评价指数研究、社会法治评价指数研究，但是缺少对律师参与地方治理的法治评价指数的研究，对于律师通过何种途径进行社会服务、需要完善什么机制，取得何种效果缺乏量化和评价指数的设置，有必要加强这些工作。

广东目前对律师的工作评价往往还是以监督检查和评优考核的方式进行，而缺乏系统的评价。在大数据时代，应该投入更多力量进行大数据分析，进行实证分析，对律师参与地方治理进行多维度综合的评价，提升法律服务的评价体系，完善相关的评价制度。对于律师参与国家治理，在重大决策和立法上提供重要法律意见，这部分也至今没有形成评价体系。法律已经走向精细化，需要根据具体环境进行理性评判，以期获得更好的社会效果，而评价制度的精细化也是大势所趋。

（六）加强对律师参与地方治理经验的总结，继续完善律师的职业培训机制

从目前来看，对于律师参与地方治理的经验尚缺乏一个完善的机制进行归纳总结以及继承。律师参与地方治理并非一蹴而就，而是一个长期的过程，是需要不断地总结经验，并通过经验的总结，来提升律师提供法律服务的水平。地方治理具有各个地方的特殊性与历史性，需要律师承前继后地开展服务，并结合当地实际，依据法律法规开展治理工作。为此应该建立长效的经验总结机制与职业培训机制。注重服务经验的总结，并由政府或律师协会牵头，定期组织针对性的地方治理专业培训，使律师在参与地方治理服务过程中不断站在前人的肩膀上成长，并让不断成长的律师能够以所学所知参与到地方治理之中，及时高效地解决地方问题。

在广东省委政法委的领导下，在广东省司法厅和广东省法学会、广东省律师协会的指导下，广东律师参与地方治理的理论和实践活动为广东法治的顺利展开提供了良好的条件。律师广泛地参与地方治理，也直接改变了律师的

传统定位,律师逐渐从以诉讼为依托的职业定位转向承担更多的社会责任、预防社会风险发生的新的职业定位。对律师准确定位并完善律师参与体制机制,为律师积极作用的发挥奠定了良好的基础。近年来,广东律师队伍以“加强队伍建设、规范管理工作、强化作用发挥”为主线,以促进和保障律师依法、诚信、规范执业为抓手,在确保法律正确实施、保障群众合法权益、维护社会公平正义、服务经济社会发展等各个方面作出了积极贡献,日益成为地方治理的可依靠的重要力量。

【注释】

①袁钢:《律师履行社会责任的新常态》,载王俊峰主编:《依法治国与律师——第一届中国法学会律师法学研究会年会论文集》,中国法制出版社 2016 年版,第 123 页。

②赵彪、王永兵:《和谐社会警民关系良性互动机制的建构思考》,载《贵州警官职业学院学报(公安法治研究)》2006 年第 6 期。

粤港澳法律合作的实践创新与历史使命

邹平学　冯泽华*

2018年"两会"期间，习近平总书记在参加广东代表团审议时提出，广东是改革开放的排头兵、先行地、实验区，在我国改革开放和社会主义现代化建设大局中具有十分重要的地位和作用。习近平总书记强调，要以更宽广的视野、更高的目标要求、更有力的举措推动全面开放，加快发展更高层次的开放型经济，加快培育贸易新业态新模式，积极参与"一带一路"建设，加强创新能力开放合作。要抓住建设粤港澳大湾区重大机遇，携手港澳加快推进相关工作，打造国际一流湾区和世界级城市群。习近平总书记充分肯定了广东在我国改革开放和社会主义现代化建设大局中的重要地位和作用，表达了对广东工作的高度重视、亲切关怀和殷切希望，对广东提出新的更高要求。粤港澳大湾区建设是国家战略，但它却是以往区域合作概念的粤港澳合作的升级版。粤港澳合作由来已久，尤其是在法律合作方面更是经历一段由浅入深、日趋深化的过程。法律是治国之重器，①法律合作亦是保障粤港澳大湾区可持续发展的利器。在改革开放四十周年之际，我们有必要系统回顾总结四十年来粤港澳法律合作的成就、挑战与对策，为助推新时代粤港澳大湾区各项事业的兴旺发达提供法治保障，确保广东"四个走在全国前列"永不褪色，助推港澳与内地同发展、共繁荣。

---

* 邹平学，广东省法学会港澳基本法研究会会长，深圳大学港澳基本法研究中心主任、法学院教授，武汉大学、中国社会科学院研究生院博士生导师；冯泽华，中国社会科学院研究生院马克思主义学院博士研究生。

一、改革开放四十年粤港澳法律合作的成就

广东作为改革开放的前沿阵地，最先接受来自港澳同胞的投资。而在港澳同胞进入广东投资的过程中，法律合作必不可少。广东发挥着改革开放的带头作用，秉承岭南文化求真务实精神，在粤港澳法律合作方面先行先试，取得了覆盖面广、类型丰富、层次不一的成就。仅就部门法兼顾其他因素的角度而言，法律合作的成绩可从行政法、刑事法、民商事法、法律服务业合作、法学专业社团及研究机构交流合作五个维度予以圈点。

（一）行政法合作方兴未艾

广东与港澳在行政法层面的合作主要体现在跨境府际合作的实践。广东与港澳的府际合作从双边到多边、再到单边，呈现混合交叉、日益深化之势。1998年以来，粤港澳分别签订《粤港合作框架协议》《粤澳合作框架协议》《深化粤港澳合作　推进大湾区建设框架协议》（以下简称《大湾区协议》）等合作协议。粤港澳文化合作会议是广东省文化厅、香港特区政府民政事务局、澳门特区政府文化局自2002年起建立的合作机制，并由三方轮流承办。广东省文化厅、香港特区政府民政事务局及澳门特区政府文化局又于2003年签署《粤港澳艺文合作协议书》，进一步深化粤港澳文化交流与合作。2013年，广东省人民政府法制办与澳门特区政府法务局成立粤澳法律问题与合作专家小组，建立更加紧密的常态化的法律合作及协调机制。2015年以来，粤港双方围绕《海关总署与香港海关合作互助安排》，在扎实推进缉私、通关、知识产权保护各领域合作方面，取得了进一步成效。

除了广东省人民政府及其部门与港澳特区政府及其部门签署府际协议外，广东省管辖的地方行政区域亦与港澳签订双边协议或者建立官方合作机制（见表1），不同于已有官方层面间的双边合作，《深圳经济特区前海深港现代服务业合作区条例》《珠海经济特区横琴新区条例》《广州市南沙新区条例》均以单边立法模式在审判、仲裁等领域与港澳合作，进一步拓宽粤港澳合作和交流的深度与广度。

粤港澳大湾区内城市间的合作概况

年份	城　市	合作内容
2004	深圳、香港	《香港深圳法律服务合作协议书》
2006	深圳、澳门	深澳沟通协调机制
2008	珠海、澳门	珠澳合作专责小组
2011	广州、香港	穗港合作专责小组
2011	深圳、香港	深港法律合作联席会议制度
2013	珠海、澳门	珠澳合作专责小组正式更名为“珠澳合作会议”
2013	珠海、澳门、香港	横琴新区港澳法律问题专家小组
2014	珠海、香港	珠港合作专责小组
2014	深圳、香港、澳门	前海法律专业咨询委员会(聘请港澳籍专业人员担任委员)

(二)刑事司法协助重点突破

尽管内地与港澳的刑事司法协助尚未达成有关安排,但作为先行先试的广东与港澳在共同打击跨境犯罪的问题上初步形成有效的衔接机制。1987年起,广东省检察院即与香港廉政公署开始了第一宗跨境职务犯罪案件的个案协查合作,两地的合作交流至今已有30余年。自2005年起,广东省检察院与港澳特区廉政公署共建一年一度的粤港澳个案协查座谈会,在共同打击跨境贪污腐败犯罪工作上取得一定成效。截至2017年,粤港双方协查跨境贪污腐败案件业已超过千宗。此外,粤港澳还积极开展“粤港澳青少年反腐倡廉广告片创作比赛”“粤港澳三地中小企业廉洁营商研讨会”、合作编印《粤港澳防贪指引》等多项防贪合作项目,不断加强“一带一路”建设与粤港澳大湾区建设预防腐败等方面工作的交流与合作。

除了共同打击职务犯罪外,粤港澳三地的警务合作亦日益频繁。以港澳回归作为分水岭,粤港澳警务合作主要历经两大阶段:其一,港澳回归前,粤港澳警方通常在国际刑警组织框架下合作,通常以治安会晤的名义与其进行合作。二十世纪八十年代初,粤港澳三地警方逐步建立起警务合作关系。1983年,广东省公安厅与葡澳警方建立合作关系,开始移交逃犯和互通情报。1986年12月,广东警方通过国际刑警渠道与港澳警方直接开展警务合作,并设立国际刑警广东联络处。其二,港澳回归后,粤港澳警方在“一国两制”框架下合作,广东省公安厅以“省公安厅港澳警务联络科”名义与其进行合作。二十一世纪初,粤港澳警方在打击跨境毒品犯罪方面建立 24 小时情报信息互通机制。2000 年 8 月,粤港澳警方在广州举行首次联席工作会晤,旨在逐步建立灵活、快速、高效的警务合作机制。[②]此前,三地警方曾联手侦破“新义安”等香港黑社会组织案、珠海“环球火星”号油轮被劫案等大案要案。[③]2002 年,粤港澳警方在扫黑活动中建立 24 小时情况通报机制;2009 年,粤港澳警方开通情报信息共享平台;2015 年,代号为“雷霆一五”的联合行动为期 3 个多月,打击涉黑罪行,共拘捕逾 1.5 万人。概言之,粤港澳警方在打击跨境毒品犯罪、经济犯罪、网络犯罪及跨境非法赌博违法活动等领域一直保持紧密合作、互通情报,多次同步采取大型联合反罪恶行动,不断深化合作机制,共同维护粤港澳社会治安的持续稳定。

(三)民商事司法协助有序推进

广东是全国最早受理涉外商事案件的地区,1980 年,广东省高级人民法院审理了第一宗涉外商事案件——广东省江门市蓬江蓄电池厂诉香港喜利企业投资有限公司合同纠纷案。广东与港澳的民商事司法协助在港澳回归前即已开展。1988 年,广东省高级人民法院与原香港最高法院签订《广东省高级人民法院和香港最高法院相互委托送达民事、经济纠纷案件诉讼文书问题的协议》,在民商事文书送达方面开展合作。自有公开数据以来,广东因毗邻港澳,受理的涉港澳民商事案件数量长期高居全国首位,与港澳开展民商事区际司法协助的数量亦在全国举足轻重,如 2011 年广东受理的涉港澳民商事案件约占全国的 80%。[④]而后,由于广东省高级人民法院与最高人民法院对涉外案件统计口径不一致的原因,广东在涉港澳民商事案件的具体比例无从获悉,但据 2018 年最高人民法院和 2018 年广东省高级人民法院的工作报告显示,2017 年,广东审结涉港澳台、涉侨一审案件 3.6 万件,办理送达文书、调查取证、罪赃移交等司法协助案件 9867 件,分别约占全国的 44.44%和 17.01%。[⑤]

在离婚判决的相互认可和执行上,粤港经历了一段艰难的历程。在 2010 年以前,粤港双方均不承认对方的离婚判决。2010 年,香港终审法院在马琳案中认可深圳法院的离婚判决，并建议香港立法会修改《婚姻法律程序与财产条例》，实现了缺乏双边安排的情况下广东离婚判决在香港的认可。2011年，广东省高级人民法院作出《关于承认香港特别行政区区域法院2007年第7112号离婚判决法律效力的批复》，率先在全国个案中承认香港离婚判决，完全实现了内地与香港离婚判决相互认可的局面，[6]而后，内地多家法院均有对香港离婚判决的认可。在各地法院承认香港离婚判决经验的基础上，2017年6月，最高人民法院与香港特区签署《关于内地与香港特别行政区法院相互认可和执行婚姻家庭民事案件判决的安排》，推动跨境婚姻家庭案件判决在粤港得到相互认可和执行，增进粤港司法互信，深化粤港司法交流与合作。不同于《最高人民法院关于内地与香港特别行政区法院相互认可和执行当事人协议管辖的民商事案件判决的安排》中规定的仅执行“具有执行力的终审判决”，《最高人民法院关于内地与澳门特别行政区法院相互认可和执行民商事判决的安排》规定无论生效判决是否具有给付内容均可互相申请承认和执行，亦未对“法律关系”的类型作出限定，故内地与澳门的离婚判决是可以互相申请认可和执行的。

2016年，为提高珠海横琴新区法院涉港澳台民商事案件审理的专业化水平，珠海横琴新区法院与澳门科技大学签署合作协议，由澳门科技大学推荐5名熟悉内地、澳门两地法律的研究生到横琴新区法院实习3个月之后，从中择优选聘了综合条件优异的3名研究生担任法官助理。此举有助于深化两地法律合作，共同培养能够适应粤港澳大湾区经贸发展的高素质法律人才。此外，为增强港澳同胞对内地司法的信任感和参与度，南沙片区法院、前海法院、横琴法院已分别选任5名、13名、10名港澳籍人民陪审员，并邀请他们参审案件，取得良好社会反响。最高人民法院还借鉴广东省港澳籍人民陪审员的法治经验于2017年1月颁布《关于为自由贸易试验区建设提供司法保障意见》，正式规定“在自贸区内的民事案件一方或双方当事人为港澳台居民的，可以选任港澳台居民作为人民陪审员参加合议庭”。

（四）法律服务业合作深化发展

法律服务业一般包括律师、仲裁、公证等行业。自改革开放以来，广东与港澳律师、仲裁、公证等法律服务业的合作亦是随着三地经贸往来的深入而获得飞速发展。

1. 律师业合作取得突破

2014 年 8 月，广东省司法厅颁布《关于香港特别行政区和澳门特别行政区律师事务所与内地律师事务所在广东省实行合伙联营的试行办法》，正式启动港澳律师事务所在广东试行合伙联营的试点工作。当前，在法律服务业上，港澳的律师事务所可在广州南沙、深圳前海等地方与广东内地的律师事务所进行合伙联营。截至 2017 年 10 月，在广州、深圳、珠海 3 地共有 11 家联营律师事务所，共有 136 名律师派驻到联营律师事务所，其中香港律师 33 名、澳门律师 9 名。⑦

2. 仲裁业日益国际化

2011 年 6 月，深圳出台《深圳经济特区前海深港现代服务业合作区条例》，该《条例》鼓励前海合作区引入国际商事仲裁的先进制度以及鼓励香港仲裁机构为前海合作区的企业提供商事仲裁服务，有效地保障了前海合作区内的香港、外资企业的合法权益，吸引了更多的香港、外资企业踊跃到前海投资。2015 年 4 月，国务院颁布的《进一步深化中国（上海）自由贸易试验区改革开放方案的通知》正式借鉴前海国际商事仲裁经验，同年 11 月，香港国际仲裁中心在上海自贸区设立代表处。2015 年，广东省政府颁布的《实施〈粤港合作框架协议〉2015 年重点工作》规定在广东自贸区前海片区的企业可选择香港法作为适用法律以及选择香港作为仲裁地。据此，为更高效地为自贸区的交易主体提供更加优质的法律服务，截至 2016 年 1 月，深圳仲裁院聘请来自香港特区的仲裁员达 146 名，其中，香港籍 88 名。⑧随着深圳仲裁院业务运作的成熟，该院作出的裁决愈来愈受到国际的承认与执行。

3. 调解业合作日趋深入

《深圳经济特区前海深港现代服务业合作区条例》鼓励深港民间调解组织合作，为前海合作区的企业提供商事调解服务。据此，2013 年 12 月，粤港澳 12 家商事调解机构与深圳国际仲裁院调解中心共建粤港澳商事调解联盟。2015 年 4 月，珠海仲裁委员会、香港联合调解专线办事处、香港仲裁司学会、澳门世界贸易中心仲裁中心、香港博信法律专业调解中心、香港 g2g 六方在珠海也成立珠港澳商事争议联合调解中心，该中心主要功能是整合法律资源，协调成员各方为当事人提供跨法域的调解咨询和推介等服务。2018 年 3 月，珠海横琴成立首家商事调解机构——横琴新区国仲民商事调解中心，该中心利用珠港澳商事联合调解中心工作机制，实现与港澳跨境调解合作。

（五）粤港澳法学专业社团及研究机构交流合作日益频繁

法学专业社团作为民间力量，在推动粤港澳法律合作进程中起着重要作用。在港澳回归前，粤港澳法学专业社团交流相对较少，而在港澳回归后，粤港澳多次联合举办各种类型的法学研讨会且交流日益频繁，民间法学力量的后发优势得到充分发挥。2008 年，首届粤港澳法学论坛在珠海召开，此后第二届、第三届、第四届、第五届、第六届等分别在深圳、澳门、东莞、广州、香港举行。2015 年 12 月，首届粤港澳台法学研讨会在澳门举行，此后第二届、第三届研讨会分别在深圳、香港举行。多个学术论坛分别在粤港澳举行，社会反响热烈，取得了良好的交流效果。2017 年 3 月，广东省法学会港澳基本法研究会成立，进一步整合并加强了全省基本法研究力量。2017 年 7 月，由外交部条约法律司、广东省法学会、深圳大学联合主办的纪念香港回归 20 周年法律研讨会在深圳举行。2017 年 11 月 17 日在香港喜来登酒店举行主题为“香港基本法的实施与未来”的香港回归 20 周年基本法法律研讨会；12 月 9 日在香港大学举办香港基本法澳门基本法研究会 2017 年会暨“基本法的理论与实践：20 年的回顾与前瞻”高端论坛。12 月 20 日，第三届粤港澳法学研讨会在香港城市大学举行。

澳门法学专业社团及研究机构是积极推动港澳法学研究的拥趸，自回归以来，澳门多次邀请广东法学专家学者或者与粤港法学专业社团和研究机构共同举办学术会议，如 2005 年，澳门基本法推广协会邀请内地、港澳台 70 多位专家学者参加“依法治澳经验与前瞻”学术研讨会；2010 年，澳门理工学院“一国两制”研究中心邀请内地及港澳台 30 多位专家学者参加“‘一国两制’与澳门特区法制建设”学术研讨会；2015 年，澳门理工学院“一国两制”研究中心、深圳大学港澳基本法研究中心等多家研究机构和法学专业社团在澳门共同举办“‘一国两制’实践与基本法实施的澳门模式”学术研讨会；2018 年 4

月，澳门濠江法律学社等境外团体与中山大学粤港澳发展研究院等内地团体在珠海举办“澳门基本法实施19周年经验总结及未来展望学术座谈会”等各类主题研讨会。

此外，粤港澳律师团体间亦交流频繁、互利合作。自2002年举办首届粤港澳律师运动会以来，三地业已成功举办六届运动会，并成为三地律师交流的传统品牌项目；2016年，在广东省律师协会与香港大律师公会、香港律师会、澳门律师公会的共同努力下，首届“推动‘一带一路’‘自贸区’建设，加强粤港澳法律服务业合作论坛”在广州举行；2017年11月，香港大律师公会主席林定国等一行19人访问广东省律师协会并受到广东省司法厅厅长曾祥陆会见；等等。

不忘初心，方得始终。四十年来，粤港澳法律合作取得的成就实属来之不易，广东在粤港澳法律合作中取得了举世瞩目的成绩，与其敢于尝试、勇于担当的优良品格有关，是广东奋勇前进、久久为功，破除一切阻碍法律合作的顽瘴痼疾的结果。广东与港澳从隔岸相望到密切交流，一步步地迈向伟大飞跃。进入中国特色社会主义新时代，广东肩负重任，面临交织叠加的矛盾与接踵而至的各种挑战，粤港澳大湾区建设定位国家发展战略，对标世界一流湾区，广东理应再接再厉，更上一层楼，无愧于时代赋予广东的使命。

二、粤港澳法律合作中的问题与挑战

安不忘危，兴不忘忧。总结广东在推动粤港澳法律合作方面取得巨大成就的同时，我们应清醒地认识到诸多领域的合作在广度、深度和效度方面仍多为“蜻蜓点水”。鉴于广东在改革开放法治化进程中不可或缺的重要地位，尤其在粤港澳大湾区时代下粤港澳法律合作中的合作主体作用，我们更应正视当前粤港澳法律合作中一些潜在的挑战。

（一）跨境府际合作缺乏牢固法律基础

第一，粤港澳的系列府际协议不属于立法法规定的法律渊源，且系列府际协议并无政府间的权利义务及其约束措施。宪法和地方组织法仅授权各级政府管理辖区内的事务，并无明确授权各级政府建立跨行政区域的合作机制。从现实角度而言，粤港澳的合作框架协议均是在时任国家副主席习近平同志的见证下由粤港、粤澳两地政府代表签署的，《大湾区协议》更是在国家主席习近平同志的见证下签署的，可见，粤港澳系列府际协议是得到中央支持的，但形式上仍然没有法律的明文授权。相对于府际合作难以在宪法和基本法层面寻求依据而言，广东与港澳签署的刑事和民商司法协助协议却可从基本法寻求依据，如《香港基本法》第九十五条规定"香港特别行政区可与全国其他地区的司法机关通过协商依法进行司法方面的联系和相互提供协助"。

第二，粤港澳的合作联席会议、粤港澳联络协调会议虽经国务院批准，但在宪法、立法法、地方组织法、基本法等文件上并无明确依据，任何一方不遵循协议，理论上亦可不承担法律责任，加之国务院是否有此权限存在法理上的模糊。简言之，粤港澳府际合作的性质、定位、效力在法律规范上未明确。有论者认为粤港澳区域合作行政协议法律地位不明确，有僭越宪法和法律的规定，亟须获得规范。[9]一般而言，世界各国或地区普遍默认行政法的地域效力，一般不承认域外行政法在本法域的效力，因而较少产生行政法冲突。[10]然而，粤港澳大湾区时代下府际合作愈发明显。粤港澳大湾区市场经营行为的行政监管、税收行政、环境保护合作治理等行政事务具有跨法域性，需要粤港澳共建有法律约束力的府际合作机制。我们认为，就府际合作的性质而言，或是一种政策行为，各方是否最终履行协议内容取决于各方的自觉性，这种协议的约束力弱正是粤港澳法律合作中多个领域迟迟难以深化和推进的根本原因。厘清府际合作的法律属性及其效力，是推进我国区际行政协助的重要保障，是实现粤港澳大湾区建设高度融合的重要法宝。以环境治理为例，港澳地狭人稠，环境深受大陆影响，如港澳的空气污染受东莞、惠州、中山、珠海等工业排气影响，港澳附近海域的污染亦深受珠江上游来水的影响，单靠港澳难以解决环保问题。而港澳与内地的大气、水污染等检验标准不一，需要与粤港澳统一环境治理的规范与执行力度，方能实现美丽大湾区的建设。

（二）刑事司法协助的覆盖面欠佳

一是刑事司法协助案件范围窄。尽管广东与港澳在打击跨境犯罪方面取得一定成效，但在刑事司法协助方面，由于法系不一，内地与港澳尚未达成有关安排，广东与港澳司法机关间的刑事司法协助范围有限，多局限于跨境涉黑、毒品、职务等案件，现实中业已出现大量跨境侵犯财产犯罪的案件而无法得到有效抑制。二是广东与港澳尚未达成相互承认刑事司法判决的协议，不利于相互间协助执行异地刑事判决。粤港澳在金融数据查询制度、证人是否强制出台、证人保护制度等方面差异较大，相互取证与协助亦存在诸多瓶颈。三是引渡尚未取得突破。当前，因港澳尚对内地刑事司法判决的水平存在误区，进而回归多年以来一直未有条件与内地就罪犯或者犯罪嫌疑人引渡达成有关安排。一些在广东涉嫌经济犯罪的港澳居民只要返回港澳境内，理论上广东方面即无法对其实施引渡等工作，这极不利于深化粤港澳刑事司法协助的力度。

（三）民商事司法协调亟须加强

一是民商事裁判的承认与执行的法院级别过高。在执行涉港澳裁决与调取民商事证据上，广东各市法院要经过高级人民法院方可与港澳较高级别的司法机关进行对接，程序复杂、诉讼成本高，不利于保障当事人的权益。二是民商事案件管辖权冲突协调。随着大湾区建设的深入，广东与港澳的经贸往来进一步加强，不可避免地增加民商事纠纷，当事人趋利避害的诉讼策略选择亦会进一步增加粤港澳管辖权冲突。

（四）法律服务业全面合作进程有待深化

尽管粤港澳律师业合作取得一定进展，但距离律师业全面合作尚有一定距离，主要表现在：一是粤港澳律师业只能以合伙联营的方式进行，加之现有新设合伙制联营律师事务所的数量也是屈指可数，这些联营的律师事务所不能完全满足大湾区各市居民在跨境法律服务上的需求。二是单边律师业阻碍粤港澳法律服务业的全面合作。当前，粤港澳律师业的开放主要表现为广东律师业向港澳的单边开放，而港澳律师业尚未完全对广东开放，内地法律服务业难以直接为内地在港澳的投资者或者直接为港澳居民提供法律服务，不利于广东律师业“走出去”。三是根据香港法律，律师分为大律师与事务律师，大律师只从事诉讼业务，而 CEPA 只允许港籍律师在内地从事非诉讼业务。

（五）大湾区法律冲突协调机制有待突破

大湾区内立法主体多、权限不一，一直缺乏解决法律冲突的协调机制。首先，从立法层面，随着《立法法》的修正，大湾区相对独立的立法主体瞬增至 12 个，有特别行政区的立法权、有经济特区的立法权、有设区的市的立法权，这些巨变使得大湾区的立法主体及其权限错综复杂，亟须统一的冲突法规范予以协调。再者，一些跨境法律合作如高新科技、互联网等涉及国家安全、体制等问题，非大湾区内部能够自主处理。两个特区享有立法权，特区立法需报全国人大常委会备案，但备案不影响法律生效，全国人大常委会仅可将不符合基本法关于中央管理的事务以及中央与特区关系条款的法律发回。其次，从行政管理层面，三地虽同属中央人民政府管辖，但根据基本法的规定，中央人民政府负责管理特区的外交和防务，特区政府享有行政管理权，自行处理特区的行政事务；从司法层面看，特区享有独立的司法权和终审权，三地缺乏共同的上级司法机构。然后从法律实施的层面看，除了列入基本法附件三的全国性法律之外，其他全国性法律不能在特区实施。最后，从大湾区本身的协调沟通机制来看，仅限于行政系统一些高层会议机制的执行落实机制、纠纷解决机制均付之阙如，立法和司法方面的合作互助或空白，或程度很低。这意味着，粤港澳大湾区建设虽纳入中央顶层设计，但如何跨越法律和制度冲突进行跨区域规划的协调，仍然需要付出巨大努力。

总之，大湾区时代下，尽管在粤港澳法律合作中将面临诸多错综复杂的挑战，但广东作为改革开放的前沿阵地，需要提高政治站位，坚持法治先行，强化使命担当，迎难而上，敢于"在刀锋上跳舞"，始终充满奋勇前进的法治动力，珍惜来之不易的改革成果，让粤港澳法律合作展现出中国法治魅力与大湾区风采，谱写时代选择的壮丽史诗。

三、广东在粤港澳法律合作中的重要定位

广东是改革开放的前沿阵地，亦是中国特色社会主义法治建设的先驱者。

广东有不错的“家底”，可以利用现有的法治资源克服潜在的困局，尤其是在迎难而上的过程中，广东应始终在粤港澳法律合作中坚定以下几个定位。

（一）广东要在加大港澳融入国家发展大局方面发挥区位优势

中央强调港澳要大力发展经济、持续改善民生，这不仅是中央期待港澳特区能够实现的，也是大湾区作为平台能够实现的。港澳地狭人稠，资源匮乏，发展空间长期受阻。香港当前最大的问题是民生问题。近年来，香港高度依赖金融业、房地产业，经济发展速度有所放缓，年轻一代往上流动空间狭窄。事实上，近年来香港诸多的政治纷争蕴含着不少的民生因素。澳门当前最大的问题是产业结构过于单一，故致力于经济适度多元发展是未来施政的重要方向。大湾区各市发展程度不一，居民的生活方式有所差异，但总体上仍是以岭南文化为主体的习俗方式，文化与饮食差异相对较小。港澳年轻一代到大湾区内的珠三角广东九市发展，除了能够寻找更广的发展空间，亦能享受性价比更高的生活。港澳年轻一代可以在大湾区置业、就业、创业。广东应当加强大湾区内人力资源服务机构的合作，鼓励港澳年轻一代到腾讯、华为、中兴等高科技企业实习、就业，亦可引导实力雄厚的广东九市的企业和港澳企业合作发展。

（二）广东要发挥改革开放的排头兵、先行地、实验区的作用，进一步解放思想、改革创新，推动粤港澳机制对接和法律合作

大湾区具有独有的特征——“‘一国两制’三法域与三法系”。“一国两制”是大湾区发展最大的优势，亦可能带来制度机制的制约。在何种程度上有效发挥优势，以及如何避免制约所带来的负面影响是大湾区发展不可避免的重大命题。所谓的优势，在于“两制”继续确保香港的国际地位以及澳门作为葡语国家和地区的桥梁地位；所谓的制约，在于制度、边境、互联网等方面的隔离。破解人员、资金、货物、管理技术、信息交流因“两制”而隔离是当前大湾区建设所面临的重要问题。实际上，解决这些问题的法宝是推动粤港澳的机制对接与法律合作。“一国两制”下的大湾区内存在三法域与三法系，法律制度间的不同是长期阻碍全面合作的重要源头。例如，高铁“一地两检”自提

出之初便遭遇部分港人的强烈反对便是这种法律差异所造成的。因此，除了推动经济、文化上的合作，更有必要进行法律合作以破解大湾区合作的瓶颈，释放大湾区创新性、国际化的活力。可以预计，广东珠三角九个城市与港澳特区通力合作、优势互补，将内地行政主导模式的优势与港澳自由市场模式的优势有机结合，将内地强政励治的特色与港澳的法治优势相结合，将内地改革开放发展的独特经验与港澳国际化发展经验有机结合，不断丰富大湾区发展规划的实践内涵。

（三）广东要牢固粤港澳大湾区法律合作中的主体地位，在合作中担任引领者、设计者与调节者的角色，增添共同发展新动力，画出最大同心圆

因地缘原因，广东最早接受来自港澳的投资。为有效维护港澳投资者的合法权益，吸引更多的港澳资本涌入广东，广东必然需要与港澳方面共同达成诸多合作协议，以便港澳投资者安心北上发展。因此，自改革开放以来，广东在推动粤港澳法律合作中具有举足轻重的地位，肩负着光荣而艰巨的使命。大湾区时代下，党和国家给予广东许多厚望，尤其是时下如何保障广东“四个走在全国前列”成为全省上下亟待解决的命题。实际上，“四个走在全国前列”既离不开广东奋勇前进、敢为人先的自身因素，亦离不开港澳的大力支持。不同于内地其他省份，广东是一个典型的外向型经济体，与港澳建立了紧密的经贸关系。在长期的粤港澳经贸往来中，广东与港澳的合作并非一帆风顺，在固有的政治体制与法域不一等因素的作用下，粤港澳的合作偶尔遭遇一定的波折，诸如广东改革开放初期不稳定的税收与土地政策，政府换届后新任领导变更前任的优惠政策进而导致港澳投资者利益受损。然而，广东既系统借鉴了港澳先进的法治理念进而推动自身改革，亦在构筑粤港澳法律合作框架中起着引领、设计与调节的作用，两者相辅相成、有机统　。当粤港澳经贸合作中出现新的问题，广东马上组织骨干力量进行研究，化险为夷，尽最大努力协调粤港澳各方利益，寻求最大公约数，营造宜商的法治环境，助推愈来愈多的港澳投资者愿意到广东发展。

（四）广东作为连接内地与港澳法律合作的桥梁，应继续发挥中流砥柱的建设作用

毋庸置疑，粤港澳法律合作是内地与港澳法律合作的重要组成部分。1978年改革开放落地，国门初开，长期闭关建设的神州大地不禁让诸多境外投资者产生惧怕，谨慎无比的港澳投资者北上内地发展往往先到广东“试水”。若港澳投资者在广东投资不理想，往往不会到更北的省份投资建厂以避免更大的投资风险。因此，作为境外投资“缓冲器”的广东能否保证港澳投资者安心在内地扩大投资，除了给予他们极为优惠的政策外，建构稳定而舒适的营商法治环境尤为重要。可见，广东在连接内地与港澳法律合作中起着中流砥柱的桥梁作用。事实上，内地与港澳法律合作进程中往往亦先从粤港澳法律合作开始试点以防止合作因水土不服而夭折，例如跨境警务合作、跨境离婚判决认可等均先由广东试验进而延伸全国。当下，内地与港澳的法律合作进程尚未取得突破性进展，诸多领域在CEPA的框架下缓慢落地，加之香港近年来政治生态蒙上多层迷雾，港澳同胞北上的热情有所下降。广东与港澳的法律合作是否能取得突破性进展，尤其是在大湾区建设中能否继续发挥主体作用，事关内地与港澳同发展、共繁荣的伟业。因此，广东除了清晰牢固自己的桥梁定位外，还须深化体制改革，尽快在大湾区时代下粤港澳法律合作中取得重大突破，为内地与港澳的法律合作提供更多的广东智慧。

（五）广东作为改革开放的先行者和排头兵，亦是中国特色社会主义法治建设的先驱者，在粤港澳法律合作中发挥模范带头作用

习近平总书记在2018年“两会”中指出，广东是改革开放的排头兵、先行地、实验区，在我国改革开放和社会主义现代化建设大局中具有十分重要的地位和作用。习近平总书记的论断为当下广东继续前进、勇创法治佳绩注入了强劲的动力。不可否认，改革开放以来，截至2017年，广东GDP连续29年居全国第一。如此骄人的成绩背后，离不开党和国家在政策上的大力支持，亦离不开广东在法治建设配套上的力度。市场经济是法治经济。广东市场经济运行如此畅顺，正表明其法治的优先性在市场活动中得到高度彰显。试问一个

法治不健全、政策随意变动的营商环境能够助推经济的高速发展吗？答案是显而易见的。改革开放四十年来，广东勇于突破计划经济时代遗留下来的不利于发展市场经济的条条框框，虚心学习港澳先进的法治营商经验，且结合自身实际情况，创造了一个又一个法治奇迹，最终在多个领域成为中国特色社会主义法治建设的先驱者，例如2003年广州率先建立政府信息公开制度、2011年深圳率先建立国际商事仲裁先进制度等等。大湾区时代下，广东除了继续充当中国特色社会主义法治建设的先驱者进而为全国法治现代化建设提供广东经验和样板外，还应在粤港澳法律合作中发挥模范带头作用，借鉴更多的国际先进法治经验，提升自身国际化水平，积极融入“一带一路”建设，增强发展环境的吸引力和竞争力。

综上所述，广东作为改革开放的先行者，在长达四十年浪涛中涌现出许多值得讴歌的法治奇迹。广东业已塑造无比深厚的法治底蕴与无比强大的合作动力。在大湾区建设的新时代下，广东有必要加强创新法治驱动要素整合，以粤港澳法律合作为动力，继续推动广东在形成全面开放新格局上走在全国前列，为内地与港澳法律合作乃至中国法治文明进程作出充满广东智慧的贡献。

四、广东在粤港澳法律合作中大有作为

行百里者半九十。广东尽管在粤港澳法律合作中取得丰硕的成果，亦在合作进程中起着不可或缺的独特主体作用，但在大湾区时代下仍将面临许多前所未有的挑战，需要把握新的历史发展机遇，戒骄戒傲，继续创造更多彪炳史册的法治奇迹。不可否认，广东在粤港澳法律合作中的积极作为并非“自古华山一条路”，而须用系统化思维促进自身在粤港澳法律合作中发挥强劲作为，更须注重强化“一国”，善用“两制”，发挥“一国之利、两制之便”。

（一）观念与理念先行

广东在推动粤港澳法律合作进程中秉承诸多的观念与理念，并在这些观念与理念的指导下创制了接连不断的法治奇迹。今天，在大湾区新时代粤港澳法律合作的驱使下，广东仍须发扬这些观念与理念。

1. 观念先行

第一，发扬光大广东的包容文化。文化对人具有潜移默化之作用。正是广东由来已久的包容文化成就了广东骄人成绩。自改革开放以来，全国各地乃至世界各地的各类人才在广东的创造活力竞相迸发、聪明才智不断得到充分涌流，这与广东勇于突破阻碍法治合作的藩篱、吸收港澳先进的法治经验、聚天下英才而用之的方针政策有关，实质是广东包容性的强劲彰显。大湾区时代下，粤港澳法律合作绝非仅限于区域合作，而是定位国家发展战略，服务"一国两制"的国家级战略的重要组成部分。粤港澳法律合作的目标在于促使大湾区建设实现全要素的自由流动，各市要摒弃斤斤计较之心态，以有容乃大、包容发展的胸襟对待合作伙伴。在大湾区府际合作方面，要鼓励互创价值，鼓励整体发展观，尤其是强化在法律制度合作中的包容发展、互相学习借鉴的理念。合作不仅仅是一个经济概念，法律和制度的交流借鉴也是合作内容之一。广东有超强的规划与执行能力，若在决策、执行和监督的法治化建设上多向港澳学习，方能降低各市间的内耗、把握诸多发展机遇，涌现大湾区法治建设的新奇迹。

第二，秉持合作的心态。大湾区时代下的粤港澳法律合作是一项庞大的国家级工程，需要平衡的利益主体甚多，利益主体只有秉承合作的心态方可实现共赢。对于大湾区有条件的城市，只要有助于大湾区整体发展和"一国两制"基本方略的，不能"等靠要"，若对方暂时没有对等改善，广东各市可先改一步、先行让利，先改革创新自己的制度程序。例如，深圳以往的巨大成功表明，大气、有远见的最终都不会吃亏。深圳的发展曾受惠于香港甚多，2017 年的 GDP 总量及科技创新实力在整个大湾区首屈一指，在服务"一国两制"战略中，深圳亦应当有反哺港澳、发挥更大的独特作用的政治站位。与此同时，珠三角的其他城市若在法治城市建设、法治政府建设、服务政府建设方面下功夫学习港澳先进经验，加强各项活动的合作交流，则可以更好地发展自己，奠定法律合作和制度接轨的深厚基础。

第三，发扬岭南文化的求真务实精神。务实表现为重视实际、讲求实用、追求事功，而轻浮华、贬空谈、鄙玄虚。[11]广东作为岭南主体，天然具有务实精神。在改革开放浪潮中，之所以长期逢凶化吉、化险为夷，除了谦虚谨慎的作风外,务实精神同样必不可少。广东的务实精神在广东人探索改革开放发展规律的过程中发挥得淋漓尽致。广东长期着力于长远的、集体的、实质的利益,在空谈误国的理念下兢兢业业地苦干,终究保持经济"常胜将军"之地位。大湾区时代下,这种务实精神的延续尤为必要。粤港澳法律合作涉及的利益主体众多,需要协调的事项数不胜数,若不发扬求真务实的作风,一味在合作中搞形式主义而无实质作为,则容易使合作的成果陷入形式困局。因此,广东应时刻注重学习港澳的先进法治经验,听取社会大众对大湾区建设的宝贵建议,破解粤港澳法律合作进程中的实际障碍,取得更多务实成果。

2. 理念先行

第一,合作理念。广东树立合作的理念意味着广东应从国家层面树立整体融合发展的指导思想,协同港澳构筑高层次大湾区协调机制,为大湾区各城市之间创造要素跨境自由流动提供政策和法律权威。大湾区建设作为国家战略,相比起以往的粤港澳合作框架而言,合作程度更为紧密、合作水平更为高级。在融合发展中,不仅要素跨境流动的宽松与弹性调整势所必然,就是在大湾区的内地城市间,也要打破本位思想和藩篱思维,创造自由宽松的要素流动机制。大湾区的建设为港澳同胞来粤提供千载难逢的机遇,但重要的是大湾区生产要素流动顺畅,人员资金自由流动,税收尽可能保持一致,创业者能享受同等的生活便利。只有树立大湾区是一个整体的观念,才能激发各市积极参与建设大湾区的热情。

第二,共赢理念。共赢理念最为突出的形式是互创价值。在粤港澳法律合作中,只有秉承同呼吸、共命运、心连心的态度,在合作的基础上彰显共赢理念的正能量,方能助推合作工程的完美构筑。广东应联同港澳共同抛开粤港澳各自的概念,尤其要克服十一市间的龙头思维,寻求最大公约数,促使港澳同胞共享祖国繁荣富强的伟大荣光。以往,不少城市固守传统 GDP 思维,为了引进大企业、大项目进驻,临时性设置了一些优惠政策,如在特定高端教育人才引进的政策中,从大湾区内的一市引进到大湾区内另外一市。按城市个体看,这似乎是理性的,但在粤港澳合作的角度看,属互相拆台、互相挖坑之径,无法体现共赢之理念。大湾区港深穗等核心城市,要摒弃争当龙头老大的心态,放弃单一中心主义思维,从共建大湾区核心城市圈的理念看待三城市的府际合作。讲法治思维就不要讲行政级别、考虑谁大谁小、谁高谁低,最终实现大湾区的共享。例如,港珠澳大桥的单Y建设,没有考虑深圳的需求,却给该桥建成后能否有充足的车流量带来诸多质疑,也影响了这一巨大投资的效益回报。后来为了弥补珠江口东西岸交通的不便,降低虎门大桥的负担,深圳与中山共建深中通道,这就徒增建设成本。共赢理念即是要抛开这种单一的、片面的、本位性思维,尽力在大湾区各市间树立一体化共同共享发展的理念。

第三,创新理念。习近平总书记对2018年"两会"广东代表团强调,创新是第一动力……加强创新能力开放合作。可见,习近平总书记勉励广东在新时代中继续发扬创新理念,勇创佳绩。创新需要胆量,胆量源于智慧。广东敢于刮骨疗毒,敢为天下先,更敢于"吃螃蟹"的精神正体现了创新与智慧所带来的勇气。广东要想在新时代粤港澳法律合作中继续焕发活力,就必须继续勇于创新、永不僵化,破除阻碍法律合作的各项体制机制弊端。粤港澳法律合作要突出制度创新精神,为经济融合、社会接轨提供保障,包括广州、深圳在内的珠三角城市可通过试点相关领域的法律合作来解决港澳经济社会深层次问题。这方面广州、深圳完全可以走在前列,大有作为,率先在全省范围内专门制定吸引港澳服务业企业和人才的优惠政策,在空间允许的地区打造粤港澳合作产业基地,为港澳同胞创业、就业提供发展空间,并提供适当的人才税收补贴、住房、社保、子女上学等优惠政策。创新永无止境,粤港澳法律合作需要更多突破现有体制的束缚,进而获得源源不断的智慧力量。

(二)夯实跨境府际合作的法律基础

宪法、基本法、立法法、地方组织法等规范关于跨境府际合作相关问题存在宪制与权力基础,但缺乏府际合作的具体途径、方式与效力的规定,这给粤港澳法律合作带有诸多不稳定的因素。因此,广东有必要尽快呼吁中央夯实跨境府际合作的法律基础,助推大湾区建设的法治化。首先,就现有的法律框架而言,由全国人大常委会对基本法进行释法似乎是最为简捷的进路,然而,正如上文所言,基本法规定的是司法协助问题,难以有效为府际合作提供法律依据。其次,最为彻底的做法是修改宪法和基本法以获得法律上的依据。然而,根治立法方式潜伏两大障碍:一是2018年刚修正宪法,短期内再修正宪法的可能性不大,“远水不能救近火”;二是香港政治生态的迷雾尚未拨开,基本法修改的难度远超修正宪法本身。可见,根治立法并不可行。再次,由全国人大专门出台法律文件,明确授权粤港澳三地政府有权跨境府际合作及其权力行使范围、方式,并明晰粤港澳履行合作协议的法律约束力问题,此乃我国立法实践作为常用之道,可运用于粤港澳法律合作之上。之所以由全国人大而非全国人大常委会出台法律文件,是因为跨境府际合作业已远超现有法律框架,甚至对特别行政区制度产生影响,故根据全国人大的职权仅能由其对粤港澳府际合作进行合法性定位。

此外,府际合作容易引发行政司法协助问题,行政司法协助是大湾区日益融合后或将出现的司法互助“新形态”。当大湾区某市居民对大湾区管理部门提起涉及大湾区行政事务的行政复议、仲裁或者行政诉讼时,一些诉讼材料或者行政裁判的认可和执行或将跨法域,这就需要广东九市或者港澳司法机关提供行政司法互助。因此,在立法协调联席会议的指导下,经最高人民法院授权,大湾区亟须加强行政司法互助,构筑合适路径安排相关行政事务法律问题。

(三)继续深化法治改革

尽管广东法治建设方面业已走在全国前列,但仍有许多领域须向港澳学习,尤其是学习香港的法治建设经验,采取既利当前更惠长远之举措。广东自身进行全面深化法治改革可为粤港澳法律合作提供现实基础,主要包括:

1. 建设服务型的法治政府

香港是举世公认的服务型法治政府,最引以为傲的是它的法治,这才吸引了国际企业纷纷到港设立总部或者分支机构。广东服务型法治政府之建设,应首先学习香港特区政府平衡好政府权力与公众利益的关系,解决好公权力过大、滥用权力、不受监督的问题,发挥人大与新闻媒体的监督作用。

2. 提高司法公信力

首先,确保司法机关独立审判。香港的司法机关不受行政机关等外部力量的干涉,是营造香港法治社会生态方面的中坚力量。广东可以探索在借鉴港澳相关法律的基础上,制定符合国际惯例、接轨港澳,去行政化、去地方化,且在条件尚不成熟时仅在大湾区内实施独立、公正、高效的司法运作体系，待条件成熟时将相关制度完全适用于全省。其次，提升司法运作的区际化水平，探索港澳籍法官、人民陪审员。大力推广珠海横琴新区法院与澳门科技大学合作培养法官助理的经验，在自贸区的司法机关率先培养港澳籍法官、人民陪审员，在涉港澳案件中可由当事人选择是否安排港澳籍法官或人民陪审员。

3. 充实创新涉港澳事务行政考评机制

粤港澳合作方面的政府绩效评估早已运作多年，现在需要根据大湾区建设规划的要求和总体目标，充实创新有关考评机制。建议将大湾区内涉港澳事务服务完成度和完成质量纳入相关行政公职人员考核指标，创新考核机制，提升涉港澳事务行政服务质量，包括：一是引进港澳事务行政考核第三方评价。大湾区内涉港澳部门的行政考核由涉港澳研究的专家学者、港澳人士参与考评。二是加大公开化、程序化的内容。考核指标内容中应加大涉港澳行政事务的透明指标以及程序指标。具体而言，各市推出的涉港澳的相关行政信息是否公开化、是否便于港澳同胞理解，行政服务是否便利化，行政事务是否符合法定程序，等等。在全广东试行涉港澳事务作为公职人员考核指标尚有一定的难度，尤其是该项考核属于国家事权，但在大湾区试点却有一定的可能性与可行性。大湾区作为国家战略布局，可获得其他省市所没有的授权，涉及港澳事务繁多，相应的涉及港澳事务纳入行政人员考核指标范围存在较高可能性。

（四）拓宽法律合作覆盖面

1. 建立长效化的立法协调联席会议

粤港澳应探索成立统一的立法协调机构，这是为了便利大湾区建设过程中突出法律协调、制度对接和机制衔接的统一的协商平台。若像以往那种侧重于以行政主导为基础的合作规划，且并无统一高位阶的机构进行协调，最终谁也不服谁，建设实效只能甚微。立法协调联席会议是一个多边的桥梁，是一个利益均衡与博弈平台，吸纳、综合多元利益主体的不同利益诉求。立法协调的作用亦在于规范大湾区内各市功能的错位发展，避免各自为政、恶性竞争、以邻为壑，增强各市立法的整体性、协同性、系统性。可以先从大湾区内广东九市的立法协调开始，再在中央指导下探索粤港澳三地立法机关的协调工作。综观我国立法实践，可由全国人大常委会授权立法协调联席会议解决区际法律冲突问题。借鉴京津冀一体化进程中设立京津冀协同发展领导小组并由时任中共中央政治局常委、国务院副总理张高丽担任组长的经验，建议安排中央港澳工作协调小组组长兼任大湾区建设协同领导小组组长，并负责主持立法协调联席会议。立法协调联席会议解决大湾区经贸往来、城市群建设、司法互助、法律服务、人才流动、环境合作治理等重要立法事项。

2. 公众参与立法工作是扩大公众参与法律合作的重要环节，因为参与建设归根到底是规范制定与遵守问题

习近平总书记对 2018 年“两会”广东代表团强调，加快形成社会治理人人参与、人人尽责的良好局面。公众参与立法工作是民主与法治社会的常态。立法者制定的各种规范若不加以征求公众之意见，则容易使规范脱离社会现实，最终酿成“恶法”。大湾区建设是一项长期的、宏观的、覆盖面广的工程，需要协调的利益甚多。若想大湾区建设落实到位，立法者必然要考虑到规范制定后居民的守法程度，而非规范制定的数量。广东应协同港澳将立法工作扎根于人民中进行无愧于时代的法治创造。粤港澳立法机关在制定各种涉及大湾区整体建设的规范时多向大湾区内各市居民征求意见，避免规范的失真。港澳居民长期处于高度法治化社会生态中，潜移默化之中法治意识自然较强，而广东九市居民经过多轮国家普法教育活动，法治意识也大大提高。在这种公众法治意识集体高涨的情况下，为推动大湾区建设深入人心，立法协调机构应当鼓励大湾区内公众参与立法工作，提高立法的科学化、民主化。同时，各市要加强粤港澳大湾区的法治宣传推介工作，让公众有机会、有途径、有能力参与立法工作，共同推动大湾区法治现代化。

3. 设立常设机构“粤港澳自由贸易委员会”

在现有粤港澳联络协调会议、粤港合作联席会议、粤澳合作联席会议的基础上，设立常设机构“粤港澳自由贸易委员会”。“粤港澳自由贸易委员会”负责落实大湾区内贸易活动的计划和方案，提供贸易咨询与协助纠纷解决，营造公平营商环境，逐步克制贸易堡垒，促进贸易和投资自由化、便利化。“粤港澳自由贸易委员会”可下设金融合作、服务贸易、知识产权、文化创意、绿色经

济、青年创业等若干专门委员会,委员会成员可由粤港澳三方吸纳各界代表和专家学者参与。

4. 制定统一的区际冲突规范

凡属重大改革都要于法有据。显然,涉及大湾区立法合作的根本性问题——解决区际法律冲突,这必然需要制定统一的区际冲突规范为相关机制的有效实施提供依据。以往,粤港澳的法律冲突一般参照国际冲突法的规则执行,但在涉及引渡工作、民商事判决等问题上的执行力度薄弱。建议由立法协调联席会议起草统一的区际冲突规范——《中华人民共和国区际冲突法》,并经全国人大通过,且将其纳入粤港澳基本法附件三中,从而使区际冲突规范生效。统一的冲突规范首先在大湾区实行,经过实践成熟后,可推广至全国实施。区际冲突规范实际上是为现行的规则提供法律依据,更好地畅通粤港澳立法、行政、司法等方面的合作机制,为三地跨境贸易活动保驾护航。

5. 建立司法信息共享网络平台

由于国家安全与网络体制等原因,内地与港澳的互联网有所限制,目前仅局限于特定的政府部门可与港澳等境外的网络直接相通,这对司法信息共享颇为不利。而建立一个完备、共享、快速的司法信息共享网络平台能够为大湾区内所有案件的深入开展提供基础性的工作保障机制。粤港澳以大湾区作为试点区域,经过中央国家安全机关等部门的许可,破除跨境网络的技术障碍,共同建立起一套内部合作的司法信息共享网络平台,以便随时查阅三地裁判、执行、交换犯罪情报及前科等司法信息。该网络不限于大湾区内的各级司法机关的信息,可完全扩展至监察机关(港澳为廉政公署)、检察机关、公安机关所掌握的司法资源信息。粤港澳在建立司法信息共享网络平台的基础上,可以定期召开信息交流发布会,就有关信息交流研究,有效推动经贸司法信息的往来与共同打击惩治跨境犯罪。

6. 刑事司法互助是广东与港澳司法互助的"老大难问题",要逐步攻克

在立法协调联席会议的指导下,经最高人民法院授权,大湾区可先行试点建立区际刑事司法互助机制,具体可分为三步:第一步,粤港澳三地警方可相互协助提供跨境犯罪嫌疑人的个人资料,包括家庭住址以及财产状况信息等个人信息,必要时可协助证人出庭作证;第二步,因粤港刑事制度差异大,广东

九市可与香港就贪污贿赂等职务犯罪、诈骗走私等经济犯罪等部分跨境犯罪较为频繁的犯罪类型试行刑事司法互助；第三步，粤澳法律特征相近，刑事法律以成文法为主，广东可与澳门实行完全刑事司法互助，包括罪犯引渡的安排，最终逐步推动粤港澳全面实施府际刑事司法协助。

7. 民商事司法互助是大湾区司法互助的重头戏

为加快推动大湾区民商事司法互助的进度，实现民商事司法互助无障碍，促进大湾区经贸往来，广东九市的司法机关可在最高人民法院的授权下，直接与港澳各界司法机关在多个领域实行司法互助。一是广东九市与香港特区相互委托送达民商事司法文书须通过广东省高级人民法院和香港特区高等法院送达变更为广东九市内的各级人民法院和香港特区各级法院可直接委托送达，广东九市的各级人民法院亦可直接与香港特区各级法院直接相互委托提取证据；广东九市与澳门特区相互委托送达民商事司法文书和调取证据须通过广东省高级人民法院和澳门特区终审法院送达变更为广东九市内的各级人民法院和澳门特区各级法院可直接委托送达。二是当事人可以依法直接向广东九市各级司法机关或者港澳司法机关申请认可和执行民商事判决。三是广东九市与香港相互申请和执行仲裁裁决的法院可由原来的内地中级人民法院或者香港特区高等法院变更为广东九市基层人民法院或者香港特区区域法院、裁判署法庭和其他专门法庭；广东九市与澳门相互申请和执行仲裁裁决的法院可由原来的内地中级人民法院或者澳门特区中级法院变更为广东九市基层人民法院或者澳门特区初级法院。

8. 进一步拓宽法律服务业合作面

广东应与港澳共商落实对等的法律服务业合作门槛，加强多边合作与交流，包括以下三方面：第一，粤港澳逐步降低法律准入门槛。首先，港澳应允许具有涉外实力的内地律师事务所在港澳运行；其次，广东九市可在各市仲裁机构的基础上分别建立能够适应大湾区跨境业务的国际仲裁机构；最后，推动跨境公证业务在大湾区各市完全开放。广东九市的公证机构既可在港澳开设公证业务，香港具有公证资格的律师和澳门公证机构亦可在广东九市开设公证业务。第二，建构跨境法律职业对接机制。粤港澳可在高度法律合作的基础上，达成横跨三地执业范围的跨境法律职业对接协议。以律师为例，通过跨境法合作培养后的学子经过特定部门考核合格后，在粤港澳三地均有过实习或者学习经历的，可同时获得三地的执业资格，而此执业资格可仅限于处理涉及跨境纠纷的案件，例如一项纠纷涉及内地与香港个人间的法律纠纷，拥有三地执业资格的律师便可接受这种类型的纠纷的代理服务；若一项纠纷只涉及内地或者香港或者澳门，则这个律师还须拥有当地普通律师执业资格方能代理。第三，粤港澳三地政府倡导建立粤港澳法律服务业协会，[12]推动三地法律界人士的交流合作多边化、常态化，形成更强、更有效的三地法律人士合力，加快推进粤港澳法律服务业合作形成“多边开放”格局。

2018年是改革开放四十周年，是值得普天同庆的改革开放重大历史节点，亦是中国特色社会主义建设进入新时代的起点。广东作为中国特色社会主义法治建设的前沿阵地，在推动粤港澳法律合作方面取得可喜成绩。当前，大湾区建设业已定位为顶层设计的国家发展战略的重要支撑点。而粤港澳法律合作是实现大湾区高度融合的利器，广东有责任、有能力、有魄力凝聚起同心共筑大湾区建设的磅礴力量，推动法律合作朝着更加包容、普惠、共赢的方向永续发展。因粤港澳法律制度的不同，容易堵塞互利合作之道，是以中央有必要在一些立法事项上消除法律障碍，助推粤港澳法律合作。质言之，粤港澳法律合作不啻是粤港澳三方之事，还关系到内地与港澳的法律合作大业，是国家治理体系的一部分，关乎国家治理现代化的实现。粤港澳法律合作没有终点，永远在路上。

【注释】

①《中共中央关于全面推进依法治国若干重大问题的决定》，载《人民日报》2014年10月29日。

②辛昊：《浅析粤港澳警务合作的历史与现状》，载《新西部（理论版）》2016年第19期。

③林阳：《粤港澳警方加强刑侦合作》，载《人民日报（海外版）》2000年8月24日。

④林晔晗：《多方助力解纠纷“东方经验”新探索》，载《人民法院报》2012年9月27日。

⑤全国法院共审结涉港澳台、涉侨案件8.1万件，办理涉港澳台司法协助互助案件5.8万件，参见《最高人民法院工作报告（摘要）》，载《人民日报》2018年3月10日。

⑥张淑钿：《双边安排缺失下香港承认内地婚姻判决的新动向及应对》，载《人民司法》

2015 年第 15 期。

⑦周颖:《42 名港澳律师获全国首批粤港(澳)合伙联营所港澳律师工作证》,载《人民日报(海外版)》2017 年 10 月 18 日。

⑧王若琳、马培贵:《深圳国际仲裁院　为香港仲裁员颁聘书》,载《深圳特区报》2016 年 1 月 7 日。

⑨赵伟:《论粤港澳区域合作中的法律问题及其反思》,载《江汉大学学报(社会科学版)》2017 年第 3 期。

⑩袁发强:《宪法与我国区际法律冲突的协调》,法律出版社 2009 年版,第 134 页。

⑪殷丽萍:《论岭南务实传统与广东文化大省建设》,载《广东省社会主义学院学报》2004 年第 4 期。

⑫郭燕明:《推进粤港律师业从单边开放走向双边合作》,载《广东外语外贸大学学报》2017 年第 4 期。

用好地方立法　服务先行先试

孙　莹　徐　韬*

1978 年,党的十一届三中全会拉开了我国改革开放和社会主义现代化建设的序幕,不仅将全党的工作重心转移到经济建设上来,而且在民主法治建设方面也实现了重大转折。广东作为改革开放的前沿阵地,在这四十年间充分地解放思想,大胆地开拓创新,取得了让中国骄傲、让世界瞩目的成就;而这些成就,都离不开广东法治建设的护航。在广东的法治建设中,人大地方立法是一个重要方面。广东人大地方立法以改革开放为时代背景,以本省实际情况和发展需要为基础,从没有发展到丰富,从单一发展到全面,不仅为广东整体的发展提供了规则支撑和行动指引,而且为全国其他地方的发展提供了许多可资借鉴的先行经验。回顾广东人大地方立法的发展历程,总结其成就和经验,有助于广东在新时代新形势下继续做好法治建设,以法治促发展,并为国家的发展积累更多的宝贵经验。

一、广东人大地方立法的主体变迁

改革开放四十年来,广东人大地方立法的主体经历了一个逐步扩充的过程:除了三个民族自治地方的人大之外,由广东省人大及其常委会,依次扩充到广州、深圳、珠海、汕头四市人大及其常委会,再扩充到其他省辖市人大及其

* 孙莹,广东省法学会地方立法学研究会理事,中山大学法学院副教授;徐韬,中山大学法学院法学硕士研究生。

常委会。

1979 年 7 月，全国人大通过了《关于修正〈中华人民共和国宪法〉若干规定的决议》，其中规定县和县以上的地方各级人民代表大会设立常务委员会；同时，会议还通过了《地方各级人民代表大会和地方各级人民政府组织法》，其中规定省、自治区、直辖市的人民代表大会及其常务委员会，可以制定和颁布地方性法规。同年 12 月，广东省人大通过决议，设立了广东省人大常委会。由此，广东省人大及其常委会正式开启了广东地方立法的历程。此外，1978 年《宪法》和 1984 年通过的《民族区域自治法》，都规定了民族自治地方的人民代表大会享有制定自治条例和单行条例的权力。由此，广东省的连南瑶族自治县、连山壮族瑶族自治县、乳源瑶族自治县三个民族自治地方的人大，依法享有民族自治地方的立法权。

1980 年，《广东省经济特区条例》出台，规定在广东省深圳、珠海、汕头三市分别划出一定区域，设置经济特区。1981 年 11 月，全国人大常委会通过决议，授权广东省人大及其常委会制定经济特区的各项单行经济法规，以使经济特区的建设顺利进行，使特区的经济管理充分适应工作需要，更加有效地发挥经济特区的作用。由此，广东省人大及其常委会取得了就深圳、珠海、汕头三个经济特区的相关事项制定单行经济法规的权力，为经济特区的先行性改革、开创性发展提供了坚实的立法保障。

1982 年和 1986 年，《地方各级人民代表大会和地方各级人民政府组织法》经过两次修订，增加规定省、自治区的人民政府所在地的市和经国务院批准的较大的市的人大及其常委会可以制定地方性法规。由此，广州市人大及其常委会获得了地方立法权。

1992 年 7 月，全国人大常委会通过决定，授权深圳市人大及其常委会制定法规，在深圳经济特区实施；其后，1996 年 3 月，全国人大通过决定，授权汕头市和珠海市人大及其常委会制定法规，分别在汕头和珠海经济特区实施。由此，深圳、珠海、汕头三个经济特区获得了地方立法权，可以直接就自身的改革发展自主制定规则，开创了改革开放的新局面。

2000 年 3 月，全国人大通过了《立法法》，其中以“较大的市”统括“省、自治区的人民政府所在地的市，经济特区所在地的市，经国务院批准的较大的市”三者。由此,广州、深圳、珠海、汕头四市的立法权得到进一步确认,并统一为较大的市地方立法权。2015 年 3 月,全国人大修订了《立法法》,将较大的市改为设区的市,并规定了对设区的市地方立法权的一般限制(即立法范围为城乡建设与管理、环境保护、历史文化保护等方面的事项),而较大的市已经制定的地方性法规,涉及上述事项范围以外的,继续有效;另外,广东省东莞市和中山市,比照适用有关赋予设区的市地方立法权的规定。由此,广东省所有省辖市都具备了地方立法权,广东的地方立法进入了一个全新的时期。

二、广东人大地方立法的发展阶段

改革开放四十年来,广东人大地方立法的历程可以分为 4 个发展阶段:初步发展阶段(1978—1992 年)、蓬勃发展阶段(1992—2000 年)、优化发展阶段(2000—2015 年)、开放发展阶段(2015 年至今)。①

从 1978 年党的十一届三中全会到 1992 年邓小平南方谈话,是广东人大地方立法的初步发展阶段。改革开放之初,针对多年来计划经济的积弊以及广东地方落后的经济状况,中央通过各种政策和决定大力支持广东推行先行立法,采取灵活措施,以推进经济体制改革。因此,这一阶段的立法以经济立法为重点和特色,并且包含很多先行性、创制性立法;此外,规范政府行为、保障公民权利、保护生态环境等方面的立法②也有不少。其中,《广东省经济特区条例》(1980 年)确立了广东经济特区基本规则,《广东省经济特区涉外公司条例》(1986 年)开创了国内公司立法,以此为代表的一系列经济方面的法规,共同开辟了广东经济改革发展的新局面。

从 1992 年邓小平南方谈话到 2000 年《立法法》出台,是广东人大地方立法的蓬勃发展阶段。在邓小平南方谈话进一步解放了思想之后,社会主义市场经济的提出将改革开放带进了新的阶段,中央继续支持广东作为“立法试验田”充分发挥先行先试的作用。以此为背景,这一阶段的立法内容依然以经济建设为主体,兼顾体制建设、社会民生、环境保护等方面,并且立法速度大幅加快,呈蓬勃发展的态势;同时,这一阶段的立法工作可圈可点,委托专家立法、民主公开立法等新方法改善了立法程序,提高了立法的质量和效率。其中,《广东省房地产开发经营条例》(1993 年)、《广东省专利保护条例》(1996 年)、《广东省产品质量监督条例》(1997 年)等多方面的法规,进一步完善了对市场主体行为和市场经济秩序的规制。

从 2000 年《立法法》出台到 2015 年《立法法》修订,是广东人大地方立法的优化发展阶段。随着广东经济社会各方面的发展到新的高度,新出台的《立法法》对地方立法提出更高的要求,广东的地方立法面临着不同于以往的形势。于是,这一阶段的立法从注重数量更多地转向注重质量,其内容有所拓宽并更重视社会民生,其程序也得到较大的完善;此外,环保方面的立法更加得到重视,并与经济方面的立法相互结合,以实现全面、协调、可持续的发展。其中,在社会民生保障方面,《广东省工资支付条例》(2005 年)、《广东省食品安全条例》(2007 年)等法规发挥了很大作用;在体制建设完善方面,《广东省地方立法条例》(2001 年、2006 年)、《广东省政务公开条例》(2005 年)、《广东省信访条例》(2014 年)等法规有力推动了地方法治的建设。

从 2015 年《立法法》修订至今,是广东人大地方立法的开放发展阶段。"开放"有两重含义:一是立法程序更加公开,开门立法、民主立法发展到一个更加成熟的阶段;二是设区的市地方立法权全面放开,这对于广东的地方立法既是重大机遇,也是重大挑战。由此,这一阶段的立法一方面在不断改善的立法程序中,继续提高质量并优化结构,另一方面根据各市的具体问题和需要,开始在城乡建设与管理、环境保护、历史文化保护方面发挥具有针对性的调整作用。其中,全国首部市场监管领域的综合性法规《广东省市场监管条例》(2016 年)、较早出台的设区的市地方性法规《佛山市历史文化街区和历史建筑保护条例》(2016 年)等,是较具代表性的立法。

三、广东人大地方立法的成就与经验

改革开放四十年来,广东人大地方立法的成就与经验,既体现着国家发展潮流的共性,也体现着身处改革开放前沿的个性。其耀眼的成就和丰富的经验,不仅为本省的法治建设和社会发展提供了动力,而且为国家的改革进步提供了方向。

从立法性质上看，广东的先行性立法和创制性立法无疑是最具特色和影响力的成就之一。在中央的特殊政策下，《广东省经济特区条例》（1980年）结合本地实际，规定了广东三个经济特区的投资程序、优惠办法、管理措施等内容，为经济特区设立了基本的规则制度；《深圳经济特区土地管理暂行规定》（1981年）针对城市建设资金不足的问题，开创了土地所有权和使用权分开的做法，确立了特区土地有偿使用和转让制度；《深圳经济特区律师条例》（1995年）面对律师行业发展的需要，开创了律师制度立法；《广东省食品安全条例》（2007年）针对日益严重的食品安全问题，对食品安全监管体制进行了多方面的改革，并首次确立了食品召回制度……此类立法多不胜数，在此不再细举。

——无论在国家法制很不健全、地方立法几乎一片空白的背景下，还是在改革开放硕果累累、民主法治进步明显的时代中，广东都依靠政策的支持和指引，充分考察本省实际情况和现实需求，大胆进行探索，通过立法应对多方面的问题并促进发展。因此，结合政策，从实际出发，大胆开拓创新，是广东取得这些成就的经验之一。

从立法内容上看，经济立法固然是广东地方立法中的主体部分，但是政治、社会、文化、生态等其他方面的立法，同样得到重视并且亮点频出。在经济方面，调整市场主体行为、维护市场经济秩序、建立市场经济体系的立法数量繁多，并且已经形成相对完整的体系，如近年出台的综合性法规《广东省市场监管条例》（2016年），总结并固定了广东多方面改革的成果，构建起权责明确、透明高效的市场监管体制机制，推进着广东市场经济体制改革的进程。在政治方面，规范公权力行使的立法也有不少，如《广州市政府信息公开规定》（2002年）、《广东省政务公开条例》（2005年），在国内开创了建设“阳光政府”的先河，要求政府在相对透明的环境中行使权力，并受到社会公众的充分监督。在社会方面，广东的地方立法坚持以人为本、重视民生的理念，在保护弱势群体、完善公共服务等方面做了很多努力，如最新修订的《广东省老年人权益保障条例》（2017年），对老年人的家庭赡养、社会救助、社会服务、社会优待等内容作出了更完善的规定。在文化方面，广东在文化促进、文化普及、文化服务等方面作出了有益的尝试，如《广东省公共文化服务促进条例》（2011年），从公共文化服务体系建设的角度，以法治化的方式应对公共文化投入不足和不平衡的问题。[③]在生态方面，以水资源保护和利用方面的立法为代表，生态环境方面的立法历来在广东地方立法中占有重要地位，如新修订的《广东省环境保护条例》（2015年），作为一个综合性法规，从监管、防治、保护、激励、法律责任等方面，对广东的环境保护进行了全面的规范。

——在改革开放的进程中，广东的地方立法始终紧紧围绕经济建设这一中心，为广东的经济改革和发展提供了有力的保护和明确的指引；同时，政治、社会、文化、生态等其他领域的立法不但得到重视并逐步扩充，而且与经济领域的立法相辅相成，共同促进广东法治和社会的平衡发展。因此，以经济建设为中心，充分兼顾其他社会生活领域，是广东取得这些成就的经验之一。

从立法制度上看，广东的地方立法制度在国家立法制度的框架下，经过不断探索完善，逐步形成了科学性和民主性并重的特征。在规范层面，《广东省人大常委会关于制定地方性法规程序的暂行规定》（1985年）、《广东省制定地方性法规规定》（1993年）依次确立和细化了广东地方立法制度的基本框架；2013年广东省人大常委会的一系列规定，分别确立了立法公开、立法论证、立法咨询专家、立法听证、立法评估五个制度，有力推进了科学立法，并在开门立法、民主立法上迈出了重要一步；《广东省地方立法条例》自2001年出台以来，经过2006年、2016年两次修订，依次建立了法规统一审议制、法规草案三审制、立法规划、意见分歧较大的重要条款单独表决等重要制度，吸纳了上述立法公开、立法评估等相关规定，并根据立法实践经验对立法程序作出了许多改善，使立法更具科学性和民主性。在实践层面，1993年，《广东省经纪人管理条例》成为全国首个委托学者起草并获得通过的地方性法规，起草的过程还运用了系统工程的方法；1999年，《广东省建设工程招标投标管理条例》的修订案，首次经过了立法听证会的程序，得到了民众的热烈反响并取得了良好的立法效果；[④]2003年，广东省人大常委会开始向有关机构和社会公众公开征集立法项目和法规草案稿，并在此后固定这一做法；2014年，《广东省信访条例》在起草过程中首度引入竞争机制，由受委托的三所高校同时分别起草建议稿，而且该条例在出台一年后，开创性地由委托第三方进行立法后评估……[⑤]这些努力与尝试，都是广东立法追求科学立法和民主立法的见证。

——在立法内容之外，广东也十分注重立法制度本身及其对立法质量的影响,通过不断积累总结历年的立法经验,结合本省实际情况,一步步使立法制度丰富完善,并且充分发扬先行敢为的精神,不断攀登科学立法和民主立法的新高度,使立法取得更好的社会效益。因此,不断完善立法制度,注重科学立法和民主立法,是广东取得这些成就的经验之一。

四、广东人大地方立法的展望

党的十九大报告指出,中国特色社会主义进入了新时代,我国社会主要矛盾已经转化为人民日益增长的美好生活需要和不平衡不充分的发展之间的矛盾。对于广东而言,广东在改革开放四十年间担当着先行者的角色,其社会发展相对充分且处于全国前列,因而其社会主要矛盾更多在于发展不平衡方面,这方面的突出表现就是贫富差距和城乡差距。今后广东的地方立法,有必要紧紧抓住矛盾的这一方面,为广东社会的平衡发展提供更大的驱动力量和更好的法治保障。

此外,新时代中国特色社会主义思想,对我国社会各个领域的工作都提出了新要求。其中,在政治领导方面,党的领导的重要性提升到了一个新高度,一切工作都要坚持党的领导,并且确保党始终发挥总揽全局、协调各方的作用;在立法工作方面,除了以往的科学立法、民主立法之外,依法立法成为与前面二者并列的又一重要要求,强调立法主体要遵守宪法法律设定的立法权限和立法程序,并且要依法履行立法职责。广东的地方立法在注重科学立法和民主立法之外,历来也重视依法立法;凭借其立法经验、创新精神和国家立法体制的完善,今后广东在依法立法方面将取得更大的成就。

基于以上对广东地方立法成就和经验的总结、对新时代社会矛盾和立法要求的认识,未来广东的地方立法的发展思路大致有以下四个方面:一是坚持党的领导,以习近平新时代中国特色社会主义思想为指导思想,保障立法遵循党和国家的正确政治方向,符合新时代中国特色社会主义发展的要求;二是继续发扬创新精神,担当改革先锋,以开放的姿态、先进的思维、灵活的规则,积极面对新形势带来的各种机遇和挑战;三是在保障充分发展的基础上,更加注重平衡发展,尤其要注重民生保障、社会公平、生态环境保护等方面的立法,还要补充立法短板并优化立法结构；四是不断完善立法制度，推进科学、民主、依法立法，以提高立法的质量和效率，取得更好的社会效益，为本省乃至国家的法治建设添砖加瓦。

【注释】

①1978—2008年发展阶段的划分，参见广东省依法治省工作领导小组办公室编：《广东法治建设30年》，广东人民出版社2008年版，第1—10页。

②刘恒等：《走向法治——广东法制建设30年》，广东人民出版社2008年版，第22—25页。

③林培：《〈广东省公共文化服务促进条例〉开始实施》，载《中国文化报》2012年1月10日。

④朱香山、林俊杰：《10年前，广东首开立法听证之先河》，载《检察日报》2009年7月20日。

⑤薛冰妮、马强：《全国人大常委会法工委主任李适时：广东地方立法经验值得各地学习借鉴》，载《南方都市报》2015年9月9日。

经济立法先行驱动高质量发展

陈胜蓝　　周林彬*

改革开放四十年来，广东经济发展取得了令人瞩目的成绩，一方面，广东以地区生产总值连续29年占据全国第一和上缴国家财政收入名列中国各省前茅这一事实，表明广东已成为名副其实的中国经济大省。另一方面，广东作为中国最早实行改革开放的省份，其被党中央和国务院授权进行各类经济改革试点及有关市场法治化的时间最早、空间最广、力度也最大。中国改革开放的四十年间，广东在与经济改革与发展有关的各个领域创造了大量的经济改革与发展经验，并获得全国范围的示范效应，如早期的深圳土地改革、公司制度的引进；近期的商事登记制度改革；等等。可以说，广东是中国经济改革的先行者，也将是中国进一步深化改革的引领者。继党的十九大确立了全面依法治国的基本方略后，2018年习近平总书记参加十三届全国人大一次会议广东代表团审议时，对广东省提出了“四个走在全国前列”的要求。其中，就包括“在构建推动经济高质量发展体制机制”方面应走在全国前列。可见，如何在法治框架内实现推动经济高质量发展的体制机制改革，是广东省全面深化改革，扩大开放的重要议题。因此，在广东改革开放四十周年之际，深入研究总结改革开放进程中法治与经济发展的广

---

* 陈胜蓝，暨南大学法学院讲师；周林彬，广东省法学会民商法学研究会会长，中山大学法学院教授。

东经验,无疑具有重大的实践意义。相关资料显示,改革开放以来,广东乃是全国经济立法的先行者与推动者,正是因为在经济立法方面的先行先试,从而使广东实现了推动经济高速发展的体制机制创新,获得世界瞩目的经济发展成果,因此本文将集中探讨四十年来广东经济发展进程中经济立法先行的重要经验,从而为进一步深化改革,推进经济高质量发展提供有益的参考。

一、经济立法先行的内涵与表现

所谓“经济立法先行”,是指在经济发展领域,在中央未出台相应中央立法的情形下,广东省通过制定地方法规的形式率先进行立法。具体是指广东省人大及其常委会制定的地方性经济法规,广州、深圳、珠海、汕头四个较大的市的人大及其常委会制定的地方性经济法规以及深圳、珠海、汕头三大经济特区的人大及其常委会制定的经济特区经济法规。广东经济立法一个重要的特征就是,在全国人大尚未出台相关的经济立法时,广东就率先针对经济发展的需要先行先试,出台了一系列调整经济关系的市场法律规范,从而将国外先进的市场经济法律制度引进国内,并进一步引发了国内经济立法的创新与变更,为国内经济立法提供了大量的蓝本和实践经验,形成制度扩散效应。

从 1978 年中央政府决定实行改革开放,随后批准广东设立经济特区开始,广东就展开了紧锣密鼓的地方立法行动。其中经济立法活动主要集中在 1979 年到 1993 年这一时期。在此期间,广东省的地方立法基本围绕着调整和规范经济关系展开,据笔者统计,在改革开放四十年间,广东省(包括经济特区)共颁布了 19 部地方性经济法规(见表 1),而这 19 部法规几乎全部是创新性的法律,其调整的法律关系在当时的经济背景下尚属首次,并遥遥领先于全国性法律的颁布,其在实践中的具体表现有二。

表1　1980—1993年广东省地方性经济法规一览表

编号	颁布年份	省人大及其常委会制定或批准的主要法规
1	1980	《广东省经济特区条例》
2	1981	《广东省经济特区入境出境人员管理暂行规定》
3		《深圳经济特区土地管理暂行规定》
4		《广东省经济特区企业劳动工资管理暂行规定》
5		《广东省经济特区企业登记管理暂行规定》
6	1983	《深圳经济特区商品房产管理规定》
7	1984	《深圳经济特区涉外经济合同规定》
8		《深圳经济特区技术引进暂行规定》
9	1985	《广东省经济特区企业工会规定》
10		《广东省经济特区涉外企业会计管理规定》
11	1986	《广东省经济特区涉外公司条例》
12		《深圳经济特区涉外公司破产条例》
13	1988	《广东省经济特区劳动条例》
14	1990	《广东省经济特区抵押贷款管理规定》
15	1991	《广东省经济特区土地管理条例》
16	1993	《广东省对外加工装配业务条例》
17		《广东省公司破产条例》
18		《深圳经济特区股份有限公司条例》
19		《深圳经济特区有限责任公司条例》

数据来源:《中国法律年鉴》、《广东法律年鉴》各年年鉴。

（一）通过地方先行立法调整经济关系

地方立法先行于中央立法是广东涉外立法先行的首要表现。在对外开放的早期，由于中央立法的缺失，大量的涉外经济关系无法得到调整，此时，广东地方人大及时以地方法规的形式出台了若干经济立法，大大弥补了中央立法的不足，并且成为日后中央立法的蓝本，充分发挥了广东作为国家“立法试验田”的重要作用。根据笔者统计，广东颁布的 19 部经济法规，均领先于具有相同调整对象的全国性法律的颁布，其中包括了合同法律制度、土地法律制度、公司法律制度等重要的立法制度（见表 2），其中不少立法成了之后中央立法的蓝本，例如公司法律制度、破产法律制度等。

表 2　广东省经济立法与国内经济立法的颁布时间对比

	外国人入境出境管理法律制度	涉外经济合同法律制度	技术引进合同管理制度	公司法律制度	破产法律制度	劳动法律制度	工会制度	担保法律制度
广东省	1981 年	1984 年	1984 年	1986 年	1986 年	1982 年	1985 年	1990 年
全国	1985 年	1985 年	1985 年	1993 年	1993 年	1995 年	1992 年	1995 年

（二）经济立法先行的立法对象包含了诸多领域的经济关系，涵盖了经济发展所需的各种主要法律规范

广东省经济立法的覆盖范围十分广泛，对于市场经济发展所需的几类规范：市场主体规范、市场交易规范、市场财产权规范、宏观调控规范、市场管理监督规范、社会保障规范，立法中均有涉及。如 1986 年颁布的《广东省经济特区涉外公司条例》引进了公司制度，《广东省中外合资经营企业若干财务管理问题的暂行规定》凸显了政府对企业的监管，1981 年颁布的《广东省经济特区企业劳动工资管理暂行规定》、1988 年颁布的《广东省经济特区劳动条例》则反映了对企业劳工的保护，从而为市场经济在广东的发展壮大提供了较全面

的制度支持,使各种市场行为有法可依。

表 3　1980—1993 年广东省提供的各类市场法律规范

类　型	立法名称
市场主体规范	《广东省公司破产条例》 《广东省经济特区涉外公司条例》 《深圳经济特区涉外公司破产条例》
市场交易规范	《深圳经济特区涉外经济合同规定》 《深圳经济特区技术引进暂行规定》
市场财产权规范	《广东省经济特区土地管理条例》 《广东省经济特区抵押贷款管理规定》 《深圳经济特区商品房产管理规定》
宏观调控规范	《广东省经济特区条例》
市场管理监督规范	《广东省经济特区涉外企业会计管理规定》
社会保障规范	《广东省经济特区企业劳动工资管理暂行规定》 《广东省外商投资企业劳动管理规定》 《广东省经济特区劳动条例》 《广东省经济特区企业工会规定》

二、经济立法先行的特点

从上述"经济立法先行"的内涵与表现,结合相关立法的具体内容,可以发现其有以下几个显著的特点。

(一)在立法目的上,鼓励外商投资,确保外商的投资权益

广东进行经济立法的核心就在于鼓励对外贸易,吸引外商投资,这也是改革开放的主要目的。而鼓励对外贸易的重要手段就是提供具有竞争力的条件和优惠吸引外商投资,因此,广东省将为外商提供的各种优惠政策通过制定法律的形式确定下来,从而刺激外商投资的热情。这些通过立法确定的优惠政策主要包括:

第一，在税收优惠方面，经济特区的一般企业所得税税率仅为15%，这是当时世界最低的税率之一，此外，产品出口企业和先进技术企业所得税税率只有10%，还可以得到减免待遇，设备、原材料进口和产品出口免征关税和工商统一税，免征利润汇出所得税等。

第二，保障外商的合法权益。允许外资独立开办企业，依法保护其财产、应得利润和其他合法权益。在国际交通与资金流动方面，凡是往来特区的外籍人员、华侨和港澳人员，出入境均简化手续。同时允许资金自由汇入、利润和工资收入自由汇出。

第三，在劳动制度方面，外资企业聘用职工采取合同制，可以自行拟定工资，并可以根据其经营需要，雇佣或解雇中国职工。

这些通过立法形式确定下来的优惠政策极大地刺激了外商的投资热情，为外贸经济的发展提供了优厚的制度条件，此点我们将在本文第四部分的实证研究中进行更进一步的阐述。

（二）在立法内容上，引进了创新型的市场经济规范

如前文所述，广东省经济立法的重要成果之一就是引进了国外先进的市场法律制度。1979年之前，国内的经济立法还很不完善，仅有的几部民商事立法也是针对计划体制下的经济活动而言，对外开放后，这些法律基本无法适用于涉外经济活动，是故广东通过对国外市场法律制度的移植和借鉴，制定了适用于涉外经济活动的经济立法。如1984年颁布的《深圳经济特区涉外经济合同规定》，引进了合同法律制度，该规定对涉外经济合同的条款、履行和违约责任及合同的变更、救济方式等作出了详细的规定，其明显的创新之处就是，顺应涉外经济的发展的需要，引进市场经济交易规则，如针对合同的履行，规定了"预期违约"制度；又如合同的救济，依照国际惯例，规定"当事人可以依照仲裁协议提交仲裁机构解决"。该规定颁布后，广东签订的涉外项目合同数从1983年的11318个增至1984年的17452个，其增长速度超过之前的所有年份。其中，外商直接投资额达到1105万美元，比之前所有的投资总额还多。该规定颁布后第二年，国家即在该规定的基础上颁布了《中华人民共和国涉外经济合同法》。而值得一提的是，涉外经济合同法颁布后，特区的涉

外经济合同规定并没有因此而废止,而一直沿用至 1995 年方告失效。

尽管地方立法中的有关规定还存在计划经济体制的影子,例如涉外合同的转让、变更需得到当地政府审批,但与旧的经济合同制度相比,则有质的不同,其精神内核是促进贸易,保护契约自由,此外,地方立法一个明显的特征还在于对国外通行的先进制度的吸收,如合同的预期违约制度,根本违约制度等,这些制度的引进一方面可使涉外当事人降低学习新法律的成本;另一方面则极大地降低了政府的立法成本,在移植、借鉴国外立法经验基础上进行地方性立法,大大缩短了立法时间以及物质投入,及时为市场提供交易规则。

(三)在立法主体上,大部分涉外经济立法为经济特区所起草或制定

经济特区的设立是中国对外开放的起点,同时也是广东发展涉外经济、引进国外先进制度的"丝绸之路",所谓"春江水暖鸭先知",经济特区最为了解涉外经济发展对法治的需求,因此,在 1992 年经济特区未获得立法权之前,深圳经济特区已经起草了大量的经济立法,如《深圳经济特区土地管理暂行规定》《广东省经济特区企业劳动工资管理暂行规定》等,交由广东省人大批准通过,据统计,从 1981 年至 1992 年 6 月,即获得立法权之前的十余年间,深圳市共起草上报贯彻执行中央对外开放、引进外资和先进技术的特殊经济政策以及经济体制改革方面的法规 30 多项,经批准颁布实施的 23 项,其中,广东省人大常委会通过颁布的 16 项。也正基于此,1992 年与 1996 年,中央分别赋予了深圳、珠海与汕头三大经济特区独立的立法权,而与其他地方所拥有的立法权不同的是,特区立法具有"变通权",即在遵守宪法和上位法基本原则的前提下,可以根据特区改革发展的实际,突破法律和行政法规的某些规定进行立法、变通和优先适用,且只需报请全国人大备案而不必经过其他中间环节。这也预示着经济特区的立法具有更大的创新空间,可以进行更大胆的制度安排。因此,1992 年后,经济特区更凭借特区立法这一"尚方宝剑",积极制定各类经济法规,从而促进涉外经济的发展。

（四）在立法技术上，主要借鉴或移植国外（境外）的先进立法经验和国际惯例

立法是需要成本的，包括时间成本与物质之本，广东能够在短短的十几年时间里及时出台19部发展市场经济亟须的地方性法规，得益于广东善于借鉴国外的先进立法经验。改革开放之初，中国的法治建设还处于“一穷二白”的起步阶段，引进市场经济所需的各类立法均无法从国内找到“模子”，由是广东特意派出考察团到国外学习先进的立法经验，通过模仿、借鉴国外立法以及国际通行的贸易惯例，制定了相关立法。如《广东省经济特区涉外公司条例》中有关公司的设立、公司的机构以及公司的转化、合并、解散与清算等规定皆是移植国外的立法，又如《深圳经济特区涉外经济合同规定》中有关合同违约责任承担制度的设计，亦是参考国外先进立法而来。据记录，在特区立法的早期，在国内无立法先例的背景下，为了满足特区立法的需求，深圳市采取的措施包括：一是市人大及市法制局连续数年先后派出几十位立法干部到香港等地进行为期三个月到半年的学习；二是在重要立法项目的调研过程中，数十次地到香港、新加坡考察，收集资料，分析、比较、吸收、借鉴。而正如荷兰学者在《建立内地的“香港”深圳经济特区的实验》一文所指出的：“单就立法来说，现在深圳是全国最为发达的地区，在财产权、房地产、拍卖、股票交易和租赁等领域都拥有自己的法律，他们中的大多数是建立在香港先例的基础上的。”①

三、经济立法先行与广东经济发展的实证研究

尽管广东经济立法先行的时间主要集中在改革开放前期，然而其作用却不容小觑，它创建并奠定了市场经济运行的初始规则，为此后的广东经济发展营造了良好的制度环境。实践证明，广东经济立法先行的做法激发了外国投资者在中国投资、创业的热情，引入并确立了市场经济运行的制度规范，从而有效地推动了广东的经济发展。

(一)将各项涉外优惠政策法律化,直接激励外商投资

投资能否得到收益,收益能否得到保障,是外商投资者考虑的首要问题。中国的对外开放政策虽然为外商投资提供了大量优厚的条件,但是基于中国当时的国情与制度环境,外国投资者并不能十分信任政府的口头承诺或者灵活性较强的政策性文件。只有通过他们所认同的方式——立法进行确认,才能增强投资信心。为此,广东省人大先后出台了各项法规,将给予投资者的各项优惠政策立法化,以此直接激励投资者的投资信心。

根据学界关于影响外商投资主要因素的有关研究,大部分研究表明,优惠措施特别是税收优惠、劳动力成本、基础设施建设以及行政办事效率是影响外商是否投资的主要因素,而这些因素的比较优势如何得以实现,在广东的地方实践中,并没有将其流于一般政策的层面,而是通过涉外经济立法将其一一条文化(参见表4)。

表4 广东省涉外经济立法中对投资者利益的保护

项　目	主要内容	对应法律条文
资本流动	特区企业可在外资银行开户,并办理有关外汇事宜 特区企业的外籍职工的工资与收入可自由汇出国外 特区企业可在外资保险公司投保	《广东省经济特区条例》第八、十五、十九条
税收优惠	企业所得税优惠 地方所得税优惠 个人所得税优惠	《广东省经济特区条例》第十三、十四条
劳动力成本	特区企业职工由企业自行招聘,职工的工资形式和奖励、津贴制度,由企业自行决定	《广东省经济特区企业劳动工资管理暂行规定》第三、四、十条;《广东省经济特区劳动条例》第三、十九条等
土地使用费优惠	土地价格优惠、产品出口企业和先进技术企业可享受免除或降低土地使用费等优惠	《深圳经济特区土地管理暂行规定》第十五、十七条
基础设施(国际交通和通信成本)	凡来往特区的外籍人员、华侨和港澳同胞,出入境均简化手续,给予方便	《广东省经济特区入境出境人员管理暂行规定》第三条
行政部门办事效率	行政审批程序更便捷	《广东省经济特区企业登记管理暂行规定》第五条

正是通过对这些影响外商投资主要因素的立法，确保了政府给予外商的各项优惠政策的稳定性与长期性，使外商的收益有了稳定的预期，从而极大地激发了外商的投资热情。据统计，仅在 1979 年到 1992 年的 14 年期间，广东的进出口总额就增加了将近 15 倍，外商在广东的直接投资额累计达到 18 亿美元，其中，1992 年的投资额已将近 1985 年的 7 倍（见图 1）。1992 年后，涉外经济立法的制度效应更加明显，截至 2008 年，广东实际利用外资额已经是 1979 年的 232 倍，外商直接投资总额达到 1916703 万美元，年均增长高达 22.4%（见图 2）。而自 1986 年起，广东的外贸进出口总额已经连续 32 年位居全国第一，成为拉动广东经济增长的最主要的“发动机”之一。据统计，截至至 2007 年，广东外贸依存度（出口额占国内生产总值的比重）平均为 84.3%，其中 2006 年高达 92.0%。由此可见涉外经济对拉动广东经济增长的重要作用。改革开放四十年，全国进出口总额年均增长 16.1%，广东的贡献率在 25.0%以上，其进出口总额一直占全国四分之一强以上，广东涉外经济的强劲势头以及为中国涉外经济所作的贡献由此可见一斑。

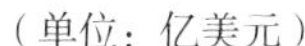

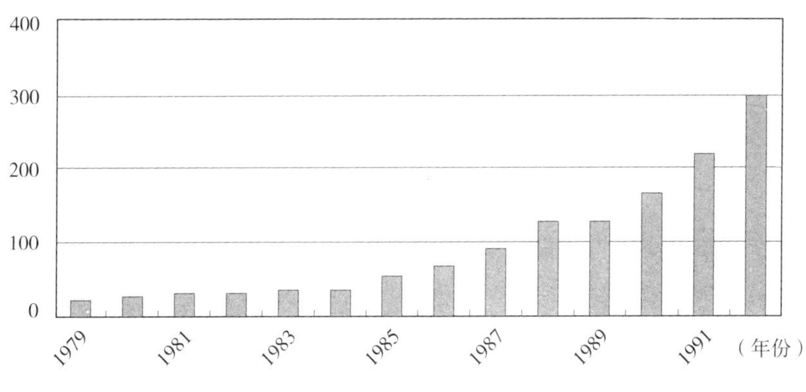

图 1　广东省 1979—1991 年进出口总额

（二）通过立法引进市场经济主体与交易规则，有效调整经济活动

涉外投资的引进带来了市场经济，而市场经济的运行则引发了对规则的

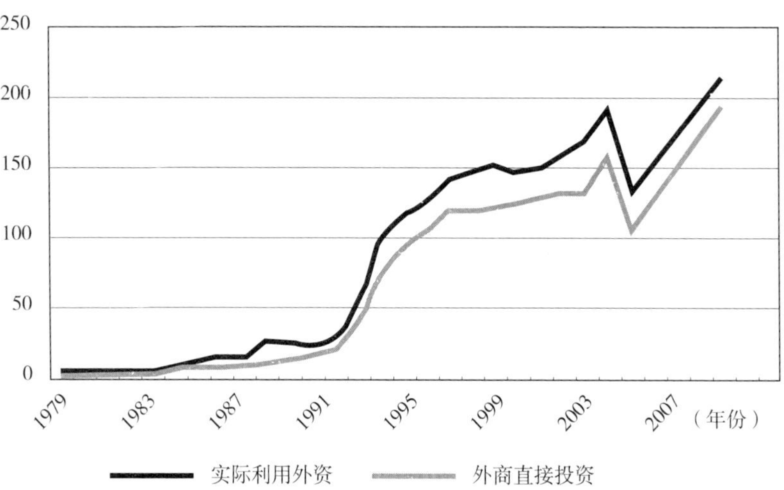

图2　广东省1979—2007年实际利用外资额与外商直接投资总额

需求，其中最基础的即为市场主体规则和市场交易规则。市场主体规则提供的是主体进入和退出市场的程序性规则，市场交易规则则为市场主体提供了契约执行的规则。此外，市场的有效运行还需要市场监督、社会保障规则等予以配套。在涉外经济引进之初，国内的有关立法，无论是何种立法类型，其调整的对象均是计划经济条件下的主体行为，显然无法满足市场经济条件下的主体需求，因此，及时出台市场经济运行所需的各类法律规范，就成为市场经济有序运行的关键。在这方面，广东的经济立法也及时做出了回应，出台了《深圳经济特区涉外经济合同规定》《深圳经济特区技术引进暂行规定》等市场交易规则，以及《广东省经济特区涉外公司条例》《深圳经济特区涉外公司破产条例》等市场主体规则，为市场经济的运行提供了最基本的规则。其中，《广东省经济特区涉外公司条例》《深圳经济特区涉外公司破产条例》这两部立法还开创了国内公司制度立法的先河。

1979年，我国虽然连续颁布了三部专门规范外商投资的法律（《中外合作经营企业法》《中外合资经营企业法》以及《外资企业法》），但是从立法技术看，这三部法律的设置没有内在的逻辑主线，仅仅根据当时存在的投资主体的形式而制定，属于应急型的立法。从立法内容看，则属于粗线条的立法，对于企业的设立、组织形式、责任承担等具体细节少有涉及。对于广东蓬勃兴起的涉外公司而言,这些立法的可操作性显然不够。一个明显的例子是,外资企业的法律形式是什么？它涉及的一个根本问题是:企业产权的界定。三部法律中除《中外合资经营企业法》规定中外合资企业的形式为有限责任公司外,其余两部法律均无规定。又如外资企业能否破产,程序如何,中央立法也没有相应的规定。而在实践中,涉外企业已经引入了公司制度,并以公司的模式运作。而在1986年颁布的《广东省经济特区涉外公司条例》中,则明确规定"特区涉外公司均为有限责任公司",同时依照国际惯例,对涉外公司的设立程序、组织机构、经营细则、财产的抵押和转让以及公司的变更和合并、解散和清算等内容作出了详细规定。其核心精神与1993年出台的《公司法》如出一辙。此外,该条例还引进了新的公司组织形式——股份有限公司,并对其进行了详细的规定。这部法规的出台对于当时外商公司的行为起到极大的规范作用,一个明显的例证是,有关涉外企业的纠纷根据该法规而得到了有效的法律救济,如当时在国内引起广泛关注的中国股市第一案"中国工商银行深圳分行诉深圳原野实业股份有限公司、香港润涛实业有限公司抵押贷款纠纷案",即以《广东省经济特区涉外公司条例》为法律依据。而1987年7月1日起实施的《深圳经济特区涉外公司破产条例》,对破产案件的申请、法院管辖、清算组织、和解及破产处理程序等作了规定,弥补了国家法律的不足。这两部法规对于之后的公司立法,具有典型的示范意义。如1993年广东在此两部法规的基础上,又进一步制定了《广东省公司条例》《广东省公司破产条例》,而我国直到1993年才出台了《中华人民共和国公司法》,直到2006年才出台了适用于所有类型企业的《中华人民共和国企业破产法》。

最重要的是,这两部法规在中央立法缺失的情况下,极大地满足了当时蓬勃发展的广东外商投资企业的需求,从下图可以看到,到1990年,广东省已有了上万家外资企业,且每年呈增长趋势,而对比每年新增的外资企业工商登记数目,广东省每年也有相当数量的注销登记的外商投资企业,这说明:

第一,大量的外商企业亟须配套的规则予以规范,当时全国仅有《三资企业法》,而正如前文所述,《三资企业法》的规定是原则性的,并且不涉及对公司制度的具体细则的规定,在此背景下,广东省出台的《广东省经济特区涉外公司条例》无疑能够较好地规范外资企业设立公司、治理公司的行为。

第二，每年相当数量的外商企业破产行为需要相应的破产法规予以规范，而我国当时仅有一部1986年颁布的规范全民所有制企业的《中华人民共和国企业破产法（试行）》，但该部立法存在若干重大的缺陷，如重要制度（如重整）的缺失、政府不正当行政干预过重、法律规范粗略、缺乏可操作性、立法技术错误等等，从而导致该法事实上形同虚设。在此条件下，《广东省公司破产条例》的出台显然弥补了中央立法的空白，较好地调整了当时外商投资企业的破产行为。

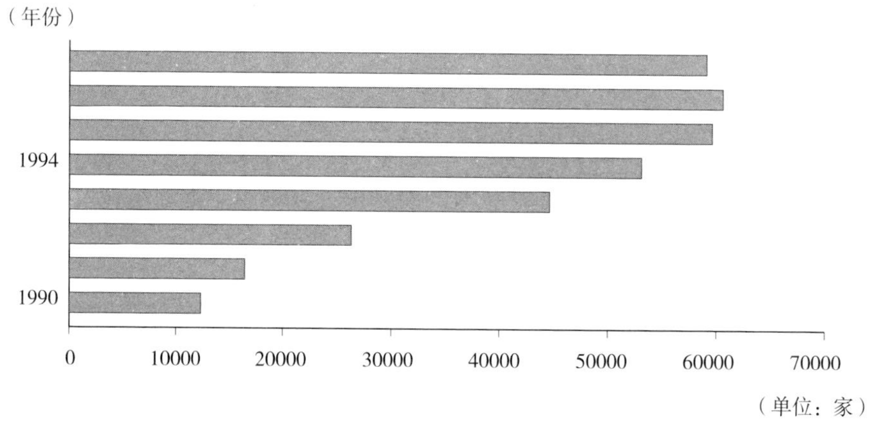

图3　1990—1997年广东外商投资企业数

四、经验总结与改革建议

（一）经验总结

从前文的分析中可以看到，四十年来广东经济发展取得的辉煌成绩，与广东在经济立法领域的“先行先试”密不可分，我们可以从中得出有关法律与经济发展的以下几条经验。

1. 通过先行立法，稳定投资者预期，从而促进投资增加与经济发展

在涉外经济的发展过程中，“立法先行”是一个突出的特点，也是法治建设与经济发展的广东经验之一。广东的经济立法先行及时抓住了制度变革的

时机，在中央下达“特殊政策与灵活措施”之初，即通过立法将改革政策具体化、明确化，从而奠定了制度变迁的方向和目标，稳定了投资者信心与预期，如1980年广东省几经修改最后争取到全国人大常委会批准的《广东省经济特区条例》即是一个典型的例证。该条例即确立了设立经济特区的目标和原则，“特区鼓励外国公民、华侨、港澳同胞及其公司、企业（以下简称客商），投资设厂或者与我方合资设厂，兴办企业和其他事业，并依法保护其资产、应得利润和其他合法权益。”从而从源头上稳定了投资者的信心，激励了投资者的投资行为。而自1981年广东争取到地方立法权后，又开始积极探索经济领域的立法，如前文所提到的涉外经济合同管理、技术引进、涉外公司破产、土地管理、劳动合同、抵押贷款管理等法律规则，即是在引进投资之初则已制定。这些做法均充分稳定了外商的投资信心——向外商展示了广东实行经济改革的稳定性与长期性。

2. 通过先行立法，突破与创新经济规则，进而推动经济制度的变革

先行立法是广东发展涉外经济迈出的第一步，而先行立法的内容——勇于突破现行法的规定，进行创新立法则是广东经济立法的另一个重要经验。如国有土地有偿使用制度的推行，又如公司制度、劳动合同制度的引进等均为创新立法的体现。这一现象曾有学者从宪法学的角度以“良性违宪”概括之。所谓良性违宪，即地方“国家机关的一些措施虽然违背当时宪法的个别条文，但却有利于发展社会生产力、有利于维护国家和民族的根本利益，有利于社会的行为”。②同时亦有学者对此作出中肯的评述，即“良性违宪”在很大程度上是由地方立法的试验性特征，及其所肩负的制度创新的历史性使命所决定的。③但是，这些评述均未道出“良性违宪”所以成功的原因。从经济学角度看，“良性违宪”实际上是有效利用了法律的灰色地带进行创新。所谓法律灰色地带，是指法律没有明文规定禁止，或者在某种程度上允许对其进行突破，至于突破至何种程度，则没有明确的标准，这一“模糊”标准正是广东进行立法创新的契机。一方面，立法创新将立法改革限定在涉外经济领域这一立法空白的范围内，因此减少了改革的阻力与压力，促进了新生产力的发展；另一方面，法律灰色地带还意味着谁攫取了这一灰色领域的控制权，谁就能获取这一领域潜藏的财富，深圳、珠海等经济特区向中央政府索要地方立法权的动因

正源于此。

3. 通过模仿立法推进先行立法，从而降低制度创新成本，提高创新效率

模仿立法是广东在选择先行立法的路径后，在立法技术上的一次创造。从法律经济学的角度，任何制度创新过程都是一次进行成本—效益分析的过程。只有在收益高于成本的情况下，创新才可能实现，如果制度创新的成本过高，则会妨碍人们创新的积极性。制度创新成本包括了经济成本、意识成本与政治成本等三类。在立法制度的创新中，经济成本体现为立法的资源耗费，包括物质投入和时间投入：意识成本则主要表现为公众在道义层面或心理意识上的谴责或抵触：政治成本则主要表现为立法改革可能诱发的社会动荡、暴力冲突以及公众对政府的信任危机等，在地方立法层面上，政治成本还包括了中央对地方政府的否定性评价从而影响执政者的政治前途。

而广东的经济立法通过模仿、借鉴国（境）外立法（特别是港澳地区立法）的实践将立法成本降到了最低，从而促进了立法创新的实现。究其原因，首先，对国外立法的借鉴节省了立法的经济成本，使广东在短期内完善了地方的法治环境，稳定了外商的预期，把握住了经济发展的时机；其次，在借鉴国（境）外立法经验基础上创设的地方立法由于其在本质上以推进发达国家自由开放的市场经济体制为其核心精神，符合了外商的偏好，并易于为外商所运用，因此降低了意识成本；最后，对国（境）外立法的借鉴实质上是广东作为全国“立法试验田”的政治使命的执行——试验的意义即在于引进与现有立法体制不同的立法模式，而由于创新立法的适用仅局限于“涉外经济”的领域，因此不会引起社会的整体动荡或冲突，从而降低了立法的政治成本。正是如此，涉外经济立法才能够实现并得以运行，从而进一步促进涉外经济的发展。

4. 通过先行立法推动涉外经济发展，并进一步带动国内的法律与经济改革

广东是对外开放的试验田，经济领域的先行立法首先带动了市场经济在涉外经济领域的蓬勃发展，在创造了大量的社会财富后，通过制度扩散效应，进一步促使中国国内经济向市场经济发展，而在中国市场经济的发展过程中，市场经济规则的建立应归功于广东在涉外经济立法领域的先行与创新，正如

前文所述，广东经济立法通过对产权规则与契约规则的供给，通过解放要素市场以及提供其他配套性规范促进了市场机制的形成，而通过涉外领域市场机制的建立以及制度的示范和扩散效应，才逐步推进广东乃至中国国内经济的存量改革，最后才有了经济体制的整体革新与变迁。而这一“先涉外、后国内”的法律与经济改革路径已经被证明是成功的，它减少了社会的震荡与改革的阻力，在摸着石头过河的改革实践中，广东作为急先锋，通过在经济领域既大胆又谨慎的法律与经济改革，成功地完成了改革试验田的使命。

（二）改革建议

2018 年 3 月 7 日，习近平总书记在参加十三届全国人大一次会议广东代表团审议时发表重要讲话，深刻指出广东在我国改革开放和社会主义现代化建设大局中的重要地位和作用，对广东提出了“四个走在全国前列”的要求，明确“广东既是向世界展示我国改革开放成就的重要窗口，也是国际社会观察我国改革开放的重要窗口”，勉励广东“继续深化改革、扩大开放，为全国提供新鲜经验”。这为广东经济的持续创新发展提供了重要的依据，同时也赋予了广东更为光荣重大的使命。诚然，改革开放四十年来，广东经济发展取得了巨大的成功，但是也面临着更为严峻的挑战。在国际方面，当今世界经济萎靡不振，各国国际需求不足，在以美国为代表的贸易保护主义行为更加盛行的国际形势下，广东面临全球直接对外投资及其国际产业转移的新态势，必须坚持扩大对外开放，更加坚定不移推动外经贸转型升级。在国内方面，我国经济已由高速增长阶段转向高质量发展阶段，推进供给侧结构性改革和促进企业自主创新成为实现经济高质量发展的两个重要途径。广东要继续领跑全国，就必须坚定不移地推进创新驱动发展战略，率先建立以质量效益提升、创新驱动的现代化经济体系。在此背景下，广东应积极汲取改革开放四十年来经济立法先行的宝贵经验，推动广东经济的新一轮发展。

1. 在立法策略上，应积极运用地方立法权，将经济发展领域的特殊政策及时转变为稳定的法律

2008 年国务院通过的《珠江三角洲地区改革发展规划纲要（2008—2020年）》指出广东要“进一步发挥对全国的辐射带动作用和先行示范作用”，要求

广东改革先行区"继续承担全国改革'试验田'的历史使命",并"赋予珠江三角洲地区发展更大的自主权"。时隔十年,习近平总书记在参加十三届全国人大一次会议广东代表团审议时指出,广东"在构建推动经济高质量发展体制机制"应走在全国前列,这实际上预示着中央赋予了广东在新形势下"先行先试"的特殊政策与使命,广东仍然拥有创新的制度空间。

事实上,随着广东省自贸区的成立和发展,2016年广东省人大已经出台《中国(广东)自由贸易试验区条例》,该条例在管理体制、投资开放与贸易便利、高端产业促进、金融创新与风险监管、粤港澳合作与"一带一路"建设等方面对广东自贸试验区的建设和发展做了全面规定,其中大量的创新规定,堪比当年的《广东省经济特区条例》。而随着自贸区在商事登记、行政审批、金融创新、商事纠纷解决机制等各个领域的创新发展,广东省仍有必要持续将各项创新政策制度化、规范化,夯实粤港澳三地合作的制度基础,并通过制度扩散效应,及时将其推广至全省各地区。

2. 在立法导向上,要加强对科技创新型企业的知识产权保护力度,鼓励和引导外贸企业进行产业结构升级,促进技术开发与创新

广东的涉外经济经过四十年的发展,已经遭遇"瓶颈"。早在2007年,广东省已经提出产业和劳动力的"双转移"战略。这一战略的目的在于将劳动密集型企业转移出去,腾出土地和资源,引进先进制造业、高科技和现代服务业等高附加值产业,减少外来人口压力,提升环境水平,从而在"腾笼换鸟"中实现珠三角的产业结构升级。我们认为,转变外贸经营模式不能仅停留在政策层面,还应当给外贸企业营造一个良好的法治环境,许多国外科技创新型企业将研发基地设于海外,不愿将高新技术引进中国的原因就在于中国的知识产权保护力度太差,目前许多发达国家仍将我国列为假冒知识产权和侵权的重点国家。而本地的外贸企业则缺乏长期投资进行技术研发、创立自主品牌的有效激励。

因此,要实现外贸企业的产业结构升级,激励先进制造业、高科技和现代服务业等高附加值产业在广东的投资,就必须借助于地方立法的权威性、稳定性、引导性以及可预见性的特点,克服以往涉外经济立法引导性不足的缺陷。首先,应通过地方立法形式加大知识产权的保护力度,建立更为明确的保护标准并采取操作性更强的措施,加大侵权的打击力度。广东省曾于2010年出台《广东省专利条例》,该条例明确了本省的专利行政处罚措施和标准,但是该条例所设立的行政处罚措施仍不够严厉,处罚数额较低,已不符合当前知识产权发展的需要,应及时修订;其次,应加快推进新型知识产权和交易规则方面的地方立法。随着科技创新日新月异,新型知识产权类型和交易方式层出不穷,广东也同时出台了多项措施,如建立国家级知识产权保护和运用综合改革试验区,成立全国知识产权运营公共服务平台横琴特色试点平台和广州知识产权交易中心等,助力企业在科技创新方面的投入与运用。与此同时,更应及时通过立法形式明确知识产权的权利归属和交易规则,从而使企业有明确的预期。此外,还应通过立法明确对实行技术研发创新、创立自主品牌的外贸企业和产品实现信贷倾斜,税收、土地使用费减免等优惠措施,激励本地外贸企业进行创新。

3. 在立法内容上,要擅于借鉴国际商事规则以及国际商事惯例,与国际法律制度接轨

法治化国际化营商环境是一个地区有效开展国际交流与合作、参与国际竞争的重要依托,是区域竞争力的重要体现。港澳地区的发展经验表明,建设与全球市场接轨的法治化国际化营商环境,提高政府行政效能和服务质量,有助于营造公平竞争的市场环境,降低企业生产经营成本,增强本地区对于国内外投资者的吸引力。一个透明完善的法律制度,能够使投资者对未来有稳定的预测,而一套与国际先进制度接轨的法律制度,则可以降低投资者的投资成本。广东作为"向世界展示我国改革开放成就的重要窗口,也是国际社会观察我国改革开放的重要窗口",更应当把法治化国际化营商环境的建设放在重要位置,通过与世界接轨的法治化国际化营商环境的建设,向国际社会展示我国持续进行改革开放的决心和行动。

2017年,李克强总理在国务院常务会议上多次强调持续优化我国的营商环境。2018年1月3日,李克强总理主持召开国务院常务会议,部署进一步优化营商环境,持续激发市场活力和社会创造力,借鉴国际经验,抓紧建立营商环境评价机制,逐步在全国推行。事实上,早在2012年,广东省已出台《建设法治化国际化营商环境五年行动计划》,提出力争通过五年努力,构建法治

化国际化营商环境的制度框架,形成透明高效、竞争有序、公平正义、和谐稳定、互利共赢的营商环境。在此方面,广东可以运用"模仿立法"的立法经验,借鉴国际上通行的国际商事规则以及国际商事惯例,尤其应当借鉴港澳地区的通行规则,开展营商环境建设,推动制度创新和观念融合,打破粤港澳合作中大门已开、小门未开的困境,实现粤港澳合作从经贸层面到制度层面的全面对接,有力推动三地协同发展及合作伙伴关系的成熟,实现三地的良性互动,为粤港澳大湾区建设和一体化发展提供强有力的支撑。

【注释】

①俞可平、倪元辂主编:《海外学者论中国经济特区》,中央编译出版社 2000 年版,第 196 页。

②郝铁川:《论良性违宪》,载《法学研究》1996 年第 4 期。

③封丽霞:《中央与地方立法关系法治化研究》,北京大学出版社 2008 年版,第 457 页。

村民自治的实践探索

于 群　唐志勇*

党的十九大把习近平新时代中国特色社会主义思想确立为全党全国人民为实现中华民族伟大复兴而奋斗的行动指南。坚持人民当家作主是习近平新时代中国特色社会主义思想的重要内容。党的十九大报告指出:"坚持人民当家作主。坚持党的领导、人民当家作主、依法治国有机统一是社会主义政治发展的必然要求。必须坚持中国特色社会主义政治发展道路,坚持和完善人民代表大会制度、中国共产党领导的多党合作和政治协商制度、民族区域自治制度、基层群众自治制度,巩固和发展最广泛的爱国统一战线,发展社会主义协商民主,健全民主制度,丰富民主形式,拓宽民主渠道,保证人民当家作主落实到国家政治生活和社会生活之中。"党的十九大把"基层群众自治制度"纳入习近平新时代中国特色社会主义思想的重要组成部分,意味着"基层群众自治制度"在我国社会主义民主政治发展和中国特色社会主义政治制度中的地位得到进一步的提升。村民自治制度作为中国农村创造的农村基层群众自治制度,在30多年的社会实践中不断得到坚持和创新,充分显示了村民自治作为我国政治制度体系的重要组织部分,具有旺盛的生命力。

一、我国村民自治体制的确立及广东村民自治的实践探索

人民公社解体之后,我国农村基层社会处于"权力真空"状态,在此背景

* 于群,广东省法学会法理学研究会常务理事,华南师范大学法学院教授;唐志勇,广东社会科学大学讲师。

下，为改善社会治安混乱状况，广西河池地区的村民自发创设了村民委员会这一组织形态，以取代正在迅速瓦解之中的生产大队、生产队组织，这一组织形态后来为国家权力体系所承认，并逐渐演变为群众性自治组织，成为改革开放后我国农村基层政权建设最引人注目的制度设置，并深刻影响改革开放四十年来我国农村地区的政治经济社会发展。

（一）我国村民自治体制的确立

党的十一届三中全会召开后，农村逐步实行了家庭联产承包责任制，“政社合一”的人民公社体制被废除。农村基层政权组织和经济组织在组织制度上发生了巨大变化。改革开放后，以国家行政权力和乡村自治权力相分离为基础的“乡村政治”体制成为乡村社会最为基本的社会组织方式。

1982 年，党的十二大指出：“社会主义民主扩展到政治生活、经济生活和社会生活的各个方面，发展各个企业、事业单位的民主管理，发展基层民主生活的群众自治。”①1982 年 12 月 4 日，第五届全国人民代表大会通过的《中华人民共和国宪法》确定了废除人民公社体制后的乡村组织形式。它规定，乡、民族乡和镇是我国最基层的行政区域，乡镇行政区域内的行政工作由乡镇人民政府负责，乡镇人民政府实行乡长、镇长负责制。乡镇长由乡镇人民代表大会选举产生。城市和农村居民居住地区设立的居民委员会或村民委员会是基层群众性自治组织，居民委员会、村民委员会的主任、副主任和委员由居民选举。1983 年 10 月，中共中央、国务院发出《关于实行政社分开建立乡政府的通知》明确指出：“当前的首要任务是把政社分开，建立乡政府，同时按乡建立乡党委，并根据生产的需要和群众的意愿逐步建立经济组织。要尽快改变党不管党、政不管政和政企不分的状况。”同时指出：“村民委员会是基层群众性自治组织，应按村民居住状况设立。村民委员会要积极办理本村的公共事务和公益事业。协助乡人民政府搞好本村的行政工作和生产建设工作。村民委员会主任、副主任和委员要由村民选举产生。各地在建乡中可根据当地情况制订村民委员会工作简则，在总结经验的基础上，再制定全国统一的村民委员会组织条例。有些以自然村为单位建立了农业合作社等经济组织的地方，当地群众愿意实行两个机构一套班子，兼行经济组织和村民委员会的职能，也可同意试行。”②

自此以后，全国各地普遍开始了恢复建立乡政权的工作。到1985年春，全国农村人民公社政社分开建立乡政府的工作全部结束。全国共建立了9.2万多个乡、镇人民政府，同时还建立了82万多个村民委员会。③1987年11月，全国人大常委会通过并颁布了《中华人民共和国村民委员会组织法(试行)》，并在1988年6月试行，民政部也于1988年2月发出《关于贯彻执行〈中华人民共和国村民委员会组织法(试行)〉的通知》，各地开始进行真正自治意义的村委会建设。1987年颁布的《村民委员会组织法(试行)》第七条第二款规定，“村民委员会一般设在自然村；几个自然村可以联合设立村民委员会”。但是据调查统计，自推行村民自治以来，全国共设立90多万个村民委员会，其中有70多万个村民委员会在原生产大队，即原行政村。一个村民委员会一般下辖数量不等的自然村。1998年通过的《中华人民共和国村民委员会组织法》删去了原来按照自然村设立村民委员会的规定。④

2010年12月28日，修订后的《中华人民共和国村民委员会组织法》颁布施行，明确规定：村民委员会是村民自我管理、自我教育、自我服务的基层群众性自治组织，实行民主选举、民主决策、民主管理、民主监督。

(二)改革开放以来广东村民自治的实践探索

改革开放以来，广东村民自治实践探索与国家法治建设进程息息相关，但在国家法治变化大的背景之下，广东地区为适应农村基层治理实际需要，农村基层政权管理体制发生多次变化，村民自治实践进行了创新性探索，经历了四个不同时期。

1. 废除人民公社体制，恢复乡镇建制过渡时期(1983—1989年)

1983年6月，广东开展了对人民公社政社合一体制的改革。1983年10月，中共中央作出实行政社分开、建立乡镇政府的决定。1984年上半年，广东省改革人民公社体制的工作基本完成。在组织机构上，实行政权与经济组织分开。行政机构的设置，根据广东公社、大队的规模比较大，而生产队规模比较小的特点，基本上以原公社、大队和生产队(或自然村)的范围分别建立区公所、乡政府、村民委员会，取消人民公社组织。由于全省撤销人民公社时，公社原来的行政机构改为区公所，而区公所不是一级基层政权组织，为了与全国行政基层组织的设置一致，1986 年，全省又撤区建乡镇，原来的乡改为村民委员会，原来的村民委员会改为村民小组。在这一阶段，广东农村基层管理体制与全国保持一致。

2. 农村管理区办事处体制时期(1989—1998 年)

1989 年，广东省委在分析了广东农村社会发展实际需要的情况下，决定将村委会改为管理区办事处，除广州、深圳、珠海外，其余各县市大都设管理区，作为乡镇政府派出机构，原来的村民小组改为村委会。这就是颇具广东特色的农村管理区办事处体制。农村集体经济组织的设置以人民公社的三级经济为基础，在原生产队一级设置经济合作社，在原大队一级设置经济合作联社，在原公社一级设置经济合作总社。农村管理区时期，珠三角地区的政府和农村社区借助强大的行政资源，强化自上而下的行政整合，大胆突破所有制概念的藩篱，各自结合本地实际，创建了别具特色的社区股份合作制发展集体经济。由于股份合作制将虚置的集体产权变成农民扎扎实实的个人股份，初步实现了产权个人化，因此极大地调动了村民参与集体经济建设和管理的积极性，在这种社区农民强有力的推动下，珠三角农村集体经济发展取得辉煌成就。如深圳市，截至 1998 年底，全市 86.9%的村和 87.8%的村小组实行了社区股份合作制，全市农村集体资产总额达 392.2 亿元，农民人均占有集体资产 17.6 万元，居全国、全省之首。在全省总计 4760.6 亿元的集体资产总额中，珠三角地区占 85.6%，社区股份合作制显示强大的生命力，农村集体经济发展取得了辉煌成就。

1998 年珠三角地区农村居民年人均纯收入　　(单位:元)

地　区	人均纯收入	地　区	人均纯收入
广州市	5629	江门市	3968
深圳市	7350	东莞市	5534
珠海市	3795	中山市	4320
佛山市	5204	顺德市	4552
惠州市	3422	南海市	6214
肇庆市	3645	番禺市	6280

广东农村管理区体制是为了有效推进农村工业化和城市化,有其历史合理性因素,但也存在着难以克服的弊病,如存在着党政职能不分、以党代政问题;这种体制是人民公社时期党的一元化领导体制的承袭或变形,难以适应粤东西北广东欠发达地区的管理需要;其与国家提出的村民自治民主选举、民主决策、民主管理、民主监督背道而驰,设置也存在合法性困境。1998 年,全国人大制定并颁布《中华人民共和国村民委员会组织法》,对推进农村基层民主的决心更为坚决,给广东的管理区体制带来更大的制度压力,管理区办事处模式改革势在必行。

3. 撤销农村管理区,实行村民自治时期(1998—2011 年)

1998 年 6 月,广东省委常委会议决定,在全省范围内理顺农村基层管理体制改革,在全省范围内撤销农村管理处,改设村民委员会,实行村民自治制度。广东省正式废止了具有地方特色的农村管理区体制,正式朝着村民自治的农村基层治理体制转变。到 1999 年 7 月底,全省撤区建村,民主选举村委会的工作基本完成,共撤销 20318 个农村管理区办事处,设立了 20328 个村民委员会。实行村民自治以来,广东加速建章立制,实行依法治村,连续制定下发《广东省村委管理办法(试行)》《广东省村民委员会选举办法》《广东省村民委员会选举办法实施细则》等文件,让村民自治有法可依,有章可循,全省农村地区迅速开展民主选举、民主决策、民主管理、民主监督的村民自治实践,并取得显著进展。主要做法,一是通过"两推一选"来进行村党支部改选。在进行村党支部换届选举时,一方面由村党员大会提出村党支部新一届成员的候选人名单,另一方面由村民或者村民代表提出党支部成员候选人名单,把党员大会提名结果同村民提名结果综合起来,再确定党支部成员正式候选人,最后回到党内,由全体党员大会民主选举产生村党支部班子成员。二是通过两种形式推行"二选联动"。一种是先党支部改选,根据党支部班子的情况,再进行村委会改选,争取把有广泛民意基础的党支部书记和党支部委员推荐给村民选举委员会,经过民主选举程序,党支部书记当选为村委会主任,支部委员当选为村委会委员,实现两委交叉。[⑤]另一种是先村委会改选,根据村委会成员的情况,再进行党支部改选,如果村委会主任是原任村支书,就直接实行一肩挑;如果当选村主任的人是支委、普通党员,则再经过党员大会选举,使村委会主任当选为党支部书记,原任党支部书记必须让位。2002年4月,来自中山大学、华南师范大学、广州市社会科学院的学者组成观察小组,并第一次允许外国新闻媒体记者和外国驻广州领事馆人员对农村选举进行观察,来自英国、日本新闻媒体的记者,美国、英国等国家驻广州领事馆的文化新闻领事、政治领事、经济领事在广州市天河区沙河镇长坂村进行选举观察,受到国际观察人士的赞许。2005年,广东省全面启动第三届村民委员会换届选举,选举观察制度在全省范围内推行。⑥

4. 村民自治重心下移试点时期(2011年至今)

广东省农村地区实行村民自治10多年来,在推动农村发展、维护基层稳定、保障农民权益、推进民主政治建设方面取得了巨大成就。但是,粤东西北广大农村地区的村民自治发展也遭遇了许多困难,如行政村是我国正式体制中最基层的乡村组织单元,承担着上级政府职能,既要完成上级交办的各项工作任务,又要治理下辖的自然村。再加上大部分行政村往往无资金、无资产、无资源,相当于一个"空架子",对自然村的管理基本是"放任自流"。可以说行政村根本行使不了村委会自治组织的职责。被排除在管理格局之外的村民小组,虽然直接面对服务群众,但由于没有对应的职责、权力,造成了"乡镇管不到、村委管不了、自然村没人管"的管理"真空"。从而导致村组集体经济长期薄弱、农村社会矛盾不断、干群关系紧张等不利局面。现实困境促使全省各地进行新的探索,探索不同情况下村民自治的有效实现形式,云浮市在2011年试点在自然村成立村民理事会,梅州蕉岭县2012年在村民小组成立村民议事会,清远市2013年率先推动自治重心下移。这里以清远为例,该市以重构基层组织为突破口,推动"支部建到村组、自治沉到村落、服务下到村里"农村综合性改革试点,主要做法:一是推动党组织重心下移,在村民小组、自然村建立党支部,在行政村设立党总支;二是推动自治重心下移,将自治单元调整到村民小组、自然村;三是推动公共服务重心下移,在行政村建立综合服务站;四是推动发展集体经济重心下移,规范和健全村组两级集体经济组织。其中,自治单元设置有两种方式。一种是在村民小组、自然村全面建立村民理事会,全市共成立了16451个村民理事会,作为村委会加强村民自治与服务的重要辅助力量。另一种是选择三个镇作为试点,将村民委员会下移到村民小组或自然村,现行的"乡镇—村(行政村)—村民小组"调整为"乡镇—片区—村(原村民小组、自然村)",3 个试点镇的村委会由 42 个调整为 390 个。在村民小组、自然村中,一般设置有三大组织,即村民理事会、党支部和集体经济组织。其中,村民理事会负责日常自治事务。对于村民理事会,主要是由热心服务村民的乡村能人、离退休干部和教师、德高望重的宗族前辈等人员组成。通过村民自治重心下移,实现村民自我管理、自我教育、自我服务、自我约束,建立起"党支部提事、村民理事会议事、村民会议决事、村委会执事"的民主决策机制。经过五年的努力,清远市以自治重心下移试点为切入点的改革取得了明显成效,既为我国农村基层社会治理政策制定提供实践依据,也为农业农村发展探索一系列成熟经验,更为我国农村基层民主制度建设提供了思考视角,在政策上、实践上、理论上为广东省乃至我国民主政治制度作出贡献,得到中央和广东省委、省政府的高度肯定。2014 年中央一号文件要求探索不同情况下村民自治的有效实现形式,集体土地所有权在村民小组的地方,可开展以村民小组为基本单元的村民自治试点,文件将清远市自发探索上升为中央决策。2015 年、2016 年、2017 年、2018 年中央一号文件,连续五年要求开展以村民小组或自然村为基本单元的村民自治试点工作。中央一号文件的印发有力推动广东村民自治重心下移向纵深发展。

二、广东村民自治实践的法理依据

村民自治的法理基础对于解读我国村民自治制度的演变具有十分重要的价值,在村民自治的实践过程中,协商民主理论、法治社会理论、国家治理体系和治理能力现代化理论是过去三十多年影响村民自治实践的重要理念,也是指导未来村民自治实践的重要理论基石。

(一)协商民主理论

"协商民主"概念最早兴起于二十世纪八十年代的西方,作为一种新的民主理论范式,1980 年在学术上提出和使用。我国著名政治学家俞可平把西方的协商民主归纳概括为:协商民主就是公民通过自由平等的对话、讨论、审议

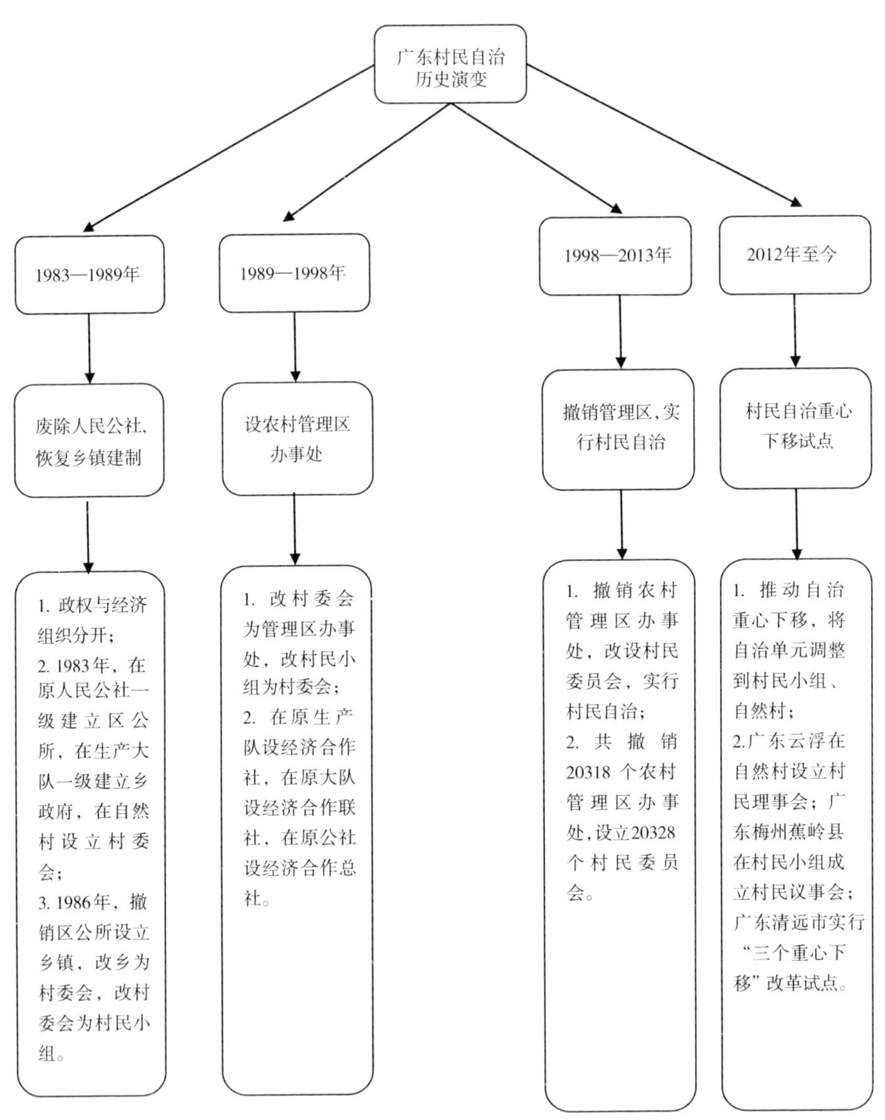

图1

等方式，参与公共决策和政治生活。协商民主具有三方面特点：一是强调公民参与。参与是协商民主理论的基础，没有参与，协商就无从谈起，协商要求利益相关者能够参与政策制定过程。二是强调公共决策。协商民主关注管理过程，关注不同利益的群体参与管理过程，充分表达各自利益，在讨论协商的基础上产生公共政策或为公共决策提供依据。三是强调决策合法。协商民主的基本价值赋予决策合法性,合法决策是协商民主的关键诉求,政治决策的合法性只有在广大政策对象的认同和支持的基础上才能有效实施。因此,协商民主力求通过参与、讨论、对话,通过参与者的偏好转换、形成共同遵守的决策,从而赋予决策以合法性,使决策达到应有的效果。

西方协商民主理论契合了中国传统文化中讲究和谐而不是冲突,合作而不是竞争,说理而不是蛮横,公共利益而不是个人主义的特质,在中国民主政治发展过程中得到广泛应用和实践。主要存在于四个层面:第一,政治制度层面,表现为中国共产党领导的多党合作的政治协商制度。第二,社会治理层面,表现为"市民论坛""社区论坛""社区理事会"及政府机关借助因特网、电子邮件、电子布告等现代通信技术建立起来的沟通网络,社情民意反应机制,重大事项公示机制。第三,基层民主层面,表现为村(居)委会议、村(居)民代表会议、听证报告会、社区评议会、居民恳谈会等。第四,公共参与层面,表现为网络论坛、普通公民旁听人大立法会议、政协讨论专题会等。

党的十八大以来,中国特色社会主义协商民主理论和实践不断成熟和定型。党的十八大首次将健全社会主义协商民主制度写入党的代表大会文件,提出社会主义协商民主是我国人民民主的重要形式。党的十八届三中全会贯彻落实党的十八大关于协商民主的战略部署,明确提出协商民主是我国社会主义民主政治的特有形式和独特优势。党的十八届四中全会提出构建程序合理、环节完整的协商民主体系。习近平总书记在庆祝中国人民政治协商会议成立六十五周年大会上的重要讲话,是发展社会主义协商民主的纲领性文献,对于协商民主的定位和定性、切实落实推进协商民主的战略任务等进行了全面系统深刻的阐述。2015 年,中共中央印发《关于加强社会主义协商民主建设的意见》,中共中央办公厅、国务院办公厅印发《关于加强城乡社区协商的意见》,中共中央办公厅印发《关于加强政党协商的实施意见》。习近平总书记的重要讲话和一系列文件的出台,极大地推动了协商民主的理论研究和实践拓展。

(二)法治社会理论

1999 年,九届全国人大二次会议通过的宪法修正案规定:"中华人民共和国实行依法治国,建设社会主义法治国家。”标志着我国治国方略的重大转变。2012年,在首都各界纪念现行宪法公布施行三十周年大会上,习近平总书记第一次提出坚持依法治国、依法执政、依法行政共同推进,坚持法治国家、法治政府、法治社会一体建设。党的十八届三中全会和四中全会都提出法治社会建设新命题。2014年10月,党的十八届四中全会通过的《中共中央关于全面推进依法治国若干重大问题的决定》,强调要增强全民法治观念,推进法治社会建设。

法治社会通常是指企事业单位、行业协会、社团、基层群众自治组织等各类社会组织及其成员在法律框架下有序交往,形成可预期的社会关系和社会秩序。法治社会是社会生活的民主化、自治化与法治化。包括村(居)基层社会组织治理、行业协会自律、社会习惯习俗共治等,是社会权力与国家权力制约互补的文明状态。和法治政府相比,我国法治社会的建设较为薄弱,法治社会建设还面临许多困难,如自治主体数量有限、力量微弱、民主意识不强、公众参与程度不高、自我决策、自我规制及互制能力有限,多元化纠纷解决机制渠道不够畅通。而法治社会是法治国家、法治政府的基础,法治国家、法治政府相当程度上要在法治社会中进行检验,如果法治社会建设存在欠缺,法治政府、法治国家在相当程度上将沦为空谈。广东对农村基层治理的实践探索是法治社会建设的重要组成部分。对于稳定基层政权,解决村民实际问题,实现民主选举、民主决策、民主管理、民主监督,提高村民自治水平及以法治思维解决基层问题能力,都起到了积极的推动作用。

(三)国家治理体系和治理能力现代化理论

二十一世纪公共治理理论在国际社会科学中兴起并成为影响全球的理论范式。与传统的国家管理模式相比,公共治理模式在治理主体、治理依据、治理方式等方面有很大不同。首先,传统的国家管理模式强调政府国家管理的唯一主体,而“治理”则强调政府、社会、民众一起面对公共问题。其次,国家管理依据主权者制定的法律,而“治理”强调运用市民公约、乡规民约、行业规章、团体章程等软法综合而治。再次,在治理方式上,管理强调依靠国家强制力,而“治理”强调的是包含政府在内的各方主体平等参与、沟通协商、共同发挥作用,实现政府与社会、个人的良性互动。

在这样的背景下,党的十八届三中全会提出:全面深化改革的总目标是完善和发展中国特色社会主义制度,推进国家治理体系和治理能力现代化。将推进国家治理体系和治理能力现代化作为全面深化改革的总目标,这对于中国的政治体制改革,乃至整个社会主义来说,具有重大而深远影响。

党的十九大报告提出:加强社区治理体系建设,推动社会治理重心向基层下移,发挥社会组织作用,实现政府治理和社会调节、居民自治良性互动。党的十九大报告抓住国家治理体系的核心是基层,推动社会治理重心向基层下移。因为基层是各种民生矛盾集中区,社会管理和服务的重心在基层。基层稳,则国内稳,基层治,则国家治,历史反复证明,谁掌握了基层,谁就掌握了执政的话语权。基层治理在整个国家治理中往往具有基础性、探索性和先导性。村民委员会作为社会治理的基本单元,在社会治理中起着基础性作用。2017年12月29日,中央农村工作会议首次提出走中国特色社会主义乡村振兴道路,让农业成为有奔头的产业,让农民成为有吸引力的职业,让农村成为安居乐业的美丽家园。中国特色社会主义乡村振兴道路怎么走?会议提出了七条“之路”,其中第六条是必须创新乡村治理体系,走乡村善治之路。广东在全国率先开展村民自治重心下移,以村民小组或自然村为单位的村民自治的实践恰恰契合党的十九大推动社会治理重心向基层下移的精神,广东村民自治的实践与创新对于探索乡村治理体系和治理能力的现代化的有效途径,实现乡村振兴战略具有国家层面上的示范意义。

三、广东村民自治的创新经验及启示

广东村民自治的发展历程,反映了广东作为改革开放的前沿阵地,在基层社会治理过程中始终坚持人民群众的首创精神,不断进行着基层治理的制度创新,无论是农村管理区办事处制度还是“两推一选”和“二选联动”方式,或是选举观察制度,抑或村民自治重心下移等制度创新,无不凸显了广东特色,形成了广东模式,为全国提供经验借鉴,充分体现广东先行先试,敢为人先的文化特质。

（一）农村管理区办事处体制，适应农村工业化和城市化发展的广东特色制度设计

广东得改革开放之先，工业化和城市化发展迅速，农村管理体制为适应这一历史发展阶段，实行管理区办事处体制，这种权力结构具有权力资源单一控制模式，即管理区的经济资源、政治资源主要控制在管理区党组织手中；权力来源具有同一性，即管理区书记和主任的权力都来自乡镇任命；职能上具有重叠性，即管理区党政职能不分、以党代政；权力影响力结构是单一的“强书记—弱主任”的结构。[7]农村管理区办事处体制，通过以权力的集中促使农村土地、资金、劳动力等经济资源向非农产业的集中，有力促进了农村经济资源的工业化配置，涌现出深圳、顺德、南海、番禺等工业化、城镇化明星村镇。农村集体经济组织实行公司化运作，农民以自身土地入股集体经济组织，并获得丰厚分红和集体福利，创造了土地股份合作制等具有广东特色的农村土地产权制度安排，极大增强了农村对农村管理区的社会认同。但管理区办事处体制更多的是适应快速工业化和城镇化的制度安排，是人民公社时期党的一元化领导体制的承袭或变形，难以适应粤东西北广东欠发达地区的管理需要，在国家大力推进农村基层民主的制度大环境下，这是一种过渡性的管理体制。

（二）选举观察制度的引入和实施，引领全国的地方政府制度创新

广东村民自治起步虽晚，但基础好，起点高，在民主选举、民主决策、民主管理、民主监督等国家倡导和推进农村基层民主的基本制度框架内进行积极探索和创新，创建了“两推一选”和“二选联动”，调适农村党政关系的新方式，创造出有正式候选人选举与无正式候选人选举相结合的民主选举模式，此外还提倡候选人发表治村演说，强化选举的竞争性。为适应当代国际社会在民主选举中普遍实行的惯例，还率先在全国实行选举观察制度，确保选举过程公正透明，提高选举质量，第一次允许外国新闻媒体记者和外国驻穗领事馆人员对中国农村选举进行观察，在全国农村村民委员会选举中开创了大规模、有组织实行选举观察的先例。广东选举观察制度的引入和实施，是广东农村推行

村民自治和发展基层民主的内在要求,成为引领全国的地方政府制度创新举措,有力促进了广东农村社会经济发展和农村基层民主的进步。

(三)自治重心下移,是探索村民自治有效实现形式的创新举措

广东农村地区具有强大的宗族组织和宗族力量,以往在村民自治中有意无意忽视了他们在基层社会治理中的作用。近年来,随着国家治理体系和治理能力现代化理论的深入人心,现实的以行政村为村民自治单元遭遇了社会治理失效的困境,迫使人们去不断探索农村社会治理的新路子,广东云浮、梅州、清远等欠发达地区不约而同探索村民自治有效实现形式,把发挥传统文化在乡村自治的积极作用重新引入社会治理过程中,积极培育和发展自然村村民理事会作为村民自治的有效补充和依靠力量,发挥乡贤在亲缘、人缘、地缘的优势,凝聚社会的人力、财力、智力资源,提高农村社会组织化水平,增强农村"自组织"能力,推动农村自我发展、自我管理、自我服务,使之成为农村社会管理的基本力量和活力因子。广东率先在全国探索推进乡村治理自治、法治与德治相结合的实践,逐步建立起自治、法治、德治相结合的乡村治理体系,让村民自治制度在粤东西北欠发达地区焕发生机与活力,为全国实现乡村振兴的战略目标贡献了广东经验和智慧。

通过分析和研判改革开放四十年广东村民自治的变迁轨迹,可以看到一张清晰的治理路线图,即从单一治理到多元治理,从城乡分治到城乡统筹,从管控型政府到服务型政府。在乡村振兴战略背景下,广东村民自治要顺应新形势新要求,坚持问题导向,调整工作重心,理顺治理关系,深入推进乡村治理的秩序重构工作,加快培育基层政府、乡村自治组织及社会组织进行合作的环境,不断优化乡村发展中的新思路、新动能,构建乡村治理体系和治理能力现代化新局面。

【注释】

①《中国共产党第十二次全国代表大会文件汇编》,人民出版社 1982 年版,第 37 页。

②《中共中央、国务院关于实行政社分开建立乡政府的通知》(中发〔1983〕35 号)。

③于建嵘:《岳村政治——转型期中国乡村政治结构的变迁》,商务印书馆 2001 年版,

第 322 页。

④《村民委员会组织法讲话》,中国法制出版社 1999 年版,第 51 页。

⑤王金红:《村民自治与广东农村基层民主的发展》,载《社会主义研究》2003 年第 6 期。

⑥王金红:《选举观察制度在广东村民委员会选举中的实施——一项地方制度创新的背景、动力与实际绩效的初步考察》,载《华南师范大学学报(社会科学版)》2006 年第 5 期。

⑦周大鸣等:《告别乡土社会——广东农村发展 30 年》,广东人民出版社 2008 年版,第 234 页。

社会发展与立法

焦　娟　　周贤日 *

广东作为改革开放的先行地、实验区,经济取得巨大发展,广东地区生产总值连续29年位居全国首位。广东经济取得的巨大成就与广东在劳动关系及社会保障等社会领域进行的改革与立法是分不开的,没有劳动和社会保障方面的立法护航,广东经济所展现的活力难以实现。改革开放四十年来,广东形成了具有特色的地方法规、规章立法体系,劳动和社会保障等在内的诸多社会立法工作居于全国前列。

2018年3月,习近平总书记对广东提出了"四个走在全国前列"的期望,其中提出"要在营造共建共治共享社会治理格局上走在全国前列"的社会建设要求。为把广东打造成全国最安全稳定、最公平公正、法治环境最好的地区之一,让人民群众的获得感、幸福感、安全感更可持续,有必要对广东省改革开放四十年来的社会立法成就与趋势进行总结,唯有"不忘历史才能开辟未来",才能开辟广东社会发展的新时代。

一、改革开放以来广东社会发展的基本成就

(一)广东劳动就业方面的基本成就

据广东省统计局的数据显示,2016年末广东常住人口为1.0999亿人,是

* 焦娟,广东省法学会社会法学研究会副秘书长,广东技术师范学院讲师;周贤日,广东省法学会社会法学研究会会长、广东省法学会劳动关系研究会副会长,华南师范大学法学院教授。

全国唯一人口过亿的省份;2017 年末广东常住人口又升至 1.1169 亿人。同时,广东外来人口数量巨大,2000—2010 年跨省流入广东人口占广东新增常住人口的 47.7%,[①]就业压力巨大。但广东的劳动就业工作始终走在全国前列,就业局势平稳,城镇登记失业率常年低于全国统计比率。[②] 2013—2017 年,城镇新增就业累计 775.6 万人,约占全国的 1/9。改革开放后,广东劳动就业工作的发展经历了由“统分统配”的固定用工制度向劳动合同制度的转变;经历了劳动力市场从无到有,公共就业服务逐步体系化的过程。改革开放后,广东劳动就业工作发展的四十年显示了广东是先行地、试验区的历史角色定位。

1. 劳动合同制度确立、发展的试验区

改革开放以前,城镇劳动力就业由国家“统包统配”,农村劳动力被限制在农村,僵化的劳动就业机制无法适应经济发展的需要。1978 年党的十一届三中全会提出改革开放后,劳动体制改革率先在深圳试点。1981 年深圳首先在中外合资、中外合作、独资企业推行劳动合同制。1982 年 7 月深圳市人民政府决定对全市所有国营企业招收的新职工一律实行劳动合同制。[③] 1986 年《广东省国营企业实行劳动合同制实施细则》实施,广东全面实施劳动合同制度。广东成为我国劳动用工体制改革的先行点、试验区,为我国在全国范围内推行劳动合同制度积累了经验。1995 年 1 月 1 日,我国《劳动法》开始实施。到 1995 年底,广东全省国有、集体和“三资”企业共有 720 多万职工与企业签订了劳动合同,占职工总数的 95%以上,实现了在“八五”末期全面实行劳动合同制的计划目标,成为率先全面实行劳动合同制度的 13 个省份、直辖市之一。[④]

2. 就业服务体系建设的先行地

劳动合同制的确立、农村承包制改革使社会上出现了大量自由流动的劳动力,劳动者和企业都迫切需要劳动力市场的建立和就业服务的供给。广东在就业服务体系的建设方面走在全国前列。为疏导南下广东的民工潮,1991 年广东联结广西、四川、湖南三省(区)首创了全国第一个省际劳务合作组织:华南省际劳务协作组织,为省际间劳动者的流动提供了信息沟通、组织输送、协同管理、跟踪服务等多方面的服务。2004 年广东省率先出台《就业服务体系"新三化"建设三年工作规划(2005—2007)》,就业服务体系开始规范化发展。"十五"期间,广东省、市、县、街道(乡镇)和社区统一的五级就业服务网络基本形成。以场地建设为基础,以网络建设为核心的劳动力市场逐步建立,劳动保障广域网覆盖率达100%,劳动力市场信息系统实现省市联网。根据党的十七大提出的公共服务均等化战略,《广东省基本公共服务均等化规划纲要(2009—2020年)》在2009年出台,对广东就业服务体系提出更高要求,广东的规划是要建立全省统一的公共就业服务制度和体系,实现区域间公共就业服务资源的均等化、城乡间公共就业服务体系的一体化和各类劳动者享受公共就业服务权利的公平化,致力于消除就业服务的不均等。2011年,广东90%的县(市、区)、80%的街道(乡镇)和75%的社区能够提供较为完备的基本公共就业服务功能。到2018年,建立健全全省统一的基本公共就业创业服务制度和覆盖城乡的公共就业创业服务体系。"十三五"期间,就业服务又增加创业就业新内容。广东设立创业引导基金,支持发展社会天使投资,鼓励创业投资机构加大对初创企业的融资支持力度,并计划依托公共就业服务机构,为创业者提供政策咨询、项目推介、开业指导、融资服务、补贴发放等"一站式"创业服务,加强孵化载体建设和创业导师队伍建设。

3. 职业技能培训的先行区

技能教育和培训是提升劳动者就业能力的重要途径。广东重视职业技能教育和培训。2003年,广东职业技能教育发展快速,实现了"八项全国第一",即技工学校年招生数、在校生总数、校均在校生数、毕业生就业率、技能鉴定人数、教学科研成果、全国性技能竞赛获奖名次和奖牌数目、高技能人才培养量全国第一。1998年,广东启动"智力扶贫工程";2006年,广东启动"广东省百万农村青年技能培训工程";2007年,广东启动"退役士兵职业技能培训工程"和"农民工技能提升培训计划",明确培育对象的就业培训计划显现了良好的就业培训效果。此外,广东还创造了专项就业培训与技工学校相结合的方式,即技工学校"智力扶贫工程"、技工学校"百万农村青年技能培训工程"和技工学校"退役士兵免费职业技能培训工程",实现了"三项全国首创",为广东经济社会的发展培养了大量有知识、有技能的劳动者。

（二）广东劳动关系调整方面的基本成就

1. 劳动关系协调机构的设置走在全国前列

1986年，国务院发布《国营企业实行劳动合同制暂行规定》等4个规定后，深圳、东莞率先恢复建立被撤销了31年的劳动争议仲裁委员会。1989年，广东省发布《广东省劳动争议仲裁委员会组织规则》《广东省劳动争议仲裁工作规则》《广东省劳动争议调解委员会工作规则》，对劳动争议仲裁机构的人员组成、调解和仲裁的工作流程进行了规定，并在全省推广，起到了先行恢复和实验运作的示范作用。1993年，劳动部先后颁布的《劳动争议委员会办案规则》《劳动争议委员会组织规则》，不少规范是在参考和吸收广东省的基础上形成的。此后，广东劳动争议仲裁机构的改革进一步推进。2010年10月，广东劳动争议仲裁委员会办公室设立，作为委员会的常设机构；同年11月，深圳设立全国首家劳动争议仲裁院，劳动争议仲裁机构进一步实体化、常规化。劳动监察制度也在不断发展。1988年，广东省颁布《广东省劳动安全卫生监察办法》，对劳动安全卫生监察员的选任作了规定，是率先制定劳动安全卫生监察办法的省份。

2. 劳动关系协调方式间的衔接走在国家前列

广东省以鼓励和解、强化调解、优化仲裁、衔接诉讼为主线，注重仲裁与诉讼、劳动监察等劳动关系处理方式间的衔接。早在2008年6月，广东省高级人民法院、广东省劳动争议仲裁委员会就联合发文《关于适用〈劳动争议调解仲裁法〉、〈劳动合同法〉若干问题的指导意见》，劳动争议“裁审统一标准”，领先全国。同时，广东省也注重加强劳动仲裁与劳动监察的衔接，努力实现劳动监察向主动预防、及时监察和重点整治转变。此后陆续颁布了3个地方意见。对于激增的劳动争议案件，广东省劳动争议处理机构表现出了较强的处理能力。“九五”期间，广东省受理劳动争议案件数量为13万件，结案率为98%；“十五”期间，仲裁案件处理结案率达95%，结案率常年高于全国平均水平。“十一五”期间，广东省共处理劳动人事争议案件116.4万宗，争议处理总量扩大将近十倍，劳动人事争议的行政管理部门、仲裁机构、司法工作人员为及时有效化解各种劳动人事争议作出了积极贡献。

3. 劳动争议类型化处理走在全国前列

我国现行的"一调一裁两审"劳动争议处理模式是对法律、劳动合同、集体合同明确规定的权利争议的处理,而对于未在法律强制性规定或双方约定中明确的利益争议,如劳动者要求涨工资、涨福利、改善工作环境条件等争议如何处理,并未给出具体的解决方案。广州市 2011 年 9 月出台的《广州市劳动关系三方协商规定》为利益争议的处理提供了较为具体的三方协商机制,为广东省乃至全国处理利益争议问题积累了初步经验。2014 年 9 月 28 日,广东省人大常委会修订了《广东省企业集体合同条例》,该条例详细规定了利益争议的处理机制,即争议方可先向调解机关申请调解,调解不成功,可向工会、企业代表方面组织、行政机关申请解决,或在有必要的情况下,由行政机关组织劳动关系三方协调机制解决,明确了利益争议的处理途径。同时,利益争议处理的配套机制一直在稳步推进。"十一五"期间,广东省、市、县三级协调劳动关系三方机制全面建立,全国首个省级行业劳动关系协调三方机制初步建立,街道(乡镇)、社区基层劳动关系协调组织逐步健全。"十二五"期间,广东率先出台构建和谐劳动关系的意见,劳动保障违法案件和群体性事件年均分别下降 5. 2%和 7. 9%,对平安广东的建设起到了重要作用。

(三)广东企业工资分配方面的基本成就

1. 广东率先进行企业工资分配改革

20 世纪 80 年代初期,广东在试行劳动合同制度的同时,已开始在中外合资、中外合作、独资企业和部分国营企业中,推行了浮动工资、职务工资和计件工资等工资形式。1980 年,深圳率先对新招职工一律实行劳动合同制和浮动工资制,打破了工资分配上的大锅饭、平均主义。"八五"期间,广东各级劳动部门积极引导企业根据自身特点采用不同的工资分配形式,调整工资收入结构,建立了正常的升级增资制度。在深圳市、佛山市等地选择有条件的企业进行了经营者年薪制试点。广东省率先进行的企业工资分配改革将决定工资的自主权交给了企业,市场机制成为决定企业工资水平的重要因素。

2. 广东率先建立最低工资制度

1988 年 8 月,广东省人大常委会通过《广东省经济特区劳动条例》,首次提出最低工资概念,并规定最低工资标准由特区所在市政府决定,用人单位发给职工的工资不得少于最低工资标准。这项制度为工资的市场决定机制设定了底线,有效避免了用人单位过分压低工人工资的情况。1994 年 8 月,广东省政府颁布《广东省企业职工最低工资规定》,要求各市实施最低工资制度。此后,广东省各市开始制定当地的最低工资标准。1994 年 11 月,深圳市人大常委会通过《深圳经济特区最低工资条例》,成为我国首部最低工资地方法规。1995 年广东省政府决定除深圳市、珠海市外,全省统一制订与颁布企业职工最低工资标准。1996 年珠海最低工资标准也开始由省统一制订。2003 年 12 月,国家《最低工资规定》出台,2004 年 3 月 1 日开始实施,吸收借鉴了广东省最低工资制度的立法经验。1996 年 10 月,深圳市人大常委会通过《深圳经济特区欠薪保障条例》,2008 年 4 月作了修订;该条例成为我国内地欠薪保障法律制度的示范性地方法规,对解决欠薪难题起到了重要作用。

3. 立法推进工资集体协商制度

最低工资制度只能解决劳动者工资的底线保障问题,并不能解决最低工资线以上的工资递增问题。现实中也出现了一些因企业长年不给劳动者涨工资引发的群体性事件。2000 年,劳动和社会保障部颁布《工资集体协商试行办法》,借此希望工资的决定过程能体现劳动者的意愿,但内容规定较为原则,操作性不强。广东在这方面做了不少努力。2010 年,广东省人力资源和社会保障厅通过《关于进一步推进企业工资集体协商工作的指导意见》,并制定《广东省企业工资集体协商指引》,帮助企业进行工资集体协商。2011 年,广东南海本田汽车公司的工资集体争议及协商的事件,为推动广东省的工资集体协商相关地方立法改革提供了经验。2014 年修订的《广东省企业集体合同条例》细化了工资集体协商制度,它规定只要经半数以上职工或者半数以上职工代表大会代表提议协商,企业应当协商,不协商的,职工方可向基层人民调解组织或者具有劳动争议调解职能的组织申请调解及选择其他解决途径。通过制度上的创新,该条例希望工资集体协商制度可申诉、可调解、可处理。

(四)广东社会保障方面的基本成就

改革开放以来,广东社会保障工作取得巨大成就。广东的用人单位和劳动者积极贯彻国家社会保险法律制度,积极缴费参加各种社会保险。养老、医疗保险基本实现广覆盖,五大险种参保总人数和基金累计结余居全国第一位,底线民生保障水平同比逐年增长,208 万相对贫困人口实现脱贫,2020 年前将实现全面解决绝对贫困人口脱贫的目标。

1. 广东省社会保险工作基本成就

(1)新型社会保险制度确立时期:广东省成为社会保险制度改革的先行地

新中国成立以后,我国依据《中华人民共和国劳动保险条例》建立了由国家和企业负担的社会保险制度,实际是由企业负担、国家兜底的劳动保险制度。1969 年国家改由企业按国家规定各自支付保险待遇,社会保险实际上成了"企业保险"。改革开放后,深圳率先实行劳动合同制职工社会保险改革。1983 年 11 月,深圳市政府颁布《深圳市实行劳动保险暂行规定》,对全市所有合同制职工以及在三资企业工作的全民固定工实行社会养老保险制度。同年,广东省开始了以企业职工养老保险为重点的各项社会保险制度的改革,特别是广东省 1983 年试行的劳动合同制和社会保险制度;1984 年实行的固定职工退休费用社会统筹制度;1990 年实行的固定职工个人缴纳养老保险费制度使企业保险变为社会保险,保费由企业单方负担变为职工共同负担,并且这些制度逐渐被国家制度所吸纳。1993 年,广东省政府颁布《广东省职工社会养老保险暂行规定》,进一步将养老保险基金划分为个人账户和统筹账户,实现养老待遇与个人缴费挂钩,避免过去两者不关联、吃大锅饭的弊端,并且不分企业所有制性质对养老保险基金实行一体化管理。1995 年,《国务院关于深化企业职工基本养老保险制度改革的通知》肯定了广东省养老保险模式,并在全国范围内推广。广东工伤保险改革成绩也较为突出。1992 年颁布的《广东省企业职工社会工伤保险暂行条例》被劳动部办公厅作为各地建立工伤保险制度的参考样本向全国转发,为我国新型社会保险制度的建立提供了宝贵经验。广东省成为我国社会保险制度的改革先行地、法治试验田。

(2)社会保险制度完善时期:广东省锐意创新,社保覆盖面和保障水平逐年提升

在社会保险制度不断完善的过程中,广东省依然锐意创新,在法律允许的

范围内不断改革前进。2008 年 12 月，广东省政府出台《广东省基本养老保险关系省内转移接续暂行办法》，通过“待遇分段计算、发放责任共担”的办法，在全国率先基本实现了省内养老保险关系的转移和接续。2009 年 12 月，国务院转发人力资源和社会保障部、财政部制定的《城镇企业职工基本养老保险关系转移接续暂行办法》，全国才开始执行养老保险关系的转移接续工作。“十二五”期间，广东率先实现新农保与城镇居民养老保险、新农合与城镇居民医疗保险并轨，统筹城乡的社会保险制度体系基本确立。同时，广东首创职工养老保险基金委托投资运营，在确保基金安全的同时，提高养老保险基金的收益率。

随着社会保险制度的逐渐完善，经过广东各级政府的勤政履责、用人单位和职工的共同努力和遵法参与，广东省的社会保险工作取得了飞速的发展，社会保险覆盖面不断扩大，参保总人数处于全国前列。“十五”期间，广东省基本养老保险、失业保险、基本医疗保险、工伤保险参保总人数居全国首位。“十二五”期间，广东省五大险种参保总人次、基金总累计结余分别是 24823 万人和 9601.2 亿元。企业退休人员基本养老金年均增长 11%，城乡居民保险基础养老金标准实现“三连增”，职工、居民医疗保险政策范围内住院费用报销比例分别比“十一五”末期提高 7 个和 14 个百分点，工伤伤残津贴、失业保险金年均增长 10%和 11%。

2. 广东社会救助基本成就

(1)城乡救助体系基本建立

“十五”期间，广东全省 121 个县(市、区)全部建立了城乡居(村)民最低生活保障制度，并实现由金融机构发放低保金，避免了经管机构及其人员的贪污、挪用、截留或卡要，实现了低保金发放管理的社会化。救灾工作建立分级管理、救灾经费分级负担的运行机制。“十一五”期间，广东省城乡救助体系进一步完善，初步建立起以城乡低保制度为基础，以农村五保供养制度、灾害紧急救济制度、医疗救助、流浪乞讨人员救助为主要内容，以住房救助、教育救助、司法援助制度相配套，以临时救助制度为补充的城乡社会救助体系。农村家庭年人均收入低于 1500 元的困难人员被逐步纳入低保；农村五保户集中供养率为 15%；救灾物资储备网络初步建立，建成 4 个省级区域性救灾物资储备仓库；救助管理进一步规范，累计救助城市流浪乞讨人员 11.7 万人次。城乡医疗救助制度建设稳步推进，住房、教育、司法等配套专项救助逐步开展，广东实施多类专项救助活动，如“大爱救心”“福彩爱心助学子”“爱心助行惠万家”，分别对救助群体中的先天性心脏病患者实施手术救助、对生活困难学生上大学进行资助、对特困肢体伤残人员免费安装假肢等。

（2）社会救助水平大幅提高

从2012年起，广东省已连续4年将以社会救助为重点的底线民生工作纳入省“十件民生实事”，全省社会救助水平大幅提升。“十二五”期间，广东省城乡低保标准月人均达到510元（城镇）、400元（农村），在全国排名从第29名、第22名均提高到第6名；农村五保集中、分散供养标准年人均分别为8400元、6500元，在全国排名分别从第14名提高到第5名；年均每人次住院医疗救助1708元，比2010年提高266%，在全国排名从第29名提高到第13名，取得了明显进步。2010年，广东设立“广东扶贫济困日”，确定以后每年6月30日为扶贫济困日，“十二五”期间累计认捐款项164亿元。2017年广东省各地累计投入扶贫资金135亿元，扶贫小额贷款总额达7.46亿元，实施帮扶到户产业项目41.57万个，有劳动能力人口相对贫困人口年人均可支配收入达8093元，符合政策的无劳动能力相对贫困人口全部纳入政策兜底保障，约60万相对贫困人口有望实现预期脱贫。

二、改革开放以来广东社会建设与社会立法的共进历程

（一）广东省社会改革发展的始端是广东社会立法先行尝试的历史

1979年7月，中央同意在广东省的深圳、珠海、汕头三市和福建省的厦门市试办出口特区，拉开了广东改革开放的序幕。1980年5月，中央决定将这四个出口特区改称为经济特区；同年《广东省经济特区条例》迅速制定，以立法的形式明确特区企业雇用的中国劳动者与企业签订劳动合同，按企业的经营要求进行管理，必要时可以解雇。这个条例在特区企业内率先适用低税率

和劳动合同制度,适应了外来企业对灵活多样和市场化用工的需要,吸引了外资。

特区经济的发展需要制定新的法规和制度,为满足经济特区大量立法的需要,1981 年 11 月 26 日,全国人大常委会通过《关于授权广东省、福建省人民代表大会及其常务委员会制定所属经济特区的各项单行经济法规的决议》,授予广东省根据本省经济特区的实际需要制定经济特区单行经济法规的立法权力,广东省成为经济体制改革的"立法试验田"。1989 年 4 月,全国人大决定授权深圳市制定深圳经济特区法规和规章,由依法产生的深圳市人民代表大会及其常务委员会行使特区立法权。随着深圳市人民代表大会和常务委员会组建成立,1992 年 7 月,全国人民代表大会常务委员会通过《关于授权深圳市人民代表大会及其常务委员会和深圳市人民政府分别制定法规和规章在深圳经济特区实施的决定》,深圳获得了经济特区授权立法权。1996 年,汕头市和珠海市的人大及常委会、人民政府也获得制定法规和规章权。广东省和深圳等经济特区获得授权立法权为立法先行先试提供了基础。

1982 年 1 月,广东省人大常委会通过的《广东省经济特区企业劳动工资管理暂行规定》开始实施,该规定赋予特区企业自主决定职工工资的权利,剩余的劳务服务费用来支付职工福利和劳动保险。1985 年 1 月 1 日,《广东省全民所有制单位退休基金统筹试行办法》开始实施。广东省开始先在县(市)的全民所有制企业和事业单位实行退休基金的社会统筹,避免原单位支付退休金产生的负担畸轻畸重的问题。1985 年 3 月 2 日,广东省人民政府批转省劳动局《关于改革劳动工资管理体制的意见》,决定首先在新招职工中推行劳动合同制,从而打破了企业用工制度上的终身雇员制。1985 年 5 月,《广东省经济特区企业工会规定》通过并实施,该规定还特别规定了特区企业工会具有法人资格,工会主席为法人代表,为特区企业工会保障职工的权利提供了有力保障。1986 年,广东省依据《国务院关于发布改革劳动制度四个规定的通知》(国发〔1986〕77 号)制定了《广东省国营企业实行劳动合同制实施细则》《广东省国营企业招用工人实施细则》《广东省国营企业辞退违纪职工实施细则》和《广东省国营企业职工待业保险实施细则》,决定在广东本省及中央、部队、外省驻粤的国营企业实行劳动制度改革,改革内容包括人员的"进"和

“出”两个方面：一是国营企业招工实行社会招聘，择优录取，签订劳动合同，废止“子女顶替”“内招”制度；二是国营企业可以辞退违纪职工，被辞退职工可根据工龄享受待业救济金，救济金由单位缴费，市级统筹。此时的劳动制度改革实质取消了国营企业内部用工的终身制，用工机制逐渐灵活。但由于城乡二元化的历史原因，国营企业雇用农村劳动者依然受到限制，需由行政部门审批。

1988 年，广东省先后颁布《广东省劳动安全卫生条例》《广东省国营企业劳动争议处理实施细则》《广东省劳务市场管理规定》《广东省经济特区劳动条例》《广东省劳动安全卫生监察办法》，地方劳动法律体系逐渐建立。《广东省国营企业劳动争议处理实施细则》对劳动仲裁委员会的设置进行了规定。《广东省劳务市场管理规定》对招用农村劳动者的限制有所松动，用人单位可按照先城镇后农村的顺序招用农村劳动者；劳务介绍机构的开办主体更多样性，除政府外，企事业单位、社会团体和私人都可开办，劳务市场开始建立。《广东省经济特区劳动条例》对劳动合同的各项内容作了集体规定，为后来国家《劳动法》的出台打下了基础。1989 年，《广东省女职工劳动保护实施办法》《广东省劳动争议仲裁工作规则》《广东省劳动争议调解委员会工作规则》《广东省劳动争议仲裁委员会组织规则》《广东省社会劳务介绍机构管理办法》《广东省社会劳务介绍机构管理办法》等陆续颁布，地方法律体系内容更加丰富。1992 年，《广东省企业职工社会工伤保险规定》颁布，对保险范围、保险待遇、保险基金、争议解决进行了系统规定，对工伤保险立法起到示范作用。随后，《广东省职工社会养老保险暂行规定》《广东省企业职工劳动权益保障规定》《广东省实施〈中华人民共和国工会法〉办法》《广东省实施〈中华人民共和国矿山安全法〉办法》《广东省企业劳动争议处理实施办法》《广东省企业集体合同条例》《广东省劳动监察条例》颁布，广东省地方劳动立法体系内容越来越丰富。在《劳动法》颁布实施、劳动合同制度在全国范围内实施之前，广东劳动关系地方立法框架已基本完备，形成地方法规体系，很多法规先于国家立法而立，体现了立法先行探索的特点。

经济特区的立法发展也体现了立法先行先试的特点。截至 2017 年，在深圳累计制定的 220 项法规中，先行先试类 105 项，占比将近一半。而在 105 项先行先试类法规中，有41项早于国家法律、行政法规出台，有64项是国家尚无法律、行政法规规定的，填补了国家立法空白。经济特区的先行先试立法为国家法治建设提供了实验样本。

（二）广东省社会改革发展的进程是广东社会立法保障创新的历史

广东省四十年的改革开放和经济社会发展的进程，是改革实践先行先试和立法保障共同促进的结果。没有经济体制改革，就没有办法引进外资，吸引人才、激发经济活力；没有社会立法就无法保障公民的安全感、获得感、满足感，人们就无法安居乐业，社会就无法稳定有序。

我国改革不断深入发展，如何处理好各种利益关系和矛盾是社会立法面临的问题。2005年，广东省人民政府出台的《广东省集体建设用地使用权流转管理办法》。为进一步保障被征地农民的利益，广东省在珠江三角洲部分地区开展了以被征地农民为重点的农村社会养老保险试点工作。2009年，广东首创被征地农民养老保障前置审核和担保机制：对于国家和省社保政策出台后征地的新项目，在报批前必须落实“三要件”，即被征地农民养老保障制度、被征地农民养老保障资金预存制度、社会保险听证公示程序；对于国家和省社保政策出台前征地的旧项目，已全额支付兑现征地补偿款且征地群众无异议的，可经项目单位与当地政府就被征地农民社保问题达成协议后，由当地政府出具被征地农民养老保障承诺书，劳动保障部门据此出具审核意见后办理有关手续。社会改革中的创新通过地方性法规和行政规章的形式得到保障。

广东常住人口全国居首，外来人口数量庞大，流动人口管理处于不断摸索创新之中，地方立法也同时不断跟进。1984年，深圳率先开始对流动人口实行暂住证制度。1998年，广东颁布《广东省流动人员管理条例》，对全省流动人口暂住证制度进行了统一规定。2003年，《行政许可法》颁布后，暂住证制度受到质疑，最终取消。2006年，深圳在流动人口管理上再度创新，居住证在深圳问世。深圳围绕“市民待遇”“信息化管理”“惠民措施”三大主题不断丰富居住证内涵，将居住证与子女义务教育、积分入户、安居房等内容挂钩，居住证管理内容之丰富为国内首创，为全省流动人口管理制度改革积累了宝贵经验。2009 年，广东省人大修订了《广东省流动人口服务管理条例》，将深圳居住证管理的成功经验予以吸收，以立法形式保障流动人口管理的制度创新。2016 年 1 月 1 日，《居住证暂行条例》开始施行，县级以上人民政府为居住证持有人提供基本公共服务、便利的机制建立。2017 年，《广东省流动人口服务管理条例》再次修改，以适应流动人口管理的新需要，体现了与时俱进的改革精神和适时修法的科学做法。

（三）广东省社会改革发展的历程是广东立法体制不断完善的历史

改革开放以来，广东省的社会发展取得巨大成就。广东社会改革开放的四十年，也是广东地方立法体制不断完善的四十年。改革开放初期，广东省作为改革开放的前沿阵地，遇到许多新情况、新问题。1979 年 9 月，党中央、国务院在批转广东省委的报告中指出："尽快制定一些必要的经济法令、条例和规章制度。除应由中央统一制定颁布的以外，属于地方职权范围内的，广东要抓紧制定并颁布实行。"在此批示下，具有广东特色的部分社会立法相继出台，如《广东省经济特区企业劳动工资管理暂行规定》《广东省经济特区企业工会规定》《广东省保护妇女儿童合法权益的若干规定》《广东省劳动安全卫生条例》《广东省经济特区劳动条例》《广东省青少年保护条例》《广东省维护老年人合法权益条例》等。这时的社会立法一是为适应企业经济体制改革而对用工体制进行的配套性改革立法，二是结合本地实际，对公民权利、社会保障权利进行保护的地方性规定，体现了广东敢为天下先的立法特质。与此同时，立法机构开始注意到立法的规范化、民主化和科学化等问题，颁布了一系列规范地方法规制定程序的规定。同时，社会领域的立法同步不断修订完善，《广东省职业介绍管理条例》2012 年修订，《广东省失业保险条例》2013 年修订，《广东省社会保险基金监督条例》2016 年修订，《广东省工资支付条例》2016 年修订，《广东省老年人权益保障条例》2017 年修订，《广东省防震减灾条例》2017 年修订，《广东省安全生产条例》2017 年修订，广东社会立法与社会发展、立法进步协同前进。

三、广东社会法治发展趋势与展望

以史为鉴,继往开来。在改革开放四十年之际,我们在回顾成就,查找不足的基础上,应将社会法的立法、执法、司法和研究等各项工作推向深入发展阶段。应新时代的伟大实践需要,在互联网的信息技术时代,广东要实现“四个走在全国前列”,必须在深化改革广东社会立法在内的地方民主法治建设和社会经济发展上下苦功夫、真功夫,探索经济社会和民主法治建设发展趋势,才能贯彻好党中央的伟大决策,才能把握新时代发展的规律和时机,在新起点上奋力开创广东社会建设新局面。

(一)继续推进民生社会保障地方立法、行政和司法工作

在继续推进民生社会保障地方立法、行政和司法工作过程中,要学会运用辩证法,抓住社会的主要矛盾和矛盾的主要方面,不要“眉毛胡子一把抓”。重点要处理好营造共建共治共享的社会治理格局中共建、共治和共享三者的辩证关系。共建,要在包括社会立法在内的法治体系、制度和机制建设方面下真功夫,完善体制、机制建设;共治,要发动人民群众参与到社会治理中,使人民群众把社会治理、经济发展、环境保护和民主法治建设“内化于心、外化为行”;共享,是以人民为中心的发展思想落脚点,是实现人民福祉的目的,要落实广东户籍跨地级市非本市户籍的常住人口、非广东户籍的常住人口纳入民生社会保障、医疗、教育、公共服务的各项措施,为国家层面按照常住地人口转移财政支付提供决策经验,使得人民群众切身享受到我国、广东社会经济发展的文明成果,切实落实对残障、贫困人口的关怀、关注和各项保障措施。

切实深入推进平安广东、法治广东建设,加强和创新社会治理。例如,在结婚登记、申请准生证、租赁房屋登记、常住信息登记、申请车辆年检等方面推行更方便人民群众的免费备案方式,在指定的政府网站上传提交备案等相关资料、打印备份单据等新的管理方式,避免人民群众往返办理相关证明所花费的钱财和时间。再如,研究升级改造视频监控系统,把现有的事后被动排查监控系统,提升为人机互动、实时按钮报警对话监控系统。合法、有效地运用好

大数据，把过去人为空间区隔的社会治理转化为智能化、数据化的联防联控，切实把广东省打造成全国最安全稳定、最公平公正、法治环境最好的地区之一。

（二）优化社会服务体系，提升民生社会福利事业质效

着力优化社会服务体系，提升民生社会福利事业质效。要以落实党和国家机构改革任务为牵引，加大力度推进重点领域关键环节改革，着力破除制约高质量发展的体制机制障碍，全面提升社会民生服务体系和各项配套措施。在共享发展观指引下，应当通过法治方式、落实财政负担适度比例等方式，公平、实质地降低学前幼儿、高中生、大学生上学费用负担和提升城乡居民医保等待遇水平，改变广东省在社会保险各项目待遇水平偏低，学前、高中和大学入读率偏低及费用负担偏重等方面的民生社会保障问题。

把各种信息平台变为有效共享、不仅是管理而且是服务人民群众的平台，有效促进营商、创业、安居的环境优化，使得广东能够吸引更多的科技、教育、医疗和文化等领域优秀人才创业安居，并且留住优秀人才和有效资金，从而实现在构建推动经济高质量科学发展和社会和谐健康发展的体制机制上能够走在全国前列。

（三）加强广东社会法基础理论研究，助力地方依法治理的绩效提升

2011 年 3 月，十一届全国人大四次会议指出，中国特色社会主义法律体系已经形成，社会法是中国特色社会主义法律体系中必不可少的部分。但“究竟什么是社会法？社会法的性质特征、功能定位、价值原则、法律机制等与其他法律有何不同？理论界至今没有作出回答，也未能在一些基本理论问题上达成一致或共识”。⑤“中国社会法的实践已经走在了社会法理论研究的前面”，⑥而我国社会法理论研究还比较薄弱，广东也同样存在社会法基础理论研究薄弱的问题，特别是广东的社会法研究队伍相对薄弱，需要有关部门予以扶持。

广东作为我国改革开放的前沿阵地，在社会立法初期是“摸着石头过

河”，缺乏基础理论的支撑，更多考虑的是社会法的社会基本保护功能，但随着社会经济的发展，我们既要关注到社会法的社会保护功能，又要关注到它的社会促进功能。为了经济发展而放弃社会公平、漠视社会公共服务与民生福利，或是为了社会福利而抑制、阻碍经济发展都是不足取的态度。党的十八届五中全会提出必须牢固树立创新、协调、绿色、开放、共享的发展理念，指出坚持创新发展、协调发展、绿色发展、开放发展、共享发展是关系我国发展全局的一场深刻变革。在社会法理论和立法上也要遵循新的发展理念，不能局限于偏重维稳而不维法和低水平民生保障的旧观念，要扩展社会立法的深度和广度，要切实提升广东省居民在医疗、教育、养老、住房、公共服务场所及设施等社会保障待遇方面的数量和质量。

（四）运用好信息技术和地方权限，优化区域内社会法案件裁审质量

继续按科学、民主、依法原则推进地方立法，运用大数据，坚持专家和公众参与立法，优化社会立法，构建新时代具有广东地方特色的有效治理地方事务的法规规章体系，使广东省成为检验我国改革开放、经济社会发展和民主法治建设成就的重要实践阵地，成为国际社会观察我国改革开放、经济社会发展和民主法治建设的重要窗口。这对增强外界信心与理解，保持广东省继续扩大对外开放，推进“一带一路”向助益于我国实现“五位一体”总体部署方向的高质量建设，抓住粤港澳大湾区建设的重大历史机遇，加快发展更高层次开放型经济，具有重要价值。

鉴于我国劳动和社会保障法律、法规在适用中仍然存在一些不清晰、不协调的规范，在劳动争议处理中存在需要通过地方仲裁与司法机关的依法协调，使司法裁决与仲裁衔接顺畅、裁审一致。地方法院的解答、会谈纪要等文件虽然不具有法律效力，但对指导本区域案件的统一裁审、法律适用有重要价值。例如，2012年、2017年、2018年广东省高级人民法院颁布的指导意见、纪要和规定，获得了较好的社会评价。在继续坚持合法、合理运用地方立法、行政和司法权限的同时，运用好大数据统计分析结果，针对社会亟须的热点、难点问题进行立法、司法解答，优化行使地方权限的程序，使这些地方社会法规、规章

解答更科学、合法、民主和有效。

【注释】

①辛继召:《流动之手:即将开始的人口“战争”》,载《21 世纪经济报道》2015 年 4 月 13 日。

②根据中华人民共和国人力资源和社会保障部及广东省人力资源和社会保障厅制定的“十一五”“十二五”“十三五”规划比较得出。

③《深圳企业新招职工普遍实行合同制》,载《劳动工作》1983 年第 5 期。

④陈斯毅:《广东劳动制度发生历史性变革》,载《劳动内参》1996 年第 7 期。

⑤余少祥:《社会法“法域”定位的偏失与理性回归》,载《政法论坛》2015 年第 6 期。

⑥郑尚元:《社会法的定位和未来》,载《中国法学》2003 年第 5 期。

家事法治与改革

游 植 龙*

1978 年 12 月,党的十一届三中全会召开,揭开了我国改革开放的伟大历史之幕。中国改革开放四十年(1978—2018),在经济建设、政治建设、文明建设等方面都取得了巨大的成就。广东处在中国改革开放前沿,各方面也取得了巨大发展。以广东家事法治建设四十年(1978—2018)作为分析样本,以点带面可以窥见广东改革开放发展历程所取得的伟大成就。

一、广东家事法治建设四十年回顾与成就

家事无小事,家事即国事,家事和我们每个人的生活休戚相关,关系着家庭的稳定、社会的稳定、国家的稳定。家事解决得好,利于社会,利于国家。广东处在中国改革开放前沿,一些家事权益问题较早出现。面对改革开放出现的新问题、新特点,广东省各级人大及司法机关非常重视家事问题的立法和司法保护,在推进经济发展和社会建设中,统筹推进婚姻家庭权益、妇女权益、老年人权益、未成年人权益等保护工作,积极消除侵害妇女、儿童、老年人权益的现象,建立了较为完备的家事建设与保护的法律法规体系,并首创了多项法治保护理念和措施,取得了瞩目的成就。

据统计,自 1978 年至 2018 年期间,广东省出台的涉及家事立法(条例、规定、办法),有《广东省计划生育条例》(1980 年,后修改为《广东省人口与计划

* 广东省法学会婚姻法学研究会秘书长,广东省律师协会婚姻家庭法律专业委员会主任。

生育条例》);妇女权益保护方面,有《广东省保护妇女儿童合法权益的若干规定》(1985 年)、《广东省实施〈中华人民共和国妇女权益保障法〉规定》(1994 年)、《广东省母婴保健管理条例》(1998 年),《广东省实施〈中华人民共和国妇女权益保障法〉办法》(2007 年);老年人权益保护方面,有《广东省维护老年人合法权益条例》(1991 年)、《广东省老年人权益保障条例》(2005 年);未成年人保护方面,有《广东省青少年保护条例》(1989 年)、《广东省未成年人保护条例》(2008 年)。各地市级人大先后出台了多部与家事相关的地方立法,比较突出的有:《广州市妇女权益保障规定》(2009 年)、《珠海市妇女权益保障条例》(2010 年)、《深圳经济特区性别平等促进条例》(2012 年)等地方性法规。

在司法层面,适应时代发展和改革开放需要,广东省司法机关先后出台了《广东省高级人民法院关于人民法院审理离婚案件处理房改购买房、公房使用、承租若干问题的意见(试行)》(1996 年)、《关于处理婚姻关系中违法犯罪行为及财产问题的意见》(2000 年)、《广东省高级人民法院关于审理婚姻案件若干问题的指导意见》(2001 年)、《广东省高级人民法院关于审理婚姻纠纷案件若干问题的指导意见》(2006 年)、《广东省高级人民法院家事审判合议庭操作指引》(2010 年)、《广东省人身安全保护裁定适用指引》(2010 年制定、2013 年修订)、《广东法院家事审判工作规程(试行)》(2013 年)、《广东省公安机关反家庭暴力告诫书制度工作指引》(2016 年)、《广东法院审理离婚案件程序指引》(2018 年)等。

改革开放四十年来,广东家事法治取得的成就令人瞩目,具体体现在以下几点。

(一)多项创新规定为国家立法所吸纳

1. 离婚损害赔偿

作为改革开放的前沿,二十世纪九十年代初的广东,社会上重婚、“包二奶”、婚外情现象比较突出,为此,《关于处理婚姻关系中违法犯罪行为及财产问题的意见》,就重婚、包养暗娼、家庭暴力行为的惩处、非法婚姻行为造成的离婚案件的财产处理及子女抚养等作出规定,其中第十四条规定:“离婚时,无过错方无经济收入或有其他生活困难而双方就经济帮助达不成协议的，由人民法院依照《婚姻法》第三十三条的规定判决有过错方给予适当的经济帮助。因有过错方的行为给无过错方造成身体伤害、财产损失和严重精神伤害的，有过错方应给予一定的经济赔偿。”首次创新性规定了离婚时重婚、包养暗娼、家庭暴力等有过错方应给予无过错方精神赔偿。

2001 年我国《婚姻法》修订时，就听取、考虑并吸收了广东省的意见、经验和规定，专门规定了离婚损害赔偿的内容，增加了第四十六条：“有下列情形之一，导致离婚的，无过错方有权请求损害赔偿：重婚的；有配偶者与他人同居的；实施家庭暴力的；虐待、遗弃家庭成员的。”

2000 年 10 月 23 日第九届全国人大常委会法制工作委员会作关于《中华人民共和国婚姻法修正案（草案）》的说明，指出：全国人大常委会法制工作委员会根据九届全国人大常委会的立法规划，在部分全国人大代表提出修改婚姻法议案和全国妇联等有关部门以及法律专家研究提出婚姻法修改建议的基础上，听取了妇联、人民法院、民政、卫生等部门和一些法律专家、人民群众对修改婚姻法的意见，在北京、上海、广东、新疆等地了解情况，并研究有关婚姻家庭的国内外规定，于今年 8 月提出了婚姻法修正案（征求意见稿），经征求中央有关部门和部分地方、法律专家的意见，进一步研究修改后，现提出婚姻法修正案（草案）。考虑到因一方重婚、虐待、遗弃等原因导致离婚，应当确立离婚的过错方赔偿原则，总结审判实践经验，草案增加规定“因一方重婚、实施家庭暴力，或以其他行为虐待家庭成员，或遗弃家庭成员而导致离婚的，无过失方有权请求损害赔偿”等。

2000 年 12 月 22 日召开的第九届全国人民代表大会常务委员会第十九次会议讨论了《中华人民共和国婚姻法修正案（草案）》。会议指出：法律委员会和法制工作委员会在北京、广东等地多次召开座谈会和论证会，较为一致的意见是，违反一夫一妻制的行为情况比较复杂，应当通过法律、党纪、政纪、道德、教育等多种手段、多种渠道予以遏制。对属于重婚的，应当依法追究刑事责任，对因重婚和虽然不以夫妻名义但形成婚外同居关系导致离婚的，应当加重其承担民事赔偿的责任。因此，法律委员会建议在草案的基础上扩大离婚损害赔偿的范围增加规定，“即使不以夫妻名义但形成婚外同居关系”导致离婚的，无过失方有权请求损害赔偿。

2. 离婚后重新分割夫妻财产

在上述《关于处理婚姻关系中违法犯罪行为及财产问题的意见》第十六条“离婚后，无过错方依法分得的夫妻共同财产和经济帮助费用、子女抚养费等存在执行困难时，经其申请，人民法院应当优先执行；无过错方如果发现过错方仍有尚未分割的原夫妻共同财产而向人民法院起诉的，人民法院应当立案受理”中，涉及的离婚后夫妻之间对于尚未分割的夫妻共同财产可以请求分割的规定，也为最高人民法院所重视和吸收，在广东省2000年上述规定的11年后，最高人民法院于2011年8月公布的《最高人民法院关于适用〈中华人民共和国婚姻法〉若干问题的解释（三）》第十八条明确规定：“离婚后，一方以尚有夫妻共同财产未处理为由向人民法院起诉请求分割的，经审查该财产确属离婚时未涉及的夫妻共同财产，人民法院应当依法予以分割。”

3. 精神暴力

2007年修改实施的《广东省实施〈中华人民共和国妇女权益保障法〉办法》第三十三条规定：“禁止以殴打、捆绑、残害、强行限制人身自由或者其他伤害身体和精神的手段，对妇女实施家庭暴力。”将采用“精神手段”伤害妇女的情形纳入家庭暴力的范围，首次明确了家庭暴力的实施手段不仅包括身体暴力，也包括精神暴力，反映出立法的人性化和进步，有利于扩大对妇女的保护范围，对于反家庭暴力有着非常进步的意义。2016年3月实施的《中华人民共和国反家庭暴力法》第二条明确规定：“本法所称家庭暴力，是指家庭成员之间以殴打、捆绑、残害、限制人身自由以及经常性谩骂、恐吓等方式实施的身体、精神等侵害行为。”吸纳了广东省的立法经验，将“谩骂、恐吓”等精神侵害行为正式纳入家庭暴力范畴，明确了家庭暴力不仅再局限于肢体暴力，精神暴力也属于家庭暴力，有力地保护了家庭精神暴力受害者，有着非常进步的意义。

（二）多项全国首创创新规定

1. 夫妻财产知情权

夫妻财产知情权是指在婚姻存续期间，夫妻有权了解配偶的财产状况和经营状况，建立夫妻财产知情权制度能够保障夫妻双方既有的合法权益的实现。2009 年 12 月广州市人大常委会通过、2010 年 3 月广东省人大常委会批准实施的广州市地方法规《广州市妇女权益保障规定》第二十三条规定："夫妻一方持身份证、户口本和结婚证等证明夫妻关系的有效证件，可以向工商行政管理部门、房地产行政管理部门、车辆管理部门等机构申请查询另一方的财产状况，有关行政管理部门或者单位应当受理，并且为其出具相应的书面材料。"首次在我国地方立法中创立了夫妻财产知情权制度，赋予夫妻有权互查对方财产情况，可以及时发现隐瞒、转移夫妻共同财产行为，保护配偶的合法知情权，让侵权方受到应有的惩罚。其后，2010 年 7 月通过的《珠海市妇女权益保障条例》第二十四条也规定："夫妻一方有权持本人身份证和结婚证或者其他证明夫妻关系的有效证件，向工商行政管理部门、房地产、车辆等登记机构查询另一方的财产状况，有关部门应当给予查询。"

2. 性别平等促进条例

深圳市人大常委会于 2012 年 6 月 29 日审议通过《深圳经济特区性别平等促进条例》，这是中国内地首部保障性别平等的地方法规。该条例在用工、家庭暴力、性骚扰等方面保护女性权益，促进性别平等方面作出了明确规定。该条例旗帜鲜明地提出反对性别歧视，不仅反对直接的性别歧视，还反对间接的性别歧视，同时提出创设专门的性别平等机构，定期监测、评估全市性别平等工作情况，并发布监测、评估报告。

3. 市人大代表候选人妇女比例占 30%以上

我国 2005 年修订的《妇女权益保障法》规定全国人民代表大会和地方各级人民代表大会的代表中，应当有适当数量的妇女代表，国家采取措施逐步提高全国人民代表大会和地方各级人民代表大会的妇女代表的比例。居民委员会、村民委员会成员中，妇女应当有适当的名额。但"适当数量"的妇女代表、"逐步提高"比例，此种对于妇女代表的数量和比例规定较为模糊，难于落实执行。为了充分落实保障妇女参与政治事务的权利，2010 年 7 月通过的《珠海市妇女权益保障条例》对市人大代表候选人妇女比例作出明确规定，该条例第十条规定："各级人民代表大会的代表中，应当有适当数量的妇女代表。市人民代表大会的代表候选人中妇女的比例应当占百分之三十以上。"

4. 反家暴"远离令""迁出令"

2012年2月初,某妇女向珠海市香洲区人民法院提起离婚诉讼,称从结婚当天就开始遭受其丈夫家庭暴力,并申请人身安全保护裁定。2月9日,珠海市香洲区人民法院作出裁定:禁止被申请人殴打、威胁、骚扰、跟踪申请人及亲友,并禁止其在距离申请人父母现居住小区100米范围内活动。这是该院发出的首份命令被申请人远离特定场所一定距离的"远离令",也是我国内地首份反家暴"远离令"。"远离令"发出后,被申请人在裁定生效期间没有进入限制范围内活动,也不敢靠近申请人。

2014年4月,珠海市香洲区人民法院就一女子因遭受家暴而起诉离婚案作出判决,认定作为丈夫的被告殴打原告造成其身体伤害及精神上的恐惧,构成家庭暴力,准予双方离婚。法院同时发出人身安全保护裁定,除禁止被申请人殴打、威胁、骚扰、跟踪、接触申请人外,还责令被申请人于裁定生效之日起15日内从申请人所有的房屋内迁出。这是珠海市香洲区人民法院发出的首份责令被申请人迁出固定居所的"迁出令",也是全国第一份反家暴"迁出令"。

2012年8月,修订的《民事诉讼法》吸收了包括广东省法院在内的全国各试点法院反家暴案件的实践经验,使人身安全保护裁定的法律依据更加充分,在新修改的《民事诉讼法》第一百条对行为保全作了明确规定:"人民法院对于可能因当事人一方的行为或者其他原因,使判决难以执行或者造成当事人其他损害的案件,根据对方当事人的申请,可以裁定对其财产进行保全、责令其作出一定行为或者禁止其作出一定行为;当事人没有提出申请的,人民法院在必要时也可以裁定采取保全措施。"同时,广东法院在实践中探索总结出的人身安全保护裁定单独立案、以受害人需求为中心的多种保护事项、受害人信息保密、人身安全保护裁定的快审快结及复议、撤销、延长程序、涉家暴儿童权益保护机制、与妇联、公安的联动机制等被2016年3月实施的《中华人民共和国反家庭暴力法》直接吸收,该法直接规定了人身安全保护裁定的制度。

上述广东家事法治的种种创新,不一而足,例如2008年修订的《广东省未成年人保护条例》首创将心理健康纳入到未成年人保护范围,规定学校"卫生间人均实际使用厕位数量应当多于男卫生间厕位数量"等。

（三）广东家事法治成就效用

广东省立法、司法机关对于家事问题一系列的法治创新手段和措施，有效地遏制了重婚、包养暗娼等违法犯罪势头，维护了婚姻家庭中弱者的权益，倡导了良好的社会风尚，制止了家庭暴力，维护了家庭和谐和社会稳定，深受社会各界好评。

1. 有效地遏制了重婚、包养暗娼等违法犯罪现象，倡导了良好的社会风尚，维护了家庭和社会稳定

广东省司法机关联合发布的《关于处理婚姻关系中违法犯罪行为及财产问题的意见》，规定了公安机关、检察院、法院等部门对于重婚犯罪行为予以打击、相互配合的措施，规定了非法婚姻行为过错方的责任以及对于无过错方的照顾原则，旗帜鲜明地向社会表明了司法机关对于了重婚、包养暗娼等非法婚姻行为的否定态度和打击姿态。该意见的出台，引起了社会各界的关注，在全国上引起了热议，对于非法婚姻行为者造成了极大的震动和威慑。其后，社会上重婚、包养暗娼行为有所收敛和减少，合法配偶的权益受到有效维护，有效地弘扬了社会正气，倡导了良好的社会风尚。

2. 维护了婚姻家庭中弱者尤其是妇女权益，体现了正义的价值取向

夫妻财产知情权、对于非法婚姻行为无过错方的财产以及子女抚养归属的照顾、精神赔偿等创新措施，则为婚姻家庭中弱势一方提供了有效的法律武器，合法配偶据此能够及时了解夫妻共同财产，发现隐瞒、转移夫妻共同财产行为，让非法婚姻行为方受到了应有的惩罚，效果良好，实现了婚姻家庭法的弱者保护功能，体现了正义的价值取向，在司法实践中受到广大当事人和群众的好评。

3. 有效地制止和预防了家庭暴力，维护了家庭和谐

对于家庭暴力无过错方的照顾、精神损害赔偿、精神暴力的规定、反家暴“远离令”和“迁出令”、人身安全保护裁定单独立案等创新措施，表明了广东省司法机关对于家庭暴力坚决说“不”的态度和导向，对于施暴者形成了巨大的压力。统计表明，对于广东各法院发出的“远离令”“迁出令”“人身安全保护令”，被申请人几乎无一违反，有效地制止和预防了家庭暴力，有力地保障

了被家暴者尤其是受害妇女、儿童的人身安全和身心健康,有力地促进了和谐家庭的建立,避免了因家庭暴力所导致的各类恶性事件的发生,维护了社会安定。

二、广东家事法治成就与改革开放

(一)广东家事法治成就应改革开放而生

广东家事法治所取得的成就,紧随广东的改革开放而生。没有广东的改革开放,就不可能有广东家事法治今天所取得的成就。

在新中国成立后较长的时期里,我国婚姻生活中的重婚纳妾现象基本消除。改革开放以来,我国的社会主义物质文明和精神文明建设得到极大发展,与此同时,在外来思潮的影响下,人们的价值观念发生了非常明显的变化。在婚姻家庭领域,婚姻价值观、性道德方面出现许多新特点、新问题。面对种种思潮的冲击,或受享乐主义、性解放思想影响,或因封建陈腐思想作祟,“包二奶”、养情妇现象不断出现。早在大陆改革开放初期,一些沿海开放地区“包二奶”现象就已出现,包者主要是到大陆投资经商的台、港、澳的商人。随着大陆经济实力的增强,一部分先富起来的厂长、经理、包工头、个体户,甚至一些香港的货柜车司机也加入了“包二奶”的队伍。深圳市妇联1996年至1999年有关“包二奶”的投诉365宗,其中1996年69宗,1997年96宗,1998年200宗。“包二奶”也越来越公开化,有的已经达到有恃无恐的地步,有些人包了“二奶”又包“三奶”“四奶”,公然向法律和社会伦理道德挑战。甚至在一些机关、事业单位的党员干部和知识分子中也存在“包二奶”、养情妇的现象。1996年至1999年3月,广东省各级纪检监察机关立案查处党员、干部“包二奶”、养情妇的案件共75件,其中地厅级干部2件、县处级干部9件、科级干部26件。广东省妇联1996年至1998年接受“包二奶”的投诉分别为219宗、235宗和348宗。无论是经济发达地区还是落后地区,重婚纳妾、“包二奶”现象问题已成为妇女群众投诉的热点,并呈增多之势。重婚纳妾、“包二奶”行为一方面严重危及了我国的一夫一妻制的婚姻制度,破坏了社会主义伦理道德观念，败坏社会风气，影响了家庭稳定，导致大量婚姻解体、家庭破裂，同时也诱发了各种刑事案件和民事纠纷，影响了社会稳定；另一方面，大量非婚生子女的出现不利于我国计划生育政策的执行，甚至还成为某些党政干部进行贪污受贿等腐败行为的一大诱因。

如何面对广东改革开放婚姻家庭领域出现的新问题，如何响应群众的呼声，保护配偶的合法权益，制裁婚姻家庭中的违法犯罪行为，倡导良好的婚姻家庭观念，这对广东的家事法治提出了挑战。

对此，广东省相关部门组成联合调查组，就社会上出现的“包二奶”、养情妇的情况和有关法律问题，到珠三角等地进行了专题调研。除了规定公、检、法机关加强对于重婚、家庭暴力的打击力度和对无过错方的财产保护，为了加大对配偶合法权益的保护力度，制裁重婚、包养暗娼、家庭暴力等违法犯罪行为，吸收国外先进理念，创造性提出有过错方应给予无过错方精神赔偿，为2001 年修改的《婚姻法》离婚损害赔偿制度提供了有益经验和样本。

改革开放四十年，我国社会的巨大变迁，给我国家庭带来了悄然的变化，传统家庭价值观受到了日益强烈的冲击，在不同阶层、不同区域中呈现出不同特点，并给家事审判工作带来了新的难题和新的挑战，也为广东家事审判法治改革创新提供了舞台。

随着改革开放的深入和形势的发展，广东省婚姻家庭案件数量不断增长，案情渐趋复杂，现有的审判程序规则已不能适应家事案件有别于普通财产纠纷的高度人身属性和私密性等特点。同时，婚姻家庭矛盾处理不当，有可能引发极端事件或暴力犯罪，也需要足够的重视和更多的人文关怀。为适应新形势、迎接新挑战，广东法院充分发挥敢为人先的广东人精神，启动家事审判改革，以问题为导向，结合工作实际，突出重点、开拓创新，充分发挥广东地处改革开放前沿阵地家事案件数量多、类型广的优势，努力为全国家事审判改革提供丰富素材和多个样本。通过健全组织，打造复合型家事法官队伍，建章立制，制定各项家事审判操作详细指引，在审判理念、工作方式、制度建设等方面，作了许多有益的探索和尝试。2010 年 3 月，广东省高级人民法院和广东省妇女联合会联手，首先在中山市中级人民法院、珠海市香洲区人民法院等 1 个中院、6 个基层法院试点家事审判合议庭改革，专司管辖因婚姻关系、亲子关系引发的人身权纠纷，以及与该类人身权纠纷相关联的财产权纠纷案件。尤其是珠海市香洲区法院自 2008 年 12 月被确定为全国反家暴试点法院以来，在全国法院率先试行人身安全保护裁定制度，截至 2014 年 8 月已发出包括全国首份“远离令”“迁出令”等各类人身安全保护裁定 103 份，是全国法院人身安全保护裁定签发最多、保护措施种类最齐全的试点法院。该法院在反家暴案件的受理、诉讼指引、证据审查、协助执行、构建综合防控网络方面，形成了一套特色做法，被业界称为反家暴审理“香洲模式”。广东高院在建立与完善诉讼程序、证据规则、审判组织及家事诉讼的社会参与等方面的家事审判改革取得丰硕成绩，得到了最高人民法院的关注与肯定。

（二）敢为天下先，接受新思想新观念，开拓创新

广东“敢为天下先”，作为我国改革开放的前沿阵地，在各领域取得巨大成就，一方面得益于国家给予广东的改革开放政策，另一方面也在于广东思想开放，容纳度高，接受吸收港、澳、台地区和国际上的先进理念，包容创新，在家事法治理念方面显得尤为突出。

离婚精神损害赔偿制度，在国外早已有之。无过错方有权请求损害赔偿，这是对无过错方的照顾和抚慰补偿的体现，从而慰抚心灵的创伤，其本意在于稳定婚姻关系，保护配偶权，防止违反忠实义务的情况发生，并在此种情况出现时对受害配偶进行救济。该救济制度是对那些因离婚遭受损害所提供的救济方式，以减少或补偿受损害方和无过错方在精神和物质上所遭受的损失，对形式上平等的夫妻关系在实质上予以矫正，以保护婚姻中处以弱势的一方又能保证无过错方享受应有的权利，并对有过错方给予必要的惩戒，在明确践行形式正义理念的基础上，突出了对婚姻家庭中弱势群体的法律保护，张扬了实质正义，从而分清是非，弘扬正气，维护正常的婚姻家庭秩序，意义重大。诚如梁慧星教授所言，近代民法向现代民法理念的转变就是形式正义向实质正义的转变。广东首创的重婚、家庭暴力等有过错方给予无过错方精神赔偿规定，正是顺应形势的发展，针对改革开放中出现的新问题，吸收国外有益经验的创新之举。

而夫妻财产知情权，是对自己财产知情权的天然要求。我国在夫妻共同

财产制度下，夫妻在婚姻关系存续期间所得的各种合法财产，即使登记在一方名下或由一方掌握，也属夫妻共同所有。既然属于夫妻共同财产，作为配偶，当然有权知道自己的财产状况。赋予夫妻有权互查对方财产，为其维权提供有效的法律武器，可以及时发现隐瞒、转移夫妻共同财产行为，让侵权方受到应有的惩罚，有利于扬善惩恶，实现立法的价值取向。同时有利于建立诚实互信的夫妻关系，倡导诚实信用的社会风气，有利于体现婚姻家庭法的弱者保护功能。《广州市妇女权益保障规定》首次在我国地方立法中创立了夫妻财产知情权制度，顺应了夫妻财产多样化、复杂化的知情要求以及经济发展的潮流，没有精神层面上的革新、敢为人先的勇气是无法做到这一点的。

性别平等是指在尊重生理差异的基础上，男女两性尊严和价值的平等以及机会、权利和责任的平等，它包括政治平等、经济平等、家庭平等等，通过制定相关法规及规范性文件，促进男女两性平等受益、协调发展。两性平等是一个国家和地区法治化、国际化的重要标志。1954 年，《中华人民共和国宪法》规定了男女平等的基本原则。1995 年联合国第四届世界妇女问题国际会议通过的《行动纲领》明确了“社会性别主流化”并以此作为提高两性平等的一项全球性策略，强调必须确保两性平等是一切经济社会发展领域的首要目标。1997 年 6 月，联合国经济及社会理事会界定：“所谓社会性别主流化是指在各个领域和各个层面评估所有有计划的行动（包括立法、政策、方案）对男女双方的不同含义，它使男女双方的关注和经验成为设计、实施、监督和评判政治、经济和社会领域所有政策方案的有机组成部分，从而使男女双方受益均等，不再有不平等发生，纳入主流的最终目标是实现男女平等。”目前世界上已有 40 多个国家和地区出台了性别平等法，而在国内一直是空白。2012 年 7 月，深圳市颁布了中国大陆首部性别平等的地方立法《深圳经济特区性别平等促进条例》，在中国大陆首推性别平等地方立法，属于破冰之举，引起各方关注。

在司法层面，广东省高级人民法院积极调研创新，形成多项重要调研成果，为深入开展家事审判活动夯实理论基础。在我国家事审判工作实体法不完备、程序法又缺位的情况下，各试点法院积极开展家事审判调研，分析近年来婚姻家庭案件情况、特点和审理变化趋势，研究现代家事审判的新问题，突破现行理论的约束和樊篱，形成《关于审理涉家庭暴力纠纷案件的调研报告》

《我国民事保护令制度的前瞻性研究》《人身保护令在珠海的探索与实践》《我国反家庭暴力的法律制度研究》《对家庭暴力法律认定之探讨》等成果。

管中窥豹可见一斑。上述事例表明,正是由于广东立法、司法层面有着敢为天下先,勇于吸收各种新思想、新观念,不断开拓创新的精神,才有了广东家事法治的成就。

(三)各级党委、政府重视,各部门积极推进

改革开放的不断推进和深入,思想观念的包容和创新,为广东家事法治建设提供了主、客观条件,但广东家事法治所取得的成就,与各级领导、人大、司法机关的重视和积极推进密不可分。

1998年,惠州的陈女士向广东省委书记写信,称作为上山下乡知青的她与农民丈夫结了婚,后来知青返城,她将丈夫带进了城开办公司。家里经济富裕后,她的丈夫却在外“包二奶”,甚至与“二奶”公开同居,她到有关部门投诉,但得不到解决。此事引起了广东省委的重视。随后,广东省委政法委、省纪委、省法院、省检察院、省公安厅、省民政厅、省妇联组成联合调查组,就社会上出现的“包二奶”、养情妇的情况和有关法律问题,到广州、深圳、珠海、佛山、惠州、东莞等地进行了专题调研。最后,由广东省高级人民法院、广东省人民检察院、广东省公安厅、广东省司法厅联合出台了《关于处理婚姻关系中违法犯罪行为及财产等问题的意见》。

广东省妇联在《维护妇女儿童合法权益》报告中也表明:把婚姻家庭领域法律法规政策作为聚焦点。二十世纪九十年代,针对社会上重婚、“包二奶”、婚外情现象比较严重的情况,省妇联开展调查研究,组织引导性讨论,推动公检法司四部门出台了《关于处理婚姻关系中违法犯罪行为及财产等问题的意见》,从政策层面加大对重婚、“包二奶”、家庭暴力等现象的打击,创新性提出精神损害赔偿、从财产分割上加强对无过错方保护等措施,强化对受害人的保护,通过政策引导舆论,树立良好民风、社风。在2000年修订《婚姻法》过程中,省妇联始终站在保护妇女儿童、维护和睦婚姻家庭的角度,做好大量的论证工作、呼吁工作,向国家有关部门专门报送了修改意见,在国家两次到广东调研时结合广东的实践提出了10个方面的建议和意见,得到国家立法机关的

肯定和重视，为《婚姻法》修订作出积极贡献。

广东法治能够取得不菲的成绩，无疑得益于广东省各级部门的思想开放和积极推进。

三、广东家事法治展望

党的十九大报告指出，全面依法治国是国家治理的一场深刻革命，必须坚持厉行法治，推进科学立法、严格执法、公正司法、全民守法。成立中央全面依法治国领导小组，加强对法治中国建设的统一领导。加强宪法实施和监督，推进合宪性审查工作，维护宪法权威。以良法促进发展，保障善治。

习近平总书记指出，家庭是社会的细胞。家庭和睦则社会安定，家庭幸福则社会祥和，家庭文明则社会文明。历史和现实告诉我们，家庭的前途命运同国家和民族的前途命运紧密相连。我们要认识到，千家万户都好，国家才能好，民族才能好。国家富强，民族复兴，人民幸福，不是抽象的，最终要体现在千千万万个家庭都幸福美满上，体现在亿万人民生活不断改善上。

广东改革开放四十年来，广东立法、司法机关解放思想，锐意进取，开拓创新，顺应世界潮流，出台多项创新举措，家事法治取得骄人的成绩。在我国强调依法治国、重视幸福家庭建设的大环境下，广东的家事法治面临着非常好的机遇。

（一）将地方立法创新和经验上升为国家立法

广东家事法治的诸多尝试以及创新之举，体现了先进的家事理念，并为我国立法、司法所采纳，比如离婚精神损害赔偿制度、精神家暴、离婚后分割夫妻财产等。而更多有益的地方立法经验，比如广州规定的夫妻财产知情权制度，该规定在实施过程中，维权效果和社会效果非常好，受到夫妻双方、律师、司法人员的一致好评，但由于地方立法效力仅及于规定所在地，若夫妻一方故意把共同财产隐匿到其他地方，则另一方无法行使知情权，不利于保护配偶另一方的合法知情权益。因此，有必要打破地域的限制，建立全国统一的夫妻共同财产知情权保护机制，切实保护知情权的行使。同时，在夫妻财产知情权中，对于一方名下银行存款的查询只有国家法律、行政法规才能规定，限于地方性法规的立法权限所限，因而广州地方法规未能作出规定。因而，在国家立法中，对于广州地方立法的夫妻财产知情权范围应予以扩展，增加银行存款、证券等查询内容。对于夫妻财产知情权，应吸收广东家事地方立法的有益经验，将之上升到国家法律。

（二）继续开放思想，保持创新优势，加强家事理论研究

广东四十年的改革开放与家事法治取得的骄人成绩，得益于广东的“吃螃蟹精神”，思想开放，接受新事物，敢于实践，勇于实践，敢干实干。但是，在广东家事法治敢于开放、注重实践取得成就的同时，在家事法治理论研究方面，与全国相比，却有所不足，广东家事法学大师几乎没有。在新时代，广东要进一步加强家事法治理论研究，相关部门要积极引导并提供资金支持理论研究，使广东的家事法治理论研究取得长足发展，并以科学、先进的理论更好地引导家事法治实践，理论与实践齐头并进，以取得更大成就。

改革开放四十年，广东始终秉持“敢为天下先”的改革气概，勇立时代潮头，家事法治建设有了长足进步。进入新时代，广东将更加主动地适应家事法治发展的新要求，注意研究和吸纳国外先进家事法治理念，不断开拓创新，继续为家事立法和审判改革提供做法经验，为深化依法治国实践、创建幸福美满家庭作出更大贡献。

改革开放中的国际法律保障

王 承 志*

适逢改革开放四十周年，回顾过去，广东省的经济发展离不开国际法的保障，国际法学者一直致力于解决中国，特别是广东与港澳台地区、外国的贸易往来中存在的问题，不断提出发展良策，取得了一系列成就。

一、改革开放以来广东省国际法学对广东发展的贡献

1979 年至 1984 年，广东省国际法学处于改革开放的起步探索阶段，在经济特区地方性立法方面作出了积极贡献。1979 年 7 月 15 日，中共中央、国务院决定在广东试办出口特区。为了使法律与改革政策相协调，1979 年 8 月 15 日，在时任广东省委书记吴南生主持下，广东省哲学社会科学研究所、省委党校、中山大学、暨南大学部分学者起草特区条例，为广东省经济发展建言献策，以适应社会需要。此后，学者们为《广东省经济特区入境出境人员管理暂行规定》《特区企业劳动工资管理暂行规定》《广东省经济特区企业登记管理暂行规定》《深圳经济特区土地管理暂行规定》等 18 部特区法规的制定建言献策，解决了经济特区建立初始阶段和改革开放探索过程中面临的立法空白等问题。

1985 年至 1999 年，广东省开始制定外商投资等领域的地方性法规，明确

* 广东省法学会国际法学研究会秘书长，中山大学法学院副教授。

完善外商投资法律环境为广东省特区立法的主要任务，初步发展国际法律服务。1986 年 11 月 29 日，广东省出台了《深圳经济特区涉外公司破产条例》，该条例在《广东省经济特区涉外公司条例》的基础上进一步解决外商投资企业的破产问题。1992 年 7 月，经国务院批准，司法部允许香港律师事务所在中国境内设立办事处试点工作，广州和深圳成为全国 5 个试点之一。1995 年 11 月 21 日，广东省第八届人大常务委员会废止了《广东省经济特区入境出境人员管理暂行规定》《广东省经济特区企业登记管理暂行规定》等 23 部地方性法规。这些地方性法规多是改革开放起步探索阶段的立法成果，废止过时的法规和规范性文件是广东省地方性涉外立法与时俱进的表现。

2000 年至 2010 年，广东改革开放进入稳健发展阶段。广东省实施对 CEPA 法律服务的开放措施，新批准设立 9 家香港律师事务所与广东律师事务所联营。2005 年 3 月 14 日，广东美国商会会长作为亚太区美国商会的代表，广东省贸促会会长作为泛珠三角贸促机构的代表，共同签署了《泛珠三角贸促机构、亚太区美国商会合作备忘录》，约定建立商会间领导人的磋商机制。2005 年 7 月 15 日，广东省律协与香港律协签订《促进粤港澳法律服务发展合作协议书》，促进广东和香港区际法律服务的交流，推动双方定期友好互访、法律文书和法律信息的交换和业务交流合作，建立共同的法律咨询平台和律师事务所联营，保障两地律师执业权利。2007 年 4 月 5 日，广东省司法厅举行了广东省首个内地与香港法律服务业联营颁证仪式，实现了跨区域颁证联营机制。2008 年 3 月 8 日，在珠海举办了由广东省法学会、香港城市大学法学院、澳门大学法学院共同主办，珠海市法学会承办的首届"粤港澳法学论坛"，研究粤港澳合作与发展有关法律问题、内地与港澳法律协调与司法协助问题等。2009 年 7 月 30 日，中国法学会暨广东省法学会审判理论研究会涉外专业委员会成立大会在东莞召开，这是中国最高人民法院依托广东省高级人民法院成立的唯一全国性的从事涉外司法研究的组织。同日，该涉外专业委员会召开了海峡两岸涉台审判理论研讨会，旨在解决《中华人民共和国劳动合同法》实施之后台商面临的人力成本上升和改善劳资关系的问题，有效破解台商在大陆投资面临的融资难等问题。

在这稳健发展时期，广东省国际法学对广东发展产生深远影响，不仅在涉外仲裁机构、内地与港澳之间民商事争议、大陆与台湾之间投资等争端解决机制方面有所成就，而且有利于促进粤港澳合作，解决广东对外交流合作面临的法律问题。

（一）广东省国际法学科在构建争端解决机制方面的成就

1. 涉外仲裁机构

经济特区作为对外开放窗口，对外交往较多，因而有必要建立涉外仲裁机构以解决纠纷，促进经济良性发展。在改革开放初期，中山大学黎学玲教授受广东省政府的委派，作为工作组组长参与了深圳涉外仲裁机构（贸仲华南分会）的筹建。他在调查研究和借鉴国际商事仲裁制度的基础上，率先提出了改革涉外仲裁制度，设立深圳涉外仲裁机构。国际法学者郭晓文教授也为深圳特区起草经济法规，为深圳的涉外仲裁填补空白。黎学玲教授除了参加广东经济特区法规起草工作外，还对特区涉外经济合同的依法成立、特区的涉外仲裁制度等提出了一系列的主张和创见。

2. 内地与港澳之间民商事争议解决机制

内地与港澳之间的问题，很大一部分是广东与港澳之间的问题。在二十世纪九十年代，内地与港澳间商事仲裁裁决的相互承认与执行存在问题，中山大学罗剑雯教授提出回归前应严格遵守《纽约公约》，回归后依次按照签订协议，各区域自定规范直至最终全国立法的步骤来解决冲突问题的主张。[①]回归后，内地与港澳也逐步签订了一系列司法协助与仲裁裁决的承认与执行。

此外，在广东自贸区民商事纠纷上，华南理工大学广东省地方立法研究评估与咨询服务基地关于《中国（广东）自由贸易试验区条例（草案修改二稿）》报告中指出：自贸试验区应当完善民商事纠纷多元化解决机制，加强行业性、专业性调解组织的建设，探索建立与境外商事调解机构的合作机制，协同解决跨境纠纷。

3. 大陆与台湾之间投资争端解决机制

虽然大陆与台湾签订的《海峡两岸投资保护和促进协议》一改过往“重实体，轻程序”的做法，对争端解决机制进行了比较详细的规定，这对消除两岸投资者对争端解决的疑虑，切实推动两岸间的经贸发展具有积极意义。但是，该解决机制仍存在诸多不足，亟须完善，否则将影响该协议的顺利履行，减损合作的实际效果。罗剑雯教授对此专门撰文研究，并提出相应对策。[②]

（二）广东省国际法学科在促进粤港澳合作方面的成就

广东省经济发展的一大优势便是毗邻港澳，广东初期经济的发展离不开港澳，选择深圳、珠海作为经济特区也是因为其毗邻港澳。因而，解决内地与港澳的区际法律问题是内地，特别是广东经济发展的关键。

中山大学谢石松教授认为主张"一国两制"原则和有利于社会政治经济发展原则是协调港、澳、珠三角地区区际法律冲突时必须遵循的基本原则，由各法域协商制定统一的区际冲突法典是目前我国协调解决港澳珠三角地区区际法律冲突的较切实可行、同时也是行之有效的途径。[③]

中山大学慕亚平教授在改革开放三十周年召开的"WTO 法与中国"论坛暨中国法学会世界贸易组织法研究会 2008 年年会上，发表题为"粤港澳紧密合作区的法律依据及相关问题解析"的演讲，倡导建立粤港澳紧密合作区，并从多方面论证了建立粤港澳紧密合作区的可行性。慕教授认为，粤港澳地区的得天独厚的地缘优势和语言、文化、风俗习惯相近，在紧密合作区的框架下，粤港澳三地将在"一国两制"的前提下，最大限度消除制度上及行政区划上的制约，加速三地人流、物流、资金流的自由往来，使繁荣的港澳具有广阔的腹地和后盾，同时也为内地提供更多帮助和支持，共谋发展。中山大学陈广汉教授认为粤港澳区域合作与发展面临新的机遇和挑战，提出在新的形势下粤港澳经贸关系从合作模式、合作内容和合作机制等方面的重大转变和可深化合作的领域，并就构建和完善区域合作的体制和机制提出了政策建议。[④]2017 年 7 月，随着《深化粤港澳合作，推进大湾区建设框架协议》的签订，广东省国际法理论及实务界多年来的不懈努力终于结出了丰硕成果。

在合作区建设上，学者们也积极建言献策。深圳大学李勋副教授在《前海深港现代服务业合作区金融业发展的法律研究》一文中提出创造科学的法律环境，在该区促进深圳与香港金融业的融合，为区内产业提供高效便捷的金融服务，是当前亟待解决的重要问题。解决问题的关键在于遵循 WTO 规则以及 CEPA 的基础并适当借鉴欧盟区域金融立法经验，协调香港金融法与内地金融法，确立前海金融立法的路径及基本内容。深圳大学王楠副教授在《前海深港现代服务业合作区港资银行准入法律问题探讨》一文中提出，推进深港金融业的紧密合作，必须创造足够的政策优势空间，内地对港资银行的市场准入要求较高，应参照香港银行业准入标准，通过签订新的CEPA补充协议，并由深圳市行使经济特区立法权，适当放宽在前海设立机构的港资银行的各项准入门槛。

二、国际法对广东改革开放与经济发展的促进与保障

（一）推进区际自由贸易的发展

2003年CEPA协议的签订，促进了内地与香港的经济发展。2004—2013年间，双方陆续签署了10份补充协议。据统计，2003—2010年香港对内地货物贸易出口量累计增长175%，内地对香港货物贸易出口量累计增长398%。⑤

基于发展需要，2014年12月，双方签署了《内地与香港CEPA关于内地在广东与香港基本实现服务贸易自由化的协议》（以下简称《广东协议》），率先在广东省落实基本实现服务贸易自由化的目标。《广东协议》采用正面和负面表列的混合模式，表述内地在广东对香港开放的措施，是内地首份以准入前国民待遇，加负面清单的方式制定的自由贸易协议，开放的深度和广度都超出以往的CEPA开放措施。2015年11月，双方签署了CEPA服务贸易协议。2017年6月，双方签署了CEPA投资协议和CEPA经济技术合作协议。CEPA系列协议带有明显的自由贸易区特征，致力于逐步取消货物贸易的关税和非关税壁垒，不断扩大服务贸易市场准入，逐步实现服务贸易自由化，促进贸易投资便利化。其中，CEPA服务贸易协议于2016年6月起正式实施，是首个内地全境以准入前国民待遇加负面清单方式全面开放服务贸易领域的自由贸易协议，标志着内地与香港基本实现服务贸易自由化。⑥

虽然CEPA促进了内地与香港的经济发展，但是CEPA到底是什么性质

的协议，是否违背 WTO 规则等问题在 CEPA 签署后引发了一系列讨论。

1. 明确了 CEPA 的性质

CEPA 作为促进港澳与内地经济一体化协调发展的新模式，其具有双重性质，作为一主权国家的两个关税区和 WTO 的两个正式成员，内地与香港签订的 CEPA 既是符合 GATT 第二十四条的 WTO 成员之间的协定，实质上又不是国际条约，而是部分内容受 WTO 规则规范和调整的一国国内的特殊法律安排，即中华人民共和国内地关税区与中华人民共和国单独关税区之间的区域经济一体化安排。CEPA 的主体具有双重身份，即在国内体制中，分别是内地关税区和港澳单独关税区，而在 WTO 体制中又分别是 WTO 的正式成员。CEPA 的调整对象也具有双重性，即调整一国国内不同关税区之间的经济关系和 WTO 不同成员之间的贸易关系。CEPA 的法律基础主要涉及国内法、国际法有关香港特区高度自治权的规定与 WTO 区域经济一体化例外规则。因此通过对 CEPA 性质的明确，可以避免 CEPA 在实施过程中对 WTO 规则的违反，避免区域贸易自由化中对于 WTO 基本目的和宗旨的违反。

2. 明确了广东省在与港澳自由贸易中的地位

由于香港是单独关税区，也是“一国两制”下的特别行政区，粤港之间关于自由贸易合作协议是不同级别不同法域地方政府之间缔结的合作协定，既不同于内地各省之间缔结的同一法域内省级地方政府之间的合作协议，也不同于美国等联邦制国家内同一级别不同法域地方政府之间缔结的区际政府间合作协定，是一国之内不同级别不同法域的地方政府之间缔结的区际政府间合作协定。在适用法律方面，广东省作为内地的一个省份，其与香港特别行政区缔结的《框架协议》既不能违反内地的相关法律，也不能违反香港的相关规定，其中与贸易相关的内容不能违反 WTO 的相关规则。

（二）促进和保障中国（广东）自由贸易试验区建设

中国（广东）自由贸易试验区（以下简称“广东自贸区”）于 2014 年 12 月 31 日经国务院正式批准设立。作为广东对外开放的示范区，广东自贸区成立 3 年多来，坚持以制度创新为核心，积极推动在投资、贸易等领域先行先试，已累计形成 385 项改革创新经验，此前在全省范围复制推广 3 批共 86 项改革创新经验，同时有21项改革创新经验在全国范围复制推广。[7]2018年4月25日，广东自贸区发布了《2017年度广东自贸区运行第三方评估报告》（以下简称《评估报告》）及投资便利化、贸易便利化、跨境金融和航运发展四大指数，从建设任务、制度创新和公众获得感三大维度构建评价体系。从建设任务看，截至2017年底，《中国（广东）自由贸易试验区建设实施方案》的62项重点任务实施率达到100%，其中完成实施50项，完成实施率80.65%。从制度创新看，广东自贸区得分为85.9分，其中投资管理体制改革和政府职能转变方面走在国内前列。从公众获得感看，广东自贸区整体得分为82.75分。在自贸区建设方面，国际法主要从以下方面发挥了促进和保障作用。

1.进一步推动贸易自由化

广东自贸区进一步取消或放宽对境外投资者的资质要求、股比限制、经营范围等准入限制，在制造业、金融服务、交通航运服务、商贸服务、专业服务和科技服务等领域对全球扩大开放。此外，自贸区还在CEPA框架下对港澳服务业进一步扩大开放。

在国际投资法领域，在自贸区实施准入前国民待遇加负面清单制度使得外商在自贸区的投资更加自由，极大地提升了国际投资的效率和收益。准入前国民待遇加负面清单管理模式与传统正面清单管理的一个主要区别就是，在准入前国民待遇加负面清单管理模式下，东道国概不采取“一事一审”的行政审批模式。只要不是东道国负面清单所列的行业，东道国一般采取事后备案等管理形式。[8]负面清单管理模式下，一方面各国通过削减负面清单目录的文本内容，逐步扩大对外资的开放程度，有助于营造开放化和自由化的国际投资环境；另一方面，准入前国民待遇加负面清单管理模式最大限度地给予外国投资者相较于国内投资者的准入公平，这对构建国内公平的市场竞争环境和激发市场活力具有重要意义。

2.创新自贸区争端解决机制

高效公正的争端解决机制以及相应的法律服务一直以来是良好营商环境的重要组成部分。国际法为自贸区在争端解决机制的创新上提供了理论与制度支持，主要体现在以下几个方面：一是创新争端解决方式，推动临时仲裁在自贸区的引入与落地实施；二是创新外国法律查明制度，设立国家级法律查明中心;三是司法机构的创新性改革。

关于临时仲裁的引入,2016 年 12 月 30 日,最高人民法院印发了《关于为自由贸易试验区建设提供司法保障的意见》,其第九条第三款规定:“在自贸试验区内注册的企业相互之间约定在内地特定地点、按照特定仲裁规则、由特定人员对有关争议进行仲裁的,可以认定该仲裁协议有效。”该意见为在自贸区引入临时仲裁提供合法性依据。2017 年 3 月 23 日,珠海仲裁委员会颁布《横琴自由贸易试验区临时仲裁规则》,与机构仲裁相比,该规则下的临时仲裁更尊重当事人的意思自治;与其他一些临时仲裁相比,该规则允许仲裁机构的合理介入,而且增加了临时仲裁转化为机构仲裁的途径。这一规则的实施使得临时仲裁真正在自贸区落地成为可能。2018 年 4 月,首例跨自贸区临时仲裁案例试验正式落地,而且整个调解过程只用了一天时间。《仲裁调解书》的最终生效标志着这一跨自贸区临时仲裁案例试验正式落地,此次案例试验充分发挥了临时仲裁意思自治、程序简易、便捷高效的优势,与当事人快速化解纠纷的需求相契合。

关于外国法律查明制度,一直以来都是涉外民商事纠纷中非常重要的问题,涉及谁来查明、如何查明等问题,外国法查明的结果与质量直接涉及争议双方当事人的切身利益。2015 年 9 月 20 日,中国港澳台和外国法律查明研究中心、最高人民法院港澳台和外国法律查明研究基地、最高人民法院港澳台和外国法律查明基地正式在前海揭牌。前海合作区法院以此为平台积极开展外国、港澳台法律查明机制研究和香港司法制度借鉴研究,并形成研究成果,积极推动建设法律查明专家库、法律库和案例库,为攻克在涉外审判中域外法难以查明这一顽疾提供了有效途径。

关于司法机构的创新性改革,如何适应自贸区的现实特点与发展需要,创新司法机构组织架构与审判机制是司法机构创新的重点。2015 年 12 月 30 日,广东自贸区南沙片区人民法院正式揭牌成立,成为我国首家自贸区法院。2016 年 9 月,南沙自贸区法院成立了南沙自贸区商事调解中心,聘任来自政府机构、事业单位、行业协会、社会团体组织的 12 家特邀调解组织,来自社会各个行业的专家学者、资深律师、企业家的 45 名特邀调解员,其中港澳籍特邀调解员占比 16%。2017 年 11 月 28 日,增聘特邀调解员至 75 名,为商事调解提供了优质资源。2017 年 5 月 11 日,广州海事法院广东自由贸易区巡回法庭举行揭牌仪式。该法庭将尝试聘请港澳籍的专家陪审员参加审判,负责受理南沙自贸片区的海事案件。巡回法庭将尊重商事主体的自主性,体现涉外审判的民主性、便利性,利用自贸区内先行先试政策,改革自贸区法庭的审判方式,在中国与相关国家之间没有双边或共同缔结的国际条约情况下,可先行给予对方国家当事人司法协助,积极促成司法互惠关系。

(三)推动省内法律制度与国际条约相协调

入世对处在改革开放前沿的广东省产生了直接而深远的影响,为了妥善应对入世挑战,保持广东省改革开放和经济社会发展的良好态势,广东省应对入世的首要工作就是法律应对。在国际法领域主要体现在以下两个方面:

第一,为了使国内立法与国际条约相协调,广东省及时清理了与世贸组织规则及我国加入 WTO 相关承诺有关的地方性法规、地方政府规章和其他政策措施。自 2001 年至 2002 年,广东省政府组织有关部门,由省政府法制办牵头,对 275 部省地方性法规、570 部省政府规章和 110443 部省属部门规范性文件进行了全面清理,废止了 5 部省地方性法规、修订了 2 部省地方性法规、废止了 55 部省政府规章、修订了 15 部省政府规章以及 3000 余部省属部门规范性文件。2002 年 4 月 29 日,广东省高级人民法院作出印发《关于我省行政审判工作应对"入世"的若干意见》的通知。该《通知》规定经济特区的外商投资企业与国内其他企业一样,统一适用 25%的企业所得税税率,《广东省经济特区条例》中沿用了 27 年的优惠税率宣告废止。

第二,为履行我国加入世界贸易组织的承诺,广东省积极开展地方政府规章译审工作。2003 年 5 月,广东省政府办公厅转发了《国务院办公厅关于做好行政法规英文正式译本翻译审定工作的通知》并强调省政府制定的规章必须在颁布之日起 90 日内完成翻译、审定工作,明确了省政府规章英文正式译本的翻译审定工作由省政府法制办负责。自 2001 年至 2007 年,广东省已完成了 68 部省政府规章英文版本的译审工作,并将这些省政府规章英文版本编印成册向全社会公开发行,在省政府法制办门户网站上公布。

（四）推进粤港澳合作和大湾区建设

改革开放以来，粤港澳之间往来日益紧密，粤港澳合作不断加强，法治因素在其中起到的作用也越来越大。为了给珠三角地区的经济发展提供良好的法治环境，1980 年 8 月 26 日，第五届全国人民代表大会常务委员会第十五次会议批准了广东省人民代表大会通过的《广东省经济特区条例》。这是国家有关经济特区的首部法规，以鼓励外商投资，对必备的生产资料免征进口税，对必需生活用品减免进口税。此后，广东省先后制定了《广东省经济特区入境出境人员管理暂行规定》《广东省经济特区企业劳动工资管理暂行规定》《广东省经济特区企业登记管理暂行规定》《深圳经济特区土地管理暂行规定》等 18 部特区法规，将特区实行的特殊经济政策和特殊的经济管理体制具体化、条文化、规范化。

此阶段广东外资立法的特点有两个：首先，以法律的形式提供优惠待遇以吸引外资；其次，针对劳动者、企业、土地、人员流动等对经济发展有重要作用的基础因素，存在立法空白，广东省的立法实践适时地填补了这方面的空白，为广东的经济发展营造了良好的法治环境。

凭借先行一步的政策和法律优势、地理临近的区位优势和劳动力、土地的低成本优势，粤港澳之间形成了在制造业领域的"前店后厂"式跨境生产与服务的产业分工体系。这种以优势互补为基础，以国际市场为导向，以参与国际产业分工体系为特征的区域经济合作不仅造就了珠三角"世界工厂"，而且也成功实现了香港的功能置换，使香港从劳动密集型制造业中心转变成为国际金融和商贸服务中心。

中国入世之后，为了给我国在对外谈判和国内制度建设方面积累经验和参考，港澳和广东成为我国服务贸易自由化的试验田。继内地和港澳特区政府签署 CEPA 后，内地与港澳特区政府又进一步签署了《广东协议》。

《广东协议》以负面清单为主，涵盖了 WTO 服务贸易 160 个部门总数的 95.6%。一直以来，中国的外资管理主要依据《外商投资产业指导目录》进行正面清单管理，所有的外资需要通过审批并在指定行业和范围内进行。[9]通过负面清单的模式，粤港澳的服务贸易投资者可以在更多的领域进行投资，同时，在程序上极大地省去审批的时间压力和寻租压力。

2017 年 3 月 5 日，李克强总理在《政府工作报告》中提出，“研究制定粤港澳大湾区城市群发展规划”；同年 7 月 1 日，国家发改委、广东省政府和港澳特区政府共同签署了《深化粤港澳合作推进大湾区建设框架协议》。

与以往的粤港澳合作不同，大湾区建设不仅强调在经济层面，大湾区内的城市是一个“经济共同体”，建立开放、共同的商品和要素市场；而且在社会层面，大湾区各城市在社会、教育、文化、卫生、公共服务等方面逐步相互融合，融为一体，使大湾区内全体居民都能分享经济发展的成果，成为人民富裕程度最高、文明程度最高、公共服务最完善的区域。

三、广东省国际法未来的研究方向及着眼点

（一）粤港澳大湾区协同发展的法律问题

粤港澳大湾区涵盖广东省九个城市和香港、澳门两个特别行政区，在粤港澳大湾区加速融合的背景之下，法律冲突在所难免。而粤港澳大湾区要成熟发展，离不开法治的保障。法治可以保障区域经济理性竞争，也能确保各类要素在区域内合理流通，实现资源配置最优化。因此，有鉴于法治对区域经济融合的重要意义，考虑到粤港澳三地不同的法系传统，就需要国际法加强在大湾区语境下对建立健全区域法律协调机制的研究，努力消除粤港澳三地之间法律的不一致和不协调，推动区域经济的和谐、健康融合。

粤港澳大湾区在经济发展水平和科技创新能力等方面与旧金山湾区、纽约湾区有诸多共同点，且粤港澳大湾区已经上升为国家战略。然而，粤港澳大湾区有着与上述成熟湾区所并不具备的特殊情况，甚至在世界其他形式的区域合作中也没有的先例：即三地同属一个国家，却又分属三个法域和三个单独关税区，区域一体化合作是一种特殊的安排。这就产生了一系列亟待解决的问题：粤港澳大湾区在国内法和国际法上属于何种性质？《大湾区建设框架协议》的法律性质如何？对这些涉及粤港澳大湾区法律性质的问题进行深入的分析不仅有利于推进粤港澳大湾区的一体化发展，且具有重要的现实意义。

第一,应当明确粤港澳大湾区合作的法律性质。一方面,从国内法的角度来看,粤港澳三地的合作区别于普通地方政府之间的合作。从行政角度来看,粤港澳大湾区包括广东九城和港澳两区,事实上属于一国范围内不同城市之间的城际合作。一般而言,一个主权国家内的区域合作主要包括三种形式:(1)不同行政区之间的跨区域合作,如2013年天津市人民政府和山西省人民政府共同签订的《天津市山西省进一步加强经济与社会发展合作框架协议》;(2)同一法系不同法域之间的同级区域合作,如美国各州之间签订的州际协定;(3)同一法系不同法域之间的不同级别区域的合作。可以说,粤港澳大湾区的区域城际合作不属于上述的任何一种类型,是一种全新的区域合作探索模式。另一方面,从国际法层面来看,粤港澳大湾区的区域合作形式,显然有别于传统的区域经济一体化形式。港澳以单独关税区的身份成为WTO的成员,因而从某些意义上来说,粤港澳大湾区这一区域经济合作安排具有一定的国际性。在传统实践中,区域贸易安排的一体化程度由浅到深可分为优惠贸易安排、自贸协定、关税同盟、共同市场、货币联盟和财政联盟。[10]但粤港澳大湾区是国家基于"一国两制",利用珠三角地区特殊的地缘优势,探索与港澳区域经济合作的全新模式,与上述任何一种区域贸易安排都有明显的区别。

有鉴于粤港澳大湾区特殊的背景和全新的合作模式,在国际上并无先例可循,这就需要我们对粤港澳大湾区的基本法律性质进行界定,这是减少粤港澳三地法律冲突,推进法律融合的基础和关键。

第二,应当探索建立粤港澳法律共同体的路径。首先,粤港澳大湾区的区域深度融合需要法律协同和法律保障。粤港澳大湾区面临的一个重大挑战就是如何实现区域内生产要素的高效流动。法治是区域经济发展和竞争力提升的重要保障,良好的法治能增强区域配置资源的能力。在有良好的法律协同基础之上,粤港澳三地的资本和人力资源配置的能力不仅能够得到进一步提高,还能产生聚集效应并确立领先优势。其次,粤港澳三地在文化、制度、法律传统和行政组织方式等方面的差异,决定了粤港澳大湾区的法治建设不能一概而论,而应当考虑到三地的不同所长,建立一套良性竞争的机制,通过法治协同来促进可持续发展。

粤港澳大湾区的合作,并不仅仅在于表面的经济融合,三地如何实现法律的整合与协同并保障粤港澳大湾区的深层次发展同样是粤港澳大湾区目前面临的一大难题。这同样需要国际法学对相关的问题进行进一步剖析研究,努力为粤港澳大湾区合作中可能遇到的法律融合问题提供可行、有效的解决方式。

(二)构建广东自贸试验区高标准国际争端解决机制

争端解决制度是我国自贸区建设的重要组成部分,自贸区的发展和繁荣需要国际高标准的争端解决制度的护航。构建和发展符合国际高标准的争端解决制度,有利于在自贸区建设法治化、市场化和国际化营商环境,有利于维护自贸区和谐稳定的经济和社会秩序,也有利于自贸区人民的安居乐业。

第一,诉讼对标国际高标准。建议进一步深化司法体制改革,推动审判机制的优化和创新,发展更加透明、公正、高效、廉洁的诉讼争端解决机制,提高自贸试验区的司法公信力,适当拓展法院的司法职能,提升自贸试验区法院的业务水准,完善域外法律查明制度,加强法院的案例指导工作,推进阳光司法、民主司法和服务司法。

第二,仲裁对标国际高标准。建议积极构建和发展国际投资仲裁制度。为保护我国投资者的利益和国家的公共利益,也为境外投资者在我国投资创造良好的法治环境,在广东自贸试验区有必要积极推进和发展国际投资争端解决。建议在广东自贸试验区建设一个区域性的国际投资争端解决中心,该中心以服务平台的模式运转,实行国际化的治理方式,立足广东自贸试验区,整合粤港澳资源,促进粤港澳大湾区建设,服务"一带一路"建设。建议在广东自贸试验区发展临时仲裁制度,在国际社会中临时仲裁也是普遍的实践。

第三,调解对标国际高标准。建议充分发挥调解在自贸试验区争端解决中的功能和角色,顺应国际社会更加广泛和深入运用调解解决争端的发展趋势。完善社会调解、行政调解和司法调解的联动机制,充分发挥行业协会在调解中的作用,并进一步完善调解与诉讼和仲裁的分流机制,推进法院对调解的支持。建议积极推进商业调解、司法鉴定中的调解,以及按争端分类的类型化的调解制度。

第四,律师、公证和司法鉴定法律服务对标国际高标准。建议进一步深化改革和大胆创新。首先，加强建设高素质的、具有国际视野和国际化水准的专业人才队伍，包括律师队伍、公证员队伍和司法鉴定人队伍。其次，授予律师协会、公证协会和司法鉴定协会更大的自主权，促进行业协会的自我管理和自主发展。最后，准许律师事务所、公证机构、司法鉴定机构在一定范围内升级营业模式，以及拓展新业务，深化与港澳的合作，探索灵活使用国内国际人才资源的新方式。

（三）应对广东企业持续面临的贸易摩擦问题

历史上，西方国家为应对经济衰退而采取贸易保护主义措施屡见不鲜，如二十世纪的大萧条时期，美国在 1929 年推出了《斯姆特——霍利关税法》，对国外的商品进行高额征税。[11]2008 年全球性金融危机爆发后，各国纷纷采取贸易保护措施，全球反倾销反补贴调查案件数量急剧增长。特朗普就任美国总统以来，在贸易领域采取的方式是以贸易保护主义来换取贸易优势的政策，有较为明显的国家主义倾向。[12]美国商务部长罗斯撰文指出，中国加入 WTO 是导致美国经济增长速度下降的重要原因之一。美国贸易代表莱特希泽也多次在公开场合指责中国的贸易行为不公平。

可以说，不论是从特朗普本身的执政风格和贸易倾向，抑或是其重要内阁组成成员的政治背景来看，对华强硬都是主流的声音，从连续发起的“232 调查”“301 调查”和对中兴的制裁都可见一斑，一触即发的中美贸易战就是美国贸易保护主义的集中体现。除了美国政府的贸易倾向外，中兴遭遇制裁的一大原因是其不合规的运营行为。而广东作为改革开放的排头兵、先行地和试验区，将会有越来越多的企业走出国门，参与到国际竞争之中。这些都需要我们一方面加强对外国贸易管制法律制度的研究，如美国的《出口管理法》和《出口管理条例》等；另一方面也要求我们进一步开展对争端解决机制的探索，以更好地保护企业走出国门后的合法正当权益。

【注释】

①罗剑雯：《简析大陆与港澳间商事仲裁裁决的承认与执行》，载《当代港澳研究》1996 年第 1 期。

②罗剑雯:《评〈海峡两岸投资保护和促进协议〉中的争端解决机制》,载《武汉大学学报(哲学社会科学版)》2014 年第 2 期。

③谢石松:《港澳珠三角地区的区际法律冲突及其协调》,载《西南政法大学学报》2005 年第 5 期。

④陈广汉:《推进粤港澳经济一体化研究》,载《珠江经济》2008 年第 6 期。

⑤冯邦彦、胡娟红:《CEPA 框架下香港与中国内地的贸易创造——基于 1997—2010 年贸易关联面板数据》,载《国际经贸探索》2013 年第 3 期。

⑥李俊、杜轶楠:《CEPA 框架下内地与香港服务贸易合作前景展望》,载《海外投资与出口信贷》2017 年第 6 期。

⑦刘龙飞:《广东自贸区:先行先试,创造"广东经验"》,载《今日海南》2018 年第 4 期。

⑧刘辉:《我国自贸区准入前国民待遇与负面清单管理制度研究》,载《经济法论丛》2018 年第 1 期。

⑨张相文、向鹏飞:《负面清单:中国对外开放的新挑战》,载《国际贸易》2013 年第 11 期。

⑩王开、靳玉英:《区域贸易协定发展历程、形成机制及其贸易效应研究》,格致出版社、上海人民出版社 2016 年版,第 14 页。

⑪金泽虎:《析金融危机催生的新贸易保护主义特色与危害》,载《对外经贸实务》2009 年第 3 期。

⑫谭青山:《特朗普执政下的中美贸易探戈双人舞》,载《吉林大学社会科学学报》2017 年第 3 期。

推行破产重整　盘活市场主体

杨 春 华*

破产法不仅仅是清除资不抵债落后企业的制度，它同样肩负着对财务危困企业进行救助的重任。作为市场经济体制一环的破产制度，在先行先试的广东因为与经济发展相辅相成，同样有先行先试的彰显：通过清退落后企业使广东发展的隐患"曲突徙薪"，通过拯救财务危困企业为广东发展"雪中送炭"，从而为广东取得的成就贡献了一份力量。当下更应把握时机，抓住关键问题，使破产机制更加助力广东发展。

一、广东省呈诸多全国率先的破产法机制

当债务人不能清偿债务时，如果债权人仅为一人时，可以通过强制执行程序求偿，但当债权人有二人以上时，虽然各个债权人仍然可以通过强制执行程序求偿，其结果是先申请的人或许得到清偿，后申请的人难免会落空，虽同为债权人，但有幸运与不幸之别，有欠公平。破产虽为社会所忌恶，然而除了有罪破产外，对一般破产终究无法禁止，故法律乃在于对已发生的破产尽善后之责而已。从保护债权人而言，可使债务人的财产受平等之清偿，避免彼此排挤，各自得到公平的满足。因此，按照破产法的规定，当企业法人不能清偿到期债务，并且资产不足以清偿全部债务或者明显缺乏清偿能力的，可以适用破产程序清理债务，具体可以适用破产清算、破产和解和破产重整三种程序，即

* 广东省法学会破产法学研究会会长，暨南大学法学院教授。

企业法人虽然因不能清偿到期债务而进入破产程序，但并不意味着只有终结注销企业一个结果，现行法律对于能够继续存活的企业规定了破产和解与破产重整两个挽救程序，从而可以使其继续存活不被注销。作为改革开放前沿的广东，率先探索并积极运用破产法机制助力经济社会发展。

1980 年 8 月《广东省经济特区条例》的通过标志着深圳等经济特区的正式诞生，其被赋予了为中国改革开放探索发展道路的重任和使命。深圳为中国社会的经济发展贡献了社会主义市场经济这个“崭新体制”，从而为中国社会的改革开放及制度变迁提供了制度——意识形态方面的基础性保障[①]双重转型必须通过制度调整和构建来逐步推进，要摆脱“路径依赖”，克服“制度惯性”。[②]

改革开放探索及摆脱“路径依赖”与克服“制度惯性”的特质在破产法领域同样得到彰显。《中华人民共和国企业破产法（试行）》虽然是在 1986 年 12 月 2 日颁布，但在两年后 1988 年 11 月 1 日才得以正式实施，而《深圳经济特区涉外公司破产条例》却早在 1986 年 11 月 29 日通过，于 1987 年 7 月 1 日实施，率先为特区内设立的中外合资公司、中外合作公司、外资公司和中外股份有限公司等涉外公司的市场退出提供了法律依据。

在 1991 年《民事诉讼法》规定了“企业法人破产还债程序”后，《广东省公司破产条例》于 1993 年 5 月 14 日通过，自 1993 年 8 月 1 日起施行，适用于本省行政区域内设立的有限责任公司和股份有限公司；《深圳经济特区企业破产条例》于 1993 年 11 月 10 日通过，自 1994 年 3 月 1 日起施行，适用于在特区内注册登记的企业法人及在特区外注册登记，但住所在特区内的企业法人。

深圳市中级人民法院 1993 年 12 月 1 日成立全国首个破产审判庭，专门审理企业破产案件。2010 年以来，深圳中院先后制定《破产案件立案审查规程》《重整案件审理规程》《破产案件管理人工作规范》《公司强制清算案件定理规程》等 9 项制度。随着市场经济的发展，破产审判不断遇到新情况新问题。深圳坚持问题导向，积极推进破产审判工作改革。很多做法被最高人民法院的司法解释采纳，在全国法院系统推广。

全国高级法院第一个破产审判庭于 2016 年 8 月 8 日在广东诞生。截至 2017 年底，珠海中院、惠州中院等 7 个中院，中山第一法院、东莞第一法院 2

个基层院设立破产审判庭,“1+7+2”破产审判新格局初步形成。

中国首个破产管理人自治组织广州市破产管理人协会于2014年11月20日在广州率先成立。破产管理人是衔接沟通破产企业与法院之间的桥梁,广州市破产管理人协会是全国第一个管理人自治组织,为管理人制度探索提供了“广东经验”。

破产案件受理数第一次破千件。2017年广东全省法院新收破产案件数量1182件,同比增长137.35%,占全国12.33%,审结案件602件,同比增长68.63%;其中近60%的案件在6个月内结案,审判质效均领先全国。

“执转破”案件数全国第一。“执转破”是民事诉讼法司法解释规定的一项新制度,在执行程序中,被执行人符合破产条件的,经申请执行人或被执行人同意,案件可以移送破产以终结程序。2017年广东法院通过“执转破”受理破产案件350件,消化执行案件4.3万件,成为破解“执行难”的新举措。因案件在全国数量最多、效果最好,最高法院领导批示推广广东“执转破”经验。

全国第一个建立破产案件快速审理机制。为突破破产审判“立案难”“效率低”等瓶颈,广东高院要求全省法院“登记审查、依法受理”,做到“有案必立”,并在全国首推破产案件快速审理机制。

全国第一个利用执行查控系统查找破产财产。为确保高效审理,广东高院还对破产案件开放执行查控系统,并采用边境控制等执行惩治措施,成为全国第一个利用执行查控系统查找破产财产的省份。

全国第一个预重整成功案例。面对经济下行压力,广东法院坚持拯救市场主体“重整优先”理念。近年来,圆满完成深中华、新都酒店等12宗上市公司以及广州汇集实业股份有限公司等8家退市公司破产重整案的收尾工作,妥善处理了佛山西樵高尔夫发展公司、惠州市创成发展有限公司等一大批全省乃至全国具有影响力的企业破产重整案件,为广东调整产业结构、促进经济转型升级、维护经济秩序和谐稳定等提供了优质高效的司法保障。其中,深圳福昌电子重整案作为全国第一个预重整成功案例,入选最高法院全国法院服务供给侧结构性改革十大典型案例,佛山百业公司破产重整案被评为“依法保护非公经济十大典型案例”。

为妥善处置“僵尸企业”消化过剩产能,广东法院为“僵尸企业”处置开通

“绿色通道”，推行“三先三后”受理模式及“四集中”审理模式。2017 年，受理“僵尸企业”破产和强制清算案件 267 件，审结 138 件。

广东省高级人民法院在省委、省政府重视支持下，由省财政厅拨付专项资金，在佛山、茂名和中山第一法院开展无产可破企业费用保障试点工作，在全国率先解决了破产企业特别是“僵尸企业”处置中破产费用保障的问题。

二、破产法与广东发展的关系——“曲突徙薪”与“雪中送炭”

破产法与广东发展的关系其荦荦大端，不外乎使不适合市场生存的企业退出市场以消除隐患和使财务危困企业再生，助力企业转型升级促进经济发展两个方面。

（一）破产法对广东发展的“曲突徙薪”

现代经济结构为总体经济，个人或企业并非孤立存在，而是紧密相连，如果企业已濒临倒闭边缘，却任其发展，则其负债必然日益增多，企业债权人所受损害，亦必日增，如任其互为因果连锁反应，其结果将导致一般社会经济的恐慌，但如果当某一企业出现破产原因时，及早启动破产程序，则不仅债权人可获得较多的满足，连锁倒闭的情形可以缓和，且一般社会的恐慌，也可获得适度的防止，为此，破产清算制度具有防止一般社会经济恐慌之效用。[3]企业陷入破产，不能清偿到期债务，犹如埋下了“地雷”，一触即发，而适用破产处理则如同主动“排雷”，可以消除隐患，有利于社会安全，所以，对于不能清偿到期债务的债务人及时宣告破产，以防止其与更多的主体发生交易，切断其债务的膨胀，有利于保护经济秩序良性运行。[4]

破产制度可以抑制企业在质和量两个方面保证企业生产合格的使用价值，那些质量不合格的产品（或资源）将遭淘汰，市场经济的运行过程自始至终是一个充满竞争的过程。当一部分生产者破产，会使大部分生产者警觉，为此，破产的后果虽然发生在少数企业身上，但却是每一个参与市场经济运行的企业共同面临的风险。市场经济的运行机制之一就是牺牲和损失落伍者的利益换取更大和更多的社会生产力的进步。市场经济正是靠不停地淘汰落伍者来促进社会经济发展的。

让市场主体通过破产清算程序依法退出市场，是破产法律制度的重要功能。据不完全统计，深圳中级人民法院 10 年来共清理债务 519 亿元，涉及债权人 9007 名；清偿债权 242. 7 亿元，其中职工债权 1. 17 亿元，税款债权 0. 19 亿元，金融债权 33. 9 亿元；安置职工 632 人，393 家企业经破产清算程序退出市场，242. 7 亿元资产通过市场化途径得到重新配置。

破产法在深圳的具体适用中体现出与当时经济状况紧密相连的态势。在 1994 年至 2006 年这一时期，国企破产比重大，约占总量的三分之一；企业类型多样，涉及国有企业、有限责任公司、股份有限公司、民营企业、三资企业等；在 2007 年至 2016 年这一时期，因经济形式的变化，则呈现出以民营企业为主，国企较少；破产企业多元，既有企业法人案件，也有非企业法人、外资、港澳台资、上市公司和非上市公众公司等。

破产法的较好适用也带来了显著效益，在 2007 年至 2016 年期间清理破产债务 20849 笔共计 977. 6 亿元、清偿破产债权 266. 6 亿元。其中清偿职工债权 1. 85 亿元，涉及职工 13651 人；清偿税款债权 4. 19 亿元；清偿金融债权 54. 3 亿元。让“落伍者”通过破产清算程序退出市场，产业转型升级取得显著成效。2007 年，深圳的三大产业结构为 0. 1 ∶ 50. 9 ∶ 49. 0，是我国高新技术产品产值最高、出口最多的城市。高新技术产业成为第一支柱产业，累计认定高新技术企业 2748 家，高新技术产业产品产值 7598. 8 亿元，占全市规模以上工业总产值的比重达到 56. 89%，其中具有自主知识产权产品占 58% 以上。内源经济发展迅速，拥有“中国名牌”76 个、“中国世界名牌”3 个。⑤

36 年间，深圳特区生产总值从 1. 96 亿元增长到 2015 年的 1. 75 万亿元，年均增速达 22. 87%，经济总量连续 16 年居全国城市第四位。世界 500 强企业中有超过 260 家落户深圳，有 5 家本土企业进入世界 500 强行列，善用破产法的助力应是功不可没。

广东国际信托投资有限公司破产案是中国首例非银行金融机构破产案。广东国际信托投资有限公司曾是一家拥有外汇经营权的非银行金融机构，由于经营管理混乱，其负债状况惊人，境内外债权人共有 494 家，债权总额高达

467亿多元。其中违规吸收的5.9亿元个人储蓄存款，涉及2万多人；9个证券营业部违规挪用的1.32亿元股民保证金，涉及8万多人；629名职工面临着下岗分流，严重影响社会稳定。对这起汹涌的破产“洪峰”，广东省法院运用破产法平稳“泄洪”，于2003年3月8日广东省高级人民法院裁定历时4年、震惊世界的全国首宗非银行金融机构“广东国投”破产案终结破产程序。“广东国投”自宣布破产至今，没有发生储户、股民闹事等影响社会稳定的问题，被最高院领导誉为处理金融风险中的“奇迹”。作为当时化解全省地方支付风险的组合拳之一，该案的成功审结，不仅充分保障了国内外债权人公平受偿的权利，维护了司法权威和中国的市场经济地位，还促进了广东省金融风险的化解和防范，维护了国家的金融安全，获得债权人、社会媒体和国际舆论的一致好评。最高人民法院将“广东国投”破产案授予“人民法院企业破产审判工作在维护金融安全方面的典范”殊荣。⑥

迄今，深圳市中级人民法院成功审结了民安证券、大鹏证券、汉唐证券、南方证券、广东证券等五大证券公司破产案件，填补了我国证券公司破产审判领域的空白，配合了国家证券市场整治活动、净化提升了我国证券市场。南方证券案成就中国最大证券公司破产案。南方证券是国务院对证券公司进行风险处置，也是人民法院审理的规模最大、法律关系最为复杂、设立难度最高的证券公司破产案。这些案件的成功审理，对化解广东发展过程中的金融风险、保障广东金融行业健康发展、保持广东经济可持续发展，起到至关重要的作用。

清理“僵尸企业”被国家作为供给侧结构性改革的牛鼻子。2016年4月，广东省人民政府发布了《关于全省国企出清重组“僵尸企业”促进国资结构优化的指导意见》，要求分类处置“僵尸企业”，对关停企业要兼并重组一批和关闭破产一批；对特困企业要兼并重组盘活一批、资本运营坐实一批、创新发展提升一批、关闭破产退出一批。据统计，广东省国有“僵尸企业”达3385家，符合“僵尸企业”认定标准的非国有企业超过10万家，预计超过1万家“僵尸企业”将通过司法途径退出市场。为配合省政府“僵尸企业”出清工作，广东法院专门建立“僵尸企业”案件绿色通道，坚持“材料完备的优先受理、债权债务清晰的优先审理、财产状况明晰的优先执行”三优先原则。2017年8月15日，广州市中级人民法院召开新闻发布会向社会通报集中裁定受理104件

“僵尸企业”破产及强制清算案，涉及广东省属企业15家、广州市属企业89家，注册资本金总额人民币34831.07万、美元1821万、澳元560万，首次以“竞争+打包+摇珠”相结合的方式选定管理人，并同步进行网络直播，标志着目前为止全国最大规模“僵尸企业”集中进入司法清算程序。广州市中级人民法院通过集中裁定受理、集中选定管理人、集中选定审计机构、集中公告的方式统一推进，开启司法处置“僵尸企业”的快速通道，为供给侧结构性改革提供有力的司法保障。2016年、2017年全省法院系统共受理“僵尸企业”破产和强制清算案件267件，审结138件，已有138家“僵尸企业”通过破产实现出清。

从债务人的角度看，债台高筑到似乎失去逆转可能性的时候，申请破产似乎是最自然的选择，因为既然逆转无希望，再进一步拖延下去只会无益地受到越来越大的压力。善用破产制度会使诸如“80后”创业代表人物茅某某自杀身亡、因患抑郁症而自杀的企业家们以及“安徽企业家跳楼自杀——官方：因经营压力大要当逃兵”等故事有不一样的结局。

（二）破产法对广东发展的“雪中送炭”

破产制度初始仅有破产清算和破产和解，随着公司制度的产生，尤其是垄断时代大型公司破产，造成大量工人失业，产生了极不安定的社会因素。另外，因生产的专业化和社会化使各企业间密切协作，若一个企业倒闭势必会引起其他企业的连锁反应，将对经济产生巨大影响。二十世纪三十年代爆发的经济危机，使人们认识到应将社会利益放在首位，应积极挽救困境企业使其再生，而破产清算是终结企业的程序，企业自身无此功能，和解制度对此也常常呈无力之态，为此，具备挽救功能的全新制度——重整制度便应运而生，并获得重大的发展。⑦

因《中华人民共和国企业破产法（试行）》中没有规定破产重整制度，《深圳经济特区涉外公司破产条例》《广东省公司破产条例》及《深圳经济特区企业破产条例》也同样没有规定重整制度，仅有破产清算制度，为此，破产就意味着只有“死亡”一条路，不少企业对其避之不及。而破产清算制度虽然可以使陷入破产境遇的债务人摆脱沉重的债务负担而终结死亡，但也使债务人的苦心经营毁于一旦,尤其是大型企业的破产常常造成社会经济的不稳定,甚至导致国民经济的衰退,为此,2006 年《破产法》正式制定了重整制度。[⑧]

广东充分运用破产重整制度挽救了许多行业龙头企业。一个行业的龙头企业、骨干企业出现经营危机,通常会影响整个行业的发展,甚至可能因此出现产业链中断而葬送整个行业。而通过破产重整让这些企业获得重生,就可以挽救整个行业,保持该行业创新发展。如广东湛江的广东中谷糖业集团公司是全省糖业的龙头企业,该企业破产重整案涉及蔗农 30 多万人、职工 2260 人、债权人 410 户、申报债权额达 53. 24 亿元,是广东省法院受理的涉及范围最宽、影响面最广、处理难度最大的破产重整案件。中谷糖业及其下属公司经过破产审判,顺利实现重整,让企业得到重生,保障了广大蔗农甘蔗款、工人工资、国家税费和抵押债权的足额清偿,普通债权受偿率高达 28. 3%,有效地稳定了广东蔗糖产业,维护了湛江社会的稳定和经济的发展。再如东莞市的联胜(中国)科技有限公司,是全国知名触控面板生产商盛华科技集团的子公司,主要研发生产触控面板和触摸屏,用于智能终端设备。受母公司资金链紧张的影响,联胜公司 2014 年底关停后,被债权人申请破产重整。为确保联胜公司能够重整成功,完善东莞市智能终端产业链,该案采取了"法院主导+政府协调+银团参与+管理人执行"的工作模式,引入智能终端产业链的投资人,就地重新生产经营,助推东莞市智能终端产业获得更大发展。

2007 年《企业破产法》实施以来,深圳市中级人民法院共受理重整案件 46 件,占全部破产案件的 6. 6%,已批准 28 家企业的重整计划;23 家企业的重整计划已经执行完毕。重整企业包括 ST 深泰、ST 盛润、ST 创智、ST 科健、ST 中华、ST 新都等 6 家上市公司,非上市公众公司 4 家;大型生产制造型企业 6 家、房地产企业 8 家。通过重整,实现债权清偿 127. 8 亿元,安置员工 1 万余人,保留就业岗位 8000 余个,实现国家税收 3. 39 亿元,约 32 万名股东的损失降低到了最低限度。[⑨]深圳市中级人民法院 2017 年审结的深圳市福昌电子技术有限公司重整案,是国内第一宗通过预重整成功的案件,被评为全国法院服务供给侧结构性改革十大典型案件。福昌电子作为国内通信龙头企业华为、中兴的一级供应商,其核心业务是为华为、中兴提供各种手机、3C 产品零配件的委托加工及制造服务,年产值 10 亿元,与 557 家供应商保持合作关系,是一家关系到该产业生态链稳定的生产型企业。2015 年 10 月，福昌电子因管理不善、资金链断裂，突然宣布停产停业，引发 3000 余名员工、500 余家供货商围堵政府、上街游行等激烈维权行为。2015 年 11 月 12 日，债权人向深圳中院申请对福昌电子进行破产重整，深圳中院创新性采用“预重整”方式审理该案，在法院正式立案受理前选定管理人进入企业清理债权、债务，协助展开谈判，研究恢复生产。通过重整，福昌电子得以重生，保留了在华为、中兴的一级供应商资质，稳定了一方产业链，维持了深圳手机产业生态平衡。

深圳市中级人民法院还探索尝试关联企业程序合并模式，在审理迅宝系企业破产案中，对于深度关联的三家企业采取指定同一管理人、表决同一重整计划的方式，同时拯救了三家企业。

广州市中级人民法院通过对广州亚铜金属有限公司、广州亚钢钢铁有限公司以及广州汇集实业股份有限公司运用破产重整制度，使上述企业原有资源得到优化配置，企业竞争力大大提升。

三、破产法助力广东发展的展望

2016 年，广东省委就指出，广东处于一个非常典型的“双重挤压”状态，只能够向上突围。实际上，广东最重要和最根本的问题是结构性问题。目标是希望能够经过若干年的努力，真正做到动力切换，在全国率先建成创新型经济。《2018 年广东省政府工作报告》中指出，2018 年将重点抓好十个方面工作，其中首要的工作就是“深化供给侧结构性改革，促进产业迈向中高端，推进现代化经济体系建设”。

完整的现代化经济体系包括市场准入、市场交易和市场退出三个部分。属于市场退出机制的破产法是现代化经济体系中的重要基本法律制度，与市场准入机制的公司法、市场交易机制的合同法等共同构成了现代化经济体系的三大基石。没有破产法这一退出机制的良好运行，难以实现优胜劣汰、优化资源配置、调整产业结构，也难以进行发展创新。

为了落实习近平总书记对广东提出的“四个走在全国前列”的要求，破产法对广东发展的“曲突徙薪”与“雪中送炭”应做好以下几个方面的工作。

（一）做好善用破产理念的培育

对于接受与善用破产制度，无论是破产法适用最好的美国，还是大陆法系的德国，以至同样具有东方文化的日本，无不经历了排斥的历程。德国不太接受破产，他们没有所谓的第二次机会文化。日本把破产译成“倒产”，也是不太接受破产这个制度。在美国，二十世纪三十年代的大萧条使破产行为受到严格限制，人们会因申请破产而“羞愧得抬不起头”，直到1978年美国修改了破产法，才从法理上给破产行为“松绑”。自那以后，破产逐渐摆脱负面形象，重新成为体现社会公平和人道的重要途径。[10]

欠债还钱，天经地义，小农经济时代最初以保护债权人为主体，对欠债的债务人施以严厉的惩罚，甚至是允许债权人剥夺债务人的生命，但到了工业革命时代，企业有了充足的发展，社会经济逐渐离不开企业，为此，法律保护从“债权人中心”转移到“债务人中心”，从惩罚转向了拯救。企业家都是“孤胆英雄”，每个企业家都是当代的“勇士”，应给那些诚实善良的企业家勇士和孤胆英雄们以人文关怀，减免其债务使其新生，再闯再创回馈社会。但破产机制的保护功能自《企业破产法》施行以来未被充分悉知与善用，自古以来对破产制度的排斥至今仍然盛行。

在司法实务中，适用破产清算终结制度退出市场的数量，与全国吊销企业数量相比，可称之为极少，这说明有相当一批“僵尸企业”仍然“僵而不死”，致使债权人和债务人各自的利益都无法得到充分保护，市场信用的扭曲几乎是无可避免的。为此，国企改革将“僵尸企业”出清作为抓手，运用市场化法治化手段，有效处置“僵尸企业”应属善用引领之举。

在“大众创业、万众创新”的潮流中，我们更多关注了那些光环笼罩下的“独角兽”。不过就创业来说，失败更是一种常态，破产法提供了依法退出的路径，我们应推动更多的失败者接受这种制度安排，积极面对失败。另外按照现行法律规定，我国的破产法对财务危困企业规定了三种救济途径：破产清算、破产和解及破产重整。虽然适用破产清算会使企业终结，但并不意味着所有适用破产制度的企业只有“死亡”一种结局，对于有“存活”价值和“存活”能力的企业可以适用破产和解或破产重整制度予以挽救存续再生。

（二）积极推进立法的完善

破产机制不仅存在理念的误区，更有制度的不周，实务中的企业家在陷入财务危机时不是跑路就是跳楼自杀，这也须检讨运用破产机制进行拯救负担太重和制度设计不合理的问题，为此，应考察及检讨我国现行破产挽救制度（尤其是破产重整制度）没有区分大、中、小及微型企业的不同而进行不同的设计以及破产清算制度在具体适用中的瓶颈。

现行《企业破产法》虽然历经 12 年的立法博弈和长跑才获得表决通过，但一直处于被排斥的窘态，2017 年或许才是破产法被唤醒和被认知的开始。为此，亟须我们在摸清实务中的情况和问题后提出解决方案。广东是改革开放的前沿阵地，暴露的问题更早，更具有代表性，为此，结合《全国法院破产审判工作会议纪要》，针对破产制度实施所涉及的法院、破产主体、管理人及政府四个主体存在的问题，结合域外、广东及我国其他省市的先进经验，提出合理和科学的立法建议，从而解决“僵尸企业依法处置系一个难题，宽容创业失败的企业家在法律意义上系一句空话”的尴尬局面。

（三）充分发挥法学会等机构对官方立法改革的推动与补充

在美国跨界破产法的发展历程中，美国法学会所进行的民间立法活动是不容忽视的一股强大力量，其立法成果对官方立法改革起到重要的推动与补充作用。美国法学会（American Law Institute，ALI）通过的《北美自由贸易区跨界破产合作原则》（以下简称《合作原则》）在北美自由贸易区内的适用为美国采纳《示范法》奠定了很好的基础，另外，美国法学会对实务中的有效做法经过的整理所形成的《适用于跨国界案件法院间沟通的指引》（以下简称《指引》）对官方立法的具体实施也起到重要的补充作用。《合作原则》与《指引》为不同破产程序间的合作提供了很大便利，法院之间的直接交流有助于跨界破产程序的协调，为破产程序高效运行提供了保障。加之 ALI 与国际破产学会（III）联合制定跨界破产全球原则的计划等，使美国法学会以非政府组织的“软法”推进并补充“硬法”的渐进性发展思路，在跨界破产法领域具有重要参考价值。[11]

上述美国法学会在美国跨界破产法发展历程中的立法作用值得我们借鉴,尤其是在破产法方面,现在适用的《破产法》因当时立法所限,在诸如预重整制度、自然人破产等方面的规定则暂时阙如。另外,破产法涉及的范围非常广,有通常的民商合同,也有劳动问题,还涉及会计税收等问题。再者,破产法立法是一个敏感问题,它涉及对私利益与公利益的保护以及不同法院之间的合作与协调。因此,在这一领域进行官方立法通常比较谨慎,而非政府的专业机构或者学术团体正好可以在充分发挥其拥有各方面专家,聚集其智慧的基础上提出的破产法完善方案予以试行,待成熟后再予以立法。采取这种以非政府组织的"软法"推进并补充"硬法"的渐进性发展思路,对推动我国破产法的发展将产生积极作用。

【注释】

①陶一桃:《深圳印证中国道路》,载《南方论刊》2014 年第 6 期。

②厉以宁:《中国经济双重转型之路》,中国人民大学出版社 2013 年版。

③陈计男:《破产法论》,三民书局 2015 年版,第 2—3 页。

④陈晓峰编著:《破产清算法律风险管理策略》,法律出版社 2011 年版,第 6 页。

⑤钟坚:《深圳经济特区改革开放的历史进程与经验启示》,载《深圳大学学报(人文社会科学版)》2008 年第 4 期。

⑥吕伯涛主编:《公正树丰碑——审理广东国投破产案始末》,人民法院出版社 2005 年版,第 4 页。

⑦姜世波:《论当今西方国家破产法律制度的发展趋势》,载《外国经济与管理》1997 年第 12 期。

⑧李国光主编:《新企业破产法条文释义》,人民法院出版社 2006 年版,第 376 页。

⑨深圳市中级人民法院:《破产审判的深圳实践 1993—2017》,第 19 页。

⑩王力:《美国新破产法保护谁》,载《世界知识》2006 年第 4 期。

⑪张玲:《美国跨界破产立法三十年及其对中国的启示》,载《武大国际法评论》2009 年第 1 期。

后　　记

在本书即将付梓之际，10 月 22 日至 25 日，习近平总书记莅粤考察。他在考察调研时强调指出，总结好改革开放经验和启示，不仅是对四十年艰辛探索和实践的最好庆祝，而且能为新时代推进中国特色社会主义伟大事业提供强大动力。习近平总书记的重要讲话，对于我们编著本书，倾力讲好改革开放和法治建设故事，坚定不移高举新时代改革开放旗帜，坚定不移走中国特色社会主义法治道路，是一个巨大的鼓舞和鞭策。

本书由编委会主持编审，组成主编、副主编分工负责的编审专班，由李皓平、林碧青、薛晓光、郑佳娜、李万锡、丘凌锋、刘翔、王谨阳、李珞、王清、陆嘉敏、郑锦洪等同志参与具体编审。本书的编写得到了中国法学会和广东省委宣传部、省委政法委等单位及相关领导的关心指导，得到了广东各级党委、政府和党委政法委以及法学会的重视支持，得到了全国各地法学法律界和实务部门的关注帮助。人民出版社对成书作了专业打磨凝练。尤其是中国法学会会长王乐泉同志欣然为本书作序寄望，对我们做好编辑工作给予了莫大的鼓励与动力；乔晓阳、陈冀平、龙永图、张文显同志热忱给本书赐稿增彩。值此一并致敬！

谨以本书献礼改革开放四十周年！

编　者

2018 年 12 月

责任编辑：吴继平
装帧设计：周方亚
责任校对：苏小昭

图书在版编目(CIP)数据

与法共进/广东省法学会 编;何桂复 主编. —北京:人民出版社,2018.12
ISBN 978-7-01-020126-9

Ⅰ.①与… Ⅱ.①广…②何… Ⅲ.①法治-广东-文集 Ⅳ.①D927.65-53

中国版本图书馆 CIP 数据核字(2018)第 268724 号

与法共进

YUFA GONGJIN

广东省法学会 编

何桂复 主编 欧永良 姜滨 李国清 副主编

人民出版社 出版发行

(100706 北京市东城区隆福寺街 99 号)

北京中科印刷有限公司印刷 新华书店经销

2018 年 12 月第 1 版 2018 年 12 月北京第 1 次印刷

开本:710 毫米×1000 毫米 1/16 印张:35.75

字数:552 千字

ISBN 978-7-01-020126-9 定价:100.00 元

邮购地址 100706 北京市东城区隆福寺街 99 号

人民东方图书销售中心 电话 (010)65250042 65289539